UNIVERSO CONVOLUTO

LIBRO DUE

by
Dolores Cannon

Traduzione a cura di : Gabriele Orlandi

© 2005, 2007 by Dolores Cannon
Prima traduzione italiana - 2020

Tutti diritti riservati. Nessuna parte di questo libro, per intiero o sezione puo' essere riprodotta, trasmessa o utilizzata in qualsiasi forma o qualsiasi mezzo, elettronico, fotografico o meccanico che sia, incluse la fotocopiatura, registrazione o altro metodo di registrazione informatica o recupero dati; senza il permesso scritto di Ozark Mountain Publishing, Inc.; ad eccezione di brevi quotazioni inserite in articoli e riviste letterarie.

Per permessi, serializazioni, condensazioni, adattamenti, o per il catalogo delle nostro publicazioni, scrivere a Ozark Mountain Publishing, Inc., P.O. box 754, Huntsville, AR 72740, ATTN: Permissions Department.

Library of Congress Cataloging-in-Publication Data
Cannon, Dolores, 1931-2014
 The Convoluted Universe - Book Two, by Dolores Cannon
 Il seguito a L'Universo Convoluto - Libro Uno offre informazioni metafisiche ottenite attraverso regression ipnotiche di vite passate di svariati soggeti.
1. Ipnosi 2. Reincarnazione 3. Terapia vite passate 4. Metafisica
5. Civilizazioni Perdute 6. Nuove Terra.
I. Cannon, Dolores, 1931-2014 II. Reincarnazione III. Metafisica IV. Title

Library of Congress Catalog Card Number: 2021936278
ISBN: 978-1-950608-43-0

Traduzione a cura di : Gabriele Orlandi
Cover Design: Victoria Cooper Art
Book set in: Algerian, Umbra BT, Bell MT
Book Design: Julia Degan
Published by:

PO Box 754
Huntsville, AR 72740
WWW.OZARKMT.COM
Stampato negli Stati Uniti D' America

La cosa più bella che possiamo provare è il mistero. Perché è la fonte di ogni vera arte e scienza.

Albert Einstein

Un essere umano fa parte di un intero, che noi chiamiamo "Universo", una parte limitata da spazio e tempo. Sperimenta se stesso, i suoi pensieri e sentimenti come qualcosa di separato dal resto... un'illusione ottica della sua coscienza. Questa illusione è una specie di prigione per noi, che ci restringe dentro ai nostri desideri personali e al nostro affetto per poche persone che ci sono vicine. Il nostro dovere è quello di liberarci da questa prigione allargando la nostra cerchia di compassione per abbracciare tutte le creature viventi è l'intera nature in tutta la sua bellezza.

Albert Einstein

DICHIARAZIONE

L'autore di questo libro non dispensa consigli medici né prescrive l'uso di alcuna tecnica come forma di trattamento per problemi fisici o medici. Le informazioni mediche incluse in questo libro sono stata prese dalle consulenze individuali e sessioni private di Dolores Cannon con i suoi clienti. Non sono destinate a diagnosi medica di alcun genere, né per sostituire la consulenza medica o i trattamenti del vostro dottore. Quindi, l'autore e l'editore non si assumono alcuna responsabilità per l'eventuale interpretazione di un individuo o per come vengano utilizzate le informazioni qui riportate.

Ogni sforzo è stato fatto per proteggere l'identità e la privacy dei clienti coinvolti in queste sessioni. La locazione dove le sedute si sono svolte è corretta, ma solo nomi propri di persona sono stati utilizzati, e questi sono stati cambiati.

INDICE DEI CONTENUTI

Sezione Prima: Benefici della Regressione Terapeutica alla Vite Passate
1...I Miei Inizi Nel Campo Dell'Ipnosi — 3
2...Normale Terapia Regressiva — 14

Sezione Seconda: Antica Conoscenza e Civilizata' Perdute
3...La Gente dei Gatti (Una Diversa Sfinge) — 35
4...La Dea Isis — 57
5...La Città Nascosta — 72
6...Fuga da Atlantide — 88
7...Antica Conoscenza — 103
8...Portato In Salvo — 132

Sezione Tre: Esseri Avanzati e il Karma
9...I Filgli Creano Karma — 143
10..Vite In Corpi Non Umani — 161
11..Straniero Sulla Terra — 170
12..Lavorare Nello Stato di Sonno — 182
13..Il Primo Dei Sette — 207
14..Esseri Avanzati — 233

Sezione Quattro: Le Persone Sagge
15..Ricordando il Saggio — 261
16..In Cerca del Saggio — 275

Sezione Cinque: Altri Pianeti
17..La Vita Su Altri Pianeti — 295
18..Il Pianeta Dal Sole Purpureo — 304

Sezione Sei: Portali Temporali
19.. Il Guardiano Del Portala — 325
20.. Gli Aborigeni — 343
21.. Portali Temporali Per Esseri Futuri — 363

Sezione Sette: Esseri D' Energia ed Esseri Creatori
22.. Misteri 381
23.. Un Altro Essere D'Energia 408
24.. Se Pensi, Crei 418
25.. Un Essere D'Energia Crea 431
26.. Un Essere Creatore Torna A Casa 452

Sezione Otto: Facendo Un Passo Verso La Parte Profonda
27.. Il Sognatore Sogna il Sogno 469
28.. Una Diversa Alternativa ai "Walk-Ins" 483
29.. L'Anima Dalle Molte Sfaccettature 504
30.. La Terra Nuova 535
31.. Finale 568

Sull'Autore 575

NOTA DEL TRADUTTORE

Ci teniamo a ricordare che il presente libro è stato tradotto dalla lingua Inglese (USA) ed è composto dalla trascrizioni delle registrazioni originarie delle sedute terapeutiche che l'autrice conduceva con i suoi pazienti. Pertanto invitiamo il lettore a ricordare che non si trova di fronte ad un'opera di narrativa, né letteratura. In molte sezioni il testo può sembrare frammentario, astratto o incomprensibile. Questo è dovuto esclusivamente a due fenomeni:
    a) cattiva qualità della registrazione che non permise all'autrice di trascrivere il testo parola per parola;
    b) allo stato psico-emotivo del paziente che poteva ridurre in chiarezza e coerenza dei contenuti.

Inoltre si noti la scelta di avvicinarsi il più possibile ad una traduzione letteraria (scorrevole e succinta) ed evitare dove possibile una traduzione letterale (ne sono eccezione i casi sopra citati).

Infine, si noti che l'autrice utilizza le ( ) in trascrizione per indicare gli stati emotivi e il linguaggio fisiologico del paziente, mentre il traduttore utilizza le [ ] per presentare chiarimenti di traduzione del testo.

Per ulteriori chiarimenti e domande il lettore si può rivolgere all'editore di Dolore Cannon www.ozarkmt.com o direttamente all'agenzia di traduzione: www.translationstudio.com .

SEZIONE PRIMA

I BENEFICI DELLA REGRESSIONE TERAPEUTICA ALLE VITE PASSATE

CAPITLO UNO

I MIEI INIZI NEL CAMPO DELL'IPNOSI

Le mie avventure nel campo dell'ipnoterapia hanno dato vita ad altri dodici libri oltre a questo. Spesso mi sento come i protagonisti di "Star Trek" che si avventurano dove nessun'altro uomo è mai stato prima. Ho viaggiato nel tempo e nello spazio per esplorare la storia dell'antichità e le possibilità del futuro. Ho raggiunto pianeti e dimensioni sconosciute. Ho parlato con molti specie cosiddette "aliene". Ho visto le meraviglie di civilizzazioni perdute e ricevuto informazioni precise sulla loro caduta. Sono riuscita a fare tutto ciò senza utilizzare le macchine del tempo, spesso citate in romani di Science Fiction. L'unica cosa necessaria per questo tipo di avventure è l'uso della mente umana. Tutto ciò che è conosciuto e sconosciuto, è nascosto nei recessi del subconscio umano dove attende solo d'essere riscoperto. Questo è il mio lavoro e la mia passione. Considero me stessa come un reporter, un investigatore, un ricercatore di "conoscenza perduta". La maggior parte del mio lavoro si concentra sull' ipnoterapia regressiva delle vite passate. Ritengo che il mio lavoro abbia a che fare con l'ignoto perché ho scoperto una tecnica o metodologia ipnotica che permette di esaminare e testare i regni reconditi e misteriosi della mente umana.

Poco dopo aver iniziato a lavorare in questo campo, notai che il mio lavoro iniziava ad allontanarsi dal mondano e ad avvicinarsi alla "conoscenza perduta". La chiamo cosi perché mi resi conto che stavo raccogliendo informazioni che erano state dimenticate, nascoste o mai divulgate in primo luogo. Ci stiamo spostando verso un mondo nuovo, una nuova dimensione dove queste informazioni saranno apprezzate e applicate. Erano andate perdute, nascoste o trattenute per specifiche ragioni. Molte civilizzazioni perdute avevano abusato dei loro poteri e avevano smesso di apprezzare ciò che erano riuscite ad ottenere; cosi la conoscenza gli era stata tolta. Forse, ora, è tornato il tempo di riscoprire e apprezzare questi talenti, poteri e conoscenze ancora una volta.

Ovviamente, l'obbiettivo primario del mio lavoro è la terapia e aiutare le persone a risolvere i loro problemi. Tuttavia la parte più eccitante e appagante del mio lavoro, il succo, la ciliegina sulla torta è scoprire l'ignoto. Riportare nuove informazioni e teorie nel presente, al nostro tempo è proprio come scoprire tesori nascosti. Si dice che non c'è nulla di nuovo; stiamo solo recuperando informazioni che tutti avevamo in altre vite, ma che abbiamo dimenticato nei millenni. Tuttavia grazie al mio lavoro ho scoperto che non è mai realmente stata dimenticata, perché' era immagazzinata nelle banche dati della mente subconscia. Stava solo aspettando il momento giusto per essere riportata alla luce. Questo è ciò che ho cercato di fare attraverso il mio lavoro con l'ipnosi.

Offro seminari in tutto il mondo, sugli argomenti trattati nei miei libri. Inizio sempre le mie lezioni con una breve introduzione personale; per permettere ai partecipanti di comprendere come ottengo le mie informazioni. Sono stata accusata d'inventarmi i contenuti dei miei libri, d'essere una meravigliosa autrice di storielle. Essere in grado d'inventare i contenuti di cui scrivo, invece di limitarmi solamente a trascrivere i registri delle sedute d'ipnoterapia, per me sarebbe un risultato anche superiore. In realtà ho scoperto come riuscire ad aprire la proverbiale "Scatola di Pandora". Le informazioni continuano a sgorgare dal subconscio dei miei pazienti. Tutto ciò che devo fare è organizzare questo materiale e pubblicarlo. Ma anche questo no è cosa da poco.

La mia pratica dell'ipnoterapia ebbe inizio negli anni '60. Quindi lavoro in questa campo da circa quarant'anni. Nei primi anni della mia carriera il processo induttivo era tedioso e prolungato. Richiedeva cio' che io definisco "guarda l'oggetto luminoso": l'oscillazione di un oggetto sotto il naso del paziente durante l'induzione del processo ipnotico. Seguito dal lungo processo di rilassamento di tutte le parti del corpo. Successivamente, c'erano vari test compiuti per giudicare la profondità della trance del paziente, prima d'esser in grado di procedure. Alcune di queste procedure sono ancora utilizzare e insegnate oggigiorno, anche se sono principalmente visibili solo nei film per creare una effetto drammatico. La maggior parte degli ipnoterapeuti si sono aggiornati e utilizzano metodologie più sbrigative. Io ho sviluppato la mia tecnica eliminando le parti del processo induttivo che erano tediose ed inutili. Le metodologie moderne richiedono l'uso della voce, delle immagini e della visualizzazione.

La prima volta che ho avuto a che fare con la reincarnazione e la regressione a vite passate è stato nel 1968. Mio Marito, Johnny, lavorava nella marina dell'Esercito Americano da vent'anni ed era appena ritornato dalla guerra in Vietnam. Eravamo dislocati in Texas e stavamo cercando di riportare la nostra vita alla normalita' dopo quattro anni di separazione a causa della guerra. Mio marito (che era l'ipnotista) ed io stavamo lavorando con una giovane donna che aveva dei disordini di nutrizione compulsiva. Era obesa e con problemi renali. Il suo dottore le aveva suggerito di provare con l'ipnosi. Fino a quel momento avevamo lavorato solo con casi d'ipnosi convenzionale relativi a vizzi e dipendenza. Principalmente con soggetti che volevano smetter di fumare, perdere peso, etc.. Nemmeno nei nostri sogni più arditi, ci aspettavamo di ottenere risultati superiori a questi. Mentre era sotto ipnosi regredimmo questa giovane donna agli eventi della sua gioventù, alla ricerca di un trauma significativo. Quando all'improvviso, saltò in un'altra vita vissuta a Chicago, dove era una Flapper durante i ruggenti anni venti. Dire che eravamo stupefatti, è dir poco. Osservammo mentre divenne un'atra personalità con un diverso timbro vocale, linguaggio e manierismo. Si era letteralmente trasformata in un'altra persona sotto i nostri occhi. Questa fu la nostra prima esperienza con la reincarnazione. L'intera storia di questo evento è narrata nel mio libro Five Lives Remembered (Cinque vite ricordate). Questo è il primo libro che io abbia mai scritto e non è mai stato pubblicato. Non so se sarà mai pubblicato perché sembra troppo mondano alla luce degli eventi che hanno avuto luogo nella mia carriera.

Ma alcune persone ritengono che ci potrebbe essere un certo interesse nella storia all'origine della mia pratica ipnotica. Mentre lavoravamo con questa donna, la nostra curiosità ci spinse a volerne sapere di più circa il fenomeno della reincarnazione. Volevamo sapere dove l'ipnosi ci avrebbe portati. La fecimo regredire attraverso cinque diverse e distinte vite fino a quando non ricordo d'esser stata creata da Dio. Tutte le sessioni vennero registrate su un registratore portatile di quei tempi.

Era chiamato "il portabile" anche se era estremamente pesante e richiedeva l'uso di enormi bobine da venti centimetri. In quel periodo non c'erano libri o guide d'istruzione per gli ipnoterapeuti per questo tipo di situazioni. L'unico libro disponibile era Search For Bridey Murphy, di Morey Bernstein. All'epoca era considerato un classico, ma ora è cosi mondano che non viene nemmeno ripubblicato. Venne al momento giusto. Tuttavia, non avevamo nulla a guidarci mentre viaggiavamo indietro nel tempo con quella donna e la osservavamo mentre si trasformava nel passaggio da un periodo di tempo all'altro. Creavamo le nostre regole mentre osservavamo il fenomeno e i risultati erano consecutivi. Inoltre durante la sperimentazione, visto che nessuno ci aveva detto che non si poteva farlo, la progredimmo verso il futuro per vedere cosa sarebbe successo. Ci vide mentre vivevamo in una zona rurale e avevamo dei nipotini. Non abbiamo mai rivelato l'identità della donna con cui stavamo lavorando. Tuttavia molti amici della Marina, ne avevano sentito parlare e vennero a casa nostra per osservare l'ultimo capitolo della storia. Questo esperimento cambiò le nostre vite e il nostro sistema di credenze per sempre.

Il 1968 fu un anno molto significativo nella mia vita, perché cambiò ogni cosa per sempre. La mia vita non sarebbe mai stata quella di prima. Mio marito Johnny, una note rimase quasi ucciso in un orribile incidente automobilistico mentre raggiungeva la base navale. Fu uno scontro frontale con un guidatore ubriaco, che lo lasciò schiacciato nella nostra Volkswagen familiare per ore. I dottori dissero che la sua sopravvivenza fu un miracolo, perché i danni riportati erano cosi estesi che avrebbe dovuto morire sull'impatto. Ona delle ragioni per cui fu in grado di sopravvivere fu il dottore che era appena rientrato dal Vietnam che stava viaggiando nell'auto dietro la sua. Era abituato a trattare ferite d'emergenza sul campo di battaglia, e fu in grado di evitare che Johnny morisse dissanguato sull'autostrada. Quando l'ambulanza arrivo dalla base, questo dottore era stato in grado di controllare le emorragie, ma Johnny era ancora incastrato tra le lamiere dell'auto. Ci vollero ore di lavoro da parte dei vigili del fuoco per riuscire ad estrarlo e poi fu trasportate in elicottero all'ospedale navale in Corpus Christi.

Quando arrivai all'unità di Cure Intensive cinque diversi dottori si avvicinarono e mi spiegarono le multiple ragioni per cui non sarebbe stato in grado di sopravvivere fino al mattino. Erano perplessi; non capivano perché non fossi disperata. Dissi loro che si sbagliavano, non sarebbe morto. Ovviamente, non potevo dir loro come sapevo che non sarebbe successo. Come avrebbe potuto morire se la nostra paziente lo aveva visto nel futuro con i nostri nipotini? Sapevo che era la verità. Credevo in ciò che avevamo fatto e che avevamo scoperto.

Se ci credevo dovevo, dovevo crederci fin in fondo. Questa fiducia mi aiutò a preservare la mia sanità mentale durante quel periodo orribile.

Non me ne resi conto in quel momento, ma anche il sistema di credenza di molte persone alla base era stato alterato. Alcuni dissero che l'incidente era una punizione divina, perché stavamo facendo qualcosa che consideravano demoniaca: l'esplorazione della reincarnazione. Stavamo sbirciando dietro gli angoli e aprendo porte sconosciute che era meglio lasciare chiuse. Ma io non poteva crederci, perché durate le nostre sedute con quella donna avevamo incontrato un Dio amorevole e gentile, non vendicativo. Non ero in grado di comprendere la ragione per cui il nostro mondo era appena stato distrutto, ma sapevo con certez-za che la nostra curiosità e ricerca dell'ignoto non erano una punizione.

Che ironia! Johnny riuscì a sopravvivere alla guerra solo per morire a causa della negligenza di un ubriacone. I dottori lo chiamavano "il miracolato", perché contro tutti i pronostici e tutta la logica era ancora vivo. Ma era solo l'inizio dell'incubo che sarebbe durato per molti anni.

Dopo mesi in Cura Intensiva e un anno intero in osservazione (otto mesi del quale, ricoperto da gesso e bende), venne dimesso dalla Marina come un veterano disabile. Fu allora che decidemmo di trasferirci sulle colline dell'Arkansas dove pensavamo sarebbe stato possibile vivere con la sua pensione e crescere i nostri quattro figli. A quel punto fu una necessità, ma successivamente fui grata di avere questo santuario sulle colline dove potermi ritirare. Johnny passo venticinque anni bloccato sulla sedia a rotelle. Gli avevano amputato una gamba ma poteva camminare con le stampelle e guidare un'auto controllata a mano. Durante quel periodo, io ero completamente focalizzata su mio marito e i figli.

La mia avventura nella reincarnazione attraverso l'ipnosi doveva passare in secondo piano per potermi adattare a questa nuova vita. Il mio interesse per l'ipnosi si sarebbe riacceso solo quando i miei figli iniziarono ad uscire di casa per sposarsi o andare al college. Solo allora "la sindrome del nido vuoto" iniziò a prendere piede ed dovetti considerare cosa fare con il resto della mia vita. Decisi di fare qualcosa d'inusuale, all'opposto di ciò che ogni donna normale avrebbe deciso di fare nelle mie circostanze. Decisi di ritornare all'ipnosi, anche se non avevo la minima idea di dove avrei trovato dei clienti sulle colline del-l'Arkansas. Sapevo solo che era qualcosa che volevo fare. Tuttavia non mi piaceva il vecchio, tedioso metodo d'induzione che aveva preso piede negli anni 60. Sapevo che ci dovevano essere tecniche più facili e rapide. Così iniziai a studiare le nuove metodologie e scoprì che si poteva indurre lo stato di trance attraverso l'immaginazione e la visualizzazione. Non volevo focalizzarmi sull'ipnosi regolare per aiutare le persone a superare le loro abitudini: smettere di fumare, perdere peso, etc.. Il mio interesse si era acceso con la reincarnazione e su questo mi volevo focalizzare. Alla fine degli anni '70, inizi anni '80, c'era ancora qualche libro disponibile dedicato ad ipnoterapeuti nel campo della regressione alle vite passate. Così mi trovai a dover inventare una tecnica tutta mia. Ben presto realizzai che la maggior parte di ciò che si insegna dell'ipnosi tradizionale è inutile. Così iniziai ad eliminare alcuni passaggi e ad introdurre un procedimento accelerato. Ero convinta che l'ipnoterapeuta doveva sperimentare per scoprire ciò che funziona e ciò che non funziona; amenoché ciò non crei danni sul paziente. Dopo tutto, qualcuno deva aver discoperto come create uno stato di trance ipnotica. Sapevo che stavo entrando in un nuovo territorio e che avrei tracciato un nuovo sentiero. Ora, dopo quasi trent'anni di affinamenti e accordature, ho sviluppato un metodo tutto mio. Preferisco lavorare nello stato di trance sonnambulistico (che è lo stato di trance più profondo), perché sono convinta che tutte le risposte si trovino lì. Molti ipnoterapeuti preferisco evitare la trance sonnambulistico perché dicono: "molte cose strane avvengono il quello stato". Chiunque ha letto i miei libri sa che cose strane hanno luogo in quello stato. La maggior parte degli ipnoterapeuti vengono educati per tenere i pazienti in uno stato di trance superficiale. A quel livello la mente cosciente è molto attiva e spesso interferisce ed interrompe. Si possono ottenere informazioni a questo livello, ma non si raggiunge la piena cooperazione della mente subconscia che è raggiungibile a livello sonnambulistico, dove la mente cosciente non riesce ad interferire. Di solito il paziente non ricorda nulla e pensa d'essersi addormentato. Di solito una in venti o trenta persone riescono a raggiungere lo stato di trance sonnambulistico spontaneamente o automaticamente. Tuttavia, grazia alla tecnica che ho sviluppato succede l'opposto: solo una in venti o trenta persone non riescono ad raggiungere la trance. E' un metodo molto efficiente di rimuovere la mente cosciente e permettere al subconscio di far emergere le risposte. Questo è il metodo che insegno durante le mie lezioni d'ipnoterapia e anche i miei studenti raggiungono eccellenti risultati.

Quando alla fine degli anni '70, mi dedicai a tempo pieno alla terapia, mi accorsi di un elemento ripetitivo. Questo, prima di scoprire il metodo per contattare la mente subconscia. Mi resi conto che la maggior parte dei problemi dei pazienti (allergie, fobie, problemi relazionali, fisici o mentali) si potevano ricollegare ad eventi che ebbero luogo non in questa vita, ma altre vite. Molti dei miei clienti avevano perso anni passando da un dottore all'altro nei campi della medicina e della psichiatria ma senza mai riuscire a trovare le risposte per i loro persistenti problemi. Questo perché i dottori si erano focalizzati solo sui sintomi fisiologici e gli eventi che avevano avuto luogo nella loro vita presente. A volte i sintomi si possono tracciare ad eventi che ebbero luogo durante l'infanzia. Ma nella maggior parte dei casi su cui io ho lavoro, la risposta era sepolta nel lontano passato.

Io credo che le vite passate esistano in un'altra vibrazione o frequenza. Quando regrediamo a quelle vite cambiamo le nostre frequenze per riuscire a vederle e sperimentarle; proprio come si farebbe quando si cambia un canale televisivo o una stazione radio. A volte queste frequenze sono troppo vicine o in conflitto e causano dissonanza e malattia.

Con la mia tecnica, raggiungo i risultati migliori contattando, quella che io chiamo: la mente subconscia. Durante una seduta al momento cruciale in cui il paziente ha identificato la vita passata che contiene le risposte ai problemi della vita presente, allora avanzo la richiesta di parlare con il subconscio del paziente. Mi risponde sempre e condivide le informazioni richieste.

Nell'ipnosi tradizionale si insegna come ricevere risposte dal subconscio attraverso gesti delle mani. Si chiede al paziente di sollevare un dito per dire "si" ed un altro per dire "no". Ritengo questo metodo estremamente lento e limitato. Perché usare questa metodologia quando si può parlare direttamente con il subconscio e ricevere risposte verbali? Grazie al mio metodo si può conversare con il subconscio e si può trovare la risposta ad assolutamente qualsiasi domanda che si voglia chiedere.

La mia definizione del subconscio è la seguente: la parte della mente che si prende cura del corpo. Gestisce tutti i sistemi interni del corpo. No c'è bisogno di dire al cuore di battere or ai polmoni di respirare. Ritengo che questo sia il ruolo del subconscio, perché monitora costantemente e conosce ogni cosa che sta avendo luogo nel corpo del paziente. Ecco perché possiamo ricevere risposte di natura diagnostica attraverso questo metodo. Ho notato che ogni sintomo fisico, malattia o malessere e' un messaggio dal subconscio. Sta disperatamente cercando di attirare la nostra attenzione in un modo o nell'altro. Sta cercando di dirci qualcosa e continuerà finche non l'abbiamo capita. Se non facciamo attenzione la malattia or il problema continueranno a peggiorare finche' non ci sono alternative or finche è troppo tardi per cambiare la situazione. Ne sono sicura perché gli stessi sintomi si sono presentati nello stesso modo per molti pazienti. Vorrei solo che il subconscio riuscisse a trovare una maniera meno dolorosa per rimettere il messaggio. Spesso penso: "Non sarebbe più facile scriverci un messaggio?" Il subconscio pensa di passare un messaggio chiaro e diretto che l'individuo possa comprendere, ma purtroppo non è mai cosi. Siamo troppo impegnati con le nostre vite quotidiane per comprendere perché abbiamo persistenti mal di schiena o mal di testa.

Durante le sedute, scopriamo la ragione alla radice del disagio (e spesso queste ragioni possono essere così straordinarie che nessuno poteva essere in grado di riconoscere la connessione) in quel momento il messaggio viene recepito e il disagio sparisce. Non ha più nessuna ragion d'essere, proprio perché il messaggio è stato recepito e compreso. Il paziente può tornare in salute, se apporta i cambiamenti necessari nella sua vita quotidiana. Alla fine il paziente è sempre direttamente responsabile. Il subconscio ha dei limiti e il libero arbitrio di ogni paziente viene sempre rispettato.

So che queste affermazioni possono sembrare radicale e fuori dai canoni della terapia tradizionale, ma devo presentare ciò che ho scoperto ed osservato nell'aiutare migliaia di persone.

Inoltre credo che il subconscio sia il database, l'equivalente di un enorme computer. Registra ogni cosa che sia mai accaduta nella vita di un individuo. Ecco perché questo informazioni sono accessibili attraverso l'ipnosi. Se al paziente fosse chiesto di tornare al giorno della festa del loro dodicesimo compleanno, sarebbe in grado di ricorda ogni evento di quel giorno, inclusa la torta, i partecipanti, i regali, ecc.. Il subconscio registra minuzio-samente ogni dettaglio. La maggior parte dei quali ritengo che sia superflua e spesso mi chiedo cosa ne faccia di tutti questi dettagli. Infatti, in ogni momento siamo bombardati da migliaia di bit d'informazioni: vista, udito, olfatto e molto altro. Se fossimo direttamente consapevoli di tutto ciò, verremmo sopraffatti e non saremmo in grado di agire. Dobbiamo focalizzarti solo sulle informazioni necessarie per vivere la nostra vita. Tuttavia il subconscio è sempre consapevole e registra imperterrito tutte queste informazioni. Ma per quale ragione? Esploreremo questa domanda ulteriormente nel resto del libro. Questo potrebbe spiegare ulteriormente da dove provengono intuizioni ed improv-vise rivelazioni psichiche. Fanno parte di quelle informazioni che riceviamo ad un altro livello, di cui non abbiamo necessariamente bisogno. Ma visto che sono lì, occasionalmente passano verso la mente cosciente. Quando succede lo si considera un fenomeno miracoloso, anche se in realtà questa vasta banca dati ci è sempre presente ed accessibile con il giusto addestramento.

Il subconscio non solo registra tutto ciò che sia mai accaduto ad un individuo nella loro vita presente, ma anche in quelle passate e perfino durante l'esistenza nello stato spirituale. La maggior parte di queste informazioni non ha alcuna applicazione nella vita presente. Lo si può utilizzare per soddisfare la curiosità del paziente. Ma a che scopo lo si potrebbe usare per risolvere i problemi della vita attuale? Questo è uno degli errori principali che fanno molti ipnoterapeuti. Non credono ci sia alcun valore nel regredire i pazienti ad una vita passata, pensano sia solo una curiosità, fantasia, intrattenimento (anche se molti di queste vite passate sono tutt' altro che gioiose). Questa è la ragione che mi ha portato a sviluppare la mia tecnica. Porto il soggetto alla vita più rilevante per riuscire a risolvere i problemi che hanno nella loro vita attuale. Mi assicuro che il subconscio porti il paziente alla vita che considera più rilevante da osservare al momento della seduta. Non sono io a decidere in che vita portarli. Rimango sempre stupita, che sia una vita noiosa of mondana (e per il 90% lo sono), in civilizzazioni antiche o moderne, con alieni, altri pianeti o altre dimensioni. Il subconscio identifica la connessione ed è sempre qualcosa che né io, né il paziente, avremmo mai potuto riconoscere. Tuttavia, ha un perfetto senso logico in questa prospettiva.

Rimango sempre sorpresa quando contatto il subconscio, perché mi è chiaro che non sto parlando con la personalità del paziente, ma ad un'entità o parte separata di loro. Sono sempre in grado di determinare se sto parlando con il subconscio, perché parla del paziente in terza persona (lui, lei). E' privo di emozioni e sembra distaccato dai problemi, proprio come un osservatore oggettivo. Può sgridare il paziente perché non ha ascoltato i suoi messaggi. A volte la prima cosa che dice è: "Finalmente ho l'opportunità di parlare. Sono anni che cerco di parlare (con Jane o Bob), ma non mi ascolta". Il subconscio può essere così obbiettivo che a volte può sembrare crudele. Senza mezzi termini, parla della situazione cosi come la vede. Dopo aver strapazzato il paziente per assicurarsi che abbia capito, gli ricorda sempre quanto amore c'è nella loro vita e quanto sia orgoglioso di loro per i progressi finora raggiunti. Questa parte del subconscio solitamente mi riconosce e mi ringrazia per aver messo il sogget-to nello stato di trance che ha permesso la comunicazione.

Spesso parla al plurale (noi) come se non fosse una entità singola, ma una pluralità. Parleremo ulteriormente di questo nel resto del libro.

Gli scettici non credono, ne comprendono questo fenomeno e avrebbero delle buone ragioni se questo contatto avesse luogo solo con una persona. Ma come lo si può giudicare una fantasia, un falso, una frode, una manipolazione se lo stesso processo ha luogo con tutti i soggetti con cui lavoro in ogni parte del mondo? Ho raggiunto un indice di successo approssimativo del 90% attraverso la tecnica ipnotica regressiva e di questa percentuale un altro 90% riesce a raggiungere il proprio subconscio. Il sub-conscio parla e risponde alle domande sempre nello stesso modo. Questo non potrebbe succedere se fossero circostanze casuali.

Le persone con cui ho fatto più fatica a raggiungere lo stato di trance sono di solito gli uomini d'affari con ruoli esecutivi, le persone analitiche e le persone che giudicano facilmente. Invece di rilassarsi e seguire l'induzione, vogliono mantenere il controllo sulla seduta. Ci sono altri che dicono d'esser pronti a trovare le risposte, ma sono segretamente terrorizzati da ciò che potrebbero scoprire e la loro mente cosciente li sta sabotando. Ma come dicevo prima, fortunatamente sono solo il 10% dei clienti che ho visto finora. Il rimanente (90%) trova sempre una vita passata. Inoltre ritengo che sia evidenza persuasiva in favore della reincarnazione.

Questo ha fatto pensare: se questa porzione della mente uma-na sembra essere la stessa in ogni occasione, allora con cosa sto entrando in contatto? Se appartiene esclusivamente alla persona con cui sto lavorando e ha accesso solo alle informazioni di que-sto individuo (per vederla con approccio logico), allora perché e come accede ad informazioni su più vasta scala? Il subconscio stesso risponde a questa domanda in questo libro. Più il mio lavo-ro cresce, più divento consapevole di altri fenomeni e sono pronta (o per lo meno penso di esserlo) per concetti più complicati.

Ora sono sicura di averlo limitato e semplificato in passato. In realtà è proprio come comunicare con un terminale connesso ad una banca dati gigantesca. Questa banca dati trascende spazio, tempo e tutte i limiti della coscienza individuale. Questa è la parte più incredibile del mio lavoro. Sembra che io stia parlando sempre con la stessa parte (entità, coscienza o qualsiasi cosa che sia), che ho scoperto essere onnisciente. Non solo ha le risposte che i miei clienti stanno cercando, ha anche le risposte a qualsiasi quesito che io voglia sottoporgli. Una parte onnisciente di qualcosa che ha accesso a qualsiasi informazione. Alcune persone scelgono di chiamarlo "Il Se

Totale", "Il Se Superiore", "L'Anima Suprema", "L'Inconscio Collettivo" (C. Jung), o "Dio". Sono tutti nomi che fanno riferimento allo stesso concetto. Grazie al mio lavoro ho scoperto che risponde al nome di "subconscio".

Ci sono molti altri termini scientifici e religiosi che potrebbero spiegare questa porzione della mente che sono riuscita a toccare. Qualsiasi cosa sia, è un piacere riuscire a comunicarci, principalmente perché sono curiosa e desire nuove informazioni. Adoro fare ricerca in biblioteca e questo equivale ad avere accesso alla biblioteca più grande che ci sia. Quindi venite con me mentre es-ploro concetti metafisici complicati. So di non avere tutte le ri-sposte ma sono riuscita a scavare sotto la superfice. Forse rimar-rete stimolati da ciò che ho scoperto e continuerete a cercare e a fare domande. Questo è l'unico modo per trovare delle risposte. Ricordatevi il detto: "La mente è come un paracadute, funziona solo quando è aperta.

CAPITLO 2

NORMALE TERAPIA REGRESSIVA

La gente non comprende il potere di auto-guarigione della loro mente. Attraverso la mia tecnica hanno accesso a quella parte della loro mente che può trovare la causa dei loro problemi. Il subconscio può essere molto letterale a riguardo dei sintomi fisici che usa per condividere i suoi messaggi. Se più persone fossero consapevoli di questo fenomeno, darebbero maggiore attenzione a ciò che il loro corpo sta cercando di dirgli.

Grazie alle migliaia di sedute da me condotte finora, di solito riesco ad identificare una sequenza o ciclo ripetitivo di sintomi che identificano l'origine dei problemi del paziente agli eventi della loro vita attuale. Per esempio, se qualcuno dichiara di avere dolori persistenti alle spalle o alla schiena, chiedo sempre se si stanno trascinando una grosso fardello nella loro vita quotidiana. Invariabilmente, mi rispondono di sentirsi così a causa della loro vita famigliare, l'ambiente lavorativo, ecc. e si sentono molto sottopressione. Questa condizione emotiva si manifesta fisiologicamente nella forma di disagio sulla schiena o le spalle. Dolori ai polsi e alle mani può significare che nella loro vita sono attaccati a qualcosa che devono lasciare andare. Dolori ai fianchi, gambe e piedi significa che si trovano in una situazione dove possono scegliere di prendere una diversa direzione nella loro vita. Di solito ha a che fare con una decisione che potrebbe drasticamente cambiare la loro vita. Si manifesta come disagio in quella parte del corpo perché il subconscio gli sta dicendo che hanno paura di cambiare, di fare il passo successivo e quindi il dolore li trattiene fisicamente. Problemi allo stomaco sono solitamente causati dall'incapacità dell'individuo di "digerire" qualcosa che sta avendo luogo nella loro vita. Il cancro, specialmente agli intestini è una forma di ritenzione interna che causa stress e danneggia gli organi che non riesco a rilassarsi. Epilessia può essere una forma d'incapacità di gestire o elaborare grosse quantità d'energia presenti nel fisico.

Ho avuto clienti che soffocavano con l'assunzione di specifici alimenti o medicinali. In quei casi il subconscio diceva che non avevano bisogno di assumere quei medicinali perché avrebbero causato ulteriori problemi al corpo. Il riflusso che causava il soffocamento è una forma di rigetto per evitare l'assunzione di quei cibi o medicinali. Questo dimostra come il subconscio può a volte diventare drammatico e autoritario.

Mentre alcune delle risposte si possono trovare nelle circo-stanze quotidiane, la maggior parte del mio lavoro è concentrata sulle vite passate. Presenterò qui alcune regressioni "normali" per dimostrare come usarle al fine di riconoscere le soluzioni ai problemi che il paziente soffre nella vita odierna. Il resto del libro è focalizzato su regressioni eccezionali, fuori dal comune e come il cliente abbia beneficiato di queste informazioni.

Dobbiamo ricordare che queste esplorazioni non si posso applicare direttamente a tutti i casi, ne concepirle come l'unica causa dei sintomi o della malattia. Non utilizzeremo mai nessuna definizione sommari di questo tipo: "l'obesità è causata da …, o le emicrania provengono sempre da … ." Le spiegazione sono tanto varie quanto gli individui e il subconscio è estremamente intelligente nel gestire ogni situazione. L'ipnoterapeuta deve essere flessibile ed usare l'istinto per fare le domande più adatte. La risposta e la soluzione per un cliente può essere diversa per il cliente successivo.

Ecco un esempio dei problemi che le vite passate possono avere sul corpo nella vita attuale: molti casi di artrite provenivano dall'essere sottoposti al tavolo di tortura in prigioni sotterranee durante il medioevo. Gli uomini hanno dei precedenti di condotta pessimi e questo ce lo portiamo dentro nella memoria fisiologica.

***

Ricevetti una spiegazione molto interessante per i fibromi tumorali uterini. La paziente aveva subito multipli aborti. Aveva una ragione comprensibile visto che all'epoca aveva già molti figli, faceva molta fatica a lavorare e ad allevarli allo stesso tempo. Non si sentiva in grado di avere altri figli in quelle circostanze. Disse che l'aborto non la disturbava, tuttavia il suo corpo e il subconscio avevano un'altra opinione. Iniziò ad avere problemi di fibroide tumorale. Durante la seduta il subconscio disse che aveva accumulato più rimorso di quanto non credesse e che quei tumori rappresentavano i nascituri perduti. Dopo esser venuta a patti con il rimorso i tumori iniziarono a restringersi e sparirono senza il bisogno di un intervento.

Malattie sessuali: herpes/isterectomia/cisti su ovaie/prostata sono tracciabili ad abusi o eccessi da parte del sesso opposto durante altre vite. Questo si può anche interpretare come un metodo per allontanare il sesso opposto o una forma di auto-punizione. Una cliente aveva endometriosi e problemi genitali con ripercussioni sulla sua schiena. Non aveva avuto figli anche se era sposata da 19 anni. Il suo dottore voleva operarla per rimuovere le ovaie e le tube al fine di eliminare il disagio sessuale. Le sue vite passate rivelarono che problemi ai genitali femminili a volte possono sorgere da diversi cicli di vite vissute come preti o suore che dovevano osservare la castità. Causando la soppressione o repressione di stimoli e attività sessuali.

Voti espressi in altre vite possono avere una forte influenza. Specialmente i voti di povertà spesso possono trascinarsi nella vita presente e causare problemi di danaro. Questi devono essere riconosciuti come una necessità nella vita precedente, ma ora si possono rinunciare perché inefficienti.

A volte un individuo ha vissuto molte vite con lo stesso sesso e improvvisamente si trova nel corpo del sesso opposto. Finisco-no col sviluppare malattie o problemi come forma di rigetto del corpo, specialmente gli organi che hanno a che fare con gli ormoni. Ritengo che questa sia una spiegazione per l'omosessua-lità. Tutte quelle vite dello stesso sesso creano attaccamento e difficoltà d'adattamento in un corpo del sesso opposto.

***

Ho avuto moltissimi paziente che soffrivano di emicrania, che si possono spesso tracciare a vite passate in cui hanno sofferto un qualche trauma cranico. Colpi alla testa da parte di armi, animali or umani creano tracce mnemoniche che ricordano all'individuo di non ripetere nella vita presente errori che possono averli portati alla morte in una vita passata. Una caso era quello di una giovane donna che rivisse la vita di un giovane soldato morto durante la Guerra Civile Americana con un proiettile alla testa. Un altro caso in Inghilterra era quello di una donna che aveva sofferto di emicrania per tutta vita. Il dolore aveva origine dal naso, si estendeva verso la fronte e si espandeva a tutto il resto della testa. Nessun medicinale le dava alcun sollievo. Abbiamo trovato la causa in un colpo di spada ricevuto esattamente in quel punto, durante una delle numerose guerra combattute nei secoli in Europe. Semplicemente comprenderne l'origine fu abbastanza per eliminare il dolore fisico.

Un altro caso di emicrania, invece prese una piega diversa. Il cliente era un'agente di viaggio e come tale era in grado di viaggiare in tutto il mondo. I suoi mal di testa ebbero inizio dopo essere tornata da un viaggio in Indonesia. Fu una vacanza molto rilassante, e si era sentita come fosse a casa, così non fu in grado di correlare la vacanza con il dolore, anche perché nulla di spiacevole o traumatica ebbe luogo. Durante la regressione, ritorno ad una vita idilliaca in quella parte del pianeta con una famiglia meravigliosa e un uomo che l'amava moltissimo. Il subconscio spiegò che le memorie di quella vita meravigliosa si riaccesero al suo arrivo ed era turbata di doversene andare ancora una volta. Questo diede origine ai mal di testa. Desiderava tornare nel luogo dove aveva vissuto cosi felicemente. Il mio lavoro fu di convincere l'altra personalità che se fosse tornata a vivere in quei luoghi nulla sarebbe più lo stesso, perché le persone che amava non c'erano più e le circostanze erano cambiate. Non sarebbe stata in grado di riconquistare quella felicità, ma doveva trovarla nel momento presente; forse con quelle stesse persone, visto che spesso finiamo col reincarnarci con le persone che amiamo. Dopo questo chiarimento, i mal di testa scomparvero immediatamente e non tornarono più.

***

Ci sono molte spiegazione per l'eccesso di peso e l'obesità. Alcune sono facilmente prevedibili: l'individuo morì di fame in un'altra vita o causò ad altri di morire di fame. A volte l'eccedenza di peso è una forma di protezione. Il soggetto aumenta l'imbottitura per proteggersi da qualcosa (di attuale o percepito) o nel tentativo di diventare meno attraenti al fine di eliminare il rischio d'essere ferito. Il mio lavoro qui è di scoprire da cosa stanno cercando di proteggersi. Spesso il cliente è l'ultimo a comprendere queste cause, tuttavia quando vengono spiegate sotto ipnosi, il cliente comprende e riesce recuperare.

Ci sono stati alcuni casi di obesità con cause eccezionali. Una donna tornò ad una vita dov'era il leader di un clan in Scozia. Il ruolo era impegnativo e sentiva il peso delle molte responsabilità. Alla morte, l'uomo ancora schiacciato da queste responsabilità e lasciò trapelare un'importante indizio quando disse: "non mi libererò mai di queste responsabilità". Parole importanti che il subconscio prese seriamente e trasmigrò alla vita presente.

Un caso inusuale è descritto in Legacy From the Stars (Eredità Stellare). Qui una cliente vide se stessa come un alieno schiantatosi sulla Terra a causa di un incidente e curato dai nativi del luogo. Aveva molte inconsuete abilità che attraevano l'atten-zione. Una di queste era la capacità di fluttuare inaspettatamente causata dalla differenza nella gravità Terreste. Anche se non aveva molto senso, questo creò il desidero di aumentare di peso per evitare d'attrarre attenzione a causa di questi eventi sporadici.

Un'altra spiegazione inusuale all'obesità si presentò quando Rick, un cliente, cercò il mio aiuto per questo problema. Nulla sembrava funzionare, specialmente diete speciali che gli imponevano di mangiare un cibo specifico ad esclusione di altri. Durante la regressione andò direttamente ad una vita in qualche tipo di civilizzazione antica. La descrizione delle abitazioni e delle costruzioni non si avvicinava a nulla di cui avessi mai letto prima. Alcune delle sue descrizioni mi ricordarono gli Aztechi, specialmente le ultime scoperte archeologiche. C'era un cortile rettangolare circondato da strane strutture utilizzate come panchine, simili a gradinate. Un atleta di ogni comunità parteci-pava al gioco. Rick era uno degli atleti che allenavano per questo gioco. Questo gioco era molto importante perché decideva chi sarebbe stato il leader tra le due comunità fino alla stagione successiva. Ogni stagione il leader cambiava a seconda del vincitore del gioco. Rick aveva una strana uniforme e il suo volto era coperto da strisce di colore. Il gioco sembrava simile al basket. Correvano nel cortile con una palla e dovevano farla passare attraverso un cerchio di pietra montato a lato del cortile. Ecco perché ho pensato agli Aztechi, perché gli archeologi dichiarano di aver scoperto un campo da gioco in Messico dove gli Aztechi giocavano a palla. Tuttavia dichiarano che si giocava con una testa umana che doveva passare attraverso il cerchio di pietra. Se questo è lo stesso gioco, può essere che nel tempo sia deteriorato all'uso di teste umane. Può essere che gli archeologi si siano sbagliati.

Rick era un atleta eccellente e vinceva consecutivamente. Di conseguenza la sua comunità determinò il leader per molte, molte stagioni. Non gli piaceva lavorare cosi duramente e spesso preferiva che fossero i leader stessi a giocare per la loro vittoria. Non gli era permesso sposarsi, e gli avevano imposto una dieta molto limitata che lo manteneva in una forma fisica perfetta. Era invidioso degli altri perché potevano socializzare e mangiare ciò che volevano. La sua dieta consisteva di carne di tartaruga, una qualche radice bianca, fiumi d'acqua e un liquido amaro bianco estratto da una pianta carnosa. Doveva bere questo liquido ogni mattino e ogni sera. Lo rendeva un po' assonnato, ma era essenziale perché manteneva i suoi muscoli tonici. Ne odiava il sapore al quale non si era ma abituato.

Alla fine si stufò di giocare e cercò un modo di uscirne. La gente lo amava ma si stava annoiando delle sue costanti vittorie. Alle altre comunità non piaceva, perché non avevano la possibilità di regnare. Aveva deciso di perdere, ma non poteva essere troppo ovvio. Quando iniziò a perdere decisero di rimpiazzarlo. A quel punto gli permisero di vivere una vita normale, inclusa la dieta. Decise di andare a vivere con la comunità opposta perché finalmente erano entusiasti di avere la possibilità di regnare. Così notò che i loro atleti non avevano una dieta ristretta ma mangiavano ciò che volevano. Era felice là, ma morì da lì a poco. Mentre stava morendo si sentiva gli intestini bruciare. Lo sciamano disse che era il risultato del liquido bianco che era stato forzato a bere per tutti quegli anni; aveva danneggia-to il suo organismo.

Dopo aver parlato al subconscio, la connessione tra quella vita e i sui problemi di peso divenne palese. Il subconscio disse che quel liquido era una droga, un narcotico che provocava un aumento dell'attività cardiaca, così come un aumento dell'attività metabolica al fine di migliorare la muscolatura ed aumentare la sua velocità. Ma gli procuro delle ulcere intestinali e questo è ciò che lo uccise. Quando chiesi aiuto al subconscio per i suoi problemi di sovrappeso, disse che non sarebbe stato semplice. C'erano molte variabili in gioco ed erano tutte intrecciate. A causa dell'autorità (il leader) che lo forzò a fare qualcosa che non era nel suo interesse, aveva imparato ad essere sospettoso e non diffidare dell'autorità (governo, chiesa, dottore, ecc.). Inoltre la nutrizione era associata al piacere e all'intrattenimento sociale. Sarebbe stato difficile separare tutte queste componenti, inoltre era in buona salute e il subconscio non riteneva ce ne fosse bisogno. Era ovvio perché Rick non riuscisse ad adattarsi a diete restrittive che lo limitavano a mangiare solo un tipo di cibo. Era una rara tipologia di obesità difficile da gestire.

Quando Rick uscì dalla trance non ricordava nulla, ma iniziò a bere acqua perché aveva un saporaccio amaro in bocca. Disse che gli ricordava di un tempo quando da bambino andava ad esplorare i boschi con i suoi amici e dopo aver trovato una pianta grassa l'assaggiarono. (Ero meravigliata, molte piante nel bosco sono velenose) Era amara. Allora gli dissi del liquido bianco che aveva bevuto per anni in quella vita passata. Questo sapore era tornato a galla e dopo qualche bicchiere d'acqua era apposto.

***

In molti casi di asma ho trovato una connessione a vite passate dove il soggetto moriva di soffocamento o qualche problema con i polmoni e la respirazione (tipo problemi ambien-tali: polvere, sabbia, ecc.). Uno di questi casi ebbe luogo nei primi anni della mia pratica. Un dottore che aveva attacchi d'asma da anni venne a vedermi. Usava un inalatore, ma sapeva che era una dipendenza cosi stava cercando un'alternativa. Ne sapeva abbastanza di paranormale e metafisica per dedurre che la risposta doveva essere nel suo passato. Tornò ad una vita dove viveva in una giungla in Africa. Questo era il periodo in cui i francesi stavano minando l'asbesto nel sottosuolo. Catturavano gli indigeni e li portavano nelle miniere per lavorare come schiavi. Era uno di questi schiavi e la costante esposizione alle fibre dell'asbesto dovuta alle procedure di scavo creava sintomi fisici agli indigeni. Come sanguinare dalla bocca a causa dei danni polmonari. Questo causava problemi respiratori che portavano alla morte. Quando questo accadeva, i francesi li scaricavano nella giungla e ne catturavano altri. Lui iniziò ad avere i sintomi dell'intossicazione e sapeva che sarebbe morto d'irritazione polmonare. Nella sua cultura non era sbagliato commettere suicidio se si era in una condizione insopportabile, cosi si pianto un paletto nella spalla destra e morì.

Dopo aver comunicato col' subconscio divenne chiaro che la memoria di quella vita era trasmigrata e durante periodi di stress il problema respiratorio sarebbe ritornato nella forma d'attacchi d'asma. Ora che il dottore comprendeva da dove aveva origine il problema, lo poteva eliminare. Dopo essere uscito dalla trance disse: "Mi son sempre chiesto perche ho dei dolori qui." Stava massaggiando l'esatta posizione dove si era piantato il paletto. Successiva, questo dottore divenne un buon amico e circa quattro o cinque anni dopo la seduta gli chiesi dell'asma. Sorrise e disse: "Ah, giusto! Avevo l'asma, no? "

***

Molte paure e fobie si possono facilmente collegare al modo in cui una persona morì in una vita passata. Vertigini, paura del buio, claustrofobia, agorafobia sono facili da comprendere se si osservano da questa prospettiva. Uno di questi casi (tra le centinaia su cui ho lavorato) era una donna claustrofobica. Aveva il terrore d'essere legata alle mani e ai piedi e non riusciva a dormire senza svegliarsi ogni ora. Ebbe un "dejà vu" mentre stava visitando il sito storico nazionale a Fort Smith in Arkansas dove si trovano un vecchio museo e palazzo di giustizia. Il terribile giudice Parket, noto come "l'impiccatore", tenne qui i suoi processi dal 1875 al 1897. Le celle e la forca erano state preservate e ricostruite. Sapeva d'esserci passata ed era stata un'esperienza terribile. Il suo viaggio sul luogo fu un'esperienza misteriosa.

Durante la seduta ritornò ad una vita in cui era un soldato Confederato che era stato catturato assieme a molti altri. Vennero stipato in una stanza oscura con finestre minuscole. La paura di avere mani e piedi legati era connessa all'esser stata incatenata al muro. L'incapacità di dormire senza svegliarsi era causata dal non dormire in quella situazione e dalla paura di ciò che sarebbe successo. Nei pochi giorni successivi vennero tutti impiccati.

Questo caso è solo un esempio di come le esperienza di dejà vu possono essere un ricordo inconscio di una vita passata. Lo stesso vale per l'attrazione verso certe culture/paesi o periodi storici. Queste ossessioni non sono sempre negative, ma trascinano con se una forte emotività che rimane immutata attraverso varie vite.

***

Un'altra cliente, una infermiera con un master in psicologia, stava andando da un terapista da molto tempo per trovare risposte al suo problema, ma senza successo. L'unica conclusione accetta-bile era che fosse successo qualcosa durante la sua infanzia di cui non si ricordava. Ma questo non rispondeva alla sua domanda. Aveva problemi col figlio maggiore. Non era sposata quando scoprì d'aspettarlo e voleva avere un aborto. Il padre del bambino alla fine decise di sposarla e la convinse a tenerlo. Ma fin dal momento della sua nascita aveva avuto la sensazione di minaccia e intimidazione. Pensò che forse il bambino aveva compreso che aveva tentato di abortirlo. Anche se ora era un adulto c'erano ancora dei problemi.

Durante la seduta andò immediatamente ad una scena e si identificò con un uomo estremamente rabbioso. Aveva le mani sul collo di qualcuno e stava cercando di soffocarlo. Dopo aver visto chi era la vittima, disse che era suo figlio nella vita attuale. Lo aveva scoperto con sua moglie e lo stava uccidendo. Improvvisamente esclamò che la moglie era sua madre in questa vita, con la quale aveva una pessima relazione. Uccise l'uomo che ora era suo figlio. Le autorità lo presero ed imprigionarono in una cella orribile, senza finestre e piena di ratti e scarafaggi. Sporchissima e tristissima. Alla fine morì in quella cella. Il figlio ritorno con lei in questa vita per poter risolvere questo karma negativo. Tuttavia ritornò con moltissimo risentimento nei suoi confronti. Non c'era da meravigliarsi se si sentiva minacciata.

Nella sua vita attuale non riusciva a comprendere il suo totale disgusto verso gli alcoolizzati. L'odore dell'alcool, il modo in cui parlavano e agivano li trovava davvero repellenti. Quando chiesi di questo, associò l'alcool con la scena in cui stava stroz-zando l'altra persona. Forse entrambi avevano bevuto e questo aveva peggiorato lo stato di rabbia estrema. Qualsiasi cosa fosse successa, risultò in conseguenze terribili. Così dovette tornare in questa vita con tutte le persone coinvolte per appianare il karma negativo. Comprendendo e vedendo che tutto ciò apparteneva ad una vita passata, riuscì a perdonare se stessa e tutti gli altri. Riuscì a lasciarlo nel passato e questo risolse l'intero problema.

Grazie al mio lavoro ho scoperto che ci sono tanti modi per ripagare il karma, quante sono le stelle nel cielo. Ma il modo meno desiderabile di ripagare un omicidio è di tornare ed essere ucciso dalla tua vittima. Questo non risolve nulla, semplicemente produce altro karma e mantiene la ruota in movimento. Mi hanno detto che la maniera migliora per un assassino di ripagare per il suo crimine è "dolcemente", con l'amore. Per esempio, la perso-na che ha commesso il crimine verrebbe messa nella posizione di doversi prendere cura della vittima. Potrebbero dover dedicare la loro intera vita a prendersi cura della vittima: un genitore dipendente, un bambino andicappato, ecc.. Non avrebbero il permesso d'avere una vita loro. Ritengo che sia un metodo ben più saggio di ripagare che il vecchio "occhio per occhio".

Il suo psicologo non era contrario alla terapia regressiva, semplicemente non ci credeva. Tuttavia non sarebbe stata in grado di scoprire la causa di questi problemi nemmeno in un milione d'anni attraverso la terapia tradizionale. Mi sarebbe piaciuto essere una mosca sul muro per vedere la sua faccia quando lei diceva che non aveva più bisogno dei suoi trattamenti perché aveva trovato le risposte nella terapia regressiva.

***

Un altro caso a New Orleans, di una giovane donna sovrap-peso che disperatamente voleva aver un figlio. Aveva assunto medicinali per la fertilità, ma senza risultati. Aveva dei seri problemi mestruali e a volte le sue perdite duravano per un mese. L'unica soluzione era di somministrarle pillole anticoncezionali per regolare il suo ciclo, ma questo andava contro il suo desidero di concepire. Inoltre stava cercando di perdere peso. Durante la regressione feci domande relative alla sua infertilità. Il subcon-scio disse che durante l'ultima vita era un genitore adottivo con undici bambini a carico. Non appena uno se ne andava, ne arrivava un altro. Era molto brava con i bambini e adorava prendersene cura ma in questa vita le stavano dando una pausa. Dissero di non preoccuparsi, avrà un figlio. Stavano regolando il suo corpo e stava tornando alla normalità. Il sovrappeso era un test che doveva superare, specialmente nel passaggio verso l'età adulta, per vedere se era in grado di sopportare la malizia e le cattiverie di cui perfino gli adulti erano capaci. Aveva passato il test e le era permesso perder peso. Il corpo sarà in buone condizione e riuscirà ad avere un bambino. E ovviamente, il bambino verrà al momento giusto.

Inoltra, per tutta la sua vita era sempre stata eccessivamente sensibile, con periodi di depressione, sentendosi sola e abbandonata. Scoppiò a piangere e non riusciva a fermarsi. Leggendo dai suoi appunti, mi disse che si sentiva molto vuoto dentro. Spesso mi sento come se la vita che sto facendo sia noiosa e blanda. A volte mi sembra di riposare. Altre volte mi sembra di aspettare che arrivi qualche calamità. C'è sempre questa tristezza di sottofondo. Come la identifico e cosa faccio per cambiarla? L'infelicità è sempre stata una parte di me fin dall'infanzia, otto nove anni d'età. Il subconscio disse qualcosa di molto interessante. Disse che avrebbe dovuto avere una sorella gemella. L'altra entità aveva deciso di venire in questa vita insieme a lei, ma all'ultimo momento cambiò idea e decise di venire in questo momento. Così l'altro "corpo" non si sviluppò e lei fu l'unica a nascere. Per tutta la vita, a livello inconscio, sentiva che l'altra entità, il gemello che non era nato, l'aveva abbandonata. C'era questo sentimento di tristezza, come se mancasse qualcosa, insieme alla depressione. Questa era la ragione: le mancava l'altra entita' che avrebbe dovuto accompagnarla in questa vita. Non dissi nulla, ma continuavo a chiedermi se fosse possibile che il bambino che avrebbe avuto fosse quella stessa entità che finalmente aveva deciso di incarnarsi.

Quando ne parlammo a sua madre, ne rimase molto sorpresa, perche non aveva avuto alcuna indicazione del feto mancato. I dottori non le avevano detto che c'era la possibilità di avere dei gemelli. La mia cliente era nata nel 1972. All'epoca non so se controllavano la presenza di "gemelli fantasma" o del "gemello sparito" come fanno oggi giorno. Dopo, mentre stavamo cenando tutti assieme, sua madre disse che durante il parto c'era il sostituto del suo dottore. Probabilmente il suo dottore le avrebbe detto della presenza di un altro feto. Presumo che non lo sapremo mai.

Ho avuto casi d'infertilità dovuti al trapasso durante il travaglio in una vita precedente. Un tentativo del subconscio di prevenire il ripetersi di queste circostanze. A volte il subconscio usa una strana logica.

***

Questa regressione ebbe luogo a San Jose, California, nel Maggio del 2000. Una donna soffriva di depressione ed estrema tristezza da una vita. C'era un ciclo ripetitivo di abbandono, rifiuto, sentirsi inadeguata, abnegazione, il "figlio rinnegato"? Era stata abbandonata da bambina ed era cresciuta in un orfanatrofio. Aveva avuto problemi con uomini, matrimoni, lavoro, il perenne sentimento di non essere buona a nulla e d'essere incapace di ottenere qualcosa. Inoltre soffriva di emicrania, che avevo iniziato a pensare fossero un modo di punire se stessa. Una persona molto triste e pietosa.

Rivisse una vita molto importante che chiarì la sua condizione. Si vide correre attraverso le strade di una città con un bambino di un anno tra le braccia. Tutti stavano correndo freneticamente e gridando, perché' c'erano dei soldati a cavallo che li stavano assalendo. Presunsi che fosse un qualche tipo d'invasione. Nel tentativo di salvarsi, stava cercando di un posto dove nascondersi. Il bambino stava piangendo e lei aveva paura che per questo li avrebbero trovati. Così appoggiò il bambino sul pavimento vicino ad un muro e corse a nascondersi dentro ad un edificio. Pensò che sicuramente nessuno avrebbe fatto del male al bambino. Ma mentre osservava i soldati a cavallo discesero su quella strada e lo uccisero. Rimase cosi traumatizzata dal dolore che non fece una piega quando la trovarono e stuprarono, prima di ucciderla. Accusò se stessa per la morte del bambino, pensan-do che avrebbe dovuto tenerlo con se. In ogni caso, sarebbero morti entrambi, ma lei a questo non ci pensò. Continuava ad incolpare se stessa per la morte del bambino, era distrutta perfino dal lato spirituale. Si portò dietro il dolore e il tormento anche ine questa vita e mantenne lo schema di auto-punizione. Le chiesi se era in grado di perdonare il soldato per aver ucciso il bambino? Disse di si, perché stavano solo facendo la loro roba da uomini. Ma non avrebbe mai potuto perdonarsi per aver lasciato il bambino. Dopo una lunga discussione col subconscio, alla fine iniziò a perdonar-si. Fu molto difficile, ma mi diede un grande sollievo quando alla fine ci riuscì. Dopo la seduta, discutemmo un po'; le dissi che era da troppe vite che si stava odiando ed era ora di lasciare andare. Inoltre scommetto che se l'avessi portata a qualche vita precedete a quella, l'avrei trovata che stava ripagando il karma per aver fatto qualcosa di simile come un soldato. Ciò che va, torna. Senti un tremendo sollievo dopo la seduta. Il sentimento di abnegazione era sparito ed era rimpiazzato dalla speranza e dall'accettazione. Era ovvio che aveva raggiunto una svolta nella sua vita. Era tempo di smettere di punire se stessa ed iniziare a vivere.

***

La prossima regressione ha a che fare con una giovane e affascinante donna Ceca che vive a Londra. Stava studiando metafisica al College of Psychic Studies da anni, ma non aveva ancora conseguito alcuna laurea. Conosceva i contenuti, ma si fermava sempre poco prima dell'esame finale o della tesi. Il suo problema principale era eczema, su tutto il corpo. L'aveva avuto fin da quando aveva solo 3 mesi di vita. Tutti i tentativi dei dottori erano andati in vano. Venne anche ospitalizzata per alcuni mesi nel tentativo di scoprirne la causa. Le avevano prescritto degli steroidi, ma avevano dei forti effetti collaterali. Aveva provato con la medicina Cinese che le diede un minimo sollievo e anche un'infezione allo stomaco. Stava utilizzando una crema che ne diminuiva l'apparenza sul viso. Nelle condizioni peggiori il suo intero corpo le dava prurito e bruciore. Stava cercando aiuto con questo problema, anche se l'aveva avuto per tutta la vita ed era ormai parte di lei. Si sentiva come se rimuoverlo, equivalesse a rimuovere una parte di lei. Doveva essere sostituito da qualcos'altro.

Non appena entrò in trance profonda vide una luce brillante e realizzò che si trattava di un fuoco. Il fuoco era ai suoi piedi e si stava estendendo al resto del suo corpo. Questo la stava turbando cosi la spostai dove poteva osservare la scienza oggettivamente. Vide che era (un uomo) legato insieme ad altri a dei pali vicino ad una foresta e li stavano bruciando vivi. Rivivendo la scena dall'inizio vide che questo gruppo di individui viveva in una grande proprietà ed erano agnostici. Avevano una vita pacifica, studiavano e scrivevano in grandi libri, senza infastidire nessuno. Tuttavia gli ufficiali pensarono che fossero pericolosi e che stessero lavorando con il diavolo. Gli ufficiali vennero incitati dalla comunità religiosa, che li vedeva come un pericolo. Una notte vennero svegliati dall'intrusione di cani e uomini nella casa. Lui e altri scapparono attraverso i boschi, inseguiti da cani e umani per poi esser catturati. Vennero trasportati in paese e orribilmente torturati, per fargli rivelare dove avevano nascosto i libri. Durante questa tortura il suo volto fu danneggiato, special-mente la mandibola e gli occhi (che avevano dato problemi alla giovane donna nella sua vita attuale). Alla fine, quando non riuscirono più a cavar loro alcuna informazione, gli gnostici vennero portati in un salone per ricevere un finto processo. A quel punto non era più in grado di partecipare al processo o rispondere alle accuse, a causa del dolore e dell'agonia che lo disorientavano. Rimasi seduto in uno stato catatonico e ascolto ciò che stava accadendo come fosse in un sogno. Non importava in ogni caso visto che il processo era solo un farsa, un formalità. Cosi li portarono in un campo vicino ai boschi e li brocciarono vivi. Lui e gli altri non avevano fatto nulla. L'unica cosa che avevano era della conoscenza segreta che stavano cercando di preservare. Disse che alcuni dei libri erano stati nascosti dove la gente di quel tempo non li avrebbe mai trovati.

Questo è accaduti un'infinità di volte nella storia umana. Ci sono sempre stati gruppi di agnostici che cercavano di preservare la conoscenza e c'era sempre qualche altro grupp che cercava di acquisire quella conoscenza per usarla secondo i loro fini. Questa è la vera ragione dei "processi alle streghe" durante l'Inquisizio-ne. La chiesa stava cercando di eliminare i gruppi che possedeva-no della conoscenza segreta di cui non era riuscita ad imposses-sarsi. Ora sappiamo che nulla va mai perso. La conoscenza era nascosta nel luogo più sicuro di tutti: il subconscio umano.

Il subconscio riconobbe che vedere il fuoco divampare in tutto il corpo era la ragione dell'eczema. Il bruciore e il prurito erano simbolici di quella morte. Era facile capire perché non era in grado di finire i suoi studi metafisici in questa vita. Inconsciamente aveva paura che la stessa tragedia si sarebbe ripetuta se avesse ottenuto la conoscenza. Tuttavia questo non l'aveva trattenuta dalla ricerca e dallo studio. Dovetti convincere l'inconscio dell'improbabilità che la tragedia si potesse ripetere, perché stava vivendo in un periodo di tempo completamente diverso. Inoltre l'eczema poteva essere rimosso perché ne aveva riconosciuta la causa e non ce n'era più alcun bisogno.

Ricordai la sua affermazione: "se fosse rimosso, dovrebbe essere sostituito con qualcos'altro. Le mostrarono un'altra vita in Olanda durante la quale aveva un corpo forte e sano. Adorava quel corpo, cosi il subconscio le suggerì di sostituire l'eczema con quel corpo sano e bello. Questo la rese molto felici e accettò lo scambio.

***

Una cliente aveva un dolore alla zona lombare dovuto ad un'ernia al disco e i suoi dottori volevano operarla. Rivisito' una vita in cui era un soldato di colore durante la guerra in Korea. C'erano esplosioni di bombe tutt'intorno. Venne colpito alla schiena e cadde in una trincea piena d'acqua. Paralizzato, non riuscì ad uscire ed annegò. Tornò indietro troppo presto e si portò dietro quella memoria nella schiena. Questo, inoltre spiegava la sua paura degli spazzi chiusi e del sentirsi senz'aria (e di bronchiti occasionali)

***

Grazie al mio lavoro ho scoperto che ci sono più anime in attesa di un corpo andicappato che di uno normale. Questo è facile da comprendere dal punto di vista dello spirito. La strategia della reincarnazione sulla Terra è di ripagare più karma possibile in una vita, per evitare di dover ritornare continuamente. Con un corpo andicappato si può pagare più karma. L'anima e coloro che se ne prendono cura (genitori, ecc.) imparano molte lezioni. Queste persone hanno accettato prima di reincarnarsi che si sarebbero presi cura di quest'individuo e l'avrebbero aiutato il più possibile. Nella vita tutto ha a che fare con imparare delle lezioni, anche se alcune sono più difficili d'altre. Inoltre, che lezioni stanno imparando tutti coloro che vedono la persona andicappata? Come risponde l'osservatore? Gli andicappati insegnano a tutti coloro con cui entrano in contatto. Quindi non devono essere compatiti o evitati. Devono essere accettati e ammirati per aver scelto un sentiero difficile in questa vita.

***

Gli orfani sanno che saranno adottati, viene pianificato tutto e dall'altro lato si fanno dei preparativi perfino tra genitori biologici e adottivi. I genitori biologici hanno accettato di dare i geni per generare il corpo fisico e accettano di imparare una lezione nell'abbandonare il neonato. I genitori adottivi accettano di allevare il neonato nell'ambiente in cui aveva deciso di crescere per riuscire ad assimilare le lezioni da imparare in quella vita. Tuttavia questi piani non sono mai rigidi. C'è sempre un elemento di libero arbitrio (non solo la persona, ma chiunque entrino in contatto). Tutti coloro che sono coinvolti possono cambiare il risultato.

***

Il prossimo caso ha a che fare con il mio primo amore: la scoperta di conoscenza perduta o sconosciuta. E' un interessante elemento di una probabile storia passata.

Un cliente Inglese, era direttore di una società di stampa ed era bravissimo con le persone e con le negoziazioni. Tuttavia si sentiva intrappolato dal suo lavoro e dalle sue responsabilità, specialmente il matrimonio. Aveva sviluppato l'abitudine inquietante di sbattere le palpebre degli occhi. Questo tic lo infastidiva e pensava che lo facesse sembrare strano mentre parlava con i clienti. Inoltre sensibile alla luce e pretendeva che fosse solo un irritazione agli occhi.

Principalmente voleva sapere se doveva cambiare la direzione della sua vita, trovare un altro lavoro e magari lasciare la moglie e i quattro figli per vivere con la sua amante. Questi dubbi potevano essere il risultato della sua età (aveva 40 anni), quando la gente inizia a dubitare la propria direzione e a pensare che "hanno perso il treno". Aveva molti hobby pericolosi: parapendio, scuba-diving, rock-climbing. Adorava l'adrenalina e il pericolo di questi passatempi all'opposto del suo lavoro (che ora gli sembrava noioso).

La sua regressione fu molto strana, e ancora mi chiedo se abbiamo raccolto delle informazioni prima sconosciute sulla storia della Seconda Guerra Mondiale. Prima tornò ad una vita mondana come maniscalco vivendo felicemente con la sua famiglia in una piccola cittadina nell'America dell'Ovest. Non c'era nulla d'insolito a proposito di quella vita, cosi gli chiesi di giungere ad un giorno importante. Immediatamente sospirò orripilato e disse che stava vedendo il fungo nucleare di una esplosione atomica mentre saliva nel cielo. Poi ci fu una luce molto luminosa che lo sopraffece. Ovviamente, pensai che doveva essere l'esplosione atomica di Hiroshima o Nagasaki, perché erano le uniche di cui ero a conoscenza. Ma non lo era. Esclamò: "Era troppo potente! Devono aver fatto un errore! Era molto più potente di quando avessero calcolato!" Era assolutamente scioccato, poi inizio ad avere convulsioni, a tremare e dimenarsi. Non riusciva a parlarmi perche era completamente immerso nelle reazioni fisiche. Misi la mia mano su di lui per calmarlo e gli chiesi di rimuovere se stesso dalla scena per vederla da una possizione obbiettiva, cosi che potesse spiegarmi cosa stesse succedendo. Ci vollero alcuni minuti prima che fosse in grado di riuscirci. Era cosi avvolto dalle vibrazioni e dalle convulsioni che non era in grado di parlare. Proprio come se fosse stato colpito da un'enorme onda d'urto. Quando alla fine fu in grado di parlare, disse d'esser stato il membro di un team scientifico che stava sperimentando questa tecnologia. Tutto ciò ebbe luogo in Germania, il che mi sorprese. Erano tra le montagne ed avevano un laboratorio in una valle tra due picchi. Pensava di essere Russo invece the Tedesco. Ogni scienziato aveva un pezzo della formula o dell'equazione. Dovevano combinare i pezzi della formula per farla funzionare. Non potevano riuscirsi individualmente perche non conoscevano le parti a loro mancanti. Era stato scelto per partecipare grazie alla sua eccellente conoscenza della fisica e della matematica. Gli scienziati comprendeva il concetto sulla carta, e il modello di lavoro, ma non avevano ancora provato a crearlo. Erano coinvolti in una guerra e stavano ricercando una nuova arma. Non importava se sarebbero morte delle persone perché stavano cercando di salvare la loro stessa gente. A quanto pare stavano sperimentando quando quando ebbe luogo l'esplosione (per errore o intenzionalmente). Lui rimase allibito dalla potenza dell'esplosione, non pensava che sarebbe stata cosi devastante. Pensava che stessero lavorando su qualcosa che potesse annichilire una vasta area, ma si rese conto che avrebbe potuto radere al suolo un'intera città o più. Era altamente più potente di quanto si fossero immaginati. Mentre guardava la segna dall'alto vide che non era rimasto nulla. Il laboratorio e tutto il complesso vennero totalmente distrutti. Finche guardava da questa posizione era in grado di parlarne coerentemente ed obbiettivamente. Ma se parlava dell'esplosione e ritornava sulla scena, ritornavano le convulsioni e l'agitazione. Cosi tutte le volte dovevo calmarlo e riportarlo ad una prospettiva sicura.

Il subconscio disse che gli era permesso rivivere questa vita per fargli vedere che se poteva sopravvivere a qualcosa di questa magnitudine allora nulla avrebbe potuto mai danneggiarlo. Sarebbe in grado di sopravvivere qualsiasi situazione che la vita gli potesse presentare (anche se letteralmente non era sopravvis-uto, la sua anima ne uscì unscathed). Questo spiegava il tic agli occhi e l'avversione alla luce quando si trovava in situazioni stressanti nella vita attuale. Stava cercando di ricordagli che poteva gestire qualsiasi cosa. La Germania stava sperimentando con la bomba atomica prima o contemporaneamente agli Stati Uniti? Alcuni amici mi hanno detto che i Tedeschi stavano sperimentando con "l'acqua pesante". Forse questa e' la ragione per cui non ebbero successo. Forse i loro massimi luminari, che avevano tutti i pezzi della formula, vennero uccisi in questo fatale esperimento e non c'era modo che potessero ristabilire un altro laboratorio in breve tempo per ritornare alla sperimentazione. Le persone che leggono di questa seduta, dicono che qualcuno si sarebbe accorto del fungo atomico e delle ripercussioni. Forse no. Noi abbiamo sperimentato a White Sands, New Mexico, per anni prima che la bomba fosse sganciata in Giappone. Conducevano esplosioni sperimentali nel deserto. Se qualcuno avesse visto la nuvola da lontano, probabilmente non avrebbe saputo cosa fosse. Ricordiamoci che lo sviluppo della bomba atomica era il progetto di massima priorità e sicurezza durante tutta la guerra. Solo coloro che erano nella posizione di sapere sapevano qualcosa fino allo sgancio della bomba sul Giappone. Forse la stessa cosa stava avendo luogo in Germania. Disse che il laboratorio si trovava in una zona isolata tra le montagne. Forse (proprio come a White Sands), erano il più lontano possibile dalla civilizzazione, quindi nessuno ne poteva essere a conoscenza. Se avessero visto l'esplosione non avrebbero saputo di cosa si trattasse, perché non esisteva alcun punto di riferimento per riconoscere questo tipo di evento. I normali bombardamenti erano assolutamente orribili. Anche per la Germania questo doveva essere un progetto di massiva segretezza. Dopo la guerra, i maggiori scienziati Tedeschi immigrarono negli Stati Uniti, per lavorare sul nostro progetto lunare. Sappiamo che stavano sperimentando ed ebbero successo nel tentativo di lanciare i primi razzi (V 2s) durante la Seconda Gurerra Mondiale. Ritengo che sia interamente plausibile che stessero sperimentando sulla bomba atomica, ma li abbiamo battuti sul tempo. La nostra bomba atomica originariamente doveva essere sganciata sulla Germania, ma la guerra finì prima che fosse pronta, cosi dovettero sganciarla sul Giappone per vedere se funzionava. Questo è un fatto storico (Vedere il mio libro

Un Anima Ricorda Hiroshima). Ritengo che sia accettabile l'ipotesi che entrambi i paesi stessero lavorando in segreto a questo progetto e fossero consapevoli dei reciproci progressi.

***

Tutti questi casi riportarono risposte che non sarebbero mai state accettate o nemmeno prese in considerazione dalla logica della comunità medica. Tuttavia hanno una logica perfetta dal punto di vista del subconscio. Inoltre dimostrano come il terapista dava convincere questa parte del paziente che la causa del problema non è più presente; che quella causa appartiene ad un altro corpo ormai non più esistente. Non ci sono libri che inse-gnano al terapista cosa dire o fare. Tutto ha luogo sul momento e nella maggior parte dei casi col "buon senso", specialmente nel cercare di gestire una situazione inaspettata. L'obbiettivo fondamentale deve rimane sempre la massima protezione e sicurezza per il paziente. Dobbiamo praticare secondo lo stesso giuramento dei membri della professione medica: "Prima di tutto non creare alcun danno!"

Questi sono alcuni esempi tra le migliaia di casi su cui ho lavorato. Ho cercato di scegliere quelli che dimostravano una diversità di spiegazioni per problemi fisici e di altro tipo che un cliente potrebbe avere e come si possano ricollegare ad un'altra vita. Inoltre, questo dimostra la facilità con cui si possono gestire grazie all'inestimabile aiuto del subconscio del paziente. Gli scettici diranno che la persona stava fantasticando una qualche storia per spiegare il problema fisico. Se fosse cosi, perché scegliere qualcosa di cosi bizzarro (e spesso macabro) per trovare una spiegazione? Ci sono modi molto piu semplici di crearsi una esistenza fantasiosa. Se si guardano questi casi obbiettivamente si noterà che non esibiscono caratteristiche fantasiose. Anche se fosse la loro immaginazione, la cosa più importante è che hanno trovato la risposta ai loro problemi. E in quella risposte hanno trovato libertà. Questa è la mia più grossa soddisfazione per tutti gli anni di lavoro: essere in grado di aiutare gli altri.

Ovviamente, le domande sono una parte essenziale dell'intero processo. "Loro" mi hanno detto molte volte che il modo in cui si fanno le domande è di estrema importanza. Fare le domande diventa un'arte. Se non faccio la domanda correttamen-te ricevo solamente delle informazioni parziali o di nessuna rilevanza. La domanda deve essere articolata precisamente, questo è ciò che ho imparato a fare per una trentina d'anni, mentre sviluppavo la mia tecnica. La pratica è molto importante per lo sviluppo di qualsiasi modalità terapeutica.

Dopo aver accettato la realtà del concetto della reincarna-zione una persona deve comprendere che la Terra non è l'unica scuola che si possa scegliere. Abbiamo tutti avuto delle vite su altri pianeti e perfino altre dimensioni dove è possibile esistere senza un corpo fisico. E' possibile essere dell'entità energetiche. Non siamo limitati dal mondo fisico chiamato Terra. Qualsiasi cosa è possibile. Questo è ciò che esploreremo nei prossimi capitoli. Altri mondi, altre realtà, altre possibilità.

Questo capitolo era focalizzato su casi di terapia regressiva "normale". Il prossimo capitolo sarà centrato su casi "anormali" o inusuali, dove il cliente ottiene informazioni utili per gestire i propri problemi, anche se il subconscio gli ha fatto vedere scene difficili da comprendere. Inoltre sporadicamente hanno offerto informazioni preziose per la mia insaziabile curiosità di ricercatrice dell'ignoto e della conoscenza perduta.

SEZIONE SECONDA

ANTICA CONOSCENZA E CIVILIZATA' PERDUTE

CAPITTOLO 3

LA GENTE DEI GATTI
(UNA DIVERSA SFINGE)

Questa fu una seduta privata che condussi nel Giugno 2001, in Kansas City, Missouri presso la Unity Church Convention. Con la mia tecnica ipnotica regredisco i clienti ad una vita passata facendoli scendere da una nuvola bianca. Di solito si possono anticipare i risultati, soprattutto in dura normale terapia verso una vita passata. Tuttavia, spesso i risultati sono inconsueti e può succedere qualsiasi cosa. Questa è la parte esilarante del mio lavoro, perché non ho mai la minima idea di dove il paziente atterrà. In questo caso, quando Jane scese dalla nuvola era sorpresa e confusa di trovarsi in Egitto. Poteva vedere le piramidi ma la sua attenzione era focalizzata su un tempio meraviglioso eretto su un piedistallo li vicino.

"Le piramidi ora sono danneggiate. Sembrano vecchie. Le vedo come sono adesso, ma le avevo viste allora, prima che fossero rovinate. Le ricordo quando erano nuove, scintillanti e meravigliose. I dipinti erano stupendi. Posso vedere i dipinti nelle rovine prima che fossero danneggiati. Sono a casa. Conoscevo questi luoghi. Questa è la mia zona di riposo. Ecco perché sono qui. Non è interessante? Sto tornando all'allora invece che all'ora, adesso. Allora era tutto cosi magnifico. Posso vedere le statue d'oro nel tempio. Metto il mio volto contro la figura d'orata, il gatto d'oro. Mi stupisco del calore dell'oro. C'e un'energia in quell'oro. Lavoro con i Faraoni, sono uno dei pochi a cui e' permesso entrare nei templi. Sono entrata in un tempio in cui ho sentito un amore enorme. Vedo tutto. Ohh mio Dio! Tutte queste persone."

D: *Ci sono delle persone?*

J: Non in questo posto. Non gli è permesso entrare qui. E' uno dei pochi posti dove solo i prescelti possono sedersi. Sto cercando di mettermi a mio agio qui dentro, perché' la mia parte intellettuale continua ad interrompere e a dire "Questo e' ridicolo!" Gli sto dicendo, "Sta zitta!"

Questo spesso succede quando il soggetto sta entrando sulla scena di una vita passata. La mente cosciente cerca di distrarlo e confonderlo. Chiunque pratichi la meditazione sa esattamente come le prime volte la mente possa cercare di interrompere o disturbare il processo. La soluzione migliore è di ignorarla. Mentre il soggetto va più in profondità nella descrizione delle scene la mente cosciente si quieta, perché non riceve alcuna attenzione. La tecnica ipnotica che ho sviluppato serve per metter da parte la mente cosciente cosi che non riesca ad interferire. Si spegne la mente e si permette al subconscio di presentare le informazioni liberamente. Senza i dubbi e le interferenze della mente cosciente le informazioni sono accurate e precise.

D: *Non ti preoccupare di quella parte. Limitati a dirmi ciò che vedi*
J: Sento che gli altri non rischierebbero d'entrare qui, per loro è salutare a causa dell'energia. Questo è il tempio della luce bianca. Esiste proprio qui su questo pianeta e io ho bisogno di camminare in quella luce. (Disse tutte queste cose con un senso d'incredulità e stupore). C'è una tale presenza in quella luce.

Era meravigliata e stupefatta, sapevo di dover riportare la sua attenzione alla descrizione di ciò che la circondava per poter comprendere dove si trovasse.

D: *Il tempio è in un luogo diverso dalla piramide?*
J: Quando sono scesa dalla nuvola, sono arrivata a questo tempio. Non penso che l'abbiano ancora trovato. Si stanno avvicinando. Passi attraverso le tombe ed è li che vanno i morti. Ma questo è un tempio dove vengono i vivi ed è la mia dimora. E' dove lavoro. Questa è la ragione per cui sono nata.
D: *Ma hai detto che c'erano altre persone?*
J: Ci sono degli aiutanti. Ci portano gli altri che lavorano qui, che lavorano nella luce. Vengono da noi per ricevere consiglio. E' strano pensano che siamo noi quelli che conoscono, ma la conoscenza viene dalla luce e non osano entrare nella luce.

D: *Hai detto che c'è molta luce in quel luogo. Un individuo medio non è in grado di sostenere quella luce?*
J: Non in quel luogo. Non nella luce bianca.

Le chiesi di descrivere se stessa ma rimase confusa, non sapeva se era uomo o donna.

J: (Confusa) Continuo ad andare avanti e indietro. Un momento penso d'esser donna e subito dopo mi sento d'esser uomo.

Indossava una lunga tonaca bianca, ma non aveva capelli, erano stati rasati completamente.

J: Non vogliamo che interferiscano. Ho la sensazione d'essere quasi donna, ma non lo sono, perché evitiamo d'essere maschio o femmina. (Ridacchiando) ritengo che questo corpo si possa categorizzare come donna, perché posso sentire i miei seni. Sono molto, molto magra, così non è facile distinguere.

Indossava gioielli elaborati descritti come qualcosa fatto d'oro e pietre che si agganciava al suo avanbraccio, girava attorno al polso, estendendosi fino alle dita.

J: Ci divertiamo alla grande. (Ridendo) E' più per loro che per me. La gente che viene per essere curata adora questo tipo di decorazione stravagante. Li fa sentire come se stessero rice-vendo... fammi vedere? Come si dice oggi giorno? "Massima resa minima spesa" (Rise) Ecco perché c'è la statua di un gatto d'oro. Creano i nostri gioielli in oro, perché coloro che creano i gioielli sentono qualcosa nell'oro. E' come amore in quell'alchimia dell'oro. Proprio così! E' nell'alchimia. Ci fanno questi gioielli. (Sorpresa) Per dio, l'oro aiuta. Giusto! Il modo in cui si illumina. Quella è l'energia pura che attraversa e passa nell'oro così quando tocca gli altri per la guarigione, impedisce loro d'essere danneggiati.

D: *Senza l'oro verrebbero danneggiati?*
J: Sì, è come un sintetizzatore dall'eterico al fisico. Quando entro nella luce rimuovo i miei gioielli. A volte mi tolgo anche la veste perché non voglio nulla tra me e quell'incredi-bilitezza. Poi mi rimetto la veste, per proteggerli dall'energia corporea che ricevo.

D: *Quindi produci più energia quando sei in quel campo energetico?*

J: Oh, no. Semplicemente l'accumulo. E' una sensazione meravigliosa. Ti entra dentro... negli atomi. E' davvero stupendo.
D: *Non danneggia te, mu tu devi trattenerla.*
J: Dagli altri, è troppo forte per loro. Se li tocchi "Poof" spariscono. (Ridendo) Non c'è nulla di personale ed è per questo che devo stare attenta per loro.
D: *Quest'energia è in una parte di questo tempio?*
J: Si. Ci sono le nostre pietre lì dentro. Coloro che hanno questa energia, quando si avvicinano a quella pietra riescono ad attivarla.
D: *Dov'è questa pietra?*
J: La gente viene davanti dove si trova la sala dove le persone normali si riuniscono. Poi c'è una zona dove l'energia inizia a cambiare lievemente. Poi entrano l'altra parte, dove hanno messo molti affreschi e gioielli sui muri. E in fine c'è la zona dove teniamo la pietra che è lontana e non raggiungibile dagli altri. Inoltre ci sono dei drappi per proteggerli ulteriormente.

Quando ho iniziato a ricercare ho scoperto che gli antichi templi Egiziani erano progettati proprio come diceva lei. Il tempio era considerato la casa della divinità, non la casa dei sacerdoti. Il sacerdote più elevato era il Faraone, che insigniva alti sacerdoti e altri individui della responsabilità di onorare gli idei. Un tempio tipico era diviso in due parti: il tempio esterno dove gli iniziati avevano il permesso di entrare, e il tempio interno dove solo coloro che si erano dimostrati degni e pronti ad acquisire la conoscenza ultima potevano entrare. Agli adoratori non era mai permesso andar oltre il tempio esterno, dove poteva lasciare le loro offerte. La statua della divinità a cui era dedicato il tempio era sita nella parte interna. Ma nel tempio descritto in questa regressione c'era qualcosa di molto più potente all'interno.

In Gesù e gli Esseni, c'era un enorme cristallo nella biblioteca di Qumran nel quale gli studenti Esseni canalizzavano la loro energia e era coordinato dal Maestro dei Misteri. Gesù imparò ad utilizzare quest'energia quando studiò con loro. Anche questo cristallo era in una zona protetta per evitare che gli studen-ti non si avvicinassero troppo. Tutto ciò è molto simile all'Arca dell'Alleanza che era tenuta nel Santa Sanctorum dietro ad al velo nel Tempio di Gerusalemme. Solo sacerdoti qualificati potevano entrarvi in contatto. In Keepers of the Garden (Custodi del Giardino) Phil discute una vita precedente su un altro pianeta durante la quale aveva il ruolo di direttore dell'energia. Gestiva l'energia che era diretta verso di lui. Quindi sembra che in antichità erano in molti ad avere accesso a potenti pietre di questo tipo, e conoscevano come gestire l'energia che contenevano. Tutto ciò fa parte della conoscenza antiche che abbiamo perduto. Sembra che sia arrivata l'ora di riportare queste informazioni alla luce nel nostro tempo.

D: *Qui l'individuo medio non ha accesso alla stanza dov'è la pietra.*
J: Non oltre quella zone. Non sarebbe prudente.
D: *Non hanno ricevuto l'addestramento per sopportare quell'energia?*
J: E' la capacità di lasciare andare. In questa vita ho lavorato molto duramente per questo, basto solo lasciare andare. (Una rivelazione.) Oh, non è meraviglioso! Quelli fra noi che possono lavorare con la pietra sacra, ne mettono un pezzettino nelle piramidi per qui Faraoni. Ecco perché la gente può morire se entra in quella parte delle piramidi. Quella pietra è cosi potente che ce ne può essere solo un pezzettino li dentro. Coloro che sono entrati nelle piramidi dopo, nel periodo attuale, i profanatori di tombe, loro sono quelli parlano della maledizione. Non c'è nessuna maledizio-ne, è la pietra.
D: *E' solo energia, e probabilmente non è compatibile per tutti.*
J: NO! NO!
D: *E quindi la percepiscono come qualcosa di negativo.*
J: Vedi, la pietra può manifestare qualsiasi cosa. Questo è il suo segreto. Se il loro cuore non è puro, allora rischiano di essere distrutti, perché si sono avvicinati a quell'energia immacolata.
D: *Manifestano ciò di cui hanno paura, qualsiasi cosa sia. (Si) Capisco. Ma che tipo di pietra è quella principale?*
J: Bella domanda, perché si potrebbe pensare che sia una pietra speciale. Ma è la cosa duale. I cristalli lavorano bene, ma è difficile trovare un buon cristallo che sia puro. Poi ci sono i cristalli puri, quelli si portano nell'energia sacra e questo è ciò che li rende speciali. Non è che il cristallo in se fosse speciale. (Ridacchiando) Non è divertente? Tutta sta gente che compra i cristalli oggi giorno e pensano che siano i cristalli ad aiutarli. (Ridacchiando) E' l'energia, non sono i cristalli in se. E' quell'energia divina.
D: *Quindi è una pietra di cristallo?*
J: Be, no, quello è l'unica cosa che può sostenere l'energia, a livello fisico, a parte questi corpi che l'hanno accettato. Noi usiamo il cristallo più grande perché quando entriamo nella nostra zona

comune e ci apriamo a quell'energia, quel puro cristallo può mantenere l'energia per noi. E' un po' come con quelle batterie d'energia. Si può immagazzinarla li dentro e poi usciamo e lavoriamo con la gente.

D: Siete in grado di prendere l'energia ed utilizzarla.

J: Si, e di condividerla. In questo modo li aiutiamo a vedere. Gli possiamo dare una bella scarica, perché l'alchimia dell'oro dei braccialetti li aiuta ad evitare qualsiasi danno e gli permette di trattenere l'energia un po' più a lungo. Basta che io li tocchi e ne ricevono una bella carica, ma quei gioielli l'amplificano. Inoltre li proteggono da loro stessi, perché' quella pura luminosa energia è troppo forte.

D: Da dove proviene quell'energia?

J: Proviene da altre sorgenti di luce. Dalla fine ultima. (Sotto voce) La sorgente Divina.

D: Come si fa a dirigerla in quella stanza del tempio? Sarebbe ovunque, non è vero? Verrebbe dissipata.

J: Quando ci reincarniamo in questo regno fisico, quelli di noi che possono portare l'energia, sottoscrivono un accordo. Abbiamo quell'energia dentro di noi. C'è un'alchimia in quel corpo che crea molte difficoltà per quel corpo quando si incarnano. Quella è la ragione per cui i reni di Jane continuano a spegnersi in questa vita, perché era il filtraggio del karma di quell'anima, quello spirito. Non importa cosa succeda, dobbiamo fare quelle esperienza negative, perché vogliamo essere onniscienti. Quelle energie esistono, cosi quando entrano in questo corpo a forza, si sperimenta una fortissima purificazione. Una purificazione cosi potente che quei reni non riuscivano a reggere.

Jane ebbe multipli attacchi e malesseri da bambina rischiando di morire. Passò dei mesi in ospedale mentre i dottori combattevano con sintomi insoliti e sconosciuti.

J: Ecco perché si ammalo e dovette andare in ospedale. Era quell'energia che portò con se.

D: Ma quell'energia non dovrebbe essere rimasta nel corpo in Egitto?

J: Be', tecnicamente no. Quella bianca energia nel tempio della guarigione, ecco cos'è un tempio di guarigione. Potevamo mettere l'energia nel cristallo, in questo modo per noi era più facile entrare ed energizzarci. Inoltre questo la focalizzava.

D: *Però pensavo che se l'anima avesse lasciato il corpo, quell'energia sarebbe rimasta li e non sarebbe proseguita oltre. Perché il corpo in Egitto era quello che la dirigeva, con la quale quest'energia lavorava.*

Il mio obbiettivo primario è di aiutare a curare il corpo nella incarnazione attuale. Cosi stavo cercando di separare le due personalità così che il riporto energetico smettesse di danneggiare il corpo di Jane.

J: Si, ma siamo qui per portare quell'energia. In realtà è lo spirito a portare quell'energia e quello spirito va con quel corpo. Quindi è lo spirito che lo possiede e questo è il grado in cui quello spirito sarà in quel corpo nel fisico. Non pensavo che fosse una cosa cosi tecnica, ma lo è. In Egitto, durante quel periodo, in quel corpo, l'alchimia del corpo era una cosa. Ma gli zuccheri, i contaminanti del corpo in questo periodo fisico, l'ambiente, l'aria, perfino il sole è differente. In Egitto si poteva quasi uscire ed essere curati dal sole. Adesso, in questa vita c'è tantissima spazzatura nell'aria, che questo corpo, quando usciva a giocare e cercava di guarirsi, non ci riusciva. Quando questo corpo andò sotto chirurgia, fu davvero difficile sopportare il dolore. Avrebbe potuto dire: "No, me ne vado, non voglio questo corpo." Questo corpo fu davvero fortunato, grazie al suo gruppo d'incarnazione, i genitori, l'amore. L'amore, specialmente di quella madre verso questo corpo. (Ridacchiando) Potevo sentirla chiamarmi fin dall'altra parte. Ma io ho aspettato un po' perché sapevo che questa vita non sarebbe stata troppo divertente.

D: *(Nel tentativo di riportarla alla storia generale) Trovo interessante che lo spirito fosse in grado di trattenere quell'energia*

J: Vedi, questo è ciò che lo spirito è: un'energia. Siamo tutti una scintilla di Dio.

D: *Si. Ma il corpo fisico in Egitto era esposto a quell'energia e sapeva come utilizzarla. Ecco perché ero sorpresa che questa energia fosse rimasta con lo spirito.*

J: Non è che fossero separati. Nell'oceano d'amore e grazia, tutto è quella bianca luminosa luce. In seguito ci stacchiamo in quella piccola scintilla e poi ci incarniamo. Quando si trovo' in quella incarnazione in Egitto, molta di quella luce bianca venne con lei. E poi abbiamo voluto portare quella luce bianca nell'adesso. E quando l'abbiamo fatto, a causa dell'ambiente... volevo dire, non era la stessa energia allora e questa energia adesso. Perché' tutto è adesso. E' solo un capriccio, e questa parte del capriccio, a causa dell'ambiente crea questi problemi.

D: *Ma l'energia, hai detto, proviene dall'onnipotente, la Sorgente. Entrava e gestiva il cristallo. Ti avevano insegnato come creare questa energia e dirigerla?*
J: No. Ci si nasce. La si impara ma non la si può insegnare su questo piano. La porti con te dalle tue altre scuole sui tuoi altri piani.
D: *Mi stavo chiedendo se ti avessero insegnato con gli altri, come creare questa energia con il cristallo in quel luogo.*
J: No, allora era molto più difficile per i genitori, perché i bambini semplicemente facevano queste cose. Come si dice? Ci bastava farlo ed ecco perché questa bambina dovette essere allontanata dai genitori e dalle cose fisiche, perché il corpo faceva certe cose. Se quei genitori avessero visto, si sarebbero spaventati. Sarebbero rimasti completamente sciocchati. Perché da bambini, quando ci si incarna, si fanno e basta. Durante il periodo delle piramidi quando questo corpo nacque, queste cose iniziarono ad accadere quando era neonato. Quindi i genitori sapevano che doveva essere portata a questa scuola. Portata al tempio, dove tutti gli altri che facevano queste cose erano in grado di educare i bambini, perché i genitori sapevano di non esserne in grado.

Vedevo delle similitudini con il caso di Molly, riportato in un altro capitolo, che da bambina in questa vita, aveva capacità straordinarie e sconvolgeva i suoi genitori.

D: *Dev'essere in un altro ambiente. (Si) Ma c'erano anche altri li con te.*
J: Anche loro erano nati così.
D: *E anche loro furono portati li. Ma hai detto che questo tempio è vicino alle piramidi? Riesci a vederle?*
J: Si. Le piramidi sono sul lato. Avevano il tempio ad una altezza, un luogo più alto e da là si può osservare e vedere dove siano le piramidi.
D: *Ma ritieni che quel tempio non sia mai stato scoperto?*
J: No. Il tempio venne lasciato alla polvere, perché era giunto il suo tempo. Non era il suo tempo d'esser conosciuto, come lo era per le piramidi. C'è qualcosa a proposito della Sfinge. La faccia e la parte a forma di gatto. Che strano, e' come se qualcuno lo sapesse.

E' come il mio attaccamento alla statua del gatto. Il tempio doveva essere dissolto, ecco perche hanno costruito la Sfinge
D: Il tempio era li prima della Sfinge?
J: Si. L'unica cosa che fu permessa d'esistere che ricordasse quel tempio era la Sfinge. Rappresenta la gente dei gatti. Ci chiamavano la gente dei gatti, perché avevamo i nostri gatti d'oro e i nostri gatti del tempio. Era tutto in funzione delle persone che avevano bisogno del nostro aiuto. Nelle vite in cui si trovavano non venivano al tempio. Cosi andavamo da loro nei gatti.
D: Come ci riuscivate?
J: Vedi, I gatti sono molto speciali. E' per questo che hanno quell'attitudine. (Ridacchiò) Potevamo accarezzarli e comunicare con loro mentalmente. Se provi a parlare con un gatto nel fisico, ti guardano come se fossi matto. A meno che tu non sia no di noi, allora ti comprendono. Noi tenevamo i gatti, gli parlavamo e poi li mandavamo ad aiutare qualcuno. Dopo aver finito, tornavano da noi per dirci cos'era successo. Questa è la ragione per cui hanno costruito la Sfinge con un corpo di gatto o di leone. Ovviamente questo è il gatto più grande di tutti. Avevamo dei leoni nel tempio erano i nostri gatti migliori. Ma si sa se si manda un leone tra la gente si ... (scoppiò a ridere).
D: Non piacerebbe a nessuno. (Stava ancora ridendo con quella immagine mentale.) Quindi quando tornavano, eri in grado di capire cosa il gatto...
J: Si. Perche visualizzavamo e i gatti ci facevano vedere che erano andati e avevano accarezzato quella persona. Forse quella persona si era aperta al gatto e aveva raccolto e accarezzato il gatto. Ed erano riusciti a ricevere l'energia che gli avevamo mandato.

***

Dall'enciclopedia:
   In Egitto, i gatti erano animali domestici non solo per la loro utilita', ma per la loro bellezza, intelligenza, grazia ed erano associati con gli idei. In Egitto erano sacri al dio centrale, Ra, che a volte prendeva la forma di un gatto. Isis la consorte di Ra era dipinta con orecchie feline. Inoltre, gli Egiziani adoravano una dea dalla testa di gatto, Pasht, molto vicina a Isis, il cui nome si crede abbia dato origine alla parola puss (gatto in inglese). Templi felini e cimiteri felini contenevano migliaia di corpi di gatti imbalsamati che sono stati ritrovati in diverse zone d'Egitto durante gli scavi. Molti altri animali

erano sacri per gli Egiziani, ma nessuno eccetto il toro era adorato in tutto il paese come il gatto, che immortalavano nei testi delle piramidi, sui loro gioielli, sulle stoviglie e il mobilio.
Forse gli archeologi non compresero a pieno il ruolo che i gatti avevano in quella cultura.

***

D: *Eri li quando il tempio si dissolse?*
J: No, era la agli inizi quando il tempio era nuovo. Quando funzionava con l'energia. Quando li stavo aiutando. Se dovessi tornali li ora troverei solo un mucchio di polvere. In configurazione alla visuale.
D: *Venne distrutto a proposito?*
J: Si. La gente doveva entrare in quel periodo di oscurità.
D: *La dissoluzione del tempio è stata completata dalla gente come te che viveva li in quel periodo?*
J: No. Oh, penso che si ritenessero responsabili per la distruzione. Che l'energia, la sorgente divina, fosse arrabbiata e disse: "Bene, se non volete il mio aiuto, allora smettero' d'esistere qui per voi" E cosi sparì .... Non c'era bisogno che restasse sul piano Terrestre. Sparì in un "puff".
D: *Cosa voleva dire con "Se non volete il mio aiuto"? I tempi cambiarono dopo di te?*
J: Si. La gente credeva più nell'oro che indossavamo che nell'energia che ci mettevamo. Così iniziarono a fare queste statue, queste maledette statue. Ed iniziarono a pregare quelle stupide statue. E pregavano quell'oro. E dissero: "Ora sono guarito grazie all'oro." Cercammo d'insegnar loro che non era l'oro, ma che era l'energia, ma non riuscivano a capire. In quella vita decisi di togliermi l'oro per una volta e di curare qualcuno, perché potevo vedere come stavano finendo. Li toccai e morirono. Era troppa energia. Allora mi hanno perfino maledetto, pensavano che li avessi uccisi io. Cosi mi hanno tirata fuori e poi mi hanno lapidata. Da quella volta che non ho indossato l'oro quegli idioti presero l'idea che fosse l'oro che li guarisse. Ovviamente, non capivano. Non potevano capire, a meno che non avessero avuto della prole che veniva al mondo come noi. E anche se genitori provavano a spiegare, era troppo tardi.

Questa parte sulla dissoluzione del tempio sembrava simile a cio' che era accaduto al tempio del Sole e della Luna nella storia di Bartholomew in Universo Convoluto, Libro Primo.

D: *Avrei detto che l'energia si sarebbe dissipata, ma che la struttura sarebbe rimasta.*
J: Perché ciò che siamo stati in grado di fare era in un certo senso la molecolarizzazione di Dio. Ogni minuscolo granello di materiale in quel tempio era imbevuto di quell'energia., specialmente in quella zona. Ecco perché si doveva dissolverlo, se la gente fosse entrata li dentro, ne sarebbero rimasti stecchiti. Quindi, spogliarono il tempio di tutto l'oro a causa dell'energia che aveva. L'oro poteva ancora curare le persone.
D: *Quindi fece qualcosa di buono.*
J: Oh, certo. Ma il tempio e i pezzi di quarzo, la pietra sacra, si trasformarono in polvere alla dissoluzione. (Ebbe una rivelazione) Oh, per la benedizione divina! Quando adesso si guardano i grani di sabbia in quella zona, vedrai piccoli pezzi cristallizzati. Quelli sono pezzettini della pietra sacra che dovette essere polverizzata per evitare che uccidesse qualcun altro.
D: *Ma c'è ancora molta energia in quella zona, non è vero?*
J: Oh, si! E noi diciamo: una rosa è una rosa è una rosa. Ma quando il divino decide qualcosa, non cambia idea come fanno gli umani. (Ridendo) Quello che fa, lo fa.
D: *Quindi il tempio era li durante lo stesso periodo delle piramidi.*
J: Si, le piramidi erano più vecchie.
D: *La Sfinge venne successivamente?*
J: Si, perché dopo la dissoluzione del tempio, anche se la gente non capiva cosa avevamo fatto, erano grati per l'oro. Cosi il mistero della gente dei gatti divenne una leggenda. I sacerdoti non erano in grado di continuare ciò che avevamo iniziato, perché non conoscevano i nostri segreti. La cosa migliore che furono in grado di fare fu generare una leggenda.
D: *A cosa servivano le piramidi a quel tempo?*
J: Erano come satelliti di quel tempio. Come avevo detto, avevamo posizionato un pezzettino della pietra sacra del nostro tempio e l'avevamo messa nelle piramidi perché volevamo onorare i grandi. I grandi Faraoni. Perché' erano grandi. Erano i predestinati a lavorare con la gente. I Faraoni nacquero con i loro segreti, proprio come noi eravamo nati con i nostri segreti per guarire ed aiutare la gente. Noi del tempio avevamo un'energia straniera, e

quelli delle piramidi erano d'un'altra energia. L'energia della piramide aveva più del negativo. Ecco perché esiste ancora, perché fu in grado di assimilarsi in questo ambiente senza difficoltà. Era un modo per provare a portare e spiegare alcuni dei grandi templi. (Pausa) Noi siamo i superstiti di Atlantide e della sua distruzione. Quello era il primo luogo dove quell'energia era stata installata. Fu anche il luogo dove imparammo per la prima volta che l'energia si doveva schermare. Doveva essere in quel tempio speciale, perché quello era il primo luogo in cui l'energia divina era stata usata. E finche quegli idioti non iniziarono ad avere stupide idee... non si può avere alcuna negatività vicino a quell'energia. Non è che il divino ti faccia capire e ti dica: "Ooooh, questo non si fa!" Proprio no, il divino questo non lo fa. Il divino è oltre le polarità di giusto e sbagliato. Ma ciò che succede è che se hai del negativo e lo porti nel divino ancora, si esponenzia-lizza. Questa era la parte più incredibile. Non era nemmeno quello al tempo di Atlantide. Non è che fossero maligni. Non erano violenti, ma era solo l'inizio del negativo. Presumo che il Grande Uno comprese che non stavamo imparando abbastanza nel positivo. Lo spirito è. Lo Spirito non si ferma mai e non possiamo lasciare un corpo ed entrare in un altro.

D: Ti sei portata dietro le informazioni da una vita all'altra.
J: Si. C'erano alcuni a cui era stato detto della fine di Atlantide. Fu cosi difficile da affrontare per noi, perché credevamo di poter insegnare. Non è che non fossimo in grado d'insegna-re. L'alchimia dei corpi stava cambiando e questo faceva parte della caduta d'Atlantide. Questa è anche la ragione per cui doveva essere totalmente distrutta ancora una volta in Egitto, perché quell'energia non si poteva lasciare a piede libero.

D: L'energia era diventata troppo forte?
J: Si. Ho lasciato quel tempio ed ora mi trovo nell'antica Atlantide. Riesco a capirlo meglio se ho i piedi ad Atlantide, perché la era davvero meraviglioso. Ed ero cosi disperata quando dissero che era arrivata la sua fine.

D: Ma stavano abusando dell'energia in Atlantide, giusto?
J: Oh, si. Lo chiamavano il prossimo passo. Riesci ad immaginartelo? Lo chiamavano il prossimo passo. Io lo chiamo salto nel vuoto. Perché cosa succede se posso buttarmi da un burrone e finire spiattellato?! Cosa ho imparato? Ho imparato che mi posso spiattellare. A cosa servirebbe? Ma dicevano che non era lo spiattellarsi ma la caduta. Imparare dalla caduta. Cerchiamo di

vedere una direzione e parliamo di evoluzione. Era ciò in cui stavamo cercando di evolvere. L'alchimia del corpo iniziò a cambiare. Allora l'alchimia dei nostri corpi... oh, mio dio, cosa potevano fare i nostri corpi! Questi corpi possono ancora farlo, ma l'alchimia iniziò a cambiare e quindi anche l'energia iniziò a cambiare. A quel punto non eravamo più in grado d'avvicinarci al puro. Potevamo solo allontanarci, e allontanarci e allontanarci ancora. Ecco perché ora siamo in grado di ritornare a quei corpi è tutto nascosto all'interno sotto tutti gli strati.

D: *C'è ancora la conoscenza?*
J: Si. Questa è la ragione per cui siamo in grado di guardarlo e dire: "Okay, questo si può curare"? (Ridacchiando) Inoltre questa è la ragione per cui questo corpo ha una cosa davvero difficile da curare qui con questa parte, (indicò il centro della sua fronte) perché non poteva accettare quella parte divina.
D: *Il terzo occhio? (Si)*

Volevo tornare alle informazioni riguardanti la Sfinge.

D: *Stavi parlando della Sfinge. Ha detto che fu creata successivamente in onore della gente dei gatti. Aveva un volto come quello d'oggi?*
J: No, era più femminino. L'hanno ritoccata successivamente.
D: *Questo è ciò che ho sentito anch'io. Si dice che il volto originale era diverso.*
J: Il volto originale era bellissimo. Era una donna. Era bella, una bella donna. Oh, ho appena visto qualcosa! Quella che lapidarono? Era lei, misero il suo volto sulla Sfinge.
D: *Quella che eri tu in quella vita?*
J: Si. Non pensavo che mi vedessero cosi bella. (Ridacchiò) Non lo ero, fu solo il loro senso di colpa per avermi lapidata. Mi uccisero per paura, perché avevo ucciso qualcuno. Non avevo mai ucciso nessuno prima. L'unica cosa che volevo fare era dimostrare loro che quel maledetto oro non ciò che li curava. C'era anche il copricapo. Indossavo anche un copricapo quando li curavo. Scendeva sulle spalle. Oh, ecco perché le spalle di davano fastidio! Era a causa di quel maledetto copricapo, era così pesante. Oh, e questo era il mio senso di colpa. Esatto! Ecco perché le spalle davano fastidio a questo corpo, perché credevo di aver causato la distruzione del tempio.
D: *Ma non sei stata tu.*

J: Oh, no. Adesso lo so.
D: *Puoi descrivere il copricapo? Sto cercando un'immagine mentale del volto originale della Sfinge.*
J: Il copricapo aveva qualcosa come un arco sulle spalle, e poi risaliva e s'incrociava. C'era anche una punto. Cercavano di farli per dargli la forma del sole attorno alla testa. Stavano cercano di rappresentare l'aureola d'energia che stavamo cercando d'irradiare. Si metteva sulla testa e scendeva sulle spalle fin giù alle zampe. Cosi misero questo busto sopra al corpo di un gatto. In origine, era il pezzo del nostro copricapo che scendeva sulle spalle, era come un mantello che ci mettevamo. (Apparentemente qui qualcosa cambiò e lei iniziò ancora a descrivere il suo copricapo). C'ero dei gioielli nella parte superiore. Forse erano dei diamanti, forse erano cristalli, quella parte era chiara ed incastonata nell'oro. Ed era orribilmente pesante, ecco cos'era. I ricordi di quel copricapo sono la causa del dolore alle spalle in questa vita. Il dolore era anche causato dall'incessante pensiero d'esser stata la causa della distruzione del tempio. Le zampe spuntavano dalla spallina del copricapo. Era come se si appoggiasse il gatto e poi gli si stendesse il mantello sopra cosi che le zampe uscissero alla fine. Ma questo faceva parte del mantello di quel copricapo.

Fece alcuni gesti con le mani mostrando le spalline che scendevano fino ai suoi polsi, con solo le mani che uscivano.

J: Ecco perché' la testa della Sfinge era tanto più grande, a causa del copricapo. Per questo motivo è andata in rovina, perché il mantello non sopravvisse alle intemperie.
D: *Gli cambiarono la testa a proposito, o semplicemente andò in rovina?*
J: Be', era la cosa femminile. I Faraoni, quelli con le piramidi che sono ancora li. Non erano troppo felici d'avere questa enorme donna seduta li. (Ridacchiando) Così la resero più generica, infatti adesso non sembra ne uomo ne donna.
D: *Giusto. La testa è troppo piccola per il corpo.*
J: Si, troppo piccola per il corpo. I Faraoni la resero più piccola, perché volevano metterci al nostro posto con l'andare del tempo. Il corpo era quello di un gatto. Cosi cercarono di rendere la testa di un essere umano proporzionale al corpo del gatto. Poi fecero i calcoli. Cos'è 62 volte? 62 volte la dimensione del corpo del gatto sarebbe

stata la proporzione media. 62, qualcosa del genere. Forse era cosi. Hai visto quella roba che si mettevano sulla testa i Faraoni. Lo presero da noi con il nostro mantello.

D: Si dice che ci sia qualcosa sotta la Sfinge. Ne sai qualcosa?
J: Forse fa parte del nostro antico tempio. Forse ha costruito la Sfinge proprio sopra a dov'era il nostro tempio? Forse è cosi? Segreti?

Durante tutta la seduta Jane continuava a ricevere informazioni che la sorprendevano, che logicamente non si aspettava. Inoltre, la maggior parte delle sue risposte erano sussurrate. Era molto sotto voce, ma il registratore fu in grado di registrarla.

D: La gente dice che forse c'è qualcosa sotto le zampe della Sfinge.
J: Sotto la parte del corpo. Hanno nascosto alcuni dei nostri segreti in quella parte del corpo, prima che il tempio venisse distrutto. Perché avevamo registrato parte del nostro sapere. Gli insegnamenti vennero preservati.

D: Riesci a vedere dove l'hanno nascosto?
J: Si, il gattino c'è seduto sopra. (Sorridendo) Hai mai visto un gatto orgoglioso di se stesso dopo aver preso un topo? Ci sta proprio sopra. Questo è quello sta facendo la Sfinge. (Rise) E' sdraiata sulla sua preda, sul suo grande trofeo. La zampa, forse quello potrebbe essere il modo per entrarci. Certo, certo, è così. Si entra proprio da li. Posso quasi vederlo. Sotto le zampe c'è un'entrata. l'hanno fatta così a posta, perché nel nostro tempio originale… ricordi che avevo detto che mettevamo la parte più energetica in fondo? Penso che forse abbiano tenuto un po' di quella sabbia del tempio dopo la sua distruzione. (Ridendo) E nessuno... (Lo trovava divertente) che carino. Andranno sotto le zampe, troveranno l'entrata, saranno cosi entusiasti. Saranno in grado di rientrare lì dentro e ciò che troveranno sarà (esplose a ridere)... sabbia e polvere. Diranno: "Per questo?" (Ridendo) Diranno: "Oh, certamente sarà già stato svuotato prima."

Questo sarebbe sicuramente uno shock per i cercatori, perche' non comprenderanno l'importanza e il simbolismo della sabbia carica dell'energia originale del tempio della guarigione.

D: Sperano di trovare dei libri o roba del genere.
J: Ci sono dei registri. Ma gli ci vorrà un bel po' per riuscire a codificarli perché era la nostra lingua segreta.

D: *C'e modo di entrare in quell'area se trovano l'entrata?*
J: Labirinti? Penso che l'abbiano trasformato in un labirinto. (Pausa) Non ho il permesso di parlarne.
D: *Non hai il permesso di dire cosa?*
J: Be', coloro che non vennero distrutti nel tempio erano arrabbiati. Così l'anno reso molto, molto difficile e non lo renderanno semplice per nessun'altro. Quelle cose sono state sepolte. Ma quando la gente entrerà li dentro, troverà una lingua completamente diversa che non hanno mai visto prima. Diversa da ciò che pensano fosse parlato all'epoca, perché' avevamo le nostre tradizioni. Non erano solo le nostre tradizioni, era anche ciò che ci fu detto. Era bellissimo stare nel tempio, perché era una modalità d'essere differente da quello che c'era all'esterno. Avevamo le nostre lingue. Avevamo le nostre capacità. Avevamo il nostro modo di fare le cose. Doveva essere diverso perché la nostra energia era diversa. Ed era la stessa cosa ad Atlantide, per poter riuscire ad imparare di più. Abbiamo dovuto creare il tempio perché dalle nostre discussioni con il divino e da ciò che stavamo cercando d'imparare qui, pregammo che ci fosse ancora permesso d'insegnare. Ma il divino disse: "Non impareranno. " E noi rispondemmo: "Devi darci una possibilità." E il divino disse: "Va bene, ecco qua." Questo fu ciò che fece. E disse: "Ma dovete essere completamente separati, completamente diversi, completamente..." Quando entrano li dentro, non capiranno cosa hanno trovato. Non so nemmeno se i geroglifici...
D: *Gli intarsi?*
J: Si, si. Dubito che riusciranno a capire perfino quelli. Saranno cosi sorpresi. Mi chiedo se alla fine gli sarà mai permesso di entrarci. Ma presumo, che con le cosa stanno arrivano, le cose che stanno arrivando... (Sotto voce) Forse. Saranno cosi confusi. (Ridendo)
D: *Puoi vedere, sarà difficile da trovare l'entrata sotto le zampe?*

La ragione che mi spinse a seguire queste informazioni e a chiedere più dettagli è perché solo una settimana prima avevo avuto una seduta con un'amica che mi diede dettagli simili. Sta lavorando come sensitiva per degl'investigatori in Egitto, allo scopo di scoprire i tunnel nascosti. Era già scesa in una zona sotta alle zampe, tra la Sfinge e la piramide. Stava pianificando il suo ritorno per continuare le ricerche.

J: E' nascosta in piena vista. E' cosi ovvia. Energeticamente, penso che se fossi li, potrei dire: "Ragazzi, scavate qui." E' molto profondo. C'hanno messo molto impegno per complicare le cose, ma non è impossibile. Coloro che lo crearono comprendevano la logica del giorno d'oggi e l'hanno usata contro di loro. (Ridacchiando) Così se provano con una progressione logica, non faranno altro che allontanarsi. (Lo trovava divertente.)
D: Ma quando entreranno li sotto troveranno un labirinto.
J: Questo è ciò che li rallenterà, perché' ci sono moltissimi vicoli cechi. Inoltre c'è molto spazio tra la zona delle zampe e la parte posteriore.
D: Ma solo le persone giuste saranno in grado di trovarlo giusto?
J: Be', loro sono quelli che hanno chiesto. Hanno chiesto di portare questa conoscenza nel presente, perché ci vorrà moltissimo tempo prima che riescano a comprendere. Per loro potrebbe non essere così scioccante perché le immagini mostrano che il corpo può curarsi. Ma non riusciranno a capire.

A quel punto iniziai a fare domande alle quali Jane era interessata. Questo era il vero obbiettivo della seduta. Qui troverete solo dettagli delle sue memorie storiche, il resto non aveva pertinenza.
Inoltre chiesi al subconscio come quella vita in Egitto era correlata agli eventi della sua vita presente.

J: L'esperience principale e' la realizzazione che non distrusse lei il Tempio. Inoltre il dolore alle spalle, se l'è portato dietro in questa vita.

Sapevamo che il dolore si poteva eliminare, perché avevamo trovato la causa del problema.

J: Si, ciò che deve comprendere è che il divino può controllare. A volte quando entriamo nel fisico, pensiamo che stiamo provando questo e quello, ma non è così. Pensava d'essere la causa della distruzione del tempio.
D: Non ne fu responsabile ma venne lapidata.
J: Era arrivata l'ora per quella gente di capire che non era l'oro a curarli. Ma il divino lo sapeva e a lei fu mostrato che sarebbe stata lapidata per questo. Le vera domanda è: perché se n'è dimentica? Oh! Se ne dimenticò perché fu orribile. Si questo ha senso. Era ormai arrivato il tempo per la coscienza di fare quel cambiamento.

La gente doveva cambiare. Pur-troppo però fu un enorme passo indietro. In migliaia vennero coinvolti nella sua lapidazione, fu una grande tragedia.

D: Si, perché molte abilità e l'uso delle energie vennero perse in quell'occasione.

J: Però si è guadagnata il privilegio di riportarle alla luce in questa vita.

D: Ecco perché è entrata in questa vita cosi piena d'energia da dover essere ricoverata da piccola. Per imparare ad assimilare le energie, cosi che il corpo potesse gestirle.

Jane resto' in ospedale per mesi da bambina a causa di sintomi sconosciuti che i dottori erano incapaci di diagnosticare. Apparentemente fu un periodo d'assimilazione cosi che il corpo potesse adattarsi all'enorme quantità d'energia che portò con se in questa vita, dalla vita in Egitto. Ma questo si ricollega ad un periodo ancora precedente durante Atlantide quando l'uso di queste energie era un luogo comune.

J: Il divino sta lavorano con le persone, così che possano fare queste esperienze fuori dal comune. E' un cosa naturale. Nel periodo d'Atlantide se non le avevi, c'era qualcosa di sbagliato in te. Erano una cosa naturale da fare. Ma come le usammo in Atlantide... ci infilammo dritti, dritti nel negativo. E dopo aver camminato per tutti questi anni, in profondità, sempre più lontano e dentro al negativo, adesso abbiamo imparato dove ci porta il nostro negativo.

A Jane fu permesso di ricordare questa conoscenza del passato per poterla usare guarigione nella sua vita attuale. L'energia era disponibile, non era ma andata perduta. Erano solo assopite in attesa di una reincarnazione che le permettesse di utilizzarle. La conoscenza di come utilizzare queste abilità raggiungerà la superficie della sua mente cosciente; diventerà molto facile e naturale utilizzare queste energie durante le sue sedute di guarigione. Sto scoprendo molte, moltissime persone viveva in questo periodo che riescono a connettersi con queste energie dormienti. Ora è il momento di dissotterrarle ed usarle positivamente.

J: Avevano costruito la Sfinge per lei, perché adoravano ciò che faceva. Ma la temevano, ecco perché nascosero i segreti in profondità sotto la Sfinge. Pensavano che lei fosse l'unica a conoscerli. Cosi alla sua morte, il tempio venne distrutto. Ci fu tantissima paura e nascosero tutto in profondità. Costruirono la Sfinge in suo onore e per placarla perché avevano paura che ferisse altra gente.

Dev'essere stata una scena terrificante per la gente quando il tempio venne totalmente distrutto e dissolto fino ad un mucchio di sabbia e polvere. E' facile vedere come eventi innaturali possono creare leggende, monumenti e idoli che simboleggiano gli eventi accaduti. Nei secoli, la storia completa degli eventi viene annacquata (a causa della loro componente innaturale) e altre spiegazione sono create da coloro che sono al potere. Specialmente se vogliono discreditare gli eventi originali. Molti regnanti e sacerdoti hanno avuto questo ruolo nei secoli causando grandi perdite alla nostra storia della Terra (specialmente in tempi antichi). Parte del mio lavoro è quello di riportare alla luce queste storia perduta.

***

Ci furono conseguenze inusuali a questa seduta. Eravamo in Kansas City, Missouri, durante la conferenza della Unity Church. Mia figlia Nancy e i suoi figli stavano vendendo i miei libri ad uno stand nell'hotel dove si svolgeva la conferenza. Alla fine della conferenza, stavamo tornando a casa ad Huntsville facendo una fermata in Lamar per visitare Julia un'altra delle mie figlie. Mentre cercavamo l'autostrada per uscire dalla citta, ci perdemmo e passammo vicino ad un enorme tempio Massonico. Ero completamente sbalordita alla vista delle due enormi statue ai lati della scalinata dell'edificio. Erano statue di Sfingi sedute. Avevano il volto di una donna ed un insolito copricapo che scendeva sulla schiena fino a metà, sopra le spalle fino ai polsi delle zampe. Le due state sembravano identiche. Ero stupefatta ed iniziai a spiegare a Nancy la coincidenza con la regressione che avevo appena finito. Ci allontanammo di qualche miglia quando chiesi a Nancy di tornare indietro. Volevo guardare le statue da vicino e fare delle foto. Tornammo indietro, parcheggiamo, mi avvicinai all'entrata del tempio per scattare foto da ogni angolo. Volevo una prova visuale e sostanziale che potesse aiutare la mia ricerca e da inserire nel libro. Continuavo a chiedermi perché i Massoni di Kansas City avessero questo simbolo della Sfinge. Sicuramente era molto differente dalla versione originale in Egitto. Sapevo che avrei dovuto ricercare la storia di questo simbolo. Inoltre, ora sapevo che la regressione aveva una fondamento concreto di cui dovevo scrivere nel libro. Chissà cosa avrei scovato? Inoltre sapevo che perderci per strada non fu un "errore".

***

Dal momento di questa seduta non ho mai smesso di ricercare tracce d'evidenza dell'esistenza della sfinge con testa di donna, ma senza risultati conclusivi. Ho trovato qualche menzione della possibile esistenza d'un'altra sfinge sulla sponda opposta del Nilo, ma nient'altro. Mi è stato detto che ci sono molte, moltissime sfingi in Egitto, che alcune hanno un volto femminile ma che di solito hanno le ali. Un sito internet diceva: "Raramente la sfinge Egiziana era rappresentata come una donna. Se lo era, simbolizzava la dea Iside e/o la regina del periodo." Lo stesso sito dichiara che in tempi antichi c'era un tempio del Sole davanti alla Grande Sfinge per ricevere offerte al sole nascente. (La solita referenza all'oro, rappresentato dal Sole).

Inoltre ci sono moltissime piramidi di varie dimensioni in Egitto. La Sfinge e la grande piramide al Cairo sono quelle più note.

Se non potevo trovare più nessun'altra informazione circa l'antica sfinge, decisi di scoprire perché' Masoni in Kansas City avevano messo delle statue di sfingi dal volto femminile all'entrata del loro Tempio. Ottenni risposte sorprendenti. La struttura è il magnifico Scottish Rite Temple, del 1330 Linwood Blvd. in Kansas City, Missouri. Fu costruito nel 1928, e Jorgen C. Dreyer era l'architetto e scultore delle due statue. Finalmente riuscii ad entrare in contatto con uno dei gestori del Tempio ma sembrò confuso dalla mia domanda: "Perché le sfingi all'entrata dell'edificio have un volto femminile?" Disse che nessuno gli aveva mai fatto questa domanda prima. Tutti passano davanti a quelle statue ogni giorno per venire al lavoro, ma nessuno se l'era mai chiesto. Però si, perché' una Loggia Massonica, cioè un ordine prettamente maschile dovrebbe avere delle statue femminili in entrata? Disse che l'edificio e le statue dovevano essere un'esatta copia del Scottish Rite a Washington, DC. Questa era stata costruita alla fine del 1800s durante l'era Napoleonica, quando l'architettura Egiziana stava fortemente influenzando la costruzione immobiliare Americana.

Ricercai su Internet ulteriori informazioni circa l'edificio originale in Washington che precedeva quello di Kansas City, ma il mistero' si infittì. Dovevano essere copie esatte l'una dell'altro. L'architettura degli edifici lo era ma non le statue. Le sfingi a Washington hanno volti maschili. Non sono identici, uno ha gli occhi chiusi, l'altro ha gli occhi aperti. Si dice che rappresentino Saggezza e Potere.

Cercai ulteriori informazioni sullo scultore, Jorgen C. Dreyer, per scoprire perché aveva dato un volto femminile alle statue. Dal sito della Kansas City Library: "Le sfingi del Scottish Rite Temple furono completate nel 1928 e pesano 20,000 libbre l'una. Ognuna delle due teste di donna sopra il corpo di leone e dettagli di grifone indossa un medaglione che rappresenta l'ordine Massonico. Cercai di scoprire di più ricercando gli archivi dei quotidiani intorno alla data della cerimonia di dedica dell'edificio nel 1928. Pensavo che ci fosse una qualche menzione relativa al design delle statue, ma ancora una volta nulla. Il Kansas City Star (un giornale locale) non permette più a nessuno di consultare i propri archivi. Come si aspettano che la gente riesca a fare ricerca senza avere accesso a vecchi archivi di giornale?

Inoltre non riuscii a trovare nulla circa "la gente dei gatti", eccetto che in Egitto i gatti erano altamente rispettati.

Cosi, decisi di proseguire con questo libro anche se non mi piace lasciare incompleti questi dettagli. Forse qualcuno la fuori ha le risposte che sto cercando e può condividerle on me.

Sfinge con la testa di donna all'entrata del Scottish Rite Temple, Kansas City, Missouri.

          Potere   Saggezza

Sfinge con testa d'uomo al quartier generale del Scottish Rite Temple in Washington, D.C.

CAPITOLO 4

LA DEA ISIS

Questa seduta ebbe luogo mentre ero a Las Vegas, Nevada, per una conferenza, nell'April del 2002. Ingrid era una piccola donna sui cinquanta che era cresciuta in South Africa. Aveva un accento, ma mi ci abituai durante la seduta. Faccio sempre fatica on gli accenti e devo ascoltare attentamente. A volte il paziente non riesce a scendere in profondità se l'Inglese è la loro seconda lingua. Ma per Ingrid non fece nessuna differenza, andò in profondità velocemente. Non ebbi nemmeno l'opportunità di chiederle dov'era quando scese dalla nuvola. Iniziò con un'esplosione emotiva e dovetti accendere il microfono velocemente.

I: Sono qui per fare pace! Gli altri non comprendono il nostro modo di fare, si limitano a combattere. Distruggono tutto. Abbiamo cercato di portare un po' d'equilibrio ma non capiscono.

Era cosi emotiva che stava per iniziare a piangere. Mi chiedevo cosa avesse causato questa reazione. Era forse connessa ad una vita passata, o era qualcosa che Ingrid si teneva dentro da molto tempo?

I: Non volevo venire qui, i miei anziani mi hanno forzato a venire qui, perché il pianeta aveva bisogno di cambiamento. Così sono venuta (Piangendo).
D: E' da tanto tempo che sei sulla Terra?
I: Ero qui trentaseimila (36,000) anni fa, durante il periodo di Memphis. (Era difficile comprendere le sue parole perché stava singhiozzando) Allora venni da Sirius per aiutare dopo la distruzione del pianeta.

Non posso influenzare, ma devo permettere al soggetto di narrare la loro storia. Stava facendo riferimento alla distruzione di Atlantide?

D: Eri viva durante la distruzione?
I: Arrivai dopo la distruzione per aiutare la gente. La razza che era sulla Terra.

Iniziò a calmarsi e divenne più facile comprenderla.

I: I sopravvissuti. Per insegnargli nuove metodologie. Per insegnargli l'amore. Per insegnargli l'armonia. Per insegnargli l'unità.
D: C'erano altri che vennero con te?
I: C'erano un po' di noi nell'astronave, atterrammo nel luogo che conosci come Egitto. Alcuni dei sopravvissuti erano la, perché faceva parte di Atlantide. La maggior parte di Atlantide è sommersa sotto l'oceano e molte altre terre sommersero. L'Egitto faceva parte di Atlantide.

La sua pronuncia era molto intenzionale, come se il nome di questi paesi fosse strano e difficile da pronunciare.

I: Alcuni dei sopravvissuti erano in Egitto. C'erano altri su piccole isole, che dopo molto si spostarono verso le montagne.
D: Ma tu vivevi su ciò che chiami "Sirius"?
I: Si. Siamo una razza o frequenza o livello energetico molto elevato. Mangiamo dalla luce. Non mangiamo cose fisiche, come fate voi su questo pianeta.
D: Ma hai detto che gli altri ti hanno fatto venire?
I: C'è un consiglio di anziani sul nostro pianeta che ha la supervisione della maggior parte del cosmo. Sono responsa-bili per la vita e per la creazione. Creano molti dei pianeti e delle specie. Questo è il loro lavoro.

Questa affermazione sulla creazione della nostra specie non mi sorprese minimamente perché ho ricevuto ho ricevuto infor-mazioni simili da molti altri miei clienti. Queste informazioni sono contenute nei miei libri Keepers of the Garden (I protettori del Giardino) and The Custodians (I Custodi), che coprono questo materiale in dettaglio.

D: Devono andare su questi pianeti in forma fisica per farlo?

I: Non hanno bisogno di andare fisicamente, ma a volte lo fanno. Quando devo riprogrammare certe cose. Quando devono ricreare delle specie che sono totalmente – come possiamo dire? – sono andate fuori strada. Quando la frequenza e il livello energetico non sono orientate alla pace e all'armonia.

D: *Originariamente avete creato gli animali e li avete porti fisicamente sul pianeta?*

I: Non sono stati trasportati fisicamente sul pianeta. Li abbiamo progettati dov'eravamo e poi siamo venuti qui fisi-camente per energizzarli con le sostanze delle frequenze del pianeta Terra. Le energie e le frequenze di questo pianeta.

D: *Quindi siete stati su molti altri pianeti?*

I:(Interruppe) Oh, si! Abbiamo abitato non solo su questo pianeta, ma su molti, molti altri. Siamo preoccupati per ciò che sta accadendo qui. Non vedete? (Divenne emotiva ancora) Con tutta la distruzione che sta avendo luogo. (Singhiozzando) Gli abbiamo dato il libero arbitrio per sperimentare l'amore, non per la distruzione e il conflitto. Sono andati fuori strada.

D: *Ma avevi detto che non volevi venire, allora perché ti hanno mandato?*

I: (Si calmò) La prima volta mi mandarono dopo il diluvio Atlantideo per aiutare le specie e c'erano altri che vennero con me. Eravamo in tanti e quando le specie erano pronte per essere auto-sufficienti, ce ne siamo andati.

D: *Avevate corpi fisici a quel tempo?*

I: Abbiamo dovuto cambiare la nostra struttura per allinearla con il livello basilare delle specie presenti sulla Terra. Cosi abbiamo assunto corpi fisici per essere – come dire? – per essere più conformi con la struttura, le energie e i livelli di frequenza di questo pianeta che sono molto bassi. Noi lo chiamiamo "molto basilare". Il sistema stellare che chiamate "Sirius", la stella più luminosa nel vostro cielo, noi veniamo da lì.

D: *Qual'era la vostra forma originale a quel tempo?*

I: Ora siamo corpi di luce. Siamo solo delle frequenze energetiche. Ci vedete come luce. Non ci vedete come una forma fisica ma come esseri di luce.

D: *Quindi vivevate su uno dei pianeti che orbitano Sirius? E' questo che volevi dire?*

I: Viviamo in Sirius.

D: *Sto pensando ad una stella come al nostro Sole, molto caldissimo e luminosissimo.*

I: Non è solo luminoso, è brillantemente luminoso. Ma le nostre frequenze e le nostre energie sono allineate con quel sistema. Proprio come i vostri corpi sono allineati con il sistema Terrestre, i nostri lo sono con il nostro sistema. Le nostre frequenze sono accordate alla stella che chiamate "Sirius".

D: *Quindi sei un'energia che faceva parte di quel sole, come lo chiamiamo noi? (Si) Questo era ciò che stavo cercando di chiarire. Hai detto che c'è un consiglio, anche loro si trovano nella stella?*

I: Loro si trovano la, e sono anche in ciò che chiamate il "sole centrale". Siamo in costante connessione con ciò che chiamate "I Signori della Parola".

Non capii a cosa facesse riferimento. Pensavo che stesse dicendo Leggi, ma mi corresse e disse "Signori della Parola".

I: I Signori delle Parola del Cosmo, o come direste voi "La Parola". E come diciamo noi: "I Cosmos", o "i Signori del Sole centrale", o gli esseri superiori, o gli esseri di luce del Sole Centrale. Loro fanno parte di ciò che chiamata "Dio" o "Dea" o l'origine della nostra luce.

D: *Ho sentito parlare del consiglio, ma non avevo idea della loro locazione. Questi sono gli esseri che si prendono cura ti tutti i pianeti?*

I: Dell'intero Cosmo.

D: *Creano tutte le leggi e i regolamenti.*

I: Si. Ci sono molte leggi, ma non sono leggi di controllo. Sono leggi create per l'amore. Sono leggi che funzionano con libertà e con amore.

D: *Sei sempre stata un essere energetico o hai avuto anche altre vite?*

I: Avevo la capacità di adattarmi alla frequenza energetica. A volte ho dovuto assumere una forma fisica per elevare la frequenza vibrazionale dei livelli energetici. Non solo sul vostro pianeta, ma a volte anche su altri pianeti.

D: *Ma quando ti dissero di venire per la prima volta, il Consiglio sapeva che sarebbe successo qualcosa ad Atlantide?*

I: Il Consiglio aspettava che il diluvio avesse luogo ad Atlantide. Era ora. Era troppo tardi per salvare Atlantide. Ma dovevano assistere il pianeta, i sopravvissuti, il sistema ecologico e le altre forme di vita. Assisterli ed aiutarli a sopravvivere.

D: *Perche' c'era molto tumulto in quel momento?*

I: Oh, ce n'era molto, moltissimo. Ci fu perfino la rotazione degli assi. Quindi ti puoi immaginare i problemi, la distruzione e tutto era totalmente asimmetrico.

D: *Quindi il tuo lavoro era di atterrare in Egitto ed aiutare i sopravvissuti di quella zona.*

I: Si, e ho vissuto tra di loro per un lungo, lungo tempo. Ho vissuto dal momento del mio arrivo e dal momento in cui ho preso un corpo Terreno per essere in gradi di far parte di questa frequenza. Per essere in grado di connettermi a questa frequenza ho dovuto prendere un corpo umano. E quel corpo umano rimase in forma fisica per almeno seicento anni. La maggior parte di noi visse cosi a lungo, finche la gente non ritornò ad essere auto-sufficiente. A quel punto ce ne andammo.

D: *Quindi avete vissuto con loro per tutto il tempo, con il corpo fisico che avevi creato.*

I: Si, è così. Alcuni di sono si sposarono con le specie Terrestri per dar loro un essere superiore che potesse assisterli dopo la nostro dipartita.

D: *La gente sapeva che eravate diversi?*

I: Oh, certo. Ci chiamavano "dei", perché ci conoscevano. Ero conosciuta come Isis, la dea. Ero la donna, Isis, la dea. Presi un corpo al femminile. Il mio nome non era allora come lo conoscete, come Isis. Lo hanno cambiato un po'. Ero Ezi (foneticamente). Questo era il nome originale. Ezi, che ora chiamate Isis. Stavamo aiutando la gente. Gli facevamo capire tutto a riguardo dell'ecologia. Gli insegnammo tutte le varie erbe. Gli insegnammo le diverse metodologie guaritive. Gli insegnammo come aumentare le frequenze. Gli insegnammo l'unità. Gli insegnammo ciò chiamate "Dio". Ciò che ne sappiamo del creatore. Gli abbiamo insegnato di Lui. Gli insegnammo come amare gli uni e gli altri, come rispettare l'un l'altro, come rispettare lo spazio reciproco e rispettare ogni forma di vita. Che ogni cosa faceva parte dell'Uno. Che non c'era separazione.

D: *Presumo che fossero pronti per sentire tutto ciò dopo la distruzione.*

I: Oh, erano pronti, prontissimi. Erano pronti a girarsi. Erano davvero pronti a cambiare.

D: *Gli avete anche insegnato come costruire gli edifici?*

I: Oh, certo. Le piramidi sono antiche mia cara. Più di dodici-mila anni (12,000). Sono antiche, antiche, antiche. Più di quanto tu riesca a pensare. Vennero create con una forma d'energia luminosa.

Quegli enormi massi che vedi, vennero creati con l'energia della luce.

D: *La tua genei da Sirius le creò, o avete insegnato agli altri come farlo?*
I: Eravamo parzialmente responsabili. Alcune delle specie che creammo col matrimonio erano in grado di sintonizzarsi con alcune delle nostre frequenze. E anche loro erano in grado di lavorare con l'energia della luce e teleportare la maggior parte di quei massi e macigni. Progettarono il tutto esattamente secondo ciò che avevamo pianificato, così che potessero essere in armonia col pianeta e con Sirius. Ed in allineamento per ricevere le frequenze e le energie di chiunque andasse in questi enormi templi. Erano davvero templi di guarigione. Non sono, ciò la gente pensa, enormi templi funebri. Non lo sono.

Jane disse la stessa identica cosa nel capitolo 3: "La gente dei gatti."

D: *Non avevo mai pensato che fossero delle tombe.*
I: Non sono il luogo dove va a finire la gente dopo la morte. Sono templi per elevare la frequenza. Per elevare l'energia. Questo è ciò a cui servono. La maggior parte delle energie non sono tanto potenti com'erano una volta, ma è rimasta della frequenza. Ciò ch'è successo nel tempo è che la gente è entrata con energie e vibrazioni diverse. Come risultato hanno viziato l'essenza originale di questi templi. Li hanno degradati.

D: *Sono passata molti anni. Anche questo fa la differenza, no?*
I: Si fino ad un certo punto. Se la gente ci fosse andata con pure intenzioni, allora la loro vibrazione sarebbe stata molto, molto più elevata. E sarebbe rimasto come era stato creato, ed avrebbe assistito molte, molte, moltissime persone.

D: *Ma il mondo non restò così.*
I: No. Hanno sporcato tutte le energie e le vibrazioni, tutte le forme di vita. Hanno inquinato l'oceano. Hanno inquinato il terreno, i fiumi, ogni cosa. Ogni cosa. Gli oceani, le foreste, le montagne, la loro energia è ovunque. Ci respiriamo dentro persino. E' ovunque, ogni cosa ch'è viva n'è influenzata.

D: *Non ci si può più scappare adesso.*
I: No, è ovunque, ovunque.

Questo la stava agitando ancora, dovetti cambiare l'argomento.

D: *Mi è stato detto che in Atlantide avevano la capacità di fare cose con le loro menti.*
I: Abusarono delle loro menti. Lavoravano molto con i cristalli. Utilizzavano la luce dei cristalli per fare la maggior parte del loro lavoro. Erano aperti a questo, ma non ne sape-vano tanto quanto ne sapevamo noi. Non ne sapevano molto della terapia con la luce, quanto ne sapevano dell'energia dei cristalli con cui lavoravano. Abusarono dell'energia dei cristalli. Dopo la distruzione, gli insegnammo a fare le cose per bene e a ripulire le loro menti.
D: *Cosa mi dici della Sfinge? Venne costruita nello stesso periodo delle piramidi?*
I: La Sfinge venne costruita circa nello stesso periodo, forse entro circa 1000 anni. La Sfinge fu costruita dagli Atlantidei, perche usarano la Sfinge per alcuni siti funebri. Noterete che ci sono delle camere sotto la Sfinge che vennero utilizzate come siti funebri, o come dite voi "tombe". Questo era lo scopo della Sfinge ed il leone era il protettore di quelle tombe. Questa era un'espressione del sistema di credenze Atlantideo. Rappresentava l'energia del leone. Il leone è il re degli animali. E dovrebbe proteggere e ruggire a tutti i ladri di tombe.
D: *Hanno trovato alcune camere segrete sotto la Sfinge.*
I: Ce ne sono molte, molte di più che devono ancora trovare. Per quanto riguarda la Sala dei Registri, non è sotto la Sfinge. E' sotto la grande piramide. Li sotto ci sono anche dei tunnel. Molti, molti tunnel che portano a posti lontani nel centro del pianeta, verso razze che non conoscete. Potete essere portati da questi tunnel verso razze che abitano questo pianeta, e vivono sotto la superficie.

Le città sotterranee sono il soggetto del prossimo capitolo.

D: *Ma la gente a capo delle piramidi non sanno che queste cose esistono?*
I: Sanno di alcune cose, ma a causa del loro sistema di credenze, le dottrine religiose che hanno, non voglio che la gente sappia d'aver vissuto altre vite passate, d'esser stati altre forme di vita. Che la loro religione non regna suprema. Che ci sono altre forme d'adorazione oltre alla loro. Che ci sono altri modi per raggiungere la Sorgente oltre alla loro.
D: *Sono consapevoli delle aperture per andare sotto la superficie?*

I: Oh, certo sono consapevoli dei tunnel e alcuni li hanno chiusi. Altri sono aperti. Ma hanno paura che il pubblico lo sappia. Proprio come la paura di ciò che non conoscono.
D: *Quindi non dicono alla gente che ci sono dei tunnel? (Si) Ma si possono accedere dall'interno della piramide?*
I: Si possono raggiungere solo dalla grande piramide.
D: *Ma non li hanno mai esplorati perché hanno paura?*
I: Hanno paura, molta paura di ciò che non conoscono. Se portano questo agli Occidentali, allora gli Occidentali non sono – come li chiamereste voi – "polli". Non hanno paura d'esplorare, possono avere mezzi e modalità d'esplorazione dei tunnel che riducono il soffocamento e l'asfissia. Sarebbero in grado di passare attraverso questi tunnel ma sarebbero saggi a non farlo, perché questi tunnel sono molto, molto lunghi. Vanno per kilometri e kilometri. Non vogliono che nessuno ne sia a conoscenza. Primo è un rischio e secondo è un problema di credenze.
D: *Siete voi i responsabili della costruzione di questi tunnel?*
I: Si, siamo stati noi. Fu molto semplice per noi. Ci basto usare l'energia della luce. Anche i nostri mezzi di trasporto erano molto, molto semplici. Viaggiamo attraverso la luce.
D: *Quando avete creato i tunnel avete usato le vostre navi?*
I: Non avevamo bisogno di utilizzare le navi. Ci bastava visualizzare ciò che volevamo fare e poi lo creavamo con le nostre menti.
D: *Perché li avete fatti andare sottoterra?*
I: C'era una specie della superficie che voleva fare questa esperienza. Erano una specie molto evoluta. Volevano allontanarsi dalla follia della superficie. Così decisero di aiutare Madre Terra andando nel centro per assisterla. Come sapete lei è un essere senziente. Cosi sono diventati suoi aiutanti ed assistenti. Lavorano a stretto contatto con lei, sono molto, molto evoluti.
D: *C'erano altre popolazioni abitanti al sottoterra prima di loro?*
I: Non che io sappia. Ma questo ebbe luogo dopo il nostro arrivo.
D: *Avete creato i tunnel e alcune persone volevano vivere li?*
I: Si. Hanno una frequenza e un livello vibrazionale che non richiede la presenza di sole fisico come voi. Ma hanno i mezzi per ottenere la luce dal punto di vista fisico.

Vedi capitolo cinque, "La città nascosta", riportato anche in Keepers of the Garden (Protettori del Giardino).

D: *I tunnel erano forse costruiti prima delle piramidi?*

I: I tunnel furono costruiti dopo le piramidi, perché non dovevano essere conosciuti da tutti. Solo dai prescelti.

D: *Ci sono ancora dei discendenti vivi di questa gente sotto la superficie?*

I: Molti sono ancora vivi, proprio come me e te.

D: *Hanno mai provato a ritornare in superficie attraverso i tunnel?*

I: Oh, certamente. Sono molto, molto evoluti. Hanno mezzi e modalità per tornare in superfici. Per loro è molto facile. Usano diverse frequenze e diverse terapie con la luce per farlo. Conoscono la terapia con la luce.

D: *Sembra che abbiano assimilato ciò che stavate cercando d'insegnare e lo mantennero puro. Mentre gli altri in superficie lo contaminarono.*

I: E' cosi. Decisero di mantenere la purezza ed aiutare il pianeta ad evolvere quando fosse stata pronta a cambiare e spostarsi ad una vibrazione superiore e ad una frequenza superiore. Questo è ciò che sta facendo in questo momento.

D: *Ci sono altre entrate in altre parti del mondo che danno accesso a queste civiltà sotterranee?*

I: Per quel che ne so, in alcune delle altre piramidi. Vedo le piramidi in Yucatan. Penso che ce ne sia un'altra, in Bolivia. Non la conoscevamo come la chiamate voi: Bolivia. Aveva un altro nome.

D: *Altre popolazioni crearono queste entrate per poter avere accesso allo stesso luogo.*

I: Era la stessa razza che avevamo creato che ci ando', perche per loro i trasporti erano molto facili. Trasportavamo attraverso l'energia della luce e attraverso le frequenze della luce. Ovunque ci fossero persone che avevano bisogno d'aiuto, noi andavamo ad assistere. E in quel luogo costruivamo delle piramidi per insegnar loro la via superiore. Allo stesso tempo costruimmo anche questi tunnel perché alcuni di noi avevano bisogno di andare con loro. Per lavorare da vicino con la Madre Divina. Per aiutarla nel processo della sua evoluzione.

D: *Ha detto di aver vissuto in Egitto per 600 anni. Allora eri conosciuto come la sacerdotessa Isis - e hai detto che si pronunciava diversamente – per tutto il tempo?*

I: Si è così. Ero conosciuto in tutto il mondo. Ero conosciuta in tutto il pianeta ed ero conosciuta anche su altre sfere.

D: *Ma non volevi che ti adorassero, vero?*

I: Il loro adorarmi per chi io fossi, per il potere che avevo, per l'energia e la frequenza che portavo, era pura stupidità. Mi vedevano come qualcuno che poteva aiutarli ed assisterli. Non era solo una forma d'adorazione ma anche un segno di rispetto.

D: *Quindi dopo 600 anni si erano gia' evoluti al punto di poterli lasciarli da soli?*

I: A quel punto avevamo creato abbastanza specie con matrimoni interni da aver stabilito la frequenza e il livello energetico necessari per poter assistere la razza in quel momento. E perfino l'ecologia del tempo per poter mantenere l'equilibrio su questo pianeta. Quindi dopo 600 anni molti di noi che vennero nella loro forma originale se ne andarono. Lasciammo il resto del lavoro in mano agli ibridi e quelli creati da noi.

D: *A quel punto siete tornati su Sirius?*

I: Si, lasciammo i nostri corpi fisici e tornammo a Sirius. Lì riassumemmo la nostra vecchi forma.

D: *Se eri a casa, perché hai deciso di tornare sul pianeta Terra in questo momento?*

I: Questa volta abbiamo deciso che ci dovrebbero essere molti di noi. Molti di noi sono qui per riparare a ciò che fu fatto durante il periodo Atlantideo e questa volta evitare quel tipo di diluvio. Questa volta vediamo che con più e più persone risvegliate, ci possono essere cose che accadranno, perché come dite voi, il debito deve essere buttato nel cassonetto della spazzatura. Questo è ciò che stiamo facendo, stiamo ripulendo il debito. Far riaffiorare tutte le negatività per ripulire l'atmosfera. Per rendere le cose più armoniose, bilanciate e pacifiche. Ci saranno problemi, geofisici, geologici. Ci saranno problemi con le razze umane che stanno combattendo tra di loro. Ma non ti arrabbiare or stressare, rimani nel tuo spazio d'amore. Ricordati che tutto è in ordine divino e credi che tutto andrà bene. E tutto andrà bene. Non sarà terribile come durante Atlantide. Questa è la ragione per cui molti che erano in Atlantide stanno tornando adesso, per riparare ai danni fatti allora.

D: *Al tuo ritorno su Sirius dopo il periodo in Egitto, sei rimasta li fino a questa tua attuale incarnazione?*

I: Si. Questa è la mia prima incarnazione da allora.

D: *Questa volta però sei tornata con una nascita fisica, non è vero?*

I: E' così. Ma era abbastanza per la frequenza ed energia che era in quella forma fisica. Era una frazione molto piccola di me stessa. Poi quando Ingrid era pronta per assimilare la mia essenza, avevo iniziato a venire piu' e piu' spesso in questo corpo fisico, per integrarmi con esso.

D: *Perché hai deciso di farlo in questo modo, invece che creare un altro corpo anche questa volta?*

I: Era meglio farlo cosi, perché il vostro pianeta ha una frequenza ed un livello vibrazionale diverso. Dopo il diluvio era molto più facile farlo, perché' stavano cercando risposte. Stavano cercando degli Idei e quindi siamo venuti come dei.

D: *Quindi ora è più facile entrare nel corpo di un bambino.*

I: Era più facile venire nel periodo di questa frequenza perché il diluvio non è avvenuto. E' una forma diversa e una forma diversa d'eventi sta avendo luogo. Siamo qui non dopo il diluvio, ma per prevenirlo.

D: *Capisco. Stavo pensando che sarebbe più difficile per te, più limitante in questo modo.*

I: Questa è la ragione per cui solo un piccolissima parte di me entrò alla nascita. Molte volte da bambina guardavo le stelle e chiedevo di riportarmi a casa. Non riuscivo a capire la gente. Non riuscivo a capire la loro sofferenza. Quando da bambina vedevo i poveri in Africa, piangevo.

D: *Ma dall'altra parte avevi tutto quel potere e capacità. Ti deve sentire frustrata di queste limitazioni.*

I: E' una limitazione in molti modi.

D: *Inoltre hai anche dovuto fare una vita umana frustante.*

I: Si era molto, molto frustrante, ma dovevo imparare ad essere umana. Ho dovuto imparare le vie della sofferenza. Ho dovuto imparare le vie delle diverse religioni. Ho dovuto imparare le vie in cui la gente si comporta. Di tutti le emozioni, i sentimenti e le esperienze che fanno gli umani, cosi che potessi veramente comprendere. Quindi dovevamo farlo in un modo diverso, perché la vostra razza è molto più numerosa che nel periodo durante e dopo il diluvio Atlantideo.

D: *Hai detto che una parte di te, la tua essenza, entro nel corpo da bambina e che adesso stai incorporando altre parti?*

I: Si, più e più parti sono incorporate in questo corpo fisico. La frequenza e la vibrazione di questo corpo fisico stanno aumentando quotidianamente. Sta facendo molto lavoro notturno. Stiamo lavorando con il suo DNA. Stiamo anche lavorando con altri aspetti del suo corpo fisico. Non lo sa, ma spesso la portiamo via nel sonno e lavoriamo su di lei. Ti ha detto precedentemente che i suoi chakra ruotano tutto costantemente. Questo è esattamente ciò che sta succedendo. Quando è sdraiata, in uno stato di quiete o sta parlando con qualcuno, la sua vibrazione continua ad oscillare e ad essere reintegrata costantemente. Adesso comprende cosa le sta succedendo. Prima non capiva.

D: *Questa era una delle domande che voleva fare: perché sentiva la vibrazione e il risuono nella sua testa?*

I: Ora capisce, la smetterà di dubitarne e sarà più propositiva verso ciò che le sta succedendo.

D: *Sta incorporando sempre più energia e sta cambiando. (Si, si) E' questa la ragione per cui ha fatto tutte quelle esperienze la prima volta che visitò l'Egitto?*

Quando Ingrid andò in Egitto con un tour guidato qualche anno fa, ebbe una reazione molto emotiva durante la visita al tempio di Isis. Ebbe un effetto fisico cosi forte su di lei che dovetter interrompere il viaggio e tornare negli Stati Uniti. Le ci vollero alcune settimane per tornare alla normalità mentalmente e fisicamente. Non aveva mai capito perché di quella estrema reazione ed era una delle domande a cui cercava una risposta.

I: Le era stato detto di riconquistare il suo sentiero, ma non l'a fatto ancora. Come dite voi, sta continuando a (lentamente e deliberatamente) procrastinare. E' un parola difficile da dire per me. Deve sapere cosa deve fare e sbattersi, come direste voi. Deve iniziare a fare ciò che dovrebbe fare.

D: *Esitare fa parte della natura umana.*

I: Lo so. Ha tutti questi sentimenti ed emozioni umane con cui era ben integrata nel tentativo di imparare l'esperienza umana. Ad un certo livello la appesantisco. Penso che sia arrivato il momento per lei di procedere. Deve procedere. E' meglio se non parla della sua connessione con Isis, perché la gente non sarà in grado di capire. La gente si farebbe l'impressione sbagliata entrano in uno stato egoistico. Ecco perché non ne dovrebbe parlare con nessuno.

D: *Dovrebbe parlarne solo con coloro che capiranno. (Si) E' per questo che quando andò al Tempio di Isis ebbe quelle reazioni.*

I: Si, la maggior parte della sua energia venne attivata allora. La maggior parte di lei stesse venne attivata in quel momento. Perché aveva parti di se stessa quando era in forma fisica in quella zona. Visse per molto, molto, molto tempo in quel luogo. Quando era là raccolse la sua energia a livello di frequenze e la reintegrò. Quella era la vera ragione di quel viaggio, face parte della sua integrazione. Si integrò con tutte le energie del luogo. Con il terreno, il fiume, gli alberi. Si integrò con tutte le forme di vita del luogo.

D: *Più o meno era per inizializzare ed attivare.*

I: Non tornerà più in Egitto perché non ne ha più bisogno. Dipende dagli eventi a livello globale. Stanno succedendo molte cose nel Medio Oriente e molte altre avranno luogo in futuro.

D: *Quella volta erano preoccupati per lei, la portarono all'ospedale.*

I: Quella volta era quasi morta, ma l'abbiamo tenuta in vita.

D: *Si stava portando dietro troppa energia. (Si) Puoi aiutarla e farle sapere che non accadrà di nuovo?*

I: L'aiuteremo in qualsiasi modo possibile. Ci assicureremo che non accadrà ancora.

D: *E' cresciuta in Sudafrica. Perché ha dovuto andarsene da là? Andarsene, fu una decisione drastica e traumatica.*

I: Fece parte dell'ordine divino. Era il volere dello spirito che venisse al centro. Il Consiglio voleva che venisse qui, perché questo era il paese che ha bisogno della vibrazione del-l'amore. E' questo paese che deve comprendere l'Unità, che deve comprendere l'amore. Devono comprendere il rispetto per la vita, perché è il più grande potere su questo pianeta.

D: *Quindi spostare la sua energia in questo paese faceva parte del suo destino.*

I: L'intero pianeta deve risvegliarsi all'amore. C'è un bisogno disperato di rispettare il posto della gente. C'è bisogno di fare pace. C'è bisogno di creare armonia. Questi livelli di frequenze. Non c'è bisogno di andare e uccidere perché vuoi l'olio. Non c'è bisogno di creare queste circostanze a causa del potere e dell'avidità. Non si creano queste cose al costo della vita. Non si creano queste cose solo per avere più potere finanziario, più avidità e più controllo. E' uno stato di condivisione. Dovreste condividere le vostre risorse globali. Dovreste nutrire gli affamati, dovreste amare gli uni e gli altri. Rispetto e amore.

D: *Questo è molto difficile, perché quel al potere sono quelli che controllano tutte queste cose.*

I: Adesso, stiamo arrivando al punto in cui ci sono tantissime energie della vita entranti. Ci sono tantissime frequenze elevate che stanno bombardando il pianeta. La gente non avra alcuna alternativa se non quella di cambiare. Tutte le strutture rigide create finora cadranno. Non hanno alternativa se non il collasso e la distruzione. Collasseranno tutte sotto il potere della luce, o sotto il potere dell'amore. E' troppo potente. Nulla è superiore al potere dell'amore. L'amore è tutto ciò che esiste. L'amore è ciò che respirate. Permea l'universo, il cosmo. L'amore è ciò da cui ogni cosa viene creata.

D: *E' vero. Sara interessante vedere come supererà le strutture di potere, perché queste controllano tutto.*

I: Saranno i maestri della loro stessa caduta. Creeranno la loro stessa distruzione. Creeranno la loro stessa caduta. Saranno completamente responsabili di qualsiasi cosa che gli accadrà.

Ci dissero che il problemi di salute di cui soffriva Ingrid erano causati dalla pressione di un cattivo matrimonio con un uomo dominante. Non e' successo a causa del karma, perché non aveva mai vissuto sulla Terra, eccetto durante il periodo Egiziano. Ci possono essere molte ragioni, che spingono a sperimentare una vita negativa con un altro individuo, eccetto il karma di vite passate. In questo caso era per imparare a gestire le energie uma-ne e come sappiamo alcune di queste possono essere negative. Ovviamente questo è difficile per ogni individuo perché non si ha nessuna memoria cosciente o conoscenza di ciò che è coinvolto.

I: Doveva comprendere la psiche umana, i pattern comporta-mentali, le illusioni e falsità umane. Il modo in cui si comportano. L'unico modo che aveva per imparare era di sperimentarlo direttamente.

Ingrid aveva iniziato ad abbreviare e tagliare le parole. Era già successo all'inizio della seduta ma poi aveva smesso. Sembrava come se non fosse abituata a parlare, come se questo metodo di comunicazione le fosse estraneo. A volte separava le parole più lunghe in sillabe. Sembrava innaturale e strano. Alla fine della seduta, la sua voce tornò alla normalità.

I: Ingrid lavora principalmente con l'intero sistema energetico e delle frequenze. Porta la vibrazione dell'energia dell'amore divino nel loro sistema di frequenze. Solo introducendo que-sto amore divino, l'amore permea e supera qualsiasi altra cosa. Trasforma ed eleva tutto il resto. L'amore è la forza più potente al mondo. Se la gente vi dice che l'opposto dell'amore è la paura, non è così. L'amore è. L'amore non ha opposti. Ricordatelo mia cara. L'amore non ha opposti. L'amore è. E' la risposta ad ogni cosa. Assolutamente ogni cosa. Dove c'è disarmonia. Dove c'è dolore.

Dove c'è fame. Dove c'è sofferenza. Basta mandare l'amore. Non solo all'umanità ma ad ogni forma di vita. Ai fiumi, agli oceani, alle foreste, agli animali, agli uccelli, alle api, all'aria che si respira. All'intero cosmo, perché fate parte dell'Uno. Facciamo tutti parte dell'Uno. Non c'è separazione.

***

Quando feci ricerche sulla dea Isis, divenne chiaro che era associata con le cose che Ingrid disse d'esser venuto a fare sulla Terra. Isis istituì il matrimonio, insegnò alle donne le arti dome-stiche della macinazione del mais, filatura del lino e tessitura. Introdusse la pratica dell'agricoltura e le arti mediche. Quanto è giusto che lei sia ricordata in questo modo, perché aveva detto d'essere venuta dopo la distruzione d'Atlantide per aiutare a ricostruire la Terra. Viene considerata l'archetipo femminile primario o la rappresentante energetica della fertilità divina della natura. E' il fulcro della maternità divina e la regina della rigenerazione. E' connessa ai cicli mensili della luna e le stazioni dell'anno. Voleva che la gente imparasse a prendersi cura della Terra. Isis incarna le forze del femminile, la capacità profonda di percepire le relazioni, l'atto della creazione, la sorgente della protezioni e del sostegno.

Un'altra cosa profondamente connessa con questa seduta è che Isis era anche conosciuta come Eset, molto simile in fonetica al nome che Ingrid mi diedi: Ezi. Potrebbe essere lo stesso nome se si considera l'accento di Ingrid.

Isis ebbe un ruolo importante nello sviluppo delle religioni moderne, anche se la sua influenza è stata largamente dimentica-ta. Era adorata in tutto il mondo Greco-Romano, principalmente come la personificazione delle qualità femminili. Con l'avvento del Cristianesimo molte delle cappelle di Isis vennero trasformate in chiese. Durante il quarto secolo quando il Cristianesimo stava si era stabilito nell'Impero Romano, i suoi adoratori fondarono i primi culti alla Madonna per mantenere la sua influenza attiva. I primi Cristiani si facevano chiamare Pastophori, cioe' "i pastori o servi di Isis", che potrebbe essere dove la parola "pastori" ebbe origine. Le antiche immagini di Isis che allatta suo figlio Horus, inspirarono lo stile di dipinti "della madre con neonato" per secoli, inclusi quelli della "Madonna e Bambin Gesù" dell'arte religiosa. Quindi l'immagine di Isis col piccolo Horus divenne la Vergine Maria con Gesù.

CAPITOLO 5

LA CITTA' NASCOSTA

Nell'estate del 2001 ero a Memphis, TN, per parlare alla Unity Church. Rimasi per una settimana per condurre sedute private ed alloggiai in un motel con una cucinino.

Quando si fa questo tipo di lavoro bisogna essere preparati for l'inaspettato. Succedeva molto più spesso con i miei clienti che non avessero delle "normali" vite passate. Come se ci venisse detto che il soggetto deva diventare consapevole d'essere molto più di quanto non immaginino d'essere. La loro anima ha una vita molto più colorata di quanto credano. Forse questo è il tempo in cui dobbiamo diventare consapevoli di queste altre parti di noi stessi. Era piuttosto insolito che i miei pazienti si trovassero su altri pianeti, in altre dimensioni o in vite di civilizzazioni perdute. Ovunque andassero, dovevo fare domande pertinenti alle loro descrizioni. Perché le vedevano per qualche ragione importante nella loro vita attuale e per il loro livello di crescita e comprensione.

Così fu per Mary. Quando la feci scendere dalla nuvola, immediatamente senza incoraggiamento iniziò a descrivere ciò che la circondava. Non sembrava nulla di cui avessi storicamente mai sentito parlare. Si trovava all'interno di un edificio incredi-bilmente grande. C'erano molte stanza enormi dall'alto soffitto e architettonicamente non era nulla di familiare. Era davvero unico. C'erano enormi porte di legno coperte d'intarsi e sculture incredibili. Guardò fuori da una grande finestra e vide un cortile e un lago con un ponticello che sembrava di stile orientale. La dimensione del palazzo era immensa ed era bellissimo. Ogni cosa era elaborata ed i colori erano intensi e regali.

Le chiesi di descrivere se stessa. Era un uomo vestito con un'elaborate tunica di velluto rosso e oro. Aveva un copricapo che non poteva vedere e le sue scarpe erano di legno.

Quando le chiesi che tipo di lavora facesse, si trovò in una delle molte stanze in questo luogo enorme.

M: Credo di essere un monaco o qualcosa del genere. Ci sono altre persone qui adesso. Sono vestiti più umilmente di me. Non tutti nello stesso modo, ma più semplice. Ci sono libri ovunque in questa stanza in cui sono entrato. Sono di tutte le dimensioni e forme, riempiono la stanza, dal pavimento al soffitto. Ci sono libri ovunque. Libri. Registri.
D: *Il tipo di libri che si possono aprire?*

Volevo distinguere tra libri e rotoli. Questo mi avrebbe aiutato ad identificare il periodo di tempo.

M: Si, certo. Sono ad un livello superiore e sto guardano in giù nella stanza. Ci sono persone al piano inferiore impegnate in diverse attività.
D: *Questa stanza sembra quasi una biblioteca. Non è vero?*
M: Sembrerebbe di si. Penso che alcuni di loro siano dei biblio-tecari. Sembra che stiano ricercando o registrando. Sembra un'antica sala della conoscenza. Sembra una vasta collezione è enorme.
D: *Se loro sono bibliotecari allora qual'è il tuo ruolo?*
M: Non ne sono sicuro. Adesso vedo anche dei muri di roccia. (Con tono rivelatorio) sembra che io sia sottoterra. Questo sembra essere l'altra parte di questo vasto complesso. Mi fa quasi pensare che sia tutto sotto terra.
D: *Be, precedentemente hai visto un lago ed un ponte.*
M: Mi chiedo se non sia una grande città sotterranea. Mi sembra che lo sia. Una delle mie prime impressioni era cosa ne pensiamo di Shambala (fece fatica a pronunciare la parola) o Shangri-La o qualcosa del genere. E' perché era cosi vasta. Ma la roccia e i tunnel e i gradini mi fanno pensare che sia nascosta. L'intera città è nascosta, anche se ha luce e acqua. Vedo dei tunnel, come se fosse un luogo nascosto. Segreto. E' per protezione. Per proteggere i registri.

Una dei temi ricorrenti durante le regressioni che ho condotto negli ultimi anni sembra essere connesso al fatto che siamo dei registratori o accumulatori d'informazioni e conoscenza. Il lavoro primario è di preservarla in varie forme, perfino di codificarla nel nostro DNA o nel subconscio, per evitare che venga dimenticata. La conoscenza sembra essere molto importante nel grande quadro delle cose. Forse perché la Sorgente o Dio ha bisogno che accumuliamo tutte le informazioni che possiamo. Anche gli ET sono accumulatori di conoscenza ed informazioni. Questo è uno degli obbiettivi principali per gli impianti (specialmente quelli nella cavità nasale), per trasmettere e registrare informazioni. Più esploro questi argomenti e più continuo a trovare che ogni cosa sta registrando. Parleremo ulteriormente di questo nei prossimi capitoli

D: Vuoi dire che nascondere i registri sottoterra è più sicuro?
M: Si è un luogo sicuro. Ci sono delle piramidi in superficie ma quello luogo è molto in profondità. Ho l'immagine di una piramide, ma adesso sto vedendo l'immagine di un'alta catena montuosa, quindi non possono essere le piramidi che conosciamo. Ci sono dei gradini che portano a questo luogo che sono incavati nella montagna. Cose che non sono conosciute. Cose che sono nascoste tra le montagne. (Fu sorpresa) Questo è un porto stellare. C'è un mondo all'inter-no e un mondo all'esterno.
D: Questi gradini che hai detto essere scavati nella montagna, dove portano?
M: Vanno verso l'entrata di questa città nascosta.
D: Quindi la piramide è all'esterno, ma l'entrata va dentro la catena montuosa?
M: Si. La piramide non è ciò che importa. Si pensava che fosse la cosa più importante, ma non lo è. La cosa più importante è ciò che c'è nelle montagne, sotto, dietro e tutt'intorno. La è il segreto.
D: La piramide viene usata per qualcosa?
M: No. E' solo un punto di riferimento.

Nel capitolo su "Isis" Ingrid disse che l'entrata ai tunnel che portano alle città sotterranee erano vicino alle piramidi.

D: Ma hai detto che è un porto stellare.
M: Era un porto stellare, si, molto tempo fa quando venne originariamente costruita. Vedo questo enorme, enorme, profonda, profondissima apertura nella Terra. Stanno costruendo questo luogo. (Fece una lunga pausa)
D: Cosa vedi?

M: Vedo solo questa immensa, profondissima spaccatura nel terreno. So che ci sono delle astronavi che ci scendono dentro. Stanno prendendo delle provigioni. Stanno prendendo delle persone e dei materiali. Stanno costruendo sottoterra. E' come se fosse un'apertura di ciò che a me sembra un vulcano, solo non riesco a stimarne la grandezza. Ma va in profondità e arriva ad un punto dove non riesco a vedere. E' molto buio. Da qui sono entrati per prendere le provigioni e materiali per costruire questo luogo sottoterra. Zumano li dentro in questo crepaccio profondissimo che sembra un vulcano. Passano attraverso aperture enormi.

D: Fecero tutto questo per riuscire a nasconderlo?

M: Si, fu tantissimo tempo fa. Dall'altra parte alla base della montagna, nella valle, vivono degli ominidi primitivi. Vivono in delle capanne, sono i nativi della zona, sono impauriti. Ci sono molte cose nel cielo sopra la mia testa.

D: E' per questo che sono spaventati? (Si) Hai detto che stanno portando gente e materiali.

M: Si, dobbiamo entrare. Stavo vedendo solo la caverna. Scendendo in profondità si può vedere della luce sul fondo.

D: Hanno trovato un modo per creare della luce la sotto?

M: E' una tecnologia che proviene da altri luoghi. Non viene dalla Terra.

D: Perché dovrebbero decidere di venire qui e costruire questa città dentro la montagna?

M: C'è una guerra che sta distruggendo il pianeta.

D: Questo sta vendo luogo sul pianeta Terra?

M: Si, credo di si. Fu una guerra che distrusse la gran maggior parte della superficie. Troppa, troppa distruzione.

D: Questa gente da lottando contro i nativi?

M: No, era tutta gente da fuori. Erano malefici... erano cattivi. Erano demoniaci. Sono venuti su questo pianeta. Erano veramente feroci e molto potenti.

D: L'altro gruppo era qui dall'inizio?

M: Ce n'è più d'uno. Ci sono molti, molti gruppi. Un gruppo.... (Fece una lunga pausa)

D: Cosa stai vedendo?

M: L'immagine di qualcosa che sembra essere un ghiacciaio in altro vicino ad un lago. E c'era... ciò che io chiamerei una astronave. E' molto strana. Non ho mai visto nulla del genere nemmeno in Star Trek. Lunga ed elegante, ma con diverse appendici.

Ci fu una lunga pausa mentre osservava. A questo punto diventa frustrante perché non posso vedere ciò che vedono i miei pazienti. Iniziò a descrivere nuovamente.

M: Stavano facendo qualcosa li vicino. C'è una sorta di... Non so a cosa sto guardando. E' un impianto, un qualche tipo di fabbrica. Mi sembra che stiano prendendo delle risorse. Stanno scavando. C'è un grande, enorme apparato che... Vedo un sacco di cose che non conosco.

D: Hai detto che sono vicino a questo ghiacciaio?

M: Il ghiacciaio è molto in alto. Ma buona parte scende sulla parte bassa della montagna e della valle.

D: Quello è il punto dove stanno scavando? (Si) Che connessione ha questo con la guerra di cui stavi parlando? (Fece una pausa) Hai detto che ci sono diversi gruppi.

M: Vedo che stanno sparando e lanciando dei cosi che sembrano dei missili. Vedo che il ghiacciaio esiste a causa della guerra. Vedo questa luce incredibile. La maggior parte della superficie di questo pianeta è stata devastata da questa luce. Esplosioni incredibili. Molta gente sfuggì con le astronavi e andò altrove. Altri vivono sottoterra. Molti vennero distrutti.

D: Hai detto che il ghiacciaio è il risultato di queste guerre?

M: Si. Ciò che fecero causò smottamenti terrestri globali. Causò giorni di oscurità. Freddo. Distruzione, devastazione. Distru-zione globale. So' d'essere qui per aiutare. Sono qui per proteggere i registri.

D: Quindi è per questo che hanno trasportato questi registri.

M: Si. La conoscenza.

D: Dove hanno preso questi registri che stanno cercando di proteggere in questa vasta biblioteca?

M: E' la conoscenza che non abbiamo mai saputo d'avere. C'erano civilizzazioni fiorenti. Atlantide. Lemuria. Tecnologie che avevamo ricevuto da altri. Come il DNA è stato combinato con gli umani.

D: Tutto ciò fa parte dei registri?

M: Si. Questo incredibile, incredibile luogo.

D: E il tuo lavoro è di proteggere e sorvegliare questa conoscenza?

M: Non sono sicura. Io non la registro. Io non custodisco. Penso d'essere un consulente o ... (Lunga pausa) Mi vedo salire una scalinata illuminata. Non è alta, è piccola e porta in questo pazzio molto ben illuminato. Ci sono cristalli. (Pausa) Altri esseri mi incontrano in questa stanza. Vengono attra-verso la loro luce. Non sono di un corpo vero. Usano una forma di corpo, ma sono molto, molto belli. (Lunga pausa) E c'è questa sfera... ha tutti questi colori gradevoli, s'irradia ed emerge. Sento che stanno comunicando con me. (Lunga pausa) è come se io fossi la persona con cui stanno parlando, e poi io vado dagli altri e riferisco.

D: *Ma tu hai un corpo fisico, mentre loro non ce l'hanno.*

M: Ho un corpo fisico e vivo là, sottoterra.

D: *Li hai visti portare tutta quella roba quando lo stavano costruendo. Apparentemente ora è già finito. E' questo che intendi? (Si) Puoi tornare alla superficie e vivere li, o devi restare sottoterra?*

M: Alcuni torneranno in superficie. Altri sceglieranno di restare. La superficie tornerà abilitabile col tempo.

D: *Questi sono i registri della Terra, o provengono d'altrove?*

M: Dalla Terra e altrove. E' come se fosse tutta la conoscenza.

D: *Quindi questi esseri hanno portato tutto li sotto per evitare che venisse distrutto?*

M: Sono molto, pieni d'amore. Sono qui per aiutarci ed insegnarci. Penso di essere la loro voce.

D: *Avevano paura che tutto questo venisse distrutto quando iniziò la guerra in superficie?*

M: Si, era per proteggerci. Era per proteggere e salvare, e per aiutarci in futuro.

D: *Hanno portato degli umani nel sottosuolo?*

M: Si, ci sono molti esseri differenti nel sottosuolo.

D: *Hanno costruito questa bellissima città dopo la distruzione di Atlantide?*

M: La costruzione delle città iniziò prima della distruzione. Si sapeva che sarebbe successo. Che stava per succedere. Si sapeva. La violenza si era spostata. La costruzione della città e l'accumulazione dei registri iniziò molto tempo fa', perfino prima di Atlantide. Molti prima di Atlantide.

D: *Ho sentito che c'erano molte civilizzazioni prima e dopo Atlantide.*

M: C'erano citta molto avanzate e luoghi molto primitivi durante Atlantide. Ora vedo il mondo esterno. Vedo i portoni di una città circondata da montagne, ma è seduta sull'acqua. E' sulla superficie. L'altra era già la sottoterra.

D: *Quella sulla superficie fu costruita da umani?*

M: Umani che erano più evoluti degli umani d'oggi. Quella città era più popolata. La città sotterranea era in una zona scarsa-mente popolata. Qui, umani ed extraterrestri vivevano e coesistevano insieme. C'erano alcuni che erano qui per aiutare e c'erano quelli che erano qui per conquistare. Una parte degli umani era molto più evoluta. Altri umani erano molto, molto primitivi. Più animalistici e c'era un luogo dove gli umani venivano trattati molto, molto male. Tremendamente. Mutazioni.

D: *Questo era durante il periodo di Atlantide? Se volessimo definire una sequenza temporale.*

Ovviamente stavo pensando alle mutazioni delle chimere (metà umano e metà animale) che ebbero luogo durante il periodo d'Atlantide. Non sapevo se questo era il periodo di cui stava parlando.

M: Uno è un po' prima dell'altro, ma vicino. (Lunga pausa) Consiglio! C'è un consiglio. C'è un incontro per decidere di fermare i malvagi. Un grosso incontro. Galassie. Più galassie. Più gente.

D: *Vogliono fermare quelli che stanno causando le mutazioni?*

M: Si, erano molto distruttivi e manipolativi. Agivano crudelmente. Il periodo tra queste due era poco, è difficile essere specifici – forse diedi anni. Un'area del mondo era altamente evoluta e fiorente. Un'altra area molto primitiva, veniva depredata e minata. Scavavano alla ricerca d'oro. Erano come dei guerrieri. Stavano cercando di nascondere le loro azioni. Erano vicini, ma non nella stessa area. Vennero scoperti. C'è un Consiglio molto alto che ne sta discutendo. Non gli piace ciò che questo gruppo sta facendo. Una grande tavola. Molte discussioni.

D: *Prendono una decisione?*

M: Si. Decidono che devono proteggere, devono fermare. (Lunga pausa) Gli chiedono di andarsene. Di smettere e di andarsene. Questo leader, questo portavoce, vestito di molto metallo. Sembra quasi che abbia un copricapo d'uccello. Non pensano che questo Consiglio sia una vera minaccia. Dichiarano d'avere tutti i diritti d'essere qui e si rifiutano d'andarsene. Hanno iniziato a portare delle armi. C'è il porto spaziale. Ci sono delle armi sul pavimento. Vogliono questo spazio. Si stavano preparando per qualsiasi attacco. La loro coscienza è belligerante, quindi mantengono sempre una linea di difesa.

D: *Quindi pensano di non dover obbedire al Consiglio. (No) (Pausa) Puoi condensare il tempo e dirmi cosa succede come risultato delle loro azioni. Cosa decide di fare il Consiglio?*

M: Quello fu il momento in cui decisero di spostare tutti in un posto sicuro e ristabilirsi. Le minacce sono conosciute. Potrebbe essere molto costoso e devastante. C'è molto lavoro da fare per rilocare la gente, ma tutto ha luogo troppo velocemente.

D: *Ma quelli negativi sapranno che se vanno in guerra distruggeranno ciò che sono venuti a prendere?*

M: Non ci hanno pensato. C'è una distruzione catastrofica. Ci sono state molte guerre galattiche.

D: *Quindi pensano che non andrà contro i loro obbiettivi?*

M: No, no. Il Creatore ha dato il libero arbitrio. Gli è permesso far fluire il lato oscuro. C'è il permesso. Cosi quando coloro che sono nella luce prendono posizione, la terra cade in un periodo di grande oscurità. Poco nulla sopravvive sulla superficie. Pochissimo. Ci sono alcuni luoghi che vennero protetti, ma la maggior parte venne distrutta. Ci sono grandi cambiamenti. Ci sono altri pianeti circostanti che ne subisco-no le conseguenze e che vengono totalmente annichiliti. Questa guerra non è solo sulla Terra, è una guerra in questo sistema galattico.

D: *Che altri pianeti rimasero coinvolti?*

M: In questa galassia, in questo sistema solare, Marte rimase fortemente danneggiato. Non è sempre stato il pianeta sterile che è ora.

D: *Ci è stato detto che accadde a causa di una guerra su Marte.*

M: Queste guerre erano connesse. Alcuni dei danni furono causati dalla guerra galattica.

D: *Quindi non erano delle ripercussioni di ciò che accadde sulla Terra. Vorresti dire che stava accadendo tutto allo stesso tempo?*

M: Questo è ciò che ho capito. C'erano molti gruppi. Sento d'esser stato nel consiglio dei dodici. Non so perché ho detto consiglio dei dodici, perché ce ne sono di più intorno alla tavola.

D: *Forse erano i più importanti.*

Il gruppo che ci diede informazioni attraverso Phil in Keepers of the Garden (Protettori del Giardino) si identificarono come il Consiglio dei Dodici.

M: Io era un tramite, incaricato di proteggere quella città sotterranea per lungo, lungo tempo.

D: *Quindi la distruzione in superficie non ebbe alcun effetto sulle città sotterranee.*

M: No, non venne danneggiata. Esiste ancora.

D: *Lascia che ti dica qualcosa che ho imparato grazie al mio lavoro; Atlantide venne distrutta perché i loro scienziati stato facendo cose che non dovevano fare.*
M: Molti in Atlantide andarono al lato oscuro. Erano sempre cosi. Gli abusi portarono alla guerra galattica. Era tutto interconnesso.
D: *Quindi gli esseri negativi si allearono con la gente d'Atlantide?*
M: Si, molti caddero nel lato oscuro. Tutto ebbe luogo allo stesso tempo e forse anche prima. C'erano molti nella luce che erano molto lungimiranti, avevano grandi poteri che non conosciamo oggi. (Lunga pausa) Tutto questo si sarebbe potuto evitare, ma avrebbe comportato l'abuso del libero arbitrio. Era necessario permettere tutto ciò che era accaduto e che accadde di esistere. E' iniziato e completato per milio-ni e miliardi d'anni sulla Terra. E' tanta, tantissima cono-scenza. Grandi, grandissimi cambiamenti stanno arrivando. C'è molto da conoscere.
D: *Ho sempre pensato che gli Atlantidei avessero attratto questa sciagura su se stessi.*
M: C'è molto di più in ballo. Non iniziarono gli esperimenti senza l'interferenza dei negativi dal lato oscuro. Era come se avessero dimenticato chi erano. Avevano dimenticato la loro luce. Rimasero incagliati nel mondo materiale e questo diede inizio alla disarmonia che portò alla distruzione.
D: *Vorresti dire che lavoravano con gli esseri negativi?*
M: Si. Erano stati ammaliati dal lato oscuro.
D: *Quindi i negativi li stavano aiutando dandogli la conoscenza?*
M: Si, vennero tentati.
D: *Il Consiglio permise che la guerra avesse luogo anche se conoscevano le circostanze, i risultati.*
M: Ebbe a che fare col libero arbitrio e l'educazione. La coscienza discese profondamente nel regno dell'oscurità per imparare ed esplorare. Continuavo a vedere una cosa enorme ruotare; come una ruota ma non una ruota. E' come vedere un sistema solare mentre completa un'intera rotazione.
D: *Come dei cicli? (Si) Quindi dopo la distruzione, ci volle molto tempo prima che la vita e la civilizzazione ritornassero sulla superficie?*
M: Si. Alcuni degli indigeni vennero riportati sulla Terra e diedero inizio a nuove civilizzazioni. Dovettero proprio ripartire da zero.

Faremo riferimento a questo più avanti in questa sezione. Uno dei miei clienti ricordò una vita passata in cui lue e molti altri furono portati fuori dall'atmosfera del pianeta poco prima di una catastrofe e tornarono dopo per iniziare le loro vite da capo.

D: *Hai detto che questo causò la formazione di alcuni ghiacciai?*
M: Si. Cambiò la Terra.
D: *Non c'erano coloro che ritenevano la conoscenza e vivevano sulla superficie?*
M: Si, c'erano. Ma è stata trasmessa e nascosta per paura del… coloro che volevano potere e controllo hanno sempre… le forze negative sono tornate. Dopo che la Terra iniziò a guarire, tornarono in gruppetti e hanno lavorato con i gover-ni. Non sono necessariamente umani in apparenza. Alcuni sono umanoidi, altri sono rettiliani. Alcuni sono degli ibridi d'umani ed alieni. Sono tornati. Tuttavia molti del lato oscuro sono passati alla luce. Ma ci sono ancora quelli che cercano di mantenere il loro controllo e potere. Ci sono cose che non mi è permesso vedere. Posso solo vedere fin qui, non capisco perché non possono conoscere il periodo esatto e vedo solo immagini. Continuo a sentire d'essere un tramite un ambasciatore.
D: *Si, mi hanno già detto in passato che ci sono cose che non siamo pronti a vedere. Non ci è permesso. Dev'essere in una sequenza temporale. Ma senti che ti è mostrato tutto questo perché stiamo chiudendo il ciclo?*
M: Si. C'è moltissima bellezza in arrivo. Ci sono cambiamenti in arrivo. C'è luce dove prima c'era oscurità. Come una matrice di… non riusciamo a vedere cos'e di fronte a noi. E' come vedere attraverso un velo, è li di fronte a noi. Immagini distorte. Informazioni distorte. Cambierà.

A quel punto chiesi di parlare con il subconscio di Mary per accedere alle informazioni che non gli era permesso vedere.

D: *Perché avete mostrato tutto questo a Mary? Stavano cercan-do qualcosa d'importante e questo è di grande importanza. Ma perché il subconscio decise di permetterle di vedere tutto questo ora?*
M: Ha sempre sentito questa connessione con Atlantide. Che era la, che era così. Che era veramente esistita.
D: *Ma questo dimostra che era più connessa con la città sotterranea.*
M: Solo per un po'. Era la per osservare, per essere un tramite. Era sempre la, era stata scelta per la missione.

D: *Il suo lavoro era di supervisionare la conoscenza e i registri segreti. (Si) Ma perché gliel'avete fatto vedere ora? Cosa ha a che fare con la sua vita attuale?*

M: (Fece un respirone) E' sensibile a molte cose e tuttavia ha paura di conoscere alcune cose. Cose per le quali non era pronta. E altre cose non era nemmeno il tempo di conoscerle.

D: *Il subconscio è molto saggio quanto permette che queste cose abbiano luogo nel momento giusto. Questo vuol dire che avrà a che fare con queste cose nella sua vita attuale?*

M: C'è una comunicazione. C'è una porta, un portale, un'aper-tura, le sue mani ci passano parzialmente attraverso. Ma non è ancora passata dell'altra parte. Ci mette dentro la mano e la tira fuori. E' una connessione tra lei e la sua guida, angeli, attraverso il portale. La comunicazione di connettere la coscienza. Diventare uno e spostarsi dentro e fuori l'un altro. La porta, il portale si aprirà laddove vedrà ciò che desiderava vedere. Il mondo dello spirito come lo ricorda. Altre dimensioni. Decise di venire sulla Terra, dove aver lasciato il luogo dov'era un tramite. Erano in molti che vennero sulla Terra, che scelsero un corpo fisico.

D: *Decisero di venire ad aiutare?*

M: Si, avevano una scelta. Non erano obbligati.

D: *Le ha ancora questo ricordo che c'era altro oltre al fisico. E' questo che intendi?*

M: Siamo tutti senza tempo. C'erano altre vite. Altre dimensioni. Altre realtà

D: *Le informazioni che stava condividendo a proposito delle guerre e della città sotterranea, posso avere il permesso di condividerle nei miei libri?*

M: Si, hai il permesso. Riceverai altra conoscenza che renderà questi contenuti più completi di quanto non lo siano ora. Ci sono delle lacune che non potevamo riempierli oggi, ma che saranno colmate in futuro. Comprenderai più chiaramente. Stai già scrivendo tutto questo, hai scritto questo, sta succe-dendo ora. Avrai molta più conoscenza. Ora non è chiaro da dove proverrà. Per te si sta aprendo una porta su questo oceano di conoscenza, ma in questo momento è ancora chiusa. Ti sarà permesso di entrare in questa stessa porta e analizzare la conoscenza. Ti ci potrebbe portare un'altra entità o ci potresti andare in un viaggio spirituale con la tua guida. Questo luogo esiste ed è meraviglioso. Tuttavia, ora la porta è chiusa. Presto la porta si aprirà e riceverai un caldo benvenuto.

D: *Questa città che era sottoterra, è ancora lì?*
M: Si è ancora lì.
D: *Le informazioni, la biblioteca, è tutto ancora lì?*
M: Si c'è ancora tutto. Ci sono molte, moltissime città sotterranee in perfette condizioni.
D: *Sono contenta di sentirtelo dire, per me la distruzione della conoscenza è la cosa peggiore che ci sia. (Si) Cercare di recuperarla fa parte del mio lavoro.*
M: Si, fa parte della tua missione. Anche, aiutare gli altri a ricordare fa parte della tua missione.
D: *Questo è ciò che mi hanno detto. Non si tratta di scoprire nuove informazioni, ma piuttosto di ricordare il passato.*

***

Avevano ragione, anche se ci vollero tre anni. Ricevetti altre informazioni nel 2004 dopo aver aperto un ufficio in Huntsville, Arkansas, nel quale vedevo clienti quotidianamente. Bob si era trasferito dal Nord dopo la morte di sua moglie. Si era trasferito nella nostra zona portando con se solo i suoi libri e il suo cane. Si era lasciato dietro tutto il resto. Acquistò una casa sul lago e la proprietaria gli lasciò tutti gli arredi, così non ebbe bisogno di nulla. Una vita nuova, in un'area nuova; anche se non conosceva nessuno.

Era un lettore vorace, specialmente per quanto riguarda la metafisica. Era in possesso di alcuni libri molto rari. Questa era la sua passione. Tuttavia credo che le informazioni ricevute durante la sua seduta siano difficili da trovare in qualsiasi libro. Inoltre dubito che fosse inconsciamente influenzato dalle sue letture.

All'inizio della seduta fece fatica a visualizzare. Tuttavia aveva la sensazione d'essere in piedi su qualcosa di solido e non riusciva a vedere nulla intorno a se, tutto era grigio. Dopo alcuni tentativi d'attivare la visualizzazione gli chiesi d'immaginare la sua guida o angelo custode. Vide una donna dai capelli biodi vestita di una tunica blu sgargiante. Con lei si sentiva suo agio e le permise di guidarlo in un luogo significativo. Le prese la mano e si fece guidare sottoterra all'entrata di un tunnel sotterraneo. Sorprendentemente il tunnel li portò in un luogo inconsueto.

B: Siamo in un grande spazio all'aperto. Ma ho l'impressione che ci sia un tetto sopra le nostre teste. L'altezza è diversa, è come essere all'interno di una caverna. Una caverna molto, molto grande e ben illuminata. Ci sono alberi ovunque. Ho la sensazione che sia un posto gentile. Gli edifici sono molto belli e color pastello. Ci sono alberi, giardini, prati, fiori stupendi e gli animali corrono liberi.

D: *Tutto ciò è sottoterra?*
B: (Entusiasta) Si! Si! Si! E' ben illuminata. Sembra che la luce provenga da un sole centrale che si può vedere facilmente. Non è luminoso come il nostro sole in superficie. E' grigio in tonalità ma emette una luce piacevole. Gli edifici ed ogni altra cosa qui appare proprio come se fosse sotto la luce del sole. La temperature rimane sempre approssimativamente intorno a 23–25 gradi e non fa mai caldo. Piove a volte, ma ovviamente è una cosa programmata.

D: *Hmmm, sembra molto inconsueto che ci siano tutte queste cose sottoterra?*
B: Be', è li da molti milioni d'anni. Ovviamente la loro tecnologia ha sorpassato la nostra, fino al punto che alcuni di noi vanno e vengono da qui spesso. Ma non ci accorgiamo mai di farlo. Io sono una di quelle persone che è stata qui molte volte in passato.

D: *Hai detto che li sotto ci sono anche degli animali?*
B: Oh, Si! Si, si. Molti animali che si vedono ovunque in superficie. Ma ci sono molte altre specie che la gente considera estinte. Che non si vedono spesso. Per esempio, c'è una specie acquatica che si vede rarissimamente. Un'animale come il mostro di Loch Ness. Vengono in superficie attraverso i canali sotterranei che attraversano la Terra. Occasionalmente nuotano in questi canali e spuntano in superficie perché possono andare in entrambe le direzioni.

D: *Quindi li sotto c'è anche acqua.*
B: Oh, certo! A dire il vero c'è quasi più acqua all'interno del pianeta di quanta non ce ne sia in superficie. Arriva in superficie fluendo attraverso le varie fessure della crosta di questo pianeta. E la maggior parte, ovviamente, entra attra-verso le aperture polari ad entrambe le estremità del pianeta.

D: *Dicevi che ci sono delle città li sotto?*
B: Si, qualsiasi cosa che avresti mai sperato d'immaginare, incluso uno dei più potenti computer nell'intero universo. Molto, molto superiore a qualsiasi computer in superficie.

D: *Puoi descriverlo?*
B: In realtà non è un apparecchietto, come quelli che vediamo qui, ma sono letteralmente acri e miglia tutto autosufficiente. E' in grado d'immagazzinare tutta la principale conoscenza universale. Per esempio, potresti camminare lungo questi magnifici giardini,

come se ti trovassi in una fattoria di venti acri. Ci sono aiuole di fiori, piccole chiazze di rose e ogni tipo di altra pianta esotica. Potresti scendere lungo questi sentierini ed infilarti in vari giardini e orticelli. Ti potresti trovare in una sedia sollevata o qualcosa come un lettino. Ci si siede proprio come se fosse un'amaca. Non dondola ma si stabilizza. Ma non appena ti ci siedi, allunghi le gambi e ti appoggi allo schienale, ti avvolge come se fosse la buccia di una banana. E' una macchina alla quale puoi fare una domanda e automaticamente puoi viaggiare ovunque tu voglia in tutto l'universo. Si può fare in questo modo. Ma e' anche una macchina educativa. Ti insegna qualsiasi cosa che tu voglia o abbia bisogno di sapere. Può anche essere una macchina virtuale che ti permette di viaggiare. Puoi utilizzare questo tipo di trasporto. Ma se preferisci non usare questo, abbiamo un metodo di trasporto più fisico. Puoi salire i gradini ed entrare in ciò che chiamano "portali", che la gente in superficie chiama "stargates". Ci passi in mezzo e vieni letteralmente trasportato ovunque tu voglia andare nell'universo conosciuto. Ti porti dietro il tuo corpo e puoi anche tornare indietro. Ci sono anche dei tunnel ad alta velocità intrecciati come una ragnatela, nei quali i trani passano attraverso la Terra ad una velocità superiore a 3000 miglia orarie. Questo è molto comune, basta un'oretta per arrivare da qualsiasi parte. Questo è solo uno dei pianeti in tutto l'universo conosciuto. Ma più o meno sono tutti così, perché sono tutti cavi. La maggior parte sono abitati all'in-terno. C'è una flotta di navicelle interstellari che viaggia regolarmente attraverso tutti questi pianeti. A volte le vedete in superficie, ma in generale utilizziamo una tecnologia che le rende invisibili, proprio come nei vostri film di Science Fiction che in superficie fate vedere nel sistema televisivo. Si chiama "Invisibilità Klingon?" Tutte le navicelle ce l'hanno, è una procedura standard.

D: *Per quale motivo preferiscono vivere sottoterra, piuttosto che in superficie?*

B: Perché è più sicuro. Ci sono altre ragioni secondarie. Sul pianeta Terra c'è un fenomeno conosciuto come "barriera di frequenze". Questa barriera di frequenze sta diminuendo, perché state viaggiando vicino al cambiamento della nuova frequenze sul pianeta Terra. Questo è ciò che tutti stanno aspettando. Ecco perché c'è tutto questo interesse da parte delle razze intergalattiche. Possiamo venire qui ed osservare mentre il cambiamento ha luogo. Anche se voi non riuscite ad osservarlo attraverso i vostri strumenti Terrestri, noi ne siamo consapevoli. I nostri strumenti sono molto avanzati e superiori ai vostri, siamo in grado di osservare l'intero feno-meno. Siamo tutti qui in attesa, perché avrà luogo in breve.

Stava parlando dei cambiamenti di frequenze che porteranno alla creazione della Terra Nuova (Vedi Capitolo 30).

D: *Ma non pensiamo alla Terra come se fosse cava, perché crediamo ci sia del magma al centro della Terra.*
B: Si certo questa è una delle storielle che vi fanno bere in superficie. Vi raccontano ogni tipo di falsità. In realtà la superficie del vostro pianeta è profonda 800 miglia e al disotto è completamente cava. Il sole che abbiamo all'interno ha un diametro di 600 miglia. E' stato portato milioni d'anni fa ed installato all'interno. La gente che resta qui andrà all'interno del pianeta. L'interno non è influenzato. Solo l'esterno viene danneggiato. Il magnetismo del vostro pianeta ha origine 800 miglia all'interno della crosta, non dal centro. I vostri vulcani hanno tutti origine dalla frizione delle rocce che slitto avanti e indietro all'interno della crosta. Il centro è completamente vuoto e come dicevo ha il sole. Tutti gli altri pianeti hanno una simile struttura. Cosi con la frizione delle rocce che slittano una sull'altra nascono i vulcani. Tutti i vostri vulcani sono sotto la superficie. Forse un paio scendono fino a due o tre centro miglia, ma nessuno raggiunge il centro del pianeta. Il centro del pianeta non è magnetico. Se questo fosse successo, sospetto che – e non sono il tipo di persona che ne può parlare – se un altro pianeta dovesse entrare nel sistema solare e sfiorare la Terra, questo sarebbe ciò che succederebbe (vigorosamente schiocco i palmi delle mani).
D: *Imploderebbe?*
B: No, no. Succederebbe come se fosse un magnete. Un magnete risucchierebbe un pianeta con un nucleo solido fuso. E non lo lascerebbe andare. L'altra struttura planetaria è progettata in modo tale che al suo passaggio vicino alla Terra, venga attratta magneticamente da un polo o dall'altro. Entrambi i poli sono come un magnete. Il Nord dovrebbe attrarre il Sud. Se il pianeta Terra fosse un corpo solido, letteralmente si connetterebbe e non lascerebbe andare. Ma in realtà, non è cosi potente. Tuttavia l'attrazione può causare l'inversione dei poli. Qualsiasi attrazione s'avvicina a qualsiasi il lato più forte.

D: *Ha vissuto molte vite nel sottosuolo del pianeta?*
B: Ho vissuto all'interno parecchie volte durante le mie vite su questo pianeta. Vedi, la è diverso. Perché all'esterno ci sono delle vite e in altri luogo ci sono delle vite. Ma all'interno dei pianeti, volendo si può letteralmente vivere in eterno. In vero, la maggior parte delle mie vite erano all'esterno in un luogo o nell'altra.

D: *Altri pianeti?*
B: Si, ci si sposta da una vita all'altra. Dipende da ciò che ha bisogno di realizzare. L'intero universo non è altro che una super enorme scuola. Si va da un posto all'altro, a seconda di ciò che si deve imparare.

D: *Ti fermi a lungo in ogni luogo?*
B: Dipende dalla durata di tempo di cui hai bisogno per completare le tue lezioni o ciò su cui stai lavorando. Il tuo progetto. Non ti dimenticare che alcuni di noi hanno milioni d'anni. Tecnicamente, viviamo in eterno.

D: *Quindi venire sulla Terra è come tornare all'asilo, vero?*
B: Oh, si. E' un po' un compromesso, ma a volte fa bene fare un corso d'aggiornamento. (Ridendo) Un modo dannato di farlo visto che ci sono miliardi e miliardi di cose che si possono fare nell'universo. Visitare pianeti. Stili di vita. Ogni sorta di cosa è possibile. Non c'è limite. Ma nella mia vita come Bob sono molto discreto. Mi da la possibilità di schiarirmi la mente, riposarmi e lasciar andare tutto il resto. Quasi come se mi sedessi in un angolo ad osservare la gente. E' una vacanza. Ciò che la gente fa in vacanza, adesso io lo sto facendo qui. Sono un osservatore.

CAPITOLO 6

FUGA DA ATLANTIDE

Ho trovato multipli casi di persone in fuga dal cataclisma che causò la distruzione di Atlantide. Non tutti morirono anche se il terremoto aveva scosso il mondo intero. In molti riuscirono ad attraversare l'oceano verso nuovi paesi e furono in grado di proteggere il proprio retaggio in ambienti completamente diversi. Eccone un esempio:
    Marie era un'infermiera che lavorava nel reparto ostetrico di un ospedale. Venne nel mio ufficio in Huntsville nel 2004 alla ricerca di risposte ai suoi problemi, proprio come tutti gli altri. Tuttavia, la sua seduta, non fu per niente convenzionale e a prima vista non sembrava avere alcuna correlazione con la sua vita attuale. Quando scese dalla nuvola disse che stava fluttuando nel mezzo dell'oceano.
    Questo significa che ci possono essere diverse possibilità. Un mostro marino, qualcuno sta nuotando o si sta focalizzando sul giorno della propria morte e sta per annegare. Tuttavia la sua voce era priva di paura al contrario di ciò che potrebbe succedere nel giorno della sua morte.
    Mentre si guardava intorno notò d'essere in una barchetta. "Ora il mare è calmo. Ho la sensazione che peggiorerà prima che si calmi nuovamente. C'è acqua in ogni direzione io guardi. Acqua nient'altro che acqua. E' una barchetta di legno. Non è grande, giusto abbastanza per tre o quattro persone. Ho la sensazione d'essere nel mezzo dell'oceano e non ho controllo sulla direzione dove sto andando. Sto andando alla deriva. Ho dei remi, ma non fanno molta differenza, vista la dimensione della barca e la vastità dell'oceano. Seguiamo la corrente che ci porta più o meno dove vuole."

D: Quindi non state cercando di andare dal qualche parte di preciso?

M: Ho la sensazione di aver lasciato un qualche posto e stiamo cercando di andare altrove, dov'è più sicuro.
D: *Sai dove state andando?*
M: No. Dove la barca ci porta. Non abbiamo scelta.

C'era un'altra persona nella scialuppa. "Ho la sensazione che sia un caro amico. Un compagno di vita. Non sono sicura se è uomo o donna. E' qualcuno con cui ho una stretta relazione." Vide d'essere un uomo di mezza età vestito di una tunica stracciata, stretta in cinta con una cintura di corda.

D: *Cosa stai facendo nella scialuppa?*
M: Ho la sensazione che dovevamo andarcene. E... Sento d'essere d'Atlantide o Lemuria. La nostra isola sarebbe presto scomparsa e dovevamo andarcene mentre c'era ancora tempo.
D: *Pensavi che una scialuppa sarebbe stata abbastanza?*
M: Non penso che ci fosse molta scelta. Molti se ne erano già andati con le navi e noi ci siamo offerti per andare con la scialuppa. Loro saranno certamente stati al sicuro. Sapevamo che sarebbe successo, dovevamo andarcene. E abbiamo lasciato andare gli altri per primi.
D: *Stava succedendo qualcosa quando ve ne stavate andando?*
M: Era un po' che stava succedendo. Sapevamo che il nostro mondo sarebbe scomparso. Così iniziammo a prepararci per l'evenienza. Portammo ciò di cui avevamo bisogno. Non volevamo che l'intera civilizzazione finisse, così abbiamo creato dei ricordi. Informazioni, cristalli che ci avrebbero aiutato nel nuovo mondo.
D: *Queste sono alcune delle cose che usavate?*
M: Si, fanno parte della nostra civilizzazione. Erano cose utili che ci potevamo portare dietro se avessimo avuto bisogno di stabilire una nuova vita.
D: *Qual era il tuo lavoro, la tua occupazione?*
M: Ero nel tempio. (Fece una lunga pausa) Passavo il tempo studiando l'uso dell'energia. E rendevo il nostro mondo migliore per altre forme. Lavoravo per curare ed aiutare gli altri. Non ero uno degli elevati. Ero solo uno studente, ma stavo facendo progressi. Stavo imparando, ma stavo anche insegnando. Aiutavo gli altri.
D: *L'altra persona che è nella scialuppa con te, anche lui era uno studente?*
M: Anche lui era nel tempio con me e lavorava al mio fianco. Era un assistente.

D: *Stavi imparando e stavi usando l'energia?*
M: Si. Cristalli, e l'uso dell'energia. E come creare le cose. Come cambiare le situazioni. Come curare. Come aiutare le persone che avevano perso l'armonia. Ero in grado di fare queste cose, ma non avevo raggiunto la perfezione. Stavo ancora imparando a combinare la mente e la presenza dell'energia. Che si poteva alterare ed aiutare a portare in forma fisica, per poterla utilizzare per il bene di tutti. La manifestazione da usare in comunità o per uso personale o che i seguaci di questo sentiero potevano utilizzare.

D: *E' un bene che tu stessi lavorando con l'energia positiva.*
M: Si. Stavo migliorando, ero in grado d'influenzare i cicli metereologici, se ce ne fosse bisogno. Ma i miei interessi erano concentrati nell'aiutare gli altri. I loro disturbi fisici e mentali.

D: *Venivano da te al tempio? (Si) E come li curavi?*
M: A volte utilizzavano i cristalli. A volte bastava la manipolazione dell'energia attraverso il tocco. A volte non c'era nemmeno bisogno di toccarli ma solo di portargli l'energia con le mani.

D: *Quindi questi cristalli erano molto potenti.*
M: Si. Amplificavano le energie che tu proiettavi. A volte aiutavano a cambiare l'energia in positiva.

D: *Hai detto che controllavi i cicli metereologici. Perché ne avevi bisogno?*
M: Se c'era un periodo di siccità ed eravamo senz'acqua. O se c'erano degli uragani che minacciavano di distruggere i nostri insediamenti. Cercavamo di alterare le energie per ridurne l'impatto. C'era molta agitazione in quell'area. C'erano molte persona con energie negative, cosi cercavamo di contro-bilanciarli.

D: *Nella stessa zona in cui vivevate voi?*
M: Si. C'erano quelli che stavano sperimentando con il lato oscuro dell'energia e del potere. Questi stavano creando caos. Creavano fermento tra la gente del luogo.

D: *Quindi è possibile usare le energie anche in modo negativo.*
M: Si, certo. Questo non è il modo in cui le energie dovrebbero essere usate. Ma a causa di tutte queste entità o energie, gli schemi di pensiero delle entità l'hanno alterato. Hanno imparato come farlo. C'erano forze negative che stavano creando ogni tipo di problema.

D: *Avrebbero dovuto sapere che non era la maniera giusto di usarle.*
M: In molti non sono abbastanza avanzati da capire come dovrebbero andare le cose.

D: *Perché ogni cosa che progetti ti ritorna indietro, giusto?*
M: E' giusto.
D: *Non c'era nulla da fare per combattere la negatività?*
M: Eravamo impegnatissimi a combatterla, ma alla fine riuscì a prevalere. Venivano proiettate molte vibrazioni ed energie negative, e sempre più persone ne era attratte. Incominciamo a sperimentare paura. Alla fine non c'era più niente da fare in quel momento e in quel luogo. Quindi decidemmo di fare ciò che pensavamo che fosse il modo migliore di preservare la nostra conoscenza e cultura. Ecco perché in molti decisero di andarsene. Di partire con delle navi e portarsi dietro ciò che potevano.
D: *Cosa sapevate che sarebbe successo? Che vi fece fare qualcosa di cosi drastico?*
M: La terra su cui vivevamo si stava sgretolando. C'erano molti terremoti. E tutto sarebbe finito sott'acqua nell'oceano. Sapevamo di non poterlo fermare.
D: *Quindi c'erano già molti terremoti?*
M: Si, c'è ne furi alcuni. Sapevamo che era solo una questione di tempo e sarebbe diventato un piano d'esistenza totalmente nuovo. Alcuni di noi avrebbero lasciato i loro corpi fisici e altri avrebbero cercato di proteggere i resti del vecchio mondo per portarli nel nuovo mondo.
D: *Penseresti che la gente che stava usando il negativo si sarebbe fermata dopo aver visto ciò che stava accadendo.*
M: Erano intossicati dall'abilità di alterare le cose, di cambiarle grazie al potere. Non gli interessava. Anche tra di loro alcuni pianificarono di andarsene via nave.
D: *Specificamente, sai cosa stessero facendo con l'energia negativa? Per cosa la stessero usando?*
M: Stavano cercando di allontanare la gente dalla luce. Provavano ad allontanarli dal positivo e a farli impaurire e vedere solo ciò ch'è negativo. Volevano che fossero sotto il loro controllo, per diventare i loro leader. C'erano molte persone che avevano paura e ascoltavano solo loro.
D: *Utilizzando la paura. (Si) Ma molti di loro cercarono di scappare quando videro ciò che stava succedendo.*
M: Si. Erano andati troppo oltre e la terra non poteva più sostenere quella distruzione. Non sarebbe stata in grado di resistere a lungo e sarebbe andata sottacqua.
D: *Avevi detto che le navi più grandi erano tutte occupate. (Si) Quindi in molta gente già sapeva cosa stava succedendo. Quindi tu e il*

tuo assistente prendeste la scialuppa. E ti sei portata dietro alcuni dei cristalli?

M: Abbiamo dei cristalli e delle pergamene. Sono degli insegna-menti ed informazioni che vogliamo preservare. In molti hanno delle copie. Molti stanno portando altri strumenti nella speranza che alcuni di noi ce la facciano. Non tutti stanno andando nella stessa direzione. Stiamo andando tutti in direzioni diverse. Proprio nella speranza di riuscire a continuare con gli insegnamenti, le informazioni e l'educazione che avevamo.

D: *Quindi nessuno di voi sa dove state andando. (Pausa) Non siete mai stati in questi luoghi prima?*

M: Alcuni di noi ci sono andati via nave, ma furono in grado di visitare anche attraverso i loro sogni. Furono in grado di andare in levitazione (Meditazione? Sembrava dicesse: levitazione). Erano in grado di spostarsi in quel modo. Non avevano bisogno del fisico e della nave. Ma in un periodo come questo con cosi tante interruzioni energetiche e i poteri – era come un orribile tempesta malefica – non eravamo in grado di utilizzare alcuni di questi metodi di trasporto. Ci siamo dovuti andare via nave.

D: *Inoltre non sareste stati in grado di portarvi dietro questi oggetti se foste andati in forma spirituale.*

M: Questo è vero.

D: *Dovevate portarvi dietro degli oggetti fisici.*

M: Le informazioni sarebbero state preservate per sempre sul piano eterico e nei regni superiori, ma non sarebbero state facilmente accessibili in forma fisica se non ci fossimo portati dietro quegli oggetti.

Non avevano visto cos'era successo alla terra perche erano gia' per mare. Volevano solo andarsene, ed erano alla deriva in balia della corrente.

D: *Avete del cibo con voi?*

M: Si, ne abbiamo un po'. Lo stiamo razionando. Abbiamo imparato a sussistere di piccole porzioni, perché vogliamo che ci duri il più a lungo possibile. Non abbiamo alcuna idea di quanto ci vorra' per raggiungere la terra ferma.

D: *Che tipo di cibo avete?*

M: E' una forma molto concentrata di energia. E' una specie di grano e delle gallette che si possono mangiare. Ovviamente la nostra acqua è molto preziosa e ne beviamo solo qualche sorso. Perché

possiamo portarne una quantità limitata. Inoltre cerchiamo di non usare i remi per conservare la nostra energia. Dormiamo il più possibile e mangiamo il meno possibile.
D: *E' sensato. Perche quando dormite non utilizzate tanta energia.*
M: Giusto.
D: *Il cibo non sembra del tipo che potrebbe andare a male.*
M: No, è a lunga conservazione.
D: *Siete per mare da molto tempo?*
M: (Pausa) Non sono sicuro se sono giorni o settimane. Ma ho l'impressione che sia molto tempo. Sulla scialuppa segniamo il passare di ogni giorno.
D: *Ma è sempre un giorno dopo l'altro.*
M: Giustamente. Specialmente quando si dorme molto e ti svegli per poi tornare a dormire.

Lo spostai in avanti nel tempo per vedere cosa sarebbe successo, avrebbe potuto continuare cosi per un bel po' di tempo.

D: *Riuscite a trovare un luogo dove fermarvi?*
M: Si, lo troviamo. Ci sono molte persone in piedi che ci osservano mentre arriviamo a terra. Si chiedono da dove veniamo con una barca cosi piccola. Pensiamo che sia in... sembra che siamo arrivati in Egitto. La gente che ci osserva ha la pelle più scura.
D: *Riuscite a comprendervi tra di voi?*
M: Siamo in grado di comunicare telepaticamente, ma la lingua è una barriera.
D: *Sono in grado di comprendervi telepaticamente?*
M: Alcuni si, ma noi siamo in grado di comprenderli più di quanto non riescano loro.
D: *E' successo nulla nella zona dove vivono?*
M: Ci sono state molte tempeste, e cambiamenti di stagioni. Sanno che sta accadendo qualcosa di strano e ne sono spaventati. Per loro i mari erano mossi e il tempo era molto inconsistente. Poi questa gente che arriva in una scialuppa e ha un'apparenza ovviamente inconsueta; tutto ciò li rende molto sospettosi.
D: *Siete in grado di dir loro cosa sta succedendo?*
M: Non condividiamo con tutti la conoscenza general di ciò che è successo. Diciamo solo che abbiamo perso la nostra casa e che abbiamo navigato a lungo in una scialuppa per arrivar li. Sembra che ci sia qualcuno che può tradurre per noi. Ma non raccontiamo a tutti che siamo entrati in contatto con la storia generale dell'

intero disastro. Inoltre non hanno una chiara comprensione dell'intera civilizzazione da cui proveniamo.
D: *La loro civilizzazione non è così avanzata?*
M: No. Non è come era la nostra.
D: *Vi permetteranno di restare?*
M: Si. Siamo un'attrazione per la loro curiosità. Ci permettono di venire.
D: *Adesso, quali sono i vostri piani?*
M: Il piano primario è di riprenderci, di mangiare, bere e restare al sicuro per un po'. C'è un uomo che ci accoglie e ci permette di restare con lui.
D: *Gli oggetti che vi siete portati dietro sono sopravvissuti? I cristalli, i rotoli e le informazioni.*
M: Si. Li teniamo avvolti nei nostri ... sono come dei panni. Sembra quasi un contenitore in cui li teniamo avvolti. Abbiamo paura che potrebbero andare distrutti o che qualcuno li rubi se li vedesse.
D: *Se sapessero cosa fossero.*
M: Si. Li abbiamo nascosti in una caverna.
D: *Pensai che sarai in grado di insegnare questa conoscenza a qualcuno?*
M: Siamo abbastanza sicuri che ci sia qualcuno qui. Ci sono degli insegnanti o ci sono dei fagisti (fonetico) (?) con cui potremmo condividere queste cose. Dopo aver compreso se ci potevamo fidare, allora abbiamo gradualmente iniziato a condividere queste informazioni con loro.
D: *Ci vorrà tempo. Avete tempo adesso, non è vero?*
M: Si, ne abbiamo.
D: *Almeno avete trovato un posto dove stare. Non sapete se gli altri sono arrivati o no.*
M: Abbiamo ricevuto notizia di altri che sono approdati in diversi luoghi. Quindi sappiamo che alcune persone in diverse area ce l'hanno fatta. Di altri non abbiamo saputo nulla. Ma sappiamo che sono sopravvissuti in molti.
D: *Allora questo dimostra che la conoscenza non scomparirà.*
M: Sono notizie felici quando sentiamo ci sono degli altri. Che non siamo i soli sopravvissuti. La responsabilità era di continuare a proteggere questa conoscenza e questi doni.

Lo portai avanti ad un giorno importante in quella vita al fine the continuare la sua storia.

M: Abbiamo trovato un luogo dove depositare i cristalli e le pergamene. Ci sentiamo di poter riposare ora che non abbaiamo il peso di doverle proteggere in ogni istante. Abbiamo condiviso alcune delle informazioni ma questa gente non e' pronta per conoscere tutto. Quindi prendiamo queste cose e le nascondiamo per ora.

Quando gli chiesi dove le avessero nascoste, divenne apprensivo. Dovetti convincerlo che non ero una minaccia e che poteva dirmelo.

M: E' nascosto... è dentro ad una piramide. Ma è quasi un magazzino inter-dimensionale. Non lo si può trovare a meno che tu non sappia come accedervi. Non lo vedresti facilmente o non sapresti che è li. Ci vogliono certe energie perché quegli oggetti diventino visibili, perché appaiano. Gli oggetti sono fisici, ma sono immagazzinati in... un area con... è come se fossero li, ma non li puoi vedere. E' come se fosse uno spazio inter-dimensionale. Una scatola chiusa in cui li abbiamo messi. Solo alcune energie possono aprire la porta e renderli visibili.

D: *Sapete come creare questo spazio inter-dimensionale?*

M: Mi hanno aiutati alcuni degli altri sopravvissuti, alla fine ci riunimmo. Lavorando insieme fummo in grado di creare questo spazio.

D: *Quindi non è un luogo fisico all'interno della piramide.*

M: E' un luogo fisico, ma è come se fosse invisibile. C'è la e finche' è sigillato... nessuno può passargli vicino e vederlo. Dev'esserci una certa energia mentale, conoscenza e perfino simbologia, alcuni simboli sono necessari per riuscire ad aprirlo.

D: *Ma è come se lo aveste messo in un muro?*

M: Si, qualcosa del genere. E' all'interno di una delle enormi pietre. E' li, ma non riuscirai a vedere nessun modo d'entrare. Non c'è nessuna indicazione che sia li.

D: *Non c'è modo di aprirla fisicamente.*

M: Corretto. Non si può aprire fisicamente, bisogna farlo energeticamente. Dev'essere uno specifico schema di pensiero. Inoltre dev'essere la persona giusta con i simboli. Nel loro campo energetico devono avere questi simboli che sono necessari per sbloccare la pietra.

D: *Non sono simboli fisici di cui sono a conoscenza?*

M: Prima di incarnarsi. Prima di entrare nella carne qui, erano consapevoli di questo e i simboli erano nel loro campo energetico.

D: *Quindi vengono introdotti prima che la persona s'incarni?*
M: Si. E a volte dovevano guadagnarseli. Dovevano imparare certe cose o superare certi test affinché i simboli potessero funzionare. Per attivarli e perché funzionassero. Quindi se la persona giusta era nel posto giusto al momento giusto potrebbe non essere successo nulla. Dovevano imparare. Ma se avevano acquisito certe cose in questa vita. Se avevano passato dei test e dimostrato le loro vere intenzioni, le loro buone intenzioni, allora questo attiverebbe i simboli nel loro campo energetico. E se si avvicinavano alla pietra allora avevano il permesso di aprirla. Di sapere dove andare. Con i loro pensieri mentali si aprirebbe come una chiave. C'è più di una persona con queste chiavi. Devono essere in molti, in caso che uno fallisse.

D: *Tutto ciò ha senso. Quando la gente s'incarna, gli vengono messi certi simboli nel loro... spirito, aura or quel che sia?*
M: Si, li abbiamo tutti. Ecco come a volte ci complimentiamo a vicenda or ci riconosciamo a vicenda. Non li vediamo con i nostri occhi fisici, ma i nostri corpi lo sanno, o i nostri campi energetici lo sanno. Possiamo sperimentare certe sensazioni. Può esserci repulsione o attrazione, o un senso di benessere.

D: *Quindi questi simboli sono importanti. (Si) Questi simboli sono creati dal lato dello spirito? (Pausa) Mi stavo chiedendo da dove provenissero. Chi decide di metterli nel... campo aurico, per mancanza di una parola migliore?*
M: Fanno parte della mente universale. L'intelligenza universale e coincidono con ciò che sarà il nostro piano di vita prima d'incarnarci. Sono come delle chiavi per tutta la vita. Se andiamo in un certo luogo, se incontriamo una certa persona e la chiave entra nella serratura. O i due simboli si uniscono, o sono simboli opposti. Ci aiutano a sapere ciò che dovremmo fare. A volte possono sbloccare delle memorie. Altre volte possono stimolare delle reazioni dentro di noi che ci possono aiutare a prendere decisioni e cambiare la nostra vita. Il nostro stile di vita, le decisioni della nostra vita. Quindi sono quasi come un mini sistema di guida che ad un certo punto si può attivare ed aiutarci a sapere cosa fare e quando.

D: *Ma queste sono cose la persona media non conosce e di cui non siamo consapevoli.*
M: No, ma ce le abbiamo tutti.
D: *E di solito non si possono vedere o sapere che ci sono.*

M: Alcune persone ci riescono, ma la maggior parte non può vedere con gli occhi.
D: *Abbiamo solo delle sensazioni, degli istinti.*
M: Si, si. Esattamente.
D: *E' importante. Questo significa che i simboli sono molto importanti per la mente universale.*
M: Questo è corretto. E' un linguaggio universale.

***

Tutto ciò va di pari passo con le informazioni che ho ricevuto e condiviso nei miei altri libri. Gli ET comunicano in simboli e questi contengono blocchi d'informazioni e concetti che si possono trasferire mentalmente. Inoltre spiega parzialmente i numerosi resoconti che ho ricevuto, di persone che mentalmente ricevevano una valanga di simboli. Alcuni di loro hanno dichiarata d'aver visto un raggio di luce contenente forme geometriche e simboli, entrare dalla finestra mentre erano seduto sul divano in salotto. Questo raggio di luce era concentrato sulla loro fronte. Altri sentivano il desiderio compulsivo di disegnare simboli e forme geometriche per ore. (Molte persone mi hanno mandato delle copie dei disegni ed è stupefacente quanto siano simili tra di loro). Gli ET mi hanno detto che anche i simboli dei Cerchi nel Grano contengono blocchi d'informazioni. L'osservatore non dev'essere all'interno del cerchio per riceverle. Basta vedere il simbolo in una rivista o un giornale, per scaricare le informazioni. Ci sono altri modi un cui il download può avere luogo. Dicono che questa è la loro lingua. La persona che la riceve non deve necessariamente comprenderla. Viene impiantata nel subconscio a livello cellulare. Lo scopo di tutto ciò è che quando avranno bisogno delle informazioni, le avranno e non sapranno nemmeno da dove provenivano. E quindi la domanda sorge spontanea: se ci incarniamo con un design di simboli prestampato nella nostra anima, auro (o come si voglia chiamarlo); il download degli ET aumenta queste informazioni o le attiva? Lui disse che questo design cambia mentre la persona passa attraverso le esperienze della sua vita.

***

D: *So che in Egitto ci sono moltissime piramidi. Avete messo gli artefatti in una delle più grandi?*

M: (Pausa) Sto pensando che sono nella zampa della Sfinge, invece che nella piramide. Si credo di si. Ci sono molti tunnel and camere sotterranee nascoste. Penso che siano stati messi – se sto guardando la Sfinge – credo che sia la zampa sinistra.

D: *I tunnel vanno anche sotto la piramide?*

M: Si. Ce ne sono molti sotto la piramide.

D: *Ma molta gente non è in grado di raggiungerli, giusto?*

M: No, solo alcuni iniziati, i sacerdoti e alcuni della famiglia reale. Le persone comuni non ne sono a conoscenza. Ci sono voci della loro esistenza perché sono state create, inoltre c'è sempre qualche fuga d'informazioni. Ma le persone comuni non conoscono i dettagli, hanno solo sentito delle voci sulla loro esistenza.

D: *Ma se la Sfinge e le Piramidi erano già lì al vostro arrivo, avete mai sentito qualche storia a proposito dei loro costruttori?*

M: (Pausa) Si. Credo che la civilizzazione – anche se non era altamente avanzata come la nostra – aveva ricevuto aiuto dagli extraterrestri. Perché il livello medio d'intelligenza di quella specifica società non era altamente evoluto. Gli diedero informazioni, ma solo ad una piccola porzione di loro non a tutti. E la maggior parte di loro erano dei seguaci più che pensatori indipendenti.

D: *Ha mai sentito nulla circa la loro capacità di costruire con massi di quella dimensione?*

M: Lo fecero manipolando l'energia. Utilizzarono un dispositi-vo gravitazionale. Levitazione. Era praticamente impossibile costruirle fisicamente.

D: *Da dove provieni, sareste stati in grado di fare qualcosa del genere?*

M: Si. Anche se la mia specializzazione non era in architettura e costruzione conoscevo le basi della manipolazione energetica e della levitazione. La maggior parte degli studenti, gli iniziati, coloro che lavoravano nei templi ne erano a conoscenza. Faceva parte del curriculum educativo.

D: *Quindi era qualcosa che imparavano tutti?*

M: Si. C'era chi era molto avanzato in queste cose. In architettura e creazione di cose materiali. Non erano solo materia. Non era solo tridimensionale. Era un intreccio della materia e delle vibrazioni superiori. Era molto vicino alla manifestazione dello spirito. Non era solo fisico.

D: *Ma avevi detto che questa gente che viveva in Egitto non erano abbastanza avanzati da riuscire a farlo da soli.*

M: No. C'era chi era più avanzato e disposto ad ascoltare. Erano più aperti... di solito coloro ch'erano più educati di una persona comune del tempo. Ricevevano queste informazioni nella speranza di aiutare ad avanzare la loro civilizzazione. Quindi venivano contattati dagli extra-terresti, quelli che osservano. Questi vennero e li aiutarono con queste cose. Grazie alla nostra conoscenza ed alla nostra provenienza, fummo in grado di aiutare con la loro crescita e progresso.

D: *Perché costruirono le piramidi? Hanno un qualche scopo?*

M: (Lunga pausa) Erano sorgenti d'energia molto compatte. Non erano come un cristallo, ma erano quasi in grado di amplificare ed aiutare nella creazione di molte cose all'interno della piramide. E dentro alla vibrazione delle piramidi. Erano centri educativi, ma era anche come entrare in un'altra dimensione, grazie all'energia che mantenevano. Inoltre erano in grado di amplificare e trasferire vibrazioni ed energie verso altre area. Erano un gigantesco campo di forza o energetico – forse non necessariamente una forza. Erano un centro di molta energia e forza.

D: *Ecco perché gli extra-terrestri volevano che fossero costruite?*

M: Questo faceva parte della ragione per cui erano state costruite o la loro funzione. Gli extra-terrestri vogliono solo che l'umanità costruisca un mondo con più pace ed armonia. Un luogo felice dove vivere, piuttosto che uno di povertà, sofferenza e disperazione. Speravano che fossimo in grado di utilizzare queste informazioni e questi doni per espandere questa opportunità.

D: *Dovevano essere individui con la conoscenza di come utilizzarle.*

M: Giustamente. Ecco perché la conoscenza dei poteri delle piramidi venne passata solo a certe persone; e le possibilità che potevano aiutare a sviluppare in quella zona. Ma con questo potere c'è anche la possibilità – come in Atlantide – per il negativo.

D: *Dell'abuso.*

M: Esattamente. (Respiro profondo) Il libero arbitrio può andare in entrambe le direzioni.

D: *Ecco perché potrebbe andare in entrambe le direzioni. Tuttavia, i vostri cristalli e pergamene avete deciso di nascondere lì, dove sarebbero stati al sicuro, piuttosto che utilizzarli.*

M: Si, la gente non era pronta per tutte le informazioni. E le utilizzavano come andavano utilizzate. I poteri venivano già abusati in alcune zone, e sembrava che facilmente sarebbe diventata un'altra Atlantide. Se avessero avuto la conoscenza e l'uso del potere assoluto.

A quel punto decisi di spostare Marie aventi all'ultimo giorno di quella vita, perché non pensavo che ci sarebbe stato altro da imparare dopo che nascosero quegli artefatti.

M: Sono molto vecchio. Il mio corpo è rimasto in buone condizioni grazie alla mia conoscenza della guarigione, dell'uso dell'energia e dei pensieri che il nostro maestro ci ha detto creano il fisico. Ma il mio corpo è invecchiato. E' molto stanco ed io sono pronto ad andarmene.

D: *Quindi non c'è nulla di male nel tuo corpo.*

M: Sta invecchiando. E' cambiato a causa degli effetti di questa vita sulla Terra. Non c'è nulla di orribilmente sbagliato.

D: *Hai vissuto a lungo in Egitto?*

M: Si. Vorrei dire circa un'altra quarantina d'anni.

D: *Sei stato in grado di trasferire un po' della tua conoscenza?*

M: Si. Condivisi ciò che ritenni appropriato con gli eruditi. Quelli che avevano imparato la via. Ma purtroppo, non fui in grado di condividere tutto perché a quel tempo non sarebbe stato corretto.

D: *Si, ma hai fatto molto nella tua vita.*

M: Ci ho provato. C'era sempre una qualche decisione errata. A volte dicevo o insegnavo qualcosa a qualcuno, e non lo ... come ogni altra volta nella loro vita, la gente riceve, alcuni lo usano, altri no e altri ne abusano.

D: *Succede cosi per ovunque. (Si) C'è qualcuno con te nell'ultima giorno della tua vita?*

M: No, sono solo. Non ho paura, ma so d'essere pronto ad andare.

Dopo la sua uscita dal corpo e l'entrata nel lato dello spirito, gli chiesi di rivisitare la vita che aveva appeno lasciato per vedere se aveva imparato una lezione.

M: Ritengo che dovevo imparare la pazienza. Perché ero sempre pronto ad imparare, ma volevo imparare sempre di più. E non mi sentivo mai dove avrei potuto essere. Raggiungevo una pietra miliare e non era mai abbastanza. Pensavo di dover imparare di più, ed imparare più velocemente. E questa era una lezione molto difficile.

D: *Pensi di averla imparata?*

M: C'è qualcuno che la può imparare? E' una lezione difficile? Si, ho imparato ad essere più paziente.

D: *Avevi accumulato una montagna di conoscenza.*
M: Si, e questo era un'altra parte della lezione. (Respiro profondo) Imparare ad usare e condividere la conoscenza. La responsabilità che questo richiede. Cioè, se ricevi questa conoscenza, devi imparare ad utilizzarla saggiamente. Che a volte va condivisa e volte no. E che se la passi alla persona sbagliata al momento sbagliato, può essere disastroso. E che se la condividi con loro al momento giusto può creare magnifici, stupendi risultati.
D: *Quindi ci vuole discriminazione.*
M: Esattamente. E' un'enorme responsabilità.

A questo punto invitai quell'entità a recedere e reintegrai la personalità di Marie nel suo corpo per poter parlare con il suo subconscio.

D: *Perché oggi avete scelto di far vedere a Marie quella vita?*
M: Perché è parallela a ciò che sta vivendo in questo momento. Si trova su un sentiero di crescita e ha enormi opportunità di fare grandi cose per cambiare questo mondo. Può aiutare ad introdurre il nuovo mondo. E' un'enorme responsabilità.
D: *Ma superficialmente non sembra molto parallela.*
M: Ha la possibilità di fare grandi cose in questo mondo per quanto riguarda l'uso delle sue energie, la conoscenza di tutte le sue vite passate. E' in grado di comunicare con molti. O lo sarà quando ne è capace e quando si sente pronta. Se non lo farà al momento giusto, nella sequenza giusta, allora molte cose preziose andranno perdute. E' molto importante che comprenda questo: primo, la pazienza è importantissima. Ogni cosa verrà al momento giusto. Secondo: dopo aver ottenuto questi poteri e queste abilita deve usarli con molta discriminazione. E anche se il desiderio di aiutare gli altri è positivo, non sempre li aiutiamo rendendogli le cose più facili. A volte devo imparare da soli. E cosi dargli ogni cosa, di cui esteriormente pensiamo abbiano bisogno, non è sempre la decisione giusta. Al momento giusto, deve condividere con loro, ma possibilmente dandogli un po' meno di ciò che possono ricevere.
D: *Da dove proviene questa conoscenza?*
M: Questa conoscenza che aveva, che ha imparato da tutte le vite passate. Al momento giusto le sarà restituita.
D: *Vuoi dire che si ricorderà ogni cosa?*

M: Si. Abbiamo pianificato che parti di lei ... di me, dell'anima superiore, entreranno in lei al momento giusto e porteranno con questi doni. Queste energie e questa conoscenza di cui ha bisogno per poter progredire verso il prossimo gradino, verso il prossimo livello.

D: *Ma la sua personalità attuale sarà la stessa, giusto?*

M: Si, assolutamente.

D: *E' solo una sovrapposizione, o una fusione? Con quella che ha le informazioni.*

M: Corretto. Semplicemente si fonderà con il suo essere.

D: *Quindi non ha bisogno di studiare, o tornare in classe?*

M: Si, ha ancora bisogno di fare queste cose. Le servirà per risvegliare le memorie e la aiuterà a re-imparare. A volte è molto difficile reintrodurre certi schemi di pensiero. Impararli nuovamente, con i diversi circuiti neurali della sua mente, la aiuterà in questa vita attuale. Da questa parte la stiamo addestrando.

D: *Ha un'altra domanda. Perché soffre il maldimare? Lei adora l'acqua e i delfini, ma soffre molto il maldimare.*

M: Il livello energetico dell'oceano è molto alto. Crea energie molte forti. Il suo corpo, la sua essenza è quella di trasmutatore d'energie, c'è un limite a quanto possa assorbire prima di stare male. Inoltre c'è una connessione con quel lungo periodo di naufragio dopo aver lasciato Atlantide. Fu molto stressante essere sull'Oceano. E anche allora i livelli energetici erano molto alti. Anche se aveva qualche abilità ed influenza sugli elementi, e la capacità di alterare l'energia per evitare che l'oceano diventasse troppo violento; era indebolita dalla mancanza di cibo e acqua.

D: *Il trauma di quella situazione.*

CAPITOLO 7

ANTICA CONOSCENZA

Questa seduta ebbe luogo nel maggio del 2002 in una fattoria fuori Bozeman, Montana dove risiedevo in una pensione. Mi trovavo a Bozeman per presentare un discorso. Ma la ragione principale della mia visita era di incontrare finalmente Leila Sherman, la centenaria che fotografo la foto di Cristo che è sulla copertina del mio libro Gesù e gli Esseni. Sapevo che sarebbe stata l'unica e l'ultima occasione d'incontrarla. Una donna stava lavorando con Leila per produrre e vendere la foto. Leila mi disse che pensava d'esser pronta per la morta, ma quando iniziarono a lavorare sul sito www.christpicture.com e alla sua commercializ-zazione, lo trovò così divertente che iniziò a pensare che sarebbe restata per altri cent'anni. Leila vive in una casa per anziani, ma è ancora molto attiva e riesce a prendersi cura di se stessa. Mi confidò d'essere la più vecchia dell'ospizio e l'unica a non aver bisogno d'assistenza.

Lorraine saltò sul primo aereo per essere a Bozeman in quei giorni. Era una guaritrice e stava lavorando con dottori e ospedali per introdurre e combinare la medicina tradizionale a metodolo-gie di guarigione naturali. Nella metropoli in cui vive, sta lavorando con cinque ospedali e ha iniziato ad educare le infermiere. E' molto intelligente e credete che tutto questo diventera' qualcosa di molto importante.

Durante la seduta, dopo esser scesa dalla nuvola, vide se stessa come una giovane di 14 o 15 anni con lunghi capelli rosso bruni. Si trovava in un ambiente pacifico che io ritenni essere una cittadina di mare. Per lo meno sembra esserlo, ma ben presto scoprimmo ch'era qualcos'altro. Descrivendo la sua casa sembrava posizionata sulla baia. Era molto grande con arcate che davano su entrambi i lati del mare. Voleva vivere una vita normali lì, con i suoi genitori e fratelli ma un potente gruppo dell'isola aveva altri piani per lei. Avevano scoperto che era diversa dalle altre persone e volevano usare le sue abilità. La forzarono a vivere in un grande tempio sulla collina sopra la città.

L: Ho il dono. Posso vedere.
D: *Cos'è che puoi vedere?*
L: (Sussurrando) Il futuro. (Lunga pausa) Posso vedere il futuro. Vogliono insegnarmi come direzionarlo.
D: *Anche se hai il dono, non sai come controllarlo. E' questo che stai cercando di dire?*
L: No! Vogliono controllarlo – usandomi. (Sussurrando) L'ordine. Gli uomini che controllano tutto. Il mare. La gente. Devo vivere nel grande tempio in cima alla collina e devo fare ciò che mi dicono.
D: *Gli uomini del tempio controllano le cose?*
L: (Incuriosita). Si. Mi controlleranno. Voglio stare con la mia famiglia. Voglio veleggiare sull'oceano. I miei fratelli possono fare ciò che vogliono. Io voglio cantare. Non mi permettono di cantare. Succedono delle cose quando produco quei suoni.
D: *Non ci vedo nulla di male nel cantare. Cosa succede quando emetti quei suoni?*
L: Qualsiasi cosa che voglia! Gli uomini sulla collina hanno paura di me.

Le assicurai che ne poteva parlare con me, perché non ero una minaccia per lei. "Che tipo di suoni emetti?" Lorraine raggrinzì le labbra come se stesse per emetter il suono oooh. "Stai muovendo la bocca, ma non riesco a sentire niente."

L: Non senti il suono? E' come il vento. E' il suono del vento.

A quel punto inizio' a produrre un suono lugubre, acuto ed allungato. Era graduale ma costante Ooooooooooooooooooh (mezzo tono) Ooooooooooooooooh (alto tono) Ooooooooooh (tone elevato, e poi troppo acuto per sentirlo) e poi discendente Oooooooooooooooooooh (mezzo tono). Successivamente quando Lorraine ascoltò la registrazione, disse che era un suono impossibile per lei da emetter. Specialmente la parte alta dove il tono cresceva fino a superare il limite dell'udito.

Spiegò ciò che il suono faceva: "Apre delle porte." Non capii cosa volesse dire. Porte fisiche? "Puoi attraversare quelle porte. Ma loro non possono vederle." Ovviamente non erano fisiche. Stava facendo riferimento a qualcosa d'invisibile.

L: Sono porte dorate con bordi tempestati di gioielli e luci bianche e colorate al centro. Non sono proprio porte fisiche. Sono aperture, portali.
D: *Dove le vedi?*
L: Di fronte a me. Li nello spazio.
D: *Quando sei all'esterno?*
L: No, ovunque mi trovi, sono con me. Sono nello spazio. Il suono crea le porte e le apre. Quando si aprono, posso attraversarle.
D: *E nessun'altro può vedere queste porte. Quando hai scoperto di poterlo fare?*
L: Avevo 5 anni. La mia famiglia, mio zio. Dissi loro le cose che potevo vedere attraverso le porte. Pensavano che mi stessi inventando tutto – e che ero fantasiosa.
D: *Cosa vedevi attraverso le porte?*
L: (Sussurrando) Vedo il futuro.
D: *Come facevi a sapere che era il futuro?*
L: Perché gli raccontavo le storie e queste poi diventavano realtà. Iniziarono a credermi intorno all'età di otto anni. Allora gli uomini sulla collina mi portarono via. Iniziarono a testarmi. Mi infilarono in una stanza dove dovevo esibirmi. Allora scrivevano ciò che gli dicevo. Allora iniziarono ad addestrarmi a cambiare ciò che vedevo. Volevano che lo cambiassi per aiutarli. Ridirezionarlo. Far si che buone cose accadessero a loro, e le tragedie andassero a qualcun'altro.
D: *Quindi vedevi cose negative?*
L: Potevo vedere ogni cosa. Sapevo cosa sarebbe successo. C'erano tre finestre all'interno delle porte. Posso vedere come può essere. Può avere luogo in tre modi diversi.
D: *Quindi il futuro non ha una sola direzione.*
L: (Sussurro: No.) Potevo cambiarlo. Mandarlo altrove. Spostarlo. Renderlo diverso.
D: *E' permesso farlo?*
L: E' come la fortuna. Se viene la buona fortuna, la cattiva fortuna deve andare altrove. Questo loro non lo vedevano. Pensavano di poter accumulare tutta la fortuna e tenersela. Se la tenevano stretta e controllavano tutti gli altri. Viviamo su una grande isola, piena d'insenature. L'ho visto dalla nuvola mentre stavo scendendo. E'

stupenda. Hanno alte strutture in cima alla collina e controllano tutte le persone sotto.

Pensavo che fosse una qualche organizzazione religiosa.

L: No, niente chiese. Non è ancora una religione. E' potere. E' il tempio. E' il luogo di tutti gli esseri.

Apparentemente eravamo molto indietro nel tempo, prima dell'inizio delle religioni organizzate. Ma non importa, potere e avidità sono presenti dall'origine dell'umanità sulla Terra. Sembra che ci sia stata un'eterna battaglia tra le forze del bene e del male.

D: *Quindi volevano controllare tutti coloro che vivevano sull'isola cambiando ciò che vedevi?*
L: E' cosi. Tutte le menti col potere vivono nel tempio. Devo andare a vivere nel tempio. Devo lasciare la mai famiglia.
D: *Cosa ne pensa la tua famiglia?*
L: Sono diventati molto prosperi grazie a cio' che ho fatto. Gli ho dato la buona fortuna. Ci pensi e succede. Lo porti dentro e gli dai quella direzione e mandi il resto da qualche altra parte. E' solo una direzione. Avrebbero il controllo totale di tutto il potere se andassi a vivere la. Devo fargli vedere come.
D: *Pensi di poter fargli vedere come farlo?*
L: No. (Iniziò a fare quel suono ooooh). Sto solo aprendo la finestra. Il portale si apre con un suono e poi posso vedere attraverso la porta se continuo a guadare. Il nuovo trasporta delle onde e posso vedere ciò che accadrà.
D: *Hai detto che è tuo compito insegnargli come farlo?*
L: Si, pensano di poterlo imparare. (Ridacchiando) Non so da dove proviene.
D: *Come puoi mostrargli come fare qualcosa se non sai come farlo?*
L: Non so come non dargli l'informazione. Devo farlo o la mia famiglia ne soffrirà.
D: *Capisco. Ma sono uomini, probabilmente non potevano ricreare quel suono nello stesso modo.*
L: (Sussurrando) No, non è possibile. Quest'anno ho imparato come non dirgli la verità. Gli farò fare le cose nella giusta maniera. Sto imparando da mio zio come controllare il loro potere. Devo solo pretendere che non voglio sapere, allora loro mi insegnano altre cose. Presto avrò tutta la loro conoscenza. Ognuno dei gruppi ha

diversi doni, in diverse zone. Sanno molte cose a riguardo come controllare la mente delle persone. Mi stanno insegnando ogni singolo dono. Devo fare qualcosa. Lo stanno facendo per la ragione sbagliata. Ci distruggeranno tutti. Stanno prendendo tutta l'energia positiva e scaricando quella negativa in un buco. Presto sarà molto largo... ed erutterà.
D: *Deve andare da qualche parte, è questo che vuoi dire?*
L: Si, questo non lo vedono! Tutti pensano che si puo' avere solo il bene. Non so se riuscirò ad accumulare tutta la loro conoscenza in tempo.
D: *Cosa vedi che accadrà?*

Esitò e poi iniziò a piangere.

L: Tutto verra' distrutto ed inghiottito dall'oceano.
D: *Hai provato a dirglielo?*
L: Si. Dicono che è tutto nelle mie mani. Devo mandarlo e cambiarlo. Potrei farlo se usassero il loro potere nella giusta maniera. Ma non va cosi e continuano a scaricare la sfortuna nella voragine. Questa cresce e lo diventano sempre più disinteressati ed egoisti. Ho paura che devo controllarli. Non appena ho acquisito tutti i loro doni, posso togliergli il loro potere, e ridirigerlo verso la gente.
D: *Questo è il tuo piano? (Si) Sei andata a vivere con loro nel grande tempio?*
L: Si. E' molto bello. Ha molte scalinate, colonne e arcate che danno sull'acqua. Ci sono uccelli colorati e musica meravigliosa. Tutto è bellissimo. Ho un leopardo nero. (Rimasi stupita) il suo nome è Sasha. E' il mio animale da compagnia. Sente i miei pensieri ed è con me tutto il tempo.
D: *Stavo pensando che un leopardo sarebbe pericoloso.*
L: (Sorrisino) Si può esserlo. Ma sceglie di non esserlo.
D: *Anche gli altri hanno animali domesticati?*
L: Si, molti di loro. Gli animali sono ovunque. Vivono in armonia in questo vasto spazio. Ci sono grandi corridoi e molte stanza stupende. Parlo con la gente ogni giorno. Non dico la verità a questa gente. Gli dico ciò che gli uomini vogliono che gli dica.
D: *A proposito di cosa dici non dici la verità?*
L: Il pericolo di vivere con tutto, con tutti questi doni. Nessuno è più malato. Abbiamo imparato a guarire. Ora devo avere più o meno 25 anni.
D: *Come completi le guarigioni?*

L: Non ne facciamo più.
D: *Quando le facevi, come le facevi?*

Face il suono sottile Ooooh ancora una volta.

D: *Dimmi cosa stai facendo.*
L: Stavo ruotando il soffitto per allineare la luce.
D: *(Non avevo capito.) Quale luce?*
L: Siamo luce all'interno. Questa viene fratturata e deve essere riallineata per poter fluire. Ad ognuno vengono insegnati i toni per riallineare la propria luce.
D: *Hai detto che stavi ruotando il soffitto. Cosa volevi dire?*
L: Uso i colori e i toni attraverso la luce per riallinearli. C'è un motivo sul soffitto del sistema solare. I colori e i toni devono combaciare. I colori sono nei pannelli di luce sul soffitto. Sembrano brevi lampi di luce di diversi colori. Sembrerebbe essere un solido pezzo di vetro, ma ha minuscole luci di colore. Un sistema di tubi le connette. Le luci sembrano solide ma sono minuscoli lampi di luce all'interno di diversi pannelli. Creando il pannello. Il sistema solare cambia per ogni persona che viene sotto la luce. Viene letto da una luce nel tuo polso e viene mostrato da un motivo sul soffitto. Poi le luci si allineano e discendono attraverso la base del cranio, nel corpo e riallinea la tua luce.
D: *Quindi è un qualche tipo di macchinario (Si) Quindi il motivo zodiacale cambia per ogni singola persona.*
L: E' il loro grafico. Lo facevo io di persona per questa gente. E alla fine gli ho insegnato ad utilizzare i toni. Adesso non abbiamo più nessuna malattia.
D: *C'e qualcos'altro sul soffitto, o solo quei motivi e pannelli e luci?*
L: C'è un grosso oggetto nel centro che direziona i raggi. Sono una serie di oggetti che sembrano dei cristalli allineanti in un segmento di spazio. La luce si frammenta mentre ruotano velocemente. Molto, molto velocemente che non lo si vede ruotare. Ma basta sapere che si muove. Spara raggi di luce attraverso il vetro, i numeri stanno passando e attira le luci dai pannelli colorati (lo disse con una voci sorpresa). Rimbalza su tutte le superfici dei cristalli finche raggiunge i numeri che compongono il motivo di ogni persona. E poi lo spara giù alla base del collo attraverso i punti del corpo. Piccoli punto nel corpo che corrispondono ad ognuna delle luci. Poi giù fino al chakra base e ritorna fuori dal chakra alla sommità del capo.

D: *E questo cura le persone?*
L: Riallinea la loro luce individuale!
D: *E tutti hanno un loro proprio motivo? (Si!)* Quindi questo coso trova il motivo cosi che la luce possa attivarlo e curare la persona?
L: Si, sappiamo come allineare la luce. Quando la luce viene fratturata, le informazioni delle malattie spariscono in questi corpi. Finche' la loro luce è allineata, il corpo non invecchia.
D: *Quindi ci sono certi toni che le attivano. (Si) Questi uomini sanno come farlo?*
L: No. Solo io. Sono in pericolo per averlo fatto. La gente dovette pagare con tutto ciò che aveva per essere curata. Solo i ricchi potevano essere curati. Sono molto arrabbiati con me per aver insegnato agli altri come curare se stessi. Ma non importa. La nostra società sta arrivando alla fine.
D: *Questo è ciò che vedi?*
L: Si. Tutta la sfortuna sta crescendo in una dimensione e proporzione che la porterà ad eruttare. E non gli interessa; non mi credono. Sta a me doverla cambiare, mandarla da qualche altra parte. Hanno scelto un altro luogo. E' una zona abitata da molte persone. Non sono persone ricche, però fanno parte del nostro sistema di sostentamento. Ma gli uomini non pensano che avremo più bisogno di loro. I pescatori e gli agricoltori. Erano il supporto della terra, ma non ne hanno bisogno finche hanno me per ridirezionare la fortuna!
D: *Cosa utilizzeranno per il sostentamento?*
L: Non ne hanno più bisogno.
D: *Non devono mangiare?*
L: Non come facciamo noi.
D: *Quindi questa gente non è indispensabile?*
L: Questo è ciò che pensano. Ma è incorretto, perché la gente è l'unica cosa importante. Ciò che non sanno è che si porterà via tutto, non solo quelle persone, ma tutti noi. E' cosi enorme e cosi potente.
D: *Hai imparato tutta la loro conoscenza?*
L: Si, ma non ne ho ancora abbastanza. Non penso che avrò abbastanza tempo. Non credo che ci sarà abbastanza tempo. Devo completare tutte le conoscenze per controllarli. Per riuscire a controllare ciò che stiamo facendo ed accettare la cattiva fortuna. Devo farla fuoriuscire un po' alla volta per ridurre la pressione crescente ed evitare un'eruzione. Pensano che io possa spedirla altrove e distruggere altri in lontananza. In questo modo non sarà

più un problema. Ma non riesco a capire che è così grande che ci porterà via tutti con se.
D: *Quindi, cosa succede?*
L: (Lunga pausa) Lascio che ci distrugga.
D: *L'hai direzionata un po' per volta?*
L: No. Questo era ciò che volevo fare, ma non mi permisero di farlo. Nessuno voleva vivere con la sfortuna. Lasciarla uscire un po' per voleva significava che la gente avrebbe dovuto vivere con fallimento, malattia, disarmonia e scarsità. Non gli dissi che stava arrivando. La lasciai eruttare (orripilata) e si portò via tutto. Tutto andò distrutto. Ci fu un lunghissimo, tuono sotterraneo. Ogni cosa iniziò a cadere intorno a noi e andammo a finire nell'oceano.
D: *L'intera isola?*
L: (Sussurrando) Ogni cosa.
D: *Cosa vedi quando questo sta succedendo?*
L: (Sussuro) Orrore... Orrore! Tutti venne distrutto. Nulla sopravvisse. Era come terremoti e bombe atomiche, tutto nello stesso momento. Un potere tremendo. Rosso e nero ed oscuro dalle viscere della terra. Eruttando portò via tutto con se, per riequilibrare ogni cosa.
D: *Tutto torna in equilibrio? (Si) Dove ti trovi mentre osservi tutto ciò?*
L: Sono in piedi tra le colonne, sotto uno degli archi osservo mentre sta accadendo. Sembra quasi che la terra si sia aperta per inghiottire ogni cosa per poi vomitarla in un enorme eruzione. Ci sono nuvole nere e fiamme in cielo. Tutta l'arte e la bellezza sono sparite. Anch'io non ci sono più.

Iniziò ad ansimare. Le diedi il suggerimento induttivo di guardare la scena come un osservatore esterno, per evitarle di sperimentare sensazioni fisiche.

L: (Sussurrando) Acqua. Sono affogata. Dalla posizione in cima alla collina fummo gli ultimi a morire. (Sussurrio) Li abbiamo guardati morire tutti.
D: *Quindi ora stai guardando dall'alto mentre sei fuori dal corpo?*
L: (Con voce forte e chiara) Si!
D: *Cosa vedi da questa prospettiva?*
L: Ogni cosa viene inghiottita dall'oceano. Cadaveri umani e animali che fluttuano nell'acqua. La mia famiglia è con me Sono tutti con me!

D: *Come ti senti mentre osservi da questa prospettiva?*
L: E' un errore fatale permettere all'avidità di controllare il potere. C'è una gerarchia di cosa: animali, alberi, piante, umani. Per qualche ragione il lato negativo delle forze riuscì a dominare il lato positivo.
D: *Ma non è stata colpa tua. Non ti devi sentire responsabile di nulla.*
L: Sono dispiaciuta d'aver fallito.
D: *Stavi cercando di fare la cosa giusta.*
L: Si. L'oceano si è calmato. Ora è calmo. Il cielo rosa è tornato. Nulla è eterno, solo l'acqua.
D: *Alla fine cos'è successo?*
L: Siamo tornati ad una terra deserta.
D: *Quindi la terra è riapparsa alla fine?*
L: (Incuriosita) Si. Le acqua si sono ritirare. E' molto bello qui.
D: *Perché hai deciso di tornare in un luogo desertico?*
L: Per ricominciare. Dobbiamo rifarlo per bene.
D: *Hai ancora gli stessi poteri?*
L: No! Siamo gente semplice. E' più sicuro cosi. Ci vuole tempo... molte, moltissime generazioni. Col tempo arriverà la comprensione. Ricostruiremo tutto a quel livello, ma questa volta lo faremo nel modo giusto. E gli uomini non saranno al potere! Niente avidità.
D: *Pensi che riuscirete a riportare la conoscenza e il potere che avevate in quel periodo?*
L: Sta tornando. Recupereremo tutto.
D: *Ma, le persone sono persone, pensi che saranno in grado di controllare o dirigere nel modo giusto? (Si) Pensi che ne siano pronti? (Si) Lo sai anche tu, ci saranno sempre persone avide nel mondo che voglio controllare ogni cosa.*
L: Sono esposti. Non sono a contatto col potere. Non saranno abituati. I protettori del potere non gli permetteranno più di esercitare alcun potere.
D: *Chi sono i detentori del potere?*
L: Le donne. Stanno guidando il mondo attraverso l'amore.
D: *Vorresti dire che questa volta gli uomini non saranno coinvolti?*
L: No, sono coinvolti. Ma gli ci vuole molto più tempo per giungere al potere.
D: *Le donne decideranno come utilizzare il potere. Pensi che questa volta verrà utilizzato nella maniera giusta?*
L: Per molti, molti anni. Per centinaia e centinaia d'anni.
D: *Questo vale per tutto il mondo o solo una specifica zona?*

L: Il mondo intero.
D: *Accadrà velocemente o ci vorrà tempo per cambiare il mondo?*
L: Ci vuole tempo.
D: *Bisogna iniziare da qualche parte, no?*
L: Certamente. Per questa conoscenza che è stata abusata.

A questo punto chiesi il permesso di parlare al subconscio per scoprire perché avevano scelto di mostrare questa vita a Lorraine.

D: *Perché avete scelto di mostrarle quella vita? Cosa stavate cercando di dirle?*
L: Che i suoi pensieri sono Ok. Il vecchio sta sparendo e il nuovo sta arrivando. Non sarà mai sempre la stessa cosa. Si deve preparare a restare sola.
D: *Cosa vorresti dire?*
L: E' nell'energia femminile che assolverà al suo ruolo.
D: *Ma è sposata.*
L: (Pausa) La sua vita ha un'altra direzione. Non le possiamo dire nient'altro in questo momento.

Ecco perché sono sicura che sto parlando con il subconscio. Può essere molto obbiettivo, privo d'emozioni e può essere estremamente diretto. A volte perfino crudele.

Molte volte durante la mediazione or momenti di rilassamento Lorraine aveva visto la stanza di guarigione con i cristalli ed i segni zodiacali sul soffitto. Il subconscio confermò che si trattava della stessa stanza.

D: *Ha la sensazione d'avere questi poteri guaritivi, ma non riesce a raggiungerli.*
L: Lo deve riportare indietro. E' sempre lo stesso. Ciò che ha un inizio avrà una fine.
D: *Stava cercando di utilizzarlo nel modo giusto. Ciò che accadde non è stata colpa sua, giusto?*
L: Non c'è errore. Nulla da rimpiangere. Il potere viene relegato per un po', finche' tutti sono in grado di comprendere come bilanciarlo.
D: *Sempre che dovrebbe insegnare principalmente alle donne, tuttavia la maggior parte dei dottori sono uomini.*
L: Molte più donne stanno diventando dottori. Vedrai in futuro, pochissimi uomini saranno dottori. La guarigione avrà luogo

attraverso il femminile. L'energia positiva. E' qui dove inizia la guarigione, proprio dove ha inizio la vita.
D: *Sottostimano il potere dell'energia femminile, non è vero?*
L: L'hanno controllato da sempre.
D: *Principalmente, perché penso che ne abbiano paura.*
L: Umm, dovrebbero. L'abbiamo portata da te così che possa trovare qualche risposta. Speriamo che sarà in grado di prendere ciò che ha visto oggi ed utilizzarlo.

Questa seduta conteneva informazioni circa la distruzione della Terra nel lontano passato. Mi è stato detto che le civilizza-zioni della Terra sono ascese a livelli di sviluppi incredibili e scomparvero completamente molte, moltissime volte. Questo è accaduto molto prima dell'arrivo dell'uomo "moderno" sulla scena. C'è un'enorme parte di storia di cui non siamo a conoscenza. Questo fa' parte del mio lavoro: recuperare la conoscenza perduta.

***

In un'altra delle mie sedute il soggetto descrisse un gruppo simile di individui altamente evoluti che vissero durante una civiltà antica. Rita, un produttore televisivo, si trovò in un enorme salone con colonne. Il soffitto era una cupola alta venti metri. I muri erano fatti di meraviglioso alabastro o agata. Anche i pavimenti sembravano fatti d'alabastro con ornamenti geometrici separati da strati sottili d'argento. C'era una larga scalinata di tre o quattro enormi gradini che davano sul centro della sala proprio al disotto della cupola. Questa era il luogo dove lei e altre undici donne lavoravano.
"Questa sala rotonda è un luogo molto speciale dove ci riuniamo per fare uno specifico tipo di lavoro. La cupola è al centro di questo edificio per ragioni energetiche. E' qui che invochiamo l'energia attraverso l'intento allo scopo di gestire i campi energetici."
Erano vestite con degli abiti leggeri e fluttuosi con una corda attorno ai fianchi. Le ricordava i dipinti delle dee classiche. Questi abiti erano di colore azzurro pastello. Aveva una trentina d'anni, capelli rosso scuro e pelle chiara.
"Agli uomini non è permesso entrare in questo edificio. Solo le donne fanno questo lavoro. Non siamo l'unico gruppo di donne che fa questo lavoro. C'è un gruppo di donne anziane che lavora con una diversa tipologia d'energia. Tutto ciò che so è che ci sono donne anziane che fanno questo e noi siamo le più giovani. C'è un'anziana

nel nostro gruppo. Dobbiamo accollarci il lavoro perché è il loro turno di non lavorare duramente. Quando c'è bisogno di diversi tipi di energie raggiungibili con i loro vecchi metodi di conoscenza allora vengono ad aiutarci. E' altamente specifico per il loro lignaggio e metodo di conoscenza. Noi siamo i giovani o la generazione successiva. Ci stanno preparando. Adesso siamo abbastanza vecchie e mature che abbiamo bisogno di una solo saggia con i capelli bianchi con noi. Inoltre possiamo insegnare alle più giovani. La conoscenza non può andare perduta."

Dopo essersi riunite, descrisse la cerimonia o rituale che utilizzarono per iniziare il lavoro energetico. "C'è molta tranquillità. La più anziana letteralmente diede il tono. E' una nota. Non so dove sia la sorgente, ma lei la sta invocando o sta creando questa nota nella sala. Questo tono sta oscillando in modo circolare da sinistra verso destra. Invoca la nota e questa determina la frequenza vibratoria nella sala per il lavoro che faremo. Quindi dobbiamo preparare i nostri campi aurici. Entriamo nei nostro campi aurici e creiamo un uovo blu attorno ad ognuna di noi per proteggerci. Ma è più che una protezione. L'uovo blue ci porta in un luogo dove possiamo sentire e vedere più chiaramente. E' come un luogo di mutua trasmissione e ricezione. Quindi c'è un uovo blu, riceviamo e trasmettiamo da questo speciale campo d'energia che circonda ognuna di noi."

Si erano riunite per lavorare su un particolare problema di grande importanza. "C'è qualcosa che sta influenzando la vegetazione della regione esterna e c'è sicuramente qualche problema con il sole. Sto parlando di qualcosa come delle macchie solari, esplosioni solari e cose di questo genere. In questo momento sulla Terra stiamo affrontando problema d'interferenza. Qualche tipo di radiazione dal Sole che sta colpendo la vegetazione e gli esseri che vivono qui. Sta disturbando il campo energetico di alcuni individui e piante che non riescono ad adattarsi. E' molto intenso, e stiamo cercando di correggere il flusso d'uscita. Siamo in grado di sentirlo nel campo vibratorio tutto intorno a noi."

Pensavo che il Sole fosse un oggetto enorme su cui lavorare a causa del suo potere. "Non per noi. Non siamo in grado di alterare il Sole ma siamo in grado di ridurre le anomalie che il Sole sta avendo su alcune persone. Perché sta friggendo, danneggiando e rovinando i campi emotivi di alcune persone. Sembra che l'atmosfera si stia assottigliando, perché ogni volta che ci sono eventi straordinari del Sole siamo fortemente influenzati. E' altamente percepibile e inconfortevole per ogni forma di vita, anche i pesci. Anche l'acqua. L'acqua è calda."

Stavano proseguendo con il loro rituale. "Stiamo tutte ripetendo la nostra enorme preghiera e parliamo con gli esseri che intercedono e lavorano tra noi e il Sole. Stiamo chiedendo di migliorarne l'effetto. Stiamo chiedendo ed invocando un livello di protezione che in essenza è una bolla protettiva per proteggerci da alcuni degli effetti che abbiamo creato."

Ovviamente, volevo saperne di più sugli esseri con cui erano in contatto. "Sono grandi esseri come gli idei della natura e gli spiriti del Sole e tutti coloro che operano nel mezzo. C'è una gerarchia di esseri angelici e divini tra noi e il Sole che agiscono in modo cooperativo. Questo permette l'assimilazione delle energie del Sole per essere utilizzate ed assorbite nel modo giusto su tutto il pianeta. Qualcosa sta cambiando. E' davvero mastodontico. Non so se saremo in grado di continuare a ricevere il loro aiuto in questo modo. Siamo al punto di non ritorno. Sento molta tristezza e il mio intero corpo sta tremando. Siamo sempre state in grado di chiedere aiuto a questi esseri e di riceverlo se potevano offrirlo. Ma adesso non possono più aiutarci. E' un periodo molto intenso."

Tutte e dodici erano in piedi in cerchio per invocare la protezione. "Entriamo nelle uova blu o non siamo in grado di operare. E' una barriera protettiva tra gli elementi a livello vibratorio qui sulla terra, permette a noi dodici di funzionare. Andrà avanti a lungo. Possiamo restare in piedi per molto tempo. Non sentiamo i nostri corpi. Non siamo consapevoli dei nostri corpi. Stiamo chiedendo il permesso di aiutarci agli esseri divini e il permesso di proiettare le nostre energie in ciò che diventerà una bolla che ci isolerà ancora una volta. Non c'è più tempo. Ci hanno dato il permesso molte volte per evitare uno specifico fato un evento di tipo catastrofico. Eclisse è una parola prominente qui. Questa è l'eclisse di un evento e io non so cosa signifchi. Un periodo eclittico, qualsiasi cosa questo voglia significare. Ci troviamo in un tempo in cui non siamo sicure che ci permetteran-no di continuare ad evocare la protezione degli esseri, a causa della paura della gente che vive sul pianeta in questo momento. Adesso le cose stanno cambiando rapidamente e drammaticamen-te. Tutto viene danneggiato qui e sappiamo che possiamo solo restare in piedi, chiedere ed accettare qualsiasi cosa che accadrà. Questo è tutto ciò che possiamo fare. Siamo state molto efficienti nel riuscire ad allontanarlo in passato. Abbiamo già lavorato con queste energie, non è la prima volta. Hanno lavorato con noi per generazioni e generazioni. Ci troviamo in una diversa durata di tempo visto che generazioni sono periodi di tempo molto lunghi. Durante le scorse generazioni abbiamo invocato questa stessa protezione. Funzionava in passato, ma siamo arrivate alla comprensione d'essere alla fine. Dobbiamo fare ciò che possiamo."

Nonostante i loro sforzi, fallirono. Disse qualcosa di strano che non riuscii a capire. Disse: "Non possiamo più continuare in questa maniera. Adesso andiamo a letto. Non c'è più nessun'altra procedura oltre a questa. Dobbiamo andare tutti a dormire per un lungo periodo." Le chiesi ulteriori spiegazioni. Voleva dire che erano morte e stavano lasciando il loro corpo fisico?

In parte era questo, ma anche altro. "Significa che i nostri corpi non possono più sostenere l'impatto di queste radiazioni. I nostri corpi moriranno e dovremo lasciarli. Proprio come tutti gli altri ho paura. La nostra realtà sarà consumata da qualche forza che sembra essere una porzione del Sole. Andrà tutto consumato e non esisteremo più così come siamo in questo momento. Sarà la fine di un'epoca. Ma ci vorrà molta tempo prima che saremo in grado di ritornare e ricominciare ad operare. Dobbiamo passare una fase di sonno nella quale dobbiamo permettere che avvengano altre cose. Apparentemente per tornare al punto in cui eravamo per ricostruire questa era d'oro. Resteremo addormentati per molto tempo. Significa che la nostra conoscenza cosciente non sarà ciò che è ora. Non sarà ciò che era prima di noi e le precedenti generazioni. Tutto cadrà nel sonno e rimarrà chiuso, mentre passiamo attraverso questo ciclo oscuro. Può tornare a risvegliarsi al momento giusto. Allora ci saranno altri tempi e luoghi come questo ma in nuove modalità. Con questi esseri femminili riuniti ancora una volta per invocare tutte le forze e tutti gli esseri divini del Sole, dell'atmosfera, della sfera terrestre e del cosmo. Tutti riuniti per lavorare insieme. Per tornare ad una epoca d'oro come questo alabastro del quale eravamo circondate. Un giorno ci riuniremo nuovamente in una nuova maniera. Segnalando il risveglio. Siamo molto tristi. La conoscenza sarà addormentata fino… è quasi come se fosse preprogrammato in noi che sarebbe arrivato il tempo, proprio come nella Bella Addormentata, di risvegliarsi. E tutto sarebbe tornato meraviglio-so ancora una volta."

Apparentemente voleva dire che la conoscenza e le loro abilità umane di usarla si sarebbero spente per lungo tempo. Finche non sarà il momento giusto di riportare sulla Terra queste abilità e talenti. Mi è stato detto che questo accadde in Atlantide dopo l'abuso delle abilità. Fu come bruciare un fusibile e la mente umana sarebbe stata incapace di riattivarle fino al momen-to giusto. Doveva essere inaccessibile per l'umanità. Mi hanno detto che pensano sia finalmente giunto il tempo del risveglio e queste abilità hanno iniziato a riaffiorare in molti umani. So che sta succedendo con la gente che viene da me per una seduta. Uno degli scopi della seduta sembra essere di far loro sapere che avevano queste abilità e che adesso possono riaverle.

Dalla sua prospettiva fuori dal corpo sapevo che poteva vedere tutto ciò che era accaduto, cosi le ho chiesto di dirmi cosa poteva vedere. "Frigge ogni cosa! Ogni cosa! Nessuna forma di vita può sopravvivere alle radiazioni. Veniamo fritti dalle radia-zioni, ma tutto e' permeato di questa luce ed energia dorata. Non riesco a comprendere. E' tutto finito." Le chiesi degli edifici. "Non penso che abbia più alcuna rilevanza. Tutto ciò che doveva vivere in quella frequenza, in quella dimensione, tutte le cose che sono delicate, che sono sostenute al giusto equilibrio elettro-magnetico, alla giusto livello di radiazione, alla giusto livello di temperatura e umidità. Proprio come ogni forma di vita è sensibi-le a ciò che c'è dentro quel campo di vita come lo conosciamo, che include piante ed animale non c'è più. Sta finendo."

Poi iniziò a descrivere ciò che vedeva dopo che si erano calmate le acque. Ovviamente non era la fine dell'umanità, perché vide dei sopravvissuti. "E' molto oscuro. Ci sono delle persone. E' un luogo diverso. E' una diversa locazione geografica. E' molto più oscuro. La zona sembrerebbe essere ciò che chiamiamo il Medio Oriente, forse l'Africa. Sembra simile eccetto che c'è maggior terreno tra il Medio Oriente e l'Africa."

Volevo ulteriori informazioni circa la causa della catastrofe. "Stavano sperimentando e giocando. Stavano utilizzando energia, perché eravamo molto avanzati nella nostra conoscenza dell'ener-gia, della luce e dei poteri dei cristalli/silicone. Eravamo in grado di raccoglierla, eccetto il fatto che stavamo oltrepassando i limiti. Non funzionò in quella zona. Non era il mio lavoro. Ero qui nella zona con la cupola, perché' ero donna e questo è ciò che facevo. Ma c'erano altri, gli uomini, all'esterno e a loro fu permesso lavorare con le energie. C'erano anche delle donne a cui fu permesso lavorarci. Insieme s'impegnavano con questi generatori, cristalli e cose del genere. Adesso posso vederli. Lo stanno pompando al massimo, ma stanno creando dei veri problemi che non siamo in grado di riparare. Inoltre non funziona bene l'interazione tra ciò che hanno creato e gli effetti delle radiazioni del sole. Ebbe un effetto davvero devastante. Non c'era modo di fermarlo. Lo crearono e ne abusarono. Perché disturbarono l'equilibrio delle radiazioni in questa zona. Il risultato fu che eravamo totalmente vulnerabili e che non avevamo alcuna barriera atmosferica per proteggerci dal Sole e le sue radiazioni. In qualche modo questo interagì con ciò che stavano facendo. Distrussero, evaporarono le nostre barriere protettive, perche non dovremmo essere totalmente esposti agli effetti del Sole. Siamo troppo vicini al Sole. Ogni tipo di elementi super sofisticati erano gia in presenti per la nostra protezione; ma vennero distrutti. Stavano giocando col potere originario. Adesso ci tocca tornare nell'oscurità. Adesso ci tocca ripartire tutto da capo."

Le chiesi: "La tua zona era l'unica sulla Terra dove questo ebbe luogo, o c'erano altri luoghi nel mondo?"

"Questa è la regione e l'area che venne fritta. Tuttavia c'erano altri problemi pesanti altrove. Non so nemmeno quanto tempo sia passato. C'è vita. E' delicata. E' tenue, ma c'è li nella zona del Medio Oriente e si estende in Africa. C'è della vegetazione ma non molta. Non c'è nulla di sofisticato. Era molto tutto molto verdeggiante. Riesco a vedere solo dove mi trovavo prima. Non c'è nulla. E' finito. Ma gli effetti ambientali colpirono anche altre zone. Non era localizzato in quell'area. Ci volle molto tempo perché la vita in un certo senso si ristabilisse. Perché molte altre aree rimasero colpite. Ciò ch'era rimasto non era così carino e piacevole. Non erano il luoghi più piacevoli dove voler andare, ma abbiamo dovuto andarci. Non c'è abbastanza verde e non è per niente attraente. E' secco."

Mi stavo chiedendo se questo è ciò che causò i deserti, che sono i più vasti del mondo a formarsi in quell'area. "Potrebbe essere, perché non si è ristabilita' alcuna vegetazione. Mentre osservo il futuro, c'è molta energia nera ed oscura. Ci sono molte regioni secche, danneggiate e desertiche. Deserti marroni e scoscesi. Non c'è più fogliame, solo qualche piccolo spruzzetto qua e là. Nulla di ciò che era prima. Avevamo piante e piantagio-ni meravigliose. E' un modo bellissimo di crescerle. Avevamo l'energia di crescerle in un modo unico, pulito e totalmente mera-viglioso. Tutto fioriva dieci volte tanto rispetto ai tempi moderni, senza usare nessuno agente chimico. Solo perché sapevamo come usare bene l'energia per far crescere le nostre piantagioni rigogliose ed abbondanti senza mai debilitare o impoverire nulla. Adesso non riesco nemmeno a vedere come riusciremo a sopravvivere su questa terra scadente."

"Hai detto di doverti addormentarti per un lungo periodo."

"Si, e quel potere non si è risvegliato. Quella conoscenza non si è risvegliata. L'unica cosa che si era risvegliata erano i nostri corpi e le

nostre menti primitive; di sopravvivenza. L'anima è schermata da noi stessi. Non sapevamo nemmeno più cosa fosse l'anima."
"Quindi siete ripartiti nuovamente in una vita più primitiva?"
"Non primitive come gli uominidi delle caverne. Siamo la gente, gli umani che ci sono adesso. Ma primitivi nel senso che è un'esistenza disperata, affamata. Non c'è abbondanza. Non c'è ricchezza. La conoscenza è perduta, come il cibo e le piante. Non si vedono nemmeno gli animali da queste parti. Solo insettini che strisciano. Solo quelli in grado di sopravvivere gli ambienti più duri sono qui. Tutto qua, a volte ce li mangiamo. - Una delle mie ultime comprensioni era che qui avevamo cosi tanta bellezza e cosi tanto aiuto. E cosi tante interconnessioni da cosi tante dimensioni e regni che resero questa una esperienza di vita gioiosa, abbondante, verdeggiante e meravigliosa. Ma non la abbiamo rispettata. Non abbiamo rispettato tutti i livelli intricati d'intelligenza necessari per far funzionare questo luogo come un'entità olistica. In molti tra di noi non rispettavano questo principio, perché erano ossessionati solo dall'aumentare. Più potere è il miglior potere. Si sono presi le sorgenti del cristallino del silicone, di tutto e delle forze elementali, le hanno pompate al massimo illusi che più è meglio. Non sono sicura perché pensas-sero cosi perché non ero coinvolte nel campo d'energia, nella produzione d'energia come lo erano loro. Dal mio punto di vista ancora non è chiaro esattamente cosa stessero pensando di fare. Avevamo già tutto. Non avevamo bisogno di nient'altro. Non riesco nemmeno a capire perché pensassero che avevamo bisogno di più potere. Ci dev'esser stato qualcosa che stavano cercando di ottenere o raggiungere or ricordare. Non saprei."
"Pensi che ci fosse una lezione in questo?"
"Più è meglio. Abuso d'energia, abuso di potere, andare contro l'intero ordine devico, angelico, naturale che era stato meravigliosamente creato per noi. Andare contro a tutti questo congedandolo come se non avesse alcun significato, perché potere è potere. Puro potere e i loro esperimenti, per alcuni di loro sembravano essere più importanti che onorare ciò che già esisteva qui e che ci stava proteggendo. Non riuscirono a capire che c'è un potere superiore di qualsiasi rischio avessero potuto concepire. Sembra che stiamo facendo qualcosa di simile attual-mente. La storia si sta ripetendo. Ma il danno a tutte le anime e agli esseri che erano in vita allora è incommensurabile. Troppo danno, troppa tristezza. Uno shock enorme, tristezza, profonda oscurità e danni procurati a quelle anime. Eravamo tutti la in quel periodo ed avevamo accettato d'esserci in quel

momento. Alcuni erano responsabili dei registri. Altri c'erano solo per tenere i registri per il momento del risveglio. Altri erano li per precipitare attivamente l'intero evento e ovviamente non era la cosa più intelligente o saggia da fare. Ma è stata fatta e tutti assolsero il loro ruolo esattamente come avevano accettato di farlo al momento dell'incarnazione. Non capisco perché doveva essere cosi. Doveva esserci qualche tipo di processo che dovevamo affrontare. Non capisco perché mai dovette andare cosi, ma questo è ciò che fu. Quindi adesso questo richiese il processo che ne segui."

A questo punto chiesi di parlare con il subconscio per comprendere perché avevano scelto di far vedere a Rita questa vita. Cosa poteva avere a che fare con la sua vita attuale?

Disse: "Qui il suo cuore è stato colpito. Qui l'intera anima è stata danneggiata. Per molti tutto venne distrutto. Qui è dove siamo caduti. Fu uno shock a tutti i livelli. Tutti i livelli. Un assalto all'anima. Ai livelli astrali, ogni livello d'essere era sotto shock. Non c'era il permesso di ricordare, perché l'angoscia del sapere ciò che fu, creerebbe una profonda depressione nei giorni di "non molto" che stavano arrivando. I giorni oscuri in arrivo. Ricordarlo non serviva a niente perché' sarebbe passato molto tempo prima del ritorno. Il centro del cuore di Rita è stato protetto per troppo tempo e quella stessa protezione ora non è più necessaria. Può riportare a galle le memorie. Questo è un periodo molto importante per tutti. E' interessante vedere che abbiamo nuovamente imparato come crescere le cose e renderle abbondanti. C'è una proliferazione di animali, piante e tutto il resto, ma li stiamo distruggendo ancora una volta. Questo non può essere tollerato."

La Scienza c'era uscita di mano all'epoca e gli scienziati giocavano a controllare il tempo e l'atmosfera. "Apparentemente fecero qualcosa che ci rese estremamente vulnerabili a livello elettromagnetico. Siamo diventati molto vulnerabili alle influenze del Sole e delle sue anomalie. Erano responsabili per questi effetti. In qualche modo causarono l'assottigliamento della barriera protettiva contro le radiazioni solari. Il Sole sta facendo ciò che può fare se la Terra non è propriamente isolata."

Questo gruppo di cui faceva parte sapeva che questo uso negativo della natura poteva produrre solo disastri. Provarono ad utilizzare la loro energia positiva per contrastarlo ma non ebbero successo. L'abuso dell'energia creò un enorme buco nello strato dell'ozono. Il potere diretto del Sole penetrò l'atmosfera e bruciò la terra in certe zone. Molti milioni persero la vita e il clima non era più lo stesso.

Enormi deserti apparvero dove il potere diretto del Sole discese; sia vita che fertilità non tornarono più in quelle zone. Tutto questo sembra spaventosamente vicino a ciò che sta accadendo nel nostro periodo. Quante volte la storia si deve ripetere prima che l'umanità riesca finalmente ad imparare la lezione? La Terra è un essere vivente e si ribellerà se viene sottoposta a troppi danni. Inoltre ha il potere di prevenire se dei patetici mortali pensano di avere il potere di regnarla.

***

Un altro esempio di una civilizzazione che era stata distrutta in tempi antichi:

Carol è una sensitiva particolarmente dotata che lavora con la polizia e anche con ricercatori in tutto il mondo che stanno cercando di svelare informazioni perdute da siti storici. Siamo amici da una vita e questa seduta ebbe luogo quando andai a trovarla a casa sua in Little Rock, Arkansas. Stavamo cercando informazioni che potevano aiutarla con le sue investigazioni in Egitto. Come al solito, iniziati permettendo al subconscio di portare il paziente alla vita passata più appropriata che possa spiegare ciò che sta succedendo nella loro vita attuale. Carol entro' in trance molto velocemente, essendo una sensitiva era abituata; inoltre mi conosceva e si fidava.

Scese dalla nuvola e si trovò in un ambiente sconosciuto. Faceva fatica a descrivere ciò che vedeva. "Son abitazioni, ma sono infilate una sopra l'altra." Erano costruite d'argilla di diversi colori a pastello. "Non so con cosa compararle. Sono alternate. Molte, moltissime abitazioni con aperture, tutte alternate una sopra l'altra. Tipo una montagna o collina di dimore." Non erano costruite nella montagna, ma erano erette come una montagna o un burrone. "Alcune spuntavano più delle altre. Alcune sono interrotte, altre no. Quelle interrotte fungono da vie di passaggio. Sono molto strane. Ci sono edifici alla mia sinistra che non fanno parte di questa pila montagnosa. Sono molto strane. I tetti strana-mente inclinati. Angoli stranamente piatti. Non c'è molta vegetazione. Solo questa strana enorme citta di strani edifici."

Le chiesi di descrivere se stessa. Vide d'essere una giovane di quattordici anni con i capelli rossi e la pelle molto chiara. Era vestita di una tunica fluttuosa stretta alla cinta con una corda. La cosa più visibile era l'enorme pietra rossa sospesa al suo collo con una collana. La sua voce divenne infantile mentre si identificava con quella personalità.

C: Una collana. (Disse questa parola come se non fosse quella a cui stava pensando) con una pietra rossa.
D: *Sembra bellissima.*
C: Bella, no. Uno strumento. E' naturale. E' molto lunga. Non e' perfetta. E' uno strumento da utilizzare... (Stava facendo fatica con la lingua a trovare le parole giuste. Parlava primi-tivamente, spesso utilizzando parole singole invece che frasi) Cuore. Usata per il cuore. Aperto. Cuore aperto.
D: *Sai come utilizzarla cosi?*
C: Ho sempre saputo. Ognuno di noi sa in che modo dovremmo utilizzare queste pietre. Tutti lo sanno.
D: *Ci sono forse diverse pietre per diversi usi? (Si) Ognuno di voi ha una pietra diversa?*
C: Si, ognuno di noi. La mia è quella rosa. Per mantenere il cuore aperto e pieno di unità.
D: *Hai detto che ci sono degli altri. Siete un gruppo?*
C: Si. Abbiamo fatto questo da sempre.
D: *Perfino da bambini?*
C: Sempre.
D: *Ti ha insegnato qualcuno a farlo?*
C: (Confusa.) Insegnare?
D: *Farti vedere come?*
C: Umm. Molti.
D: *Molte persone ti hanno fatto vedere ....*
C: (Interrompendo) Gente, no. Non la gente. La gente non sa. La gente non comprende.
D: *Vorresti dire che l'individuo medio non comprende come farlo?*
C: No, li aiutiamo noi.

C'erano dodici bambini e bambine nel suo gruppo, avevano tutti circa la stessa età. Rispondeva con la massima semplicità. Proprio come un bambino.

D: *Ma hai detto che hai sempre saputo come farlo. Qualcun altro ti ha fatto vedere come?*
C: (Confusa.) Ummm. Ho bisogno di nome per questo.
D: *Be', forse non un nome ma solo una descrizione. Hai detto che loro non sono la gente comune?*
C: Non sono umani. (Fece fatica a trovare le parole per descriverli) Loro sono i belli.

D: *Puoi descrivermeli?*
C: Meravigliosi e luccicanti. Sono della Sorgente. Dell'Unità. Mi fanno ricordare chi sono. Ma non sempre.
D: *Perché non sempre?*
C: Non sicuro.
D: *Perché non dovrebbe essere sicuro?*
C: Giudizio. Troppa attenzione.
D: *Dalla gente in città?*
C: No. Forze oscure. Noi siamo al sicuro. Noi siamo protetti. (Disse questa parole come se fosse una parola strana.) Ma se attiriamo troppa attenzione – perché siamo ancora giovani – potrebbe essere pericoloso per la nostra fiscalità.
D: *Quindi non dovete preoccuparvi della gente di città?*
C: Ummm, no. Sono in un'era di comprensione e apertura. Non tutti. Ma nella maggior parte. Sono giovani nella loro saggezza.
D: *Hai una famiglia li?*
C: Famiglia. Si.
D: *La tua famiglia sa cosa ti hanno insegnato?*
C: Non avevano scelta. Loro sono la nostra famiglia. Sono fisici e noi li amiamo. Ma non comprendono pienamente.
D: *Hai detto che non avevano scelta. Cosa volevi dire?*
C:(Fece fatica a trovare le parole.) Completato? (Confusa) Ancora, non ho piena conoscenza. Devono permetterci di fare ciò che dobbiamo fare. Non possono fermarci, ne vor-rebbero farlo. Ma comprendono che siamo diversi. E quindi, per questo, non cercano d'interferire con ciò che facciamo. Ma non comprendono perché sono spinti a lasciarci fare ciò che dobbiamo fare. Non sanno il perché. Ma si sentono obbligati.

Questa storia era simile a quelle dei capitoli precedenti che erano nati in famiglie normali che non potevano comprendere le loro capacità speciali. In altri casi i bambini venivano dati al tempio, perché i loro genitori non li comprendevano. In questo caso gli era permesso sviluppare e praticare le loro abilità senza che i genitori interferissero.

Voleva saperne di piu circa la pietra speciale che aveva al collo. "Hai detto che gli altri del gruppo hanno pietre differenti. Sono per altre parti del corpo? Come la tua è per il cuore?"

C: Si, Si. Energia. Centri d'energia.
D: *Di che colore sono?*

C: Blu. Aiuta con la comunicazione. Per dire le parole, per canalizzare, per manifestare informazioni. (Lo disse deliberatamente, come se le parole non le fossero familiari ma difficili da pronunciare. Yellow. Per salute. Equilibrio sacro.
D: *Vorresti dire equilibrio tra spirito e fisico? (Si) Ci sono altre pietre?*
C: Altre pietre, si. Verde. Verde è la guarigione. Verde è anche per mantenere equilibrio con le energie della terra e le piante. Aiuta a comunicare con le piante.
D: *Oh, puoi comunicare con le piante?*
C: (Empaticamente) Si! Cosi che ci insegnino.
D: *Non ci avevo mai pensato. Cosa ti può insegnare una pianta?*
C: Come usarle.
D: *Oh? Come potete usare le piante?*
C: Per qualsiasi uso sono state create (Come se tutti dovrebbero saperlo) Per aiutare la gente. Per aiutare altre piante. Per aiutare gli ambienti. Per aiutare gli animali. Per aiutare a creare unità. Possono fare qualsiasi cosa!

Il suo tono di voce dimostrava incredulità al fatto che non lo sapessi. Era cosi ovvio e fondamentale per lei, dovrebbe essere stato lo stesso anche per me.

D: *Direi che non ci ho mai pensato prima. Usi le piante per aiutare la gente?*
C: Si. Ci dicono cosa fare. Sanno come devono essere usate.
D: *Forse stavo pensando a raccogliere foglie o qualcosa del genere.*
C: Non c'è bisogno di distruggere la pianta per usare la pianta.
D: *Pensavo di utilizzare le piante o le foglie, bacche o fiori. Non dovete farlo questo?*
C: Se vuoi.
D: *Come lo faresti senza distruggere la pianta?*
C: (Simplicemente, come se stesse parlando con un bambino.) Ne usi la coscienza. La vibrazione e l'essenza. E chiedi loro di fare il loro lavoro.
D: *Ah, non ho mai pensato che avessero una coscienza.*
C: Ogni cosa ha coscienza. Ma dobbiamo fare molta attenzione a come la usiamo, perché' questo attira attenzione.
D: *Le altre persone non comprendono, non è vero?*
C: Non importa. Alcuni capiscono.
D: *La città in cui vivete, ci sono forme di trasporto?*

C: (Confusa) Trasporto?
D: *Come andate da un posto all'altro?*
C: (Pausa, ancora confusa) Per chi?
D: *Be', se devi andare da una parte della citta all'altra, in che modo ci arriveresti? Oppure fuori dalla città? (Ancora confusa) Penso d'essere curiosa a proposito della citta.*
C: La città? Movimento? (Si) Veicoli? (Una parola sconosciuta)
D: *Si. Conosci questa parola?*
C: Con la mente di adesso.
D: *Mente di adesso. Cosa vorresti dire?*
C: (Confusa e frustrata. Pausa) Traducendo. Traducendo attraverso mente parole di adesso. (Deliberatamente) Traducendo questo tempo attraverso la mente di adesso.
D: *Traducendo questo tempo attraverso la mente di adesso. (Non riuscii a capite, ma proseguii con la sua terminologia) Ci sono veicoli? Hai usati questa parola.*
C: Veicoli. (Faceva fatica a spiegarsi) Veicoli singolari. Alcuni doppi veicoli con movimento. E movimento normale. E come... magnetico?
D: *Puoi sederti sui questi veicoli ed andare in diversi luoghi?*
C: Seduta dentro, si.
D: *Vanno sopra il terreno? (Esitazione) Sulla superficie?*
C: Più o meno, si.

Più scendeva in profondità più diventava difficile. Sapevo che si stava indentificando sempre più con l'altra personalità, e faceva fatica a descrivere cose con termini che potevamo comprendere. E' completamente dissociata dalla mente di Carol, ma stava cercando di utilizzare il suo vocabolario.

C: Non riesco... Provare e tradurre attraverso la mente di adesso. Elettro magnetico.
D: *Entrate nel veicolo e poi cosa fate?*
C: Andiamo!
D: *Siete in grado di farlo cosi? (Uh huh) Utilizzando la mente di adesso.*

Non avevo capito che stava facendo riferimento alla mente di Carol. Voleva dire che stava traducendo utilizzando il vocabolario della mente di Carol.

C: No. Traduco attraverso la mente di adesso.
D: *(Non avevo ancora capito) Traducendo attraverso la mente di adesso sei in grado di far muovere il veicolo, giusto? (Era frustrata: No) Perdonami sto facendo fatica, perché voglio davvero comprendere.*
C: Sto traducendo per te ciò che c'è qui attraverso la mente che è ... (Confusa)
D: *Adesso penso di aver capito cosa vuoi dire. Stai cercardo di trovare le parole, giusto? (Si) E l'altra mente, la tua mente, non ha le stesse parole.*

Era contenta che avevo finalmente capito. Finalmente era riuscita a farmi capire.

D: *Stai facendo il meglio che puoi. Non mi aspetto nient'altro. Fai il meglio che puoi con le parole che riesci a trovare. Come sono attivati questi veicoli?*
C: (Lentamente) Elettro magnetico... pulsazione.
D: *Dovete guidarlo in qualche modo, o come fate a farli andare?*
C: Pensiero.
D: *La vostra mente dev'essere davvero potente, se riuscite a farlo. Basta pensare dove volete andare?*
C: I veicoli sono obbedienti.
D: *Obbedisce ai vostri pensieri (Si) Tutti in città hanno questa abilità?*
C: (Esitando ancora) Alcuni. Altri non possono. Quindi possono salirci solo quelli che possono.
D: *Capisco. Quelli che non sanno come fare devono essere portati da qualcun altro. Quindi la città è un bel posto dove vivere.*
C: Si, per adesso. Tempi oscuri stanno arrivando.
D: *Come fai a sapere che stanno arrivando tempi oscuri?*
C: (Triste) Lo sappiamo. (Quasi piangendo) Lo sappiamo.
D: *Cosa vedete? (Stava piangendo)*
C: Tutto andrà perduto! Finito!
D: *Cosa vedi che accadrà?*

Stava piangendo profusamente ed era difficile parlare.

C: (tra i sospiri) Ci sarà oscurità... e un cambiamento. E non c'è nulla che possiamo fare.
D: *Chi causerà l'oscurità? Riesci a vederlo?*

C: (Sobbing) Non so tutto ciò che accadrà. Non si sveglieranno. Non si iscriveranno... nel processo di risveglio. Il processo di unità.
D: Non sai cosa causerà l'oscurità?
C: Sta arrivando. (Confusa ed Esitante) Le forze negative? Non di qui.
D: Stanno arrivando d'altrove?
C: In parte. E' terribile. Non possiamo accettarlo. Sappiamo che arriverà. Faremo ciò che possiamo finche possiamo.

Decisi di spostarla da quella scena per scoprire cosa sarebbe successo. La indussi ad andare avanti nel tempo fino ad un giorno importante e le chiesi cosa stesse vedendo. Arrivò istantaneamente e sembrò disperata. Riusciva solo a grugnire.

D: Cosa sta succedendo?
C: (Non rispose per qualche secondo ma sapevo dalla sua espression facciale che stava succedendo qualcosa.) Sono finita. (Semplice e diretta, nessuna emozione).

Sapevo che dovevo riportarla indietro a prima dell'evento se volevo sapere cos'era successo. Le diedi istruzione di guardare come un osservatore esterno se necessario. Sembra qualcosa di traumatico e sarebbe stato più facile se lo avesse rivissuto da un punto di vista obbiettivo. La sua espressione facciale indicava emozioni. Allora fece un sospiro profondo ed iniziò a descrivere ciò che stava vedendo.

C: Cerchio. Siamo tutti in cerchio. E ci muoviamo in cerchio, mentre c'è qualcosa nel centro. (Confusione mentre cercava di spiegare cosa stava succedendo) E' un obelisco che ha una pietra sulla cima, noi ci giriamo intorno. Contro... in direzione antioraria.
D: Perché state facendo questa cerimonia?
C: Per portare la luce. L'oscurità sta arrivando. Dobbiamo farlo il più a lungo possibile.
D: Poi cosa succede?
C: Ci sono esplosioni. Ci sono... esplosioni di oscurità, tuoni, ed esplosioni. Grida! Dobbiamo continuare.
D: Da dove provengono le esplosioni?
C: Vengono da Ovest.
D: Sai cosa sta causando le esplosioni?
C: Non lo so. C'è... (Confusione totale, Non fu in grado di trovare parole per ciò che stava succedendo.) Terra... cambia. Qualcosa sta esplodendo che causa molte esplosioni. Non so. Oscurità.

Un'oscurità che... la puoi vedere arrivare. Dobbiamo mantenere la luce. Per la connessione e la speranza.

D: Poi cosa succede?
C: (Lungo sospiro) E' finita!
D: Cosa l'ha causato?
C: Tutto. E' come... (confusa) esplosioni? E' come un'enorme onda. Di acqua. (Confusa) Energia. Acqua. Esplosione. Calore. Tutto ciò che era... (frustrata) c'è una parola. Detriti? Montagne di detriti.
D: Oh, quel tipo di onda, di detriti. Allora non saresti in grado di scappare da qualcosa del genere, giusto?
C: No. Dovevamo continuare.
D: Finche potevate? (Si) E poi siete stati colpiti da tutta questa oscurità ed esplosioni (Si) Quello è il momento in cui hai lasciato il tuo corpo? (Si) Avete lasciato il corpo tutti nello stesso momento? (Si) E' un bene. Almeno non eravate soli, giusto?
C: No, non eravamo soli.
D: Mentre osservi da questa prospettiva, riesci a vedere cos'è successo?
C: Terra... cambiamento. Enorme cambiamento Terrestre. Il cambiamento!
D: E' successo ovunque?
C: (Confusa, allora:) Si. Enorme.
D: Se questo è successo ovunque allo stesso tempo moltissime persone devono aver perso la vita.
C: Milioni.
D: Mentre osservi da questa prospettiva, puoi vedere di più, perché sei fuori dal corpo. Hai qualche idea dove potrebbe essere questo luogo? Aveva un nome o qualcosa a cui la gente fa riferimento?
C: (Lungo sospiro) Non che lo sapresti ora.
D: Sembrerebbe essere un'intera civilizzazione.
C: Lo era. Lo era.
D: Molto avanzata. Ma il vostro gruppo era più avanzato degli altri, non è vero?
C: Dovevamo esserlo.

Molti esperti ed archeologi negano l'esistenza di queste antiche civilizzazioni. Dichiarano che se fossero vere avrebbero trovato qualche evidenza. Questa seduta spiega perché questo potrebbe non essere possibile. Non solo alcune sono seppellite sotto l'acqua dell'oceano, ma anche sotto montagne di fango e detriti e le sabbie del deserto in perenne spostamento. In queste condizioni e' estremamente difficile trovare degli artefatti. La stessa cosa accadrebbe se la nostra attuale civilizzazione fosse improvvisamente seppellita da una monumentale catastrofe. Tutte le nostre meravigliose strutture e tecnologie sparirebbero all'im-provviso. E i posteri non sapranno mai che siamo esistiti ad un livello tecnologico cosi avanzato, eccetto per le leggende che si tramanderebbero. Cosi dico agli scettici di non essere cosi certi che queste meraviglie non fossero esistite in passato. In fondo potremmo parlare del nostro stesso futuro.

D: Quando eri in quella vita, parlavi di altri esseri che vi insegnavano certe cose. (Si) Da questo lato mentre osservi, riesci a dirmi qualcosa di più a proposito di questi esseri?
C: Erano le nostre guide. C'erano anche molti, molti altri che aiutavano ed assistevano. Che erano esseri spirituali da altro... spazio? Dimensioni?
D: Perché stavano aiutando il vostro gruppo?
C: Il nostro non era l'unico. C'erano anche altri gruppi.
D: Ma non condividevano queste informazioni con l'individuo medio.
C: Potevano. La gente non le voleva. Solo alcuni le volevano. Tuttavia coloro che le volevano, le volevano solo per ego personale. Questo sarebbe stato sbagliato.
D: Ma adesso va tutto bene, perché sei sopravvissuta, giusto?
C: Sopravviviamo sempre. Non è possibile non sopravvivere.
D: Questo è vero, perché nessuno può ucciderti. Non si muore mai.
C: Questo è corretto. Ma abbiamo spazi limitati per raggiungere i nostri obbiettivi mentre siamo nel fisico. E non c'è mai abbastanza tempo.

Allora la spostai dalla scena del disastro e feci rientrare la personalità di Carol nel corpo, per poter fare domande al subconscio.

D: Perché' avete scelto di far vedere a Carol questa vita?
C: E' sempre stato lo stesso. Torniamo sempre insieme. Lo facciamo sempre durante lo stesso periodo di tempo quando torniamo insieme.
D: Intendi dire come gruppo?
C: Si. Ritorniamo separatamente, ma non durante lo stesso periodo di tempo.
D: Intendi dire in passato? (Si) Ma adesso siete di nuovo tutti assieme?

C: Molti di questi erano persi. In quella vita. Nel mezzo. Ed in questa vita.

D: *Vorresti dire che non sono ancora tutti assieme?*

C: Molti venivano da altri gruppi che facevano un lavoro simile al fine di riportare l'equilibrio, cosi che si potesse fare altri lavori.

D: *Che connessione c'è tra quella vita e la sua vita attuale?*

C: La conoscenza. L'unità. La conoscenza della coscienza. Tutte le cose che sono uno possono connettersi e tutta la conoscenza si può usare e condividere per il cambiamento.

D: *Stai dicendo che stiamo passando la stessa situazione ancora una volta? (Si) Sembra molto simile, non è vero? Il suo obbiettivo è di riportare la conoscenza nella nostra vita attuale? (Si) In quella vita aveva molta conoscenza delle pietre e delle piante, vero?*

C: Di più. Conoscenza delle armoniche. Conoscenza delle frequenze. Conoscenza di come ottenere informazioni da chiunque e qualsiasi cosa grazie alle frequenze. Viaggio temporale.

D: *Questo gruppo era in grado di fare questo grazie alla conoscenza delle frequenze e delle armoniche?*

C: Si. I cervello è... (cercando la parola giusta) olografico.

D: *Olografico. Come facevano a viaggiare nel tempo?*

C: Portali.

D: *Sa come trovare questi portali? (Si) Quindi ha questa conoscenza da quella vita?*

C: Si. E da altre che sono connesse a questa.

Volevo sapere che Carol aveva il permesso di riportare la conoscenza alla sua vita attuale, perché nulla va mai perduto. E' sempre li in attesa nel subconscio in caso sia il momento giusto per usarlo ancora. Il subconscio disse che c'era un problema perché aveva una paura profonda. Aveva utilizzato questa cono-scenza in altre vite e ci furono pericoli estremi in alcune di queste. Questa paura era stata impiantata per la sua protezione, cosi che non fosse esposta e correre il rischio di perdere il suo corpo fisico. Il subconscio era d'accordo che era arrivato il momento di lasciar andare questa paura per permetterle di riportare alla luce questa conoscenza nel nostro tempo presente. Mi disse che aveva la chiave, ma dovevo essere io a dover attivare la procedura di sblocco. Mi era stato detto di invocare la sentinella. Questo era qualcosa di nuovo per me. Chiesi chiarimenti.

C: La sentinella della conoscenza interna/esterna.

D: *Questa sentinella può permettere un risveglio lento e sicuro della conoscenza?*
C: Lentamente non è necessario.
D: Ma sicuro.
C: Sicuramente.
D: Non vogliamo che la sua mente sia sovraccarica. Deve essere attivata in modo che lei riesca a sostenerlo.
C: Si, ma protezione... paura... l'impianto dev'essere rimosso.
D: La sentinella sembra essere una persona importante. E' in grado di fare questo e di permettere alle informazioni di fluire in dosi misurate?
C: Ti do il permesso di sbloccare l'impianto di protezione basato sulla paura. Tutto il resto andrà al suo posto. Ora sblocco l'impianto di protezione della paura permanentemente.
D: E la conoscenza verrà utilizzato solo per il bene. Per il positivo. Non è corretto?
C: Solo per il bene.
D: E quindi la conoscenza che è rimasta nascosta cosi a lunga inizierà a tornare. (Lungo sospiro) E sarà in grado di utilizzarla. Questo è meraviglioso. Vi ringrazio per permettere che questo potesse succedere. Senza di voi non sarebbe potuto succedere.
C: Senza di te non sarebbe potuto succedere.
D: Ma io sono solo lo strumento per aiutare a raggiungere le informazioni che Carol vuole utilizzare. Vi ringrazio per permettere che succedesse. Come condividerete le informazioni? Accadrà attraverso i sogni o l'intuizione?
C: Conoscenza. Lei so saprà. Si ricorderà.

***

Questi esempi dimostrano che in passato molti di noi hanno acquisito molta conoscenza di come utilizzare i poteri della mente. Anche se abbiamo dimenticato queste abilità sono ancora li in attesa del momento del loro risveglio. Molte delle persone in vita oggi giorno si portano dietro queste memorie di come utilizzare la mente. Questo è il momento giusto per riattivarle ed utilizzarle per il bene del nostro pianeta. Queste sono le persone speciali. Ed il mio lavoro dimostra che sono in numero maggiore di quanto non si sospettasse. Il tempo del risveglio è ora!

CAPITOLO 8

PORTATO IN SALVO

Attraverso il mio lavoro con gli ET e le regressioni, mi è stato detto miriadi di volte che se la Terra dovesse affrontare un'altra catastrofe di massa o la distruzione al punto di rischiare l'estinzione della razza umana, allora gli ET ci porterebbero in salvo. Ho incontrato diverse versioni di queste informazioni nel mio lavoro. In una di queste mi hanno detto un altro pianeta quasi identico alla Terra era in preparazione. Sarebbe topograficamente differente, ma gli umani sarebbero in grado di sopravvivervi. Era chiamata "Nuova Eden". Animali e piante erano già pronti cosi che gli umani si sarebbero sentiti a loro agio. Un altro scenario prevedeva che gli umani aspettassero a bordo di astronavi finche il cataclisma terrestre non fosse passato. In entrambi i casi presunsi che ci sarebbero voluti migliaia d'anni prima che la Terra tornasse ad essere nuovamente abitabile; perché ogni cosa doveva ripartire da zero, a seconda della severità del cataclisma. Se i sopravvissuti venissero raccolti e fatti attendere nello spazio, possiamo presumere che sarebbero i loro discendenti a tornare sulla Terra per ristabilire la civilizzazione (anche se solo ad uno stadio primitivo). Mi è stato detto che tutto ciò è già accaduto molte volte nella storia turbolenta della Terra. Le civilizzazioni sono state distrutte e la vista ha dovuto ricominciare da capo. Il messaggio più importante da parte degli ET è che la razza umana non deve perire! Hanno investito troppo tempo ed energia nel nostro sviluppo per permetterci di distruggerci completamente a causa della nostra stupidità.

Queste erano le mie ipotesi secondo il nostro modo di pensare logico. Avrebbero dovuto essere i discendenti dei soprav-vissuti originari a dover tornare per ripopolare la Terra. Questo a causa dell'incredibile quantità di tempo necessario nel processo. Ma durante la regressione seguente mi resi conto che le mie ipotesi erano errate.

***

Quando Marian scese dalla nuvola vide se stessa come un uomo sui trent'anni dai lunghi capelli neri, vestito solo di una corta veste stretta da una corda. Era in piedi sul limite di una foreste e stava guardando al di là dei preti della valle dove c'era un piccolo villaggio. Questa era la sua destinazione ed aveva lascito il suo villaggio due o tre giorni prima. Quando arrivo' a destinazione c'era molta confusione tra gli abitanti. "Sta succedendo qualcosa e la gente non capisce. Sono molto disorganizzati. Stanno gironzolando e correndo nel tentativo di capire cosa stia accadendo." Era come se nessuno sapesse quale fosse il problema, ma stavano reagendo proprio come animali che percepiscono il pericolo. Lui stava percependo apprensione.

"Il mio obbiettivo è di unire il gruppo di questo villaggio con quello del mio villaggio. Sono tipo un emissario, ma in questo momento non so da dove iniziare con questo caos. C'è un leader naturale, lui è la persona giusta che sarà in grado di riportarli all'ordine. Devo cercare questa persona, lui mi aiuterà a raggiun-gere il mio obbiettivo. Potrebbe non essere l'autorità ufficiale. Sta succedendo qualcosa. Questo non è l'unico luogo, c'è qualcosa che sta creando un effetto disruptivo e sta influenzando tutti. Ecco perché ci dobbiamo unire tra di noi."

Quando trovò la persona che stava cercando, era una donna. "E' in una delle case e la pensa come me. Sa che bisogna prendere la situazione in mano. Che bisogna organizzare la gente del gruppo. E' disposta a lavorare con me. E' calma e la rispettano."

Sapeva che la gente l'avrebbe ascoltata, e rimase dietro gli spalti mentre lei parlava alla gente. "Sto confermando ciò che aveva bisogno di sapere e fare. Ora lei lo sta facendo, sta parlando alla gente e loro hanno iniziato ad ascoltarla. Ne hanno bisogno, lo vogliono, perché hanno paura. Hanno bisogno di una guida e ovviamente il leader ufficiale non se ne preoccupa."

Non avevo alcuna idea di cosa sarebbe successo. Era tutto molto vago, la causa della confusione, il ruolo di Marion in tutto questo e non potevo influenzare il processo. Dove permettere alla storia di svilupparsi limitandomi a fare delle domande. Cosi le chiesi, "Cosa avete deciso di fare?"

"La lascio lavorare con loro per un po' prima di presentare l'idea di un'alleanza. Di unirci on altri villaggi per discutere la strategia. Ci sono altre persone che sono andate verso altri villaggi. Creeremo qualcosa tipo un consiglio. C'è una minaccia che incombe su tutti noi, ma non sono altre popolazioni all'attacco."

Pensavo che potesse essere l'invasione di un esercito, perché' nella storia dell'umanità era un evento abbastanza usuale. E' difficile da definire perché nemmeno io lo capisco. Non so se sono cambiamenti della Terra o se proviene da fuori. Nessuno sa cosa sia. Se riusciamo a organizzarci, saremo in grado di farcela."

Decisi di portarlo avanti, per vedere cosa sarebbe successo, nella speranza che sarebbe tutto più chiaro. Erano tutti riuniti in un grande prato. Lei esalò profondamente e disse: "E' una follia". Dopo una pausa, con riluttanza mi disse cosa stava vedendo. "Vedo una nave. Una nave aliena. Stanno scendendo. Crea paura ma non sono ostili."

Descrisse l'astronave come "Rotondeggiante, ma non sferica. Più ovale. Non sono piccole da due o tre persone, ma grandi. Possono portare molte persone." Le astronavi non atterravano, ma levitavano sopra il terreno.

D: Cosa fate?
M: (Scoppiò a ridere) Pretendo di non essere terrorizzato.
D: La gente sapeva che qualcosa del genere sarebbe successo?
M: Non abbiamo mai visto nulla del genere nella nostra vita. Forse a livello psichico lo sapevamo. A livello animalistico sapevamo che sarebbe successo qualcosa, ma non sapevamo cosa. Ecco perché ci stavamo organizzando. C'era una minaccia, ma nessuno riusciva a comprendere cosa fosse.
D: Quindi non era qualcosa per cui potevate prepararvi.
M: No, dovevamo provarci. Altrimenti la gente avrebbe corso avanti e indietro come dei matti. Dovevamo organizzarci. Ora tutta la gente del mio villaggio è qui.
D: Cosa succede?
M: Dobbiamo andarcene. Dobbiamo andarcene tutti con la nave.
D: Qualcuno vi sta dicendo questo?
M: No, lo so. Lo so e basta.
D: Perché dovreste andarvene? Questa è la vostra casa.
M: Perche sta per succedere qualcosa. Se non ce ne andiamo verremo uccisi. Quindi questa signora e io siami qui con la nostra gente e tutti gli altri che sono andati agli altri villaggi.

D: *Sai cosa potrebbe uccidervi? Cosa potrebbe succedere se non andate?*
M: Lo stesso che sta per succedere alla Terra.
D: *La gente è disposta ad andare?*
M: Sono tutti impauriti. E' difficile. Non posso permettergli di capire che sono impaurito anch'io. Io, questa donna e altra gente dagli altri villaggi aiuteremo a portali su queste navi. Stiamo cercando di radunarli. C'è chi viene volontariamente sono pronti a seguirci. Altri vanno incoraggiati, pensano che sia una follia.

Le chiesi di descrivere l'interno dell'astronave dopo essere saliti a bordo.

M: E' bella grande. C'è spazio per tutti e non è piena.
D: *Hai detto che ci sono diverse navi?*
M: Si. In diversi luoghi. Se guardi in lontananza puoi vederle. Puoi portarti dietro la tua roba, gli animali o quello che vuoi.
D: *Potete vedere la gente che è venuto ad aiutarvi sulle navi? Puoi descriverli?*
M: (Ridacchiando) Fanno di tutto per non sembrare pericolosi. Cercano di sorridere, estendono la mano e sono amichevoli. Fanno attenzione a chi si avvicinano.
D: *Sembrano umani? (Si) Non fanno cosi paura alla fine. Beh se quelli salgono vengono con animali e tutto il resto, allora cosa succede?*
M: (Lunga pausa) Le navi volano nello spazio e nel firmamento.
D: *Come ti senti a proposito?*
M: C'è molto lavoro da fare, in termini di parlare con la gente, e rassicurarli che va tutto bene. E' la cosa giusta da fare. Andrà tutto bene. Sto iniziando a rilassarmi. Sono troppo impegnato.

Fu in grado di guardo fuori dall'astronave e vedere la Terra di sotto. Volevo che me lo descrivesse. Fece un sospiro profondo mentre cercava di descrivere ciò che vedeva. "La Terra sembra ciò che immaginavo fossero le esplosioni solari. Ci sono delle esplosioni che escono dalla Terra. Non so se sono dei vulcani. Non so cosa sia."

D: *Puoi chiedere ad una delle persone sull'astronave cosa stia succedendo?*
M: Potrei. Sono occupati, ma potrei.
D: *Basta che gli chiedi cosa stia succedendo laggiù?*

M: Solo dei cambiamenti planetari che non riusciresti a comprendere. (Ridacchiando) Potresti provare. (Rise)
D: *Si, Lasciatelo provare.*
M: E' un incrocio tra un vulcano, una cometa ed una esplosione nucleare. Questa è la descrizione più vicina a ciò che io possa comprendere. Sapevano che sarebbe successo, ecco perché volevano salvare il maggior numero di persone possibile e poi riportarle sulla Terra. It's kind of a cross between a volcano and a comet and a nuclear explosion. That's the closest he can describe that I can understand. They knew it was coming, and that's why they wanted to take as many people off as they could. And we'll go back.
D: *Ritornerete immediatamente?*
M: Mi sta spiegando che possiamo essere sospesi in una situazione dove passa il tempo, ma noi non cambiamo. E poi possiamo tornare indietro.
D: *Questo è un modo interessante di descriverlo. Il tempo passerà ma voi non cambierete. Può spiegartelo un meglio?*
M: Non è animazione sospesa. Il tempo passerà ma noi non... (Sottovoce): Come lo spiego? Il tempo passerà sulla Terra, ma non sull'astronave. La Terra completerà il suo riposo, ma la navicella no.
D: *E' come fossero due differenti – non penso che "periodi di tempo" sia la parola giusta.*
M: Il tempo passa là, ma non passa qui.

Questo è molto simile al concetto di cui mi parlavano, che il tempo è un'illusione. Il tempo passa del punto di vista umano: ore, giorni, settimane, mesi, perché' siamo intrappolati in quel concetto. Loro non hanno il concetto del tempo e quindi per loro non esiste. Questa è una delle ragione per cui possono viaggiare cosi facilmente attraverso il tempo e lo spazio senza restrizioni. Dicono che probabilmente l'umanità è l'unica specie in tutto l'universo che ha trovato il modo di misurare qualcosa che non esiste.

D: *Vi terranno sull'astronave finche non è ora di tornare?*
M: Giusto. Non ci vorrà molto.
D: *Ma sulla Terra sarà lunghissimo. (Si) Quindi non andrete da nessun'altra parte. Rimarrete solo sull'astronave.*
M: Resteremo stabili.

Questo risponde la domanda che feci precedentemente. Pensavo che dovessero portarli da qualche parte finché non fosse finita la catastrofe. Non sarebbero tornati sulla Terra possibilmen-te per migliaia d'anni, finché non sarebbe stata in grado di sostenere la vita nuovamente. Se non erano intrappolati dal concetto del tempo, sarebbe stato come osservare gli eventi alla TV con il fast-forward.

M: E' un bene che non ci vorrà molto, almeno la gente non sarà turbata. C'è molto spazio, cosi in molti si sono portati dietro gli animali. (Rise) E' come l'Arca di Noè!
D: *(Risi) Ci stavo pensando anch'io. Sembra proprio cosi.*
M: Dall'astronave non ci sembrerà un lungo periodo di tempo.

Lo spostai avanti cosi che potesse vedere cosa stesse succedendo sulla Terra.

M: Sembra il 4 di Luglio. Sai qui fuochi d'artificio. Sta esplodendo in diverse regioni delle Terra. C'erano fuochi e nuvole di cenere. Si possono vedere i colori che cambiano.
D: *In che senso i colori?*
M: Durante l'esplosione, c'erano i verdi e i blue e i bianchi nelle nuvole. E poi le fiammate. A volte c'erano nuvole grigie. Poi ancora grigie e le orribili nuvole marroni e grigie che svaniscono lentamente. E alla fine tutto torna al blue, verde e bianco.

In un breve tempo, osservò ciò potrebbero essere stati migliaia di anni. Poi andò avanti fino al momento in cui vennero riportati tutti sulla Terra.

D: *Vi riportano allo stesso luogo?*
M: E' difficile dirlo. Ci sono alberi e altre cose. Tutto è tornato. Ma non ci sono villaggio o costruzioni umane. Non ci sono animale eccetto quelli che abbiamo portato con noi.
D: *Quando vi hanno fatti scendere, sono rimasti con voi?*
M: Ci dissero che l'unica opzione era di ripartire da zero.
D: *Quindi non è loro responsabilità aiutarvi?*
M: Provarono ad aiutare la gente a vedere che doveva usare le proprie capacità, qualsiasi fossero.
D: *E' difficile ripartire da zero. (Si) Almeno vi hanno salvati tutti.*
M: Esatto. Stanno incoraggiando la gente per migliorare il morale e dargli confidenza. Gli dicono perché va fatto.

D: *Sai se tutto è andato distrutto? (Si) L'intero mondo? (Si) Quindi se ne vanno?*
M: Si. Continueranno le loro funzioni.
D: *Dovrete ricominciare da capo. Questo dimostra molta perseveranza da parte vostra.*

Lo spostai avanti nuovamente, fino ad un altro giorno importante. Anche se non pensavo che ci fosse qualcosa di più importante di ciò che aveva appena osservato. Disse: "Non vivo molto più a lungo. Mi succede qualcosa. C'è un incidente. Cade un albero durante il processo di ricostruzione e rimango schiacciato." A quel punto lo spostai al lato dello spirito e gli feci osservare quella vita da quella prospettiva. Gli chiesi cosa avesse imparato da quella vita. "A volte bisogna andate verso lo sconosciuto."
Poi reintegrai la personalità di Marian nel suo corpo, e lasciai andare l'altra. A quel punto invocai il subconscio.

D: *Perché avete scelto di mostrare a Marian questa strana vita?*
M: Perché accadrà ancora.
D: *(Questa era una sorpresa.) Davvero?*
M: Succederà ancora. Ci saranno cambiamenti sulla Terra. E le astronavi arriveranno nuovamente.
D: *Che connessione c'è con la vita attuale di Marian?*
M: Perché sa che accadrà nuovamente. L'ha già passato una volta e sarà viva quando la Terra ci passerà nuovamente.
D: *Lui vide qualcosa dall'astronave. Cosa accadde alla Terra?*
M: C'erano molti cambiamenti. Molte interruzioni. E' un ciclo.
D: *Fu causato dagli uomini l'ultima volta?*
M: No, è un ciclo. Un ciclo naturale.
D: *La Terra passa attraverso dei cicli? (Si) Ma tutta la vita non doveva essere distrutta, giusto?*
M: No, non voglio che tutto venga eliminato.
D: *Questo è importante, perché è un sacco di lavoro dover ricominciare da capo. Cosa volevano dire quando dissero: "Il tempo passerà sulla Terra, ma non sull'astronave."?*
M: Perché il tempo è fatto cosi.
D: *Ci dev'esser voluto molto tempo prima che la Terra fosse nuovamente abitabile. Tuttavia la gente sull'astronave non cambiava.*
M: Il tempo è dove metti l'attenzione. Sulla Terra si fa un passettino alla volta. Non ce n'è bisogno quando non sei sulla Terra. Basta

focalizzarsi e ci sei. Se ti focalizzi laggiù, sei laggiù. Non c'è una scala di tempo. Sei fuori scala, perché non hanno bisogno di una scala.

D: *E' sempre difficile per le nostre menti riuscire a comprendere.*
M: Succederà ancora. Non sono nemmeno sicura se accadrà in questa vita o no. Voglio dire la vita di Marian. Ma l'obbiettivo è di far sapere alla gente. Il piano è di svelare lentamente le informazioni cosi che non si sentirà sopraffatta. Le informa-zioni sono qui e le deve scoprire. Hanno a che fare con questa... roba dell'altro mondo. Questo roba del progetto Terra. Deve far vedere alla gente cosa c'è la fuori. Preparare la gente. Più e più persone consapevoli che si sono altre cose al mondo oltre a correre ed essere impegnati. Ci sono altre cose oltre all'andare a fare la spesa. Deve aiutarli ad aprire la loro mente. Devono svegliarsi. Non sono stupidi.
D: *Mi è stato detto molte volte che stiamo danneggiando la Terra. E' questo quello che vorresti dire?*
M: (Sospirone) E' oltre a questo. Smettere di danneggiare la Terra avrebbe rallentato le cose. Accadrà, punto e basta!
D: *Non c'è modo di fermarlo ora?*
M: No. Sta arrivando.
D: *Cos'è che lei dovrebbe fare?*
M: Continuare a risvegliare la gente. Potrebbe non accadere in questa generazione. Ma più gente è consapevole che potreb-be succedere qualcosa alla Terra e più persone saranno pronte e disponibili a salire sulle navicelle.
D: *Accadrà la stessa cosa nuovamente? (Si) Verranno a prendere alcuni di noi? (Si) Ma ci sarà chi non vorrà salire?*
M: I docili avranno la Terra.
D: *Presumo che i docili siano quelli che hanno paura di andare.*
M: Deve parlare alla gente di cose a cui non hanno mai pensato. Cose che non hanno mai visto. Cose che hanno sempre ritenuto strane ed insignificanti.
D: *Vuoi dire idee metafisiche?*
M: Giusto. Non deve essere gli UFO.
D: *Questo potrebbe essere un modo di avanzare?*
M: Sarebbe un modo di salvarti il culo.

E' incredibile che continuo a ricevere questi pezzi del puzzle da un sacco di persone sparse per tutto il mondo. Il mio lavoro è di mettere i pezzi del puzzle assieme e mentre lo faccio riesco finalmente a vedere un senso, anche se la nostra logica cosciente non e' in grado di comprendere l'enormità del tutto. Sembra che ci sia molto di ancora irraggiungibile.

SEZION 3

ESSERI AVANZATI E IL KARMA

CAPITOLO 9

I FILGLI CREANO KARMA

Una seduta che completai in California nel 2001, dimostra come le anime che non conoscono la Terra possano trovarsi difficoltà nell'adattarsi a questo caotico pianeta. Una giovane donna venne a trovarmi mentre ero a San Jose for un seminario al gruppo A.R.E. (la Edgar Cayce Foundation). Di solito cerco d'incontrare le persone che sono sulla mia lista d'attesa per sessioni private prima o dopo i miei seminari. Susan era sovrappeso e pensavo che questo sarebbe stata la ragione principale per la seduta. Ma la ragione principale era che lei e suo marito volevano figli, ma non erano in grado di concepire. Indirizzo sempre il subconscio dei miei pazienti verso la vita migliore che permetta loro di comprendere i problemi della loro vita attuale. Anche con Susan seguii questa procedura.

 Quando Susan entro lo stato profondo d'ipnosi, invece di trovarsi in una vita passata sulla Terra, flutto' nello spazio e si trovo' in piedi di fronte ad una enorme porta di metallo con una grande X sopra. La X era composta di 4 triangoli, mentre parlavamo tutti i triangoli si spostarono verso l'esterno per permetterle d'entrare. Attraverso la porta poteva vedere che non era sulla Terra. Era al ciglio di un dirupo alla base del quale c'era una valle. Tutto, rocce, sabbia e cielo aveva un colore rossastro. Vide una grande cupole nella valle, ma non c'erano alberi o vegetazione. Immediatamente sapeva che l'aria non era respirabile. Nessuno era in salvo all'esterno. Sapeva che c'erano persone nei bunker sotto la superficie e che doveva andare là. Trovò l'entrata sul lato del dirupo e scese in un'area molto buia sotto la superficie dove la gente si nascondeva. Susan aveva l'apparenza di un maschio alto, magro e biondo. "Niente grasso!" ridacchiò.

 Il suo lavoro era quello di distribuire provigioni sui vari insediamenti sui pianeti nel loro sistema solare a due stelle. Questa era una delle fermate e il suo lavoro era di controllare le persone ed vedere di cosa avessero bisogno. La gente aveva cibo ma l'acqua era poca. Non potevano salire in superficie ma dovevano vivere stretti nel sottosuolo. Sembravano umani ma erano vestiti di stracci. La cupola conteneva macchinari ed aveva qualcosa a che fare con la produzione d'energia. Inoltre filtrava l'aria che raggiungeva i bunker sotterranei. Spiegò che ci fu una guerra molti, molti anni addietro che distrusse l'atmosfera e la rese pericolosa per i sopravvissuti. Il disastro fu causato da qualcosa simile alla bomba atomica e la vita non era ritornata in superficie a causa dell'aria contaminata. Si erano abituati a questo tipo di vita e costruirono i bunker sotterranei, ma ora dovevano affrontare un nuovo pericolo. Un altro gruppo aveva scoperto il pianeta e stava cercando di conquistarlo per ottenere i minerali che conteneva. Cosi la guerra ricominciò rendendo doppiamente pericolo risalire in superficie.

Dopo che i combattimenti cessarono per un po', lui risalì in superficie e ritornò alla sua piccola astronave per andarsene dal pianeta. A quel punto le chiesi di andare ad un giorno importante in quella vita. Scelgo sempre di mandarli ad un giorno importante perche nella maggior parte delle vite (perfino nelle nostre vite attuali) i giorni sono tutti uguali. Ciò che è un giorno importante per una persone, potrebbe non esserlo per qualcun altro. Spesso sono mondani, ma questo perché la vita è mondana e non c'è molto ad alterarla. La vita di Susan non era un'eccezione. Anche se era su un altro pianeta sembrava essere molto ordinaria. Era solo un uomo che portava provigioni da un pianeta all'altro. Perfino il luogo dove otteneva le provigioni (un pianeta sterile) sembrava non classificabile. Questa volta quando le chiesi di saltare ad un giorno importante improvvisamente disse: "Mi sto schiantando!" Non sembrava che le desse troppo disagio. Non era emotiva ma distaccata mentre descriveva la sensazione di caduta. "Abbiamo colpito qualcosa o qualcosa ci ha colpiti. La prua della nave è mezza andata. Non sono cosa sia successo." Era già uscita dal corpo prima che la navetta si schiantasse sul pianeta.

Non riuscivo a comprendere come questa strana vita su un altro mondo potesse spiegare l'incapacità di concepire di Susan. La logica del subconscio sorpassa sempre la mia e la risposta che ricevetti era totalmente inaspettata.

Il subconscio gli aveva mostrato quella vita cosi che potesse ricordarsi da dove proveniva: il pianeta dai due soli. Fin dall'infanzia Susan sognava un luogo che non era la Terra e che aveva due soli nel cielo. Aveva perfino disegnato questo luogo, ma non riusciva a ricordarsi da dove queste memorie provenissero. Il subconscio disse che non riusciva ad avere figli perché si stava ancora identificando con l'altra personalità che si era schiantata su quel pianeta.

In altre vite aveva principalmente vissuto su altri pianeti. Quando decise di sperimentare e vivere sulla Terra ebbe difficoltà ad adattarsi. Qui non le piaceva, voleva andarsene e tornare a casa. Disse c'e: "C'è troppa responsabilità. Troppo tutto. Troppo difficile. Troppe sfide."

Le sue altre personalità erano incarnate principalmente in corpi privi di organi sessuali e non si potevano definire come maschile o femminile. Erano "androgeni" e la maggior parte degli ET che ho ricercato vivo cosi, sui loro pianeti. Non le piaceva essere donna o avere organi sessuali. Disse: "Non c'è sesso quando non c'è sesso". Questi altri esseri non si riproducevano, ma erano "prodotti". Di solito questo ha luogo attraverso un processo di clonazione e quindi non ha bisogno di sesso per la riproduzione.

Cercai di spiegarle che comprendevo la sua identificazione con le altre personalità, ma che per avere un figlio in questa vita, il sesso era l'unica modalità accessibile agli umani per far arrivare i bambini. Rispose che non voleva essere umana. Questo mondo non le piaceva per niente. Sentiva di aver imparato abbastanza e voleva andarsene. Questo è sempre un segnale d'allarme e sapevo di dover procedere con cautela. Anche se la personalita' cosciente di Susan sembrava ben adattata e voleva avere figli, quest'altra parte di lei era all'estremo opposto. Non le piaceva la Terra e voleva andarsene. Il mio lavoro e' sempre quello di proteggere le persone con cui sto lavorando e non permettere che siano esposti ad alcun rischio. Perfino se questo proviene da un'altra parte di loro stessi. Continuava ad insistere, "Adesso ho finito. Ho finito. Ho finito. Voglio andarmene."

Inoltre insisteva che non aveva bisogno d'avere figli. Un figlio causerebbe connessioni con la Terra. Voleva eliminare tutte le connessioni. Non voleva creare Karma con un figlio che le causerebbe di dover tornare qui. Se non aveva legami con la Terra allora sarebbe più facile ritornare al suo pianeta natale. Questo esperimento non era andato come si aspettava. La causa del suo sovrappeso era di proteggerla contro il sesso, in questo modo non avrebbe avuto figli. Ne aveva già sentito parlare, quando la gente inconsciamente si causa il sovrappeso è per rendersi non attraenti al sesso opposto. Lo strato extra di peso funziona da protezione e crea una barriera. Quindi anche se la mente cosciente di Susan dichiarava di volere figli, la mente subconscia voleva un altro scenario.

Cercai di discutere con lei. Disse che le piacevano i bambini e le piaceva lavorare con loro. Suggerii che queste tendenze amorevoli avrebbero fatto di lei una buona madre. Se ne avesse uno tutto su, potrebbe insegnargli un sacco di cose meravigliose e questa sarebbe una nuova esperienza. Sarebbe una sfida insegnare ad un bambino come vivere in questo mondo. Sarebbe un dono che potrebbe offrire a questo pianeta. Aveva ancora paura di creare connessioni che la legassero a questo mondo. "Mi farebbe tornare qui continuamente. Non mi piace qui. Non mi piacciono le connessioni."

Insisteva che al sua vita sarebbe stata breve. Che era quasi ora di andarsene perché voleva tornare a casa. Insistei che se la tagliava corta avrebbe dovuto tornare e rifare tutto da capo finche le sue responsabilità non erano concluse. Ovviamente non voleva che questo succedesse, perché voleva andarsene. Pensavo che stavo riuscendo a persuaderla. Aveva fatto sogni del suo pianeta natale per tutta la vita. In questo modo non si sarebbe dimenticata da dove proveniva e sarebbe rimasta bloccata qui. E' troppo facile dimenticare quando l'anima entra nel corpo. L'individuo si perde in questo mondo e i suoi unici problemi. Quando parlai di perdere peso, disse che questo mondo era troppo pesante. Un modo per liberarsi del peso era di lasciare il corpo. Era proprio determinata. Potevo solo sperare che le mie affermazioni positive stavano penetrando la sua testardaggine. Continuai ad insistere che non poteva andarsene finche non aveva completato le sue responsabilita. Non aveva bisogno di rimanere bloccata nel ciclo del tornare sulla Terra. Questo è un ciclo più difficile da interrompere.

Era un caso difficile, non sapevo che avrei incontrato tanta resistenza dal subconscio di Susan. Successivamente avrei scoperto altre anime che venivano in questo mondo volontarie, per aiutare in questo momento. Anche loro non volevano avere figli perché questo li avrebbe legati al nostro mondo. Dovevano restare liberi dal karma per riuscire ad andarsene dopo aver finito.

***

E' interessante che molti dei clienti con cui ho lavorato negli ultimi anni regredissero a vite in cui erano esseri di luce in uno stato di perenne beatitudine. Non avevano alcuna ragione per venire nella densità e negatività Terra. Sono venuti tutti come volontari per aiutare la Terra in questo momento, ma non avevano alcuna idea di quanto sarebbe stato difficile essere in un corpo umano.

Ho incontrato ciò che definisco diverse ondate d'anime che sono entrate in diversi momenti. La prima ondata sono le anime come Phil nel mio libro Keepers of the Garden. Questi individui ora sono sulla quarantina. Fecero fatica ad adattarsi e molti volevano commettere suicidio per poter ritornare a "casa". Di solito hanno un buona vita, un ottimo lavoro e tutto ciò che si considera desiderabile. Ma mancava sempre qualcosa perché sentivano di non appartenere alla Terra. Non sopportavano la violenza e la ripugnanza che si trova in questo mondo. Volevano tornare a casa anche se non avevano idea, consciamente, dove la loro casa potesse essere. Ho parlato con molte persone che pensano di appartenere a questo gruppo. Pensavano d'essere gli unici al mondo che si sentissero cosi e si sono sentiti risollevati leggendo il mio libro e scoprendo che non erano i soli.

Ho scoperto una seconda ondata, che venne circa dieci anni o poco più dopo la precedente. Questi hanno una ventina o trentina d'anni. La maggior parte dei loro si è adattata molto bene. Sotto ipnosi, dicono d'essere qui solo per funzionare da conduttori o canali per trasmettere il tipo d'energia di cui la Terra ha bisogno in questo momento. Questa gente vive una vita molto indiscreta, spesso non sposati, senza responsabilità (specialmente niente figli). Hanno lavori che gli concedono molto tempo libero per esplorare i loro veri interessi, che di solito ruotano attorno l'aiutare gli altri. Sembrano avere pochi o nessun problema e si sono adattati a questo mondo con maggiore facilità che la prima ondata.

La Terza ondata sono certamente i bambini speciali (quelli che chiamano i bambini Indigo) che sono appena arrivati e stanno ancor arrivando. Molti di questi sono adesso nella loro pubertà. Questi sono davvero speciali e si dice che siano la speranza dell'umanità. Devono essere compresi perché funzionano ad un altro livello e frequenza degli altri bambini della loro età. Molti libri sono stati scritti circa questi bambini e io ne ho parlato durante alcune delle mie conferenze. Sono sicuramente diversi, perfino il loro DNA è differente. Nel mio lavoro, mi è stato detto d'enfatizzare che non ricevino droghe, specialmente il Ritalin, una sostanza che altera la mente. A scuola si annoiano e a volte sono una distrazione perché sono in grado d'imparare e assorbire informazioni ad una velocità superiore agli altri bambini. Mi è stato detto che devono essere sottoposti a sfide. Questo stimolerà la loro curiosità e aguzzerà il loro ingegno. Ci sono già molti bambini in questo gruppo che stanno ricevendo l'attenzione dei media grazie alle loro incredibili abilità. Sin dall'inizio della storia dell'umanità ci sono sempre storie di bambini prodigiosi; con talenti avanzati per la loro età. Questi individui erano pochi e dispersi. La scienza non riusciva a definirli, tuttavia io credo che le loro abilita' e talenti provengono dagli sforzi compiuti in vite passate. Tuttavia, questo nuovo gruppo sembra diverso. Quelli del passato erano rari ed unici, mentre in questa nuova ondata di bambini la maggior parte mostrano capacità geniali. I bambini intervistati in TV sono già in college e stano seguendo la loro carriera. Ognuno di loro esprime il desidero di creare organiz-zazioni per aiutare i bambini meno fortunati del mondo.

    Nel loro caso presumo che questi talenti non provengano da vite passate, ma dalla differenza nel design della loro anima. Tutte e tre queste ondate che ho osservato, sono venute ad aiutare la Terra nel momento del bisogno. La maggior parte di loro non ha avuto vite precedenti sulla Terra, ecco perché lo trovano il luogo difficile in cui vivere. Sono qui con scopi precisi e vogliono finire la loro missione e tornare "a casa". Anche se non ne sono direttamente consapevoli, sono pienamente coscienti della loro missione sulla Terra. Non è nascosta sotto multipli livelli di vite passate e karma. La nuova ondata non è nascosta come le altre. I direttori che prendono decisioni circa chi mandare, li hanno resi molto visibili, perché non c'è più tempo per fare i cambiamenti necessari a salvare o distruggere il nostro mondo. Sempre più anime che non sono native del nostro mondo, ma che hanno vissuto la maggior parte delle loro vite su altri mondi o in altre dimensioni vengono mandate qui perché si crede che possano fare la differenza. Le anime "native" che hanno vissuto infinite vite sulla Terra sono diventate cosi impantanate nel karma e nella pressione di vivere la vita di ogni giorno nel nostro mondo caotico, che hanno perso la percezione dello scopo per cui sono qui. Questo gli causa di tornare e ripetere gli stessi errori. Quindi la speranza per il nostro futuro sono le anime che sono state sporcate dalla Terra e che possono aiutarci a sopravvivere. Se riescono ad evitare di rimanere intrappolati e a dimenticare la loro missione.

***

    Nei primi anni del mio lavoro pensavo che fosse impossibile per un'anima entrare direttamente in un corpo fisico durante la nostra caotica civilizzazione per la loro prima incarnazione. Mi era stato detto che a rigo di logica si sarebbero incarnati prima in qualche società primitiva dove la vita era più semplice. In questo modo si sarebbero adattati, avrebbero impa-rato come vivere sulla Terra, come comportarsi con gli altri umani, prima di entrare in una vita nella nostra società moderna. Adesso sto scoprendo che non è sempre cosi. Sto incontrando sempre più persone speciali che sono state mandate o che si sono offerte per venire ed aiutare durante queste periodo difficile. Dicono che sono stati mandati come canale per l'energia o come antenna etc.. Ovviamente è molto difficile per queste anime gentili perché non hanno l'esperienza di vite precedenti sulla Terra a sostenerle.

Nell'Ottobre 2004 ho incontrato altre due di queste persone speciali e ciò ch'è più inconsueto è che erano marito e moglie. Penso che sia fantastico che siano riusciti a trovarsi tra milioni di persone al mondo, cosi che le loro energie identiche potessero lavorare assieme. Ma mi è anche stato detto che nulla avviene per caso. Evidentemente devono aver pianificato d'incontrarsi dall'altra parte, prima d'incarnarsi.

Durante la trance profonda anche se inconsapevoli condivisero la stessa identica storia. Quando Tony scese dalla nuvola vedeva solo una luce molto luminosa. "E' luminosissima. Irradia i suoi raggi in tutte le direzioni. E' stupendo, ma non puoi guardarlo direttamente. Ci sono molti diversi colori, è molto calmante. Cosi tanto amore proviene da questa luce. Ti circonda come se ti stesse abbracciando." Quando sento questa descrizione so che sono andata sul piano spirituale o sono tornati alla Sorgente (Dio). Inoltre molti esseri energetici hanno questa parvenza. Chiesi di fare vedere a Tony qualcosa che fosse importante per lui. Invece di andare in una vita passata, venne portato in una stanza dove c'erano diversi esseri vestiti di tuniche. Non poteva descriverli perché fluttuavano liberamente nella stanza.

T: Non vedo nessuno muro, ma sento di essere in un ambiente chiuso. E' un consiglio e nell'incontro attuale stanno discutendo diversi argomenti. L'universo, tutti i diversi pianeti. Devono prendere decisioni per altre tipologie d'esseri o per... presumo si possa dire vibrazioni inferiori. Per coloro che non hanno raggiunto i piani alti o le vibrazio-ni superiori. Questo è il consiglio che li aiuta a prendere decisioni nei loro processi o in ciò che dovranno fare.

Vide di avere lo stesso tipo di corpo sottile, quasi come un fantasma e sapeva di essere uno dei membri del consiglio.

T: Altrimenti, non sarei in grado d'esser qui. Questa è una vibrazione elevata, un'altra frequenza. Aiutano a prendere decisioni. Non le prendono loro necessariamente, ma aiutano a prenderle. Qualsiasi cosa sia appropriata per vibrazioni inferiori.

D: Come aiutano a prendere queste decisioni?

T: Sembra che per ogni vibrazione inferiore ci siano specifiche lezioni da imparare per essere in grado di elevare la loro vibrazione ad un diverso piano. Per aiutarli. Il consiglio li aiuta a prendere decisioni che eleveranno le loro vibrazioni.

D: Non è questa un'interferenza?

T: No, è solo una forma di guida (guidance).

D: C'è qualcosa in particolare su cui stai lavorando ora?

T: Cerco solo di servire. Di aiutare. Di offrire una guida. Questa è l'unica ragione per cui siamo qui. Per aiutarli ad acquisire la conoscenza.

D: C'è qualche progetto in particolare su cui stai lavorando?

T: Ci sono diversi tipi di progetti. Mentre aiutiamo le vibrazioni inferiori aiutiamo anche noi stessi. Perché ci aiuta ad imparare mentre insegniamo a loro. Se servi, guadagni. Questo ti permette di acquisire conoscenza.

D: Adesso stai lavorando con qualche pianeta in particolare?

T: Stiamo lavorando con tutti gli universi. Non solo con un pianeta.

D: Hai dovuto passare attraverso molte vite passate per giungere a questo livello e poter sedere nel consiglio?

T: No. Non ho dovuto passare nessuna vita fisico. Solo per scelta.

D: Quindi come sei riuscito a raggiungere quel livello da essere nel consiglio?

T: Puoi elevare il tuo livello di vibrazione, anche se non hai bisogno di passare attraverso diverse vite fisiche per essere nel consiglio. A volte ci vuole un certo periodo di tempo. Altre volte si può progredire molto velocemente.

D: Hai mai avuto il desiderio di essere nel fisico?

T: No, non a questo punto.

D: Quindi li stavi solo facendo il tuo lavoro.

T: Questo è quanto avevo bisogno di fare.

D: Be', sembra essere un lavoro molto importante.

T: Era l'unica cosa che mi era stata chiesta di fare.

Allor gli chiesi di spostarsi al momento in cui decise di entrare nel fisico, perché alla fine stavo parlando con un corpo fisico nella nostra dimensione. Deve aver deciso di venire qui ed incarnarsi. Volevo sapere se qualcuno gli aveva detto di venire.

molto grata se ci provassi. L'uso di analogie va sempre bene.

T: E' come se venissi provvisto delle informazioni. Entri in una stanza e quando esci le informazioni sono state messe dentro di te. Queste informazioni una volta inserite ti danno un background, qualcosa a cui fare riferimento.

Sapevo di costa stesse parlando. Stava parlando dell'imprinting. Questo argomento è discusso in questo libro, in Keepers of the Garden e in Between Death and Life. Con questo metodo le informazioni provengono dalle vite delle altre persone cosi che l'anima possa ricevere una forma di background per riuscire a funzionare.

T: Non penso che si possa entrare senza niente. E' difficile perfino con tutte le informazioni che si ricevono in questo modo. E' estremamente diverso qui. C'è moltissimo da imparare e sperimentare. E' stato difficile lasciare quel luogo magnifico ma era qualcosa che dovevo sperimentare. Siamo ad un periodo nella storia in cui c'è una grande opportunità di cambiamento. Tutto si sta muovendo rapidamente, molto rapidamente. Lui voleva essere in grado di osservare queste cose.

D: *Quindi nessuno gli ha detto che doveva fare queste cose.*

T: No, nessuno ti dirige e dice che devi fare queste cose. Queste sono scelte e anche discussioni. E' stato aiutato da altri membri del consiglio. Lo aiutano e guidano a prendere queste decisioni.

D: *Siamo abituati a pensare alle vite sulla Terra come accumulatori di karma e poi dobbiamo tornare continua-mente per ripagarlo.*

T: Lui non ha il tipo di karma di cui stai parlando. Lui è qui per osservare la progressione degli umani. Come stanno aumentando i loro livelli vibrazionali. Per vedere come stanno accettando la conoscenza e come la stanno utilizzando. Se la stanno utilizzando per il bene dell'umanità o se la utilizzano avidamente.

D: *Perché la Terra è un pianeta complicato.*

T: E' estremamente complicato. Non è come gli altri pianeti. Ritengo che la forma di negatività su questo pianeta lo rende diverso. La razza umana è una razza molto guerriera. Fanno molta fatica a vivere in pace. E' quasi come la loro razza non riuscisse a coesistere in pace. Questo potrebbe essere dato dalla loro bassa vibrazione. Penso che chiunque venga qui debba fare molta attenzione e non rimanere incagliato in queste basse vibrazioni. E' un pianeta molto difficile. Ho preso la palla al balzo. Penso che ogni volta che vieni in questa esistenza hai creato karma. E senza dubbio dovrò ripagare questo karma. Tuttavia, penso che la cosa principale che faccio qui sia provare a mantenere un equilibrio nell'essere molto positivo, molto amorevole e qualsiasi karma io abbia creato con la Terra non è di perse di forma negativa. E' di trovare modi diversi di ridurlo. Poi di occuparmi di quel karma e non permettergli di andare oltre.

D: *Quindi qual è il tuo piano?*
T: Attualmente, è di entrare per questa vita. Dovrò vedere una volta che sono tornato.
D: *Non vuoi restare e sperimentare altre esistenze?*
T: Non so se ritornerò per altre esistenze. Ci potrebbero essere cose più importanti per me da fare che ritornare. Che essere nel fisico. Non so se sarò in grado di riuscirci o no. E' molto facile rimanere intrappolati qui. Ci sono molte cose che potrebbero intrappolarmi. Questa è la ragione per cui è cosi difficile venire qui, in forma fisica. Anche se in molti desiderano questa presenza, è estremamente difficile. Sembra semplice finche non ci sei dentro. Una volta entrata la forma fisica, allora è estremamente difficile.
D: *Uno dei problemi è che il fisico dimentica e non sa tutte queste cose?*
T: Oh, assolutamente vero.
D: *Sarebbe più facile se fossero in grado di ricordare?*
T: Non penso che sia giusto ricordare per la forma fisica. Penso che sarebbe troppo. Ricordare tutte queste cose sarebbe troppo. Ci sarebbe troppa confusione e poi proverebbero a cambiare le cose, probabilmente in modo indesiderabile. Finendo col non imparare le cose che erano qui per imparare per la loro crescita.
D: *La gente dice sempre se solo sapessi com'era prima, sarebbe più facile.*
T: Penso che sarebbero troppe informazioni per loro. Se avessi tutta questa conoscenza davanti a te, quale sarebbe lo scopo di venire qui? Inoltre insegniamo. I figli insegnano ai genitori come i genitori insegnano ai figli. Più vice versa. Più di quanto non ce ne rendiamo conto.
D: *Ultimamente sembra che io stia lavorando con molta gente che sono guaritori e psichici.*
T: Ce ne saranno molti di più. Questo si sta solo aprendo e la gente sta cercando altre alternative. Vedono che ciò di cui sono abituati non funziona per il loro interesse. Ci sarà chi rimarrà attaccato alle vecchie modalità. Fanno fatica ad andare oltre. E' il loro

condizionamento ed educazione. Ma sono in molti la fuori e specialmente i nuovi che stanno entrando, che cercheranno tutte queste informazioni. E ovviamente porteranno con se nuove informazioni. La maggior parte delle informazioni non sono nuove. Sono nuove per le persone presenti, ma in realtà sono vecchie informazioni. C'è sempre un numero limitato di forme fisiche disponibili. Sempre più forme spirituali vogliono venire e le forme fisiche non sono mai abbastanza.

D: *Ma in questo momento con la crescita della popolazione ci sono molte forme fisiche disponibili.*

T: Ma non è cosi. Inoltre ci sono alcuni che stanno cercando di controllare le forme metafisiche che sono disponibili. Ci sono leader che stanno cercando di controllare la dispo-nibilità di forme fisiche. Ovviamente, le guerre e le malattie.

D: *Intendi dire che stanno cercando di eliminare molte forme fisiche? (Oh, si.) Poi ci sono anche quelle forme fisiche che sono prenotate dalle anime che vogliono tornare per ripaga-re il karma.*

T: Si, questo è giustissimo.

D: *Questo è ciò che volevi dire, ci sono forme fisiche limitate nelle quali un anima come la tua può entrare?*

T: Si. E' vero. E' difficile trovare il cibo appropriato a causa di tutti gli additivi chimici nel cibo. Inoltre il corpo umano si sta adattando. In questo momento state vedendo nuovi umani che arrivano con la conoscenza antica. Le sorgenti di cibo diventeranno sempre più difficili col passare del tempo. Diventerà un vero problema.

D: *Tutto questo renderà difficile l'elevazione delle vibrazioni.*

T: Dobbiamo rendere il corpo più leggero/luminoso e questo aiuterà nel processo.

Dissero a Tony come utilizzare la sua mente per curare. "Dovrà sviluppare la sua mente ed imparare ad averne fiducia. La mente è molto potente. Vedendo i problemi, visualizzandoli allora la sua mente farà i cambiamenti. Sarà come se avessi la capacità di vedere dentro al corpo. E' come se tu entrassi dentro alla persona ed osservassi le sue interiora. E' come se entrassi nella foglia di un albero e fluttuassi all'interno dei canali della clorofilla. Li vedrà come fotografie e i cambiamenti possono avere luogo. Non avrà bisogno della partecipazione del paziente, ma avrà bisogno del loro permesso. Perché alcuni decidono di avere queste malattie per svariate ragioni."

***

Quello stesso pomeriggio completai una seduta con Sally, la moglie di Tony. Rimasi stupita di scoprire che era lo stesso tipo d'anima. Anche per lei era la prima volta sulla Terra. Incredibile che furono in grado di trovarsi, ovviamente nulla è dato al caso. Tuttavia non avevo mai incontrato due casi di questo tipo nello stesso giorno.

All'inizio della seduta, anche Sally fece fatica a qualcosa ad eccezione di una varietà di colori. Dopo multipli tentativi di portarla ad una vita passata o a qualche immagine, sono riuscita a contattare il subconscio. Ci offri le informazioni che non riuscivo a raggiungere. A volte se il paziente non è pronto le informazioni non sono disponibili. Questo a causa della protettivita' del subconscio, è molto selettivo a riguardo di chi possa ricevere le informazioni.

S: Ciò che sta succedendo a Sally è un esperimento. Non è mai accaduto prima d'ora. Stiamo cercando di elevare i livelli energetici. Ci sono regole energetiche per l'incarnazione sulla Terra e in qualsiasi altro luogo. Ma a causa del tempo e delle necessità, ciò che cercavamo di raggiungere è di portare una vibrazione superiore sulla Terra e poi di espanderla ed elevare il livello perfino dopo l'incarnazione. Inoltre di portare il livello più elevato possibile senza danneggiare la forma fisica. C'è un livello che la forma fisica non può sopportare. Questo è molto importante per Sally perché abbiamo fallito in precedenza. Ecco perché si è offerta volontaria per venire, portare quell'energia e riprovarci ancora una volta. E ce l'abbiamo fatta, questa volta ha funzionato. L'ultima volta, quando abbiamo fallito è stato come bruciare un circuito.

D: *Questo danneggiò la forma fisica in cui stava cercando di entrare?*
S: Esatto. Il corpo morì. C'era troppa energia, troppe informazioni, troppa vibrazione in un corpo fisico.
D: *Semplicemente non può sopportarlo.*
S: Giusto. Ma questo corpo ci è riuscito. Inoltre l'abbiamo risintonizzato durante la crescita perché riuscisse a sosten-ne di più. E da allora l'abbiamo ulteriormente migliorato.
D: *Lei ha mai avuto delle incarnazioni fisiche in precedenza?*
S: Imprints. Molti dei problemi fisici sono dovuti allo stress e forzo che il corpo deve sostenere per mantenere l'energia che c'è dentro.
D: *Quindi mi stai dicendo che Sally non ha mai avuto un'incarnazione fisica da nessuna parte? (No.) Ho sempre pensato che quando*

vengono nel corpo fisico per la prima volta, in questo tipo di civilizzazione, sarebbe troppo duro per il corpo e per l'anima.

S: E' stata un'assistente per la Terra. Non incarnata sulla Terra, ma attorno alla Terra assistendo coloro che s'incarnavano. Ha una conoscenza profondo ma nessuna attuale esperienza d'incarnazione. E' sempre rimaste dietro le quinte assistendo coloro che s'incarnavano.

D: *Perché ha deciso di venire questa volta?*

S: Perché era molto importante per la Terra. Aveva la capacità di portare l'energia che era necessaria in quel momento. In quel modo, in quella magnitudine e nella proporzione in cui ce n'era bisogno in quel momento. E' molto scientifico. Non lo sto spiegando bene. Sono quasi come equazioni matemati-che di energia. Le sue erano le più adattabili all'entrata perché ha sempre lavoro a stretto contatto con la Terra. Sapeva come funzionano le cose, le regole, i regolamenti e questo tipo di cose, scientificamente. Quindi era in grado di adattare la sua energia e adattare il corpo. Inoltre la stiamo aiutando con tutto questo.

D: *Ma quando qualcuno lo fa per la prima volta, non sta correndo il rischio di rimanere invischiata nel karma?*

S: No. La ragione per cui non corre il rischio invischiarsi nel karma è che lei non accumula karma. Lei è ad un livello diverso. O potremmo dire un altro contratto con la Terra. Lei non rimarrà intrappolata. Il suo contratto era di venire e portare quell'energia. Deve solo portare la sua energia sulla Terra. Non è un contratto karmico.

D: *Questo sembra molto pericoloso.*

S: La gente con cui è venuta, sono persone venute con contratti e sono rimasti imbrigliati. Questi sono attratti da lei perché a livello subconscio li sta aiutando a liberarsene.

D: *Quindi non avevano nessuno karma con lei.*

S: No. Lei è venuta ad aiutarli a lasciar andare il loro karma con gli altri, senza restarne impigliati. E' come uno spara palle quando pratichi il baseball. La palla viene verso di te e tu la colpisci. Lei era il telone su cui va a finire la palla. Ma non c'era un team la fuori a raccogliere la palla e a portarla in casa base. Lei restava sul posto cosi che potessero dissolvere il loro karma con lei.

D: *Quindi questi altri individui avevano bisogno di qualcuno che li aiutasse con il loro karma.*

S: Giusto, perché stavano andando in discesa. Erano caduti in un circolo vizioso. Aveva firmato il contratto per aiutare la Terra, ma era ad un livello diverso. Non era a livello di incarnazione. Ma adesso ha deciso di farlo per tirar dentro più energia per questo periodo. E' un periodo strategico per il libero arbitrio e perché... ci vuole armonia. E' un periodo di decisione dove la Terra può andare in entrambe le direzioni ed è un cambiamento drastico. E' il luogo del cambiamento, un cruciale incrocio.

D: *E' questa la ragione per cui, non voglio chiamarle "nuove" anime, perché avete molta conoscenza e potere, ma è questa la ragione per cui molti di loro stanno arrivando in questo momento? (Si) Continuo ad incontrarne. Alcuni di loro dicono d'esser solo degli osservatori. Non vogliono rimane-re intrappolati qui.*

S: Non sono proprio degli osservatori, ma se riesci a vedere cio che ho detto: e' come se il battitore colpisse la palla che rimbalza su qualcosa. Quindi la colpisci e la mandi la fuori ma il telone non risponde in una maniero o nell'altra. Quindi non accumula alcun karma. Tutto rimbalza via. Però quella persona sta facendo quello che deve fare e sta anche lasciando andare il suo bagaglio. Ecco perche non stanno accumulando alcun karma. Non sono venuti per accumulare e non sono qui solo per osservare. Sono guaritori. Stanno portando energia positiva per aiutare le altre anime a vedere. Queste sentono la loro vibrazione e vogliono connettersi.

D: *Ma la cosa principale è che no restino impantanati.*

S: Non c'è pericolo che rimangano impantanati. Perche il loro livello energetico è quello, è quasi come se uscisse luce da loro in ogni momento. O meglio, energia che esce ed interagisce con gli altri in modo curativo. E non ci sono buchi a cui attaccarsi o karma con cui connettersi. Quindi è una cosa davvero positiva.

Altri dei miei pazienti che erano questo tipo speciale di esseri erano protetti dall'accumulare karma attraverso campi energetici o attraverso tecnologie protettive. Più dettagli nei prossimi capitoli. Ma il subconscio di Sally disse: "Non c'è bisogno di alcuna protezione perché è automatica grazie al suo scopo, al suo livello energetico e perché non c'è alcun karma precedente. Non c'è nulla che le si possa connettere. "

S: Sua figlia è venuto in modo simile a sua madre, solo un po' più perfezionata. Il suo corpo si è acclimatizzato meglio. Grazie a coloro che sono venuti prima e hanno introdotto l'energia non è più cosi difficile per i nuovi. I primi tentativi non ebbero successo. Era troppo duro, troppo potente per il corpo umano.

D: *Mi è stato detto che tutta l'energia dell'anima di una persona non può essere contenuta dal corpo umano. Distruggerebbe il corpo istantaneamente.*
S: Esattamente. Suo marito, Tony, è entrato in modo molto simile. Per creare un sentiero.
D: *E anche lui non accumula alcun karma. (Si) E' per puro caso che loro due si sono incontrati?*
S: No. Non era per caso. Hanno pianificato di venire nella stessa area prima di incarnarsi. Sono due tipologie simili d'energia. Non la stessa, ma molto simile. Sally era un esperimento. La quantità d'energia presente nel suo corpo, di norma occuperebbe due corpi. Parte del problema era la quantità d'energia e anche il livello vibrazionale. La volta precedente fu un fallimento. Non avevamo la tempistica, il preciso adattamento del corpo all'anima entrante e l'esatta quantità d'energia al momento giusto. E' molto tecnico.
D: *Ma c'è voluta tanta energia quanta di solito ce n'e in due corpi?*
S: Si. Questo era l'esperimento. E' stato molto importante ed ha raggiunto molti obbiettivi. E' stato molto benefico. Non è l'unica ad averlo fatto, proprio come suo marito. Anche lui era uno di quelli che hanno partecipato. E' un po' diverso, ma molto vicino al suo esperimento. Ci sono altri e lei ha aiutato quando è fuori dal corpo. Li ha aiutati ad adattarsi e ad incarnarsi. Ne ha aiutati diversi a farlo, ma la parte che non comprende è che sin dalla sua entrata c'è più energia dentro di lei. Hai sentito parlare dei "Walk-ins": quando un'anima lascia il posto ad un'altra. Non è proprio cosi. Non sono due anime. Piuttosto era una doppia porzione della stessa anima. Il doppio della quantità normale è entrato e si è unita a lei, recentemente. E' incarnata con lei adesso.
D: *I due non si sono scambiati.*
S: No, nessuno scambio. Era un'aggiunta, un aumento. Le abbiamo detto due volte che questa nuova parte di se stessa stava arrivando. Adesso è qui ed è connessa a lei.
D: *Sa quando questo è successo?*
S: Non consciamente. Ma sapeva che sarebbe successo e si è preparata consciamente. Questo ha portato molta assistenza. Sa di sentirsi diversa adesso. Ma non aveva riconosciuto consciamente che c'era più di se stessa. Adesso riceverà moltissima conoscenza. Non accadrà tutto in una notte, ma verrà risvegliata man mano che si adatta.
D: *Quindi quando questa vita è finita, potrà restare senza dover continuare a tornare?*

S: Esatto. Resterà finché il suo corpo è finito. Non dovrà reincarnarsi nuovamente e resterà finché i cambiamenti sono completati.
D: *Questo luogo da cui proviene è ciò che io chiamo il lato dello spirito?*
S: Ogni cosa che non ha una forma è il lato dello spirito. Ci sono multipli, multipli luoghi. Non è che muori e vai a finire là. Prima d'incarnarti sei là. E' solo un altro regno.
D: *Alcune persone considerano questo spiriti come angeli che non si sono mai incarnati.*
S: Non è un angelo. E' un'anima come tutte le altre. Solo non incarnata nella forma. Non ne aveva bisogno. Non ne sentiva il bisogno almeno fino ad ora. Era nella forma, solo non in una forma corporea. Era in forma spirituale. Ci sono diversi livelli di... non li chiamiamo incarnazione, perché non sono formati inferiormente come un corpo su un pianeta. E' un'energia che ha un corpo. Ha un'individualità, ma è solo energia, in uno spazio. Non è l'energia che chiamiamo l'Uno. L'energia oceanica. E' un'energia separata ed individuale, non in un corpo o una forma fisica come quella umana. O un corpo su un qualsiasi pianeta.
D: *Questo per me ha senso. Adesso ci sono molte più persone che vengono da me che sono dei guaritori o che lavorano con l'energia*
S: Questo è dovuto principalmente al cambiamento dei tempi. E' la fine di un'era. Cosi questo tipo di esseri come Sally e Tony sono qui per aiutare in questa transizione. – Ti dirò con chi stavi parlando. Questa è la parte di Sally che si è recentemente connessa.
D: *La nuova energia. (Si.)*

***

Un altro strano caso nel 2004, era un medico che si lamentava di trattenere "paura ed ansia" nella zona del suo plesso solare. Si sentiva come un grosso nodo che gli causava molto disagio. Era molto insicuro e aveva paura che qualcosa potesse accadere. Tuttavia non c'era modo di spiegare, nella sua vita ben ordinata, cosa potesse essere questo "qualcosa". Voleva sapere da dove provenisse questo sentimento, cosa significasse e come lasciarlo andare.

Ando' in una delle vite passate piu inusuali che abbia mai investigato. Era su un altro pianeta ed era una macchina della morte. Nel suo stato cosciente, sarebbe stato orripilato dal puro odio che trapelava dalla sua voce mentre esclamava di voler uccidere ogni cosa. Questo era il suo unico obbiettivo: uccidere ogni cosa con cui venisse a contatto. E lo faceva in modo unico. Il suo pianeta natale e un altro erano in guerra da molte genera-zioni. Lui era il prodotto dell'ingegneria genetica. Il suo corpo era progettato per raccogliere una quantità tremenda d'energia. Venne mandato sul pianeta nemico su un'astronave. Dopo essere sceso, doveva scovare il nemico, che aveva imparato a nascon-dersi da queste macchine. Non utilizzava alcun tipo di arma, lui stesso era l'arma. Era una macchina suicida. Poteva attivare l'energia nel suo corpo e sarebbe esploso con la forza di dieci bombe nucleari. Avrebbe distrutto ogni cosa nel raggio molte miglia. Il suo pianeta era abbastanza avanzato da comprendere la metafisica. Appena dopo la detonazione e morte, la sua anima si sarebbe reincarnata immediatamente nella stessa società. E cosi all'infinito. Dopo aver raggiunto un certo stadio di sviluppo e una certa età, veniva rispedito fuori. Era un circolo vizioso e sembra-va che fosse intrappolato. Non aveva mai avuto alcuna famiglia o circolo sociale in quella struttura planetaria. Era solo progettato per essere una macchina omicida. Questo era il suo unico modo di pensare: odio, morte e distruzione. Alla fine dopo molte, molte generazioni, i due pianeti riconobbero che l'unico modo per bloccare questa tragedia, era di elevare la loro coscienza. E questo fecero.

    A quel punto finalmente, fu in grado di liberarsi e si reincarno sulla Terra. Ma anche a quel punto l'abitudine era cosi forte che sperimentò multiple vite di omicidi e distruzione. Non aveva perso la programmazione. In un certo senso la Terra era il suo pianeta natale, perché c'era cosi tanta violenza qui. Solo non ad una scala cosi grandiosa. Finalmente la sua vita attuale era un tentativo di interrompere il ciclo. Nacque in una famiglia che lo diminuiva e che gli aveva spezzato il cuore lo avevano reso umile e servizievole. (Anche questo tipo di famiglie hanno uno scopo) Disse che da bambino aveva il desiderio di diventare un mercenario da grande, che avrebbe solo continuato il ciclo. Invece si dedico alla medicina ed ora era in grado di aiutare le persone.

    L'intensa sensazione che sentiva nel plesso solare era uno sforzo di trattenere la rabbia, l'odio e la violenza che erano state parte della sua personalità per migliaia di vite. Aveva paura di cosa avrebbe potuto succedere se gli fosse uscito di mano e quindi teneva tutto soppresso. Stava facendo un buon lavoro e grazie all'aiuto del subconscio sembrava che avrebbe vinto questa battaglia. Dopo essere uscito dalla trance disse che questa strana spiegazione era il tassello mancante che non sarebbe mai stato in grado di comprendere da solo. Una delle ragione per cui era qui sulla Terra in questo momento, era proprio perché' anche la Terra stava uscendo dal ciclo di violenza ed era sul ciglio di una nuova era di una coscienza elevata.

Mi chiedi in quanti abbiano queste emozioni e sentimenti soppressi che non riescono a comprendere e che non si posso spiegare analizzando l'infanzia? Quanti giovani hanno sentimenti simili esagerati e risvegliati dalla violenza nel mondo o alla TV? Questo caso apre un altro modo di vedere queste circostanze che le autorità sembrano non essere in grado di spiegare.

CAPITOLO 10

VITE IN CORPI NON UMANI

Questa seduta ebbe luogo in Clearwater, Florida. Mi trovavo la per un Expo nell'Ottobre del 2002.

Come essere umani, siamo abituati a pensare (una volta accettato il concetto della reincarnazione) che abbiamo sperimen-tato solo vite passate come umani. Questa credenza è molto limitante, come ho scoperto dalla mia ricerca. In qualsiasi forma, la vita ha sempre una lezione da insegnare. Questo è ciò che la vita sulla Terra rappresenta; andare a scuola della Terra e assimilare le lezioni. Non puoi procedere alla classe successiva finche non hai completato positivamente quella in cui ti trovi attualmente. Ovviamente, la lezione che si acquisisce dall'essere umano è molto più complessa di quella come una roccia o come una spiga di grano. Ma sono entrambe ugualmente vive, solo vibrano ad una frequenza diversa.

Nel mio libro Legacy From the Stars, ho portato un giovane indietro fino alla sua prima vita sulla Terra. Pensavo che si presentasse come un cavernicolo o qualcosa del genere. Invece tornò al tempo in cui la Terra si stava ancora raffreddando per poter sostenere la vita. C'erano ancora vulcani in eruzione e fumi pericolosi nell'aria. Non era ancora un ambiente sano per svilup-pare la vita. Questo cliente si vide facente parte dell'atmosfera. Il suo lavoro, tra i tanti, era di aiutare a ripulire l'aria dall'ammonia-ca e altri gas tossici, cosi che col raffreddamento la Terra potesse diventare ospitabile per le prime rudimentali forme di vita. Anche se non aveva ciò che consideriamo un "corpo", era vivo e consapevole delle sue responsabilità. Sicuramente aveva una personalità e vedeva ogni cosa dal suo punto di vista. A volte si prendeva perfino del tempo libero per sperimentare ad entrare ed uscire dalla lava perché si divertiva.

Ho scoperto e documentato nel mio libro Between Death and Life che dobbiamo sperimentare la vita in tutte le sue forme prima di riuscire ad entrare nella forma umana. Tutto questo ha uno scopo che la nostra mente cosciente non riesce a riconoscere. Cioè di mostrarci che tutta la vita è Uno e siamo tutti connessi ad un livello spirituale più profondo. Prima di tutto siamo anime e abbiamo molte avventure da affrontare prima di poter risalire la scala della conoscenza e tornare di nuovo ad essere Uno con il Creatore. Quindi non sono più sorpresa quando un paziente mi descrive una vita non umana. Il subconscio sceglie quella che pensa abbiano bisogno di vedere in questo momento della loro vita mentre stanno cercando delle risposte.

Alcune delle vite non-umane che mi sono state descritte erano: vita come una pannocchia di grano. Durante la quale il divertimento proveniva dall'assorbire il sole e ondulare al vento. Vita da roccia, durante la quale il tempo passava molto lentamente. Vita da mammut durante la quale la sensazione principale era la grandezza e pesantezza del corpo. Vita come un uccello gigante che sentiva la necessità di proteggere le sue uova e l'intimità con gli altri della sua specie. Vita come una scimmia gigante in costante pace ed armonia con gli altri del suo gruppo. Possedeva solo le emozioni più semplici. Il loro leader era una scimmia più anziana che si aspettavano si sarebbe preso cura di loro. Alla sua morte ci fu molta confusione nel gruppo, cercarono di scuotere il corpo per riuscire a svegliarlo.

Tutte queste vite erano semplici a confronto con quella umana, tuttavia avevano le loro qualità distinte che dimostravano d'essere tutti degli esseri viventi e senzienti. Forse se riuscissimo a comprendere questo ed a realizzare che siamo passati tutti attraverso questi stadi, ci prenderemo più cura del nostro am-biente e del nostro pianeta; realizzando che siamo tutti connessi ad livello spirituale più ampio e profondo.

Questa seduta con Rick fu un altro esempio di un cliente riportato ad un inconsueta ed inaspettata vita non umana. Quando Rick scese dalla nuvola era confuso, perché non riusciva a comprendere dove e cosa fosse. Di solito, il soggetto scende dalla nuvola e si trova in piedi su qualcosa di solido, e da li descrivono le loro impressioni. Gli scettici dicono che il soggetto creerà una scena con la sua immaginazione giusto per soddisfare l'ipnotista. Tuttavia Rick non sentiva nulla sotto i suoi piedi dopo essere sceso dalla nuvola e questo lo rendeva confuso. Gli dissi di fidarsi di qualsiasi impressione che stesse percependo.

R: Bene, è come se stessi guardando in su. E' un cielo porpora. (Confuso) E' direttamente davanti a me, mentre guardo in su. Cosa c'è nella mia visuale periferica... difficile da descrivere. E' davvero sfocato. Non sento nessuna pressione contro i miei piedi.

Gli diedi istruzione che le sensazioni sarebbe diventate più chiare.

D: *Guarda a destra e vedi ciò che è alla periferia. (Lunga pausa) Inizierà a chiarirsi invece che essere sfocato. (Pausa) Fidati di qualsiasi cosa che vedi. La prima impressione è la più importante.*
R: Okay, adesso ci sono più colori. E' più luminoso, come l'alba. E forse come l'acqua.
D: *Come il sole sull'acqua?*
R: Si, o come... hai mai visto il sole sottacqua?
D: *No, ma presumo che sia possibile.*
R: E' come... si, sento di essere sottacqua.

Questa era una sorpresa. Non ero sicura se stesse nuotando o forse eravamo alla fine della sua vita e stava annegando. C'erano diverse possibilità. Ma non avrei mai potuto predire quella che stava realmente rivivendo. Questa era la prima volta.

R: Quello è il blu porpora. Sto guardando in su attraverso l'acqua. E alla mia destra c'è l'alba, se vista sottacqua. Hmmm. Solo i colori che si muovono, ondulanti, come se le onde distorcono i parametri dell'acqua. E' dorato, come la mattina, quando i raggi entrano nell'acqua. Ecco perché non c'è forma. Sono nell'acqua.
D: *Per la stessa ragione non senti nessuna pressione. (Giusto) Vedi nient'altro nell'altra direzione?*
R: No, nulla. Solo buio. Opposto, perché il sole sta sorgendo in questa direzione.
D: *Il sole sembra meraviglioso mentre filtra attraverso l'acqua. (Si) Che sensazione ti da l'acqua sul corpo?*
R: Hmm. Naturale. Nessuna paura. E' molto confortevole.
D: *Diventa consapevole del tuo corpo. Puoi descrivermelo?*
R: E' liscio. (Questo lo fece ridere) Non so. Tipo un delfino. (Dolcemente) Com'è possibile? Ma, si, questo è quello che vedo. Vedo un delfino. Come se fossi fuori e lo sto vedendo o se guardassi ad un altro. Non sono sulla schiena e non guardo in su. Come se stessi dormendo, disteso nell'acqua. Muovendomi su e giù. Da un occhio vedo il sole e dall'altro vedo l'oscurità. Posso

anche vedere in su, senza dovermi girare o muovere. Tutto il panorama da Est ad Ovest.

Come vedono i delfini o le altre creature marine e quale il loro limite visivo? Ne abbiamo un'idea? Forse possono vedere molto di più grazie ai loro occhio posizionati su entrambi i lati della testa. Certamente sembrerebbe essere cosi.

D: *Interessante e pensi che ce ne sia un altro là?*
R: Penso. O Vedo. Sto entrando ed uscendo, guardandomi intorno. Ero dentro e poi sono uscito per vedere com'era il corpo. Quindi penso che sia il mio. E' liscio. Soffice (con convinzione) sono un delfino. C'è molta pace, sono sorpreso.
D: *Ti piacere essere in acqua?*
R: Si. Mi sento libero. Nessuna restrizione. Hai tutto ciò di cui hai bisogno proprio qui.
D: *Libertà completa nell'acqua. (Si) Come passi il tempo? Ovviamente adesso hai detto che stavi dormendo*
R: Dormendo. Adesso che sono sveglio è ora di fare qualcosa. Basta esistere... siamo solo vivi! Non c'è un piano. C'è da mangiare. Devo solo mangiare. Ma adesso sembra che... mentre fluttuiamo e poi... è difficile comprendere. Non c'è lavoro. Nessun obbligo. Solo percepire le sensazioni. E sentirsi – non so – bene davvero. In questo momento mi sembra strano.
D: *Perché' è strano?*
R: Perché non riesco a metterlo in contesto. Non riesco ad etichettarlo.
D: *Fa il meglio che puoi. Cosa mangi?*
R: Oh, altri pesci.
D: *Riesci a respirare in acqua?*
R: Si. Ma l'aria. Incredibile! (Pausa) Vedo qualcosa. Sto vedendo delle costruzioni che sono... sulla costa.
D: *Adesso sei riaffiorato fuori dall'acqua?*
R: Circa. Quasi. Lateralmente. Posso vederli con la testa fuori dall'acqua. Sono come delle capanne. Tipo casetta della giungla, col tetto di paglia. Mi chiedo chi siano? Cosa sia?
D: *Hai mai visto la gente? (No) Hai ma visto la costa prima d'ora? (No. No.) Principalmente sei sempre in mare aperto? (Si).*

Ovviamente si stava identificando sempre di più con il delfino. Le sue risposte erano lente e semplici.

D: Adesso puoi vedere dove l'acqua finisce? (Si)

Stavo strutturando le mie domando per un essere molto semplice. Non pensavo che potesse comprendere nulla di troppo complesso. Aveva già dimostrato d'essere un essere senziente ed emotivo.

D: Che sensazione ti da?
R: Curiosità.
D: Sapere che c'è un limite nell'acqua o cosa?
R: Si. (Faceva fatica a trovare le parole) E'... Perché... Cos'è? E' diverso. Sento che devo andare altrove.

Ci fu una lunga pausa. Ovviamente stava facendo fatica a trovare le parole giuste nel cervello del delfino.

R: (Ci fu una lunga pausa mentre cercava le parole) E' il... è solo... non so. Non capisco. Non capisco cosa quei... Cosa sta facendo qui. Cosa... perché' sono qui. Perché lo sto facendo. E' qualcosa di nuovo. E no lo capisco. E non lo conosco. Capisco le cose dov'ero. Questo non lo capisco e non so cosa sia. E' solo diverso.

Ovviamente come ogni creatura dell'oceano aveva visto sempre e solo l'acqua. Adesso poteva vedere che l'acqua aveva dei limiti e il gruppo di capanne era qualcosa di cui non era familiare, conseguentemente non c'era modo di descriverlo.

D: Ma hai detto che avevi la sensazioni di dover andare altrove?
R: Si, per un momento ho avuto la sensazione che dovevo andarmene.
D: Cosa volevi dire con, andarmene altrove?
R: Tipo via. Come muovermi velocemente.
D: Lontano da dove erano quelle capanne?
R: No, via da là... da dove sono. Io. Io sono.... (Pausa) Fuori da quel corpo?
D: Dimmi cosa sta succedendo. Che sensazione hai?
R: Sono confuso. Perché posso vedere quel corpo. Quel... tartaruga. E poi sento che voglio lasciarlo o andarmene altrove. Ho avuto la sensazione di muovermi velocemente per un momento. Poi si è fermato, perché mi ha spaventato. Ma vorrei tornare là. Mi piaceva essere nel delfino, ma non... era troppo... (faceva fatica) confuso... troppo diverso? Non riuscivo a connettermi.

D: *Ma se volevi andare altrove potevi. Puoi andare ovunque tu voglia. Stiamo cerando qualcosa di appropriato e che abbia significato. Spostiamoci là. Dimmi cosa succede mentre ti muovi. Cosa vedi mentre ti sposti altrove che è appropriato ed importante per la tua conoscenza?*

Allora Rick si trovò in una vita in cui era il leader di un gruppo di persone. Aveva moltissime responsabilità e si sentiva di averli traditi quando li guido in una guerra impossibile da vincere. Era solo per la gratificazione del suo ego piuttosto che per il bene della gente. Si stava ancora tirando dietro quel rimorso nella vita presente e questo spiegava molti dei suoi problemi fisici. Che includevano mal di schiena, perché cadendo da un dirupo e soffrì per alcuni giorni con la schiena rotta prima di morire. Le memorie rimasero nel suo corpo attuale per ricordargli di non prendere responsabilità superficialmente nella sua vita attuale.

A quel punto entrai in contatto con il subconscio per potergli fare delle domande. La principale era relativa alla ragione per cui glia aveva fatto vedere quella vita da delfino o creatura marina.

D: *Perché gli hai mostrato quella vita?*
R: Perch'é aliena. Perché si trovava dove le sue vere radici sono. E' stato alterato al fine di sperimentare "umanità" dalle radici di quella prima incarnazione.
D: *Quella era la sua prima incarnazione sulla Terra?*
R: No. Era un altro luogo privo di umani. Solo quel tipo di esseri.
D: *Quelli che vivono nell'acqua?*
R: Si. Per questa ragione ha sperimentato il tempo muoversi velocemente. Lui era molto curioso e si chiedeva com'era in quel luogo, su quella costa. Quella visione che ha avuto degli alberi e delle capanne è la ragione per cui non capiva. Era la visione di un luogo che non aveva mai visto prima.
D: *Quindi non era un luogo fisico presente nel suo mondo acquatico?*
R: Era un luogo fisico di cui era incuriosito. Era curioso di come ci si sente ad essere fuori dall'acqua. Cosi desiderò quell'esperienza.
D: *E questo lo porto a reincarnarsi come un essere umano?*
R: Alla fine si. Queste sono le sue vere radici. Quello è dove per lui tutto ebbe origine in questo viaggio.
D: *Nel mondo acquatico.*
R: Dal mondo acquatico.
D: *Hai detto che doveva essere alterato?*

R: Si. La sua alterazione ebbe luogo in una serie di processi. Cambiamenti vibrazionali. Assistito da coloro che stanno ancora assistendo l'infinimentazione del pianeta. L'esperi-mento va avanti da molte migliaia d'anni. Loro scelgono e loro chiedono. Cercavano materiale dell'origine e dalla radi-ce che si poteva usare e modificare per l'esperimento umano.

D: *Ma l'anima non poteva, lo spirito bastava che entrasse in un corpo umano?*

R: Doveva essere modificato. Ci sono incompatibilità tra l'anima, l'energia, le essenze di quella creatura acquatica. Prima di arrivare a questa esperienza, quelle modificazioni erano necessarie perché quella creatura potesse comprendere adeguatamente i sentimenti o gli istinti che erano programmati nell'umano.

D: *Capisco. Quindi sarebbe stato troppo difficile per lui – o impossibile – passare da creatura acquatica ad essere umano.*

R: Esattamente.

Questo è molto simile al caso di Estelle che proveniva dalla razza rettiliana e riceveva alterazioni al corpo umano per adattare le diverse energie.

D: *Allora iniziò una serie di vite diverse sulla Terra. (Si) Questa è la ragione per cui gli avete fatto vedere il delfino all'inizio. (Si) Si stava chiedendo perché per tutta la vita ha avuto un interesse per gli UFOs e gli ETs. E' per questo? (Si) Anche se ritengo che lui lo veda come una varietà di film (Ridacchiò) Quindi è diverso, vero?*

R: Simile, ma differente. Ci sono programmi in tutto l'universo. Ogni tipo di materiale. Diciamo, che tutte le sorgenti sono state considerate per questo esperimento. Questa è la sua sor-gente primaria, che è del mondo delle creature acquatiche. C'erano anche altri da diversi gruppi, tutti insieme in questo esperimento.

D: *Quindi, non è necessariamente come la vede lui, con navicelle e altre cose. Ci posso essere anche altre tipologie?*

R: Si. Ma quelle erano certamente necessarie per il trasporto. La modificazione e la sperimentazione.

D: *L'adattamento del corpo.*

R: Nei millenni.

D: *Quindi erano in grado di aiutare color che volevano venire in un corpo umano ad adattarsi.*

R: Erano necessarie. L'intento originario era di fare esperienza. Quel intento originario venne esaudito ed facilitato dagli altri. Al punto che venne depositato qui.

D: *Capisco. Ha avuto altri contatti con loro mentre era nel suo corpo attuale di Rick?*

R: Non fisicamente. Nei suoi sogni. Nel suo stato non fisico. Mentre medita e dorme.

D: *Quindi quando è fuori dal corpo?*

R: Si. Quando sente molto caldo o quando sente molto freddo. Questo è il trasferimento.

D: *Intendi dire, quando esce dal corpo?*

R: Si. O quando ci entra. Quando entra nel corpo fisico, diventa caldo. Quando esce, e se ne va nel suo corpo di luce, diventa freddo.

D: *Lui non se lo ricorda questo.*

R: Sta diventando più consapevole dell'anormalità dei suoi sogni normali. Adesso sta sperimentando con ciò che chiamano "remote viewing" (visione remota). Ha luogo ad un certo punto quando è uno stato di quiete. Non avviene spesso, ma ne è consapevole. Dovrebbe praticarlo più spesso. Sarà in grado di vedere eventi chiaramente, sia nel presente che nel passato e nel futuro potenziale. Questa abilità sarà importante non solo per lui, ma anche per colore che desiderano protezione.

***

Questo era molto simile ad un altro caso che affrontai qualche mese prima di lavorare con Rick. Una donna venne a trovarmi mentre ero a Memphis. Era cosi magra che sembrava uno scheletro. Mi disse che era quasi morte per tre volte. I dottori dissero che c'era qualcosa che non andava con tutti gli organi nel suo corpo. Erano sorpresi che fosse ancora viva. Ovviamente, soffriva molto ed era molto infelice della sua vita. Voleva delle risposte disperatamente, ma quando arrivano non era ciò che si aspettava. Ritornò ad una vita spensierata e meravigliosa, quella di un creatura di mare simile ad un delfino. Si diverti moltissimo nella sua vita nuotando in un ambiente libero senza problemi. Poi arrivò il tempo di lasciare quella vita, alla fine si imparano le lezioni e non c'è più alcuna ragione di restare. A quel punto lo spirito è pronto per lezioni più profonde e complesse. Lo spirito deve avanzare. Cosi dovette andarsene ed iniziare le sue incarnazioni umane. Odiò essere forzata in un corpo umano con tutte le sue limitazioni. Desiderava la libertà dell'acqua, non era accessibile. Cosi nella frustrazione stava cercando di distruggere il suo corpo per potersene andare. Questo, ovviamente, non lo sapeva a livello conscio, ma era la ragione dietro a tutti i suoi problemi fisici. Però non aveva il permesso di andarsene in questo modo. Non volendo adattarsi al suo corpo fisico si stava solo rendendo miserevole. Ci volle molta terapia per farle vedere la ragione della sua malattia. Una strana spiegazione ma può dimostrare l'attaccamento che una persona può avere per una vita di libertà, gioia e piaceri.

Quando la vidi nuovamente l'anno successivo, aveva acquisito peso e non aveva più tutti quei problemi di salute. Alla fine si era adattata alla decisione di restare in questo mondo finche non aveva imparato le sue lezioni. Dopo tutto, se esci troppo presto, per qualsiasi ragione, ti tocca tornare per finire la lezione. Non si riesce a sfuggire cosi facilmente.

Inoltre c'era anche un caso che ho riportato in The Convoluted Universe, Libro I, del giovane Australiano che passò eoni su un pianeta magnifico nella forma di uno spirito libero fluttuante. Non aveva obblighi o responsabilità, solo una vita spensierata di puro divertimento. Molte volte ebbe la possibilità di andarsene e progredire in un'altra forma, ma si stava divertendo e non voleva partire. Cosi il fato (o il potere, o chi è incaricato di queste cose) alla fine dovette prendere una decisione per lui. Venne risucchiato fuori da quel pianeta proprio come un fazzolettino di carta viene risucchiato dall'aspira polvere. Questo è proprio come lui lo descrisse. Da li venne depositato in un corpo fisico, a sua sorpresa e disgusto. Quando vide il suo bellissimo pianeta all'inizio della seduta, divenne emotivo. Pianse e lo chiamò "casa", perché tutte le memorie d'essere la in pace ed armonia tornare in un istante. Ci fu un momento di riconoscimen-to ed intenso dolore per essere spinto ad andarsene. Quindi è possibile portarci dietro le memorie di un luogo di completa felicità che create profonda infelicità dentro di noi. Che sia come uno spirito libero in un mondo magnifico o come una creatura marina priva di limiti.

CAPITLO 11

STRANIERO SULLA TERRA

Nei modi più strani, continuo a trovare queste anime speciali, che non sono originarie della Terra. Il fatto che sono diversi e che sono qui con una missione speciale non è mai evidente durante il nostro primo incontro. Fisicamente appaiono come tutti gli altri. Per la maggior parte del tempo non sono consapevoli d'essere differenti, anche se spesso si sentono fuori luogo. Le loro qualità uniche sono svelate solo dal subconscio e solo se pensa che la persona sia pronta per conoscere queste informazioni. E' iper-protettivo, proprio come me ed è ben consapevole che alcune informazioni possono causare più danni che progressi. Però sembra che quando sono pronti per queste informazioni riescono in un modo o nell'altra a venire da me e i segreti sono svelati.

Aaron lavorava per la NASA come ingegnere coinvolto in progetti spaziali. Non voglio rivelare il luogo dove lavora, per ragioni che diventeranno ovvie successivamente. Guidò molte ore per poter avere questa seduta. Portò anche la sua ragazza che voleva essere partecipe durante la seduta. Incominciò a diventare insistente quando le dissi che nessuno ha il permesso di osservare le mie sedute terapeutiche. Disse che Aaron in ogni caso le diceva ogni cosa. Io non avrei cambiato la mia procedura e con riluttanza lei dovete tornare alla loro stanza di motel. A quel punto, Aaron confessò d'esser grato per non averle permesso di restare. Non la voleva li, ma lei sapeva essere persuasiva. A quel punto lui era in grado di rilassarsi e iniziamo il colloquio. La seduta ebbe luogo in un motel Eureka Springs, Arkansas, nel Febbraio, 2002 durante questo periodo avevo una settimana per completare sedute con la gente del luogo: Arkansas, Missouri, Oklahoma, and Kansas. Tuttavia quando Aaron vide questa disponibilità sul mio sito, completò il lungo viaggio perché era ansioso di avere una regressione.

Dopo aver cominciato la seduta, Aaron scese dalla nuvola. La prima cosa che vide era un piccolo villaggio di capanne con tetti di paglia annidato tra brulle verdi colline. Vide d'essere un giovane sulla ventina, capelli neri, barba, vestito con pantaloni larghi. Sembrava l'inizio di una normale vita passata nella quale il paziente rivive una vita semplice in campagna come contadino etc.. Ma presto divenne ovvio che c'era una differenza. Era su una collina, guardava in giù al villaggio ed era nervoso perché si stava nascondendo. "Sono ansioso a causa di qualcosa. Come se qualcosa stesse per succedere al villaggio. Penso che sia qualche gruppo o della milizia che mi sta cercando." Non era gente del villaggio. Probabilmente del governo locale o dell'esercito. Si sentiva apprensivo, "Per qualche motivo mi stanno cercando. Sono qui su per questo, non voglio essere al villaggio. Ho paura che mi catturino." Originariamente non era del villaggio, ma viveva con una famiglia del luogo.

D: Perché pensi che ti stiano cercando?
A: (Lentamente) Perché in qualche modo sono differente. Uso cose come la telepatia o altre cose psichiche con cui sono cresciuto. Sono in grado di muovere oggetti con la mia mente e posso far passare certe cose attraverso altre che sono solide. Posso manipolare tutto in questo modo. In pochi lo sanno e questo sta creando un problema. Sta attraendo attenzione. Pensano che sia una persone speciale o una forma di demonio. Cerco di non attirare l'attenzione.

D: Posso capire che questo possa spaventare certa gente. Come è venuto a saperlo l'esercito?
A: Penso che qualcuno stava passando per il villaggio e un pae-sano deve avergli parlato di me. Non pensava che fosse qual-cosa che doveva restare segreto. Sono abituati al fatto che io faccia queste cose. Ho paura che mi uccidano o peggio.

Sentiva di dover andarsene per potersi salvare, ma non sapeva dove. "Ho già lasciato altri due paesi."

D: Perché hai dovuto lasciare gli altri due paesi?
A: Per la stessa ragione. Accadeva la stessa cosa. Mi sento come se non avrò mai un luogo dove vivere. Mi sento solo ed impaurito. (Lungo sospiro)

D: *Come hai imparato a fare queste cose?*
A: Penso di essere venuto da un altro sistema solare o da un altro luogo. Sono cose che sapevo già. Avevo queste abilità, sono cresciuto cosi.

Non sarebbe stata una regressione normale. Mi stavo chiedendo se veniva da un altro sistema solare gia' cresciuto o se era entrato nel corpo da bambino e poi fosse cresciuto sulla Terra. Sembra molto simile a delle persone con cui avevo lavorato che entrarono nel corpo come spiriti nella vita presente e successiva-mente scoprirono d'essere "Bambini delle stelle".

A: Sono nato qui, ma so di non essere di qui.
D: *Ti ricordi l'altro luogo da cui provieni?*
A: Intendi gli altri luoghi dove ho vissuto?
D: *Beh, stavi parlando di un altro sistema solare.*
A: Penso di essere tornato la per delle visite, di notte o in altri momenti. Ecco come so chi sono.
D: *Hai mai provato a mantenere le tue abilità segrete cosi che le autorità non lo scoprissero?*
A: Si, ho provato. E poi qualcosa d'insolito accadeva. E poi un'altra cosa ancora. E loro erano in grado di capire che io ero responsabile.
D: *Qual'è il tuo lavoro quando vivi in questi villaggi?*
A: So come produrre cose fatte di vetro. Tipo soffiare il vetro e posso usare alcune delle capacità per manipolare il vetro in modi fuori dall'ordinario.

Inoltre le sue inconsuete abilità lo avvisavano se c'era qualche pericolo. Ecco perché era nascosto sulle colline sopra il villaggio. Ebbe una premonizione che qualcosa sarebbe successo. Quando i soldati non riuscirono a trovarlo, li vide andarsene. Ora stava decidendo cosa fare, perché sapeva che non era più al sicuro al villaggio. "Devo trovare un altro luogo dover vivere. Forse devo trovare altre persone che sono – se non come me – almeno più aperte e più protettive."

Visto che aveva temporaneamente evitato i suoi inseguitori, lo spostai in avanti fino ad un giorno importante e gli chiesi cosa vedesse.

A: Sono in una piazza, sto ricevendo un premio per aver fatto un servizio di merito per questa comunità. Ho trovato dei luoghi dove

poteva ricavare l'acqua e anche altri minerali. Vedo una grotta e dei minerali che sono usati per creare diverse cose. Sono felice. Sono anche più vecchio. Più in controllo di ogni cosa.
D: *Le tue abilita?*
A: Abilita e anche in grado di gestire le persone più efficacemente. E non più cosi impaurito.

Aveva scoperto queste cose per la comunità attraverso le sue abilita psichiche. Apparentemente aveva imparato a controllarle ed usarle senza dare nell'occhio. Inoltre questa gente sembrava essere più comprensiva e lui non voleva continuare a muoversi.

D: *Pensi che per la maggior parte era questione di imparare a controllare le tue abilità?*
A: Si, bastava solo essere più focalizzato. Più focalizzato con l'energia. Inoltre sono in una zona diversa, sento che è una civilizzazione superiore. Non cosi primitiva. Ho una comunità con cui posso stare e della quale mi sento parte.
D: *Hai detto che sentivi di essere ritornato da dove sei venuto di notte (l'altro sistema solare). Senti che questo stai ancora succedendo?*
A: No, penso che lo sto facendo in modo più diretto. Decido un periodo di tempo per ritirarmi e poi mentalmente ritorno là.
D: *Pensavo che forse non avevi più bisogno di ritornare la.*
A: Adesso è più uno scambio di informazioni. Permette di spiegare com'è la mia vita qui a quelli che sono la su. E' una specie di missione preparatoria, una lezione introduttivo. Questo mi insegna ad imparare come interagire con gli umani qui e come fare varie cose.
D: *Vorresti dire che la Terra è una missione preparatoria?*
A: No. Piuttosto che questa vita è in preparazione per una periodo futuro quando molti di tutto questo sarà necessario. Sarà molto più naturale e comprenderò meglio come la gente reagisce a queste diverse cose.

Lo spostai avanti ad un altro giorno importante e Aaron continuò a sorprendermi.

A: Sto incontrando gli esseri del pianeti da cui provengo.
D: *Nel fisico?*
A: Penso che sia nel fisico.
D: *Sei in grado di tornare con loro?*

A: No, penso che siano loro a venire qui dove sono io. In un qualche veicolo. Per lo meno questo è ciò che sto vedendo. E' solo una visita. Come fosse un premio per il buon lavoro completato, invece che tornare solo mentalmente. Adesso è una presenza fisica ed è come rincontrare vecchi amici. Ci abbracciamo.
D: *Allora il tuo corpo non è morto. E' questo che vuoi dire?*

Questo è il tipo d'incontro che normalmente ha luogo dopo la morte, il ritorno a "casa".

A: Non ancora in questa vita. Però sono piuttosto vecchio. E' una bella sensazione. Tornerò con loro.
D: *Ti hanno detto cosa faranno adesso?*
A: Praticamente uscirò da questo corpo e tornerò con loro. La nostra civilizzazione on esiste in questo tipo di densità. E' diverso, siamo ad una frequenza vibratoria un po' più alta. Ma quando veniamo sulla Terra prendiamo un corpo fisico proprio come tutti gli altri. E questo è quanto, solo che noi siamo più informati del processo e ci lavoriamo più direttamente.
D: *Quando tornate a casa, il vostro corpo fisico non può esistere lì. E' questo che volevi dire?*
A: Fondamentalmente, si. Si dissolve o si dissolverebbe, quindi si.
D: *Perché non ne hai più bisogno. (No) Che sensazione ti da l'idea di tornare a casa?*
A: Ottima. Sarò a casa. (Respirone) Essere qui sulla Terra è stato duro e difficile. E' una missione veramente difficile. Quando è finita, ti senti bene e sei risollevato. So che probabilmente tornerò sulla Terra in futuro, ma adesso è ora di riposare ed ricevere gli aggiornamenti degli ultimi eventi.
D: *Questa era la tua prima volta sulla Terra in un corpo umano?*
A: Non lo so. Penso che fosse la prima volta da questa "Casa". Da questo luogo, penso che fosse la prima volta. Ma non ne sono sicuro.
D: *Stiamo parlando di un luogo fisico? Un pianeta fisico?*

Cerco sempre di determinare se stiamo parlando di un altro luogo fisico o del piano spirituale dove andiamo tra una vita e l'altra.

A: Si, per me ha un aspetto fisico proprio come la Terra lo ha per te e gli altri.
D: *Eccetto che non avresti bisogno di questo corpo fisico.*

A: Abbiamo una forma. Solo che vibra ad una velocità diversa. E' come essere sulla Terra ma lo scambio energetico con l'ambiente è diverso. Siamo più parte del tutto. Ci sentiamo parte di ogni cosa e si possono percepire le cose in modo più diretto.

D: *Puoi descrivermi la tua forma?*

A: Siamo abbastanza alti e longilinei. Lunghe – come direste voi – appendici o braccia. Siamo piuttosto magri dal punto di vista della Terra e presumo che direste anche un po'… come delle cavallette.

D: *Affusolati?*

A: Si, siamo affusolati. Il nostro pianeta ha molti colori rossi, cosi anche noi tendiamo ad averlo.

D: *Cosi quando decidi puoi andare da qualche altra parte? O ti mandano loro?*

A: Possiamo visitare, quando siamo in missione verso certi luoghi. Ma questo richiede sempre una riduzione energetica. Ci sono certi protocolli che dobbiamo seguire che sono stabiliti dai governanti – non governanti ma esseri che stanno custodendo diverse aree. Quindi non è che puoi prendere e andare dove ti pare.

D: *Ci sono regole e regolamenti. (Si) Devono dirti dove andare?*

A: Allora, se siamo interessati in una particolare zone, o se abbiamo una missione da completare, possiamo istituire o chiedere o pianificare una visita. Inoltre se è compatibile con altre restrizioni possiamo proseguire. In questo momento stiamo lavorando su questo progetto sul pianeta Terra. E' un progetto a lungo termine sul quale ci è stato richiesto di aiutare e partecipare.

D: *Poco fa parlavi di rendere queste abilità più accessibili. Questo fa parte del progetto o c'è qualcos'altro?*

A: Fa parte del progetto; per permettere agli esseri nella forma umana di iniziare ad usare alcune di queste abilità in modo da aiutare l'umanità nella transizione ad uno stato operativo superiore. Ad aiutarli nel superare questo periodo di crisi in cui c'è ancora la tendenza a voler bloccare questa transizione. A bloccare questi individui o restringere i loro movimenti o percepirli come una minaccia.

D: *La gente della Terra non è in grado di sviluppare questo da soli senza il vostro aiuto?*

A: Siamo considerati guide o consulenti.

D: *Stavo pensando ad insegnanti, ma allora glielo insegnereste.*

A: Si. Più che altro come dei calciatori famosi o qualcosa del genere. La gente li vede e li ammira e comprende cosa possono fare. E' un più che altro un esempio.

D: *Sembra che sia un progetto continuo a lungo termine, se venite sulla Terra in diversi periodi.*
A: Si, tutto ha un tempo ed un luogo, inoltre stavamo solo lavorando su un aspetto del progetto.
D: *Ovviamente il vostro gruppo ha la pazienza di proseguire con il progetto.*
A: La Terra non è il loro unico progetto. Ci sono altri focalizzati su diverse tipologie di cose. Lavoriamo anche con altre civilizzazioni. Quindi questo processo fa parte del nostro processo evolutivo, o come noi avanziamo grazie a questo lavoro.
D: *Hai detto che sulla Terra era un periodo di crisi. Cosa intendevi?*
A: Ci sono energie che vogliono bloccare qualsiasi sviluppo significativo in questa area. Hanno paura di perdere il loro controllo e questo rende il processo difficile. E' proprio come l'esperienza che ho avuto sulla Terra in precedenza. Si tratta d'imparare a farlo senza attrarre troppa attenzione o essere troppo visibile. Proprio come se alla fine arrivi al punto in cui semplicemente accade e non c'è niente da fare.
D: *Se fosse un periodo di crisi, allora potrebbe andare in entrambe le direzioni.*
A: Si, penso che questa sia la ragione per cui siamo stati invitati ad aiutare. C'era la preoccupazione che… non che si fosse fermato completamente, è solo un problema di tempistica e di fasi. Alla fine sarebbe successo, ma sarebbe potuto succe-dere dopo un'altra distruzione e re-inizio della civilizzazione.
D: *Sarebbe molto più difficile, non è vero?*
A: Si. Si perde l'entusiasmo e ci sono ripercussioni altrove. Qualsiasi cosa succeda qui influenza altre cose altrove. Quindi è nell'interesse di tutti che si arrivi ad una posizione di successo.
D: *Sembra che voi siate una specie molto più avanzata di quelle sulla Terra.*
A: Siamo cresciuti molto, ma abbiamo le nostre sfide e le nostre direzione da seguire.
D: *Quindi non siete ancora allo stadio di perfezione. (No) Ma sembrate essere più avanzati di quelli sulla Terra, se potete tornare ad aiutarli.*
A: Si, lo siamo, si.
D: *Quando tornate ad aiutarli, lo fate sempre nascendo in un corpo da bambini?*
A: Ordinariamente. Anche se a volte possiamo mergere la nostra frequenza con qualcuno che è disposto e che è già qui in forma

umana. A volte si può decidere di avere una connessione. Cosi lavoriamo attraverso di loro, guidandoli o dirigendoli. E' uno dei modi per raggiungere risultati senza dover passare attraverso il processo d'incarnazione.

D: *Sul vostro pianeta il corpo muore?*
A: Anche qui passa attraverso una transizione. E ci vogliono – vorrei dire – migliaia dei vostri anni perché avvenga. Però ha luogo più come una muta, nel senso che sappiamo ci sia una parte superiore del nostro Sé. Siamo più consapevoli di questo. Ed è quasi un evento pianificato che sai accadrà.

D: *Quindi non siete infallibili o immortali. Il corpo alla fine deve morire.*
A: Non del tutto. Noi non la vediamo cosi. Per noi è più un periodo di rigenerazione in cui andiamo al Sé superiore, alle energie superiori e ci rigeneriamo, siamo ringiovaniti. Poi torniamo e prendiamo ancora una forma.

D: *Qualsiasi forma vogliate. (Si) Questo è piuttosto interessante. Quindi hai avuto vite in molti luoghi diversi.*
A: Si. E' una cosa che apprezzo. Mi rende felice passare attraverso diverse esperienze in diverse civilizzazioni.

D: *Anche se sembra molto più limitante quando vieni sulla Terra.*
A: Si, non è troppo divertente qui. Da un punto di vista più ampio è piacevole, ma quando ti trovi qui, si, non è un gran che.

D: *Per lo meno non è noioso. Si riesce a provare diverse cose.*

Sentito che avevamo imparato tutto ciò che c'era da sapere da questa insolita entità. Cosi le chiesi di lasciarci e riportai la personalità di Aaron per poter contattare il suo subconscio. Aaron fece un sospiro profondo mentre questo trasferimento ebbe luogo. Chiesi al subconscio perché scelse di fare vedere ad Aaron questa vita passata.

A: Fa parte del motivo per cui lui è qui. Si tratta di questa abilità e aspetto di se stesso a cui lui non ha permesso di manifestarsi, di esistere qui in questa vita. Non è ancora venuto alla superficie. Si sta trattenendo. Paura, proprio come all'inizio di quella vita aveva paura. Quindi deve lasciare andare la paura e giungere al punto in cui stava sperimentando quella sensazione mentre riceveva il merito in quella vita. Quella sensazione invece dell'altra. Lui ha notato certe cose che sono successe e ha paura che questo attiri l'attenzione su di lui come un visitatore. Che causi lo sviluppo di una situazione rischiosa in cui potrebbe essere visto come un alieno o qualcosa di diverso.

D: Ma probabilmente non accadrebbe ora, giusto?

A: No. Questa è una paura che adesso può lasciare andare. Questa connessione è qualcosa a cui lui non ha permesso d'essere.

D: Sembra quasi che essenzialmente lui non sia Terrestre. Non è cosi?

A: Si, era sotto camuflaggio.

D: Che proviene davvero da altri luoghi. (Si) E viene sulla Terra solo occasionalmente?

A: Si. Ha fatto entrambi: sia la nascita che l'unione mentale. Entrambe le tipologie. Ha sempre fatto l'una o l'altra. Tutta-via non è come gli altri, anche se è connesso ad un'altra casa

D: Quello che so è che quando la gente ha molte vite sulla Terra, creano karma che li obbliga a ritornare continuamente. Sono più o meno legati qui finché non l'hanno ripagato.

A: Lui lavora con le strutture karmiche presenti, a seconda di quanto è permesso per un essere umano; al fine di sviluppare ed evolvere un'esperienza umana. Tuttavia il suo destino non è limitato da questo. Lui contribuisce al subconscio umano collettivo. In questo senso ci sono strutture karmiche che vengono create e dissolte, ma queste non lo limitano. Riesci a capire?

D: E' difficile vivere sulla Terra e non creare karma.

A: E' quasi impossibile.

D: Ma è diverso perché lui non è limitato a dover tornare continuamente?

A: Esatto. E' come se ci fosse una coperta che lo copre. Grazie a questo servizio, questa responsabilità, è protetto dal debito karmico che altrimenti dovrebbe affrontare.

D: Quindi non rimarrà intrappolato qui. (Si).

Aaron aveva chiesto perché il suo matrimonio era finito in un divorzio. Pensavo che quell'evento avrebbe creato karma, ma il subconscio non era d'accordo. In parte era una lezione ed in parte un'opportunità di assistere. "Una coperta d'instabilità emozionale" gli ha permesso di sperimentare emozioni umane che non avrebbe sperimentato in nessun altro modo. Inoltre era una forma di stratagemma o un micro camuflaggio per farlo sembrare normale al mondo esterno.

A: Queste sono lezioni che deve sperimentare. Non può creare karma perché è protetto da queste cosa terrene grazie alla coperta che è stata messa intorno a lui.

Decisi di passare alle domande che Aaron voleva chiedere da una vita e che lo disturbavano.

D: *Disse che durante l'infanzia, ricorda di aver avuto delle esperienze con altri esseri. Sembra che avessero la fisiologia di una cavalletta. Non era sicuro se lo stesse sognando o se fosse un'esperienza diretta. Ci puoi dire di più?*
A: Si, queste erano esperienze reali. Questi erano gli esseri a cui abbiamo fatto riferimento prima, provenienti dal suo pianeta natale. Lo hanno visitato all'inizio della sua vita, precisa-mente per prepararlo alla ferita che subì da bambino e altre cose che sarebbero accadute. Al fin e di rendergli la vita un po' più semplice, questa volta.
D: *E lui non avrebbe dovuto ricordare più di questo. Solo che erano amici immaginari o sogni?*
A: Giusto. Ha ricevuto istruzioni e direzioni. Sono con lui tutto il tempo per aiutarlo e guidarlo, ma lui non è consapevole.
D: *Visto che avete tirato fuori la ferita, perché' ha dovuto sperimentarla? Qual era lo scopo?*

Aaron aveva sperimentato un traumatica ferita accidentale da bambino. Non voglio specificare quale parte del suo corpo, perché' voglio proteggere la sua identità per ovvi motivi. Ma lo ha lasciato minimamente disfigurato ed menomato. Non riesco a capire perché considerassero questo tipo di ferita come un modo per rendergli la vita più facile.

A: Sentivamo che sarebbe stato il miglior handicap per aiutarlo a nascondersi e permettergli di operare in certe aree senza attrarre troppa attenzione. Questo creò un'instabilità nel suo essere emotivo che a volte lo influenza e quindi gli permette di non saltare direttamente all'occhio.
D: *Vorreste dire che avere un handicap lo rende più normale, piu umano?*
A: Si, fondamentalmente più umano. Era un'espressione karmica necessaria per coloro che lo circondano. Era un sacrificio ch'era disposto a fare per adattarsi. Abbiamo provato ad adattarlo alle

circostanze. E' importante che non si senta solo, gli dicono sempre di mantenere l'attenzione alle stelle. Non deve perdere la prospettiva delle sue origini e di dove sta cercando di arrivare in questa vita. Ci sono multiple influenze che cercheranno di distrarlo. Ma se mantiene l'attenzione avrà successo e sarà felicissimo.

***

Ebbi altre sedute con un pazienti che interagiva con esseri dello spazio durante vita passate. Abbiamo la tendenza a credere che il coinvolgimento con UFO sia qualcosa di nuovo e unico dei nostri tempi moderni, ma ho avuto svariate sedute durante le quali in vita passate la gente sperimentava gli avvistamenti, le intera-zioni e le stesse emozioni contemporanee. Uno uomo ritorno' ad una vita passata mondana e noiosa, proprio come lo sono il 90% delle vite passate. Era un semplice pastore che viveva in una piccola capanna in una valle tra le montagne. I suoi unici compagni erano le pecore di cui si occupava. Non aveva famiglia e non vedeva nessuno a meno che non dovesse andare al villaggio vicino. Era molto infelice e desiderava compagnia.

C'era anche un elemento di paura nella sua esistenza solitaria perche occasionalmente vedeva enormi luci discendere sulle montagne e fluttuare sopra i pascoli dov'era la sua capanna e le sue pecore. In questi momenti, si nascondeva nella capanna finche le luci non fossero scomparse. Queste erano le sue dirette consapevoli memorie. In realtà, in molte occasioni una di queste luci, che era un'astronave, atterrò non lontano dalla sua capanna. Lui si svegliava, usciva e si avvicinava per conversare con gli occupanti. In queste occasioni li pregava di portalo con loro, voleva tornare a "casa". Gli dissero che non era ancora il momento giusto. Aveva accettato di venire come volontario per questo esperimento e doveva restare finché non era finito. Gli dissero che in molti erano venuti come volontari per vivere come umani in varie circostanze, e testare come si sarebbero adattati alla vita sulla Terra. Alcuni degli altri stano facendo un altro tipo di vita, ma la sua doveva essere una vita di solitudine per vedere come si sarebbe adattato. Quando l'astronave si allontanò, restava in piedi nei pascoli e piangeva, li pregava di tornare e portarlo via perché trovava questa esistenza intollerabile. Poi rientrava nella capanna, si addormentava nuovamente e la mattina al risveglio non aveva alcuna memoria di ciò che era accaduto durante la notte.

Questo assomiglia molto ad alcuni casi moderni di UFO che ho investigato. Le memorie coscienti di ciò che è accaduto e l'esperienza reale dell'evento sono spesso divergenti. Ciò che la mente cosciente ricorda con paura è spesso un'esperienza benigna e positiva. Gli umani sono spesso spaventati da ciò che non comprendono. Quando si conosce la verità è più facile gestirla perché non è mai terribile come ci si immagine che fosse.

Il pastore non lascio la sua vita solitaria nella valle finché non era vecchio e stava morendo. A quel punto l'astronave tornò un'ultima volta. Fu in grado di uscire tra i pascoli, dare il benve-nuto agli occupanti ed salire a bordo per il viaggio verso casa. Come nella maggior parte dei contratti di queste vite passati sulla Terra per imparare cosa significhi essere umani, le vite non erano entusiasmanti o drammatiche. Forse c'è altro che gli alieno devono imparare da una vita di monotonia e semplicità, piuttosto che di violenza e sofferenza. Era ovvio che questo tipo di vita non poteva creare alcun karma, perché' non c'erano interazioni con altre persone.

Come diceva Aaron, è difficile sfuggire al karma mentre si vive sulla Terra. Quando un anima create del karma allora è intrappolata e condannata to tornar per ripagarlo. Aaron disse che nel suo caso, una coperta protettiva era stata messa intorno a lui per proteggerlo dall'influenza del karma. Senza questo tipo di protezione sarebbe impossibile vivere tra gli umani e tornare "a casa" senza la contaminazione ed intrappolamento del karma.

Anche Bobbi durante la sua seduta aveva accennato ad un dispositivo protettivo. Lo descrisse come una pellicola protettiva per evitarle di rimanere impigliata nella carta moschicida del karma. Nel Capitolo 28 "Una diversa alternativa ai Walk-Ins" ci sono più informazione a proposito. La seduta con Bobbi ebbe luogo direttamente dopo quella di Aaron in Eureka Springs. Come se volessero che avessi due esempi di individui in grado di spegnere il karma ed evitare di restare intrappolati.

CAPITOLO 12

LAVORARE NELLO STATO DI SONNO

Condussi questa seduta in Clearwater, Florida nell'Ottobre, 2002 mentre mi trovavo la per una Conferenza. Patricia era una infermiera e lavorava in un ospizio consigliando i malati terminali e le loro famiglie. Cosa ne sapeva che era in grado di continuare il suo lavoro ed aiutare le anime a completare la transizione verso il piano spirituale perfino nello stato di sonno. No mi meraviglia che il suo lavoro le dava cosi tanta soddisfazione. Lavorava con i morenti durante la veglia e anche nel sonno.

Quando hai fatto tante regressioni quante ne ho fatte io, impari a riconoscere quando il paziente sta descrivendo qualcosa di diverso da una normale vita terrena. Quando scendono dalla nuvola e sono in una vita passata l'ambiente potrebbe essere una citta, un campo, un deserto, una foresta o un giardino. La descri-zione suono verosimile e procedono attraverso una vita passata che si può utilizzare per la terapia. Ecco perché ascoltare diventa molto importante, perché se l'ambientazione è un altro pianeta, un'altra dimensione o il piano spirituale, lo si può notare dalla loro descrizione. Io cerco sempre di dargli corda ed evito di cor-reggerli o influenzarli. Il loro subconscio ha scelto questa processo per che potessero sperimentare qualcosa che hanno bisogno di sapere e che li aiutare nella loro vita attuale. Se mi aiuta nella mia ricerca: perfetto. Ma di solito non so mai dove andremo a finire.

Inizialmente la descrizione offerta da Patricia sembrava normale e terrena, ma mentre procedeva mi resi conto che no lo era. Mentre scendeva dalla nuvola vedeva colline verdi sotto di lei e acqua blu. Sembrava piuttosto normale e non appena i suoi piedi toccarono il terreno diss: "Mi sento molto a mio agio. C'è molta luce. E' molto, molto luminoso, ma piacevole. Tutto sembra un giardino. Mi sento d'essere in un giardino, ma non c'è nessuno che se ne deve prendere cura. E' cosi. C'è un sentiero che si dividi in multiple direzioni. Sono come in un parco. C'è erba verde, angolini dove sedersi e alberi meravigliosi. L'acqua è di fronte a me. C'è la sabbia, che è dorata. Quando cammino mi sono d'essere parte di ogni cosa. Ci cammino sopra e non mi sento separata, anche se sono sempre me stessa. Posso camminare nell'acqua senza bagnarmi se voglio."

No, sembra già che stesse descrivendo qualcosa di diverso da un giardino.

P: Ci sono fiori ovunque, è un luogo stupendo. Sto camminando ma è diverso. Mi sento come se basta volermi muovere e mi muovo. Mi basta pensarlo per farlo. Non c'è alcuno sforzo.
D: *C'e qualcuno li con te?*

Inaspettatamente ed illogicamente divenne emotiva "Oh, ecco dov'era la mia famiglia!"

D: *In che senso la tua famiglia?*
P: Mi sento che è da dove provengo. (Triste) Non volevo andarmene.
D: *Sembra un luogo stupendo.*
P: Lo è. (Stava per piangere. Rassicurò se stessa): Va tutto bene. Anche solo essere qui è perfetto.

Questo m'è successo innumerevoli volte e l'ho descritto in Keepers of the Garden e Libro Uno di Convoluted Universe. Il soggetto vede qualcosa di completamente estraneo a ciò che conoscono sulla Terra e non c'è una ragione logica per il loro stato emotivo. Tuttavia gli basta vederlo per sperimentare emo-zioni intense e un tremendo senso di malinconia e nostalgia di casa. Anche se non hanno alcuna memoria cosciente di questo luogo, ha la sensazione profonda di tornare "a casa" dopo un lungo viaggio in un luogo speciale e tuttavia sepolto nella mente. Vendendolo nuovamente risveglia tutti i sentimenti persi e dimenticati.

D: *Sembra un luogo meraviglioso. Ma dicevi che ci sono molti sentieri che si diramano in diverse direzioni?*
P: Si, in molte direzioni diverse. Possono andare dove voglio e ed diverso. (Ridacchiando) E' molto diverso.

D: *Perché è diverso?*
P: (Sospirone, e sussurrando:) Perché è diverso? E' difficile trovare le parole giuste. Ci siamo tutti, insieme, in ogni momento. Ogni cosa è come dovrebbe essere. E' difficile da spiegare. Sono in grado di prendere una direzione o pensare ad una direzione e posso trovarmi con questa gente. Facciamo molte cose insieme. Possiamo trovarci e gioire della nostra mutua compagnia. Oppure lavoriamo su alcuni progetti per aiutare gli altri, perché questo è un luogo speciale. L'aria è differente, ha un certo colore che cambia a seconda del luogo. Vengo da un luogo dove l'aria è d'orata. Puoi prendere un sentiero e ti trovi in una diversa – li chiamiamo "quartieri". E' un po' cosi e posso spostarmi in certi quartieri di colori diversi dove sono molto a mio agio. Ci sono alcuni dove vado solo per progetti speciali.
D: *Non c'è un luogo dove preferisci andare? (Ero in grado di dirlo dalla sua voce.)*
P: No, no. Ma ci vado per i miei colori.
D: *Cosa intendi dire?*
P: Perché sono a mio agio nel color oro. Che è un coloro molto utile e pieno d'amore. Quella è la mia origine
D: *Il cielo è di quel colore là?*
P: Guardo attraverso il colore dorato e il cielo può essere di qualsiasi color io voglia.
D: *Ma avevi detto che ti dicono di andari in altri luoghi per dei progetti?*
P: Si vado per dei progetti. Vado quando scelgo di andare. Non sono forzato. E' un suggerimento, posso dire di "no", ma di solito li accetto.
D: *Alcuni di questi luoghi sono di colori diversi?*
P: Danno tutti una sensazione diversa. Luoghi diversi, energie diverse. Non mi piacciono i luoghi oscuri. Colori oscuri, energie oscure, energie pesanti. Non vado spesso in questi luoghi oscuri. Alcuni di quei sentieri sono imboccati solo da altri, perché la loro energia è più adatta ad interagire lì. Posso gestirla meglio. Anch'io potrei se decidessi di farlo.
D: *Ci sono sentieri che portano anche ad altri luoghi.*
P: Si. Andiamo tutti in luoghi dove siamo più adatti a lavorare. Ecco perché sono venuto. Voglio lavorare con le energie che sono più luminose. (Pausa) Non riesco a trovare il lavoro. Quelli che sono in grado di gestire le energie più feroci vanno sugli altri sentieri. I sentieri oscuri. I me non piace andarci, mi piacere essere a casa.

D: *Ci ritorni ogni tanto?*
P: (Sospirando) Si, quando dormo.
D: *Quando il corpo di Patricia sta dormendo, puoi tornare in questo luogo?*
P: Si. Patricia, il corpo, ciò che sono, che ho, che è dentro di me. Sono connessa a quel corpo.
D: *Come sei connessa?*
P: Attraverso l'energia. L'energia entra nel corpo e quel corpo può sostenere molta energia, perché' io sono con quel corpo.
D: *Vuoi dire che di notte quando il corpo sta dormendo, ti piace tornare in questo luogo?*
P: A volte ritorno là. Altre volte vado in altri luoghi. Principalmente resto dalle parti della Terra per lavorare. Ho molto lavoro.
D: *Che tipo di lavoro fai mentre il corpo sta dormendo?*
P: Aiuto la gente che sta tornando a casa. Aiuto la gente persa a tornare a casa. Sto lavorando tra i mondi per aiutarli a tornare a casa. Questo è il mio lavoro. Sono in grado di sostenere le energie di entrambi i luoghi. La luce dorata è molto forte sulla Terra, quindi sono qui per aiutare la gente a mantenere quell'energia. Ad aiutare la gente a passare quell'energia per giungere a casa. Quindi non smetto mai di lavorare.
D: *Questa gente non è in grado di tornare a casa da soli?*
P: Alcuni di loro non possono. Alcuni hanno paura. Alcuni sono confusi. Altri non sanno nemmeno che c'è una casa. Sono quello che li guida, faccio vedere alla gente come andare a casa. Alcuni sanno che esiste, ma hanno paura; sono timidi. Non sanno dove cercare. Io ci posso arrivare molto facilmente e anche se non entro in quel luogo posso guidarli verso l'entrata dove gli altri stanno aspettando. Questo è ciò che faccio.
D: *Vuoi dire che cercano "casa" quando lasciano il corpo fisico? (Si) Non solo di notte ma anche quando se ne vanno permanentemente?*
P: Giusto. Alcuni di loro se ne stanno per andare e possiamo dire che stanno facendo "pratica", ma non è pratica. E' piuttosto dovuto al fatto che... (sospirando) quando se vanno in tanti c'è un... non si può dire "ingorgo" perché non è come qui sulla Terra. Tuttavia in molti se ne stanno andando ed è più facile se conoscono la strada.
D: *Altrimenti, c'è molta confezione con tutti questi spiriti che se ne vanno contemporaneamente?*
P: Si. Quindi li stiamo aiutando ad imparare come farlo.

D: *Ho sempre pensato che fosse una cosa automatica quando lasciano il corpo e ritornano a casa. Che sapessero dove andare.*
P: C'e chi aiuta. Ma quando la gente se va con una grande energia di confusione o paura, quel corpo emotivo non si dissolve immediatamente e a volte non vedono. Ci sono diversi modi per aiutarli anche prima che se ne vadano. Possiamo descriverlo come "pratica", educazione o guida. Questo è quanto.

Nel mio libro Between Death and Life mi dissero che ci sono dei "gruppi d'accoglienza" che incontrano l'individuo alla morte, dipartita dal corpo e inizio del viaggio verso la luce. Ho sempre creduto che questi fossero degli spiriti, dei parenti, degli amici, gli angeli custodi o le guide del deceduto. Ora sembra che questo lavoro possa essere portato a termine anche da quelli che sono ancora in un corpo. Lo fanno durante le escursioni notturne che facciamo tutti mentre stiamo dormendo. Per lo meno Patricia disse che il suo lavoro era di guidare i deceduti all'entrata dove gli altri li avrebbero guidati fino alla fine del cammino. Non era in grado di portarli fin all'entrata perché era ancora connessa al corpo attraverso il cordono argenteo.

D: *Sai che queste persone se ne andranno presto? (Si) Come fai a saperlo?*
P: Perché fa parte del loro piano. Non sempre lo sanno ma il loro spirito superiore sa ed ha accettato che è ora. Cosi ci sono coloro che stanno lavorando con loro, con i loro corpi. Non i loro corpi fisici, ma con quella parte del loro spirito che è connessa al corpo. Il nostro essere ha molti livelli. C'è una parte di noi che è sul sentiero spirituale, nel mondo spirituale. Ci sono parti nel mezzo e parti nel mondo fisico. Alcune persone non sono connesse con la loro parte spirituale, o meglio, non sono consapevoli di questa connessione. Quindi aiutiamo questa gente nella pratica. Cosi quando arriva il momento, sanno come arrivare. Sanno come sentirsi e sapranno come percepire il lato spirituale.
D: *Non devono andare fin infondo. Gli fate solo vedere il sentiero.*
P: Oh, certo. Basta fargli vedere il sentiero, cosi riescono a connettersi più facilmente. Ci sono molti incontri di queste persone.
D: *Cosa intendi con incontri?*
P: Ci sono molti luoghi di luce vicino alla Terra dove vengono portate queste persone. Li stiamo preparando.
D: *Ma come fai a sapere che è il loro momento. Ti viene detto in qualche modo?*

P: Si, perché sono diversa dalla maggior parte. Vengo da "casa" come volontaria per essere qui e fare questo.

D: Ma non veniamo tutti da casa?

P: Si, ma sentieri diversi di casa. Non tutti provengono da quel sentiero dove c'è l'energia dorata.

D: Questo ha a che fare con lo sviluppo di ogni individuo?

P: Ha a che fare con quanto tu abbia accolto il tuo spirito, perché abbiamo tutti lo stesso spirito. Nessuno ha più spirito degli altri. E' una questione di quanto tu abbia accolto il tuo spirito.

D: Pensavo che fosse una cosa automatica, ma quando succede, non sanno sempre in che direzione andare.

P: E' vero. Quando le circostanze sono confuse, o quando la persona ha paura o non vuole andare. Potremmo dire che sono le prove generali. Non è proprio una prova, ma è una visione anticipata di ciò che accadrà per renderlo più facile.

D: E se la parte cosciente di quella persona decide di non voler andare in quel momento? Possono cambiare idea?

P: No, non sempre. Ci sono casi in cui possono prolungare. E altri casi in cui non si può. Dipende tutto dalle condizioni del contratto. In alcuni contratti ci sono degli eventi o circostan-ze specifiche che coinvolgono molte persone. Questo con-tratto non si può cambiare. Ci sono altri dove c'è la possibi-lità di cambiare tempistiche e circostanze. Dipende tutto dal contratto.

D: Perché sai, gli esseri umani hanno una profonda riluttanza ad andarsene. (Si) Anche se l'anima conosce il piano, il corpo umano vuole restare più a lungo possibile.

P: Si. Però ci sono situazione in cui non è possibile. Incidenti, catastrofi o eventi personali come attacchi cardiaci e ictus. Spesso questi non si possono cambiare, fa parte del loro contratto.

Il contratto è un accordo che facciamo mentre siamo sul piano spirituale prima di rientrare in un corpo fisico. Ci sono più informazioni a proposito in Between Death and Life.

D: Ma avevi detto che c'erano gruppi di molte persone che se ne andavano tutti allo stesso tempo.

P: Sento che è così. (Sospirò) Mi sono sentita cosi anche l'anno scorso (2001), prima del 11 Settembre. C'erano molti esseri e non riuscivo a capire perché. La parte di me che è sulla Terra lo sentiva. C'erano molte, molte persone in arrivo per aiutare. Ce n'erano più del solito. Sentivo tutti quelli che venivano per aiutare. Sapevo che sarebbe accaduto e sento che ci sarà molto altro.

D: Intendi dire che a causa della confusione durante quel periodo, volevano aiutare facendogli vedere dove andare? (Si) O ci sarebbe stata una confusione di massa con tutte queste anime in dipartita?

P: Si. C'era troppo... un energia di orrore. Ma c'erano molti spiriti che erano qui solo per aiutare.

D: Anche tu hai aiutato durante quel periodo?

P: (Sussurando) Si, certo.

D: Alcune di questo persone non sono riuscite a fare delle prove in anticipo? Fu tutto così inaspettato.

P: Tutti fecero le loro prove.

D: Quindi tutti sapevano ad un altro livello che era la loro ora?

P: Si. Tutti fecero le prove. Ecco perché coloro che dovevano essere là, erano là. Quelli che non dovevano esserci, non c'erano.

D: Ci sono storie di gente che sfuggì miracolosamente.

P: Si. Ci furono delle prove anche per quello. E ci furono delle prove per quelli che non lo erano. In questo momento ci sono molte possibilità, e non le voglio vedere.

***

Nel 2004 ho ricevuto un email da una fonte sconosciuta che ritengo appropriato condividere qui:

Dopo l'11 Settembre, un'azienda invitò i membri rimanenti di altre aziende che erano state decimate dall'attacco alle Torri Gemelle a condividere i loro uffici disponibili. Durante una riunione mattutina, il capo della sicurezza iniziò a condividere storie di come erano riusciti a sopravvivere alcuni impiegati. E tutte le storie erano piene di PICCOLI EVENTI:

Il direttore dell'azienda arrivò tardi il giorno dell'attacco perché suo figlio aveva appena iniziato l'asilo.

Un altro impiegato era vivo perché era il suo turno di portare le ciambelle in ufficio.

Una donna era in ritardo perché quel giorno la sua sveglia non aveva suonato in tempo.

Un altro era in ritardo perché era rimasto bloccato nel New Jersey Turnpike tunnel a causa di un incidente.

Uno aveva perso l'autobus.

Un'altra si era macchiata i vestiti e aveva deciso di tornare a cambiarsi.
Un altro non riusciva ad accendere l'auto.
Uno era tornato indietro per rispondere al telefono.
Il bambino di un altro non si era svegliato e non si era preparato in tempo.
Un altro non riusciva a prendere il taxi.
La storia più assurda è quella di un uomo che si era messo delle scarpe nuove quella mattina e passando da un veicolo all'altro andando a lavoro aveva sviluppato delle vesciche e si era fermato in farmacia a comprare dei cerotti. Questa è la ragione per cui era ancora vivo.

Adesso quando sono bloccato nel traffico, perdo l'ascensore, torno indietro per rispondere al telefono... tutte quelle cosine che mi annoiano alla morte; introspettivamente penso, questo è esattamente dove Dio vuole che mi trovi in questo momento.

La prossima volta che la vostra giornata inizia male, che i bambini ci mettono una vita a vestirsi, non riesci a trovare le chiavi della macchina, prendi tutti i semafori rossi, non vi arrabbiate o sentite frustrati; Dio è al lavoro nel tentativo di proteggervi.

Possa Dio continuare a proteggervi con tutte queste cosine insopportabili e possiate ricordarvi il loro potenziale obbiettivo.

(Per me queste sono tutte prove per prepararci a sopravvivere.)

***

D: Ma hai detto che avevi la sensazione che se ne sarebbero andati in molti durante quest'anno? (Si) Sono solo molte possibilità e probabilità o è tutto definitivo.

P: Sono tempi diversi. L'evento di cui stavo parlando... Quello dell'anno scorso (2001), era in ciò che chiamiamo "l'eterico", e da li è venuto nel fisico. In questo momento ci sono moltissimi eventi nell'eterico. Alcuno sono grandi altri sono piccoli. Ci sono molte possibilità, ma anche quelli tra di noi che lavorano con il potenziale, non sanno quale evento avrà luogo. Perché questo è il tempo in cui... vedo un cerchio. E' come se tutto fosse contenuto nel circolo della luce. Rappresenta l'intero, il divino, lo spirito. Rappresenta tutto ciò che esiste e contiene molte possibilità. Non c'è bisogno di conoscerle in questo momento. Mi sento come se stessimo facendo dei cambiamenti. Non tutti si manifesteranno, riesco a vedere oltre e mi sento molto più a mio agio perché stavo male a pensarci.

D: *Ma se stai lavorando con la gente per prepararli ad affrontare il prossimo anno, ci sono moltissime possibilità e probabilità, cosa succede se le circostanze cambiano?*

P: Per questo che è fantastico. Lavoriamo con la gente, li aiutiamo un po' per volta a vedere sempre più della luce che hanno dentro. Cosi quando arriva il momento, non avranno paura. E qualsiasi cosa arrivi non importa, perché sarà arrivato il momento per loro di riconoscere la loro vera luce. Per spostarsi in una esperienza superiore. Non importa come arriverà, questo lo so. La parte di me che sta lavorando con la gente lo sa. Abbiamo molti modi diversi di spostarci in quella luce superiore. E ci stiamo andando. Presto ci andremo tutti assieme.

D: *Quando? Intendi dire prima o poi?*

P: Presto... per il corpo fisico in questa vita.

D: *Però queste vite possono avere una diversa durata. (Si)*

Sembrava che stesse facendo riferimento all'ascesa verso la prossima dimensione in cui la frequenza e vibrazione dei nostri corpi cambierà e diventeremo pura luce. Di questo si è parlato in molte delle mie sedute, ho descritto il processo a pieno in questo capitolo e nel resto del libro.

D: *Ma poco fa hai detto che ci potrebbero essere catastrofi in cui molte persone perderanno la vita.*

P: E' possibile. Le porte saranno aperte, anche se è difficile prevedere in che direzione si apriranno. Dipende tutto da come abbiamo bisogno di aprirle e ci sono molte scelte da fare a proposito.

D: *Ma durante le catastrofi in molti se ne vanno in una volta sola.*

P: Si. Ma ci saranno aperture e portali in futuro nei quali molta gente sarà in grado di spostarsi nella luce. Come una passeggiata sul sentiero di casa mia.

D: *Cosa accadrà a coloro che sono confusi e non vogliono andare? Cosa succede a quelli che non capiscono?*

P: Il loro corpo è andato. Ma a volte non se ne accorgono perché il loro corpo energetico è legato al corpo fisico e pensano d'esserci dentro. Sono solo confusi e non sanno cosa fare. Ma siamo in molti li con loro ad aiutarli. Riusciamo a farlo mandandogli energia che li abbraccia. Quando la nostra energia li abbraccia si sentono a loro agio. Si sono sentiti a loro agio in passato e quindi possono prestare attenzione. C'è molto caos nella loro energia, ma riescono a percepire l'abbraccio, perché l'hanno già ricevuto in passato. In questo modo riesco a concentrarsi e sono in grado di comprendere. A quel punto il loro stesso spirito che è parte di loro, è in grado di contattarli. Ecco come aiutiamo questa gente. Durante le catastrofi c'è un'energia molto caotica. E' come se tutte le vibrazioni iniziassero a muoversi in modo asincrono, creando disagio. Quindi bisogna introdurre energia delicata e confortevole. In questo modo la gente riesce a percepirla e a ridurre il loro caos personale. Coloro che sono connessi con il loro spirito interiore e il cui cuore è in pace non fanno fatica. Di questi ce ne sono molti e molti altri stanno arrivando. Questo è ciò che facciamo e questa è la ragione per cui lavoriamo con la gente. I portali sono il loro stesso spirito. Entrano nel loro spirito per accedere a vibrazioni superiori. Quando sono in grado di farlo riescono a tornare a casa pacificamente.

D: *Cosa mi dici del loro sistema di credenze? Non sono forse un'ancora pesante?*

P: A volte succede. Per questo c'è molta paura. Coloro che hanno dei rimorsi e coloro che hanno paura di ciò che chiamano "Dio". Si vergognano e per questo hanno molta paura. Gli hanno insegnato ad aver paura della morte e del-l'inferno. Questo li limita dall'abbracciare la luce che è puro amore. L'amore regna supremo e l'amore è casa.

D: *Pensano che sia sbagliato.*

P: E' vero. Ma l'unica cosa che siamo è amore. Purtroppo questa parte dell'essere umano è molto malleabile e facile da manipolare. E' come l'argilla e a volte diventano ciò che non sono. A quel punto diventa molto difficile riuscire a vedere la strada di casa.

D: *La gente è influenzata dalla loro cultura ed educazione.*

P: Questo fa parte della nostra lezione. Dobbiamo imparare in diversi modi.

D: *Hai anche detto che lungo questi sentieri c'erano altri progetti. Questo è il tuo progetto, ma quali sono gli altri progetti che si trovano lungo gli altri sentieri?*

P: (Sospirando) Queste sono persone che... (sembrava confusa, non sapeva come esprimersi). E' come se ci fosse una patina di cemento indurito intorno a loro. Immagina un gioiello magnifico, ma completamente ricoperto di una patina nera disgustosa. Questo è ciò che sono. Non sanno d'essere magnifici all'interno; pensano d'essere sporchi e disgustosi. E ci sono esseri grandiosi, pieni

d'amore che stanno lavorando con loro. Il loro è un progetto totalmente diverso da quello su cui sto lavorando io.
D: *Queste sono le energie della gente mentre sono ancora nel fisico o dopo il passaggio all'altra parte?*
P: No, non sono sulla Terra, come la chiamate voi.
D: *Dove sono? Sul piano spirituale?*
P: Si, fa parte di un luogo energetico. Tutto è energia, ma c'è una vibrazione differente intorno a voi. E' un'energia molto densa. E' perfino più densa di questo pianeta.
D: *Stai parlando di spiriti che hanno fatto cose che sono considerate negative? (Si) E' per questo che sono ricoperti da questa patina metaforica?*
P: Si, è cosi, perché hanno iniziato davvero a godere del negativo. Danneggiare le persone – o altro – fare cose che danneggiano profondamente gli altri e non essere in grado di trovare la propria luce. Adorano l'oscurità. Quindi questo è il loro sentiero e continuano a seguirlo finché non decidono di cambiare.
D: *Ci deve volere un sacco di pazienza per riuscire a lavorare con queste anime.*
P: Ci vuole un amore ed una luce enorme per riuscirci.
D: *E dedizione. (Si) A questi spiriti negative è permesso reincarnarsi da qualche parte?*
P: No, non in questo momento. No.
D: *Ho sentito dire che queste anime sono in grado di portarsi dietro questa negatività.*
P: Si, non si stanno reincarnando in questo momento. In particolare non gli è permesso tornare sulla Terra. Inoltre non possono portare in altri luoghi, perché è un progetto a lungo termine e deve venire da dentro. Questi grandi esseri di luce sono qui con loro e li illuminano con la loro luce. Ma devono passare attraverso la loro oscurità. Ci vuole tempo – no, non tempo ma è vibrazionale. Accadrà in un altro luogo. Accadrà in modo diverso e loro non possono restare qui. Ci sono alcuni che sono ancora nel fisico che potranno finire nello stesso luogo. Stiamo arrivando ad un punto nel cerchio. Riesco a vederlo. E' un cerchio, non è una rottura. Ma c'è un punto a cui stiamo arrivando dove possiamo saltare in una posizione diversa. Quando saremo in quella posizione, la gente inizierà ad andare in diverse luoghi a seconda della loro stessa vibrazione, della loro energia. Ci sono alcuni che devono andare che dovranno andare in luoghi oscuri.
D: *A causa di ciò che hanno fatto sulla Terra?*

P: Si. Non molti!
D: *Ma questo ha a che fare con il karma, non è vero?*
P: E' cosi. Si, è cosi. Possiamo chiamarlo cosi, ma non è altro che la loro energia. Non è una punizione, perché vorrebbero andarci. E' dove si sentono a loro agio.
D: *Quindi non sono forzati ad andarci, come insegna la chiesa?*
P: No, ci vogliono andare. Non è una punizione.
D: *Questi esseri vogliono restare in questi luoghi oscuri.*
P: Oh, si. Mantengono la loro luce, perché riesco a vedere la luce dentro di loro. E' sempre li. Ma è ricoperta dalla morchia e pensano di essere quella morchia.
D: *Ma non torneranno qui perché la Terra sta cambiando.*
P: Esattamente. Questa è la ragione per cui non potranno più tornare. Le cose stanno cambiando troppo, non riescono a vedere la luce. Vedono l'oscurità. Ma grazie al cambiamento di vibrazione attraverso questi grandi esseri luminosi che lavoro con loro volontariamente, permetteranno alla loro luce interna to brillare nuovamente. Quando questa luce interiore è connessa alla luce esteriore, allora l'oscurità svanisce. Ma ci vuole, il tempo necessario perché possa accadere. Quando ci riescono, sono in grado di andare in altri luoghi. Cosi che la loro luce può tornare ad avere uno scopo. Perche si basa tutto su come si usa la luce. Ci sono altri luoghi a parte la Terra dove tutti andiamo e torniamo. Ma questa Terra sta raggiungendo quel punto circolare di apertura. Tutto è energia. Un luogo diverso, un'energia diversa. E'... vediamo (cercando le parole giuste). Non è casa! Ma è come essere a casa. Vedi, casa è l'energia da cui proveniamo.
D: *L'energia originale.*
P: Si. Ci sono molti livelli diversi (insicure se fosse la parola giusta) di energia su questo pianeta Terra. Ci sarà uno smistamento di energie, di persone. Un ridirezionamento. Cosi ci saranno persone che prenderanno sentieri per luoghi diversi nei quali si sentiranno a loro agio.
D: *Non è necessariamente un ritorno a casa. Si tratta di andare altrove.*
P: Esatto. Alcuni torneranno a casa. Quelli che sono venuti per aiutare, che non hanno un scopo per andare altrove. Il loro unico scopo è di aiutare. Questo è il mio scopo.
D: *Quindi torneranno a casa. (Si) Ma gli altri avrebbero uno scopo diverso al momento del passaggio? (Pausa) O dicevi che sta arrivando al punto d'apertura nel ciclo.*

P: Si apriranno diversi portali, diversi livelli. La gente andrà in luoghi dove si troveranno a loro agio. Da li saranno in grado di prendere altre decisioni e altre scelte quando per loro è il momento giusto.

D: *Dipenderà tutto da ciò che hanno fatto nelle loro vite fisiche? (Si) Quindi il karma è un fattore determinante anche per questo processo.*

P: Si. Con karma si intende il bilancio delle loro energie e dove li porterà. Nessuno ha bisogno d'essere punito. Dove ci troviamo ora è un piano molto speciale, in un luogo molto speciale dell'universo. Sento come se ci fosse molto bene che proviene da questo.

D: *Ho sempre avuto la sensazione che dopo il passaggio alla fine di ogni vita, noi tutti andiamo a casa. Andiamo tutti in quel luogo che stai descrivendo.*

P: Si, ma casa è diverso per ogni persona. Casa per alcuni non è lo stesso per altri. Anche se è tutto nel tutto, sono livelli diversi del tutto. E' questo quello che intendevo.

D: *Quindi hai detto che ad alcune di queste persone verrà mostrato un sentiero diverso. (Si) Andare a casa è diverso dall'andare sul piano spirituale.*

P: Per iniziare possono andare sul piano spirituale, poi possono decidere di andare in altri luoghi. Questo pianeta sta andando nello spirito.

D: *L'intero pianeta?*

P: In un certo senso, perché diventerà consapevole delle sue vibrazioni superiori.

D: *Si, ne ho sentito parlare. Dicono che la vibrazione, la frequenza del pianeta sta cambiando.*

P: Esatto. Questa è la ragione per cui sono qui. E per cui anche molti altri sono qui, perché ci sono molte varietà di vibrazioni d'individui sul pianeta. Molti sono qui per aiutare.

D: *Ho sentito dire che l'intero pianeta si sposterà in massa. E' vero?*

P: Questo è ciò che vedo.

D: *Tutte queste persone con tutte queste diverse vibrazioni, sarà difficile.*

P: Questa è la ragione per cui ci sono molti sentieri. Vedi, questo è il portale. E' come il ciclo, e l'apertura in quel ciclo. E quando arriviamo all'apertura entreranno nel ciclo, ma andranno a finire in diversi luoghi del ciclo. In diversi sentieri. Quindi andrà bene per tutti. Tutti andranno a finire dove dovrebbero essere. Inoltre c'è un altro ciclo di esseri attorno alla nostra Terra. Ci sono tutte queste energie meravigliose. Esseri meravigliosi che sono con noi e che lavorano con coloro che sono sul piano fisico. Non sono i nostri angeli. Sono ciò che chiamiamo "gli esseri ascesi", che hanno già fatto tutto questo. Sono già passati attraverso questa energia. Stanno estendendo la loro energia per noi nella forma di sentieri. Questi sono gli esseri di cui parlavo precedentemente.

Questo era il momento perfetto per poter fare alcune delle domande personali di Patricia. Sapevo che non c'era bisogno d'invocare il subconscio, perché fin dall'inizio della seduta stavo comunicando con quella parte di lei che ha accesso a tutta la conoscenza.

D: *Patricia mi ha detto di aver visto esseri d'oro e platino in meditazione. Questi sono gli esseri di cui stavi parlando?*
P: Vedo molte varietà d'esseri che circondano il pianeta. Vibrazioni di diversi colori. Vedo, blu, bianco, viola, oro e platino. Queste sono tutte energie che stanno arrivando ad aiutarci. I diversi colori stanno aiutando le persone di quella stessa specifica vibrazione.
D: *Quindi abbiamo tutti diversi colori e diverse vibrazioni?*
P: I Colori sono vibrazioni.
D: *E tutti questi esseri sono attratti dai diversi colori? (Si) Quindi questi spiriti sono differenti dagli angeli?*
P: Si. Anche gli angeli sono qui con noi, ma questi sono diversi perché hanno una comprensione. Molti di loro hanno già avuto questa esperienza, su questo mondo fisico o altri mondi simili. Inoltre sanno cosa vuol dire attraversare i piani vibrazionali. Questo è ciò che fanno.
D: *Quindi qual è il loro obbiettivo, se i guardiani o gli aiutanti come te sono qui per aiutare gli individui?*
P: Loro sono qui per aiutare noi, gli spiriti aiutanti. Sono come dei trasformatori, stanno riducono l'energia. Ci sono molte persone qui sulla Terra che non possono sostenere o percepire l'energia di questi grandiosi esseri. Ma ci sono altri che possono. Noi possiamo.
D: *Al momento della nascita, Patricia sapeva che avrebbe fatto queste cose?*
P: No, Patricia non lo sapeva. L'anima di Patricia lo sapeva.
D: *Si, il fisico è l'ultimo a saperlo.*
P: Si. Patricia si infilò in uno sgabuzzino a proposito per non riuscire a conoscere. Ha fatto molte esperienze. E alla fine ha dovuto

uscire dallo sgabuzzino per riuscire a dire "OK, adesso sono fuori". E cosi fui. E' connessa alla luce dorata. Quella è la sua energia.

D: *Come esseri umani non siamo a conoscenza dei contratti che abbiamo accettato e non vediamo le connessioni.*

P: No. Ma sente la sua famigli spirituale. E sa dov'è casa. Lo sa molto bene. A volte ci vuole tornare. Ad un certo punto ci voleva tornare intensamente, e non essere in questa vita. Ma non sarebbe mai riuscita a suicidarsi.

D: *Perché abbiamo un contratto, non è vero?*

P: Si, e lei sapeva di dover restare qui, che c'era qualcosa da fare. Cosi è restata e alla fine è riuscita a comprendere chi è veramente. Molti dei problemi che ha dovuto affrontare nelle sue relazioni erano connessi a dei contratti.

D: *Che tipo di contratti?*

P: Se avesse scelto di farlo, sarebbe stato il sentiero più difficile. Non ne aveva bisogno, ma scelse di farlo.

D: *Hai detto che aveva una scelta, e scelse la direzione più difficile. Che altre opzioni aveva a disposizione? Riesci a vederlo?*

P: Si. Penso che sarebbe morta da giovane.

D: *Perché hai questa percezione?*

P: Perché... è complicato, ma è ora che lo sappia. Devo trovare le parole. Se avesse scelto il sentiero facile, non avrebbe accumulato la conoscenza nella sua vita fisica per aiutare tutte queste persone. Aver accettato il sentiero difficile le sta insegnando molte esperienze e molta conoscenza. Grazie a questo può aiutare molte persone. Non aveva bisogno di farlo, sarebbe bastato aiutare dall'altra parte, da casa. In un certo senso è quasi uno scherzo. Ha sempre voluto tornare a casa, e adesso sta aiutando gli altri a tornarci. Questo è il suo lavoro.

D: *Ci torna di notte anche se non se ne rende conto.*

P: Si, esattamente. Il suo corpo fisico a volte fa fatica a sostenere tutta quell'energia. Anche se è in buona salute, deve fare molta attenzione e restare allerta, il suo corpo trattiene molta energia. Tuttavia adesso deve fare ancora più attenzione, specialmente perché le energie stanno aumentan-do di vibrazione. Vedo il suo corpo ripieno della luce dorata e si sta trasformando in energia dorata. Lo può fare. Riuscirà a sostenerne sempre di più. Continuerà a trasformare in luce dorata, che è il luogo da cui proviene. Mentre il corpo fisico si muove in quella direzione aiutera molti ad andare in quella direzione. Per lo meno quelli che decidono di andare in quella direzione. Quelli che prendono l'autostrada della luce dorata. Stiamo arrivando alla fine, sono gli ultimi giorni.

D: *Cosa intendi con "gli ultimi giorni"?*

P: Prima di arrivare a quel punto nel ciclo in cui ci spostiamo tutti in luoghi diversi.

D: *Hai detto che sul piano spirituale quando il suo corpo sta dormendo, lei lavora con le persone che stanno per morire per aiutarle nel passaggio. (Si) Ma nel fisico è anche una infermiera d'ospizio.*

P: Lei fa molto. Sente entrambi i mondi. Ha sempre sentito entrambi i mondi.

D: *Questa è la ragione per cui è a suo agio nel suo lavoro di infermiera all'ospizio, perché c'è una connessione quando dorme?*

P: Eh, si. E' felice di aiutare la gente a tornare a casa, perché sa quanto sia meraviglioso.

D: *Ovviamente, è più facile lavorare sul piano spirituale, no?*

P: Si, per lei è più facile.

D: *Quando sei nel fisico e cerchi di lavorare con le persone che sono in fin di vita, devi affrontare l'interferenza del fisico – vorrei dire – programmazione.*

P: La gente ha paura, c'è molta paura nel fisico. Questo è ciò che lei fa, aiuta la gente a superare la paura, perché lei stessa non ha paura della morte. Quando la gente è con lei, sente la sua verità, perché lei è reale. E' lei. E' connessa con quell'energia dell'amore.

D: *In questo modo può aiutare la gente in maniera molto più efficace. Ma ha avuto altre vite sulla Terra, non è vero? (Pausa) Perché hai detto che esiste contemporaneamente anche sul piano spirituale mentre vive la vita di Patricia.*

P: Ho la sensazione che sia si e no. Parte di lei ha avuto altre vite. Ma non Patricia, altre parti della sua anima.

D: *Perché la consideriamo reincarnazione.*

P: Si, in un certo senso lo è, ma è diverso. (Faceva fatica a trovare le parole) Proviene da un'anima che ha avuto molte molte vite spirituali significative, lavorando sul sentiero spirituale. Quelle vite hanno riportato nella sua anima la loro energia, conoscenza e tutto ciò che aveva guadagnato. Quindi questa parte che è Patricia ha preso parti e pezzi da tutte le sue vite precedenti. Si deve ricordare che è sempre connessa con casa ed è sempre connessa alla sua famiglia (la famiglia spirituale) e riceve molto amore.

***

Durante un'altra seduta a Minneapolis nell'Ottobre 2002, ci fu un incidente simile. Mi trovavo a Minneapolis per completare una serie di seminari e workshops, da li sarei andata direttamente in Australia e Nuova Zelanda. La seduta coinvolgeva un'insegnante in pensione che chiameremo Ida.

Come dicevo, di solito con la mia tecnica ipnotica porto il soggetto a visualizzare un luogo meraviglioso a loro scelta per inizializzare la visualizzazione. Poi completo l'induzione, che include la discesa da una nuvola. In questo caso Ida non mi permise di finire l'induzione. Stava descrivendo questo luogo meraviglioso che non sembra essere la Terra. Ne stava gia' parlando quando mi resi conto che non aveva bisogno dell'induzione. Occasionalmente succede, ho imparato a vedere la differenza e ho compreso come procedere. Attivai il microfono. Stava descrivendo un giardino magnifico sul suo pianeta che era un luogo pieno di luce.

I: Ci sono esseri di luce amorevoli che passeggiano liberamente. C'è solo amore. E' cosi bello, cosi pacifico, cosi armonioso. Io provengo da questo luogo.
D: Ha detto che c'era un giardino?
I: Oh, Si. E' cosi bello. Irradia la luce dorata di Dio. E' illuminato, c'è un'energia e frequenza di completa pace, amore ed armonia. Ci sono stupende fontane dorate. Sembra acqua ma è l'essenza di Dio che fluisce in ogni direzione. Tutto è pura bellezza, amore e beatitudine.

Sembra molto simile al luogo descritto da Patricia appena una settimana prima.

I: Siamo tutti esseri di luce. Riconosciamo l'un l'altro grazie all'essenza e alle frequenze vibrazionali. Non c'è comunica-zione verbale. Parliamo senza parole. La vibrazione di ciò che vogliamo dire basta perché l'altra persona ci capisca. Questo è il luogo da cui provengo. Qui c'è totale beatitudine, totale pace e totale armonia. Durante il sonno vado e ritorno da là. Incontro il Consiglio e discutiamo il lavoro che devo completare su questo piano terrestre.
D: Il Consiglio dove si trova?

I: Il Consiglio è anche su questo pianeta. Ci incontriamo negli stessi favolosi giardini.
D: Lo fate durante lo stato di sonno.
I: Io si. Quella frequenza durante il mio stato di sonno. Tuttavia la mia forma fisica e la mia mente fisica non ricordano. Lo faccio ogni volta, in alcuni casi vado perfino a fare delle commissioni. Diamo un occhiata a tutte le intera-zioni che ho con vari esseri su questo pianeta Terra. Ogni volta che c'è bisogno d'aiuto, vengo guidata e diretta a fare qualsiasi lavoro che io debba completare.
D: Con la gente che conosci o con altri o...?
I: Alcune persone le conosco, altri non li conosco.
D: Che tipo di direzione gli offri quando li incontri di notte?
I: Lavoro con loro a diversi livelli. Lavoro sulla mente. Li infondo con modelli di pensiero, per permettergli di cambiare nella loro vita quotidiana. Inoltre curo alcuni di loro. Con molti di loro utilizzo frequenze curative ed energie curative. A volte vado nelle zone di guerra e lavoro con i feriti. Mi occupo di coloro che soffrono. Ho lavorato moltis-simo in Afghanistan. (2002) C'è cosi tanto dolore e trauma in quel paese. Non solo con i soldati Americani e le altre forze di pace in loco, ma anche con i nativi che sono completamente e totalmente traumatizzati da ciò che sta succedendo. Non sono abituati a tutte le bombe che stanno cadendo dal cielo. Tutta quella distruzione nel loro territorio. C'è cosi tanta devastazione. I vostri media e canali d'informazione non riportano nemmeno la metà dei fatti.
D: Ti credo. Non siamo consapevoli di ciò che stia succedendo.

Il resto della seduta ebbe a che fare con predizioni circa la guerra in Iraq che esplose l'anno successivo 2003. Erano estrema-mente precise, ma non ero sicura se includerle in questo libro. Qui volevo solo includere la parte relativa al lavoro che facciamo durante il sonno che rimane sconosciuto alla nostra mente cosciente. Siamo stati avvisati che ci sarebbero state molte vittime durante la guerra e la gente come Ida sarebbe stata molto occupata durante lo stato di "sonno" nel tentativo di guidarli nella giusta direzione.

***

Ci sono molte scuole sul piano spirituale. Ne abbiamo discusso in Between Death and Life. Le più avanzate si trovano nel complesso del Tempio della Saggezza che presentano il Grandi Sale d'Educazione dove si può imparare assolutamente qualsiasi cosa conosciuta o sconosciuta. Queste sono descritte anche da Aron Abramsen in Holiday in Heaven. Molti degli insegnanti sono guide avanzate che hanno completato abbastanza karma da non aver bisogno di tornare sulla Terra per altre lezioni. Sono nella posizione di insegnare ed educare gli altri. Come menzionato in uno dei miei libri: "Non puoi diventare una guida finché hai bisogno di una guida." Di solito l'addestramento per diventare una guida inizia quando si lascia il piano Terreno. Le guide e gli anziani decidono se la persona è pronta per questa responsabilità, dopo aver rivisitato la sua vita. Tuttavia, le cose sulla Terra stanno cambiando velocemente e anche l'addestramento deve cambiare. Ci sono cosi tanti problemi sulla Terra in questo momento che molte anime avanzate si sono incarnate, non per lavorare sul loro karma, ma per aiutare gli altri che sono nel fisico. Ovviamente, non sono consapevoli d'essere anime avanzate spedite sulla Terra con obbiettivi specifici. Ma grazie al mio lavoro ne sto incontrando sempre più e il loro subconscio non ha alcuna esitazione nel dirgli che hanno del lavoro da portare a termine. E che devono darsi una mossa invece di perdere tempo prezioso. Nei primi anni del mio lavoro con lo stato di trance non sentivo mai nulla del genere. Ora, praticamente tutti i miei clienti ricevono questo messaggio. C'è una forte enfasi sul fatto che rimane poco tempo e che devono procedere con il lavoro per cui si erano offerti volontari.

Visto che cosi tante anime avanzate sono tornate sul piano Terreno, buona parte dei training spirituali vengono completati nello stato di sonno. Parte dell'addestramento che queste anime ricevono consiste nel assistere altre anime che stanno lasciando la Terra attraverso il processo della morte. Durante lo stato di sonno aiutano in questi processi sotto la guida di anime più esperte. Non gli è permesso di lavorare da soli finché non hanno fatto abbastanza pratica o si sentono fiduciosi di potercela fare. Il loro lavoro primario è di guidare l'individuo nella giusta direzione e di evitare che siano confusi; da li i comitati di accoglienza possono completare il lavoro. Inoltre, gli aiutanti non possono andare oltre un certo punto finché non è arrivato il momento di lasciare il loro corpo.

***

Grazie al mio lavoro, ho scoperto che la vera parte di noi: la nostra anima o spirito, non dorme mai. Il corpo fisico è la parte che si stanca e deve riposare, lo spirito non ne ha bisogno. Dico sempre: "ci si stufa ad aspettare che il corpo si svegli per continuare a vivere." Cosi mentre il corpo dorme, lo spirito sta facendo molte avventure indipendenti. Può viaggiare ovunque nel mondo, o andare sul piano spirituale e comunicare con le sue guide, i maestri e gli anziani o ricevere ulteriori informazioni, partecipare in seminari e ricevere un addestramento. Sento spesso dai miei lettori i racconti dei loro sogni durante i quali sognano di andare a scuola. Cerco di spiegar loro che probabilmente sono veri, perché è uno dei luoghi favoriti da ogni anima. Sono anche in grado di viaggiare verso altri pianeti o altre dimensioni. Di solito la mente cosciente non ricorda questi viaggi se non per qualche sogno di luoghi sconosciuti o di saper volare. E' la stessa cosa che si sperimenta nel viaggio Fuori dal Corpo (OBE), in cui una persona si è addestrata ad uscire dal corpo e ricordare ciò che vedono. Durante la vita fisica, lo spirito è connesso al corpo attraverso il cordone argenteo che funge da ancora finché siamo in vita. L'ombelicale che non è interrotto fino alla morte del corpo fisico. Con questa morte, il cordone si spezza e lo spirito è libero di tornare a "casa". Quando lo spirito viaggia fuori dal corpo di notte durante il sonno, rimane connesso al cordone. Ad un certo punto il corpo deve svegliarsi per continuare la sua vita. In quel momento, lo spirito sente che il cordone viene tirato e "riavvolto", per cosi dire. A quel punto lo spirito rientra nel corpo e il corpo si può risvegliare.

In molti mi hanno raccontato della strana sensazione che percepiscono a volte al momento del risveglio. Questo può anche avere luogo quando il corpo si sta addormentando. Dicono di avere una paralisi temporanea e li che li spaventa. Uno donna in particolare mi disse che il suo dottore le aveva prognosticato una malattia seria chiamata "apnea nel sonno" e le aveva prescritto più di $1700 in analisi sanitarie. Non c'è nulla di complicato, è solo un fenomeno naturale che può avere luogo qualche volta. Mentre lo spirito è disconnesso dal corpo, le funzioni del corpo sono gestite da un'altra zona del cervello. E' come attivare il pilota automatico. Quando lo spirito ritorna, le connessioni corpo cervello devono essere ristabilite. Se il corpo si risveglia poco prima che queste connessioni siano ristabilite ci può essere un temporaneo senso di paralisi. Ho investigato casi in cui un rumore inaspettato nell'ambiente del soggetto può causare un improvviso risveglio prima di un completo rientro nel corpo fisico. Se riescono a rilassarsi per qualche minuto tutto tornerà alla normalità. La stessa sensazione può avere luogo quando lo spirito lascia il corpo ed è disconnesso. Questo dimostra come lo spirito e il corpo sono completamente separati e tuttavia uniti.

Il corpo non puo esistere senza la scintilla di vita che dimora al suo interno, tutto lo spirito o anima può esistere senza il corpo. Al momento della morte, quando lo spirito si separa dal corpo per l'ultima volta, la connessione è interrotta e il corpo inizia a deteriorarsi immediatamente. Senza lo spirito della vita, tutti i sistemi si spengono. A quel punto il cordone argento si spezza e lo spirito non può più rientrare nel corpo.

In questa seduta, come in altre, vediamo che il nostro "vero" Se', lo spirito, non solo viaggia e ha delle avventure mentre il corpo dorme, ma puo' anche lavorare. Infatti sembra che ci sia molto lavoro da fare a livello astrale di cui siamo completamente inconsapevoli. Durante una sedute ricevetti questo messaggio: "Queste cose hanno sempre luogo. Non ne avete alcun controllo. Fanno parte della vostra esistenza, di cui siete inconsapevoli. Non ci potete fare nulla. Sono naturali, quindi non serve a niente preoccuparsene." E' la stessa cosa con la reincarnazione e altri concetti metafisici. Continueranno ad avere luogo che ci crediate o no. Mi e' stato detto che non saremo mai in grado di comprendere a pieno la complessita' di tutto il fenomeno. E' impossibile. Il problema di comprendere e conoscere e' nella mente. Non e' il cervello, ma la mente. Non c'e nulla nella mente che sia in grado di comprendere la totalita' di questi concetti. Quindi ricevo piccoli pezzettini e ideuzze dell'intero enorme quadro. Con il tempo, sembra che ci sia permesso di vedere sempre piu' e comprendere sempre meglio. Ma e' come sbirciare attraverso una piccola crepa nel muro dello spazio e del tempo; ed essere in grado di vedere una piccola porzione dell'intero quadro.

***

Quando uno spirito decide di tornare sulla Terra per un altro ciclo di vite in un corpo umano, viene avendo pianificato cio' che spera di ottenere in questa vita. Ha già discusso con gli anziani ed i maestri, ha rivisitato multiple volte la vita precedente, preso decisioni, pianificato e stabilito obbiettivi. Ha concordato con altri spiriti a lui connessi di ripagare debiti passati. Con il loro permesso, gestirà alcuni ostacoli ed imparerà certe lezioni. Torna sulla Terra con il suo piccolo piano impacchettato come un regalo di Natale. Il problema è che c'è il libero arbitrio su questo pianeta. Per questo è cosi difficile qui sulla Terra. Tutti arrivano con il loro piccolo piano d'azione e a causa del libero arbitrio tutti questi piani, speranze e paure prima o poi si scontrano. Inoltre tutti si incarnano privi delle memorie del loro piano d'azione.

Rimane solo il subconscio. Una volta chiesi perché non possiamo ricordare? Non sarebbe forse più facile? Mi risposero: "non sarebbe un test se conoscessi le risposte." Cosi veniamo sulla Terra e pensiamo d'essere pronti ad affrontare le sfide che verranno messe sul nostro cammino mentre cerchiamo di rag-giungere i nostri obbiettivi, sogni, aspirazioni. Ma spesso, non siamo preparati come pensiamo d'essere. Sembra sempre piu facile dal di fuori. Mentre viviamo le frustrazioni della vita fisica, rimaniamo incastrati in tutto ciò che ci rende "umani". Speriamo di riuscire a passare il test e progredire verso il prossimo "stadio". Altrimenti ci tocca ritornare e rifare tutto da capo. Non si può procedere verso il prossimo stadio o classe finché non si sono finite tutte le lezioni e gli esami. Gli insegnanti sono molto ligi e seguono regolamenti molto stretti. Paradossicamente sono anche molto gentili, giusti e comprensivi.

Veniamo con un piano preciso per la nostra vita, allo stesso modo abbiamo un piano ben preciso per la nostra morte. Tutti prima di entrare, decidono come uscire. Dico questo senza alcun attaccamento emotivo e dobbiamo comprenderlo cosi. Non siamo in grado di conoscere questi eventi a livello cosciente e probabil-mente è un bene che non riusciamo a ricordarcene. La gente dice sempre di non voler morire, di non voler ammalarsi e di non voler lasciare i loro cari. Negheranno completamente di aver pianificato la propria morte. Ma fa tutto parte di un piano che va molto oltre la nostra conoscenza e comprensione. Quindi, l'unico modo di comprendere questo fenomeno è attraverso la logica, rimanendo completamente privi di ogni attaccamento emotivo.

Ci molte ragioni che portano uno spirito a decidere che è ora di lasciare il fisico. Ha raggiunto i suoi obbiettivi, completato il piano e gestito tutti i karma che doveva gestire in questa vita. In questo caso non c'è bisogno di continuare. In altri casi, decide che altre persone possono progredire più velocemente se la loro presenza non fosse un limite. In questi casi lo spirito decide di sacrificare il proprio sviluppo per permettere a coloro che sono troppo dipendenti dal loro di procedere da soli. In altre parole, per permettergli di "crescere". Queste ragioni spesso non sono ovvie superficialmente e si possono scoprire solo dopo molto ricerca spirituale.

Un altro interessante scenario è quello in cui alcune persone sono cosi rigidamente ristrette in una catena di eventi che riuscire a cambiare per raggiungere i loro obbiettivi diventa impossibile. E' possibile che non riescano a raggiungere i loro obbiettivi terreni a causa di scelte inappropriate fatte con libero arbitrio. Cosi decino di morire, di uscire dalla scena e ripartire da capo. La prossima volta, sperano, di non rimanere intrappolati in quella direzione o situazione.

Un'alternativa più appropriate ed interessante a questa e' quando la vita della persona "muore" in un altro modo. Anche in questo caso la persona è bloccata in una catena d'eventi che non gli permette di raggiungere ciò che sono venuti a fare in questa vita. Perderebbero troppo tempo prima di ripartire, se morissero fisicamente. O magari le condizioni necessarie non sarebbero presenti in un'altra linea temporale. Piuttosto di morire, decidono di ripartire creando un altro tipo di morte della loro vita. Perdendo tutto ciò che gli era caro, specialmente tutti i loro possedimenti terreni. Questo scenario gli permetterebbe di focalizzarsi su ciò che ha davvero importanza nella loro vita, che non sono i possedimenti, indipendentemente da quanto ne fossero attaccati. Ora che non hanno più nulla, possono cominciare da capo e ripartire verso i loro veri obbiettivi per quella vita. Ciò che si erano veramente prefissati. Si erano completamente immersi nel mondo materiale, e l'unica maniera era di ripartire da zero. Senza queste distrazioni materiali, adesso possono proseguire nella giusta direzione. Un incidente simile ebbe luogo nella vita di uno dei membri della mia famigli. In uno strano flusso di circostanze oltre il loro controllo, persero assolutamente ogni bene materiale: casa, azienda, lavoro e tutti loro beni materiali. Sul momento sembrava uno scherzo del destino o una punizione divina. Era proprio difficile da comprendere. Ma col tempo divenne chiaro che era un modo di spingerli in un'altra direzione. La direzione che avrebbero dovuto prendere fin dall'inizio, ma erano rimasti imbrogliati in altre circostanze di vita. Riuscirono a vedere che quando si chiude una porta, se ne apre un'altra. In questo caso la porta non solo era chiusa, era completamente sigillata. Non avevano alcuna scelta se non quella di prendere un'altra direzione. Non c'era altre opzioni. Cosi molte volte, ciò che sembra un disastro, in realtà è solo una benedizione in incognito.

Un altro esempio di una soluzione drastica mi venne offerta da un cliente. Durante il colloquio iniziale, mi confidò del terribile incidente in cui era rimasto coinvolto in gioventù. Era stato assalito, pugnalato ripetutamente e poi lasciato per morte da una gang, in un vicolo di una grande citta. Riuscì a strisciare fino alla strada principale dove qualcuno lo trovò e portò fino all'ospedale. Era quasi morto e dovette restare in ospedale a lungo per riuscire a recuperare. Una delle cose che voleva sapere durante la seduta era lo scopo di quell'orribile esperienza. Perche fosse successo? Durante la seduta, dopo aver invocato il subconscio e posto questa domanda, la risposta fu sorprendente. Disse: "Oh, quello era un gruppo di amici che si offrirono d'aiutarlo." Io pensai, con amici cosi chi ha bisogno di nemici! Non mi sembrava il tipo di cose che fanno gli amici!

Il subconscio proseguì spiegando che era stato tutto orchestrato dall'altra parte. La sua vita stava andando nella direzione sbagliata e non sarebbe stato in grado di tornare sul suo sentiero senza una drastica scossa per dare una svolta alla sua vita. Ci furono molti tentativi sottili di attirare la sua attenzione, e quando non ebbero successo, allora iniziarono a pianificare l'attacco. Drastico, drammatico, inspiegabile, e tuttavia dimostra gli estremi a cui l'universo può arrivare per riuscire ad assestare la vita di qualcuno senza dovergli portare ad uscire da questo mondo. E probabilmente quella sarebbe stata l'opzione successiva, se questa non avesse funzionato.

Quando l'anima ha deciso che è ora di andarsene, preparerà gli eventi per la sua morte. Attraverso il materiale delle mie regressioni ho notato un punto interessante: oggi giorno uno dei problemi principali è il sistema sanitario. Se la persona sta morendo in ospedale, spesso i dottori cercano di tenerla in vita con tutti il loro meravigliosi marchingegni. Inoltre la famiglia è riluttante anche se il corpo fisico è cosi danneggiato che non può più sostenerli e non c'è alcuna ragione per restare. Cosi la maniera più facile e veloce con la minima possibilità d'interfe-renza è di morire in un incidente o in una catastrofe naturale. Alcuni di questi metodi d'uscita vengono etichettati come "incidenti bestiali" e possono essere estremamente bizzarri. Io ho sempre creduto che se è arrivata la tua ora, succederà anche se vi trovate seduti nel salotto di casa. Ci sono casi in cui un aereo o un'auto si sono schiantati e hanno ucciso gli abitanti di un'abitazione.

Mentre stavo scrivendo questo libro alla fine del 2003, il terribile terremoto in Bam, Iran aveva appena colpito la popolazione portando con se 41,000 vittime. Prima di riuscire a stampare questo libro il terribile terremoto da 9.3 gradi, seguito da uno tsunami sulla costa Indonesiana ebbe luogo nel Natale 2004. Secondo il conto finale, quasi 200,000 persone decisero di andarsene in massa. Allo stesso tempo, molte altre persone morirono in altre parti del mondo a causa di smottamenti e valanghe. Come riportato in questo capitolo, speso le anime decidono di andarsene in gruppo. Decidono tutto a livello subconscio e i preparativi (o le prove, come diceva Patricia) hanno inizio. Inoltre si fanno preparativi per coloro che non dovrebbero rimanere coinvolti, che miracolosamente riusciranno a sopravvivere o a non essere nemmeno li. Questo e' successo a molte persone che persero l'aereo del destino o furono spostati su un altro volo all'ultimo momento. O che lasciarono casa in ritardo a causa di una telefonata dell'ultim'ora e che successivamente scoprirono di aver appena schivato un terribile incidente. Inoltre credo che i nostri angeli custodi abbiano un ruolo fondamentale in tutto questo. Sono impegnati nel tentativo di avvisarci con suggerimenti e gomitate sottili o "sussurrando nella nostra testa". A volte i loro metodi per tenerci al sicuro non sono poi cosi sottili. Dobbiamo solo imparare a fare molta attenzione alle nostre intuizioni e reazioni istintive.

CAPITOLO 13

IL PRIMO DEI SETTE

Questa seduta ebbe luogo mentre ero al Glastonbury Crop Circle Conference in Glastonbury, England nel Luglio, 2002. Questa e' una citta antica con molte connessione al passato piu remoto. Si puo' percepire una tremenda quantita' d'energia in questo luogo. La seduta ebbe luogo nel Bed and Breakfast dove risiedevo, proprio all'opposto della piazza centrale. Il soggetto, Robert, prese il treno da Londra per incontrarmi. Aveva iniziato a canalizzare da qualche anno e aveva gia scritto un libro basato su queste canalizzazioni. Tuttavia, si sentiva di non riuscire a raccogliere informazioni personali attendibili, specialmente riguardo alla direzione da dare alla sua vita. Cosi voleva una seduta personale per chiarire alcune cose. Cerco di aiutare i miei clienti a trovare le scelte migliori per la loro vita, con la cooperazione del subconscio. Essendo abituato allo stato di trance, ando' in profondita' velocemente. Di solito succede cosi con i canalizzatori, i sensitivi, i guaritori o le persone che meditano regolarmente. Questo stato alterato e' una condizione familiare per tutti loro.

Quando gli chiesi di visualizzare un luogo meraviglioso, stava già contattando qualcuno, cosi non ebbi bisogno di completare l'induzione che solitamente richiede l'uso del metodo della nuvola. A seconda delle risposte che mi danno sono in grado di determinare dove si trovano. E so ciò che non sembra la descrizione di un luogo meraviglioso. Se la descrizione sembra ultraterrena, di solito questa è un ottimo indizio. Accesi il registratore e cercai di ricapitolare ciò che aveva detto.

Vide se stesso in un luogo stupendo, vicino ad una cascata. C'era un uomo anziano con la barba argentea. Questa era la prima indicazione che non si trovava in un luogo comune. Robert continuo' con voce sottile che era appena, appena udibile: "Sta dicendo: 'Stai soffrendo troppo. Vieni qui.'" Vuole distribuire la conoscenza. Dice che devo distribuire la conoscenza. Lui fa parte della creazione di quella conoscenza. "Tu sei il mediatore di quella conoscenza. Devi comprendere quella sofferenza."

D: *Cosa voleva dire con sofferenza?*
R: I suoi effetti sul corpo umano. Il peso che devi sopportare. Il bambino. Sta parlando con il bambino. Questo bambino.
D: *Vedi te stesso come un bambino? (Si) Di che età?*
R: Il bambino ha tre anni.
D: *Si trova in questo luogo meraviglioso con la cascata?*
R: Lui e' li in questo momento. Non deve essere meraviglioso in ogni momento. E' l'esperienza multi-dimensionale della struttura molecolare, degli opposti come positivo e negativo. Il bambino è qui per imparare, per insegnare. Non ci sono solo fiori, ma ci sono fiori vivi e fiori morti. Il ciclo evolutivo è creativo.

Aveva aumentato il suo timbro di voce, sapevo per esperienza, dal timbro e dal vocabolario che un'entità stava parlando attraverso Robert. Questa entità sembrava diversa da quelle con cui converso solitamente in questo stato. Questa utilizzava parole e terminologia complicata spesso difficile da comprendere, inoltre creava neologismi. Questo forse perché non era abituato al vocabolario umano e stava improvvisando. L'entità sembrava avere un freddo, quasi astratto interesse in Robert. Il subconscio solitamente assume il punto di vista dell'osservatore distaccato quando parla di un'entità, ma questo era quasi crudele nelle sue osservazioni. Mentre proseguivamo, descrisse Robert come un tipo diverso d'umano da ciò che aveva incontrato finora. Il mio obbiettivo primario è di proteggere il cliente, questa entità mi metteva a disagio era difficile e tediosa da seguire. Il linguaggio e la terminologia era troppo convoluta per essere chiaramente compresa, cosi ho condensato e provato a chiarire il resto della seduta.

Il corpo di Robert inizio ad esibire sintomi. Occasionalmente scattava spasmodicamente. Chiesi: "Cosa succede?" Non rispose. Sapevo che se lo avessi ignorato, avrebbe smesso da solo; perché non sembrava causare a Robert alcun disagio fisico.

R: La frequenza multidimensionale del bambino viene qui per imparare. Ha molti elementi connessi con il passato, presente e futuro. Ci sono molte informazioni da raccogliere in correlazione a questo. Queste informazioni sono supreme e il peso che hanno sul bambino è a volte immenso. Ma l'importanza di queste informazioni si forma in frequenze d'energia vibrazionale. Cosi che la ripolarizzazione dell'umanità e i poli in cui lui lavora possano creare un nuovo processo di ristrutturazione.

D: *Per quale motivo questo processo dovrebbe essere sulle spalle di un bambino?*

R: Il bambino non è un bambino. Il bambino è una componente di questa energia. Il bambino è la realtà dietro al vostro standard umano. La realtà dietro al bambino è che questi non è altro che un composito d'energie. Quell'energia è la rile-vanza dietro ai cambiamenti di cui l'uomo, il corpo, lo spirito, la mente e il fisico fanno parte. La battaglia tra il tridimensionale e il non-fisico è estremamente difficile. Perché c'è una guerra in questa frequenza umana e finche questa guerra non desiste, il bambino continuerà a soffrire. E la non-conoscenza è ciò che è necessario.

D: *Quindi la non-conoscenza è ciò che crea la sofferenza? Questo è ciò che intendi?*

R: E' la non accettazione della non-conoscenza.

D: *Ma lo sai, nella vita umana questo è ciò che siamo. Entriamo privi di conoscenza.*

R: Questo bambino entrò con la conoscenza.

D: *Eravamo curiosi di sapere se aveva altre vite sulla Terra? (No) Dov'era la sua vita precedente?*

Robert iniziò una sequenza di suoni intellegibili, rather like a clip clopping. Continuò cosi per circa un minuto, in successione rapida, come se volesse tirar fuori qualcosa velocemente ma in forma intellegibile. Non sembrava una lingua, solo una serie di suoni. Cercai di fermarlo.

D: *Devi parlare in Inglese, se vuoi che ti comprenda.*

Robert fece alcuni sospironi profondi sibilanti come se stesse cercando di tirare il freno a mano.

R: Dobbiamo scaricare dei formati energetici nella frequenza dell'energia tridimensionale qui seduta. In questo modo sarà in grado di ri-vocalizzare per te nel vostro formato.

D: *Ma non dovete danneggiare il veicolo in alcun modo.*

Sono sempre estremamente cauta quando queste strane manifestazioni fisiche hanno luogo. Voglio sempre assicurarmi che l'entità (o qualsiasi cosa siano) comprenda che il veicolo fisico attraverso il quale stanno cercando di comunicare potrebbe essere danneggiato dalla loro energia. Ma non ho mai avuto preoccuparmi, perché "loro" sembrano essere protettivi quanto lo sono io (se non di più).

R: Il veicolo non è mai danneggiato. Il danno è creato dallo scopo che il bambino a livello tridimensionale ha di non accettazione di chi lui sia. Crea il suo stesso danno. Il danno proviene da fuori, non da dentro di noi. Il fisico che questo bambino manifesta è il danno creato. Noi non creiamo alcun danno nel bambino.
D: *Questo è ciò che richiedo durante queste sedute, che non ci sia alcun danno al veicolo.*

Stava ancora avendo degli scatti spasmodici, quasi come fossero delle cariche elettriche. Questo e la reazione fisica a quegli strani suoni iniziarono a preoccuparmi.

R: Questo non è mai accaduto. Noi diamo rilevanza alle tue informazioni.
D: *Bene. Ma sono curiosa, se non ha mai avuto alcuna vita fisica sulla Terra, dov'erano la maggior parte delle sue vite?*
R: Non c'è nulla di questo formato "aveva vite".
D: *Non ha avuto alcuna vita fisica in nessun'altra dimensione?*
R: Si. Una vita nella dimensione di cui non stai parlando.
D: *Quindi non in questa dimensione. (No) In quale altra dimensione si trovava prima di venire qui?*
R: Una dimensione astrale.
D: *Questa era fisica? (No) Perché sono consapevole che ci siano altre dimensioni dove citta e persone fisiche esistono.*
R: Una pacchetto d'informazioni rilevanti faceva parte della transizione tra il bambino e la vita che uno sta accettando a questo punto nel tempo. Questo pacchetto d'informazioni è ciò che questo bambino trasporta. Lui è un corpo di luce. Lui è un corpo eterico. Lui è un corpo fisico. Ma non solo questo, lui è una frequenza multi-dimensionale che trasporta un'immensa quantità di conoscenza. Questa viene gradual-mente trasdotta, attraverso i vari livelli, fino a raggiungere una frequenza tridimensionale. Cosi, questo bambino potrà vibrare questa conoscenza in formato

vocale. In forma di spirale verso e con comprensione per coloro che stanno lavorando a questi livelli in questo momento nel tempo.

L'entità utilizzò la parola "transduttore" in diverse occasioni durante la seduta sia come un nome che come un verbo. La cercai nel dizionario dei sinonimi. Veniva definito come un apparecchio simile ad un trasformatore or come qualcosa che trasforma un'altra cosa in qualcos'altro.

D: *Ci sono molti altri che stanno facendo la stessa cosa con cui io sono entrata in contatto. (Si) E' successo all'età di tre anni or prima?*
R: Il punto di transizione, il cambiamento, ha avuto luogo in questo momento.
D: *Ma lui è nato in un fisico umano. (Si) Possedeva la conoscenza anche da bambino? (No) Prima di lui era... Cosa? (Stavo cercando di capire.)*
R: Il bambino, prima dell'esistenza e della trasformazione era una forma di pensiero transizionale percepita da altri, ma non reale.
D: *Non era solido, ne' fisico?*
R: No, era un'apparizione.
D: *Tuttavia è stato nutrito e cresciuto dai genitori.*
R: Si, visto esistere, ma in realtà no. Quindi nessuna infrazione o processo creativo venne imposto all'umanità utilizzando una struttura umana. La forma umana che vedi adesso è un processo creativo. Non è un vero processo. E' una finzione. Un'invenzione che non estenderemo in questo momento. E' una finzione.

Il corpo fisico di Robert steso sul lettino sembrava certamente reale e solido, sicuramente non era un'illusione. Speravo che prima della fine della seduta ci sarebbero stati dei chiarimenti a proposito di queste dichiarazioni.

Uno degli incidenti che Robert mi aveva chiesto d'esplorare, riguardava la sua memoria e qualcosa ch'era accaduto all'età di tre anni. Ebbe la sensazione che qualcosa era cambiato. Questo era l'unica descrizione che riteneva avesse senso.

R: La versione dei suoi occhi da bambino sono un essere difficile. La realizzazione dietro a questo è totalmente diversa

D: *Ebbe la sensazione che qualcosa si fosse risvegliato in quel momento.*
R: Un risveglio nei tuoi occhi. Fu l'accettazione di un incarico.
D: *All'età di tre anni?*
R: Alla tua età di tre anni, non alla sua. La dimensione di pensiero e ore, minuti, tempo, dimensioni, è un processo a cui dobbiamo adattarci. Spiegartelo, significa lavorare nel tuo perimetro. Quindi accetteremo ciò che stai dicendo, ma non è la vera realtà dietro alla verità.
D: *Si. Ho sentito questo molte volte, posso comprendere nel mio modo limitato, ciò che stai dicendo. Ma la scena che vide della cascata e dell'uomo, era un luogo reale, fisico dove venne portato il bambino?*
R: Questo è il punto di connessione di un portale. Questo punto di connessione porterà e l'energia ad un punto di non esistenza. Ad un punto di realtà. Ad un punto dove questa energia e il peso di questa energia erano create da esseri manifesti che sono qui per aiutare a creare un nuovo scopo. Una nuova struttura di pensiero perché l'uomo possa esten-dere ed allungare la sua mente. Questo processo non è forzato sull'uomo. Ma è stato accettato. E coloro che deside-rano lavorare con questa accettazione possono sintonizzarsi con questa conoscenza. Questa è nota come "non-conoscenza". E' una nuova conoscenza. Non è una di quelle che sono state lasciate nei portali d'informazione dalla vostra tri-esistenza. Questa è un non-conoscenza, una nuova accettazione. Un nuovo perimetro, una nuova struttura, una nuova comprensione. Una nuova sensazione e sentimento che vengono passati all'uomo. Questo bambino è seduto con questa conoscenza. Lui vibra di questa conoscenza. E sta lavorando con questa conoscenza in questo momento. Adesso, il bambino conosce pochissimo di se stesso. Non è ciò che lui sia, è ciò che lui porta che è l'importante linea strutturale da comprendere. Non ci sono molti di questi bambini su questo pianeta. Dichiariamo che nel perimetro, cinque a sette bambini stanno facendo il lavoro giusto in questo momento, per quanto riguarda l'estensione della mente.
D: *Mi è stato detto che sono venuti altri bambino che sono più o meno come dei canali d'energia, per aiutare l'umanità in questo momento.*
R: Provengono tutti da diversi aspetti dello stesso. In molti sono qui per aiutare questo pianeti in questo periodo di tempo.

D: *Quindi questo è solo un diverso aspetto?*
R: Questo è un altro aspetto. Un'altra illusione. Nel modo in cui il bambino è un'invenzione, un'energia, una possibilità un'estensione.
D: *Quindi lo spirito che è nel corpo non ha avuto nessun altra estensione fisica in altri dimensioni o pianeti?*
R: Non è corretto. Questa estensione della mente non può portarlo a questi punti, perché ciò avrà effetto sul corpo tridimensionale che è qui. Non c'è e non ci può essere accet-tazione da dove queste bambino proviene. Ciò interferirebbe con il lavoro attuale. E' cosi difficile quando questo bambino ha deciso di lavorare.
D: *Ma io sto parlando dell'anima. Sappiamo che c'è un'anima e uno spirito nel corpo che è la scintilla della vita.*
R: La scintilla di vita nel mio bambino è stata creata con l'obbiettivo creativo dietro all'umanità. Quindi se stiamo lavorando da quel punto di vista, lo scopo creativo può ricreare e dare un perimetro a questo bambino. Cosi potrà avere una sua nuova anima e perimetro di lavoro. Tenendo a mente che una nuova anima non avrà l'elasticità d'allungamento delle esistenze precedenti. Ma la programmazione, se vuoi allungare in vite, puoi estendere in vite che sono state programmate in questo bambino, ma che non hanno rilevanza. Se cerchi di regredire questo bambino, giungeresti a memorie programmate di altri individui, che non avrebbero alcuna rilevanza.
D: *Stai dicendo che questo è quello che ho scoperto essere l'imprinting?*

Per una chiara definizione di imprinting si faccia riferimento al mio libro Between Death and Life. Questo è un processo attraverso il quale i ricordi di altre vite si possono trasferire sullo spirito. Queste sono memorie che l'individuo non ha vissuto, ma che danno informazioni necessarie a permettergli di funzionare nel mondo. Tutte le memorie, anche le emozioni sono incluse in questo processo e nessuno (nemmeno l'individuo) sarà in grado di dire se sono reali o no. Queste sono molto utili se l'individuo non ha mai avuto delle vite proprie sulla Terra. Se questa e' la loro prima vita su questo pianeta.

R: Potresti dirlo cosi. Questa è la tua interpretazione. E' accettabile per noi.
D: *Ho lavorato con altre persone che lo chiamavano imprinting. Per loro erano programmi di altre vite che non avevano mai vissuto.*

R: Corretto.
D: *Quindi stiamo usando la stessa definizione.*
R: Corretto.
D: *So che per noi è difficile comprendere, perché ho scoperto che l'anima si può spezzettare in molte diverse sfaccettature. Questo è ciò di cui state parlando, non è vero?*
R: Assolutamente.

Espanderemo questo concetto nel resto del libro.

D: *Ho sempre riportato la gente a vite appropriate e rilevanti cosi che potessero comprendere cosa stesse accadendo nella loro vita attuale. Quindi stai dicendo che questo non è possibile?*
R: Non sarebbe rilevante.
D: *Bene. Vogliamo sempre sapere dove l'anima ha avuto origine. Molte persone sono venute qui come volontari per fare questo lavoro.*
R: Manifestate, create, presunte.
D: *Chi siete, gli esseri che stanno parlando, quando dite "loro"?*
R: Siamo parte del processo creativo dietro alla struttura umana. Essere umano: le origine dietro al processo creativo, la facciata dell'umanita' e il pianeta sui cui viviamo. Noi siamo parte di quel obbiettivo creativo. Facciamo parte dell'energia dietro a questo. Siamo qui adesso per re-illuminare coloro che desiderano comprendere che c'è un'altra esistenza. C'è un'altra struttura energetica verso cui muoversi. Sono cosi pochi coloro che sono pronti ad accettare i cambiamenti e la rilevanza. Cambiare è di grande rilevanza in questo momento. L'umanità sta estendendo l'allungamento dello spirito/mente fino al punto in cui l'esistenza dell'uomo non può più esistere a questo punto di frequenza energetica. Questa non è un'interferenza. Questo e' una dichiarazione dei fatti. Deve esserci un cambiamento. Deve esserci una comprensione. Ma mi bisogna procedere correttamente, con comprensione, con conoscenza, con la re-frequenza dei corpi che sono pronti per farlo. Nel farlo possono parlare e lavorare con questi livelli energetici. Questi pensieri e strutture non sono il processo dell'umanità. Sono i processi dell'impegno creativo dietro al modo in cui gli umani vennero creati.
D: *Si, questo riesco a capirlo, anche ci molti altri che no possono, perché è da molte che ci sto lavorando. Ma mi è stato detto che ci*

sono decine di migliaia di persone che hanno raggiunto il livello
che gli permetterà d'esser parte di questo cambiamento.
R: Sono in molti. Decine di migliaia sono molti pochi rispetto alle persone senza nome su questo pianeta. Decine di migliaia sarebbe corretto. Il fatto è che pochissimi portano l'energia della ragione. Molti stanno imparando la ragione, ma dire la verità dietro la ragione, questa è la ragione di questo bambino. Questa è la ragione.
D: Sapevo che erano in molti, molti coinvolti in questo, ma ne sono ignoranti. La persona non sa cosa sta succedendo. Un risveglio sta avendo luogo. In molti sono consapevoli del fatto che sta succedendo qualcosa sulla Terra. – Ma queste sono le cose di cui lui voleva venire a conoscenza: cosa accadde quando aveva 3 anni.
R: Il bambino sa esattamente cosa accadde, quindi non abbiamo bisogno di dare ulteriori informazione a proposito.
D: Beh, aveva qualche domanda a proposito.
R: Il bambino ha tutte le risposte. Le ha sempre tutte.

Un ricordo che disturbava Robert fin dal'eta' di tre anni, e che non aveva senso, riguardava il ricordo di essere su una spiaggia guardando un burrone. Vide ciò che riteneva i suoi "veri" genitori mentre lo abbandonavano risalendo quel burrone. Disperato, piangeva ed urlava perché ritornassero e non lo lasciassero là. Mentre ricordava questi ricordi dal punto di vista di un adulto, non aveva alcun senso perché questa gente che chiamava i suoi "veri" genitori non erano i suoi genitori biologici che lo avevano cresciuto. Ecco perché voleva esplorare queste memorie.

R: (Sospirando) Siamo pronti ad accettare che il bambino non riceverà questa informazione. Devi accettare e noi dobbiamo accettare che a questo punto estendere il bambino verso il punto da dove proviene, non gli permetterà di vivere e dimorare nella dimensione in cui si trova. Ci sono frequenze energetiche che sarebbero completamente non-conduttive nella cornice in cui si trova. Lavora pochissimo con queste energie, ma lo influenzano moltissimo. Questa era la scelta. Questo è ciò che ha accettato quando il bambino è venuto per fare questo lavoro. I perimetri dietro a questo creeranno degli scompensi di deformità nelle sua struttura fisica. Questo dev'essere accettato. Un obbiettivo non-correzionale verrà applicato, ma non funzioneranno mai correttamente o fisicamente. Il suo corpo soffrirà moltissimo per quanto riguarda l'energia che porta. Non possiamo discutere lo scopo dietro al luogo della sua provenienza. Per la semplice ragione che: l'energia che lui è, non è l'energia e realtà dietro al luogo da cui proviene. Questa creerà molta confusione per coloro che stanno cercando di comprendere la verità.

D: *Mi è stato detto che l'intera energia creativa non può entrare in un corpo umano. Sarebbe impossibile. Quindi questo è solo un frammento?*

R: Questo è un frammento. Il bambino ha ricevuto un frammento di questa realtà.

D: *Quindi ritenete che parte della conoscenza di cio che accadde quando aveva tre anni è per lui pericolosa?*

R: La conoscenza dell'esistenza precedente da cui proviene, l'energia da cui è venuto, non sarebbe conduttiva per il suo elemento fisico. Può avere questa conoscenza quando è fuori dal suo elemento fisico, che non c'è in questo momento. Quindi non gli è permesso avventurarsi all'esterno. Questo fa parte del doloro che deve sopportare. Lo sapeva quando accettò questo lavoro. Lui che è la struttura energetica, sapeva che non sarebbe stato in grado di connettersi con l'energia della vita da cui proviene. C'è sono un portale dell'accettazione che glielo permette. Abbiamo visto il punto d'entrata. L'unico momento in cui quel punto d'entrata può essere accessibile è al punto del decesso. Come e quando questo bambino lascerà questo pianeta, allora verrà raccolto. Non passerà attraverso i normali tubi di parallelo, che lo forzeranno a tornare in una non-frequenza d'accettazione. Siamo molto consapevoli a questo punto, quando uno spirito terreno passa alla quarta dimensione, c'è un tubo. Dentro a questo tubo c'è una luce stupenda. Ma distribuite all'interno di questo tubo ci sono molte esperienze che vi possono portare e trascinare verso estensioni dello spettro luminoso che non sono per voi favorevoli. Sono state create da basse frequenze astrali. Il bambino non avrà alcuna rilevanza con questi. Non dovrà proiettare se stesso attraverso questi processi. Il bambino è rinato nella luce, ed è ben conscio del lavoro che deve fare. E' stato spinto con questo lavoro.

D: *Quindi ritenete che fare domande per la sua curiosità, relative all'evento di quando aveva tre anni non sia bene.*

R: No. La verità è lì. Ciò che accadde è dal punto in cui gli è permesso ricordare. Non gli vera' mai dato nulla prima di allora.

Non avevo alcuna intenzione di rinunciare. Provai nuovamente a raccogliere ulteriori informazioni per Robert.

D: *Era solo curioso di questi ricordi d'aver visto i suoi veri genitori che lo abbandonavano.*

R: Vere energie rimaste in forma umana. Nel momento in cui era in una forma umana, le energie crearono una forma umana per lui da vedere, per loro da vedere, per voi da vedere, che questo cambiamento ha avuto luogo. Cosi in bel momento ebbe luogo una sospensione dell'anonimità.

D: *Quindi era solo qualcosa che gli permettesse di ricordare.*

R: Questo è corretto.

D: *Queste sono memorie sicure.*

R: Che proviene d'altrove, e non da qui. C'è amore da condividere in abbondanza se e quando il suo lavoro è finito ma in questo momento è tutt'altro che finito.

D: *Si, capisco. Ma sapete che è difficile per l'umano quando si sentono abbandonati. Si sentono molto isolati e diversi dagli altri umani.*

R: Ricordati che ciò di cui stai parlando ora è non-fisico. Ma il corpo fisico che stai guardando, in questo momento, è fisico e soffre molto attraverso il lavoro e gli equivoci di coloro con cui lui interagisce nella forma fisica mentale.

Robert disse che da bambino aveva febbre alta e problemi fisici che i dottori non potevano spiegare. Era vicino alla morte in multiple occasioni, e passò molti giorni in ospedale mentre cercavano di controllare la sua febbre e comprendere cosa gli stesse succedendo. Fino ad ora i suoi genitori non avevano ricevuto alcuna spiegazione.

R: Aveva a che fare con la transizione e trasduzione delle energie che si stanno focalizzando. Ci sono molte persone che sono come delle lenti d'ingrandimento per l'energia. Quando bambino è uno di loro. Lui è un curatore dell'energia, ma la passa agli altri. Lui è un formattatore. E' un comprenditore. E' un trasduttore. E' come un fusibile che trasmette l'energia da un punto all'altro. Non se ne rende conto spesso. Questo ha un enorme effetto sul suo corpo fisico umano. Comprende che la maggior parte di questa energia non è sua. E' un'energia condivisa. E' una trasduzio-ne da un portale ad un'entrata fisica, verso l'umanità fisica.

D: *Questo è ciò che causò le febbri e i problemi fisici che ebbero luogo in quei primi anni?*
R: Fu una lezione per imparare a gestire le energie. Era il punto nella sua vita dove doveva svegliarsi a chi fosse veramente. Altrimenti avrebbe dovuto lasciare il pianeta. Non ci sarebbe stata alcuna ragione di restare.
D: *Doveva adattarsi a... cosa? Un aumento nell'energia?*
R: O adattarsi o andarsene! Fatto! Cosi com'è! Adattamento o espulsione! Non c'è rilevando i nessuno delle due opzioni.
D: *Quindi sarebbe stato un aumento delle frequenze in quel momento?*
R: Si, o un'uscita! Allontanamento dall'umanità. Tornare in dietro e permettere ad un'altra energia di fare il lavoro correttamente.
D: *Disse che fu molto traumatico e non riuscivano a capire cosa gli stesse succedendo.*
R: Incredibilmente, era troppo da sopportare per un'energia fisica. Il bambino deve andare molto oltre la sopportazione. Per essere in grado di poter gestire le energie a livello fisico, devi essere portato al punto limite della sopportazione. Comprendere questo è il punto di non ritorno. E' considerato il test del tempo. Sta imparando che il pianeta è della fisicalita'. Questo bambino ha una forza immensa molto superiore a molti altri. Deve ancora comprendere il vero senso e scopo dietro ciò che deve completare. C'è molto lavora da fare. Molte di questo lavoro sarà nel fisico, ma altrettanto sarà fatto a livello subliminale e super-conscio.

La voce stava influenzando la cassetta. Aveva un tono molto basso ma adesso stava diventando più pronunciata, come un segnale elettronico che iniziava ad interrompersi. Alcune delle parole erano astruse e sembravano innaturali. La mia voce nella registrazione era rimasta uguale, solo la sua era distorta. Non me n'ero accorta durante la seduta. Divenne evidente solo ascoltando la cassetta. Mi è successo molte volte, che l'entità avesse influenzato il mio sistema elettronico in qualche modo innaturale.

D: *Ma adesso si è adattato. Non ha più febbre e altri dolori fisici che aveva in passato.*
R: Ha altri dolori. Questi è fraintendimento di forme d'energia.
D: *Disse che erano nella schiena e sulla gambe.*
R: Questi sono punti energetici della nuova energia.
D: *Quindi c'è un altro aumento dell'energia?*

R: Questo è corretto. Questo è stato spiegato al bambino. Non accetta. Accetterà. Ce lo aspettiamo.

Inaspettatamente Robert esalò un gemito acuto ed iniziò ad avere forti convulsioni. Non me l'aspettavo e mi prese di sorpresa.

R: Il suono è l'unico modo di programmare ed accettare.

Apparentemente questa era la ragione per la sua strana reazione.

R: Il suono è una nuova programmazione creativa. Accetta. Accetta. Siamo pronti ad accettare che i nuovi limiti sonori che stanno creando una base curativa su questo pianeta, saranno una formula per gli esseri umani di accettare la sofferenza che sopportano. Questo bambino si sta orientando verso il lavoro con il suono. Il suono gli permetterà di pirolizzare il suo corpo. Di ri-accedere. Di re-imparare come sviluppare i limiti dell'energia che porta. Il bambino adesso lo può fare.

D: *Con suono, intendete dire la voce umana o la musica?*

R: Con la musica. Il bambino sta lavorando con la musica. Dispensando musica, cantando e producendo musica. Inoltre lui e' coinvolto nel suono. Con persone che lavorano nell'accordatura del suono. Risonanze sonore, frequenze, suono, colore, estensioni.

D: *E' tutto molto importante perché le frequenze della musica influenza il corpo umano. Sarebbe meglio se potesse fare questi cambiamenti energetici senza disagi fisici.*

R: Si, sarebbe molto meglio, ma il corpo non conosce i suoi limiti finche non li raggiunge. Questo è il punto. Questo è il processo educativo. Perché il corpo umano cambi, bisogna comprendere che gli elementi scelti dagli umani, non erano d'imparare attraverso l'amore, ma imparare attraverso pressione ed energia. Pressione ed energia creano un'espul-sione d'energia indesiderata che, alla fine, crea dolore. Quindi il dolore e' il punto educativo. Il dolore è il punto evolutivo e s'estende al punto di comprensione. Quindi il dolore e' il punto educativo.

La voce di Robert cambiò e divenne emotiva, stava per piangere. Ciò che veniva detto aveva un effetto su Robert e quella parte umana stava prendendo il sopravvento sull'entità.

R: Quindi il dolore è il punto in cui il bambino raggiungerà il punto di sopportazione e poi avrà la capacità d'insegnare agli altri come farcela.

Adesso Robert stava piangendo. Provai ad ignorarlo invece di preoccuparmene. In questo modo sarei stata in grado di parlare con l'entità e mantenere soppresse le emozioni di Robert. Inoltre il mio lavoro è sempre quello di eliminare il dolore, non di prolungarlo o giustificarlo.

D: *Ma noi non vogliamo alcun dolore, perché il dolore porta disagio al corpo.*
R: Si, corretto. (L'entità era ancora in controllo)
D: *Quindi possiamo farlo in modo più semplice?*
R: No, non in queste circostanze. Questo e' cio' che deve succedere: gestisci il punto del dolore. Ha scelto questo elemento, questa frequenza, questo ciclo di duemila anni per svilupparsi attraverso l'energia del dolore verso l'evoluzione di un altro corpo. Questo e' come gli uomini hanno scelto di imparare. Adesso ci stiamo spostando in un nuovo processo in un ambiente d'amore dove la sofferenza sarà perdonata. E verrà permesso all'amore d'essere la frequenza d'esposizione come e quando arriveranno nuove esperienze. Ciò che deve aver luogo è un'accelerazione in cui all'uomo è permesso di trasdurre tutta la sofferenza che ritiene e rimuoverla. Quindi, i nuovi sentimenti e sensazioni elementari dell'amore possono essere riportati nella quarta e terza. Ecco come sta avendo luogo. Viene dimostrato attraverso questo ciclo di esperienze di questo dolore del questo bambino.

Il cambiamento del corpo umano perché possa esistere nella Terra Nuova vera' discusso ulteriormente in questo libro.

D: *E' il DNA del corpo che viene influenzato?*
R: Absolutamente.
D: *L'ho sentito anche da altre persone. Dicono che e' un sicuro aumento delle frequenze.*
R: Si, assolutamente.
D: *Ma vorrei che abbia luogo con meno disagio per questo corpo.*

Ero determinata ad alleviare il disagio del corpo di Robert anche se stavo incontrando molta resistenza da quell'entità cocciuta.

R: Inizialmente comprendi che non c'è solo la sofferenza. Mentre impari, il dolore continua a diminuire. Il dolore non è necessariamente in funzione del dolore. Il dolore è il processo evolutivo del conoscere. Se impari molto, il dolore si manifesta attraverso l'utilizzo del cervello. Il dolore ha luogo perché c'è da lavorare duro. Il doloro si manifesta perché si ama troppo o si vive troppo. Questi sono i processi attraverso i quali l'uomo scegli di evolvere.

D: *Si, fa tutto parte delle nostre lezioni.*

R: L'uomo sta ricevendo un punto di partenza, ma deve conoscere i propri perimetri. Deve comprendere che questi punti di partenza sono delle realizzazioni. Bisogna rimuovere il vecchio per procedere con il nuovo. E' ora di fare pulizia. Dobbiamo lavorare con questo. C'è bisogno di discepoli di questo periodo di pulizia. Questo bambino è uno dei sette discepoli a questo punto e sta facendo uno specifico lavoro che aveva scelto di fare. Lui è il primo che incontrerai. Ne incontrerai altri. Adesso hai lavorato con questa energia. Attrarrai questa energia altre volte. Non saranno soggetti difficili con cui lavorare. Questo bambino è stato programmato con elementi che non gli permetteranno di ritornare al luogo da cui proviene. Era il corpo di luce in cui aveva scelto di entrare. I corpi di luce con il prossimo bambino con cui lavorerai ti permetteranno di tornare allo scopo dietro al bambino. E all'energia da cui provengono. Adesso ne incontrerai un altro. Lo attrarrai te, perché sarai interessata a sapere cosa c'è dietro a questo scopo. Non lo saprai questa volta.

D: *So che una parte dello scopo ha a che fare con la creazione del nuovo mondo, e lo spostamento verso un'altra dimensione attraverso il cambiamento di frequenza e vibrazione. Ho già ricevuto questo tipo d' informazione.*

R: Si, è cosi. Ti allungherai sullo spettro di queste informazioni. Ricordando che la frequenza di queste informazioni ti permetterà di risonare in diverse direzioni. Come apprezzerai mia cara signora che lavora cosi bene e duramente, ti porti pochissimo dell'esperienza che hai. E l'energia che porti a livello non-fisico, è l'immensità dietro al lavoro che sei. Bambina mia, sei da ringraziare. Ma il tuo elemento fisico porta cosi poco e il fatto che questo elemento fisico porta cosi poco è ciò che stai portando, non chi sei.

D: *L'energia dietro a tutto questo.*

R: Non solo le energie, ma le energie attaccate a quell'energia. Ci vuole tempo per poter accumulare quelle esperienze parallele. E' come il pesce nella rete mentre si tirano le reti a bordo. Gradualmente si vede il pescato mentre lo si scarica a bordo. Ma bisogna acquisire forza per poter tirare le reti a bordo. Quindi, il peso della conoscenza che ci portiamo dentro a quella rete, si sentirà solo se e quando la persona ha acquisito la resistenza o ha ricevuto uno scopo. Tu stai accumulando quelle informazioni. Hai accettazione dietro a chi sei e cosa sei bambina mia. Inoltre hai un'accettazione molto superiore, relativa alla tua scelta di venire e lavorare su ciò che stai facendo. Fuori dal tuo elemento fisico, ti verrà dato moltissimo. Ma nel tuo elemento fisico ricevi cosi poco. Infatti, ricevi cosi pochi ringraziamenti in relazione a ciò che fai a cosi tanti livelli. Ma quei pochi ringraziamenti che ricevi sono veri. Ciò che ti aspetta, in verità, è dietro di te da ciò che hai lasciato. Allo stesso modo con questo bambino venite tutti dallo stesso scopo. Ce ne rendiamo conto tutti. Questa spirale di coscienza, proviene da un'altra spirale che è provenuta da un'altra spirale, che è provenuta da un'altra spirale. E' l'allungamento di un processo che non è possibile comprendere nelle dimensioni in cui ti trovi. Ma ti è stato dato molti più di quanto tu abbia mai ricevuto in passato. Ti è stata data la capacità di comprendere, se questo è il punto.

D: *Il mio lavoro è cercare di aiutare gli altri a capire e presentare le cose in modo che possano capire ed accettare.*

R: Stai dicendo moltissime parole che hanno pochissimo significato in questo momento. Ma la risonanza dietro a queste parole è il vero significo. Un allungamento dietro a ciò che è questa energia. Ci sono molte visioni e proiezioni che abbiamo quando parli, ma non riesci a parlarne. Ma ciò che fai realmente con le parole è trasduzione, trasporti questa energia verso le persone. Quindi, la struttura cellulare ritiene ed assorbe un'energia a loro conduttiva; questo gli permet-terà di muoversi. Ci sono cosi tante persone che fanno cosi poco. Ci sono moltissime persone che fanno tantissimo.

D: *Quindi ricevono la risonanza ad un altro livello, diverso da quello che stanno leggendo nei libri.*

R: Assolutamente, bambina mia. I tuoi libri hanno una risonanza. Devi solo farli tuoi perché abbiano la risonanza, la proiezione delle loro informazioni, della loro energia

D: *Quindi la gente riceverà più di quanto non riceveranno leggendo le parole sulle pagine?*
R: Sentiranno l'ispirazione. Toccheranno e sentiranno i libri e sentiranno la necessità che c'è qualcosa dentro a quel libro. Potrebbe essere una frase. Potrebbe essere un'idea, potrebbe essere un'intuizione. Potrebbe essere un'estensione. Potrebbe essere la proiezione d'averlo già sentito, che estenderà loro una frequenza di pensiero completamente nuova. Che gli permetterà di trasdurre, di accettare una nuova spirale d'informazioni. Si tratta di questo. Tu, noi, siamo i curatori di questa nuova forza. Ma la forza non è la tua destinazione, è la tua origine, ciò da cui provieni. Per molti è ora di finire. Per molti altri è ora di iniziare. E' ora di un cambiamento evolutivo. Un ciclo è appena iniziato.
D: *Questo è ciò che ho sentito, non tutti riusciranno a completare la transizione.*
R: Corretto. Quelli che sono pronti, saranno quelli che saranno in grado di comprendere fisicamente almeno il 10% di dove stanno andando. Dovranno guadagnarselo.
D: *Gli altri non comprenderanno ciò che sta succedendo e saranno molto confusi.*
R: Potrebbe essere che durante gli ultimi cinque minuti della loro vita, saranno trasportati o riceveranno le informazioni a livello fisico, cosi riusciranno ad avanzare. Avranno lavorato a livello subliminale. Negli ultimi momenti della loro vita lo riceveranno a livello fisico. Quindi, avranno l'energia di proseguire e attraverso gli insegnamenti di comprendere che quando si proiettano nel tubo della conoscenza, quando si estendono da una esistenza all'altra, non si sposteranno nella quarta dimensione. Ritorneranno alla proiezione, al punto energetico da dove si erano distaccati.
D: *Cosa succederà alle persone che si rifiutano di comprendere?*
R: Ancora, la scelta è l'equalizzante e liberalizzante dell'uomo.
D: *Verissimo. Abbiamo il libero arbitrio.*
R: Esattamente.
D: *Quindi non proseguiranno nella transizione.*
R: Non questa volta! Il tempo è l'elemento della vostra frequenza.
D: *Si, lo so, il tempo è un'illusione, ma ne siamo intrappolati. Dobbiamo utilizzarlo.*
R: Nella loro esperienza, sarà il loro tempo. Nella tua esperienza, non sarà nulla. Dove "tu" è colui che è passato ad un'altra esperienza. Sarà come (una transumanza) se tu stessi aspettando di riunire il

tuo gregge, per poterlo trasferire a nuovi pascoli. Se dovessimo accettare che le scintille divine della coscienza umana si fossero distaccate dall'Un livello, se questa fosse un'idea accettabile; voi vi siete divinamente distaccati in scintille d'individualismo. Quindi, state lavorando ed evolvendo in uno stato di coscienza. Quando vi siete evoluti in questa coscienza, avete creato la densità di frequenza di questo pianeta. La densità di frequenze dell'energia della conoscenza che sono oltre a questo pianeta. La vita, la morte, la vita, la morte. La densità di frequenza, il karma, le informazioni attorno a questo. Il punto in cui lasciate questo punto e tornate alla vostra singolare frequenza multi-dimensionale, allora aspetterete che il gregge si raccolga. Potrebbero volerci millenni. Ma il punto è che quando aspettate che il vostro gregge si raccolga, siete in un abisso di amore e accettazione totale. Riceverete esattamente ciò di cui avete bisogno per godervi ciò che siete.

D: *Si, ho sentito dire che è stupendo. Sarà totalmente diverso. Inizialmente pensavo che fosse crudele che gli altri non fossero in grado di venire nello stesso periodo. Che venissero lasciati in dietro.*

R: Non è cosi, per niente. Non è che dovete andarvene; corpi, come ciò che il bambino ha sperimentato, sta sperimentando, l'estensione delle emozioni di lasciare una famiglia fisica. Ciò che lui ha realmente lasciato è una famiglia fisica della dimensione da cui proveniva. Gli manca l'amore. Ma comprende che non può tornare in dietro. Sono millenni che continua ad andare e tornare, che comprendere come funziona il pianeta. In questa occasione ha deciso, o meglio gli è stata data la scelta di venire e lavorare con il pianeta. Di trasdurre e raccogliere il gregge. Se dovessimo provare a metterla in una proiezione di pensiero, questo bambino è il discepolo di nuova conoscenza. Questo bambino verrà decorato dalle informazioni condivise da questa voce. Questo bambino non lavora con il karma. Si è allontanato dalle frequenze energetiche della spirale delle frequenze karmiche e dalla terza e quarta dimensione.

D: *Perché si sa che col karma si può rimanere intrappolati nella frequenza terrena.*

R: In questo momento stai parlando ad uno scopo autorevole privo di karma. Elimina ogni forma di pensiero da questo. Va al di sopra.

D: *Quindi lui è qui solo per servire questo scopo e poi tornerà alla dimensione da cui proviene?*

R: Esattamente. Vivrà una vita umana normale. Durante questa vita umana completerà il suo scopo, ma ha delle influenze. Può essere attirato in uno scopo tridimensionale.

D: Si, è molto difficile vivere in questo mondo e non rimanere intrappolati.

R: Se rimane intrappolato in uno scopo tridimensionale, verrà estratto nuovamente.

D: Perché è cosi che si crea il karma. Siamo qui per imparare delle lezioni.

R: (M'interruppe) Questo argomento inizia ad irritarci. Qui, adesso, il karma non ha nulla a che fare con questo. Non saremo rudi con te. Per favore possiamo discutere queste informazioni altrove?

D: Certo. Volevo solo chiarirlo per il suo bene, perché lui ne era preoccupato.

R: Precisazione accettata. Il bambino conosce tutte le risposte.

D: Ma la sua mente cosciente no. Stiamo cercando di trasmet-terlo alla mente cosciente.

R: Ti ringraziamo per lavorare con la sua mente cosciente. Sarebbe meglio se lavorassi con le informazioni che ti servono. Il bambino ha tutte le risposte. Non hai alcuna necessità di fare queste domande. Tutte le domande che ti ha fatto, lui ha tutte le informazioni necessarie. Sarai in grado di lavorare dal quella posizione. Ti è stato detto che lavorerai con queste persone. Prima o poi succederà, c'è bisogno che succeda. Ma bisogna attendere ancora. Arriverà il momento giusto.

D: Le altre persone con cui ho lavorato che chiamiamo "star children" (bambini delle stelle), o quelli che stanno arrivando, non hanno tante difficolta quante ne ha Robert.

R: Stiamo ripetendo vecchie informazioni, ma lo ripeterò: (sembrava frustrato), in questo punto di tempo, il periodo transizionale tra la frequenza dell'amore e l'esperienza energetica delle strutture mentali dell'uomo è esteso dal dolore. Il punto di transizione in cui l'uomo può avanzare oltre le esperienze evolutive imparate attraverso il dolore, verso le esperienze evolutive imparate attraverso l'amore deve essere ampliato attraverso degli individui esemplari. Bisogna dimostrare il punto d'avanzamento e trasferimento da una parte all'altra. L'unica maniera per farlo è di arrivare a quel punto ed imparare a spostarsi dal punto finale della spirale fino alla successiva estensione dell'espressione. Quindi, i discepoli che arrivano hanno bisogno di comprendere dov'è quel punto. Il punto del balzo. Il punto in cui vi incontrare a metà del ponte. Il punto in cui comprendete che è ora di amare. (Deliberatamente) Riesci a capire il senso?

D: Si. Credo che gli altri a cui ho parlato probabilmente non sono della stessa frequenza. Ma sono venuti come volontari per aiutare il mondo.

R: Stanno lavorando sul livello delle frequenze che si stanno spostando verso questo punto. Questo non significa che questo livello di frequenza sia superiore o inferiore. Fanno parte della pietra miliare. Fanno parte dei gradini verso il punto all'apice della piramide. L'apice della piramide è il punto dove il bambino è pronto per riportalizare se stesso. L'estensione dell'energia spirituale mentale sara' al punto in cui gli verra' permesso di estendersi verso lo scopo da cui provenivano. Dopo di che ricercare un'esperienza in cui il gregge si è riunito.

D: *Ma avete una minima idea della difficoltà di comprendere tutto ciò per una persona ordinaria.*

R: Una persona ordinaria ha tutto il tempo del mondo, ma il tempo sta accelerando. Quindi l'aspettativa sta accelerando. Quindi la ristrutturazione del DNA sta accelerando. Quindi anche la vibrazione della frequenza sta accelerando. Tutto sta accelerando. Anche il dolore accelererà e sarà esteso fino ad un certo punto. Ancora, il dolore non è solo relativo al sangue. E' anche dolore relativo ad ogni forma d'evoluzione pianificata. La sopportazione dell'uomo di evolvere.

D: *Mi hanno detto che stiamo gestendo il karma sempre più velocemente, perché stiamo provando ad adattarci a queste frequenze per andarcene.*

R: Questo è corretto. Stiamo scaricando informazioni attuali, strutture energetiche di pensiero che sono con noi da molte millenni. Arriva il punto in cui la gente ha il permesso di scaricare, ripulire e gli può uscire dal ciclo karmico. Nel momento in cui possono uscire dall'influenza del ciclo del karma, allora possono lavorare con la spirale d'informazioni che gli permette d'uscire, e tornare alla frequenza da cui provengono. Parole semplici. Difficili da gesti. Saranno gestite e funzioneranno.

Sembrava frustrato perché doveva spiegare semplicemente e metterlo in parole che potessi comprendere, ma finalmente iniziava ad avere un po' di senso.

D: *Mi hanno detto che molti di questi concetti sono molto difficili da comprendere per le nostre menti. Ecco perche non abbiamo ricevuto queste informazioni prima d'ora.*
R: Accettato.
D: *La mente umana fisica non ne è in grado.*
R: Questo è corretto.
D: *Quindi mi hanno sempre detto di presentare le informazioni in modo che la gente riesca a comprenderle.*
R: Questo è corretto e lo stai facendo.
D: *Ma le informazioni che mi state dando sono molto più complicate.*
R: Esattamente, perché stai chiedendo delle risposte.
D: *Continuo a pensare che sarà difficile per alcune persone riuscire a capire. Questo è il problema.*
R: La gente, adesso, capirà. Perché il loro scopo evolutivo, la loro frequenza energetica fisica gli permetterà di accettare questo scopo. Questo è ciò che stiamo cercando di dire. Abbiamo mandato sette discepoli su questo pianeta. Due si allungano, due si stirano. Ci sarà un tre e ci sarà un quattro. Arriverà il momento in cui s'incontreranno tutti. Ma il tre non conoscerà il quattro, e il quattro non conoscerà il tre. Il primo ha già incontrato l'altro. Il primo dei tre sono al punto d'incontrarsi.
D: *Ma non incontreranno mai gli altri quattro.*
R: Esattamente.
D: *Lavoreranno in altre zone.?*
R: Corretto.
D: *Ma io ne incontrerò alcuni?*
R: Esatto. Quando li incontrerai, in senso fisico non dovrai dire loro nulla degli altri. Puoi parlargli subliminalmente ma non fisicamente. Altrimenti interferirà con l'energia. Perché stanno portando le stesse energie, ma stanno utilizzando diverse formule. Dobbiamo ricordare che anche le origini etniche sono diverse. Hanno energie diverse, quindi energie degli emisferi sud, east, ovest e nord non sono perfettamente conduttiva tra di loro su questo pianeta. Quindi non devi dire nulla.
D: *Quindi avranno razze e culture diverse.*
R: Diverse culture è meglio che razze. Potrebbero parlare la stessa lingua, ma i ponti culturali saranno diversi.
D: *Quindi quando li incontrerò lo saprò?*
R: Lo saprai.
D: *Lo saprò in questo modo, nella trance?*
R: Lo saprai immediatamente.

D: *Perché è dove di solito ricevo queste informazioni.*
R: Assolutamente corretto. Quindi, lo saprai immediatamente quando incontrerai uno degli altri. Lo saprai subliminalmente anche prima di vederli.
D: *Ma non dovrò metterli in contatto tra di loro.*
R: Corretto. A meno che non ti venga richiesto.
D: *Mi hanno detto la stessa cosa a proposito di altre informazioni. Ho conosciuto persone che lavorano sulle stesse invenzioni e mi avevano detto di non farli incontrare in quel momento.*
R: Corretto. Energie interferiscono con energie. Ciò che hai è una connessione attraverso una forma di pensiero subliminale che è connessa attraverso una spirale energetica. Se connetti l'uno all'altro, puoi fonderle tra di loro e diluire le informazioni. Sai esattamente cosa stiamo dicendo, quindi una diluzione non sarebbe conduttiva allo scopo della struttura di pensiero collettiva dietro a queste energie. Cosi, introdurli tra di loro per fare lo stesso lavoro, creerebbe confusione. Non dimenticare, che se e quando un'invenzione è pronta, c'è bisogno che abbia luogo in molti modi diversi. Quindi l'energia è pronta a livello subliminale, cosi che quando la coscienza accetta, il subliminale è già pronto. Cosi è ben stabilizzato.
D: *Ho incontrato un uomo in California e poi dall'altra parte del mondo in Australi, ne ho incontrato un altro che stavano lavorando sulla stessano invenzione. Quando erano nello stato di trance, mi hanno detto che sarebbe stato come due onde oceaniche indipendenti, ma se si fossero unite sarebbe solo un'onda e perderebbe il suo – cosa? – la sua energia o la sua potenza.*
R: Questo è corretto. Questa è una metafora perfetta in relazione al vostro linguaggio tridimensionale. Inoltre, molto presto, se non immediatamente, lavorerai con risonanze sonore totali.
D: *Ho incontrato persone che stanno lavorando nella professione medica che stanno provando ad introdurre la guarigione naturale.*
R: La tua mente si estenderà ulteriormente in questo pensiero. In questo punto di tempo stai ricevendo una proiezione di energia trasdotta verso di te. Sarai in grado di descriverlo. Lavorerà con te a breve.
D: *Altri clienti mi hanno detto di voler lavorare con il suono ed il colore. Questo sarà il nuovo metodo di guarigione.*
R: Il colore viene prima del suono.

D: *Prima del suono.*
R: Il colore viene prima del suono. Il colore fa risuonare il suono e questo riverbera energia. Poi questo genera strutture di pensiero come frequenze. Il colore viene per primo. Lo spettro del colore riverbera il suono.
D: *Quindi lavorano in tandem.*
R: Funziona in totale allungamento ed estensione. Ciò su cui non stiamo lavorando in questo momento, è che ogni particella, frequenza elementare del corpo umano, riverbera ad uno specifico livello sonoro. Il DNA, la struttura cellulare funzionano con risonanze sonore. Ecco perché veniamo programmati con strutture di DNA completamente nuove. Quindi, frequenze sonore possono essere proiettate e protette verso le strutture di pensiero umane. Quindi, saremo in grado di accettare nuove frequenze che saranno trasdotte attraverso il suono. Attraverso il suono dei cerchi nel grano, attraverso imprints, attraverso intonazioni, attraverso frequenze sonore. Queste sono tutte intonazioni di colore e suono. Stanno arrivando densissime, sono molto affluenti. Inoltre stiamo ricevendo l'elemento dell'introduzione della conoscenza a livello tridimensionale. Come comprendere e lavorare con questo, cosi che le malattie umane possono manifestarsi ed essere create in strutture positive, piuttosto che vivere e morire con queste malattie per comprendere che energie portano queste malattie. Le malattie sono informazione. Ma se il corpo non ha le informazioni per queste malattie, allora crea il decesso. E' una struttura davvero interessante a cui pensare che la malattia è un'energia importante non un'energia negativa.
D: *Mi è stato detto che il corpo diventerà più resistente alle diverse malattie.*
R: Il corpo diventerà più resistente alle diverse malattie solo se lo scopo creativo delle strutture di pensiero dietro al corpo è pronto a diventare resistente. Se lo scopo creativo delle strutture di pensiero all'interno del corpo è totalmente tridi-mensionale, allora le malattie faranno il loro normale corso. Ameno ché non venga creata l'introduzione di nuovi livelli.
D: *Mi hanno detto che stanno cercando di rendere il corpo più resistente e di allungare la durata della vita.*
R: Questo è totalmente corretto.
D: *Perché stiamo entrando in una dimensione, frequenza totalmente diversa di quelle in cui siamo mai stati prima.*

R: Questo è corretto. Non siamo assolutamente mai andati oltre a questo punto nel tempo, per lo meno in una cornice di comprensione umana. Questa è la prima. Non comprendi l'importanza di questo nuovo livello di lavoro. Questa è la prima volta che viene introdotto a questi livelli sul pianeta Terra.

D: *E' forse questa la ragione per cui mi hanno detto che l'intero universo ci sta osservando, per vedere cosa accadrà?*

R: Questo è corretto.

D: *Ma prima dobbiamo passare attraverso questo presente.*

R: Questo è corretto.

D: *Ecco perché lo chiamano il "Tempo delle Tribolazioni" (da Nostradamus nel mio libro sulle sue predizioni).*

R: Praticamente, il Tempo delle Tribolazioni è il karma del mondo che raggiunge il punto di trasduzione. Il mondo è un'entità vivente, che respira e che create se stessa nel mondo. L'umanità è solo un granello di sabbia sulla spiaggia del mondo. Facciamo tutti parte della transizionalizzazione, dello scopo. Un'energia completamente nuova che sarà estesa al sistema planetario. Molti altri pianeti sono qui per aiutare. Non sono qui per comandare o controllare. Sono qui per aiutare.

D: *Ti credo, perché tanti altri me l'avevano già detto. So anche che il pianeta è un'entità vivente, perché anche questi sono concetti che ho già ricevuto. Quindi state rinforzando parte delle stesse informazioni.*

R: Assolutamente corretto. Riceverai moltissime informazioni. Tu ti meriti tantissimo, grazie al lavoro che stai conducendo. Le benedizioni che riceverai sono benedizioni d'amore totale.

D: *Quindi posso avere il permesso d'utilizzare le informazioni ricevute oggi?*

R: Assolutamente. Queste informazioni sono del popolo. Non sono informazioni per l'individuo. E Robert comprenderà che i dolori sono dolori del lavoro che ha scelto di completare. Questi dolori, quando saranno compresi, saranno accettabili, sopportabili. Il lavoro che deve fare è dietro ai dolori. E i doloro sono dietro al lavoro che deve fare. Fanno tutti parte dell'impegno che si è preso. Fanno tutti parte dello scopo procreativo dietro al lavoro e all'energia con cui il bambino ha deciso di lavorare. Nulla potrà mai interferire con questo. Questo gli è stato detto. C'è anche un altro scopo che ti deve essere esteso in questo momento, perché stai per incontrarlo.

D: *Qual'è?*

R: Questa sera ti sono state date informazioni relative a strutture di transizionalizzazione dell'essere umano totalmente nuove. Questo è lo scopo dietro ad alcuni esseri umani che saranno totalmente diversi da ciò a cui sei abituata. Ciò che sta succedendo adesso, qui è che ci sono esseri umani in forma fisica ma hanno un'impregnazione animica impossibile da leggere. Questo bambino seduti qui, oggi, non si può comprendere a livello psichico, a livello rabdomantico, non lo si può leggere a nessuno livello. Perché sappiamo benissimo che su questo pianeta, una volte letto ti si può accordare ed influenzare facilmente. Quel livello di frequenza è stato rimosso. Non lo si può leggere. Quindi se lo leggi a livello intuitivo, riceverai uno scopo ambientale diverso. Dolores, tu personalmente non ci riuscirai perché il tuo scopo è un livello di evoluzione. Il livello del tuo corpo di luce è quello di bellezza ed amore. Coloro che non stanno sopportando a quel livello, non saranno in grado di sintoniz-zarsi con lui, e con molti altri come lui che lavorano su questo. Adesso inizierai a comprendere che ci sono due differenze qui. Ci sono quelli che possono essere sintonizzati e quelli che non possono.

D: E' una forma di protezione.

R: Questo è corretto. Una protezione subliminale che è stata ordinata. Quindi ciò che sta realmente accadendo è che il bambino non è coinvolto nel processo evolutivo karmico.

D: E' importante che sia protetto.

R: Questo è importante, è stato protetto. Questa sera è anche un processo educativo per te, perché io credo che inizierai a sperimentare questo scopo sempre di più, perché hai invitato a te questa energia. E l'energia ha invitato se stessa.

D: Incontrerò altre persone di questo tipo.

R: Si, sarà cosi. Non essere perplessa.

Mentre stavamo arrivando alla fine della seduta iniziai a ringraziare l'entità per le informazioni e l'invitai a recedere. Iniziò a fare degli strani suoi. A quel punto riorientai e riportai Robert a piena coscienza.

Il caso interessante di un giovane di bell'aspetto che faceva armadi come lavoro. Nel suo stato cosciente, non c'è assolutamente alcuna indicazione di ciò c'era appena sotto la superfice della sua personalità.

Ovviamente, molte delle cose che aveva detto erano confuse e disorientanti perché erano difficili da comprendere. Principalmente a causa del modo in cui l'entità usava la lingua Inglese. Ma una di quelle cose divenne verità. Disse che c'erano sette discepoli sparsi per il mondo. Questi erano persone speciali mandate su questo mondo. Vibravano ad una frequenza diversa, non erano limitati dal karma e avevano uno scopo preciso. Disse che ne avevo appena incontrato uno di sette e che ne avrei incontrato un altro. Vivevano in paesi diversi ed avevano diverse origini culturali. La raccomandazione principale era che non li avessi messi in contatto tra di loro. Inaspettatamente e sorprendentemente questo avvenne poche settimane dopo, quando erano tornata degli Stati Uniti. Incontrai un altro discepolo mentre stavo conducendo le mie lezioni d'ipnosi a Fayetteville, Arkansas. Non ho la minima idea se mi permetteranno d'incontrarli tutti e sette o se dovevo solo sapere della loro esistenza. Forse quello era abbastanza. Ma aveva ragione, erano tutti dislocati in paesi diversi, con origini culturali diverse.

Ho incontrato molte persone che, attraverso la trance e inconsapevoli, riferivano d'essere venuti sulla Terra in questo momento per aiutare l'umanità a progredire attraverso i cambiamenti che stanno arrivando. Ma apparentemente questi sette sono di una vibrazione e di una missione diversa.

CAPITOLO 14

ESSERI AVANZATI

Questa seduta è l'esempio perfetto per dimostrare che "loro" continuavano a comunicare attraverso i miei clienti, spesso sotto circostanze inusuali e inaspettate. Questo caso fu davvero inaspettato. Ero appena tornata dall'Inghilterra qualche settimana prima. La, durante una seduta con Robert a Glastonbury, "loro" dissero che avevo incontrato una delle persone speciali che erano venute come volontari per aiutare con i cambiamenti che stanno avendo luogo nel mondo attualmente. Dissero che c'erano sette di queste persone speciali o discepoli, che ne avevo incontrato uno quando avevo lavorato con Robert e che presto ne avrei incontrato un altro. Ma mi avevano avvisato di non metterli in contatto tra di loro. Dovevano continuare sulla loro strada, anche se erano localizzati ai poli opposti. Come avrei fatto a sapere che avrei incontrato il secondo solo qualche settimana dopo in circostanze incomprensibili.

"Loro" vi avevano avvisato durante il 2002, che stavo viaggiando troppo con le mie conferenze, lezioni ed esposizioni. Al massimo della mia carriera durante il 2001 e 2002, ero su un aereo ogni settimana per parlare in ogni parte del mondo. Ero solita passare per due o tre città diverse ogni settimana prima di tornare a casa, solo per ripartire subito. Stavo iniziando a sentire lo stress, cosi sapevo che avevano ragione. Dissero che non avevo bisogno di viaggiare tanto quanto viaggiavo in passato. Che i miei libri potevano essere completati facilmente. L'energia era stata distribuita e si sarebbe moltiplicata. Volevano che scrivessi di più e che insegnassi la mia tecnica d'ipnosi. Dissero che sarebbe diventata la terapia del futuro. Risposi che avrei dovuto viaggiare per poter insegnare, ma risposero: "Lascia che vengano da te." Immancabilmente, questo è ciò che è successo. Iniziai ad insegnare nella vicina città di Fayetteville, Arkansas, e la gente inizio ad arrivare da ogni parte del mondo per imparare la tecnica.

A metà dell'Agosto 2002, stavo conducendo un'altra delle mie lezioni d'ipnosi. Volevo che le lezioni avessero pochi partecipanti per assicurarmi che ci fosse interazione e coinvolgi-mento personale, per facilitare la comprensione della mia tecnica. Non avevo completato molte lezioni e stavo ancora gestendo il processo di come condurle. Durante i primi seminari, gli studenti (che erano già terapisti qualificati) praticavano tra di loro durante l'ultimo giorno. Durante questo seminario avevo deciso di provare qualcosa di diverso perché anche se avevo insegnato la mia tecnica, non avevano avuto abbastanza tempo per studiarla. Avrebbe dovuto farlo al loro ritorno dal seminario. In passato, gli effetti erano forzati perché non ne erano consapevoli. Quindi alla fine del secondo giorno, ne discussi con loro. Tutti decisero che avrebbero preferito vedermi dimostrare su uno di loro, cosi avrebbero potuto osservare. Pensavano che sarebbe stato più efficace. Ovviamente, questo mette sempre l'insegnante alla prova. Anche se ho avuto un grande successo con la mia tecnica, queste erano altre circostanze, un'atmosfera da pesce rosso nell'acquario. Cosa sarebbe successo se, a causa dell'ambiente dove tutti stavano osservando, il soggetto fosse divenuto nervoso e avesse resistiva ad entrare in trance? Avrei dovuto lavorare più sodo in quel caso, quindi mi stavo chiedendo se avesse funzionato. In molti si erano offerti volontari per fare da cavia. La soluzione era di mettere i loro nomi in una scatola e di scegliere chi tra loro avrebbe fatto la dimostrazione il giorno seguente. Rigirai i pezzettini di carta, ma uno rimase attaccato alla mia mano. Era Estelle.

Era uno studente dell'ultimo momento. Non menzionerò la sua provenienza per ragioni che diventeranno evidenti di seguito. Stavo offrendo una presentazione ad una conferenza e due persone e due persone volevano partecipare al mio seminario il giorno seguente. Avevo già raggiunto il numero massimo di studenti per questo seminario, quindi non sapevo se c'erano altri posti disponibili. Dopo aver chiamato il mio ufficio seppi che due persone avevano appena disdetto la loro partecipazione, cosi dissi ad Estelle che c'era dello spazio libero se era interessata. Visto che aveva deciso di venire all'ultimo momento, dovette pagare extra per il suo biglietto aereo. Inizialmente esitò, ma decise che l'opportunità si era presentata per una ragione e che ne valeva la pena. Inoltre era sorpresa da quanto facilmente il suo capo aveva accettato di darle qualche giorno di vacanza. Successivamente mi confessò di aver voluto una seduta disperatamente, cosi non era sorpresa che il suo nome fosse prescelto.

Uno degli studenti aveva una stanza d'albergo che era come una suite, cosi decidemmo che il giorno successivo ci saremmo incontrati prima in classe e poi saremmo andati in camera sua. Alcuni studenti portarono altre sedie e alla fine la stanza era affollatissima. C'erano dieci studenti, la mia assistente ed io. Dodici persone riunite in una piccola stanza d'hotel. Durante la notte, ero preoccupata perché Estelle aveva un forte accento e a volte faccio fatica a comprendere il loro accento quando i miei soggetti sono in trance. Quando sono in uno stato profondo, la loro voce diviene soffice e sottile. Feci molta fatica quando ero ad Hong Kong e Singapore, ma alla fine mi abituai all'accento. Tutte queste cose mi frullavano nella mente mentre ci stavamo preparando ad iniziare. Non mi dovevo preoccupare, perché "loro" erano presenti e si sarebbero occupati di ogni cosa.

La stanza era piena di studenti seduti sul divano, sulle sedie e sul pavimento. Estelle era sul letto matrimoniale. Mentre iniziavo dissi a tutti ti restare in silenzio. Non ero consapevole che stavano già accadendo cose strane e che "loro" avevano già iniziato ad operare. Di solito non registro l'induzione e quindi il microfono era ancora sul comodino vicino al registratore. Utilizzo un microfono solo per poter essere il più vicino possibile alla bocca del soggetto. La loro voce può diventare molto sottile durante la trance profonda e in questo modo sono sicura di riuscire a registrare ogni cosa. Gli altri usano microfoni a bottone, ma io ho sempre lavorato cosi per registrare le mie sedute. Questo tipo di microfono può essere controllato premendo un bottone e il registratore parte solo quando lo premo. Ma ne parleremo altrove.

Iniziai con l'induzione e lei andò dritta in trance. Quindi la mia prima paura era priva di fondamento. Non diede alcun peso al numero di persone nella stanza. Non erano una distrazione. Con la mia tecnica, di solito chiedo al soggetto di visualizzare un luogo che io chiamo il luogo meraviglioso, dove non ci sono problemi o preoccupazioni. Gli permetto di scegliere il luogo che considerano più bello e pacifico. Da lì la tecnica li porta ad una vita passata, che era l'obbiettivo della dimostrazione. Ma Estelle non mi lascio finire l'intera induzione. A volte questo succede ed io sono cosi abituata a farlo che riesco a riconoscerlo dalla loro descrizione del luogo meraviglioso. Non sembrava un luogo meraviglioso normale. Infatti, sono sembrava essere nemmeno un luogo terrestre.

E: E' un luogo dove ci sono molti fiori esotici e colori diversi. Il vento sta soffiando, sento la brezza. Ci sono molti cristalli, molti generatori. Uccelli che volano, riesco a vedere i loro diversi colori.

In quel momento realizzai che non stava palando della Terra. Mi aveva anticipato e stava già sperimentando qualcosa da qualche parte. Presi il microfono dal comodino ed avviai il registratore. L'atmosfera nella stanza affollata era piuttosto tesa. Nessuno si mosse, ma istintivamente sapevano che qualcosa di insolito stava già accadendo. Specialmente visto che non ebbi nemmeno il tempo di completare l'intera induzione che gli avevo insegnato. No era necessaria.

D: *Cosa intendi con cristalli e generatori?*
E: Cristalli enormi che escono dal suolo. Sono alti come alberi o circa un metro e mezzo. Hanno una cima appuntita.
D: *Perché li ha chiamati generatori?*
E: Generano energia.
D: *C'è nient'altro intorno?*
E: Il colore del pavimento. Il colore è verde, ma non è erba come la conosciamo. E' qualcosa di simile all'erba che copre il suolo.
D: *I cristalli escono da lì?*
E: Si, e sono posizionati strategicamente per generare l'energia in quella zona.
D: *In che zona sei?*
E: E' un luogo molto lontano. Vorrei dire... un'altra galassia?
D: *Ci sono degli edifici?*
E: No. E' un'area specificamente progettata per energizzarsi e allo stesso tempo rilassarsi e sentirsi in pace.
D: *Quindi vorresti dire che è un luogo dove la gente non vive permanentemente?*
E: Esatto.
D: *E' come andare in un villaggio turistico? Ci vai specificamente per rilassarti ed energizzarti.*
E: Esattamente.
D: *Chi può andarci per rienergizzarsi?*
E: C'è ogni sorta di creatura.

Apparentemente, questa era la ragione per cui aveva inconsciamente scelto questo luogo per il suo "Luogo Meraviglioso". Molti soggetti scelgono un luogo per loro speciale dove ricordano d'esser stati durante le vacanze.

E: Non appena ne sono consapevoli si possono proiettare là.
D: *Oh, si proiettano senza andare con un'astronave?*
E: Esattamente. Chiunque ci si può proiettare se si connette o diventa consapevole di quel luogo. Resti per un po' di tempo, non troppo però, abbastanza da sentire l'energia, il senso di pace e tranquillità, per poter poi tornare ovunque tu fossi e continuare con ciò che stavi facendo.
D: *Ci vai in un corpo fisico?*
E: Puoi andarci in un corpo fisico o puoi proiettarci la tua energia.
D: Quando sei lì, appari nel fisico... come una forma di qualche tipo?
E: Alcuni esseri possono. Riescono ad apparire nella loro forma. E' un luogo dove siamo tutti benvenuti.
D: *Ci vai spesso?*
E: Si. Adoro questo posto. Mi da un senso di tranquillità e consapevolezza.
D: *E poi torni dove devi fare il tuo lavoro?*
E: Esattamente.
D: *Quando ritorni da questo luogo meraviglioso e ti proietti verso il luogo dove lavori, dove ti trovi?*
E: Il lavoro lo faccio simultaneamente sul piano della Terra e su un luogo molto lontano su ciò che descriveresti come una base. Lo si fa in molte galassie e molte dimensioni. Ma in questo momento la casa base è la Terra.
D: *Vorresti dire che fai entrambi allo stesso tempo?*
E: Esattamente.
D: *Quando lo fai sul piano della Terra, dove ti trovi?*
E: E' un luogo dove interagisci con molti altri esseri proprio come si fa in quello spazio sacro. Riconosci tutti gli altri guardandoli negli occhi. Li riconosci connettendoti con la le loro energie. E nonostante tutte le maschere che indossano, ti rendi conto di chi siano. Guardi in profondità dentro di loro e riconosci le loro energie.
D: *Questo è qualcosa che una persona normale non saprebbe fare?*
E: Molti lo conoscono. Molti altri ne sono consapevoli ma non a livello conscio.
D: *Puoi descrivermi il tuo corpo, quando lavori sul piano della Terra?*
E: Quando lavoro sul piano terreno il mio corpo sembra come quello degli altri. Prende una forma umana, ma è come una maschera che

indosso. Lo proietto all'infuori cosi che gli altri vedano ciò che sono abituati a vedere.
D: La forma fisica regolare.
E: Esattamente.
D: Questa è la maschera di Estelle?
E: Proprio così.

Trovai interessante che la definizione di persona/personalità sia connessa con la parola maschera. Dal latino: persona. Letteralmente: la maschera di un attore, cioè una persona.

D: Questa è la maschera che stai indossando attualmente qui sulla Terra mentre fai il tuo lavoro. (Si) E' un ottima maschera, è proprio carina. Questo è ciò che gli altri vedono.
E: Questo è ciò che vedono.

Anche Robert disse che ciò che la vede percepiva come la sua forma fisica era solo un'illusione. Anche se entrambe queste persone a me apparivano solide ed umane.

D: A cosa assomigli senza la maschera?
E: Senza la maschera, ho una forma fisica circondata da una luce. E' una forma fisica che ha forma e sostanza. Ma in quella forma fisica, sul lato esterno, c'è anche energia e luce.
D: Mi è stato detto che la nostra forma fondamentale è la luce.
E: Esattamente. Gli altri la vedrebbero cosi. Ma se guardano un po' più in profondità all'interno, vedranno che ha un'altra forma fisica, come la chiameresti tu. Ha la forma del luogo da dove proviene. Nel luogo da cui proveniva, c'era forma, ma era differente.
D: Puoi descrivermi quella forma?
E: Sulla Terra verrebbe chiamata forma "rettiliana". Devo dire che ci sono diversi gradi di forme rettiliane.
D: Stai parlando del luogo dove vivi simultaneamente?
E: Questo è corretto.
D: Quindi hai una forma rettiliana in un altro luogo? E una forma terrestre in questo luogo? Ho compreso correttamente?
E: C'è una parte dell'energia la nell'altro luogo, ma l'esperienza attuale la percepisco su questo piano fisico terrestre

Ho sentito tante cose fuori dall'ordinario grazie al mio lavoro che questa affermazione non mi disturbo' minimamente. Mi limito nel continuare a fare domande, perche in questo tipo di lavoro qualsiasi cosa è possibile. Pero' alzai gli occhi per vedere come questa affermazione avesse influenzato i miei studenti. Erano assolutamente immobili e la loro attenzione era focalizzata sulla donna sdraiata sul letto. Qui c'era una bella donna di mezza eta dai capelli scuri che stava dicendo d'avere una vita simultanea nella forma di un rettiliano su un altro pianeta. Tutto questo no li aveva preoccupati o frustrati minimamente. Forse avevano letto abbastanza dei miei libri per sapere che qualsiasi cosa è possibile con questo tipo d'ipnosi. Tuttavia per me era inusuale avere degli osservatori nella stanza. Dopo aver finito, mentre stavamo andando a pranzo, uno degli studenti mi confessò che era stata la cosa più incredibile che avesse mai visto finora. In questo caso, le azioni davvero parlavano più delle parole. La dimostrazione gli insegnò più della lezione. Una cosa è spiegargli come farlo e tutta un'altra cosa farglielo vedere. Erudizione contro esperienza diretta.

Continuai: "Puoi descrivermi l'altro luogo?"

E: Nell'altro luogo, osserviamo le galassie per assicurarci che sia tutto in ordine, che nessuno stia facendo o causando danni a nessun'altro. Da li osserviamo e registriamo tutto ciò che succede.
D: *Sembra un lavoro enorme, osservare ogni cosa.*
E: E' enorme, ma siamo qualificati per farlo. Una volta ricevuta la preparazione diventa automatico. Proprio come con ogni altra cosa dopo aver ricevuto la preparazione, indipendente-mente da dove provieni.
D: *E' sicuramente un lavoro enorme osservare ogni cosa. Utilizzate dei macchinari per farlo?*
E: Lo facciamo con la nostra mente.
D: *Questo significa che avete una grande capacità mentale, non è vero?*
E: Si, è cosi, proiettiamo la mente in diversi luoghi. Ognuno ha un'area a cui è specificamente connesso, ma in qualsiasi momento si possono proiettare in altri luoghi. Gli umani non hanno ancora sviluppato questa capacità.
D: *Avevi detto che è come una casa base?*
E: Si, possiamo chiamarla una casa base.
D: *Come un quartier generale?*
E: Come una stazione.

D: E' un'astronave o un pianeta?
E: Non è un'astronave e non è un pianeta come lo percepite voi. E' piuttosto... un posto, una stazione.
D: *Sto pensando ad una qualche sorta di luogo fisico.*
E: E' come... una recinzione... in un aperto... Per esempio se immagini il cielo e nel cielo c'è questa recinzione, in sé stessa gestisce le diverse zone che la circondano. Sarebbe proprio cosi.
D: *Sto pensando al lato dello spirito dove andiamo dopo aver lasciato il corpo fisico. E' qualcosa del genere o diverso?*
E: Questo è diverso, non è un mondo spirituale. Questo è un luogo dove c'è ciò che descriveresti come una forma fisica. Non fisica come quella degli esseri umani, ma una forma che gli esseri di altri luoghi interni prenderebbero al fine di riuscire a vivere e sopravvivere.
D: *E' come un'altra dimensione?*
E: Sarebbe piuttosto un'altra galassia.
D: *Dove tutti assieme state creando questo luogo nello spazio?*
E: Si, è come se questo luogo sia stato creato perché serve ad una precisa funzione. Esistiamo in quel luogo.
D: *Quindi ci vuole il potere mentale combinato di tutti per mantenerlo in essere?*
E: No. Una volta creato, resta in essere. Perché ha uno scopo preciso e questo scopo è continuo.
D: *Quindi esiste con o senza di te e gli altri.*
E: Esattamente.

Sembrava simile al caso del cavernicolo sul mondo con un sole viola. Il suo subconscio disse che non era un pianeta, ma una galassia che operava sotto una diversa struttura di regole che non potevamo comprendere. Anche questi esseri crearono tutto ciò di cui avevano bisogno attraverso la loro mente. (Vedi Capitolo 18)

D: *Ed è il quartier generale, la base principale, la stazione dove si fa il monitoraggio di tutti i mondi.*
E: Corretto.
D: *Sembra un luogo molto potente. Come fate a salvare le informazioni se le raccogliete con le vostre menti?*
E: Non vengono raccolte come fate voi in un computer, questo metodo è obsoleto. Tuttavia vengono raccolte come stavi pensando in un disco che però è più miniaturizzato, un disco mini che può raccogliere milioni e milioni di particelle d'informazione.

D: Hmm, questo renderebbe i nostri computer obsoleti. Come leggete queste informazioni se sono su un disco cosi piccolo.
E: Vengono lette con la mente. Quando lo tieni in mano ricevi tutte le informazioni.
D: Che stai cercando? (Si) Altrimenti sarebbe un bombardamento di informazioni, giusto?
E: Esattamente, non bisogna trattenere un eccesso di informazioni nella mente, perché non è necessario.

Un altro fenomeno inusuale che ebbe luogo poco dopo la fine della seduta fu che Estelle perse il suo accento non appena si trovò in questo altro mondo. L'essere che stava parlando attraverso di lei aveva un modo di parlare molto preciso ed esatto nel pronunciare le parole. Ovviamente, questo rese tutto più semplice per me, non avevo più bisogno di ascoltare da vicino. Era ovvio a tutti nella stanza che non era Estelle a parlare.

D: Non voglio insultarti, ne offenderti ma nel nostro periodo di tempo molta gente ha l'impressione che la razza rettiliana sia negativa.
E: Questo perché ancora in molti sono negativi. Devi comprendere che in ogni cosa c'è un equilibrio. Particolar-mente sul piano della Terra, quando altri vengono in essere, troverai quella dualità più che in altri luoghi. Quindi, per quando riguarda i rettiliani, ce ne sono molti qui sulla Terra che hanno quell'energia. E proprio perché hanno quell'energia negativa – per usare questo vocabolo, in realtà è un'energia dimenticata e fuorviata del vero Se'. Quindi finiscono col fare cose che, si, vengono considerate negative.
D: Ma questa non è la vera natura della tua gente.
E: Non in futuro, come voi – per mancanza di vocaboli – chiamate il futuro.
D: E' da li che ci stai parlando?
E: Esattamente.
D: Sai che stai comunicando attraverso un veicolo, che hai detto viveva sul piano della Terra. Una delle domande che si chiedeva era: esisto simultaneamente nel futuro?
E: Io parlo dal futuro. Ma parlo anche da ciò che chiamate il presente. Parlo simultaneamente da entrambi i luoghi. Perché sono uno.
D: Quindi, in questa vita futura, ti trovi su questa stazione per accedere e compilare alle informazioni. Quindi perché hai deciso di esistere anche nel nostro tempo in questo ventunesimo secolo?

E: A causa di ciò che stava succedendo qui e ciò che sta succedendo qui con la razza rettiliana. In molti sono in una posizione di potere e stanno abusando quel potere per controllare e manipolare. Mi è stato chiesto di venire qui per assistere, per illuminare e per far sapere agli altri cosa sta succedendo. Perché pochi non possono controllare tutti gli altri e perché gli altri non sono consapevoli. Hanno dato il permesso a pochi di controllare e manipolare.

D: *Quindi hai deciso di tornare simultaneamente, mentre esisti là; parte della tua energia è entrata in un corpo fisico o qualcosa del genere?*

E: (Sospirando) Non sono entrato in un corpo fisico. Ho cambiato la mia forma in un corpo fisico. Ma per riuscire ad avere le mie energie qui, in grado di risonare con l'energia del pianeta, che è densa, per riuscire a sopravvivere in questa densa energia, avevo bisogno di nascere in un essere fisico. Tuttavia la gente con cui ho scelto di entrare (genitori), il padre, anche lui è rettiliano. E' sempre stato rettiliano. In tutte le sue esistenze, ha scelto sempre di sperimentare solo quello. Per questa esperienza sulla Terra, ha deciso di diventare un veicolo per permettere l'entrata della mia energia. La donna che è mia madre biologica, mi ha portato solo per nove mesi, della vostra percezione temporale. Ci fu molto lavoro e preparazione affinché fosse in grado di sostenere la mia energia, perché non ne era in grado. Doveva essere preparata per permettermi di restare in questo spazio e nascere ed essere più o meno connesso alla Terra.

D: *Ma il corpo si era formato geneticamente dal DNA del padre e della madre, giusto?*

E: (Respiro profondo) E' un processo diverso non totalmente compreso dagli umani. Ecco perché sembra umano. Ma se facessero del lavoro per comprendere la vera struttura, la struttura genetica, troverebbero che ci sono cose diverse.

D: *Se qualcuno esaminasse il DNA o i geni dell'individuo conosciuto come Estelle?*

E: Esattamente. Ecco perché il corpo fisico non si ammala. Perché il corpo fisico non può essere assoggettato a test ed analisi.

D: *E' per questo che non vuoi che i dottori esaminino il corpo?*

E: Esattamente. Troveranno qualcosa di diverso e vorranno fare esperimenti. Questo non verrà permesso. Quindi non le è permesso ammalarsi. Per quanto riguarda lei ed io – dico lei ed io per distinguere quando lei sta comunicando e quando io sto comunicando, anche se siamo lo stesso. A volte lei non permette l'avanzamento delle informazioni.

D: Per quale motivo?

E: Non si ha trovato pace totale con la sua esperienza sul piano della Terra.

D: Ma lo sai che per un umano non è facile comprendere questo.

E: E' stato difficile per me vedermi su questo pianeta Terra.

D: (Risi) E' difficile non è vero?

E: E' molto difficile.

D: Perché ti sei evoluto oltre?

E: Esattamente. Ho avuto molte vite, o dovrei dire, il mio spirito ha avuto molte vite sul piano della Terra. Fu una sorpresa per me essere scelto per tornare ed avere un'altra esperienza qui.

D: Pensavi d'aver finito, non è vero?

E: Esattamente.

D: (Ridendo) Era arrivata l'ora di spostarsi altrove.

E: Esattamente.

D: Quindi hanno detto che dovevi tornare in dietro. E' quasi come tornare all'asilo, non è vero?

E: Esattamente, inoltre ho sentito una grande responsabilità nel tornare conoscendo le circostanze di ciò che sarebbe successo. Mi sono sentito solo.

D: Questo perché qui, non siete in tanti della tua specie.?

E: Esattamente. Inoltre sapevo che quelli che avrei incontrato sarebbero stati del tipo che lavora con le energie che generano dolore e causano controllo. Questa era la ragione per cui feci quell'esperienza quando avevo tre anni. Perché era necessario aiutare il corpo fisico a dimenticare chi fosse e da dove provenisse e cosa dovesse fare. Perché, se avesse iniziato a quella tenera età a dire le cose che sarebbe necessarie dire, sarebbe stata eliminata.

Questa dichiarazione fu una sorpresa inaspettata.

D: Lo pensi davvero? O avrebbero pensato solo che fosse una strana bambina?

E: Esattamente. In molti stavano cercando di trovare l'energia, ma l'energia era camuffata nella bambina.

D: Quindi ritieni che non avrebbero pensato che fosse solo una bambina a parlare. Ti avrebbero potuto riconoscere?

E: Esattamente. Perché non stiamo parlando solo di esseri fisici. Stiamo lavorando anche con le diverse energie, che siano percepite come fisiche o no.
D: *Quindi era una protezione?*
E: Esattamente. Era una sicurezza per proteggerla dal parlare. Non era il momento giusto.
D: *Cosa accadde quando aveva tre anni, perché questa era una delle domande che voleva fare?*
E: Quando aveva tre anni è stata portata a bordo di un'astronave. I suoi ricordi sono corretti. Mentre si guardava intorno e vedeva dov'era, sapeva che non era in pericolo. Ma fu una sorpresa per il suo essere fisico trovarsi li e non saperlo. In tutte le esistenze, siamo rimasti consapevoli quando comuni-chiamo e in che forma. In quell'occasione, venne steso un velo cosicché nessuna memoria relativa agli eventi avvenire fosse ricordata. Per un bambino di tre anni l'esperienza è quella di come reagisci.
D: *Quindi fino all'età di tre anni, aveva i ricordi di chi fosse e da dove provenisse?*
E: Esattamente.
D: *Ma non era ancora in grado di parlarne?*
E: Non c'erano parole da esprimere.
D: *Non aveva il vocabolario. Questo ha senso.*
E: Esattamente. Quindi si sentiva isolata. E tuttavia, era in grado di comunicare con noi e molti altri. All'età di tre anni il velo venne sollevato e riuscì a vedere un po' di più ma non era in grado di comunicare, quindi quelle memorie dovevano essere messe da qualche parte finche non fosse il momento giusto. La connessione era stata completata, ma adesso venne completata più a livello psichico che a livello fisico.
D: *Per la sua stessa sicurezza, avete messo il velo su di lei quando era sull'astronave per... cosa? Affievolire o stordire quelle memorie?*
E: Più o meno... affievolire le memorie, quella potrebbe essere una parola adatta.
D: *Cosi che potesse funzione come una bambina senza attrarre troppa attenzione.*
E: Si. Tuttavia da bambina si sentiva isolata, perché non riusci-va a correlarsi a nulla che stesse accadendo intorno a lei.
D: *Ho trovato molte persone che sentono di venire da altri luoghi. Sono molto soli qui. Ma come le misero il velo mentre era a bordo dell'astronave? Cosa accadde in quel momento?*

E: Rimase cosi impigliata nella sensazione di tradimento per non sapere ciò che stava succedendo che questo creò un periodo d'indifferenza e di non voler comunicare con nessuno.

D: *Ma la gente sull'astronave le fece qualcosa di fisico per dimenticare, tipo questo velo?*

E: Energeticamente, una scatola venne messa nel suo essere, che le permise di avere una costante comunicazione. Uno scambio d'informazioni, ma non a livello conscio. Dove prima, avveniva a livello conscio.

D: *Cosa intendi quando parli di una scatola?*

E: Era piuttosto, non voglio usare la parola "impianto" per se, perché' ha una connotazione negativa, ma attualmente era come... come lo chiamate voi... (Faceva fatica.)

D: *Beh, per me un impianto non è negativo per che lì comprendo.*

E: Era di più, diciamo... come un pannello.

Avevo sentito parlare d'impianti in molte occasioni e ne comprendevo gli scopi. Vengono spiegati in The Custodians. Ma non avevo mai sentito parlare dell'inserimento di un panello.

E: Un pannello con una profondità. Dentro dove... la cosiddetta "scatola" aveva pochi circuiti. Gli stessi che c'erano alla stazione di controllo.

D: *Oh, quindi meno parti elettroniche.*

E: Si. Che, fortunatamente, fanno anche parte della sua struttura fisica. Nella sua struttura fisica ci sono – come le chiamo io queste? – l'unica parole che mi viene in mente è cavi.

D: *Questi cavi sono all'interno della suo corpo fisico? (Si.) Perché ci sono?*

E: Perché è sempre connessa ad ogni cosa là fuori. Inoltre fa parte del suo pacchetto genetico rettiliano. Quindi, nel cambiare forma per sembrare umana, ritenne tutto questo nell'apparenza del corpo fisico.

D: *Quindi se un dottore la esaminasse, scoprirebbe queste strane cose?*

E: Scoprirebbe che ci sono diverse cose dentro di lei. Troverebbe che l'energia fluisce diversamente di quanto fosse abituato. Da li nascerebbe il desiderio d'investigare ulteriormente.

D: *Hmm, quindi questo non possiamo permetterlo, giusto?*

E: No, non possiamo.

D: *Perché non riuscirebbero a capire. Proprio come quando tu pensavi che fosse in pericolo all'età di tre anni se avessero saputo ciò che stava succedendo. (Si.) Ma per noi, conoscere tutto questo non è un problema.*
E: Va bene se voi lo sapete, perché voi eravate un gruppo collettivo. Ci sono molte cose che farete insieme collettivamente per assistere il tutto.
D: *Quindi sai che per lei non siamo un pericolo.*
E: No, lei si fida di tutti voi. O meglio, dovrei dire, ci fidiamo di tutti qui. Sono connessi.
D: *Non avreste lasciato trapelare queste informazioni se non vi fidaste di noi, giusto?*
E: Esattamente.
D: *Perché io non metterei mai il veicolo in nessuna sorta di pericolo.*
E: Esattamente.
D: *Quindi coloro che sono qui, sono stati scelti per conoscere queste informazioni.*
E: Questa è la ragione per cui abbiamo aspettato fino all'ultimo momento per fare parte del gruppo. Perché come sapete, non c'era posto all'inizio.
D: *E' vero, è stata l'ultima ad iscriversi.*
E: Dovevamo essere sicuri che le energie presenti sarebbero state compatibili per rivelare queste cose.
D: *Quindi non è una coincidenza che io abbia scelto il suo nome.*
E: Si, sapeva quando mise il suo nome nella scatola che sarebbe stata scelta e anche la sua amica, seduta vicino a lei lo sapeva. E quando accadde entrambe ricevettero la conferma.
D: *Quindi queste informazioni non sarebbero trapelate minimamente se voi non vi foste fidati che tutti i presenti l'avrebbero protetta. Perché non vogliamo che questa conoscenza sia di dominio pubblico. La metterebbe in pericolo?*
E: Esattamente.
D: *Quindi penso che tutti qui proteggeranno la sua privacy.*

Guardai gli studenti seduti nella stanza mentre dicevo queste parole e tutti riposero annuendo affermativamente. Sapevo che comprendevano la necessità di proteggere la sua identità e la cosa speciale che era appena accadute che gli permise di ricevere queste strane informazioni. Inoltre ebbi la sensazione che "loro" l'avrebbero saputo se non avessero onorato questo impegno di proteggere la privacy di Estelle. Non so cosa sarebbe successo se questa promessa fosse violata, ma ho lavorato con loro abbasta da sapere che devo ascoltare e fare ciò che dicono. Se non seguivo le loro istruzioni lo scambio d'informazioni si sarebbe interrotto. Non so cosa sarebbe successo agli altri ma penso avessero compreso la gravità della situazione. In futuro potranno dubitare di ciò che accadde quella mattina, ma sul momento, era anche troppo reale. Da anni ero abituata a comunicare con questo tipo di entità e sapevo che era molto inusuale che facessero trapelare questo tipo d'informazioni in presenza di tutti questi testimoni. Forse era una dimostrazione grafica per i miei studenti, di ciò che potrebbe accadere nell'utilizzare la mia tecnica d'ipnosi, per evitargli di rimanere sbalorditi se fosse accaduto durante una loro seduta. Una dimostrazione è meglio di un migliaio di parole.

E: Osserveremo. Se desiderate condividere parte di questa esperienza ne avete il permesso, ma non utilizzate il nome o la posizione dove le informazioni possono essere trovate.
D: *E' vero. Lavoro con molte persone di questo tipo e mi dicono sempre di proteggerli.*

Questa è la ragione per cui il suo vero nome, la sua etnia e le sue origini non sono state rivelate qui.
Ero curiosa circa il pannello che aveva detto essere all'interno del suo corpo, perché sembrava qualcosa di diverso dagli impianti che mi ero ben noti. "Dove si trova nella sua testa?"

E: Si trova sul retro della sua testa.
D: *Per quel che ne so, deve essere molto, molto piccolo, giusto?*
E: A dire il vero, no. Questo copre l'intera parte posteriore della sua testa, l'intera nuca. C'erano troppe informazioni che dovevano essere ricevute e trasferite da un luogo all'altro. Ecco perché è stato progettato in questo modo.
D: *Hm, quindi è più grande di quelli che conosco. E' di una sostanza fisica o è qualcosa di eterico?*
E: Era entrambe. Prima era eterico e poi è diventato fisico per permettere ad altri di sentirlo e percepirlo. Quindi nel percepirlo, sono diventati più consapevoli di chi lei fosse, chi siamo e condivisero quella conoscenza.
D: *Se qualcuno la esaminasse, sarebbe visibile ai raggi X?*
E: Ecco perché era protetto da un campo d'energia che poteva essere percepito solo da coloro a cui era permesso percepirlo.

D: *Ecco un'altra ragione per cui non si può ammalare. Non volete alcuna analisi.*
E: Esattamente.
D: *La state proteggendo anche da qualsiasi tipo d'incidente?*
E: Si. L'unica volta che dovette essere esaminata – e non fu troppo – era quando diede alla luce i suoi figli. Sfortunatamente per il corpo fisico, a causa della sua struttura, non poteva avere figli in modo naturale. Quindi, ciò che chiamano Cesareo dovette essere utilizzato per estrarre i bambini.
D: *Quindi il suo corpo non poteva avere figli in modo naturale.*
E: Esattamente, il corpo entro mai nella fase che chiamate "doglie".
D: *Ma i dottori non avrebbero notato nulla d'inusuale nel corpo?*
E: Esattamente, perché quando fu ricoverata per il parto, era pronta e avevano finito. Non c'era alcuna ragione di fare altri controlli.
D: *Cosa mi dici del preparto? Di solito fanno molti test durante la gravidanza.*
E: Non fecero alcun test, perché era sana. Si assicurarono solo che mantenesse la sua dieta e nient'altro. Per quanto riguarda la sua dieta, di solito non mangia o non necessita molto del cibo che si mangia su questo piano fisico. Le sue preferenze culinarie sono molto semplici. Non mangerà la maggior parte dei cibi, specialmente quelli altamente trattati. Perché renderà l'apparenza del corpo fisico molto più densa e né lei, né noi ci sentiremo bene.
D: *Quindi mangiando alcuni dei cibi più pesanti il corpo diventa più denso. E questo rende più difficile l'entrata e il mantenimento del controllo dell'altra parte?*
E: Esattamente.
D: *Perché le permettete di conosce queste cose adesso?*
E: Perché è ora di svegliare ed educare. Perché più conosci più puoi condividere con gli altri. Ciò che stiamo affrontando ora sul piano fisico della Terra è una battaglia, ma non una battaglia come gli altri la percepirebbero. Non richiede una battaglia nella forma fisica. Anche se si stanno combattendo delle battaglie. Le battaglie che hanno luogo in questo momento sono tra l'oscurità e la luce. La luce ha bisogno di riunirsi per potersi espandere al fine di bloccare coloro che stanno controllando.
D: *Questo fa parte del suo lavoro?*
E: Esattamente.
D: *Siete in molte tra di voi ad essere tornati nel fisico sulla Terra?*
E: Per quanto riguarda la mia specie, ce ne sono pochi ma ci sono molte altre specie che sono qui per aiutare allo stesso modo.

D: *Mi e' stato detto che ci sono molte tipologie di esseri che stanno ritornando. Molti di loro sono anime che hanno vissuto solo su altri pianeti e che si sono offerti volontari per venire in un corpo fisico sulla Terra per aiutare in questo momento.*

E: Esattamente. Ci sono molti adesso in questo momento che hanno un'esistenza fisica ma il cui spirito di chi sono veramente è connesso a molte altre cose. A loro sono state date informazioni che gli permettano di risvegliarsi completamente alla loro vera natura. Che questa è un'esperienza, si, ma che c'è tanto lavoro da fare.

D: *Alcuni dei soggetti con cui lavoro fanno fatica ad adattarsi al piano della Terra.*

E: Esattamente, perché più sei consapevole delle tue origini, più è difficile esistere su un pianeta che è cosi denso, a causa della negatività che si trova qui. Anche se la negatività che si trova qui serve per assistere gli altri ad avanzare.

D: *Questo è ciò che mi hanno detto, che il mondo è cosi violento e c'è cosi tanta negatività, non vogliono essere qui. Perché non è come da dove provengono.*

E: Tuttavia, resteranno qui, perché questo è ciò che scelgono di fare.

D: *Alcuni di loro fanno cosi tanta fatica che provano a suicidarsi per andarsene.*

E: Come sappiamo tutti, questo è un pianeta dal libero arbitrio.

D: *E' vero e i casi con cui ho lavorato erano miracolosamente protetti dal farlo.*

E: Si riceve sempre l'aiuto quando è necessario, se viene richiesto.

D: *Adesso che comprendono perché sono qui, hanno detto che resteranno anche se non gli piace questo mondo.*

E: Esattamente.

D: *Ma voglio chiederti, ho notato che ci sono diverse ondate di persone in arrivo. Quelli della generazione di Estelle sembrano aver avuto molte più difficoltà ad adattarsi rispetto ai nuovi che stanno arrivando ora.*

E: Questo perché quelli che stanno arrivando adesso sono più consapevoli della loro vera natura. I bambini hanno bisogno d'essere nutriti. I bambini hanno bisogno d'essere compresi, solo perché sono in un corpicino piccolo non vuol dire che siano ignoranti. Sono più avanzati della maggior parte degli umani che sono qui.

D: *Questa è la ragione per cui vado da diversi gruppi e presento, perché stanno cercando di educare gli educatori. Non riescono comprendere questi nuovi bambini.*
E: Esattamente.
D: *I bambini sembrano essere più avanzati, ma gli insegnanti non sanno come gestirli.*
E: I più piccoli hanno anche bisogno d'imparare come lavorare con le energie, perché assisteranno in questa trasformazione. Più persone sono risvegliate, più forte l'energia diventerà.
D: *Quindi va bene se i nuovi sono consapevoli delle loro origini?*
E: Hanno scelto di tornare come bambini, perché i bambini sono molto aperti. Quindi hanno più consapevolezza e visto che lo sanno possono fare di più. Di solito, in passato quando i bambini erano consapevoli, molti adulti dicevano loro che stavano inventando tutto e non li incoraggiavano.
D: *Possiamo assumere che gli adulti adesso siano in grado di comprendere più a fondo?*
E: Altri comprenderanno ed i bambini possono educare gli adulti verso la consapevolezza.
D: *Purtroppo adesso il problema è che alcuni insegnanti e dottori stanno mettendo questi bambini sotto medicazioni.*
E: Sta ai genitori prendere una decisione e dire no. Da li proviene la consapevolezza di chi siano questi bambini. C'è chi sta scrivendo libri a proposito di questi bambini. Sta a tutti noi condividere la conoscenza e rendere questi genitori consapevoli di chi siano i loro figli.
D: *Mi è stato detto che sono la speranza del mondo.*
E: Esattamente. Si può fare molto in forma spirituale, ma in molti hanno deciso di farlo in forma fisica.
D: *Le medicine che gli stanno dando sono molto forti e questo non va bene.*
E: Qualsiasi medicina che venga usata non è il modo naturale. Dovresti essere consapevole che molte altre medicine verranno utilizzate per instupidire la mente e far ammalare il corpo fisico. Questo sarà un modo di eliminare molti.
D: *Stai dicendo che alcune delle medicine sono deliberatamente somministrate per eliminare questi bambini?*
E: Non solo i bambini, ma anche gli adulti. Questa è la realtà di color che cercano di controllare e manipolare.

D: *Pensavo che forse questo fosse un modo di eliminarci, perché stanno parlando di dare a tutti delle vaccinazioni di cui non abbiamo bisogno.*
E: Esattamente. Molte persone sono completamente ignoranti di ciò che sta succedendo, ma non è colpa loro perché sono limitati da ciò che gli viene detto. Ecco perché è importante la consapevolezza di chi sei e cosa stai facendo qui. Quando diventi consapevole che le cose non sono realmente ciò che sembrano essere. C'è molto altro che sta succedendo ma che non è cosi ovvio.
D: *Ma utilizzano la paura per forzare la gente a prendere le medicazioni ed i vaccini.*
E: Esattamente, e i vaccini verranno usati per cercare di fermare molti. La gente deve ricordare che dove c'è paura, c'è controllo da parte di forze esterne.
D: *La cosa principale che dobbiamo fare è restare sani cosi non avremo bisogno di medicazioni?*
E: Esattamente, siate consapevoli di ciò che state facendo a voi stessi. Cercate delle alternative prima di andare a prendere delle medicine. Ci saranno occasioni in cui le medicine saranno necessarie per assistere il corpo fisico, ma dopo aver fatto un po' di ricerca qualsiasi cosa si può gestire, ameno ché non sia una lezione vitale che avevate prescelto di sperimentare.
D: *Va bene utilizzare sostanze naturali come erbe e minerali?*
E: Si va bene, ma ciò che è veramente necessario fare è permettere al corpo fisico di curare se stesso. Perché ha la capacità di farlo.
D: *Ma come facciamo a bloccare il governo dal darci vaccini e punture di cui non abbiamo bisogno?*
E: Si tratta di prendere una posizione. Se non si prende una posizione, allora il governo continuera' a fare cio' che sta facendo adesso. Arriva il momento di prendere delle decisioni. Se vi ricordate questa è una guerra spirituale, quindi di cosa dovreste aver paura?
D: *Quindi ci sono molti esseri che stanno arrivando nel nostro mondo per aiutare con tutto questo. E molti di loro stanno vivendo corpi fisici come questo.*
E: Esattamente.
D: *E non sono consapevoli di provenire da altri luoghi.*
E: C'è chi lo è, altri si stanno risvegliando anche oltre. Ma, si la maggior parte non ne sono ancora minimamente coscienti.
D: *Per quel che ne so, la razza rettiliana si è sviluppata in un'altra direzione. Ecco perché apparisce diversamente, giusto?*

E: Esattamente. Era una questione del luogo dove ci si sviluppa, cioè secondo le condizioni locali. Perché questo determina l'apparenza e modo d'essere. L'ambiente del luogo dove si esiste, determina come uno appare. La forma che si prende per sopravvivere in quel luogo.

D: *Si, mi sembra sensato. Questo è ciò che mi è stato detto: alcuni si sono sviluppati nella linea rettiliana, altri nella linea insettoide e noi ci siamo sviluppati nella linea dei mammiferi.*

E: Esattamente. Parte di questo sviluppo è dovuto alle condizioni del pianeta

D: *Si. Le condizioni del pianeta, l'ambiente e "la zuppa primordiale" come diciamo, determinano in che modo si sviluppano.*

E: Esattamente.

D: *Ma lo spirito, l'anima, può entrare in qualsiasi tipo di corpo che voglia.*

E: Esattamente. Questo è ciò che bisogna ricordare. Non importa in che forma fisica sia il corpo, ciò che sei veramente è la tua forma spirituale. E questo è sempre luce ed energia.

D: *Entriamo in diversi corpi per avere diverse esperienze e lezioni.*

E: Esattamente.

D: *Estelle voleva saperne di più sul suo scopo. Perché è qui, cosa dovrebbe fare? Sente di avere molti ostacoli sul suo sentiero come essere umano e vuole avanzare nel suo lavoro. Puoi dirle qualcosa a questo proposito?*

E: Si focalizzerà di più sul suo lavoro adesso che ha fatto questa seduta, perché ha più chiarezza e consapevolezza di chi siamo. Dico "noi" anche se siamo uno. Adesso che ha questa consapevolezza ed è in pace con questo fatto, riuscirà ad avanzare. Si permetterà di ascoltare i nostri suggerimenti e li seguirà.

D: *Adesso avrà più confidenza.*

E: Esattamente.

D: *Ma sarà difficile, perché non può dire queste cose alla gente, giusto?*

E: Arriverà il momento in cui lo farà. Ha l'obbiettivo di educare la gente ed aiutarla a ricordare chi sono e da dove provengono.

D: *Intendi dire dalla Sorgente?*

E: Si, dalla Sorgente, ma aiutarli a ricordare a livello individuale l'esperienza della loro anima e perché hanno scelto d'essere qui adesso. Inoltre si trova qui per educarli a riguardi di tutti questi altri esseri in altre dimensioni e altre galassie sul perché sono qui e come funzionano. Ci sono molte incomprensioni e paure circa gli esseri provenienti da altri luoghi. E' stato difficile per gli esseri umani. A volte a loro non piacciono i loro simili. Come possiamo aspettarci che siano aperti a ricevere altri da altri luoghi? Adesso è molto importante perché tutto sta accelerando. Coloro che sono in carica stanno realizzando che c'è un risveglio e faranno di tutto per prevenirlo o rallentarlo.

D: *Ma le cose stanno cambiando. Sono che tutto sta accelerando. Sarebbe meglio se Estelle si ricordasse le informazioni che ha ricevuto oggi; perché spesso non si ricordano.*

E: Sarebbe meglio perché l'aiuterebbe a conoscere, connettere e accettare tutto questo.

D: *Sarebbe un problema se utilizzassi alcune di queste informazioni nel mio lavoro?*

E: Non è una coincidenza che questo sia accaduto. Le lo sa e lo sai anche tu.

D: *Ma io chiedo sempre il permesso.*

E: Si, hai il permesso di utilizzare tutte queste informazioni come meglio credi.

D: *Le raccolgo da diverse parti e le metto tutte assieme come un puzzle. Non divulgherò la sua identità. Tutte le persone di cui scrivo rimangono anonime.*

E: Questo non la preoccupa, perché tu e lei avete una connes-sione molto antica. In Atlantide, ci fu un tempo in cui lavoravate assieme. (Questa era una sorpresa) Tu lavoravi con i cristalli. Eri estremamente connessa con l'energia dell'uso dei cristalli.

D: *Era in un laboratorio?*

E: Non c'erano laboratori. Erano piuttosto spazi aperti dove utilizzavate cristalli per guarire. Erano templi più che laboratori. Erano delle strutture come dei templi, come templi vengono percepiti in questo tempo. Voi due guarivate le persone attraverso i cristalli. Coloro che sanno come connettersi con l'energia possono fare cose miracolose attraverso i cristalli. In molti qui in questa stanza erano là in diversi periodi per lavorare con i cristalli. Era un dono offerto dai cristalli. Lo stesso dono può essere utilizzato adesso in questo periodo per raccogliere informazioni e per essere in grado di andare in profondità per assistere nel curare gli altri.

D: *Mi hanno detto che Atlantide regno per migliaia d'anni. Molti in questa stanza erano vivi durante quel tempo?*

E: La maggior parte di coloro che sono qui vissero molte vite allora. Se non ci credono possono utilizzare questo metodo per recuperare la conoscenza.
D: *Si, e si stanno preparando per riuscire ad utilizzare questo metodo per recuperare le informazioni.*
E: Esattamente. Quella è una delle connessioni che tutti noi qui abbiamo. Le nostre vite in Atlantide. Possono utilizzare questi metodi per raccogliere le informazioni e poi possono recuperare e lavorare con i cristalli, perché i cristalli accumulano moltissima conoscenza. I cristalli possono anche servire per curare diverse cose di cui la gente non è ancora consapevole. E' arrivato il momento di recuperare le informazioni. Adesso è il momento per molte cose. Adesso è il momento di diventare più consapevoli ed essere in pieno potere. Ne ci sono delle ostruzioni che devono essere ripulite a causa delle credenze fisiche, allora bisogna lavorarci sopra cosicché il vostro spirito possa comunicare con voi e voi possiate completare ciò che siete venuti a fare. Questo non il tempo della paura. Questo è il tempo del risveglio, della gioia e della scoperta che siete esseri spirituali con molte ragioni per essere qui in questo tempo.
D: *Questa è una delle ragioni per cui sono venuti qui tutti insieme?*
E: Esattamente. Hanno tutti la sensazione che il loro comunicare non è stata una coincidenza. Stanno tutti comunicando a livello profondo molte cose che arriveranno in un futuro prossimo.
D: *Quindi devono riportare alla luce questa conoscenza ed utilizzarla. E raccogliere altra conoscenza mentre lavorano con altri soggetti.*
E: Esattamente.

Si stava avvicinando il momento di concludere la seduta, cosi chiesi (come faccio sempre) se prima di finire c'era qualche messaggio o suggerimento per Estelle.

E: Noterà che nei prossimi giorni più cose fluiranno naturalmente nel modo in cui fluivano anche nelle ultime settimane. Se ne accorgerà mentalmente, tutto ciò che deve fare è pensare alle cose e vedrà dei risultati. Questo fa parte dell'energia che ci portiamo dietro.
D: *E che è protetta ed accudita.*
E: Non ha mai avuto paura, ne dubitato di non esserlo. Era piuttosto uno sforzo di tenere gli altri fuori che tenere lei dentro.

D: Perché non sapeva questa cose a livello conscio?
E: Esattamente. Adesso le può conoscere, perché è un bel po' che lo chiede. Comprende che sta facendo molto lavoro e comprende che stanno succedendo molte cose, ma aveva bisogno d'acquisire più confidenza a livello conscio.
D: Non vogliamo fare nulla che le causi alcun dolore o problema. Sta ricevendo solo ciò che può gestire in questo momento.
E: Esattamente.
D: Molto bene. Voglio ringraziarvi per essere venuti e per averci dato queste informazioni. E' meraviglioso che abbiate permesso a tutti i qui presenti di riceverle.
E: E' un onore ed un piacere essere qui tra di voi. Ricordate, vi osserveremo, ognuno di voi. E tu Dolores, incontrerai altri che hanno questa energia speciale che ti permetterà di accumulare altre informazioni.

A quel punto invitai l'entità a recedere, diedi le istruzioni d'integrazione e riportai Estelle a livello conscio. Ricordava molto poco nel momento in cui si risvegliò in una stanza piena di osservatori stupiti

***

Questa seduta fu una sorpresa in molti modi. Impressionò profondamente gli studenti, perché credo che gli mostrò ciò che sarebbero stati in grado di fare nell'esplorare il subconscio in questo modo. Iniziai la seduta con delle riserve, a causa dell'ambiente in cui avrei lavorato: tutte quelle persone tutte stipate in una piccola stanza di un motel. La sensazione che l'atmosfera non avrebbe permesso ad Estelle di andare in profondità. A nessuno piace essere messo in vetrina. Nella mia mente c'era la possibilità che non sarebbe successo nulla. Ma "loro" avevano un'altra idea. L'aveva orchestrata dall'inizio quando Estelle aveva scelto di venire al seminario all'ultimo momento, e ci fu una cancellazione dell'ultimo minuto che aprì il posto per un altro studente. C'erano altri che si ritirarono all'ultimo momento, ma "loro" dissero che non era una coincidenza. I presenti erano destinati ad osservare questa incredibile seduta. Inoltre sembra che non fu una coincidenza che scelsi il nome di Estelle dalla scatola. Questa è un'ulteriore prova che nulla poteva essere organizzato in anticipo, perché nessuno sapeva quale studente sarebbe stato scelto. Si questa seduta portò molte soprese per me e gli studenti. Ma ne sarebbe arrivato un altro ancora e non avrei scoperto niente fino al mio ritorno a casa.

Dissi agli studenti che avrei fatto delle copie della cassetta e le avrei spedite ad ognuno di loro con il certificato. Quella notte dopo che tutti avevano lasciato il motel per completare il viaggio di ritorno a casa, pensai a qualcosa che avrei dovuto fare e di cui mi ero dimenticata al momento della preparazione della seduta. Rimpiango di non aver registrato l'intera induzione, perché per gli studenti sarebbe stato importante averla. Durante il seminario diedi loro delle semplici registrazioni dell'induzione da studiare ma riconobbi che sarebbe stato importante per loro poter ascoltare l'intera procedura. Questa svista era naturale perché ogni volta che inizio una seduta non registro mai l'induzione. Ritengo che sia una perdita di spazio, inoltre non voglio che il cliente la senta quando successivamente sta ascoltando la registrazione. La mia voce ha la tendenza di riportarli nello stato di trance e non voglio che questo succeda se non sono li con loro. Cosi, inizio a registrare solo dopo che sono scesi dalla nuvola e stanno entrando in una vita passata. Nel caso di Estelle non ebbi nemmeno il tempo di completare l'induzione che già si trovava nella scena più appropriata, intesa per lei e per il resto del gruppo. Il microfono era sul tavolino vicino al letto, lo presi immediata-mente e lo accesi non appena capii cosa stava succedendo. Più tardi mi arrabbiai con me stessa per non averlo acceso prima. Ma, fino al giorno dopo, non sapevo che "loro" ci avevano messo lo zampino. Un altro evento paranormale per il quale non ho alcuna spiegazione era accaduto.

Il giorno dopo mentre ero in ufficio, decisi di riascoltare l'inizio della registrazione prima d'iniziare a fare delle copie. Volevo vedere da dove era iniziata e se il mio impulso immediato aveva tagliato qualche parte dell'inizio della seduta. Mia figlia Nancy, stava aggiornando la contabilità al computer. Dopo aver dato inizio all'ascolto, mi senti sospirare e chiese se andava tutto bene. Dissi: "Non mi crederai mai! L'intera induzione è registrata sulla cassetta! Proprio dall'inizio! Ma è impossibile!"

Immediatamente chiamai la mia amica Gladys McCoy, che con suo marito Harold, è a capo dell'Ozark Research Institute in Fayetteville. Siamo amiche da molto tempo e aveva partecipato al seminario. Durate la seduta era seduta esattamente di fronte a me dall'altra parte del letto. Aveva una visuale perfetta di ciò che era accaduto. Le dissi che l'induzione era sulla cassetta.

Esclamò: "E' impossibile! Ti stavo guardando da vicino per vedere come fai le tue induzioni. Il microfono era sul tavolino e tutto non l'hai sollevato ed acceso fino al momento in cui lei era sotto." Nemmeno lei aveva una spiegazione, perché sapeva ciò che aveva visto e io sapevo ciò che avevo fatto. Quando spedii le cassette ed i certificati agli studenti, inclusi una breve lettera per descriver loro l'accaduto. In questo modo avrebbero saputo che avevano assistito ad un evento più strano di quanto non credessero. Ancora non riesco a spiegarmi tutto questo, specialmente il fatto che l'induzione fosse sulla cassetta. L'unica risposta può essere che "loro" stavano controllando ogni cosa. Volevano che gli studenti avessero la registrazione dell'intero processo e anche della seduta. Una seduta che tutti concordarono di tenere privata e confidenziale. Inoltre promisero di non divulgare l'identità e la provenienza di Estelle. Credo che avessero la sensazione che se avessero tradito questa promessa qualcosa sarebbe successo. Eravamo tutti consapevoli che avevamo avuto a che fare con qualcosa di molto più grande, molto più informato ed in controllo di noi poveri mortali. Questa fu un'esperienza che non dimenticherò mai e sono sicure che lasciò un'impressione indelebile su tutti i presenti.

Ma cosa ne sapevo che si sarebbe ripetuta durante il mio successivo seminario. Stavano certamente monitorando le mie azioni e le mie lezioni

***

Credo che Estelle fosse il secondo dei sette discepoli o persone speciali che mi era stato detto avrei incontrato durante la seduta in Inghilterra con Robert. Mi era stato detto che avrei incontrato alcuni di loro, ma non tutti. E che non dovevo metterli in contatto fra di loro, perché il loro lavoro doveva essere compiuto separatamente in questo momento. Se fa parte di questo gruppo speciale d'entità che sono tornate per aiutare la Terra durante questo periodo turbolento, allora sappiamo che uno di loro è in Inghilterra e l'altro è in America. Mi avevano detto che avrebbero vissuto in continenti diversi e che sarebbero provenuti da culture diverse. Tra tutti i miliardi di persone nel mondo, quali sono le probabilità di trovare due di questi unici individui a distanza di due settimane? Sono sicura che le probabilità sono molto basse, ma non faccio domande. Mi limito a continuare il mio lavoro nell'ignoto, senza mai sapere cosa stanno preparato per me.

SEZIONE QUATTRO

LE PERSONE SAGGE

CAPITOLO 15

RICORDANDO IL SAGGIO

Questa era un'altra delle sedute che feci durante la straordinaria settimana che ho passato a Laughlin, Nevada, alla Conferenza UFO subito dopo l'attacco dell'11 Settembre 2001. Su dodici sedute quella settima, dieci contenevano informazioni che avrei potuto utilizzare o che includevano messaggi personali dedicati a me. Virginia era presente durante gli incontri degli "Experiencers" che io e Barbara Lamb abbiamo condotto tutte le mattine durante la conferenza. Questi erano incontri dedicati a coloro che pensavano di aver visto, aver sperimentato, essere stati abdotti, etc., dagli UFO; cosi che potessero condividere con altre persone comprensive. Durante la seduta Virginia voleva focaliz-zarsi principalmente sulle sue sospette esperienze degli UFO. Tuttavia, andò diversamente. Era una bella donna che sicuramen-te non dimostrava la sua età (cinquanta). Lavorò per molti anni in un grande ospedale come infermiera diplomata.

Quando Virginia scese dalla nuvola si trovo in un ambiente sterile ed oscuro. Nessuna vegetazione, solo terriccio marrone per miglia verso lontane colline marroni. Un luogo molto desolato. Non le piaceva il luogo perché era cosi sterile. "Mi piace il verde e gli alberi di palma ma non ce ne sono qui."

V: Questo è tutto ciò che riesco a vedere. In lontananza riesco a vedere alcune persone. Una lunga colonna di persone ed alcuni cammelli. La gente sta guidando i cammelli che sono carichi. Alcuni cammelli portano delle persone, ma la maggior parte della gente cammina e i cammelli sono carichi dei loro tesori, prodotti, beni e foraggi. Li stanno portando al mercato per scambiarli con altri beni. Riesco a vederli a distanza mentre passano oltre. Stanno passando dalla mia destra alla mia sinistra, proseguendo su questo sul sentiero ma sono un po' fuori strada. Non vedo nessun altro eccetto loro, è molto desolato. La gente deve prepararsi bene, portarsi del cibo e sapere dove sono le sorgenti d'acqua. Sono solo delle persone su un lungo, caldo cammino.

Le chiesi di descrivere se stessa. Era una donna dalla pelle scura e lunghi, sciolti capelli neri; non come il suo colore attuale. "Ho dei sandali di cuoi molto semplici. Penso di averli fatti io stessa. Ricavati da del pellame e adattati al mio piede. Vesto una tunica larga, bianca ma non bianco puro. E' larga perché fa molto caldo, è fresca di un materiale fatto in casa. Serve il suo scopo, copre il mio corpo e permette la ventilazione. E' qualcosa che possiamo farci da soli."

Quando le chiesi se era giovane o vecchia, disse: "Sto diventando piuttosto vecchia per la mia cultura. Ho quasi trenta-cinque anni. Il corpo sembra sano ma stanco. C'è molto lavoro fisico che ha un impatto sul mio corpo. Sono stanca. Lavoro troppo duramente, ho troppe responsabilità e non abbastanza tempo per riposare o divertirmi. Ci sono cose nella mia vita, è una lotta per la sopravvivenza."

D: *Vivi la fuori?*
V: Dove viviamo è in parte una caverna ed in parte una struttura costruita all'entrata della caverna. All'interno riusciamo ad evitare il caldo soffocante. A volte la notte quando è più fresco veniamo fuori. C'è una struttura costruita fuori dalla caverna dove ci sono alcuni delle nostre cose e utensili.
D: *Siete in molti a vivere li dentro?*
V: Non siamo tanti quanti eravamo una volta. Pezzetti. Nessuna famiglia rimasta. Abbiamo sempre paura, ci sono gruppi di banditi che ci attaccano. Abbiamo sempre paura di venire colpiti ancora. In molti sono rimasti uccisi ed alcune delle donne sono state violentate. (Emotivamente) A volte i loro figli vengono rapiti.
D: *Prendono i bambini?*
V: (Piangendo) Lo fanno! Li crescono secondo le loro tradizioni. Vogliono aumentare la loro comunità e diminuire la nostra. Ci odiano (Piangendo) Non so perché!

Dovetti distrarla per riuscire ad allontanare quelle emozioni, al fine di lasciarla parlare senza piangere.

D: *Ma in questa comunità vivete tutti in caverne diverse con queste strutture in entrata?*
V: (Sospirando) E' l'unica cosa che conosciamo. So che ci sono altre popolazioni che vivono diversamente, ma questa è la mia gente. (Piangendo)
D: *In quanti siete nella tua famiglia?*
V: Ho un marito e due figli. Ne avevamo un altro che... (triste) che non è più con noi. (Piangendo) C'era queste persone sono passati e se lo sono portato via, lo hanno preso.
D: *E' per questo che è cosi doloroso per te, perché hai perso uno dei tuoi.*
V: (Piangendo) Si. Non so cosa gli sia successo. Ma ho sentito che li educano a diventare come loro. (Tirando su col naso) Vogliono aumentare il loro... voglio dire "il loro gregge".
D: *Almeno in questo modo non sarà ferito.*
V: No. (Tirando su col naso) Si ho sentito dire che è cosi e spero che sia vero. (Singhiozzando) Ma mi manca. Vorrei sapere che sta bene e che non ha paura.
D: *Ma avete altri bambini.*
V: Si. Ho un altro maschio e una femmina. (Singhiozzando) Ho sempre paura che possa succedere ancora. E' dura. La vita è dura. La vita è dura, a volte mi chiedo perché sia cosi dura. (Singhiozzando) Perché non possiamo essere liberi e felici. Non so perché mi ricordo di essere libera, ma dovrebbe essere meglio di cosi.
D: *E' difficile trovare cibo?*
V: Si. Ci sono luoghi dove c'è acqua. Ci sono alberi di fico e datteri. E possiamo viaggiare per raccogliere cibo e ritornare. Ma è pericoloso uscire e ci sono persone con cui barattiamo cosi abbiamo i mezzi per fare il pane. (Tirando su col naso) Ma è difficile. Dobbiamo stare molto attenti.
D: *Perché non vivete in un villaggio o una città? Non Sarebbe meno pericoloso?*
V: Non conosciamo questo tipo di vita. E' troppo lontano. Non siamo gente di citta. Qui è ciò che conosciamo. Ma abbiamo sentito parlare di altri accampamenti più grandi. Ma abbiamo anche sentito delle cose negative che succedono anche là. Quindi non proviamo a spostarci in accampamenti più grandi.
D: *Se vi spostaste in un posto simile magari potreste essere più al sicuro, perché ci sarebbe più persone.*
V: Forse. Forse. Ho sempre vissuto qui.

D: *Avete degli animali?*
V: Alcuni di noi hanno degli asini. Alcuni hanno un cammello. Ma pochi tra di noi hanno queste cose.
D: *Pensavo che sarebbe più facile se viaggiaste e raccoglieste cibo con gli animali.*
V: Si, viaggiamo verso luoghi dove possiamo scambiare alcune cose. Faccio un poi d'intreccio. Porto le mie coperte e i miei cestini per scambiarli con cose da mangiare. Barattiamo e c'è questa via dello scambio dove la gente ci passa vicino. Non è troppo lontano dal nostro accampamento, dove viviamo. A volte riceviamo cose da loro.

Probabilmente stava parlando della lunga carovana di persone che aveva visto all'inizio della seduta. La carovana che stava seguendo la strada dello scambio.

D: *Quindi siete in grado di sopravvivere.*
V: Sopravviviamo ma è dura.
D: *Tessere è ciò che fai per la maggior parte del tempo?*
V: Faccio la maglia e cerco di rendere le mie coperte piu belle. Uso i colori che riesco a trovare. Posso trovare la lana. Alcune persone hanno le pecore. Posso fare delle coperte e cerco di metterci dei disegni quando trovo i colori giusti. Con cui tingere le spole. Ci metto dei disegni che mi fanno sentire felice. Spero che facciano sentire felicità anche agli altri. Sento di dover creare bellezza è importante.
D: *Cosa fa tuo marito per il vostro gruppo?*
V: Ha delle pecore di cui si prende cura. Le porta in luoghi dove possono bere dell'acqua e a volte c'è dell'erba verde che possono mangiare attorno alle pozze. Le porta con se e se ne va per tutto il giorno, a volte per piu di un giorno. Possiamo bere il loro latte. A volte ne mangiamo qualcuna. Questo mi fa soffrire! Non riesco a mangiare i miei animali! Non mi piace mangiarli, ma dobbiamo sopravvivere. Dobbiamo nutrirci. Gli animali sono miei amici.
D: *Questo vuol dire che spesso sei sola, non è vero?*
V: Si. Ci sono altre persone non troppo lontane in questa zona e non mi sento isolata. Ma lui spesso non c'è ed io faccio la maglia e penso. Ma questo va bene.
D: *Inoltre ti prendi cura dei bambini.*
V: Si, e sono una gioia.
D: *Non sembra che tu sia veramente felice li.*

V: C'è molto lavoro. Per qualche motivo so che c'è altro nella vita oltre alla lotta per la sopravvivenza e prendermi cura della mia famiglia. Amo la mia famiglia e voglio prendermene cura, ma c'è una parte di me che sa che non c'è solo questo. Non può essere tutto ciò che c'è. A volte desidero andare altrove ed essere libera. Ci deve essere qualcos'altro. Per qualche motivo mi ricordo – non so come faccio a ricordarlo o cosa mi ricordo – ma so che non è cosi. (Singhiozzando) Queste memorie mi perseguitano. Mi fa pensare a quanto sia difficile questa vita. Sono che la vita non deve essere cosi difficile. Ma inoltre mi aiuta a ricordare che ci sono cose che stanno arrivando che riporteranno le cose a posto.

D: *Devi sentirti confusa a conoscere queste cose e non riuscire a ricordare.*

V: Si. Si. Lo so, ma non so perché lo so. Nessun'altro sembra che lo sappia.

D: *Non hanno questi ricordi?*

V: Sembra di no. (Piangendo) Perché' non lo sanno? (Adesso piangeva apertamente.) A volte pensano che sia matta. Pensano che abbia qualche rotella fuori posto. (Tirando su) Tutto ciò che riescono a pensare è fare il pane e nutrirsi, io penso alle cose. Non so perché penso alle cose, ma penso ad altre cose e non so perché conosco altre cose. (Singhiozzando) Le cose erano diverse. Erano pacifiche ed ero felice. Non avevo bisogno di lavorare cosi duramente (Singhiozzando).

Sembrava molto simile ad alcune delle persone nel nostro mondo attuale. Si ricordano altre vite ed altre esistenze. Non sanno da dove provengono, perché non hanno alcuna base nella loro realtà attuale, specialmente secondo l'indottrinamento della chiesa. Questo può creare molta confusione, quindi è facile vedere come sarebbe completamente estraneo per una donna che viveva nel bel mezzo del nulla, con pochissima educazione, che non era ma stata esposta ad altre modalità di pensiero. Apparentemente aveva delle vaghe memorie di altre vite e non c'era alcuna spiegazione logica. Tutto questo aumentava solo la sua infelicità e il senso di separazione dal gruppo. Questa frustrazione nel tentativo di far parte del gruppo ed essere compresi sembra essere un problema universale. Sembra che non abbia limiti geografici ed è esistito sulla Terra da quando la specie umana ha iniziato a pensare. Inoltre spiega parzialmente il desiderio inconscio di "voler tornare a casa".

D: *Diventa più difficile quando si hanno questi ricordi.*
V: (Singhiozzando) E' difficile. E' difficile quando le persone pensano che abbia qualche rotella fuori posto.
D: *Ma tu sai che non hai alcun problema.*
V: (Emotiovamente) A volte mi chiedo se sia cosi.
D: *Se solo un po' diversa, tutto qua. Ti ricordi cose che loro non si ricordano. Ma va bene. In ogni caso puoi parlare con me. Io ti capisco.*

La spostai avanti verso un momento importante. In una vita in cui ogni giorno è proprio come il prossimo, puo' essere difficle per il soggetto trovare qualcosa d'importante. Visto che le loro vite sono cosi mondane, spesso ciò che considerano essere importante, potrebbe non esserlo per noi.

D: *E' un giorno importante. Cosa stai facendo adesso? Cosa vedi?*

Le emozioni che sentiva fino ad un momento fa erano sparite. La sua voce era tornata normale, quasi mondana.

V: Oh, sto iniziando la giornata, come tutti gli altri. Mi alzo e mi preparo per la giornata e per i pasti della mia famiglia. Tuttavia, questo è un giorno da ricordare. Incontrerò qualcuno oggi che cambierà la mia vita.
D: *Come fai a saperlo?*
V: Beh, ancora non lo so, ma oggi è quel giorno. Guardando in dietro dalla prospettiva del "qui", oggi è il giorno in cui una persona molto insolita faceva parte della carovana e io sono andata ad incontrarlo. Sono uscita con delle coperte e dei cesti. C'era qualcuno su questa strada delle carovane. Lui li stava solo seguendo per un po'. Forse stava andando nello stesso posto dove doveva andare la carovana, ma non era un mercante. Era un uomo anziano. (Seriamente) Era qualcuno che conosceva altre cose. La carovana si fermò per delle ore. A quel punto sapevo che potevo portargli le mie merci. Si fermarono per la notte. Quest'uomo viaggiava con loro. Era un uomo diverso. Un uomo gentile, forte ed erudito. E molto, molto umile. Non come certa gente su questo via che crede che tu sia nessuno. E che loro sono importanti e onniscienti. Quest'uomo mi parlò. Mi parlò come se anch'io fossi importante. Mi guardo' e mi chiamo' "Bambina mia." Mi parlò di altre cose, di altri luoghi e perfino di altri tempi. Mi guardava e

poteva sapere tutto di me. Non c'era nemmeno bisogno che glielo dicessi. Percepì la mia pena. Percepì la mia confusione a riguardo della vita e come la vita stava procedendo. Ero solita chiedermi: "Cosa facciamo qui? Questo è tutto ciò che c'è? Perché non c'è nient'altro nella mia vita che mi sembra di ricordare d'aver avuto prima?" Desideravo l'acqua. Ho sentito che c'è acqua, molta acqua in altri luoghi. Non l'ho mai vista. Voglio andare dove c'è molta acqua. Renderebbe la mia vita molto più semplice. (Piangendo) Lui parla dell'acqua. Lui parla dell'acqua della vita. Parla dell'acqua come se non parlasse dell'acqua. (Tirando su) Parla di altre cose che possono rendermi libera. Si tratta di chi sono all'interno. Mi dice che se potessi ricordare abbastanza, che … una parte di me può andare in ogni luogo senza portare il corpo con se. Questo corpo in realtà non è ciò che sono. Che posso andare dove voglio e non mi devo preoccupare di non essere ricca o non avere altre opportunità. Posso essere me stessa qui dove sono. Posso accedere ad altri regni, perfino altri tempi. Posso visitare i miei amici che ho conosciuto in altri tempi e altri luoghi. Parla di angeli. (Sottovoce) A volte vedo delle cose, ma non dico niente, nemmeno a mio marito. Vedo persone che vengono e sono fatte di luce e mi parlano. Ciò nonostante mi chiedo se sono matta. Mi dice che queste sono persone, grandi esseri che mi amano e che manco anche a loro. Vengo a visitarmi e possono andare con loro, senza dover viaggiare in alcuni modo. Ma credo che devo. Posso andare con loro e posso visitare la gente e possono anche mangiare tutto ciò che voglio. Posso sentirmi d'aver mangiato ciò che voglio. Credo che non si reale, ma posso godermi la sensazione di prendere in me tutto ciò che voglio, inclusa molta conoscenza. Perché voglio conoscere molte cose. (Divenne emotiva ancora) Non posso conoscere altre cose qui. Non c'è nessuno che mi possa insegnare. Ma lui dice che posso. (Piangendo) E' difficile per me credere. Voglio credere. Voglio sapere di piu. Sento di sapere di piu, ma non e' cosi. E' difficile da spiegare. Mi dice che posso andare in altri luoghi. E se potessi solo andare con questi grandi esseri che vedo questi esseri di cui non parlo. Sono di luce. E' come se fossero fatti della luce di una candelo

D: *Vengono a trovarti quando sei da sola?*
V: Vengono a trovarmi di notte quando gli altri dormono. A volte li vedo e a volte parlano con me. Non ho mai provato a rispondergli, perché non voglio svegliare nessuno. Li ascolto. Poi penso magari

sto uscendo di testa. Voglio ascoltarli, ma ... a volte non voglio che se ne vadano.
D: *Ma quest'uomo comprende queste cose?*
V: Lui comprende queste cose e comprende me. Comprende il mio desiderio e comprende la mia frustrazione. Sa che voglio conoscere e mi dice che posso andare in questi posti. Posso andare nei luoghi d'erudizione. E lo posso fare cosi come sono e dove sono. Trovo tutto questo entusiasmante.
D: *Sono idee molto strane, non è vero?*
V: Sono idee strane. Nessuno parla di queste cose.
D: *Sai chi è quest'uomo?*
V: Mi parla di qualcuno con cui è da lungo in contatto. Entrambi stanno diventando molto vecchi. Mi parla di un tempo in un altro paese da cui sono dovuti fuggire. Sono nel mio paese da molti, molti anni e il loro tempo in questa vita sta giungendo alla fine. Mi parla di altre vite e di non aver paura. La persona di cui parlando è un uomo d'incommensu-rabile pace e amore. Lui è suo amico e protettore da molti, molti, molti anni. Stanno invecchiando e desiderano tornare da dove sono venuti. Ho sempre saputo di provenire da qualche altro posto. Mi spiega che quando abbiamo finito con questa vita ritorneremo là. E' meraviglioso e stupendo. Lui farà questo. Lui e il suo maestro – lo chiama cosi – faranno questo molto presto. Proseguiranno per essere con i loro amici da dove erano quando sono entrati in questa vita. Ma lui ha imparato molte cose. Quest'uomo conosce molte cose ed ha condiviso molte esperienze con colui che chiama "maestro".

Non sembrava che stesse parlando di Gesu', perche quest'uomo era troppo vecchio. Mi chiedevo se lei si trovava in Terra Santa e questo era uno dei discepoli che viaggiava ed insegnava agli altri.

D: *Il paese in cui vivi, ne hai mai sentito il nome?*
V: Il nome è simili a quello di un fiume che conosco. Sento la gente parlare di un grande fiume. Lo chiamano il fiume Indus. E' il paese che sorge attorno a quel fiume. Qui non abbiamo un nome.
D: *Quest'uomo ti ha detto da dove proviene?*
V: E' stato molto più ad ovest, per visitare il luogo dove aveva vissuto una volta. Aveva dei contatti importanti con della gente che aveva bisogno d'incontrare. Voleva restare in contatto con loro. Era

molto lontano ma queste vie del commercio passano da questa parte e lui viaggia con loro per protezione.

D: *Be' questo è un giorno importante, incontri quest'uomo e finalmente trovi qualcuno che ti capisce.*

V: Lui prosegue. Ma mi ha fatto un dono che non può essermi tolto. (Singhiozzando) mi aiuta a comprendere e mi spiega come espandere e non resistere. E a trovare modi d'imparare e visitare altri luoghi. E come farlo vivendo la mia vita qui. Posso prendermi cura di me stessa. Posso essere una buona moglie. Posso essere una buona madre. Posso tessere le mie coperte e i miei cesti. Posso essere libera di andare altrove e conoscere altre cose e nutrirmi in questo modo.

D: *E' molto importante. Ti ha fatto un dono grandissimo.*

La feci passare ad un altro giorno importante di quella vita.

V: Sono (sospirone) pronta per lasciare questa vita. Il corpo e' debole e sono vecchia. Sto iniziando ad avere delle visioni. I visitato molti luoghi da quando ho incontrato quest'uomo. Quest'uomo della Giudea.

D: *Questo è il nome del luogo da cui proviene?*

V: Veniva dalla Giudea. Non conosco la Giudea. Sono molto piu felice alla fine della mia vita, perché mi ha insegnato molte cose. Mi ha insegnato ad essere libera dove mi trovo. Mi ha parlato di lasciare il corpo permanentemente, in ciò che chiamiamo la "morte". Mi ha detto di non averne paura. Da allora ho imparato anche da altri che ho contattato. Grandi esseri che non muoiono mai e sono di essere qui solo per un breve periodo. Ho altre cose da fare, devo essere in altri luoghi, devo interagire con altre persone. Sto lasciando questo corpo e non ho paura.

D: *Quindi non c'è nulla che non va con il corpo? E' solo stanco.*

V: E' solo consumato e il mio tempo qui è finito. La mia famiglia, ciò che ne resta, è triste. Dico loro di non essere tristi. Tuttavia non riescono a comprendermi. Non ci sono mai riusciti. Sono contenti che ero più felice nella vecchiaia. Ma non sanno perché. Dico loro di non essere tristi della mia dipartita. Non capiscono nemmeno questo. Ho provato ad insegnare ad altri, non l'hanno accettato bene.

D: *Ma tu eri sempre quella diversa.*

V: Lo ero. I miei figli pensano che forse ho ragione, perche mi amano e mi rispettano. Ma tuttavia mi dispiace dire che sono influenzati dagli altri più che da me. Me ne sto andando. Non mi dispiace andarmene. So di poter proteggere la mia famiglia, i miei figli che adesso hanno la loro vita. Posso proteggerli come so che questi esseri hanno protetto me.

La spostai al momento in cui lascio il corpo (morte) e le chiesi di descrivermi come fosse.

V: C'è molta, molta, molta pace. Vedo i miei amici angeli, le loro braccia estese verso di me. Mi sento leggera, leggera, sempre più leggera e alla fine fluttuo verso di loro. Sono in questo luogo magnifico di pace ed amore. Pace, amore, luce e liberta'. E' una sensazione meravigliosa di essere tornata dove appartengo, dove sento di essere venuta recentemente. Come se fosse passato solo un minuto. La mia vita sembrava lunga e dura, ma adesso sembra che fosse durata un minute.

D: *Mentre guardi questa vita che hai appena lasciato, la puoi vedere per esteso da una diversa prospettiva. Qual'era lo scopo di questa vita?*

V: Dovevo imparare come integrare questo regno con quello terreno. Dovevo imparare come incorporare la mia conoscenza dei regni superiori nel mio mondo lavorativo di tutti i giorni. Questa è una sfida che non ho ancora conquistato. Ho imparato molto in questa quella vita. Valeva la pena soffrire tutte le pene che ho passato per imparare che è fattibile e che si può integrare con successo.

D: *Anche se c'era tutta quell'opposizione e scherno.*

V: Ci sarà sempre opposizione nella vita terrena. Quando uno introduce le memorie e la conoscenza dei regni divini, quando uno ricorda le esistenze precedenti e sa che ci sono altre cose e non solo ciò che è sotto il loro naso. Ci saranno sempre quelli che sono solo a quel livello e salteranno alla gola di quelli che anche solo suggeriscono tali cose. Anche questo mi aiuterà in vite future. Perché qualsiasi vita in cui entro, sarà una vita di resistenza.

D: *Ma non è forse più difficile avere queste memorie quando si è nel corpo fisico?*

V: Sembra che avrò sempre queste memorie. Mi dicono che non sono un di quelli che dimentica completamente e questo per aiutar a preparami per essere in grado di integrare tutto questo, perché ho scelto, ad un livello superiore, di non dimenticare completamente. Ho scelto di non essere completamente dietro il velo. E scegliendo questo, devo anche imparare come integrarlo.

D: *Ma questo non rende più difficile vivere una vita con tutte queste memorie?*
V: E' una vita difficile. Ma dalla mia visione superiore, scelgo di avere difficoltà nella vita fisica che mi aiuteranno a crescere spiritualmente. Non importa quando facile sia la mia vita. Importa solo quanto cresco e questo è il sentiero che ho scelto. Non solo entrare in una vita completamente ciechi ed ignoranti della prospettiva più ampia. Dimenticare ciò che sono venuta a fare, non ha alcuna importanza. Entro nella vita con i ricordi delle cose che devo imparare. A volte mi ci vuole un po' per capirlo, per ricordare cos'ero venuta a fare e come farlo. Ma questo è il sentiero che ho scelto sotto suggerimento degli anziani.
D: *Si, ma lo rende più difficile.*
V: E' più difficile, ma ho scelto questo sentiero che gli spiriti perseguono attraverso le difficoltà.
D: *Quindi dimenticherai sempre meno in tutte le tue vite.*
V: Si. Conoscerò e ricorderò le cose. Mi aiuterà a ricordare chi sono e ciò che sono venuto a fare in quella vita. Sento che se ho queste esperienze difficili, otterrò più che passare da una vita all'altra, e ricordare ciò che sono venuta a fare e come farlo. Quindi entro con memorie parziali, abbastanza da spronarmi e sapere che ci sono cose da imparare e su cui lavorare. Sapere che c'è altro. Ho sempre moltissima paura della possibilità di entrare in una vita con tutte le grandi visioni delle cose che riuscirò a fare e poi perdermi e dimenticare cos'ero venuta a fare. Sarebbero opportunità e tempo perso. E perfino il rischio di danneggiare o limitare la crescita di altre persone. Per questo scelgo di aver più illuminazione. Anche se spesso è molto difficile integrarmi, ho degli amici che s'incarnano con me e abbiamo fatto un patto di aiutarci a ricordare. Questo è successo grazie a questo essere meraviglioso che ho incontrato sulla via. Sapeva ed io sapevo ancor prima di entrare in queste vite cosa avremmo fatto insieme. Era una promessa Karmica e ne ho fatte altre con altre persone in altre vite. Conoscerò abbastanza da fare domande e altri mi aiuteranno a trovare le risposte.
D: *Quindi qualsiasi vita in cui entri ci sarà sempre qualcuno.*
V: Si, ci sarà qualcuno, non sono mai da sola. Ho molti, molti, molti amici, conoscenze e associazioni passate. Sappiamo tutti i rischi di perdersi nella morchia e pantano, cosi ci prepariamo una valvola di sfogo.
D: *Cosa intendi per valvola di sfogo?*

V: Forse sto pensando a quando entro in una vita in cui c'è il rischio di dimenticare e ci sono amici amorevoli che vengono con me o che mi incontreranno durante quella vita. Ci siamo promessi ci ricorderemo l'un l'altra chi siamo veramente e sicuramente non tutti dimenticheranno ogni cosa. Cosi se qualcuno ricorda una cosa e l'altro ricorda qualcos'altro, riusciremo ad aiutarci. Useremo perfino cose che chiamiamo "codici". Se uno ricorderà una frase o una parola, questo attiverà qualcosa nell'altro che aprirà le porte della memoria e della conoscenza.

D: *Quindi saprete come identificarvi tra di voi?*

V: Lo faremo l'uno per l'altro. Non è un codice cosciente, ma ci sono cose che qualcuno potrebbe dire che abbiamo preparato in anticipo. Come se quando dici questo, allora si scarica questa intera scatola d'informazioni per me se sono pronta. E ci incontreremo quando sono pronta o quando sei pronta tu. Lo facciamo l'uno per l'altra. Funziona come una piccola valvola di sfogo per entrare in una vita pericolosa in cui abbiamo paura di dimenticare.

D: *Quindi in altre vite sarai sempre con queste persone, giusto?*

V: Giusto. Mi ci vuole un po', di ciò che chiamate "tempo" dopo una vita, per riposare e pensare a tutto ciò che ho imparato e non imparato.

D: *Per assimilare, si.*

V: Assimilare è la parola giusta. Mi ci vuole un po' per farlo e poi sono libera di fare ciò che voglio. Posso scegliere molti sentieri. Uno dei quali andrà in un'altra vita e ho scelto di tornare in una vita frequentemente. C'è una pausa nel mezzo per imparare cose superiori e lavorare con gli altri. A volte passo molto tempo lavorando con gli altri sul piano terreno. Vado a visitarli e ad inspirarli. Ci sono anche le mie anime gemelle in questa vita, li chiamo cosi. Passo molto tempo con loro durante i sogni. Sussurro loro certe cose per influenzarli e li proteggo. Ci sono momenti in cui visito altri luoghi di conoscenza e a volte mi fermo per rilassarmi. E ci sarà sempre il tempo di consultare gli "anziani".

Allora spostai Virginia avanti nel tempo, lasciando l'altra entità nel passato per poter fare domande sulla sua vita attuale. Il subconscio fece fatica a lasciare l'altra personalità nel passato.

V: Adesso è come se Virginia fosse la donna nell'arido paese che ora è l'India. Come se adesso fosse quella persona. Questa è un'analogia che vorrei comprendesse. Lei, come quella persona, è su qualche livello. E lo straniero che stava passando nella sua zona – ma che non era della sua zona – passava solo temporaneamente. Visitava la zona e conosceva la gente del luogo. Ci sono altri che sono come il viaggiatore che venne che le offrì ulteriore illuminazione, che le mostrò come guardarsi dentro per trovare la sua libertà e come ricordare chi fosse.

D: Questa è la ragione per cui il subconscio scelse di farle vedere quella vita?

V: Questo è lo scopo di quella vita. E' un'analogia. Adesso lei è quella donna coinvolta nel duro lavoro. Lei sta lavorando duramente. A volte fa fatica ad integrare la sua conoscenza con il suo mondo lavorativo quotidiano. Ci sono persone, specialmente dove lavora, che non ascolteranno nulla del suo misticismo, (virginia è un'infermiera in un grande ospedale) e a volte lo trova frustante. Poi durante la notte arrivano color che le insegnano altre cose. La portano in altri regni e le mostrano molte cose. E' il suo modo di crescere oltre a questa vita. Ha accettato che questo sia, che questo accada. Era per aiutarla a ricordare che ci sono altre cose nella vita oltre al qui e ora, e il lavoro che deve fare in questo momento. Ci sono molte cose che stanno avendo luogo a molti livelli. Ma per il suo livello attuale, accettò un contratto prima di entrare, perché aveva molto da fare in questa vita. Molto karma da finire ed il suo obbiettivo era di aiutare le persone a ricordare chi fossero. Aveva paura di dimenticare chi fosse ed essere incapace d'aiutare se stessa o nessuno altro.

Virginia durante la meditazione ed i sogni aveva visioni di un'entità che chiamava "Heperon". Voleva sapere se questa era un'entità reale, e se sì chi fosse.

V: Heperon è una parte integrale del suo essere. Non si sarebbe mai offerta volontaria per l'esperienza sulla Terra se non fosse stato per la conoscenza che la sua "anima-gemella" – la chiamerei così – questo cara, carissima persona dal suo gruppo di anime di un altro pianeta; fosse con lei. Lui le assicurò che era in loro accordo che lei fosse venuto sulla Terra e che lui avrebbe vegliato su di lei. Lui a qualche livello sarebbe stato con lei in ogni momento. Lui è ciò che chiamiamo un essere "multi dimensionale". Può fare molte cose in molti regni e anche proteggere Virginia. Questa è una parte integrale profonda della sua vita. La sua stessa esistenza sulla Terra è la conoscenza che Heperon sta vegliando su di lei dalla sua – direste cosi – posizione elevata. Lui può trovarsi in molti luoghi in momenti diversi. Lui è ciò che chiamereste un angelo. Per lei, lui è un angelo.

D: Quindi lui è molto importante nella sua vita.

V: Questa connessione è estremamente importante. E' al cuore della sua esistenza sulla Terra.

D: Questo è un bene. Lei ha qualche altra domanda. Voleva sapere se ha mai avuto qualche connessione con Gesù?

V: Ci fu una situazione in Kashmir durante la quale incontrò il giovane uomo che era Gesù. Era un prete in quel periodo quando Gesù stava viaggiando con suo zio Giuseppe e studiando con i saggi maestri. Fu un vero incontro. Fu un vero, verissimo incontro. Una vera memoria. Molto profonda. Il ricordo della sua serenità l'ha aiutata in molti modi di questa vita. Solo pensando a quel ricordo dell'amore e della pace che emanava è stato una forza stabilizzante. E la conoscenza che lui è là. Lui è stabile come una roccia ed è amore e pace. Questa era una conoscenza interiore. Inoltre durante questa vita, è stato rivelato in questo giorno in questa seduta. Era oltre, la prossima incarnazione di questa entità, Virginia.

D: Dopo l'altra in Kashmir?

V: Dopo l'altra. Quest'uomo – è difficile da spiegare, perché non è generalmente accettato – ma quest'uomo che le insegno visse una lunga vita insieme a Gesù.

D: Stavo pensando che non fosse Gesù, perché era più vecchio.

V: Era un compagno di Gesù. Lui aveva la conoscenza, quindi Gesù ha toccato la sua vita due volte.

Conclusi la seduta facendo domande sui problemi fisici di Virginia. Erano causati dal suo restare a lavorare nell'atmosfera negativa dell'ospedale anche dopo che non c'era più bisogno di lei. Pensava di aiutare la gente ma le energie presenti in quell'ambiente la stavano drenando. Era arrivata l'ora per lei di procedere nella sua carriera. Poteva ancora aiutare la gente e lavorare con coloro che stavano morendo, ma doveva lasciare l'ospedale.

CAPITOLO 16

IN CERCA DEL SAGGIO

Questa è un'altra seduta che ebbe luogo a Clearwater, Florida, mentre ero là per presentare all'Expo nell'Ottobre 2002. Anche questa era connessa ad un saggio, ma di un diverso tipo.

Quando Nancy, il soggetto, scese dalla nuvola si trovò a piedi nudi su un terreno coperto da ciottoli pungenti e pezzi di rocce frantumate. Questo la mise a disagio, ma iniziò a sentirsi frustrata quando vide d'essere sul ciglio di un precipizio. Vide se stessa come un giovane maschio dai corti capelli marroni vestito di un pesante gilet imbottito e pantaloni di un grezzo materiale. "Sono vicinissimo ad un precipizio. Sento di volermi allontanare dal ciglio. Mi dicono di non girarmi. C'è qualcuno dietro di me e voglio scappare," disse con un lungo sospiro. "Voglio andarmene. Perché stanno facendo questo?" La risposta fu una rivelazione: "Stanno cercando d'impaurirmi."

Le chiesi se voleva girarsi per vedere chi fosse. "C'è più di una persona. Sento che se mi avvicinassi ulteriormente al ciglio scivolerei e cadrei. Mi fanno stare qui in questa posizione per insegnarmi una lezione. Ma non so quale possa essere questa lezione. Sono persone molto piccole dai capelli chiari, quasi bianchi. Sono molto più alto di loro, almeno mezzo metro o più e il mio colore è diverso. Io sono scuro e loro sono molto pallidi. Sono diversi da me, non appartengo alla loro razza, non sono uno di loro. Ho la sensazione che stessi passando per il loro villaggio. Hanno paura di me. Non sapevo dov'ero e ho scoperto questo luogo. Inizialmente pensavo che fossero bambini. Non hanno alcuna arma, ma in qualche modo mi hanno forzato fin qui."

D: Che tipo di villaggio avevano?

N: Hmmm. Vedo che possono nascondersi. Non so come dirlo. Possono sparire. Possono nascondere le loro case, i loro edifici con la natura, con l'ambiente. Nel vederlo per la prima volta, sembrava un villaggio di bambini. C'erano tetti di paglia, un po' come delle capanne. Ma quello non era reale, era solo un camuffamento che utilizzano. Non era la vera parvenza delle loro case. Era come se mi stessero imbrogliando, sono molto confuso.

D: *Questo è ciò che hai visto quando sei entrato nel villaggio?*

N: Si. Ho visto le piccole capanne con la paglia sul tetto e mi sembrarono come dei bambini al gioco. Ma in realtà le loro case sono nascoste, sono che le camuffano. Le nascondono sul lato della collina. E' strano non so quale sia il loro vero aspetto, ma so che si stanno nascondendo.

D: *Ha dovuto camminare a lungo per giungere là?*

N: E' tra le montagne.

D: *Anche la tua casa si trova lì?*

N: No, ero li per attraversare. Molto in alto tra le montagne. Stavo solo viaggiando. (Lungo sospiro) Volevo raggiungere l'est lontano. Era il mio sentiero, ho sentito storie di un mago che volevo vedere. Lontano, tra le montagne, tra le cime. Un sant'uomo che ha la magia. Storie di quest'uomo, volevo incontrarlo.

D: *Sembra che fosse un viaggio molto lungo.*

N: Lunghissimo. Pensavo che mi ci sarebbe voluto un anno o più per arrivarci. Avevo delle provigioni, ma questa gente me le rubarono.

D: *Avevi una famiglia nel luogo che hai lasciato?*

N: Sento che ero solo.

D: *Quindi eri libero di viaggiare a tua volontà? (Si) Dovevi coprire altro terreno quando sei arrivato in questo villaggio?*

N: Oh, si, moltissimo. Avevo già viaggiato a lungo. Giunsi ad un bivio e non stavo facendo attenzione. Tutto era bellissimo e poi vidi queste casette. C'era gente dentro, pensavo che fosse dei bambini al gioco. Ma li spaventai. Guardai dentro e li spaventai. Sento che nessuno viene in questo luogo. E' un posto nascosto e per loro è un posto segretissimo.

D: *Quindi li hai impauriti perché non avresti dovuto trovarti lì.*

N: Si. Non riesco a comunicare con loro nella mia lingua. Non capiscono ciò che dico. Sto cercando di dirgli che non gli farò del male, ma non mi capiscono.

D: *Hai detto che hanno preso le tue provviste?*

N: Si. Avevo delle sacche con lacci sulle spalle. (Gesticolò indicando qualcosa sulle sue spalle) Da una spalla all'altra. E dell'acqua. E una borsa di – non so come chiamarlo – Del cibo... cose essiccate. Poi di tanto in tanto prendevo dell'altro cibo per continuare il mio viaggio. Luoghi dove mi fermavo e le persone condividevano con me. Ma questo è un luogo diverso. Questa gente non mi assomiglia. Non molto, molto pallidi e piccoli. Molto pallidi, quasi con i capelli bianchi.

D: *Hanno una fisionomia differente?*

N: Si. Hanno tutti le stesse caratteristiche. I loro occhi hanno colori diversi. Non sono blue, né verdi, ma entrambi. Quasi turchese, un coloro blu-verdino. Ma la loro fisionomia è molto minuta. Minuti, con nasi molto piccoli. Menti picco-lissimi. Caratteristiche delicate ed affusolate.

D: *Ti sembrano sia uomini che donne?*

N: Vedo che piccoli con loro che sono i loro figli. Ci sono dei partner adulti. Famiglie! Sono delle famiglie. Ma i genitori si assomigliano moltissimo.

D: *Quindi è difficile distinguerne i generi? (Si) Hai provato ad che prendessero le tue provigioni?*

N: No. Sono rimasto lì in piedi. Mi sentivo molto tranquillo e calmo. Loro si sono avvicinati e me li presero. Perché' mi hanno preso le scarpe? (Era perplessa da questa reazione) e li lascio fare. Rimango li immobile. Che strano, sono rimasto lì immobile. E poi mi fanno camminare su questo sentiero con le pietre, che mi fanno male ai piedi. (Sussultando) Mi fanno male i piedi. (Con tono rivelatorio:) Oh! I loro villaggio è un segreto. Nessuno deve sapere che sono qui, ma io li ho trovati. Non vogliono farmi del male, ma non possono lasciarmi andare. Hanno paura che porterò degli altri, o che parlerò di questo posto. Non direi nulla, ho cercato di spiegargli che non direi nulla. (Sospiro profondo) Voglio allontanarmi da quel burrone. Sono dietro di me, ma sono ad una certa distanza. Non mi toccano e non ci sono armi, ma i loro pensieri mi stanno spingendo verso il burrone. (Con fermezza) Gli sto resistendo. Non lo farò! Non li permetterò di farlo. (Determinato) Non mi girerò, so che posso farcela. Mi girerò di scatto e gli dirò di smetterla: Stop! (Lunghi respiri profondi, e all'ungo' il braccio con il palmo esteso.) Gli sto dicendo di fermarsi. (Sospirone di sollievo) Si sono fermati! Adesso sono molto determinato con loro. Non gli permetterò di farlo! Stavo pensando che se avessi fatto ciò che si aspettavano, avrebbero visto che non volevo far loro del male. Ma adesso vedo che devo dirgli di fermarsi. Non mi forzeranno più. Uno di loro

mi sta portando le mie provviste e le mie scarpe. Me li restituiscono cosi posso continuare il mio cammino. Sono molto dispiaciuti, mi porgono le loro scuse. Non mi parlano, ma riesco a percepire le loro sensazioni. Sento che sono dispiaciuti.
D: *Sei riuscito a spiegargli che non li avresti esposti?*
N: Si. Quando mi sono girato e gli ho detto di fermarsi ero arrabbiato. Mi sono sentito forte e gli ho spiegato che non volevo danneggiarli, ne' che l'avrei detto ad altri, e che non mi avrebbero fatto cadere giù dal burrone. Quello era sbagliato e si sono sentiti molto in colpa.
D: *Forse pensavano che era l'unico modo per proteggersi.*
N: Erano molto impauriti. Adesso me ne sto andando, Sto risalendo la collina. (Sospirò) mi stanno guardando. Se ne stanno andando. Mi fermai sulla cima della collina e loro stavano scendendo. Fhuww! Sto bene, sono salvo e sto continuando il mio cammino. E' strano, perché so che non sono di qui. Sono diversi. Sento che non appartengono a questo tempo e luogo.
D: *Questo tempo?*
N: Si. Non appartengono a questo tempo. (Pensò a come spiegarsi) Sento che vengono da un altro tempo: da un lontano futuro! Un futuro molto lontano, ma si trovavano qui. Sento che sono qui da molto tempo e pensavano d'essere al sicuro in questo luogo, qui nessuno li avrebbe trovati.
D: *Perché hai la sensazione che vengano dal futuro rispetto al tuo tempo?*
N: Non saprei. So solo che vengo da un futuro molto lontano. Non appartengono a questo luogo e a questo tempo. Non sono di qui. Pensavano di aver trovato un nascondiglio sicuro.
D: *Mi chiedo da cosa stessero fuggendo?*
N: Non saprei.
D: *In ogni caso, sei riuscito a confrontarli.*
N: Si, sto bene. (Fece un sospiro di sollievo) Sono felice di continuare il mio viaggio. Non vedo l'ora d'incontrare questa persona speciale e so che riuscirò ad incontrarlo.

A quel punto spostai Nancy avanti ad un momento importante:

N: (Sorridendo) Sono qui. Sono cosi entusiasta. Incontro molte persone durante il viaggio. Ovunque vada sento storie di questo individuo. Mi sento più vecchio.

D: Ma non hai mai incontrato qualcuno strano come quella gente minuta.
N: No. (Ridendo) E' successo solo una volta.
D: Quest'uomo vive in una città?
N: Vive proprio sulla cima della montagna, ma tutti in città lo conoscono. E' un sant'uomo ed io mi trovo in una sorta di mercato.
D: Conosci il nome di questa città? Ha sentito qualcuno ripeterlo?
N: Sento di essere sull'Himalaya. Usano un nome, ma la città è alle pendici. (Era chiaro che faceva fatica a trovare il nome). Non penso che sia il nome che utilizzano, ma voglio dire Katmandu, anche se penso che sia un nome moderno. Non penso che si chiami così adesso, nel mio tempio. Ci sono molte montagne altissime tutt'intorno e questa città è ad un'altra elevazione, ma molto sotto a dove si trova lui.

Quando parlò dell' Himalaya, ho pensato subito al Tibet. Rimasi sorpresa di scoprire che Katmandu è una citta in Nepal. Si trova su un plateau a 1200 metri sopra il mare ed è circondata da montagne altissime. La catena montuosa dell'Himalaya ha le montagne più alte del mondo e forma il confine settentrionale del Nepal, separandolo dalla Cina. Non sapevo che l'Himalaya fosse cosi vasto. Credo che nemmeno Nancy avesse questa informazione. Sarebbe stato più naturale se avesse detto che si trovava in Tibet quando pensava all'Himalaya. Apparentemente quel ricordo era reale, perché non confermava nessuna delle nostre fantasie mentali. La strana gente nascosta, non sembrava appartenere al luogo; ma tutto questo ci venne spiegato entro la fine della seduta.

D: Lui è molto più in alto e tutti lo conoscono?
N: Si, questa è un persona molto speciale e sento di poter imparare da lui. (Lunga pausa) devo riposare e ripulirmi. Devo fare un bagno, è molto che sono per strada. Sento di dover riposare per un po' ed adattarmi all'altitudine. Devo cambiare i miei vestiti, non sono abbastanza caldi. Devo mettermi più vestiti, perché siamo molto alti e fa molto freddo.

I decisi di spostarla al momento in cui stava salendo la montagna per incontrarlo.

D: Ti hanno detto lui dov'è ?

N: So dove si trova. Posso quasi sentirlo mentre mi tira a se... mi chiama. Sa che sto arrivando e mi sta guidando. Sento che mi sta tirando verso l'alto. Qui è molto ripido. Fa molto freddo. Ho freddo.

Stava tremando e la sua voce era tremolante. Le diedi istruzioni per eliminare ogni disagio fisico.

D: *C'è anche la neve?*
N: No, adesso è solo ripido. Non siamo in inverno. Ma c'è molto vento. Sono su un piano livellato. C'è una grotta e lui è all'interno. E' buio e tranquillo e ci sono delle candele. Mi fermo per un momento. I miei occhi si stanno adattando alla luce. Lui è qui.
D: *Riesci a vederlo? (Annui col capo) Puoi descrivermelo?*
N: (Lungo respiro) Ha la forma di un uomo, ma è energia. Non è solido. (Risata improvvisa) Mi dice che è l'incarnazione di molte sant'uomini. Mi sta mostrando, primo un sant'uomo vestito di stracci: una tunica e lungi, sporchi, intrecciati capelli marroni. Una lunga sporca barba. Poi improvvisa-mente diventa puro e pulito. Lui è molti, non è solo un individuo. Lui è molte anime. Lui è un combinato...(fece fatica a trovare le parole giuste).
D: *Un composto?*
N: Si! Di tutti loro. E' molto luminoso. Appare come una luce luminosa con la forma di un uomo. E' entrambi. Si può trasformare da uomo a forma di un uomo e poi improvvisa-mente essere questa luce brillante, quasi accecante.
D: *Questa è forse la ragione per cui può vivere in un luogo cosi strano, perché non è solido?*
N: Si. Si adatta a qualsiasi cosa, a qualsiasi ambiente. Nulla lo influenza.
D: *Se altre persone venissero e lo vedessero, lo vedrebbero in questo modo?*
N: Solo pochi vengono qui da lui. La gente sa che c'è, ma in pochi fanno mai il viaggio fin qui. (Pausa) E' una chiamata. Lui ti chiama.
D: *Mi stavo chiedendo se qualcuno dal villaggio venisse, lo vedrebbe come un essere umano o come lo vedi tu?*
N: Sanno che non possono venire. Devi essere chiamato. Sanno che c'è, ma lui ne chiama solo pochi. Lui può esistere in altri luoghi simultaneamente.

D: *Ma tu hai dovuto intraprendere il viaggio fino a lui. (Si) Non avresti potuto incontrarlo altrove?*

N: No. Dovevo venire qui. Questo è il luogo dove voleva che venissi. Il viaggio era molto importante. Doveva sapere che ci credevo. Doveva sapere se ero degno... . Doveva essere sicuro che la chiamata che sentivo dentro era abbastanza forte.

D: *Perché altrimenti, ti sarebbe apparso in qualsiasi altro luogo. (Eh, si.) Ma voleva sapere se avevi la determinazione di viaggiare cosi a lungo per trovarlo. (Si) Perché sentivi questa determinazione?*

N: Sentivo solo che dovevo andare là. Ero attirato ed attratto a lui. Sento che ho qualcosa da imparare da lui. Semplicemente non potevo non andare. Dovevo andare e sarei andato. Non importa quanto mi ci sarebbe voluto per arrivare, ce l'avrei fatta.

D: *Ma nella tua vita quotidiana dove sei partito, eri un cercatore spirituale o una persona normale?*

N: Fu molto tempo fa. Ero un qualche tipo d'apprendista. Non mi piaceva. Lo facevo perché... bè, bisogna fare qualcosa. Lavoravo con le mani, un muratore credo. Costruivo le cose, ma stavo solo imparando come fare queste cose. Ero giovane.

D: *Ma poi ha sentito la necessita d'incontrare quest'uomo anche se non aveva nessun senso?*

N: Si, sapevo che dovevo trovarlo. Non ero come tutti gli altri. Non mi sono mai sentito come se appartenessi al luogo. Mi sentivo differente. La gente era molto povera e molto sporca. E non facevano altro che lavorare. Erano gentili con me, ma non credo che facevo parte di loro. Penso che forse mi fossi fermato li per un po', perché non sapevo dove andare. Sapevo che dovevo trovare quest'uomo e sapevo che direzione prendere. Sapevo che se restavo sul cammino verso di lui, lui mi avrebbe provvisto di tutte le necessità. Mi avrebbe dato cibo e acqua, ma dovevo stare sul cammino verso di lui. Mi sarei potuto fermare in qualsiasi momento, se volevo, ma non volevo.

D: *Adesso che l'hai trovato, cosa farai?*

N: Ci sono cose che mi deve insegnare.

D: *Resterai con lui?*

N: Si. Per un po', finche non è il momento giusto. Sono l'unico qui. Siamo solo noi due. Nessun'altro.

D: *Nessun altro studente.*

N: No, solo io. Mi ha chiamato da molto, molto lontano.

D: *Cos'e che ti deve insegnare?*

N: (Lunga pausa) Devo diventare uno dei suoi bambini e cosi facendo sarò in grado di condividere i suoi insegnamenti con gli altri. Gli insegnamenti dei molti provengono tutti dall'Uno. Sto iniziando a comprendere, ma c'è ancora molto che devo capire. Ci vorrà del tempo perché io possa comprendere a pieno. Ha molto da insegnarmi.

Sentivo che questo avrebbe potuto richiedere del tempo, cosi la spostai in avanti nel tempo. "Per quanto tempo resti lì?"

N: (Sospirone) L'inverno era passato e adesso è primavera. Sono qui da molto. (Rise) Ho il volto pieno di peli. (Anch'io risi) e i miei capelli sono lunghi. Mi sento più vecchio. Sono ancora giovanile, ma mi sento più vecchio. E' quasi arrivata l'ora di partire.
D: *Cosa ti ha insegnato?*
N: (Sussurrando) Moltissimo. Mi dice che quando necessiterò delle informazioni, ci saranno. Mi invita ad andare con la conoscenza della verità, della semplicità, degli insegnamenti del Cristo, gli insegnamenti della verità di molti. Del Buddha. Gli insegnamenti di molti di loro che sono tutti lo stesso. Hanno tutti la stessa verità.
D: *Tutti questi saggi?*
N: Si. Cristo non era l'unico. Gesù non era l'unico, ma ce n'erano molti altri e c'erano anche donne che avevano questa energia del Cristo.
D: *Le abilità e la conoscenza.*
N: Si. E' quasi arrivato il momento per me di andare, di condividere la verità.
D: *Gli hai mai chiesto da dove venisse, e cosa fosse? Hai detto che non era umano, non era solido.*
N: Oh, lo so. Non devi chiedere. Lui è l'energia Cristica. Lui è l'energia Divina che si manifesta in diversi luoghi, ovunque su questo pianeta.
D: *Come ti ha insegnato?*
N: Ho dormito per un lunghissimo periodo ed è successo così, si, mentre stavo dormendo.
D: *Più o meno l'hai assorbito. Possiamo dire cosi?*
N: Si, proprio cosi. Assorbito. Adesso devo andare. Sono molto felice e pieno di gioia.
D: *Non ti dispiace lasciarlo?*
N: So che è sempre con me.
D: *Quindi non lo perdi mai.*

N: (Con una reazione molto emotiva:) No! Lui è parte di me.
D: *Perché ha messo questa conoscenza ed informazioni dentro di te?*
N: Si. C'è molta gioia. (Era emotiva e stava quasi piangendo) Sto scendendo dalla montagna facendo molta attenzione. Osservo dove metto i piedi, ci sono molte rocce ed è molto ripido. Appena arrivo al villaggio, tutti mi vengono incontro. Ci sono molti fiori, musica e balli. Una celebrazione.
D: *Perché sei ritornato?*
N: Si. (Sorridendo) Tutto è in festa, ci sono tanti colori e musica. Una festa e resto per un po'. Mi danno dei vestiti e delle provviste. Mi onorano ed ora devo andarmene. Non so dove dovrei andare. (Ridacchiando) Sembra che debba vagabondare ed incontrare la gente. Sento che mi sto dirigendo a Sud.
D: *Lontano dalle montagne?*
N: Si. Sempre più a Sud. Non so, esattamente cosa dovrò fare. Ma so che devo seguire i suoi insegnamenti e parlare alla gente.
D: *Per condividere ciò che ti ha insegnato? (Si) Pensi che andrà tutto bene?*
N: Si, so che andrà tutto bene, non ho alcuna paura. Sono protetto. Nessuna paura.

Ancora una volta la spostai avanti verso un giorno importante perché il viaggio avrebbe potuto richiedere molto tempo.

N: E' il giorno del mio trapasso. Sono molto vecchio. Ci sono stati molti matrimoni e molte benedizioni. Molte persone che ho amato e che ho toccato. Sono soddisfatto della mia vita. Ho molti, molti figli e molti nipotini. Molti amati mi circondano e sono pronto ad andare.
D: *Sei stato in grado d'insegnare la conoscenza?*
N: Si. Veniva quand'era pronta, quando parlavo e quando condividevo delle storie.
D: *Non ne ha mai dubitato, perché sapevi che c'era. (Si) Il giorno della tua morte, cosa porta il corpo a smettere di funzionare?*
N: E' solo ora. Sono solo vecchio e stanco. E lui mi sta chiamando ancora è arrivata l'ora di riposare. Dice che l'ho servito bene, è arrivato il momento ricevere la mia ricompensa. Sono molto felice (Sospira con soddisfazione) ed in pace. So che presto me ne andrò.
D: *Allora andiamo al momento in cui sta accadendo, quando stai andando, cosa succede?*

N: (Sospiro profondo) Sono... Sono solo andato. (Ridacchia) Sono andato, sento del movimento e vedo della luce. Sono li e poi non ci sono più. (Ridendo) E' facilissimo.
D: *C'è nessuno con te?*
N: Sento molti di quelli che sono venuti. Ma non avevo davvero bisogno del loro aiuto, perché mi era già stato detto come farlo. Erano li se avessi bisogno di loro, ma sono semplice-mente scivolato via.
D: *Ma hai detto che ti stava chiamando per la tua ricompensa. Che tipo di ricompensa riceverai?*
N: Mi sono liberato di quel vecchio corpo. Era stanco. Ero molto vecchio. Sento di essere ancora la stessa persona. Adesso però, non ho più quello stanco e pesante corpo su di me.
D: *Da quel punto di vista, puoi rivedere la tua intera vita. Sembra che fosse una vita piena di soddisfazioni.*
N: Si, molte.
D: *Hai fatto molto bene. Mentre la osservi, qual'era la lezione da imparare in quella vita?*
N: Ricevetti molte lezioni in quella vita. Lezioni di fede e fiducia in me stesso. La dimensione degli spiriti. Dovetti imparare che non sarei sempre stato accettato facilmente. Dovetti imparare ad utilizzare la mia forza con gentilezza; che non è sempre uno o l'altra. Ci vuole una combinazione di forza, potere e gentilezza, amore.
D: *Queste sono cose importanti, vero?*
N: Si. Ho toccato molte anime in quella vita.

Allora ho chiesto all'entità di restare dov'era, e riportai la personalità di Nancy nel corpo. Dopo averla riorientata, chiesi di parlare al subconscio per ricevere ulteriori informazioni circa questa strana seduta.

D: *Perché avete scelto di far vedere a Nancy questa vita?*
N: (Lungo sospiro) Aveva bisogno di ricordare la sua forte connessione con l'energia del Cristo e anche per far riaffiorare il potere che ha. Quella forza di manifestare le cose. Ma anche di percepire quell'amore e quella verità. Per ricordarle di utilizzare queste qualità in questa sua vita attuale. A volte fa fatica con tutto questo. In questa vita ha delle grandi sfide. In questa incarnazione, anche se le circostanze sono differenti, i tempi sono differenti, deve affrontare sfide simili. Deve incontrare persone e

condividere la verità con loro. Deve incorporare quella forze e saggezza.

D: *Questo essere che chiama l'energia del Cristo che è apparso come un uomo nella caverna. Cos'era? Non sembrava essere umano.*

N: Quella era la saggezza universale. Quello era il potere universale. Quella era la conoscenza cosmica. Quello era l'elemento che attiva quella parte di ognuno di noi, che ci ricorda... (Sussurrando:) non è corretto.

D: *Le parole non sono corrette?*

N: Si. Era il catalizzatore. Il catalizzatore per ricordarle cosa ha bisogno di fare.

D: *Quindi è come un'incarnazione di tutta la conoscenza? (Si) Che è stata passata all'uomo che lei era in quella vita. (Si) All'inizio, arrivo a quel villaggio con quelle piccole strane creature. Chi erano?*

N: (Esplose a ridere) Quello era un testo messo sul mio cammino. Per vedere come avrei gestito alcune cose. Avere a che fare con coloro che non sono come me. Gestire la mia forza. Fu un test di fiducia e della mia stessa forza. Era un test per vedere quanto energia amorevole avessi e come avrei usato la mia forza. Avrei provato ad attaccarli o li avrei lasciati in pace? Molti test in uno.

D: *Inoltre che avresti incontrato molte persone diverse. (Si) Erano degli esseri fisici reali?*

N: Si, ma non erano del luogo. Venivano da altrove. Vennero volontariamente per creare questa scena, ma non appartenevano al quel tempo.

D: *Disse che la parvenza delle capanne era come un'illusione.*

N: Si. Ma non erano di quel tempo. Venivano da un'altra dimensione. Erano dei volontari, perché sapevano che dovevo essere aiutato lungo il cammino. Si erano lì per aiutarmi.

D: *Nancy come riuscirà ad utilizzare questa conoscenza ed utilizzarla nella sua vita attuale?*

N: Ha paura di essere rifiutata, di essere ridicolizzata, per essere diversa.

D: *Queste sono paure umane normali, non è vero?*

N: Si. Non è successo nulla all'uomo di quella vita. Lui venne accettato. Questa è la ragione per cui lo ha visto. Cosicché possa vedere che è possibile usare questa conoscenza senza essere rifiutato o ridicolizzato. Sarà in grado di utilizzare queste abilità dimenticate. Ci saranno sempre delle persone che non comprendono. Ma forse non deve lavorare con quelle persone o non deve condividere tanto quanto potrebbe.

Questo era un altro caso in cui il soggetto aveva accumulato grande conoscenza in una vita passata. Assumiamo che sia persa; perduta con la personalità deceduta. Ma sapevo per esperienza che non era cosi. Qualsiasi cosa, talento, ecc., che abbiamo imparato in un'altra vita non va mai perduto. Viene immagaz-zinato nella mente subconscia e può essere riattivata o resa conscia per essere utilizzata nella vita presente, se necessario. Negli ultimi anni ho avuto molti casi in cui grandi abilità psichiche e conoscenza delle arti curative sono state riportate alla mente cosciente. Perché saranno necessarie nei tempi a venire

***

Penso che sia appropriato condividere un altro strano caso che sembrerebbe essere un salto temporale. Il cliente discese in una enorme città moderna, ma ovunque guardasse non c'erano persone o alcun segno di vita. Tutto era tranquillo e pacifico; c'erano solo edifici e quartieri. Lo spostai in diverse aree della città, ma tutto sembrava deserto. Disse che non c'era nulla di famigliare, sembrava quasi un osservatore molto incerto. Sembrava essere oltre tempo e spazio, come se fosse stato depositato in un ambiente estraneo a cui non apparteneva. Era molto confuso e lo ero anch'io, era difficile capire come procedere. Alla fine gli chiesi di spostarsi in un luogo dove si sentiva a suo agio. Allora si trovò nel bel mezzo di una foresta, vivendo un'esistenza molto primitiva e solitaria in una caverna. Qui si sentiva a casa, con la sola compagnia del suo cane. Il resto della seduta ebbe a che fare con una vita molto semplice e mondana in cui non incontrò mai nessun'altro. Tuttavia era contento.

Dopo la sua morte, parlai con il suo subconscio. Volevo comprendere le circostanze inconsuete all'inizio della seduta. Perche di quello strano contrasto? Il subconscio disse che era entrato sulla scena al posto giusto, ma nel momento sbagliato. Durante la sua vita nella foresta non c'era una città lì, tuttavia in futuro sarebbe sorta un'enorme città in quello stesso luogo. Ecco perché vide la città deserta, nel suo tempo non esisteva ancora. Ovviamente era confuso e non riusciva a trovare nulla che gli fosse familiare. Era contento di ritornare alla foresta che esisteva prima della città. Come se il passato e il futuro fossero strati mescolati simultaneamente nello stesso luogo separati solo da un velo sottile che separa le dimensioni.

***

Pensavo che questo libero fosse finito e stavo preparandolo per darlo agli editori, tuttavia le informazioni continuavano a venire durante le mie sedute di terapia. La mia famiglia continua a dirmi di tenerle ed inserirle nel Terzo Libro di questa serie. Visto che le informazioni continuano ad arrivare, presumo che ci sarà un terzo libro. Tuttavia questi pezzetti che continuano ad arrivare sembravano voler essere inseriti in questo libro. Cosi credo che continuerò finché il libro non verrà stampato.

Nel Novembre del 2004, nel mio ufficio in Arkansas ebbi una seduta connessa a questa della ricerca del saggio. Questa seduta ebbe luogo per caso e ha le qualità del famoso classico di Rip Van Winkle.

Gail andò in una vita passata dove era un giovane che viveva con un gruppo di semi-primitivi in una zona tra le montagne. Vivevano in rifugi fatti di rami o in caverne. Viveva in una capanna con un'anziana famigliare. Il suo lavoro era di raccogliere bacche e noci nella foresta che poi venivano condivisi con gli altri. Durante una di queste raccolte tra le alte montagne che circondavano il loro accampamento, trovò alcune strane rocce su un dirupo. Erano scolpite con immagini di animali e umani. Non sapeva da dove venissero, visto che queste cose erano a lui estranee. Pensando che fossero meravigliose e che portassero fortuna, le mise in un sacchettino per portarsele dietro in ogni momento. Quando le mostrò agli altri, creò solo paura e sospetto, visto che non avevano mai visto qualcosa del genere. La sua gente scolpiva solo utensili di legno, mai di roccia.

Voleva tornare nella stessa zona per vedere se ce n'erano altre. Visto che le aveva trovate sulla montagna più alta voleva anche salire fino alla cima dove nessuno nel villaggio era mai andato. Condensai il tempo per vedere cosa sarebbe successo quando decise di scalare la montagna. Lungo la strada trovò altre rocce, ma non avevano alcun incisione. Erano bianche e blu e scintillavano. (Probabilmente qualche cristallo di quarzo) Condensai il tempo ancora una volta per vedere se fosse stato in grado di raggiungere la vetta. Disse: "Sono quasi sulla sommità. Fu difficilissimo. Era molto distante ed era difficile respirare. Trovai una caverna sul lato. Sono stanco... il mio corpo. Il sole è alto fuori, quindi fa caldo. Questo sembra un buon posto per riposare ed è fresco."

Entrando nella caverna rimase sorpreso di trovarci una persona. Un essere stava incidendo dei massi con un'altra roccia che creava scintille mentre la usa. Quando gli chiesi di descrivere quell'uomo, disse: "Non è come me. La sua pelle è piuttosto scintillante. Ha grandi occhi e la sua testa è un po' appuntita." Era difficile vederlo chiaramente perché era cosi luminoso. "E' luminoso, può essere che i suoi vestiti sono luminosi, ma poi sembra che non ci sia alcuna separazione tra i suoi vestiti e la sua pelle, quindi non saprei." Visto che non aveva paura di quell'essere, decise di restare e guardarlo per un po', invece di continuare la sua ascesa fino alla vetta. C'era una qualche forma di comunicazione mentale. "Muove la testa come se fossi in grado di comprendere. Non penso che viva lì, ma è qui. Credo che quando scolpisce, quelle scintille luminose lo riscaldino, perché adesso fa molto caldo qui dentro."

Sentiva che doveva essersi addormentato, perché quando apri gli occhi quell'essere se ne era andato e la caverna era fredda. "Devo essere rimasto qui a lungo, perché ci sono molte altre incisioni ed iscrizioni. Sono come dei simboli." Non erano incisioni di persone o animali, ma erano simboli ed icone. "Ha una forma con tre lati che sono tutti a diversi angoli l'uno dall'altro. Alcuni sono incastrati uno sopra l'altro cosi ci sono piu lati. Dev'essere una qualche forma di messaggio: "Erano sulle rocce che facevano parte della caverna, quindi non si potevano rimuovere. "Lui non c'e e fa freddo, quindi penso che andro' fuori per raggiungere la cima della montagna."

Quando usci dalla caverna si accorse che tutto era cambiato. Adesso c'era ghiaccio e neve sulla montagna e non poteva raggiungere la vetta. Nel tentativo di trovare il sentiero di ritorno scopri qualcosa che lo lascio sbalordito. Vide qualcosa di rosso che usciva dalla montagna. "E' rosso, si muove e delle nuvole blu che escono da questo. Rocce e altre cose scendono dal lato della montagna." Era qualcosa che non aveva mai visto prima. Ignorando la sua incolumità cercò di avvicinarsi. "Non importa. Voglio vederlo. Mi sto arrampicando tra i ghiacci, la neve e le rocce. Ho raggiunto un luogo dove posso vedere l'altro lato della montagna. C'è molto rumore e… si muove… è nero e rosso e … caldo. Scioglie il ghiaccio e la neve. Crea molto fumo. Bello. Il terreno si muove. Forse quell'uomo proviene da qui. Forse lui vive qui." A me sembrava che stesse osservando una piccola eruzione vulcanica da vicino, ma non aveva mai visto nulla del genere e poteva solo descriverlo secondo il suo vocabolario e la sua esperienza limitati.

Gli fu difficile decidere come discendere dalla montagna. "Forse sono salito troppo in alto, non so come scendere. Non riesco a trovare la via fatta durante l'ascesa. E' molto ripido e scivoloso. Non c'è più, è sparita sul lato della montagna. Devo trovare un'altra via." Nel tentativo di discendere scivolò e cadde multiple volte ferendosi alla testa, schiena e ad una gamba. "Cammino a lungo prima di trovare una via di discesa che non è ghiacciata o impervia. Non c'era ghiaccio durante la salita. Finalmente inizio a discendere fino al punto in cui vedo gli alberi."

Dopo aver bevuto dell'acqua da un ruscello, cercò punti di riferimento che li permettessero di tornare a casa, ma nulla sembrava lo stesso. "Non sembrano gli stessi. Non sono le stesse persone che conosco. Le capanne ci sono, ma loro sembrano più vecchi, come se avessero bisogno d'essere riparati. Non mi riconoscono, sto cercando la mia vecchia prozia. Chiedo a qualcuno, è morta da molto tempo. Non mi riconoscono. Non sembro lo stesso. Sono… vecchio. I miei capelli sono grigi e molto lunghi. Non si ricordano di me. Non so cosa sia successo. Devo aver dormito per un lunghissimo periodo. Non mi sembrava un periodo cosi lungo, ma adesso tutto è diverso, anche se e' lo stesso luogo." Anche se deve essere stato piuttosto surreale vedere quest'uomo trasandato ritornare al villaggio, gli permisero di restare.

Quando lo portai avanti ad un giorno importante, era seduto in una caverna e c'era altre persone intorno a lui. Gli stava mostrando le rocce nella sua sacca e gli stava spiegando la storia dell'uomo luminoso e dei simboli nella caverna. "Alcuni di loro sono arrabbiati. Non pensano che sia la verita'. Non sanno cosa significhi. E' diverso. Pensano che io sia un vecchio pazzo e che restai sulla montagna troppo a lungo e che devo aver battuto la testa. Pensano che stia spaventando i bambini, ma sto iniziando a comprendere. Ho solo bisogno di parlarne e spiegarglielo. E' come fosse magia, ma pensano che sia qualcosa di cui dobbiamo avere paura. Alcuni di loro voglio ascoltare."

C'era una giovane donna che ascoltò e mi credette. Continuava a farmi domande e voleva andarci, ma aveva troppa paura. Lei era con lui quando morì in una delle caverne con le sue rocce al fianco. Dopo la sua morte gli chiesi di descrivere dal piano spirituale quale fosse la lezione che doveva imparare. "Dovevo scoprire cosa ci fosse dall'altro lato della montagna. Là, c'era qualcuno che aveva la conoscenza. Per me la conoscenza è sopra ogni cosa." Era disposto perfino ad andare verso l'ignoto per trovarla anche se nessuno gli credeva. Quando invocai il subconscio per rispondere alle domande, offri ulteriori spiegazio-ni. "La ricerca della conoscenza è la cosa più importante. Per Gail ciò che importa non è la risposta, ma la ricerca, l'esperienza. Ora deve usare la conoscenza. La conoscenza non è altrove, già possiede quella conoscenza."

Volevo sapere che tipo di conoscenza dovesse utilizzare, perché una delle sue domande riguardava il suo scopo in questa vita.

"Vediamo quest'individuo mentre utilizza la luce di diversi colori, diverse frequenze e livelli vibratori per curare il corpo. La luce verrà a lei dalle pietre. Pietre blu, saranno quelle che utiliz-zerà per dire la verità e poi arriveranno le luci. Saprà quale cammino seguire. Ci saranno istruzioni. Saranno informazioni che verranno dalla luce. Vediamo che verranno da realtà alternative. Avrà bisogno di andare all'interno, li riceverà le istruzioni su come utilizzare la luce e i colori. Lei riceverà le informazioni da un contatto in una realtà alternativa."

Ovviamente volevo saperne di più dell'essere che aveva visto nella caverna sulla cima della montagna. "Quell'essere era da un altro – come direbbe lei – sistema solare (fece fatica con le parole). Ma la coscienza è ciò che gli permetteva di comunicare, non attraverso suoni fisici. Quella è la stessa modalità attraverso la quale riceverà queste nuove informazioni."

Le chiesi: "Se lui era da un altro luogo, cosa ci faceva la in quella caverna, nel nostro mondo?"

"E' difficile da spiegare. E' molto sottile…è come un muro o velo che separa i due anche se sono molto distanti. Lui era la con i simboli per poterli condividere. Era lo stesso periodo, e tuttavia non lo era. Lui, in quel periodo, non aveva la coscienza di comprendere. Ricevette la conoscenza e ancora la trattiene. In parole povere, lei deve recuperarla. Lei ha bisogno di diventare disciplinata."

Chiesi: "Quell'uomo disse di essere rimasto nella caverna per molto tempo. E' stato cosi?"

"In questa modalità di misura del tempo, si. L'altra entità ritornò al suo tempo e spazio."

"Come ha fatto a sopravvivere senza mangiare nulla?"

"Non ce n'era bisogno. Il suo corpo fisico era protetto dall'energia."

"Ebbe l'impressione d'essere invecchiato al suo ritorno dalla montagna."

"In questa modalità di calcolo del tempo, si."

Era stato messo in uno stato di sospensione animata mentre passava il tempo. Tuttavia il suo corpo fisico continuò ad invecchiare. "Cosa stava accadente in quel periodo di tempo?"
"La sua mente era aperto, per cosi dire, all'introduzione di questi simboli. Anche se potrebbe non averli visti con i suoi occhi fisici. Sono stati impiantati, cosi nutrono la sua coscienza. Non ne aveva bisogno in quella vita, era privo delle abilità mentali. Le informazioni sono li da molti anni, ma lei le ha represse. E' arrivato il momento di farle riaffiorare. Ecco perché le è stata mostrata questa vita."

Volevo, inoltre saperne di più dell'evento che stava avendo luogo quando uscì dalla caverna. "Era il potere della Terra. Energie dalla Terra che possono essere utilizzate in questa vita. Era molto simile ad un vulcano, ma non aveva mai visto nulla del genere prima e non riusciva a comprenderlo. La Terra è un'energia vivente e ha le sue energie che si sprigionano."

Questo era un altro caso di ricordi da altre vite risvegliati per condividere la conoscenza curativa nel nostro tempo. Ho investigato molti casi di UFO/ET nei quali dei simboli erano stati inseriti nel cervello a livello cellulare. Queste sono informazioni che verranno utilizzate in futuro quando verranno riattivate.

***

Questi separati incontri in tempi antichi con individui che avevano una conoscenza e saggezza estreme erano separati tra di loro. Tuttavia dimostrano che è possibile accedere a questa conoscenza, che hanno ottenuto in molti. In ogni caso la loro estrema fede cambiò le loro vite. Quanti di noi hanno vissuto tali vite e possiedono la conoscenza e le informazioni seppellite nel nostro subconscio? Il numero deve essere enorme, perché dobbiamo vivere ogni tipologia immaginabile di vita e sperimentare tutte le situazioni possibili, immaginabili prima di poter raggiungere la perfezione e ascendere finalmente.

SEZIONE CINQUE

ALTRI PIANETI

CAPITOLO 17

LA VITA SU ALTRI PIANETI

Questa era un'altra seduta dimostrativa per il mio seminario d'ipnosi del 2003. Come l'ultima volta, chiesi ai miei studenti di metter i loro nomi in una scatola e pescai il nome della persona su cui avrei fatto la dimostrazione il giorno seguente. Margaret fu la prescelta. Le chiesi di scrivere una lista di domande che avrei dovuto farle mentre era in trance. Visto che era l'ultimo giorno del seminario, scelsi la stanza di uno degli studenti che sarebbe rimasto, perché la maggior parte di noi aveva già fatto il check-out dalle loro stanze d'hotel. Eravamo in dodici, tutti schiacciati in una piccola stanza d'hotel. Ero seduta nell'angolo vicino al tavolino da notte del letto, con pochissimo spazio perfino per muovermi. Tutti gli studenti erano accalcati attorno al letto. Alcuno avevano portato delle sedie, altri erano seduti sul pavimento. Molti avevano le loro agende e stavano prendendo appunti. Questo portò Margaret a dirci qualcosa di divertente alla fine della seduta. Disse che poteva sentire tutti gli altri mentre scrivevano e giravano pagine. Disse che non aveva mai sentito tanta gente scrivere prima e che era preoccupata che il rumore l'avrebbe distratta dall'andare in profondità. Tuttavia con sua grande sorpresa, andò immediatamente in una profonda trance e non senti alcun rumore di sottofondo. Quando si risvegliò dopo la seduta, non ricordò nulla e abbiamo dovuto condividere con lei cio' che era successo. Anche questa seduta fu piuttosto inusuale, ma non strana quanto quella di Estelle durante il seminario del 2002. Avrei voluto esplorare ulteriormente, ma era una seduta dimostrativa della mia tecnica, quindi cercai di andare per la breve.

Questa volta mi ricordai all'inizio di registrare l'induzione, per assicurarmi che gli studenti avessero una copia di come farlo. Margaret scese dalla nuvola verso un'ambiente molto desolato e sterile. Nessuna vegetazione, solo terra e qualche roccia. Era un ambiente molto inospitale. Vide qualche individuo alto di statura in piedi vicino a lei, vestiti di sandali e tuniche beige. Vide di essere un uomo, vestito similmente, con una corda stretta attorno ai fianchi. Quando le chiesi se viveva li vicino, non riusciva a vedere alcuna struttura, solo quell'ambiente sterile. Poi rimase sorpresa di vedere qualcosa sul terreno ai piedi di quella gente. "C'è un buco nel terreno" disse. "Scende in profondità ed è dove stiamo scendendo." Quando fu il suo turno, vide che c'era una sala che scendeva nel buco e sapeva che poteva scendere se voleva.

Quando scese la scala, vide che c'erano molte persone coinvolte in un'esistenza molto semplice lì sottoterra. C'era una donna che stava cucinando su un focolaio aperto.

M: C'è molto spazio. E' l'entrata dei passaggi verso i corridoi e la gente vive qui.
D: *Perché vivete sottoterra?*
M: Non c'è nulla sulla superficie.
D: *Non potete costruire una casa la su?*
M: Non c'è bisogno di costruire nulla la su, perché tutto ciò di cui abbiamo bisogno è qui sotto. Non c'è nulla in superficie.

Quando chiesi da dove provenivano il cibo e le provviste, si sentì confuso e non riuscì a rispondere. Apparentemente non se l'era mai chiesto. Ricevevano ciò di cui avevano bisogno. Vivevano tutti assieme lì sotto, ma avevano degli spazi privati. Lui condivideva il suo con la moglie ed era molto umile. C'erano molte persone e anche bambini.

M: C'è molta sporcizia. I tunnel, sono molto rotondi. Fuoco ovunque e molto luminoso.
D: *I fuochi sono sul terreno?*
M: No, sono a lato. Dentro i muri. Tagliano un po' ... sto pensando ad un piccolo foro.
D: *Avete sempre vissuto sottoterra? (Si) Quindi nessuno ha mai vissuto in superficie?*
M: (duramente:) No, no! Non viviamo in superficie. No, no!

Apparentemente non ne dubitavano, per loro era perfettamente naturale vivere così. Avevano tutto ciò di cui avevano bisogno per esistere sottoterra. Chiesi quale fosse il suo lavoro e cosa facesse per la comunità?

M: Io osservo! Vado in superficie e osservo. Proteggo. Faccio la guardia. Sono una guardia.
D: *Devi restare in piedi la su, sopra l'apertura? (Empatica-mente: Si!) Per cosa stai facendo la guardia?*
M: Macchine.
D: *(Una risposta insolita.) C'è qualche pericolo?*
M: Non sembra esserci alcun pericolo adesso. E' piuttosto prevenzione.
D: *Che tipo di macchine? (Non ne era sicura) Puoi descriverle?*
M: Dipende. Ce ne sono di diversi tipi. Alcune sono piccole e volano sopra la superficie. Si muovono velocemente, sono piccole e rotonde.

Non sembrava essere un ambiente terrestre, a meno che Margaret non fosse andata nel futuro.

D: *Cosa fai se vedi una di quelle macchine?*
M: Scendiamo. Scendiamo sempre.
D: *Ma non sono molto grandi. Hai detto che volano solo sulla superficie?*
M: Quelle più piccole volano vicino alla superficie.
D: *Cosa mi dici delle altre macchine? Puoi descrivermele?*
M: Alcune sono molto grandi e molto... spregevoli. Non so perché vengono qui, ma a volte passano.
D: *Puoi descrivermene una?*
M: Si. Due gambe. In cima possono vedere. Passano e riescono a vedere.
D: *Assomiglia ad uno di voi? Come una persona?*
M: (Enfatizzando:) No, no! Ha le gambe d'acciaio e niente braccia.
D: *Camminano?*
M: Si. Sono molto strani, ne siamo terrorizzati. (Lunga pausa) Scannerizzano i buchi nel terreno. Passano e scannerizzano.
D: *Cosa farebbero se trovassero un buco?*
M: Prenderebbero qualcuno. Le altre macchine non prendono nessuno.

Il suo lavoro era di fare la guardia contro queste macchine e avvisare gli altri del loro arrivo. C'erano altri e si davano il turno alla guardia. Non sapeva cosa accadeva alle persone che venivano prese; ma non le vedevano più. Decisi di spostare Margaret ad un giorno importante. Divenne molto emotiva.

M: Ho paura. (Esitando) Ci... ci hanno trovati. E stanno prendendo... (emotiva) stanno portando via tuta la gente. Sto cercando di proteggere la mia famiglia. (Emotiva, respirando velocemente) Tutti sono nel panico.
D: *Pensavo che foste al sicuro li sotto. Potevano entrare dal buco?*
M: No, non scendono nel buco, ma ci portano via. E' come se non avessero bisogno di scendere fisicamente. Ci estraggono attraverso il buco. (Questo la stava disturbando) ci sono passaggi che usiamo per salvarci dal pericolo che vanno più in profondità. Prendiamo le nostre famiglie e andiamo più in profondità... nel pianeta. Nel terreno. Abbiamo dei passaggi che vanno più in profondità.
D: *Non avete delle armi che potreste usare?*
M: No. Non possiamo fare nulla contro di loro.
D: *Quindi potete solo scappare. Questo è l'unico modo per riuscire a salvarsi da tutto questo? (Si) Dicevi che è come essere risucchiati, questo è ciò che hai visto? (Emotiva: Si.) Questa è la prima volta che entrano in questo modo? (Si)*

Stavo cercando di comprendere che domande farle, perché Margaret non mi stava offrendo molte informazioni. La paura stava riducendo il suo desiderio di parlare con me. Per essere una dimostrazione, questa era proprio una strana regressione e gli studenti erano seduti immobili attenti ad ogni singola parola. Io sono abituata a questo tipo di strane regressioni ma loro non hanno mai sperimentato nulla del genere. Tuttavia questo era l'obbiettivo ultimo della lezione: dimostrargli che possono raggiungere obbiettivi strani ed inusuali con la mia tecnica. In questo modo, se e quando fosse accaduto anche a loro avrebbero saputo che è controllabile e che il cliente non è in pericolo. Il subconscio stava permettendo a Margaret di vedere tutto ciò per una ragione diretta al suo bene. Dovevo cercare di scoprire quale fosse questa ragione.

La maggior parte della gente fu in grado di fuggire da quella macchina infernale. Spostai Margaret in avanti ancora una volta verso un altro giorno importante. Se si fosse immaginata tutto solo per impressionarci, credo che avrebbe continuato con a parlare di quella macchina, invece tornò ad una scena normale.

M: Mio figlio si sta preparando a partire. Se ne sta andando... per sempre.
D: *Pensavo tu dovessi restare qui.*
M: Non resterà deve andare a servire da un'altra parte. Sta preparando le sue valigie. E' molto orgoglioso. A volte i ragazzi vanno altrove, li prendono e li portano altrove per servire in altri modi. Non tutti restano nel sottosuolo.
D: *Hai mai visto questi luoghi? (No) Come ti senti all'idea che tuo figlio se ne stia andando?*
M: Va bene, è un ragazzo forte, è molto resistente, molto alto e molto forte. I più forti vanno altrove. Non è triste, ma è difficile. Tuttavia sono orgoglioso di lui.

Lo spostai avanti ad un altro giorno importante e lo stavano onorando per tutti gli anni d'impeccabile servizio. Era vecchio e non aveva più bisogno di lavorare. Disse che era ora di pensare, era un periodo di riflessione.

Era rimasto solo un luogo dove andare e questo era verso la sua morte. Non sapevo cosa aspettarmi a causa della natura di questa regressione. Non fu una morte violenta causata da quelle strane macchine; ma una morte semplice, nel suo letto, nel suo appartamento sotterraneo. Disse che era vecchio e che il suo cuore gli stava dando problemi. Margaret stava esibendo sintomi fisici, cosi diedi suggerimenti per eliminarli.

M: Ho scritto molti libri che sono nell'angolo. Sono molto orgoglioso.
D: *Di cosa parlavano questi libri?*
M: Filosofia. Spiritualità. Molta gente legge i miei libri. Ce n'è una pila intera proprio lì.
D: *Benissimo. Ti piace pensare e hai condiviso la conoscenza.*

Quindi lo spostai al momento dopo la sua morte quando era già sul piano dello spirito. Da quella prospettiva, sarebbe stato in grado di vedere la sua intera vita, non solo le piccole porzioni che ci aveva descritto. Descrisse che era loro abitudine cremare il corpo dopo la morte. Lo facevano anche nell'ambiente sotterraneo, quindi ci dovevano essere molte altre zone nel complesso dei tunnel. Gli chiesi cosa pensava di aver imparato da questa strana vita; per lo meno, strana dal mio punto di vista.

M: Servizio. Servizio con il mio lavoro e servizio con i miei libri e l'importanza dell'introspezione.
D: Intendi dire il pensare?
M: Si, ho pensato molto.

La spostai anche da quella scena e la riportai al momento presente. Mi assicurai che la personalita' di Margaret sostituisse quella di quell'uomo, cosi che potessi invocare il subconscio per scoprire le ragioni dietro a questa strana seduta.

D: *Perché avete scelto di mostrare questa vita a Margaret?*
M: Umiltà. Fece una vita di guardia e servizio, ma non era molto umile. Doveva imparare come essere umile.
D: *Era orgogliosa? (Si) Non lo sapevamo. Stava facendo un buon lavoro, ma non era umile. (Si) Quella era una strana vita. Era sulla Terra? (No) Puoi darci un'idea di dove fosse?*
M: Orione.
D: *Perché era cosi desolato?*
M: Non c'è vita sulla superficie di quel pianeta.
D: *E' per questo che vivevano sottoterra? (Si) Dove raccoglievano il cibo?*
M: Glielo portavano. I loro amici glielo portavano regolarmente. Era in cambio di materiali nel sottosuolo. Gli davano cibo e prendeva molti materiali.
D: *Ovviamente, sembra che non sapesse da dove veniva il cibo.*
M: No, veniva dal terreno. La maggior parte della gente non lavorava nel sottosuolo del pianeta. Lo ricevevano.
D: *La gente del sottosuolo non sembrava molto sofisticata. Non avevano molta tecnologia, vero?*
M: No. Erano un gruppo molto gioviale, gentile e spensierato.
D: *Cos'erano quelle strane macchine?*
M: Venivano dalla base centrale.

Apparentemente, viveva in un outpost, e non avevano alcuna ragione o possibilità di spostarsi da lì.

D: *Cos'erano le piccole macchine volanti che vedeva?*
M: Alla ricerca. Andavano in giro on patrol. Per vedere cosa potevano trovare.
D: *A cosa servivano quelli con le gambe metalliche?*

M: Scavengers. Andavano in giro alla ricerca dei buchi e prendevano cio' che potevano... dalle energie.
D: Cosa facevano con le persone quando le trovavano?
M: Le usavano. Le usavano per il combustibile.
D: Combustibile? Cosa intendi?
M: Alla base centrale, li bruciavano come combustibile.
D: Alimentavano la base in questo modo?
M: Si. Con la gente. La gente che riuscivano a trovare sotto terra. Non c'era nulla in superficie. Dovevano usare qualcosa come combustibile.

Era assolutamente un'immagine mentale orribile.

D: Disse che era quasi come se li risucchiassero dal terreno.
M: Si. C'era una combinazione tra risucchiarli direttamente e ricaricare le loro batterie. Avveniva tutto mentre venivano risucchiati.
D: Li riportavano alla base e li usavano come carburante per alimentare la città?
M: Non c'è nessuna città nel senso a cui stai pensando tu. Ci sono solo macchina e macchinari enormi, non come una città. Tutto meccanizzato.
D: E questo che connessione ha con la vita attuale di Margaret?
M: Ha bisogno d'imparare una lezione d'umiltà. Il suo scopo principale è di servire gli altri. Ha un senso d'urgenza di buttarsi in avanti ed aiutare gli atri. A volte è come se fosse insaziabile.
D: Ma è quello il suo scopo? Perché questa è una delle domande che voleva fare.
M: Si, certamente. Sta facendo la costa giusta. Ha molte paure e e preoccupazioni e non le lascia andare mai.

***

Questo è un filo comune che ho notato nella maggior parte delle mie regressioni, anche fosse l'ultima cosa di cui è consapevole il cliente. Il subconscio li ammonisce sempre perché sono qui per fare qualcosa (di solito per aiutare gli altri in qualche modo) ma rimangono imbrigliati nella loro vita quotidiana. Questo li porta a dimenticare perché erano venuti. Non ho mai sentito il subconscio dire che erano venuti per vivere, giovare, fare una famiglia ed avere un'esistenza mondana. Gli viene sempre detto che sono qui con uno scopo. Questo scopo dovrebbe avere un effetto sulla vita degli altri e sul resto del mondo. E' incredibile che questo sia un tema comune e tuttavia rimanga totalmente sconosciuto alla mente cosciente. Sembra che quando un individuo arriva qui e raggiunge l'età adulta, rimane intrappolato nella rat race. L'irrealtà di tutto diventa la loro realtà e nonostante il loro potenziale mentale, perdono la percezione dello scopo della loro incarnazione. Fortunatamente, possono riscoprire il loro scopo e lavorarci sopra prima che la fine della loro vita sia troppo vicina e sia troppo tardi per raggiungerlo. Se questo succede, l'unica soluzione è di ritornare e riprovare.

Continuai con le sue domande, la maggior parte delle quali hanno a che fare con la sua vita personale: la sua occupazione e la città in cui dovrebbe vivere. La sua relazione romantica e altre cose.

Dopo aver riportato Margaret allo stato di veglia, girai la cassetta per registrare ciò che si ricordava della seduta.

M: Quando stavamo scendendo sottoterra, ho visto i tunnel molto chiaramente. C'erano come dei ponti sottoterra, lunghi ponti di terra. Tutto era cavo. Ho visto anche lunghe file di persone che scendevano.

Apparentemente, questa è l'unica cosa che si ricordava, solo la scena all'inizio. Questo è tipico ed è ciò che la maggior parte delle persone ricordano. Gli altri studenti ripeterono le cose che aveva detto, specialmente le informazioni condivise dal subconscio. La maggior parte delle quali erano personali e io non le ho incluse qui. Lei non aveva alcun ricordo di questa parte ed era meravigliata delle sue rivelazioni a proposito di se stessa.

***

Durante un altro caso nel tardo 2004 una donna giunse sulla scena ed era in un altro pianeta dove gli abitanti avevano una forma fisica umanoide ma non erano umani. Sembravano tutti uguali perché indossavano vestiti che coprivano completamente il loro corpo con un materiale che aderiva alla pelle. L'unica cosa che non era coperta era il volto. Tuttavia, anche quella era coperta da un pannello trasparente che funzionava come un respiratore. Su questo pianeta non avevano bisogno di mangiare o dormire. In questa forma lei viaggiava verso altri pianeti ed asteroidi in una piccola astronave da un posto per raccogliere campioni di terreno. Questi venivano poi trasportati ed analizzati sul suo pianeta natale. L'obbiettivo era di determinare se il pianeta visitato fosse in grado di sostenere la vita. Il resto delle procedure erano gestite da qualcun altro. Alla fine morì a causa di un malfunzionamento al suo respiratore. Tutti i casi in questo capitolo dimostrano che ci sono tanti scenari possibili quanti sono i pianeti e le stelle nel firmamento. Semplicemente superano la nostra immaginazione.

CAPITOLO 18

IL PIANETA DAL SOLE PURPUREO

Questa seduta è una delle prime che ho condotto dopo aver aperto il mio ufficio in Huntsville, Arkansas nel Natale del 2003. L'ufficio mi ha sostenuto benissimo, ha un'energia che promuove sedute molto profonde. Ogni persona che viene sembra portare la sua unica vibrazione. Tutti i miei clienti dicono di sentire una energia molto positiva in quell'ufficio.

Durante la seduta, Molly divenne letteralmente l'altra personalità, che era un po' agitata.

Quando Molly scese dalla nuvola, l'unica cosa che riusciva a vedere erano colori porpora e verdi. A volte succede, in questi casi devo spostare la persona attraverso i colori per raggiungere la scena. Questa volta i colori divennero qualcosa che non sarei mai stata in grado d'anticipare. Vide solo oscurità, i colori offrivano l'unica luce. Dopo qualche minuto, realizzò che era in una caverna. Questa era la ragione per cui tutto era buio e gli era difficile vedere qualcosa eccetto i colori.

M: Si, sono dentro alla caverna e ci sono delle luci alla sommità. Io sono in fondo e alla sommità della caverna ci sono dei riflessi. Luci riflesse. Non c'è nessun fuoco. Non c'è luce. Solo queste luci risplendenti sul soffitto.

D: *Mi chiedo di cosa siano il riflesso?*

M: Cristalli. Ametiste. Grandi, come dei geodi. Più vado in profondità e più profondo diventa il colore. Sono riflessi la su, sul soffitto (la sua voce sembrava quella di un bambino). Sono sdraiata e guardo in su, non sto camminando. Sono sdraiata sul fondo della caverna a pancia in su. Sabbioso. Sono sdraiata su qualcosa di sabbioso e guardo al soffitto. Hmm. Deve esserci della luce da qualche parte che viene riflessa qui sotto. Mi piace molto qui sotto. E' come fosse la mia aurora boreale personale.

D: Sei da sola?
M: Penso di si. Ho la sensazione di essere da sola.
D: Che tipo di vestiti indossi? Come ti sembrano?
M: (Si passò le mani sul petto, cercando di sentire i vestiti) peloso. (Sorrise) Peloso. Si, peloso (continuava a toccarsi e a sorridere).
D: Il tuo corpo ne è interamente corpo?
M: Non riesco a vedere. E' buio. Copre solo da qui e giù fin qui. (Mise le mani sul petto e sui fianchi.)
D: Il petto e i fianchi?
M: Il torso, non sulle le braccia.
D: Sei un uomo o una donna?
M: Sono un uomo. Sento di essere grande e grosso. (Si muoveva come se fosse orgogliosa del suo corpo. Le piaceva essere in questo corpo).
D: Sei giovane o vecchio? (Pausa) Come ti senti?
M: Quindi estati.
D: Oh, quindi sei ancora giovane.
M: Ho una famiglia. Ho delle responsabilità'.

Stava decisamente identificandosi completamente con l'altra personalità. La sua voce e il modo di parlare erano molto semplici. Quindi potevo presumere che fosse un sorto d'autoctono o persona primitiva.

D: Se sei un uomo, hai la barba? (Si toccò il volto e il mento) Cosa senti li?
M: Peloso. Questo (peli sul volto) sono più ruvidi che questi (vestiti e peli corporei).
D: Ma hai delle responsabilità. Hai già una famiglia. (Si) Hai già dei figli? (Si) Una moglie?
M: (Esitò, come se quella parole le fosse sconosciuta). Ho una donna.
D: Vivi in quella caverna?

Sicuramente sembra avessi a che fare con un cavernicolo, ma mi aspettava una bella sorpresa.

M: No, questa l'ho scoperta. Ho seguito degli animali fin qui. Questo è il luogo dove posso andare e fermarmi a guardare i colori. Conosco questo luogo fin da bambino, ma non ne parlo con nessuno. E' mio (con una risata compiaciuta).
D: *Non vuoi che gli altri la trovino.*
M: No. Se dovessi, la condividerei. Ma visto che non devo, abbiamo altre abitazioni, me la terrò tutta per me. C'è molta pace qui. Il mio lavoro e finito e posso rilassarmi.
D: *Che tipo di lavoro fai?*
M: Hmmm. (Pensando) Semino. Scavo il terreno e semino. Ciò che semino e cresco lo scambio per altre cose. Abbiamo cacciatori ed agricoltori. Io faccio parte degli agricoltori, perché non posso cacciare.
D: *Tutti hanno qualcosa che riesco a fare? Hanno una loro specialità? (Si) Siete in tanti nel tuo gruppo? (Pausa) Presumo che non siate solo tu, la tua donna e i tuoi figli.*
M: Ci sono... sto contando. Quindici. Siamo un bel gruppetto.
D: *Si. Siete tutti una famiglia? Siete tutti parenti?*
M: (Pensando) No. Siamo un gruppo.
D: *Vivi vicino a dove si trova questa caverna?*
M: E'... a mezza giornata da dove vivo.
D: *Il gruppo non si preoccupa per te se sparisci per tutto quel tempo?*
M: Pensano che io sia alla ricerca.
D: *Anche la tua gente va alla ricerca?*
M: Ci sono alcuni uomini che lo fanno.
D: *Cosa cercate quando andate alla ricerca?*
M: Draghi. Io vado alla ricerca per il gruppo. Gli uomini che vanno alla ricerca sono guidati verso… per cacciare. Quando vado alla ricerca è per trovare ciò di cui ha bisogno il gruppo.

Come in altre culture primitive, riportare nell'altro mio libro Legend of Starcrash; utilizzavano l'istinto per trovare gli animali.

D: *Hai detto che baratti con gli altri.*
M: Principalmente per sopravvivenza, baratto nel mio gruppo. Inoltre una volta l'anno andiamo ad un raduno e scambiamo le merci.
D: *Sembra che tu sia felice, non è vero? (Nessuna risposta) Sai cosa voglio dire? (No) Significa che ti piace vivere lì?*
M: Si, mi piace vivere qui. Abbiamo tutto ciò di cui c'è bisogno. (Iniziava ad essere difficile comprendere le sue parole) Abbiamo

rifugi. Abbiamo acqua. Abbiamo cibo. C'è tutto ciò di cui abbiamo bisogno. Questo è felicità?
D: *Si, Penso di si. Non cambieresti nulla. Non vuoi nient'altro, allora sei appagato. Sei felice.*
M: Si, felice. Quando partecipiamo ai raduni di gruppo, facciamo degli scambi. Impariamo ciò che altri gruppi stanno facendo e se ci piace ce lo portiamo via. Possiamo barattare e acquisire diversi oggetti. Cose che ci servono per rendere le nostre vite più comode.
D: *Scambiate conoscenza ed informazioni. Questo è eccellente. Fa freddo o caldo dove vivete?*
M: Fa caldo. E' molto... (Fece fatica a trovare le parole) piacevole e caldo. Cos'è questo? (Fece fatica con l'ordine delle parole) Un brivido viene quando qualcosa abbiamo bisogno di pelli o coperte in più, ma non per molto.
D: *Quindi è un buon posto dove vivere e avete tutto il necessario.*
M: (Inaspettatamente) Abbiamo un sole porpora. Humph!
D: *Un sole color porpora?*

Questo fu proprio inaspettato. La prima indicazione che questa non fosse una semplice vita primitiva.

M: Abbiamo un sole purpureo. Un sole, il sole la su è porpora.
D: *Porpora. Sembra un colore molto strano, almeno per me.*
M: Non saprei. E' porpora. (Risi).
D: *Bene, dove vivo io è giallo o arancione.*
M: Questo si che è strano. Il mio è porpora.
D: *Hmmm. Che colore è il cielo?*
M: E'... tipo... porpora. (Sembrava che lo stesse studiando). (Rise) Diverse sfumature di porpora.
D: *Cosi anche il cielo e purpureo? (Si) Il sole brilla in ogni momento, giorno e notte?*
M: (Pausa) Non conosco giorno, notte.
D: *Scende mai il buio fuori?*
M: No fuori, no. Qui dentro diventa buio (nella caverna), ma non fuori.
D: *Perché sai quando diventa buio è difficile vedere. (Si) Ma quando sei fuori, vuoi dire che il sole brilla costantemente?*
M: Ameno ché io non chiuda gli occhi. Ma si, non diventa mai come dentro alla caverna. Resta tutto lo stesso misto di sfumature all'esterno.
D: *Oh. Perché dove vivo io diventa molto buio a volte, quando sparisce il sole.*

M: Fuori? Il vostro sole sparisce?

Espresse un senso genuino di sorpresa.

D: *Si. (Oh!) Tuttavia ritorna.*
M: Dove se ne va?
D: *Oh, se ne va per un po' e si addormenta e poi ritorna.*

Quando parlo con qualcuno di primitivo, ovviamente devo utilizzare una terminologia che presumo possano comprendere. Non si può essere troppo complicati.

D: *Ma non ce ne preoccupiamo molto. Ma quando si addormenta l'intero mondo si oscura. Quindi per voi non è cosi?*
M: No. E' molto color lavanda... abbiamo diverse sfumature di lavanda e porpora. A volte sono luminosi a volte sono più scuri, ma riesco sempre a vedere le mie mani. O riesco a vedere per riuscire a scendere il sentiero. Non ho bisogno di luce artificiale o di altro tipo per riuscire a vedere.
D: *Non hai bisogno di un fuoco o altro? (No) Sai cosa sia il "fuoco"?*
M: Beh, non ne ho bisogno, quindi non penso di saperlo.

Come si spiega qualcosa di cosi semplice e basilare?

D: *Cucini il tuo cibo?*
M: Cucinare cibo? No. Raccogliamo il cibo e lo scaviamo. Ci sono diversi modi di preparare il nostro cibo. Abbiamo queste pietre che sono molto, molto calde. Mettiamo il nostro cibo in contenitori e lo mettiamo vicino alle rocce finche no è pronto.
D: *Beh, un fuoco sarebbe molto, molto caldo, come le fiamme. Si può vedere, quindi non avete nulla del genere.*
M: No, abbiamo rocce caldissime. Abbiamo acqua calda e abbiamo vapori caldi.
D: *Questo esce dalle montagne?*
M: E' nel terreno. E' sempre caldo.
D: *Bellissimo.*
M: Davvero? Si, è proprio bellissimo.
D: *Uccidete mai nulla per mangiarlo?*
M: Uccidere le cose? Come colpirle sulla testa o spingerle nelle rocce caldissime?
D: *Beh, animali di qualche genere?*

M: Si, perché questa pellicci è fatta di quello.
D: *Questo è ciò che hai addosso? (Si) Quindi uccidete gli animali qualche volta? (Si) Quindi ne mangiate la carne?*
M: Si, si. Usiamo tutto qui. Non resta nulla quando abbiamo finito.
D: *Quindi c'è qualche tipo d'animale che mangiate?*
M: Si, hanno quattro gambe.
D: *Usate mai gli animali per qualcos'altro?*
M: (Confusa) No. Tipo... no.
D: *Beh, certa gente usa gli animali per portare o tirare le cose.*
M: No. Quando dobbiamo spostare qualcosa di pesate da qualche parte ci basta guardalo e si muove.
D: *(Che sorpresa.) Oh! Sembra facile.*
M: Si e quando ho detto che spingiamo gli animali verso le rocce caldissime? Ci basta solo... (gli fu difficile pensare come esprimersi.)... basta chiedergli di farlo e loro lo fanno. (Sospirone).
D: *Tutte le persone nel tuo gruppo hanno queste abilità? Di guardare le cose e far succedere qualcosa?*
M: (Confusa) Penso si. Siamo tutti in grado di farlo. Si, deve essere cosi, perché se un bambino o i piccoli vogliono qualcosa che gli è lontano, quella cosa gli si avvicina. Piccole cose però.
D: *Quindi anche i bambini sono in grado di farlo. (Si).*

Questa creatura con queste abilità sembrava molto strana, Mi chiedevo se fosse diverso da un essere umano.

D: *Sto pensando al tuo corpo. Hai anche... beh, non hai quattro gambe, giusto?*
M: No, ho due gambe.
D: *E due braccia?*
M: (Alzo le braccia per esaminarle.) Due braccia. Si, due braccia.
D: *Penso che tu non conosca alcune di queste parole. Ma non è un problema, penso che riusciamo a capirci. Quante dita ci sono in una delle tue mani?*
M: (Alzo la mano per esaminarla.) Tre.
D: *Tre dita. Quali sono, puoi farmi vedere?*
M: (Le sollevò per me.) Tre, proprio cosi.

Mancava il mignolo. Questo mi è successo in diverse regressioni in cui il soggetto era un alieno o vedeva degli alieni. Il mignolo era mancante o solo un mozzicone inutile.

D: *Avete ciò che chiamiamo il pollice?*
M: Come questo? Si.
D: *E' abbastanza per fare il lavoro?*
M: (Rise. Probabilmente gli sembrò una stupida domanda.) Si.
D: *(Risata) Bene. Di che colore è la tua pelle?*
M: Nero. E' molto scuro.
D: *Hai detto che hai la barba. Di che colore è il pelo sulla tua testa e della tua barba?*
M: Scuro. Nero. Di uno scuro diverso dalla mia pelle.
D: *Hai degli occhi, naso e bocca?*
M: (Lunga pausa) Vedo! E parlo! E mangio.
D: *Il naso serve per percepire gli odori, giusto?*
M: (Con certezza) Posso sentire gli odori!
D: *Quindi puoi fare tutte queste cose. (Si) Ci sono degli altri che sembrano diversi o si vestono diversamente?*
M: Ci vestiamo come preferiamo, ma abbiamo tutti la tessa parvenza, si.

E' difficile farlo in una seduta come questa, ma stavo pensando che forse penso': "diverso da cosa?" Probabilmente lui era proprio come tutti gli altri della sua cultura. Io ero l'elemento divergente.

D: *Dove vivi?*
M: Ho una struttura.

Quando descrisse la "struttura" divenne ancor più ovvio che questa non era una società primitiva, anche se sembrava vivere una vita molto semplice.
La struttura era a forma di cupola e tutti avevano un loro "spazio" all'interno di questa grande struttura. "Sono cupole dentro alle cupole." C'era una vasta struttura centrale utilizzata per incontrarsi, mangiare e ricevere visite. Quando chiesi di che materiale fosse fatta la strutture, divenne ancor più confuso. Feci una domanda circa il legno e non riuscì a capire. Cercai di spiegare cosa fossero gli alberi e divenne ovvio che non avevano tali piante. E se le avevano, non erano utilizzate negli edifici. "Le nostre piante servono per nutrimento e decorazione. Sono il cibo dei nostri animali e del nostro essere, La nostra gente." Disse che le strutture erano dei polimeri. Adesso era il mio turno d'esser confusa; questa era una parola che non conoscevo.

Dizionario: polimero – due o più composti polimerici. Polimerico – composti degli stessi elementi chimici nella stesse proporzioni di peso, ma diverso peso molecolare. Polimerizzazione – il processo di unione di due o più molecole simili per formare una molecola più complessa il cui peso molecolare è un multiplo dell'originale e le cui proprietà fisiche sono differenti.

Non ne sapevo piu di quanto ne sapessi prima. Molto complesso per dirla a breve. Gli chiesi se la sua gente avesse costruito quella struttura.

"Oh, no. Basta guardare una foto, guardare dove vuoi che sorga e lì diventa."

Era pieno di sorprese. Disse che le foto erano nelle loro biblioteche. "Ci sono piccole biblioteche in questa struttura e poi c'e la grande biblioteca nell'area di riunione principale. Le vedo. Ci sono... proiezioni (incerta della parola da usare). Dove vai nella stanza, pensi a ciò che vuoi vedere e subito appaiono le proiezioni. Scegli quella che vuoi, scegli il luogo dove vuoi che sia e si manifesta in quel luogo."

D: *(Questa era un'idea diversa ed unica.) Quindi le foto sono sempre sul muro.*
M: Sono come... una scatola. Una scatola. E vanno... veloce. O tanto veloce quanto preferisci. (Ridendo, gesticolò.) Quando trovi l'area che vuoi osservare, inizia a rallentare. Guardi ad ognuna, finche non trovi quella che ti piace di più.
D: *E poi la create con la vostra mente. (Si) Che meraviglia.*
M: Poi con gli interni ne fai quello che vuoi.
D: *Quindi la tua gente decise di creare queste strutture nella forma di cupole. (Si) Potente perfino creare il materiale di cui sono fatte? (Si) E per crearle non avete bisogno di materiali che utilizzereste per costruirle con le vostre mani.*
M: No. Basta... farlo. Lo abbiamo fatto da molte, molte lune.
D: *Qualcuno vi ha mostrato come farlo?*
M: Non penso, e' un po' uno forzo di pratica. Fare qualcosa quando si è bambini e poi mentre cresci, inizi a fare altre cose. Presto pensi per te stesso. Quando hai bisogno di un rifugio, puoi fartene uno tutto tuo. C'è chi sceglie di farlo in piccoli gruppi, altri lo fanno in grandi gruppi. Alcuni lo fanno in luoghi isolati o dove sono lontani dal resto del gruppo.
D: *Tutti nel tuo gruppo sanno come fare queste cose.*
M: Si. Quando i miei figli saranno più grandi, faranno le stesse cose.

D: Nel luogo dove vivi, ci sono delle città nei dintorni?
M: Andiamo al raduno principale. Li è bello grande, ci saranno centinaia di persone.
D: Sai cos'è una città? (Lunga pausa: No.) E' dove ci sono molte, moltissime strutture vicine tra di loro e ci sono molte persone che vivono nello stesso luogo.
M: Deve essere molto scomodo. Noi stiamo in piccoli gruppi per essere più comodi e per non mettere troppa pressione sulla nostra terra.
D: Si, ciò che dici ha molto senso. Beh, come viaggiate per raggiungere tutti questi luoghi?
M: Quando andiamo ai raduni, il nostro gruppo si riunisce e pensiamo a dove vogliamo andare e siamo lì.
D: L'intero gruppo si sposta simultaneamente?
M: Andiamo in... tutti allo stesso tempo... Si.
D: Pensavo che magari andaste camminando.
M: Quando vado alla mia caverna o quando sto esplorando, allora mi muovo con le mie gambe. Ma quando andiamo ai raduni, andiamo "Puff". (Fece un gesto con le mani che indicava velocità).
D: Molto velocemente.
M: Si. Saltiamo molte cose. E' proprio solo un "Puff". (Mi fece ridere) Cosi quando sono a casa e voglio trovare qualcosa, mi guardo intorno per vedere ciò che riesco a vedere.

Questa seduta mi aveva sicuramente presa di sorpresa e ci furono molti colpi di scena. Ciò che sembrava solo una semplice vita cavernicola era invece una società molto più sofisticata. Decisi di spostarlo avanti ad un giorno importante.

D: Cosa stai facendo? Cosa vedi?
M: C'è molta confusione. Molto rumore caotico, la gente sta tuonando. E' come il rumore della terra che sta tremando. La terra… Oooh.
D: Vuoi dire che la terra si sta muovendo?
M: Sta tremando. La gente sta gridando. Gli animali stanno gridando. C'è molto rumore. (Rabbrividì) E' molto caotico ed e molto difficile respirare.

C'erano segni fisici che questo la stesse influenzando. Iniziò a tossire, cosi le offrii dei suggerimenti calmanti. Fece dei respironi profondi mentre i sintomi fisici diminuivano.

D: *Cosa sta causando tutto questo?*
M: La montagna sta esplodendo. E' appena esplosa, probabilmente non siamo riusciti a pacificare la divinità.
D: *Credete negli idei?*
M: Abbiamo molti dei. I sacerdoti e le sacerdotesse ci dicono che abbiamo molti dei. Abbiamo un dio per la casa e un dio per essere fertili per i bambini, per protezione, per il giardino, for... abbiamo molti dei.
D: *Hai detto che dovete pacificarli?*
M: Si. Altrimenti si arrabbiano se li ignoriamo. A volte sono come (abbassò la voce fino a sussurrare, come se dicesse un segreto o evitasse di farsi sentire dagli idei). Shhh! Sono come dei bambini quando non ottengono quello che vogliono.
D: *So cosa vuoi dire. Cosa fate per pacificare questi dei?*
M: Diamo dei soldi ai sacerdoti. Diamo del miele. Creiamo dei piccoli altari. Li onoriamo e gli facciamo sapere che riconosciamo la loro presenza.
D: *Non pensavo che aveste bisogno di denaro.*
M: Sono piccole cosine d'argento. Piccoli soldini li rendono felici, vogliono qualcosa che brilla.
D: *Ma pensi che forse avete fatto qualcosa di sbagliato?*
M: I preti dicono che è cosi, che non abbiamo sacrificato abbastanza. Che non abbiamo creduto abbastanza. Quindi il dio della montagna ci deve dire che dobbiamo credere, che dobbiamo redimerci.
D: *Pensate che il dio della montagna si sia arrabbiato?*
M: Questo è ciò che ci dicono.
D: *E questo avrebbe causato l'esplosione della montagna e il tremore della terra?*
M: Si. E il caldo... caldo... caldo... (faceva fatica trovare la parola) la lava calda che fluiva e le ceneri nell'aria.
D: *Ecco perché è difficile respirare?*
M: Si. E non si riesce a vedere. E' molto difficile, molto spaventoso e molto devastante. La gente sta morendo.
D: *Non potete usare le vostre abilità per spostarvi e scappare?*
M: Beh, possiamo correre, ma dove? (Risata nervosa)
D: *Intendevo le altre abilità che avete, di spostarvi da un luogo all'altro. Non potete utilizzarle per salvarvi?*
M: Io non posso farlo!
D: *Dovete farlo in gruppo?*

M: Io non posso farlo. Non possiamo farlo.
D: *Pensavo che questo fosse come andate da un luogo all'altro.*
M: Non io! Io devo camminare, correre o cavalcare un asino.
D: *Quindi non potete scappare. La gente può solo correre.*
M: Si. E quando non puoi respirare, quando hai paura, la gente inizia a cadere e le ceneri li copre velocemente. Allora non puoi più respirare. E... e....
D: *Puoi parlarne non ti darà alcun dolore. Non voglio che tu sia a disagio. Cosa mi dici della tua famiglia? Ci sono anche loro?*
M: No. Mio padre e mia madre erano vicini alla sommità. Erano in cima alla montagna. Vivono vicino alla sommità ed io sono giù nella valle. Quelli sulla sommità erano i primi a rimanere uccisi. Ma adesso sta scendendo nella valle. Le ceneri e la lava stanno fluendo. La terra trema e le case stanno cadendo.
D: *La tua donna ed i bambini solo lì?*
M: Non ho una donna ne bambini! Non ho famiglia questa volta qui dove sono.
D: *Quindi siamo in un luogo diverso? Oh, mi dispiace, sono confusa.*
M: Questo è l'unico luogo in cui vivo.

Non ero riuscita a cogliere i segnali, ci riuscii solo dopo quando riascoltai la cassetta durante la trascrizione. Avrei dovuto capirlo quando non sapeva di cosa stessi parlando riguardo all'abilita' di spostarsi. Ora era chiaro. Quando le chiesi di spostarsi ad un giorno importante, lei saltò altrove, in un'altra vita. Continuai a parlarle come se fosse l'uomo sull'altro pianeta dal sole purpureo. Solo ora capii che era saltata in un'altra vita e dovevo cambiare le mie domande.

D: *L'unico luogo in cui vivi. Molto bene. Ma sembra molto spaventoso.*
M: Il cielo sta cadendo e la terra si sta muovendo per incontrarlo. Non sopravvivremo a lungo.
D: *Che tipo di lavoro stavi facendo?*
M: Facevo gioielli d'oro. Foglie d'oro e ... collane. Corone, diademi e braccialetti. Facevo dei gioielli.

Eravamo arrivati in quest'altra vita nel giorno della sua morte. Ma volevo continuare e finire la vita di quell'insolito individuo sul pianeta dal sole purpureo, piuttosto che scavare in un'altra vita. Inoltre, sapevo che potevamo avere ulteriori chiarimenti parlando con il subconscio. Cosi le feci lasciare quel luogo di distruzione per localizzare quell'uomo con la pelliccia che viveva nella struttura a cupola sul pianeta dal sole purpureo. Immediatamente, torno' a quella vita e fui in grado di spostarla all'ultimo giorno di quella vita.

D: *Cosa sta succedendo? Cosa vedi in quest'ultimo giorno.*
M: La mia famiglia è qui per salutarmi. E' arrivato il momento di andarmene.
D: *C'è qualcosa che non va con il tuo corpo?*
M: E' solo troppo usurato è ora di lasciarlo e lasciare libero lo spazio perché qualcun altro possa venire a vivere qui.
D: *A volte il corpo si ferma perché c'è qualcosa che non va.*
M: No, semplicemente non funziona più. Credo che sia arrivato il momento di andare. Sono molto a mio agio.
D: *Decidi di andare quando vuoi?*
M: Abbiamo delle opzioni nella nostra… società. Possiamo restare finche non usciamo a causa di una malattia, un incidente o possiamo scegliere il nostro momento. Adesso ho deciso che è ora per me di andare, ho raggiunto i miei obbiettivi.
D: *Quindi la tua famiglia è con te. Presumo che siano cresciuti, non è vero?*
M: Mia moglie non c'è. La tua parole è "moglie", giusto? Lei non c'è più. I miei figli e figlie sono qui con i loro pro-nipotini. Abbiamo pro-pro-nipoti adesso.
D: *Quindi sono tutti li per salutarti.*
M: Per salutarmi. Non è un grosso problema. Sono qui per mostrarmi il loro rispetto.
D: *Sei nella tua struttura a cupola?*
M: Non siamo in quella che hai visitato con me, in precedenza. Ne abbiamo un'altra, abbiamo deciso di vivere in campagna.
D: *Pensavo che tu fossi nella caverna che ti piaceva tanto.*
M: No, perché ancora non la volevo condividere con nessuno. Non ne ho mai parlato con nessuno, non ce n'era bisogno.
D: *Quello era il tuo segreto.*
M: Si, quella era la caverna della mia ricerca.
D: *Spostiamoci dove ciò che doveva succedere è successo e tu ti trovi sul piano spirituale. Da quella posizione puoi osservare la tua intera vita e vederla da una prospettiva totalmente diversa. Cos'anno fatto con il tuo corpo dopo che l'hai lasciato? Qual'è la vostra tradizione?*
M: E'… (rise) si dissolve. Si, si dissolve. Ma non veniamo mai gradualmente e totalmente annichiliti. Sai, si dissolve e viene

assorbito nel sistema della terra, del nostro paese. Le nostre parti vanno a far parte dell'aria e della terra. Fu un'uscita facile. Quando sei pronto e sai che hai raggiunto ciò per cui sei venuto, andarsene diventa una facile e gioiosa celebrazione. C'è chi potrebbe essere infelice, ma è solo una cosa temporanea. Adesso c'è una celebrazione e io sono libero dal corpo.

D: *Stanno celebrando perché sanno che andrai in un altro mondo.*
M: Si. E' un luogo molto vivace. (Rise) Oh, si stanno davvero divertendo laggiù. E (iniziò a sussurrare) dicono solo belle cose di me. Hanno dei bei ricordi.
D: *Pensi di aver imparato qualcosa da quella vita?*
M: (Lentamente) Ho imparato che ero in grado d'influenzare gli altri. Avevo bisogno di fare attenzione a non proiettare le mie percezioni come se fossero le uniche possibili, sulle altre persone, esseri, altre parti della mia famiglia. Per permettere ad ogni individuo di fare le proprie scoperte.
D: *Questa è un'ottima scoperta, non è vero?*
M: Si. Certe volte era difficile. (Ridendo)
D: *Ma era una buona vita.*
M: Oh, era un'ottima vita. Non ho desideri, ne rimpianti.
D: *Eri in grado di fare cose meravigliose con la tua mente.*
M: Sembri sorpresa o meravigliata di questo.
D: *Beh, in alcuni luoghi la gente non usa la propria mente.*
M: Capisco! In realtà non capisco, ma… (Rise)
D: *Voglio dire che ci sono molti luoghi dove non sanno come usare queste abilità.*
M: Immagino che forse la nostra razza abbia sempre avuto queste abilità. Se osservo la mia vita, le abbiamo sempre avute.
D: *Tutti voi le avevate, quindi era una cosa molto naturale. (Si) Per questo sono sorpresa, perché da dove vengo, non è naturale.*
M: Ma avete un sole giallo.
D: *(Ridendo) Si, abbiamo un sole giallo. (Risi) Dev'essere diverso in luoghi diversi. (Rise anche lei) Abbiamo qualcosa che voi non avevate. Abbiamo una luna. (Oh?) La luna è bianca e si vede nel buio. (Oh.) Come ti dicevo, il sole sparisce e va a dormire e arriva la luna. (Oh.) Quindi abbiamo tutti cose diverse.*
M: Potete muovere le cose con la vostra mente?
D: *No, non abbiamo ancora imparato come farlo.*
M: (Sospirando) Sai, renda la vita molto più facile.

D: Sicuramente, avete il mio rispetto per sapere come farlo. Questo è qualcosa che potreste insegnarci. Qualcosa che potremmo veramente usare.
M: Possibilmente. Non so come insegnarlo, perché ce l'abbiamo e basta. Non so nemmeno come descriverlo. Lo facevo e basta.

A quel punto la riorientai al nostro tempo e reintegrai la personalità di Molly nel suo corpo, per essere in grado di contattare il suo subconscio e ricevere altre risposte. Fece un lungo sospiro mentre il cambiamento ebbe luogo.

D: Perché avete scelto di farle vedere quella insolita vita? Penso che sia insolita. (Risi) Perché avete scelto di farle vedere quella vita di un autoctono del pianeta dal sole purpureo?
M: Voleva conoscere altre vite planetarie diverse da quelle terrestri.
D: Sembrava che fosse un altro pianeta. (Si) Non avevano la notte?
M: No. Forse stai pensando in termini temporali? (Si) Non avevano questo concetto di tempo. Non avevano il giorno e la notte. Quando erano stanchi si riposavano. Quando non erano stanchi, non riposavano. Ma no c'era oscurità, giusto. Era proprio costante e non c'era bisogno dell'oscurità di notte.
D: Perché sto pensando al mondo che gira intorno al sole.
M: La loro galassia e' molto lontana. Non fa parte di questa galassia con il sole. Credo che sia di… (Fece una pausa per pensare come dirlo.) super sole. No, non è la parola giusta.
D: Non fa parte del nostro sistema solare.
M: Esatto.
D: Ma fa parte della galassia?
M: Esatto.
D: E c'è un altro sole là.
M: No, non un sole come lo conoscono gli umani. Fa parte dei una super… presumo che super sole sia la… questo è il linguaggio di Molly: super sole. Super sole è ciò che è noto come l'essere supremo. Da la luce sull'oscurità e quel pianeta non conosce oscurità.
D: Sembra proprio che stiamo parlando di ciò che ho già sentito chiamare il "Sole Centrale".
M: Esatto. Il sole centrale. Si, sembra che rifletta la descrizione.
D: Sembravano essere degli esseri fisici. (Si) Erano in grado di utilizzare le loro menti a livelli incredibili.
M: Si, è vero. Gli basta manifestare.

D: *Erano fisici perché mangiavano, dormivano e morivano.*
M: Si. Avevano una vita breve. Sceglievano una vita breve per mantenere il loro pianeta sottopopolato.
D: *Tuttavia, è diverso perché il sole brillava in cielo ininterrottamente ed era di color porpora.*
M: Esatto.
D: *Quindi avete fatto vedere tutto questo a Molly perche possa sapere che ha vissuto su altri pianeti?*
M: Esatto.
D: *Tutto questo com'è connesso con la sua vita attuale?*
M: Ha ancora la possibilità di manifestare qualsiasi cosa di cui ha bisogno in qualsiasi quantità' voglia. Ha molte abilità naturali e ha paura d'ammettere d'averle, perché altrimenti sarebbe diversa.
D: *Quindi state cercando di farle vedere che lo ha già fatto prima e lo può fare ancora? (Si) Ma come può rifarlo? Come fa a ravvivare questa conoscenza?*
M: Scegliere di ricordare.
D: *Perché so che quando si impara qualcosa, non la si dimentica mai. E' sempre con te e se è il momento giusto può essere ricordata. Adesso può utilizzarlo, giusto?*
M: Si. Se riesce a superare ciò che si conosce come paura umana.
D: *Sappiamo come sono gli umani.*
M:Si. (Rise) Oh, che sfida. (Risata) Perché viene qui la gente? (Risata) Hanno questa sfida. Che spasso! (Continuò a ridere)
D: *Per imparare delle lezioni. (Si) Si dimenticano tutte le cose sapevano. (Si) Quindi può riportare tutte queste abilità per manifestare qualsiasi cosa che vuole se sceglie di ricordare.*
M: Giusto.
D: *Penso che voglia risvegliare queste abilità. Potete spiegarci più precisamente lei cosa possa fare?*
M: In un certo senso le cose sono molto facili per lei. In questa vita, è convinta di dover lavorare duro per ogni cosa. (Rise) ma non è cosi. Se solo si prendesse qualche minuto in più durante la sua meditazione, allora le memorie tornerebbero immediatamente in gran forza. Posso dirti una cosa: è solo il condizionamento che ha accettato da questa vita, il dire che non può farlo.
D: *Durante la seduta, quando l'ho portata ad un giorno importante saltò direttamente in un'altra vita. C'erano vulcani in eruzione e il suolo tremava. Perché l'avete fatta saltare in quella vita? Non ci siamo addentrati molto, era il giorno della sua morte. Perché gliel'avete fatta vedere?*

M: Per ricordarle – in mancanza di termini – la stupidità di concedere il proprio potere ad influenze esterne. Piuttosto che andare all'interno e conosce la divinità in lei.
D: *Com'era correlato al vulcano e alla terremoto?*
M: Il sistema di credenze era che fosse tutto perché non avessero pacificato gli idei.
D: *Ah, si, giusto. Non avevano pacificato gli idei e questo era ciò che causò il disastro.*
M: Si. Quello era il sistema di credenze e nella zona in cui vive c'è ancora una prevalenza di quelle credenze. Questo la impaurisce.
D: *Si ha a che fare con la religione del nostro tempo.*

Quindi le avevano fatto vedere quel pezzettino di vita per ricordarle che non dovrebbe rimanere intrappolata nelle credenze religiose tradizionali della cultura in cui vive. Doveva pensare con la sua testa e trovare il vero Dio in se stessa.

Durante il mio colloquio con Molly, disse di avere strani ricordi di cose che erano accadute durante la sua fanciullezza. Si ricordava d'essere stata messa in un luogo oscuro e lasciata la, perché nessuno voleva entrare in contatto con lei. Pensava che fosse uno sgabuzzino, sembra che a volte rimanesse rinchiusa lì per giorni. Ovviamente, a quel punto era sporca e puzzolente ma aveva la sensazione che nessuno volesse avere nulla a che fare con lei. Quando spiegò a sua madre questi ricordi infantili, lei negò che qualcosa del genere avesse mai potuto accaderle e dichiarò che se lo stava inventando o stava fantasticando. Ma disse: perché dovrei fantasticare dei ricordi cosi? Una delle cose che voleva esplorare durante questa seduta era se queste fossero ricordi reali o fantasie demenziali. Il subconscio le diede la risposta prima che io potessi fare la domanda. La risposta fu più forte di quanto avessimo mai potuto immaginare.

La sua famiglia viveva in campagna, molto lontano dai centri abitati, al momento della sua prematura nascita. Sua madre fece l'unica cosa che conosceva: mise il bebè dentro ad una scatola da scarpe, appoggiata sulla porta aperta del forno per riscaldarla.

M: Beh, lo sai no... forse non lo sai, ma lascia che te lo dica. Ha scelto di venire in questa vita con molti doni per gli altri. Entrò in questo piccolissimo bebè, era solo 1.8kg alla nascita. Faceva queste cose. Questo minuscolo bebè nella scatola da scarpe posata sulla porta del forno. (Ridendo) Faceva ste cose e tutti ne erano terrorizzati. Ad un certo punto sua madre la chiuse nel forno per farla smettere, perché stava fluttuando la roba ch'era in cucina. (Rise) Sua madre era davvero terrorizzata di lei.

D: *Quindi era in grado di muovere le cose.*

M: Si. Le piaceva volteggiare le posate, perché scintillavano. Erano scintillanti (rise) e avevano un bel suono. Ma questo terrorizzava sua madre. Cosi sua madre la rinchiudeva!

D: *Cosi la metteva nel forno?*

M: A volte chiudeva la porta del forno.

D: *Ha questi strani ricordi d'esser chiusa in un ripostiglio. Potete dirle qualcosa a proposito? (Pausa) Cosa ne pensate? Va bene se ne viene a conoscenza?*

M: (Seriamente) Sarebbe meglio per lei sapere che era la verità, non immaginazione. E' molto importante che lei lo sappia. Quando era un po' più grande, l'hanno rinchiusa nello sgabuzzino nel tentativo di dimenticarsene, perché erano terrorizzava da lei. Ma lei incolpa se stessa, perché le hanno sempre detto che era colpa sua se era rinchiusa li dentro. Se avesse fatto la brava non sarebbe chiusa li dentro.

D: *Cosa aveva fatto?*

M: Le piaceva fluttuare quelle posate scintillanti e le piaceva creare luci quand'era buio. Inoltre le piaceva fare suoni melodici quando ancora non avrebbe dovuto essere in grado di parlare. Terrorizzava la gente. Pensavano che fosse strana e cosi le accusa se stessa, ma non è colpa sua. Stava usando ciò che si ricordava e sapeva come fare. Tuttavia era un po' "fuori dal suo tempo".

D: *Si, pensava che fosse naturale.*

M: E poi dopo essere cresciuta, faceva cose che erano... insolite. Continuarono a respingerla, allontanarla o punirla, finché non decise di smetterla di fare quelle cose.

D: *Era l'unico modo per poter sopravvivere.*

M: Si. Lo descrive come chiudere il rubinetto.

D: *Quando divenne troppo grande per essere messa nel forno, presumo che iniziarono a metterla nel ripostiglio. E' questo che è successo? (Si) E' piuttosto crudele ma credo che fossero davvero terrorizzati di lei.*

M: Quando la mettevano al buio, era facile lasciarla lì e certare di dimenticarsene. In questo modo non dovevano aver a che fare oggetti fluttuanti nella cucina o nel resto della casa o con le sue melodie.

D: *Alla fine solo per sopravvivere, chiuse il rubinetto e smise di farlo. A quel punto la lasciarono vivere con loro in casa?*

M: Si. Ma solo se non era cattiva, solo allora poteva far parte della famiglia.
D: *Beh, se tutto questo è stato soppresso, pensi che adesso avrebbe ancora paura di risvegliare questi talenti?*
M: Penso di si, perché qualcuno potrebbe cercare di infilarla nello sgabuzzino, chiudere la porta a chiave e non lasciarla uscire più.
D: *Beh, pero adesso che è adulta sappiamo che nessuno le farebbe qualcosa del genere. (Si) Pero capisco la sua paura.*
M:Penso che potrebbe fare cose che sono accettabili in questa società e permettere al resto di ritornarle un po' per volta. Perché se andasse nel bel mezzo di un campo e creasse una casa, il governo potrebbe venire a cercarla. (Rise)
D: *Se facesse fluttuare degli oggetti nella stanza, penso che suo marito potrebbe impaurirsi. (Risi) Quindi non dovrebbe fare queste cose.*
M: No. Ma potrebbe riaprire il rubinetto, almeno un pochino. E' molto brava nell'aiutare la gente. E' in grado di elevarli oltre l'oscurità. Ma questo li impaurisce perché non sono tutti pronti a conoscere chi sono veramente. Ma ha che se apre il rubinetto, tutto uscirà immediatamente e la gente terrorizzata uscirà dalla stanza gridando. Ha molta paura di essere rifiutata. Lei può utilizzare una forma di meditazione per risvegliare la conoscenza gradualmente ed alleviare quella paura. Ecco un'immagine che funzionerà bene per lei. Nel lavandino della cucina c'è una bocchetta. Come questa (gesticolò); sotto il lavandino, si, c'è un tubo di drenaggio e la bocchetta è proprio lì. C'è molta melma bloccata nella bocchetta. Le può lasciarne uscire un po' alla volta dal tubo di drenaggio. Deve lasciarlo filtrare.
D: *Farlo risalire nel lavandino. (Si) Questa è un'ottima immagine mentale che potrebbe utilizzare.*
M: Si e dopo aver aperto la bocchetta, o averla ripulita un po' per volta, sarà in grado di creare spazio per le informazioni che ha dimenticato o che sono bloccate nella bocchetta.
D: *Quindi dovrebbe evitare di recuperare tutto immediatamente. Perché questo potrebbe stravolgerla.*
M: E stravolgerebbe molti altri.

Adesso questo tipo di abilità hanno il permesso di ritornare nel nostro tempo, perché in un futuro non lontano verranno considerate naturali. Ma dovrà accadere gentilmente per evitare di sciocare lei e tutti coloro che la circondano. Ora la cosa principale era che Molly sapeva che quei ricordi d'infanzia non erano mera immaginazione, solo il risultato delle azioni di persone impaurito ed incapaci di comprendere. Mi chiedo a quanti altri è successo qualcosa del genere, fino al punto di dover sopprimere le loro capacità e ricordi. E' molto difficile comprendere ed accettare le azioni anormali dei bambini.

SEZIONE SEI

PORTALI TEMPORALI

CAPITLO 19

IL GUARDIANO DEL PORTALA

Novanta percento delle sedute terapeutiche che conduco includono il ritorno del soggetto a vite passate che contengono risposte ai problemi della loro vita attuale. Ma sta diventando sempre più frequente incontrare pazienti che si trovano in ambienti strani che non assomigliano alla Terra. Inoltre si trovano spesso in situazioni parallele, in cui stanno vivendo un'altra esperienze che esiste simultaneamente alla loro vita attuale. Molti scettici diranno che queste sono solo fantasie, tuttavia non sembrano fantasie di cui io abbia mai sentito parlare. Nella maggior parte dei casi le persone regrediscono a vite passate molto noiose e mondane. Io le chiamo vite "alla ricerca di patate", perché spesso il soggetto è un contadino o un servo, e non c'è nulla d'entusiasmante da registrare. Passano la loro vita facendo cose semplici ed ordinarie come lavorare i campi. Queste vite sono veramente convenzionali e molto spesso il cliente rimane deluso al risveglio. Dopo una simile seduta, un cliente mi disse: "Beh, sicuramente non ero un faraone in Egitto." Se si fossero inventati tutto, credo che avrebbero fantasticato una vita più affascinante. Come per esempio di un cavaliere in un'armatura scintillante nel tentativo di salvare una principessa rinchiusa nella torre di un castello o di una donna che riviveva la vita di Cenerentola insieme al Principe Azzurro. Ma questo non succede mai. Le vite che sperimentano possono sembrare mondane dal mio punto di vista e spesso mi chiedo perché il subconscio le sceglie per la seduta. Ma prima della fine della seduta, diventa ovvio che fosse esattamente la vita che dovessero vedere. C'è sempre qualcosa, a volte impercettibile, che ha a che fare con i problemi che stanno sperimentando. Non mi è mai ovvio superficialmente, ma il subconscio nella sua infinita saggetta ha scelto la vita perfetta.

Occasionalmente, la scena in cui si trovano è così strana e fuori luogo che non riescono nemmeno a trovare le parole per descriverla. In questi casi, sono sicura che non se lo stanno inventando, perché altrimenti non ne sarebbero sconcertati. Questa seduta ebbe luogo in Florida nell'Ottobre 2002 e ne è l'esempio perfetto. Betty era un'infermiera nel dipartimento ostetrico di un grande ospedale. Sicuramente non si aspettava ciò che scoprì durante la seduta. Quando uscì dalla nuvola, era in piedi davanti a qualcosa di così insolito che non trovava le parole per descriverlo.

B: Sembra... Sembra un cristallo... e' difficile da spiegare. E' quasi una montagna di cristallo. Una montagna di cristallo. (Ridacchio) non saprei in che altro modo descriverlo. E' come una montagna di cristallo e mi sembra di vedere anche un ragazzo nativo Americano dai capelli neri. E' in piedi davanti alla montagna. Sembra quasi ghiaccio, ma non è congelato. E' trasparente, ma non completamente. Scintilla al sole.

Sicuramente non sembrava un luogo sulla Terra, tuttavia aveva visto un ragazzo Indiano. Dove si trovava?

D: *Il ragazzo è ancora lì? (Stavo pensando che forse era il ragazzo. (Yes) Com'è vestito?*
B: Ha solo una pelle di daino sotto la cinta, probabilmente ha dieci anni.
D: *Beh riesci a vedere te stessa? Hai niente addosso?*

In questo modo, di solito, inizio ad orientare il cliente al corpo che aveva in una vita passata. La sua risposta fu una sorpresa inaspettata.

B: io... no, sono molto grande! ... Sono enorme! Non sono un ragazzo. Sono (incerta di come spiegarsi)... Sono una forma d'energia. Sono enorme a confronto di questo ragazzino.
D: *Ha la sensazione di avere un perimetro? Non è che ti senta parte dell'aria, vero?*
B: Ho un perimetro, ma non è solido. Si sposta e cambia, ma la stessa quantità interna è la stessa. Quindi il perimetro cambia e si sposta, ma è largo.
D: *Quindi in qualche modo è contenuto. (Si, si) Bene. Che connessione hai con questo bambino?*

B: Lo sto solo osservando. – Sento di voler entrare dentro a questa montagna. C'è un'apertura, ma è come se potessi diventare la montagna. E' come se entrassi nella montagna, potrei sperimentare la vita della montagna. Diventerai la montagna anche se potrei separarmene in ogni momento.

Ne sapevo qualcosa d'esseri d'energia, una forma di vita che può essenzialmente creare o generare qualsiasi tipo di corpo desira al fine di avere un'esperienza. Tuttavia questa sembrava differente.

D: Quindi puoi sperimentare diverse cose?
B: Si. Possono diventare, integrare con altre energie per sperimentare come sia. Poi posso separarmi e mantenere quella consapevolezza come parte di me stessa. Mi piace sperimentare in questo modo.
D: Hai detto che c'era un'apertura?
B: Si. E' una grande apertura, ma è naturale. (Improvvisamente) Sai cosa? Questa montagna di cristallo non è per niente una montagna di cristallo. Quella è solo la sua apparenza è piuttosto un'astronave. E' un veicolo. Molto interessante!
D: Come fai a saperlo?
B: (Entusiasta) Perché quando ho visto l'entrata... vedi, questa è l'apparenza esterna. Ma esplorando l'apertura nel tentativo di spiegartela, mi sono resa conto che non era ciò che sembra.
D: Vuoi dire che dava l'illusione d'essere una montagna?
B: Esattamente. Giusto. Quindi chiunque l'avesse incontrata, avrebbe visto che era quello. Ma da vicino si trasforma. Ah ha!
D: Se fosse sulla Terra, ci sarebbero altre montagne. Sarebbero di altro colore, ma non di cristallo.
B: Right. Ci sono altre montagna tutt'intorno che sono differenti. Sono quelle tipici, marroni con alberi e roba del genere.
D: Sarebbe inusuale vedere una montagna di cristallo. Causerebbe molta attenzione.
B: E' vero! Verissimo! Hmm. Sono abbastanza confusa. Ma adesso mi chiedo se altri riescono a vederla. Perché ho visto il bambino, ma il bambino l'ha vista? Non lo so, non saprei dire. Stava guardando in un'altra direzione. Proprio non saprei. – L'entrata si trasformò dal sembrare un'entrata naturale ad un portone. Mentre la osservavo si trasformò in un portone. Ci sono delle scale che portano dal suolo al portone. Non sembra cosi solida, sembra cristallina e leggera. So che se ci sali sopra diventa solida e allo stesso tempo ho anche la sensazione che qualcuno potrebbe attra-

versarla senza nemmeno rendersi conto della sua esistenza. L'unica spiegazione sensata per me è che è come se due mondi si fossero fusi. E' come un luogo tra i mondi dove ci sono parti di entrambi.

D: *Ecco perché alcune persone sarebbero in grado di vederlo e altro no?*

B: Si. Quindi ho la sensazione di esser parte di – devo solo dire ciò che mi viene – perché sento che in qualche modo faccio parte del protettore di questa entrata, o di questo luogo di mezzo. Questo perché coloro che non dovrebbero entrare non entreranno e coloro che possono, entrino. Ci sono alcune responsabilità di consapevolezza che devo avere a proposito, perché sono conscio di entrambi, si.

D: *Devi sapere chi può entrare e chi non può. (Esatto) Ma non è che coloro che non possono, non ne sarebbero nemmeno consapevoli?*

B: Normalmente e' cosi. A volte pero, in certe circostanze diventa visibile anche se normalmente non dovrebbe esserlo. Questo non è un bene, per la maggior parte, quando succede. Certi cambiamenti nella pressione atmosferica e l'energia… certe cose. (Lo disse lentamente, come se non fosse sicura e stesse cercando le parole giuste.) Ci sono certi, si, cambiamenti che potrebbero farlo succedere.

D: *Potrebbe essere visibile anche se normalmente non lo dovrebbe essere. (Corretto) In quel caso potrebbe vederlo anche se non doveva.*

B: Si. E creerebbe molta confusione.

D: *Sarebbero in grado di entrarci?*

B: Sfortunatamente, la struttura del corpo dovrebbe cambiare, a causa della configurazione energetica e questo potrebbe probabilmente dissolvere quell'energia fisica istantaneamente.

D: *Oh? Verrebbe distrutto?*

B: Lo spirito non viene distrutto. Il fisico, la struttura cellulare, si.

D: *Non potrebbe esistere dopo esserne entrata in contatto?*

B: Esattamente, perché c'è una struttura diversa e diverse vibrazioni, si. Creerebbe confusione e sarebbe molto difficile comprendere cosa sia successo perfino per uno spirito d'energia. Non era inteso in questo modo.

D: *Quindi il tuo lavoro è di assicurarti che non succeda?*

B: Si, ho la responsabilità di guardiano per questo.

D: *Lo chiameresti un portale?*

B: Si, potresti chiamarlo cosi. Inoltre credo che questa sia la ragione per cui io possa spostarmi in questa cosa cristallina, che sia montagna, astronave o cos'altro. E diventare, avere la consapevolezza di questo, perché esercita ed intensifica l'energia di separare le esistenze.

D: *Cosa succede se arriva qualcuno? Cosa faresti per tenerli lontani o mandarli via?*

B: Focalizzerei la mia energia su quella piega nello spazio per intensificarla e gli darei una spintarella gentile nella direzione opposta. Gli darei una spintarella, per dargli la sensazione che il vento li sta spingendo, o che sono spinti in un'altra direzione.

D: *Giusto abbastanza per allontanarli ed evitare che entrino in contatto con quell'energia? Perché il tuo lavoro è di prevenire che rimangano danneggiati.*

B: Esattamente. Protezione, si.

D: *Questo portale è li permanentemente?*

B: Ci sono periodi specifici durante i quali è più aperto, quando ci sono più possibilità che si apra e altri periodi quando rimane chiuso. Allora non è un problema.

D: *Quindi non si sposta come un'astronave?*

B: No, rimane nello stesso luogo. Adesso che lo osservo più da vicino, è ciò che chiamiamo uno "Stargate", piuttosto che un'astronave. E' come un portale per andare in altre dimensioni.

D: *Forse resta nello stesso luogo per questa ragione*

B: Esattamente.

D: *Questo portale, questo stargate come si usa?*

B: Devo lavorare su questa descrizione. Posso farcela. C'è il portale per questa energia e poi fa "swuuush" (fece quel suono e gesticolò con le mani) attraverso spazio e tempo verso un'area completamente diversa – vorrei dire – della "galassia".

D: *Dai movimenti che stavi facendo, sembra lungo, come un tubo?*

B: Esatto. Cerca di visualizzare le stelle e l'universo e l'energia. Ma è un sistema di trasporta swuuush (fece ancora lo stesso suono e gesto) molto veloce e va da questo portale verso un'altra galassia.

D: *Questo è ciò che si vedrebbe entrando dentro a questa montagna di cristallo?*

B: Sarebbe una porzione di quello, perché all'interno, ci sono tutte questi colori vibranti e cose cristalline. E' un po' come... (fece fatica a trovare le parole) rientrare... desensiti-vizzare non è la parola giusta, ma farti sentire normale ancora una volta. (Rise)

Perché quando usi questo metodo di trasporto, devi... ri ... non rigenerare, ri....
D: *Riadattarti?*
B: Riadattarti, grazie. Fhiiiw! Questo era difficile! Adattarti. Rienergizarti. (Ridendo).
D: *A volte è difficile trovare le parole.*
B: Si. Riadattarsi. Quindi è come una zona di riadattamento. Entri in questa stanza cristallina con tutte questi magnifici, bellissimi colori che iniziano a vibrare nel tuo essere e ti rigenerano o ri... che parola avevi usato?
D: *Adattarsi?*
B: Ti adatti.
D: *Se ti riadatti, questo succede prima di andare o dopo essere tornato?*
B: Dopo essere tornato. Ce ne' uno per entrambi i lati. In questo momento non sono sicura di cosa succeda dall'altra parte. Dovrei viaggiare, ma per riuscirci dovrei lasciare una parte di me qui, perché devo assolvere alla mia responsabilità.
D: *Si, per custodire il portale.*
B: Viene utilizzato da altri esseri che vengono per imparare e per espandere la loro consapevolezza attraverso l'osservazio-ne. Quando dico: "osservare" è più che osservare. Si tratta di osservare con tutti i tuoi sensi, per poterlo sentire, no, sperimentare. Ma lo stai osservando, perché non crei nulla che accadrà. Sei un osservatore a cui in qualche modo è permesso d'integrarsi alle energie locali per imparare.
D: *Questi sono degli esseri fisici?*
B: Non fisici come lo sono gli esseri umani. C'è una fisicità di densità inferiore ecco perché sono in grado d'integrarsi ed osservare un'esperienza a quel livello.
D: *Da dove vengono questi esseri?*
B: (Pausa, poi rise nel tentativo di spiegarsi.) P L. Ha a che fare con P-L. Non penso che sia Pluto. P L.
D: *Ma non vengono dalla Terra. Dimmi quello a cui pensi?*
B: No, no. Sono diversi.
D: *Dal nostro sistema solare?*
B: Hmm. Un po' più in là. Da un'altra essenza planetaria. Non penso che sia un pianeta completamente fisico.
D: *Ma non e' un'energia come sei tu?*
B: Esatto. Sono diversi da me. Io non sembro umano, come un corpo. La mia energia sta cambiando. Gli esseri che vengono attraverso

questo sistema di trasporto hanno una forma simile a quella umana, come un corpo. Sono alti e snelli. Sembra che vestano tuniche pesanti, ma come dicevo non sono fisici.

D: *Non solidi? (No, no.) Quindi quando passano attraverso il tunnel, tubo, quello che è, arrivano direttamente in questa stanza?*
B: Esatto, entrano da lì.
D: *Riadattano le loro energie? Vibrazioni o altro? (Esatto) Poi cosa fanno?*
B: Poi sono in grado di uscire di lì. Anche questa non è una buona descrizione, ma è come essere in grado di vedere attraverso il vetro anche se non c'è nessun vetro. Non c'è nessuna barriera del genere. Passano attraverso il portale ed escono dalla struttura cristallina dove ci sono la luce e i colori. Escono da lì, fanno ancora parte di quell'energia ma non più in quella struttura. In questo modo e' proprio contro la – voglio dire la "Terra". Sono sul pianeta e possono vedere cosa sta succedendo, in questo modo possono osservare ed integrare.
D: *Gli è permesso lasciare quel luogo?*
B: Non mi sembra che lo lascino.
D: *Quindi restano li ed osservano dal quella parte senza entrare mai in quest'altra dimensione.*
B: Esatto. Tuttavia, hanno un punto di vista molto, molto vasto da là. Da questo portale sono in grado di osservare qualsiasi cosa vogliano.

Durante un'altra seduta, una donna vide apparire qualcosa che le sembrò un wormhole. C'erano esseri che lo attraversano avanti e indietro. Lo descrisse come un tubo largo con creste circolari visibili dall'interno. Questa potrebbe essere un'altra descrizione dello stesso tipo di congegno? Se cosi fosse, gli esseri che vide stavano entrando ed uscendo, mentre a quelli in questa regressione era permesso usarlo solo per osservare.

D: *Quindi non è solo la zona dove questo si trova. Possono vedere qualsiasi cosa che vogliano sulla Terra, senza dover viaggiare fin a quel luogo.*
B: Esattamente. Proprio cosi. E come funzionano queste cose? Non sono sicura. (Ridendo).
D: *Vedi se riesci a scoprirlo. Come riescono a farlo da un solo punto di vista senza dover entrare nella dimensione e viaggiare in tutto mondo?*

B: Cambiano la loro prospettiva. E' come se uscissero e c'è una particolare scena o zona che stanno vedendo. Gli basta spostarsi ed è come se il mondo si sposti per loro, cosi che possano vedere. So che non ha molto senso, ma.... Ciò che vedo è questa energia dorata con tre punte che si sposta. (Ridacchiò) Per esempio, la Terra potrebbe essere grande cosi e loro sono in questa posizione. (Gesticolò per indicare un piccolo oggetto) L'energia dorata a tre punte si sposta cosi che possano osservare, in quel momento tutto si sposta con lei. Questa è l'unica maniera in cui riesco a descriverlo. Anche se ovviamente, la Terra non è di questa dimensione (con le mani mostrò la misura). Ma è come lo fosse la stanno osservando e possono sportarla molto facilmente.

D: *In questo modo agiscono come un osservatore e non interagiscono.*

B: Esatto. Non interagiscono. Non cambiano niente. Stanno solo osservando ed integrando le informazioni.

D: *Gli si sarebbe permesso di lasciare quel luogo, presumo, a causa della struttura della loro energia matrice?*

B: Esattamente. Non potrebbero e non vorrebbero. Comprendono come influenzerebbe il loro campo energetico. Mentre gli umani non sanno nemmeno che esista.

D: *Quindi questi esseri si limitano ad osservare ed integrare le informazioni o qualsiasi altra cosa che stanno cercando di accumulare. E poi tornano da dove provengono attraverso il tubo?*

B: Esatto. Attraversano il portale, ma vengono da altri luoghi per raggiungere quel portale. Vengono, osservano, poi ritornano e tornano a riferire.

D: *Stavo pensando a qualcosa come una centrale dall'altra parte. (Certo) Sai cosa ne fanno delle informazioni dopo aver osservato?*

B: Vengono utilizzate a scopi diversi. (Pausa di riflessione.) Vedo che la mia energia si sta spostando adesso, da quel guardiano ad uno di quegli esseri che venne e tornò indietro.

D: *Avevi detto che lo potresti fare se lasci parte delle tua energia li a guardi dell'apertura.*

B: Questo è corretto. (Lungo sospiro) Attraversare il tubo perturba un po' la propria energia. Quindi la camera in cui esci ti riporta – qual'era la parole che usavi?

D: *Adattare?*

B: Adattarsi, è molto, molto importante.

D: *E' veloce quando ritornano?*

B: E' molto veloce. Molto, molto veloce. Uscendo dall'altra parte, è tutt'un altro colore e sistema energetico.
D: *Come un'altra stanza?*
B: Esatto. I colori e l'intensità energetica ti riportano a te stesso. Sono giunta all'altro pianeta e poi sono tornata a casa.
D: *Puoi descrivermi l'entrata dall'altra parte?*
B: Anche lì è una struttura cristallina.
D: *Ma la gente da quella parte riesce a vederla?*
B: Anche questa ha la capacità di nascondersi, perché c'è chi lavora con quest'energia e chi non ci lavora.
D: *Quindi è come sulla Terra? Non è visibile a tutti.*
B: Esatto. Anche se gli esseri su questo pianeta sono di una vibrazione superiore o differente, non c'è bisogno che tutti ne siano a conoscenza.
D: *Quindi l'essere con cui stai andando, ritorna al suo pianeta. Dove si trova quindi?*
B: Lo vedo. E' come uno scriba, sta scrivendo, ma ciò che scrive è magico. Non è fisico, anche se sembra simile. (Muoveva le mani.) Sta facendo qualcosa con le mani, ma mentre lo guardo, e' luce e colori ancora. Luce e colori sono molto importanti. Proprio come l'osservazione, l'imparare, la conoscenza che è stata acquisita è incorporata nel... (faceva fatica)... Vedo come un arazzo. Com'e successo?
D: *Forse sta cercando di compararli.*
B: Forse. Perché le informazioni che questo scriba ha raccolto, vanno in una parte dell'arazzo o del registro. E' seduto e sembra un tablet. Quando dico "tablet" intendo dire come una tavoletta di pietra. Non è carta. C'è ciò che chiamerei una "penna magica", perche sembra che stia scrivendo usando una scrittura magica. Ci sono questi colori e queste luci magnifiche che scendo, ma poi si muove e fluisce ed entra... in ciò che chiamerei la "tessitura". E' colorato, luminoso, scintillante e si muove. Quindi non è che la consideriamo come tappezzeria. (Fece fatica.) E' una qualche tipo di registro. E' un registro vivente.

Questo, ovviamente, sembrava simile all'arazzo della vita che si trova nel Tempio della Saggezza sul piano spirituale, come spiegato in Between Death and Life. E' descritto come incredibilmente meraviglioso, apparare animato, respira dei colori stupendi che sono tessuti in esso. Non penso che sia la stessa cosa, perché l'arazzo sul piano spirituale è un registro di tutte le anime che hanno vissuto e delle loro vite. Ognuna è rappresentata da un filo. Anche l'arazzo qui descritto è un registro, ma probabilmente di un diverso tipo.

D: *Questo è il suo lavoro? Lo fa sempre?*
B: Si. E gli piace farlo.
D: *Ma hai detto che sono in tanti ad essere a conoscenza di questa entrata?*
B: Si, ci sono esseri provenienti da altri pianeti che vengono al portale. E' vero. Sono in tanti a sapere che esiste. Questo è un portale, ma ce ne sono molti altri. Parte delle informazio-ni che riportano, sono utilizzate per aiutare a sviluppare nuove possibilità. E' come quando sei a scuola, ti insegnano le cose che la gente già sa. Quando hai una conoscenza basilare, allora sviluppi le tue idee. La creatività.
D: *Come scienziati e ricercatori, prendono le basi e sviluppano i loro concetti. Questo è ciò che intendi?*
B: Si, ma anche offrire nuove opportunità per questo pianeta. Perché osservano, vedono, ritornano e discutono. Cercano: "come possiamo assistere la gente di questo pianeta?" E poi sviluppano delle idee e poi ritornano. No, non può essere… non è vero. Hmm. Serve ad aumentare il corpo della conoscenza che è in esistenza. Circa la Terra, specialmente in questa situazione.
D: *Quindi stanno accumulando informazioni e stanno cercando di sviluppare nuove idee per aiutare la Terra a progredire?*
B: Questa era l'impressione che avevo. Ma dev'esserci un altro modo di usare le informazioni per aiutare la Terra. Perche quanto attraversano il tubo, si limitano ad osservare, quindi non possono farlo in questo modo. Osservano, riportano tutto al loro pianeta e lo registrano. Quindi ci deve essere un altro modo in cui viene utilizzata per aiutare. Non succede in quel modo.
D: *Ma gli altri esseri che attraversano il tubo, lo fanno per la stessa ragione?*
B: Alcuni sono solo curiosi e questo è permesso. Osservare per curiosità senza interferire, proprio come è permesso a noi senza interferire. Ma sono andata con quest'altro essere il cui scopo era di portare le informazioni al suo pianeta. C'è un qualche tipo di (fece fatica) – sto cercando un'immagine più chiara. (Pausa) Questo è più difficile da ottenere, quindi… Sembra essere un qualche processo d'irradiazione. Per me non ha senso. E' per questo sono bloccata.
D: *Descrivimelo al meglio.*

B: Okay. Quindi prendono le informazioni. Lui le condivide con questi altri esseri che sono come lui e loro trasmettono o irradiano certe energie o informazioni verso il pianeta Terra.
D: Nella direzione opposta da dove provenivano.
B: Corretto. E' come un sistema di guida. Nel senso che le informazioni provengono dalla Terra, osservate dalla Terra, e vengono riportate indietro con gli esseri. Poi questi esseri prendono le informazioni e…. E' qui che la gente della Terra ha bisogno d'assistenza o guida o una semplice aggiustatina, o una piccola ispirazione; per aiutarli ad andare nella giusta direzione. Non è un giudizio, tipo: fai il passo giusto. E' come mandare una piccola ispirazione. Quindi viene irradiato nell'atmosfera energetica della Terra. Poi sulla Terra ci sono quelli che sono in grado di raccogliere quei segnali, tanto per dire, e ricevono quell'ispirazione. Questo li aiuta a passare al gradino successivo o ad introdurre cose che avrebbero potuto richiedere più tempo
D: Questo viene fatto da un individuo o….
B: No, è un gruppo. Un gruppo con una sorta di macchinari che sono in grado d'irradiare queste forme di pensiero o ispirazione sulla Terra. Per esempio: adesso la Terra sta facendo fatica con pace/guerra, luce/oscurità. Uscire dalla dualità. Mentre questo succede, la dualità s'intensifica. Cosi questi esseri ad un certo punto, hanno osservato, sono tornati indietro e hanno proiettato informazioni simili alle ispirazioni di portare la coscienza di massa ad unirsi, per creare la realtà che vogliamo, ad esempio. Perché molte persone in diverse parti del globo ricevono queste ispirazioni in periodi simili e poi si riuniscono per farlo. Trovi che questo esempio abbia senso?
D: Si, Penso di si. Ma questi gruppi seguono delle istruzioni? Non agiscono da soli, vero? (Pausa) C'è qualcuno che gli dice cosa possono trasmettere?
B: Voglio condividire il giusto significato. Sono come un consiglio superiore che assiste il pianeta nella sua crescita. Quindi non sono l'unico organo che fa questo. Sono uno dei tanti. Proprio come loro stanno aiutando la Terra a farlo, ci sono altri organi superiori che li assistono con i loro processi. Va avanti cosi all'infinito.
D: Quindi ci sono diversi strati. (Si) La gente sulla Terra non e' ancora abbastanza sviluppata. Sono all'ultimo dei livelli, strati, presumo.
B: Non direi "l'ultimo". Sono in transizione. Si stanno muovendo.
D: Ma non sono consapevoli di niente.

B: Corretto, corretto. C'è chi è consapevole. Perché l'energia sta cambiando e la vibrazione sta aumentando, sono in molti che stanno diventando consapevoli della connessione. C'è il nostro se superiore, per esempio, che osserva e assiste. Ma c'è sempre il libero arbitrio, la scelta. Le ispirazioni che arrivano, sono per quelli che riescono a riceverle.
D: Non sono forzate su nessuno. E' qualcosa che stanno cercando in ogni caso.
B: Esattamente. E che avevano richiesto.

***

Sembra esserci un tempo centrale che scorre attraverso le informazioni che ho accumulato finora. Il tema della comunicazione di massa su molti livelli. I nostro corpo elabora e invia informazioni costantemente al cervello e al sistema nervoso centrale. Anche il nostro DNA elabora informazioni. Nel mio libro Between Death and Life, mi fu chiarito che dobbiamo passare attraverso infinite vite, sia sulla Terra che su altri pianeti. Dobbiamo, mentre siamo sulla Terra, sperimentare ogni forma di vita (rocce, piante, animali) prima di poter evolvere allo stadio umano. Poi quando raggiungiamo lo stadio umano, dobbiamo sperimentare tutto della vita (ricco/povero, uomo/donna, vivere in ogni continente, esser d'ogni religione e razza, ecc.), prima di poter completare quel ciclo. Fra tutte queste vite, andiamo e torniamo dal piano dello spirito. Il nostro scopo principale è di accumulare informazioni a proposito di qualsiasi cosa possibile. Iniziamo con Dio, e il nostro obbiettivo è di ritornare a Dio. In quel libro ci è stato detto che Dio stesso ha sviluppato questo sistema, perché non può imparare da solo. Noi, i bambini, abbiamo il compito di tornare a Dio con tutta conoscenza e le informazioni che abbiamo accumulato in tutte le nostre esperienze. In questo modo, siamo come delle cellule nel corpo di Dio.

Quindi, ciò che sto imparando dagli alieni e da questi altri esseri più avanzati, o più consci, è che loro hanno una parte più attiva nell'assimilazione delle informazioni. Inoltre loro le registrano ed accumulano per molti altri scopi. In Custodians, c'erano esempi di ETs che registravano ciò che abbiamo imparato. Questo è uno degli scopi degli impianti, di cui la gente ha un'impressione incorretta. Stanno registrando ogni cosa che le persone vedono, sento e percepiscono per trasmetterle in enormi banche dati computerizzate, per mancanza di termini adeguati. Queste banche dati sono direttamente connesse ai registri storici della nostra civilizzazione dei consigli superiori. Inoltre in Keepers of the Garden e Convoluted Universe, Libro I, abbiamo trovato che un intero pianete può essere un registratore. Nei prossimi capitoli di questo libro, vedremo che questo sta succedendo anche nel nostro sistema solare, che il nostro Sole come registratore principale. Non è inconcepibile che il nostro pianeta stia diramando le sue stesse esperienze e reazioni al danno che sta avendo luogo in questo momento storico. La Terra è, dopo tutto, un essere vivente.

Sembra che questo sia un tema comune o uno schema ovunque; dalla cellula più piccola nel nostro corpo fino all'intero universo. Dal microcosmo al macrocosmo, le informazioni vengono trasmesse ed immagazzinate. L'unica spiegazione logica e' che la destinazione finale di tutte queste informazioni possa essere solo Dio, la Sorgente. Simile ad un computer gigantesco, Lui accumula dati. A quale scopo, possiamo solo speculare. Ma sta diventando sempre più ovvio che questo è ciò che sta accadendo.

***

D: *Perché tutti questi esseri sono cosi preoccupati di cosa stia succedendo sulla Terra?*
B: La Terra è un pianeta molto speciale. E' un miscuglio di molte, molte, molte energie da molti, molti, molti, luoghi diversi. Quindi è come un meraviglioso – non voglio dire "esperimento" – ma un meraviglioso esperimento, per mancanza di parole.
D: *Si, ne avevo già sentito parlare.*
B: Nel riunire tutto assieme, nel permettere il libero arbitrio e la creazione di diverse esperienze. Ora il grande esperimento è diventato l'unione tra spirito e biologia. E' l'unione dello spirito con la fiscalità. Quindi coloro che danno per scontato il corpo fisico hanno perso il treno. Si tratta dell'unione, del-l'integrazione dello spirito coll'essere fisico. Questo ha a che fare con il grande esperimento. Coloro che non sono di questa densità, non hanno quest'esperienza. E' molto diverso e quindi sono molto curiosi. C'è molto entusiasmo di vedere come si svilupperà in tutti i suoi aspetti. Ovviamente, c'è la luce e l'oscurità, il bello e l'orribile. C'è tutto questo e le sfide.
D: *Quelli che stanno osservando non hanno tutta questa varietà?*
B: No, non in questo modo. Non cosi, per niente. E' come il giardino dell'Eden. Come esseri umani, lo diamo per scontato. Diamo

questo magnifico giardino dell'Eden totalmente per scontato. E' molto triste.

D: *Ma anche molti degli altri pianeti sono fisici, no?*

B: Si, ci sono altri pianeti fisici. Le varietà non sono enormi come lo sono qui. Le varietà sono molto espanse qui.

D: *Stavo pensando che se erano fisici, avrebbero corpi fisici.*

B: Si, ma c'è la differenza. In qualche modo ci sono molte differenze.

D: *Sto cercando di comprendere perché la nostra è cosi diversa. Perché gli altri esseri hanno corpi fisici e stanno vivendo vite come queste altre creature su altri mondi.*

B: L'unica cosa che posso vedere o conoscere in questo momento, è che c'è un risveglio di coscienza nell'umano che è diverso. Sembra che ci sia un grande dramma che abbiamo scelto di sperimentare qui sulla Terra. Un risveglio attraverso il dramma sta avendo luogo ora. Ed è lo spettacolo migliore che ci sia. (Ridendo).

D: *Ecco perché tutti lo vogliono vedere. (Si)*

***

Queste affermazioni si ripetono in molti dei miei libri: molti esseri in tutto l'universo stanno guardando cosa sta succedendo adesso qui sulla Terra. Questo perché' considerato diverso. E' la prima volta che un pianeta o civilizzazione sta passando attraverso gli eventi che stanno accadendo adesso. Sono curiosi di vedere cosa succederà. Ci hanno detto che è anche la prima volta che un intero pianeta raggiungerà il livello in cui la frequenza e la vibrazione aumenteranno per permettere il suo spostamento in massa ad un'altra dimensione. Molti altri esseri sono consapevoli del "dramma" che si sta consumando qua giù e come guardare un film o la TV, vogliono vedere la conclusione. Inconsciamente stiamo offrendo i dialoghi, le situazioni e la sceneggiatura per gli attori sul palcoscenico della galassia. E come diceva lei: "E' lo spettacolo piu bello che ci sia."

***

Procedendo con la seduta:

D: *Sulla Terra, rimaniamo impigliati nel karma. E' forse diverso su altri pianeti?*

B: Si, sembra esserci una differenza al riguardo. C'è una certa densità nell'atmosfera terrestre. Questo è solo come lo descriverei io. Una densità che trattiene le energie qui per risolvere. E una volta risolto, allora possono uscire da quella densità.

D: *Quindi gli altri esseri hanno diverse lezioni da imparare. E' solo un'altra forma d'educazione.*

B: Esatto, esatto.

D: *So che alcune di queste cose sono molto difficili da comprendere. Ma c'è forse un'intera serie di consigli uno sopra l'altro che si gestisce tutto questo?*

B: Si, hanno una consapevolezza di tutto questo. Tipo un genitore con il figlio. Ovviamente hai una completa consapevolezza di tutto, ma fai del tuo meglio. Ne sei connesso e lavori nel tentativo di offrire l'aiuto e la guida di cui hanno bisogno.

D: *Ma nel mio lavoro, ho scoperto che gli esseri non solo osservano attraverso i portali, ma molti di loro entrano con astronavi fisiche?*

B: Questo è vero. Ma c'è uno spostamento delle energie perché questo possa succedere. Perché bisogna diminuire la vibrazione per poter entrare in questa energia atmosferica. C'è una barriera protettiva attorno alla Terra e quindi per poter entrare in questo livello, c'è uno spostamento di vibrazioni per potersi manifestare in forma fisica. Per essere visibile sul piano fisico.

D: *Ma se gli altri riescono a trovare tutte le informazioni osservando, perché alcuni esseri dovrebbero arrivare sulla Terra fisicamente?*

B: E' importante che la gente della Terra inizi a comprendere che ci sono altri esseri oltre a loro e ad espandere la propria coscienza. In molti modi il loro pensiero è molto limitato. Quindi è necessario che ci sia un'espansione per la loro crescita e sviluppo. Ora, non tutte le entità sono buone e luminose. Proprio come c'è oscurità sulla Terra, ci sono energie oscure anche in altri luoghi. Questo fa solo parte di come siano le cose.

D: *Ma anche loro vengono ad osservare?*

B: Si. In alcuni casi, c'è il desiderio di controllare, c'è il desiderio per le risorse. Questo tipo di cose. Ma per quanto possibile non gli è permesso.

D: *Perché questo pianeta è sotto stretta sorveglianza.*

B: Si, strettissima.

D: *Ma questo è ciò che sei stata in grado di osservare. Hai detto che hai lasciato parte di te stessa a guardia del portale e l'altra parte viaggiò dove potevi osservare e fare domande. (Si) Adesso torna*

dove eri pura energia, là al portale. Sei li e stai facendo questo lavoro da molto tempo? Il tempo ha un qualche significato per te?
B: Sembra che il tempo non abbia alcun significato, ma e' come una montagna. Una montagna esiste per un lunghissimo periodo di tempo. Ed è consapevole. La sua energia è solo rallentata. E' cosi anche la mia energia come guardiano di questo luogo. E' rimasta li da, ciò che chiameresti, un lungo, lunghissimo tempo. E tuttavia, non mi sembra cosi tanto tempo. E' solo molto piacevole. (Ridacchiò) Molto piacevole. Proprio come una montagna.
D: *Questa è l'unica cosa per cui questa struttura cristallina viene usata, questo portale? O ci sono altre parti?*
B: Sembra che ci siano altre "stanze", che chiameresti, perché ci sono zone separate all'interno. Quasi come un sistema per mandare informazioni senza dove tornare di persona. C'e questo tipo di protocollo.
D: *Hai detto che principalmente viene usato come una finestra d'osservazione. (Si) Viene mai permesso a nessuno di uscire da quel luogo? Di andare sul pianeta? (No) Quindi è principalmente come un'osservatori a se stante. (Si) Allora gli esseri rimangono in quelle stanze che vengono utilizzate per trasmetter informazioni. (Esatto) Stavo solo cercando di comprendere chiaramente. Ma l'entità attraverso il cui corpo stai parlando, il cui nome è Betty, tu esisti come quest'energia di un altro tempo dal suo o cosa?*
B: No, è tutt'uno. Tutto è uno.
D: *Puoi esistere come l'energia che protegge il portale e simultaneamente esisti come il corpo fisico di Betty? (Esatto) Come ci riesci? Puoi spiegarmelo?*
B: (Ridacchiando) E' cosi! E' una questione d'attenzione. Come Betty, focalizzo la mia attenzione su questa vita. Tuttavia, un'altra porzione del mio essere è l'energia a guardia del portale. Per la maggior parte del tempo non siamo consapevoli l'uno dell'altra.
D: *Questo è ciò che stavo pensando. Betty non è consapevole dell'altra parte.*
B: No. Tuttavia stiamo operando sotto un livello vibrazionale diverso. Quindi sono in grado di essere in molti luoghi e fare molte cose allo stesso tempo.
D: *Senza che alcune di queste parti sia consapevole dell'altra. (Esatto) Questa è una delle cose che mi confonde. Perché la gente dice, come facciamo ad essere tutte queste cose allo stesso tempo?*

B: Beh, cercare di capirlo con una percezione e consapevolezza limitata lo rende difficile.
D: *(Ridendo) L'uomo ha molte difficoltà.*
B: Esatto, perché l'attenzione è diversa. Quindi, attualmente, non c'è l'abilità d'essere consapevole di molte parti del vostro essere simultaneamente.
D: *Molti aspetti differenti. (Giusto) Questo è ciò che mi è stato detto, che la mente umana è incapace di comprendere ogni cosa.*
B: Esattamente.
D: *Ritengo che queste siano informazioni molto importanti. Posso avere il permesso d'utilizzare queste informazioni? (Si) Perché nel mio lavoro sono anche il giornalista, accumulo....*
B: (Interruzione piacevole) Questo è giusto! E' molto interessante! Tu fai esattamente ciò che fanno questi esseri. Ed è un grande onore condividerlo con te.
D: *Perché prendo molti pezzi diversi e cerco di metterli insieme, presumo, nella stessa maniera.*
B: Questo è corretto.
D: *Lo faccio solo mentre sono nel corpo fisico. (Si, si) Un pezzettino s'attacca all'altro pezzettino d'informazione. Ecco perché ho tutte queste domande.*
B: Questo è un bene, perché aiuta ancora ad espandere la percezione ad espandere le possibilità. A portare quella consapevolezza spirituale in nell'essere fisico e questo è ciò che più importa ora.
D: *Il problema è che gli umani fanno molta fatica nel tentativo di comprendere questi concetti. (Si) Il mio lavoro è di provare a semplificarli, cosi che possano comprendere e questo è difficile. Sei in grado di dirmi perché lei stava esplorando queste cose oggi?*
B: Ah, lei e' un messaggero. Non ne e' completamente cosciente ancora. Si aprirà pienamente per portare messaggi che assisteranno il processo vibrazionale. Ha chiesto d'essere più aperta a ricevere i messaggi dal piano spirituale. Diventare più consapevole degli esseri che ci sono là fuori, innesca un'apertura alla ricezione di messaggi.

Oltre a lavorare a tempo pieno come infermiera nel reparto ostetricia di un grande ospedale, Betty faceva letture psichiche private. Questo accade spontaneamente senza bisogno di alcuna educazione. Si rendeva conto d'essere in grado d'intuire diverse cose sulla gente solo standogli vicino. Ovviamente, c'erano molte persone a cui non poteva dire cosa stava percependo, specialmente quelli che incontrava in ospedale, dove le emozioni possono essere dirompenti.

***

Questo era un altro esempio di come viviamo, inconsciamente, due o più esperienze simultaneamente, dove ogni frammento fa ovviamente parte dell'intero. E' solo attraverso questo metodo che possono divenire consapevoli gli uni degli altri ed interagire.

Non sono sicura se l'entrata alle altre dimensioni menzionata in questa seduta si possa classificare come un portale o una finestra. Nel Libro I (di questa serie), viene spiegato questo concetto: puoi passare attraverso un portale per raggiungere un'altra dimensione, mentre si può solo guardare attraverso una finestra ed osservare.

Nelle altre sedute incluse in questa sezione, sembra che abbiamo a che fare con dei portali in cui si può entrare ed uscire, non finestre utilizzate solo per osservare.

CAPITOLO 20

GLI ABORIGENI

Questa seduta con Lily, una psicologa, ebbe luogo durante la Conferenza WE (Walk ins in Evolution) a Las Vegas nell'Aprile 2002. Dimostra che i portali esistono da molto più tempo che si possa immaginare e sono stati utilizzati costantemente.

Quando Lily usci dalla nuvole, si trovò in piedi circondata da erba alta che estendeva fino a dove l'occhio poteva vedere. La sua mente offrì la sua posizione senza che gli fosse chiesta.

L: Campi di erba alta e gambosa come il grano. Dice: "il Veldt, Australia".
D: *Senti che potresti essere lì?*
L: Sento di si. Mi sento piatta e mi sento parte di una grande massa di terreno.

Era circondata dall'erba che riteneva essere grano, ma c'era qualcos'altro che poteva vedere in lontananza che sicuramente non centrava niente con questa scena rurale.

L: Sento questo enorme monolite in lontananza.
D: *Cosa intendi con un monolite?*
L: Un tumulo enorme. Roccia. Fatto di roccia, ma grande e piatto, roccia.

Pensai che se stesse parlando dell'Australia, poteva essere Ayers Rock, situata nel mezzo del continente. E' significativa perché si erge sola su terreno piano e desolato. Ma non volevo influenzarla, cosi le chiesi di altre montagne.

L: Ayers. Mi dicono Ayers. Si erge solitaria.

Informazioni trovate su Internet:
   Ayers Rock è anche nota con il suo nome aborigeno "Uluru". E' il monolite più grande del mondo, con un'altezza di 318 m. sopra la superficie del deserto nel centro dell'Australia e una cir-conferenza di 8 km. E' considerata una delle grandi meraviglie del mondo e si trova esattamente sopra uno dei maggiori punti della griglia planetaria, proprio come la Grande Piramide in Egitto. A se-conda dell'ora, del giorno e delle condizioni atmosferiche, la roccia può drammaticamente cambiare colore, dal blue al rosso vivo.
   Ayers Rock è considerato un luogo sacro ed è molto riverito nella regione Aborigena. Gli Aborigeni credono che sia' vuoto nel sottoterra e che ci sia una fonte d'energia che chiamano "Tjukurpa", il "Tempo dei Sogni". Il termine Tjukurpa si usa anche per indicare il registro di tutte le attività di un particolare essere ancestrale dall'inizio del suoi viaggi fino alla fine. Gli Aborigeni sanno che la zona attorno ad Ayers Rock è abitata da dozzine di esseri ancestrali le cui attività sono registrate in molti siti separati. Ad ogni sito si possono registrare gli eventi accaduti. Si possono trovare molte forme d'arte antica sulle rocce della zona, alcune delle quali sono state tradotte, altre no. I dipinti sono rinnovati regolarmente, con strati su strati di vernice, che sono date a migliaia d'anni fa.

***

D: Di che colore è il monolite?

La sua voce iniziò a cambiare, divenne più semplice, quasi primitiva. Parlò molto deliberatamente.

L: Scura. Rosso marroncino. Quando il sole la illumina diventa rosso fuoco.

Stava sicuramente descrivendo Ayers Rock.

D: Altrimenti, intorno a te ci sono solo campi.
L: Di grano o quello che sembra erba alta. Dura, molto più dura dell'erba.
D: C'è qualche segno d'abitazione, edifici o altro?
L: Qui la gente aborigena (fece fatica con questo termine) vivono qui vicino. (Deliberatamente) La gente tribale vive qui vicino.

Le chiesi di descrivere se stessa. Era un uomo dalla pelle scura e i capelli neri, con "pochissimi peli sul volto", vestito di " pelli coprono il mio torso e i fianchi". Era sulla ventina o trentina, ma non era considerato giovane. Disse che il suo corpo era "forte, come un guerriero. Coraggioso, sono coraggioso."

D: Indossi qualche ornamento o ....
L: (Interruppe) Perline, attorno al collo. Diversi tipi di fili, con amuleti di metallo per coraggio e protezione. Nei miei capelli, noterai, onore. Segni d'onore della comunità.
D: Cosa c'è nei tuoi capelli che lo rappresenta?
L: Ossa, zanne e monete rotonde di metallo.
D: Sono intrecciati nei tuoi capelli?
L: (Pausa) Come una collana sulla mia testa. (Parlava in modo molto semplice ed usava le parole che l'entità conosceva.) Io sono... luogo di stato. Come capo, ma non capo. Ho guadagnato questo. (Confusa) Tu puoi... puoi vedermi?
D: Non bene. E' come se ci fosse un velo che ci separa.
L: Il mio petto è pieno di orgoglio e muscolo.
D: Ecco perché devo farti delle domande, perché non posso vederti chiaramente. Riesci a capire? (Si) Hai qualche altro ornamento?
L: Si, la mia pelle ha delle incisioni. Lo facciamo al momento della pubertà per dimostrare la crescita e maturità. E ogni volta che uccidiamo un animale nativo o altri coloni che vengono per

nuocere. Tuttavia evitiamo di uccidere altra gente, perché questo va contro la nostra religione.

D: *Capisco. Ma quando uccidete qualcosa, allora vi fate un'incisione?*

L: Si. E' un segno del potere di un guerriero.

D: *Dove fate le incisioni?*

L: Sul mio braccio destro. A volte il braccio sinistro e il petto sopra ai capezzoli. Sopra... vicino al collo e il petto.

D: *Hai ricevuto cosi gli amuleti all'onore, grazie alle azioni che hai compiuto? Come uccidere animali?*

L: Le incisioni sono più per ogni raggiungimento. L'amuleto è per essere cresciuto nella cultura in cui sono. E' una posizione d'onore e dignità. Ce l'ho dall'infanzia. Sai cosi si aspettano che tu faccia.

Le sue parole erano scelte attentamente, come se fossero strane e sconosciute a quell'identità. Parlava molto direttamente e deliberatamente.

D: *Quindi li hai ricevuti come un segno di stato.*

L: Si. Non tutte le persone nella tribù hanno questa opportunità

D: *Ma avevi detto di aver ucciso gli animali locali.*

L: Si. Quello è il mio ruolo come di uomo. Uccido con le mani e la lancia.

D: *Gli animali sono molto veloci, non è vero?*

L: Noi siamo intelligenti. Sappiamo come trovarli e seguendo le tracce e attaccarli al momento giusto. La precisione e' cio' che uccide.

D: *Ma avevi detto che a volte devi uccidere gli umani?*

L: Quando i coloni vengo a distruggere la nostra terra o la nostra gente, dobbiamo a volte – principalmente me lo dice mio padre – ma sento di averlo fatto anch'io. Non è qualcosa che cerco di fare, uccidere. Ma a volte devo proteggere la mia gente.

D: *Questo è vero. Questi coloni che vengono, anche loro hanno la pelle scura?*

L: Uomo bianco. E... e... (esitando, con un lungo sospiro) ... uomo luminoso.

D: *Cosa intendi con uomo luminoso?*

L: (Sembrava apprensiva) Lampadine. Sembrano come delle lampadine. Uomini brillanti e luminosi. (Stava respirando velocemente.)

D: *L'uomo bianco ti assomiglia eccetto per il colore della pelle? (Si) E questi altri sono diversi?*

L: (Confusa e ovviamente impaurita) Loro fanno... insieme gli uomini luminosi sono... (cercando le parole) vorticoso. La mente... il cervello... la forze dietro a loro. Le lampadine luminose... gli esseri luminosi sono a capo. Loro hanno il potere.

Era difficile, ma era soddisfatta di aver trovato le parole giuste.

D: Pensavo avessi detto che gli uomini bianchi fossero i coloni.
L: Gli uomini bianchi vengono fuori da... (fece fatica) astronavi? Edifici? Cose? Escono dalle cose luminose dove sono gli esseri luminosi.
D: Ci sono esseri luminosi lì dentro e gli uomini bianchi escono da lì?
L: Si, gli uomini bianchi escono e gli esseri luminosi, sembrano delle provette o un grande pannocchia di mais, ma esseri luminosi che sembrano come pannocchia. Lungo e oblungo.
D: Quindi sembrano diversi dagli altri.
L: (Entusiasta di avermi fatto capire) Si, si!
D: Quindi è qualcosa che non avevi visto prima.
L: Mai! Spaventoso! (Lungo respiro) Non possiamo andare la. Vengono da molto lontano nel cielo e la gente bianca ci parla e ci spiega.
D: Di quelli luminosi, sei in grado di vedere il volto o qualche parte del corpo? O sono completamente luminosi?
L: Tutto luminoso e pulsante, e cervello. Tutto cervello. Conosce, conosce, conosce, conosce.
D: Cosa intendi con tutto cervello?
L: Sanno tutto. Sanno e vedono ogni tempo. E come... computer, ma vivo e pulsante. Niente braccia, gambe o volto. Ma il colore alla sommità del guscio, diverso che al fondo. I fondo del guscio è blu, blu e verde iridescente. Alla sommità del guscio bianco dov'è cervello. Lungo.

Era ovvio che quest'identità stava usando le parole del dizionario moderno di Lily. Altrimenti gli aborigeni non avrebbero parole per spiegare le cose sconosciute che stava cercando di descrivermi.

D: Ma avevi detto che questi vengono e tu non ci potevi andare.
L: (Interruppe) No! Non va alla nave. Non va alla nave.
D: Dove scende?
L: Vicino ai dirupi, tra le rocce. Lontano dal monolite, ma vicino alle rocce e lontano dal grano. I pelle bianca... vengono a noi e

spiegano. Subito noi paura. Mai visto bianco. Noi pensare malati, che loro no ha sangue e no capelli come noi. No scuro. No... diversi di noi. Tutto bianco. No vestiti. Ma no... (difficoltà) no roba di parto. No come noi.

Stava ovviamente facendo riferimento agli organi sessuali.

D: *Hanno gli occhi come voi?*
L: Si, ma no battono ciglia. No chiede occhi. Sono gente bianca, ma diversi. No... quello che chiami "anatomia". No anatomia.
D: *Ma li chiamate i "coloni", giusto?*
L: Vengono per colonizzare, testare, prendere suolo, parlare a noi, prendere i nostri figli per farli lavorare con loro
D: *Cosa intendi con prendere i vostri figli?*
L: Riportare all'astronave. Insegnare, parlare, andare su e giù e riportare in dietro.
D: *Come ti senti a proposito?*
L: Dicono che va bene. Loro brava gente. Nostri figli vogliono imparare. Noi sente okay. (Non sembrava cosi d'accordo dopo tutto.) I non va da nessuna parte. No va la. No va la. Io paura. Paura. Non so come... non so come essere.
D: *E la gente bianca che viene e parla con voi....*
L: (Interruppe) Loro splendono un po'. Poco.
D: *Ma vi spiegano cosa succederà?*
L: Si, dicono che andrà tutto bene. Restare calmi, va tutto okay, questo è accordo. Noi facciamo accordo che non nuocere e bambini sono okay. Loro impara e portano indietro utensili. Lancia e roccia. Roccia, liscia, curva alla fine della lancia. E... cerchi. Dischi. Per aiutare donne a fare semi, mais e pane.
D: *Di cosa fatti quei dischi?*
L: Pietra, ma soffice, rotonda e liscia. Facile da battere. Su tavoli e coppe di pietra. Ci fanno vedere come fare più facile. Molto sottile. Come lo creano, non sappiano.
D: *Non vi fanno vedere come farli?*
L: No, lo danno. Bambini forse impara, no spera.
D: *Forse questa è una delle cose che gli insegnano.*
L: Bambini prendono tempo in astronave, vanno e vengono. Noi no parla molto di questo.
D: *I bambini non vi dicono cosa fanno quando tornano?*
L: (Semprava preoccupato di parlarne.) Uno o due dicono, ma no dicono tanto. Vanno imparare e passare altri e tornare.

D: *Ma i bambini vogliono parlarne?*
L: Gli hanno detto di no. Troppo per testa, cervello da comprendere. Una paura. Impaurisce donne. Donne paura, ma io forte. Io posso prendere.
D: *Hai dei figli?*
L: Si. Cinque. Due ragazzi andati su nave. Loro piace.
D: *Gli hanno insegnato qualcosa?*
L: Si. Ma viaggia. Viaggia verso luoghi lontani. Non qui. Vanno lontano.
D: *Ti hanno detto com'era il luogo dove sono andati?*
L: Lontano dalla luna. Dicono che esseri viola vivono la. Ma no sembra come nostro posto, nostro mondo. Tutto verde e vegetazione dove esseri viola sono. Caldo. Caldo e umido su pelle. Esseri viola non ha pelle come noi. E' più come gomma. Sono ciò che conosci come "anfibi". Esseri viola sono anfibi.
D: *Cosa significa per voi?*
L: Nuotano e camminano uguale. Hanno disegnato su sabbia. Sembra come salamandra. Tu hai visti?
D: *So che una salamandra è come una lucertola.*
L: Nuota più che lucertola e va dritto anche. Lucertola non cosi avanzata. Molto rotondo e gommoso. Non cosi definito e non cosi duro e appuntito come salamandra. Più rotondo.
D: *Perché spesso le lucertole hanno la pelle ruvida.*
L: Questo è liscio e gommoso e inoltre splende. Ma non tanto quanto gli esseri in astronave. Quelli sono più luminoso. Molto luminoso.
D: *Questo è il luogo dove hanno insegnato ai vostri figli? O li educano sull'astronave?*
L: Vanno in molti luoghi. Insegnano sulla nave e in luoghi dove viaggiano.
D: *Vi hanno detto cosa gli hanno insegnato.?*
L: "Molti insegnamenti, papa, non capiresti. " Questo quello che dicono me. Sono gentili con me. Dicono io non capire. Come, i bambini giovani in tuo mondo, spiegano a gente vecchia, cento anni vecchia, circa computer. Meglio dire: "Non capiresti". Non capire, si. Tuo mondo molto avanzato, come astronave, vero?
D: *Penso di si*

Cosi, in qualche modo, l'aborigeno era in grado di sapere che nel mondo dove vive il suo alterego, Lily, le cose erano molto diverse. Apparentemente, questo non lo confuse. Mi è già successo durante altre sedute in cui parlavo con gente autoctona. Sono molto più intuitivi e possono spesso vedere in altre dimensioni senza comprendere che c'è qualcosa d'insolito.

D: *Ma nella tua vita le cose sono molto semplici?*
L: Si, e le astronavi molto, molto lontane. Vengo da molto lontano nel tempo. Viaggiano nel tempo
D: *Questo è quello che ti hanno detto i tuoi figli? (Si) Per lo meno sai che erano incolume.*
L: No. Loro amano questo. Vogliono ancora.
D: *Hanno ricevuto delle istruzioni, per quanto riguarda ciò che hanno imparato?*
L: Coltivare la terra per la gente indigena. Fare crescere meglio, per suolo. Fare suolo più... (insicura) più arido, per crescere meglio fagioli e riso. No ha senso, ma loro dice che succede. Io dice acqua necessaria per fertile. Loro dice arido per fertile. Loro fa vedere con... fluido in tubi. Ma non è acqua, come mercurio. Sembra argento bianco composto degli esseri viola. Versare in suolo arido e fare crescere tutto. Meraviglia!
D: *Quindi non avete bisogno d'acqua?*
L: No. E i bianchi, fanno vedere come piantare e allevare. (Confusa) Come potrebbe essere? Quindi aiutano noi e noi diventa forti. C'è cibo per bambini e prendono bambini per viaggi. E... investigano loro.
D: *Vi fanno vedere come fare questo fluido?*
L: Viene da astronave. Da pianeta viola.
D: *Quindi non ne potete fare dell'altro?*
L: No. Fare scambio. Diamo bambini per studiare, loro da noi fluido in tubi per crescere e coltivare.
D: *Quindi lo avete solo se loro ve lo procurano. Non potete farvelo da soli?*
L: Noi abbiamo per sempre. Loro non va via.
D: *Quindi resteranno e continueranno a darvelo?*
L: Noi penso loro qui. Loro gente molto buona.
D: *C'è acqua lì vicino? Dovete avere dell'acqua per sopravvivere.*
L: No abbastanza. Molto secco. E' vero problema a volte.
D: *Ma dicevi prima che a volte la tua gente uccide i coloni. Quando è successo?*
L: All'inizio, quando venuti prima volta. Noi non sapeva. Noi fatto errore, noi fare grande paura. Noi pensava loro veniva a rubare nostri bambini e noi combattere. Due uccisi e poi noi inseguire.

D: *Questi erano due degli esseri bianchi? (Si) Hanno provato a difendersi?*
L: No come noi. Loro portati su astronave per guarire.
D: *Quindi non erano morti?*
L: Loro morti e poi loro... loro dato nuova vita. (Meravigliata) Loro danno nuova energia sul corpo. (Insicura di come spiegarsi.) Nuova energia di anima su corpo morto. Da sopra, scende e riempie corpo. Corpo sdraiato su astronave. Anima scende da sopra, immerge e porta ancora la vita.
D: *Questo è quello che ti hanno detto?*
L: Questo ho visto attraverso mio figlio.

Quando Lily si risveglio, aveva un'immagine mentale di come farlo. Vide che gli alieni morti erano stati messi su una lastra e una luce come un alone li riportò alla vita.

D: *Quindi la tua gente li uccise con le lance?*
L: E con veleno in dardi. C'è pianta mortale. Parlo precisione per grandi animali. Se prendi lancia o dardo nel collo, attraverso vena, (indicò il lato del collo, probabilmente la giugulare) allora uccidi.
D: *Uccidete cosi gli animali?*
L: Grandi animali.
D: *E' cosi che avete ucciso i primi che arrivarono? (Si) Devono essere rimasti sorpresi, giusto?*
L: No. Sapevano pianeta essere pericoloso. Nessuno mai detto, ma loro hanno conoscenza. Loro sanno di noi, dicono sono venuti in passato. (Pausa) 1500. Sono venuti prima.
D: *1500 anni fa?*
L: Anno 1500.
D: *La vostra gente ha delle leggende a riguardo di questo tipo di persone?*
L: Si, sulle rocce. La bolla. Il cerchio dal cielo.
D: *Questo è disegnato sulle rocce?*
L: Su dirupi dove ritornano.
D: *La tua gente che li conosceva prima, ha disegnato sulle rocce?*
L: Si e sono spariti. Molti spariti e no torna indietro. Nostra gente. Da prima di mio padre, prima suo padre, prima suo padre. Questa è leggenda tu hai chiesto. Loro venuti e molti non ritornati. Andarono in dischi e non tornati. Questo vero anche della tua gente in questo paese.... (Pausa, confusa.)
D: *Riesci a vedere da dove sto parlando?*

L: Si, loro mi fanno vedere. Tu è come... viaggiare in tempo.
D: *Si, questo è ciò che mi piace fare e imparo molte informazioni in questo modo. Sono informazioni perdute.*
L: (Sorpresa) Anasazi! Dicono che conosci Anasazi. Simile. Tu ci capisci.

Gli Anasazi era una tribù d'Indiani d'America che visse nel Chaco Canyon in New Mexico nel 14th secolo. Sparirono completamente, e nessuno ne sa il perche, anche se le loro rovine sono state studiate approfonditamente. Stava forse indicando che c'era una spiegazione soprannaturale?

D: *Quindi la gente sapeva che eravate pericolosi. E' per questo che la vostre gente li uccise, perché avevano paura che avrebbero preso la gente com'era successo nella leggenda?*
L: Era solo paura per nostri bambini. Noi non pensare a leggenda, solo nostri bambini. E'... paura vedere. Immagini non mostra sguardo spaventoso. Mai visto niente cosi. Non avere parti di corpo come umani.
D: *Almeno, tu non hai ucciso questa strana gente. Sono stati riportati alla vita. Questo è molto miracoloso, non è vero?*
L: Loro uccisero, e poi non-ucciso. Medicina molto buona.
D: *Ma non importa, tu non vuoi andare dov'è l'astronave? (No) Sei molto coraggioso, ma non cosi tanto.*
L: Mio padre mi ha detto, "Non andare vicino all'astronave!" Altri non sono tornati. Ho responsabilità per famiglia e figli. Io no va. Io obediente. Mio padre dice, tu no va. Io deve proteggere famiglia. Parlo con uomo bianco adesso, senza paura. Io no va nave. Bianco essere okay. Mio bambini mostra loro okay. Mio bambini introduce me a loro.
D: *Quindi stanno imparando moltissimo e vi danno delle cose che la tua gente può usare.*
L: Per raccolto.
D: *Questo significa che non vogliono danneggiarvi, vogliono aiutarvi. (Si).*

Decisi che era ora di spostarlo ad un'altra scena per poter raccogliere più informazioni. Lo spostai ad un giorno che considerava importante, quando stava succedendo qualcosa. Sembrava che stesse osservando qualcosa.

D: Cosa c'è?
L: E' una struttura. Sembra un fiore di pietra, una scultura di pietra, una pietra... della forma di un diamante, ma rotondo, con diversi blu e... blu scuro sul perimetro, verde e bianco – biancastro – vene che corrono attraverso la pietra. Lo sto guardando, è alto, è più alto di una persona.
D: Dov'è si trova?
L: Sul terreno. Bloccato nel terreno.
D: C'era prima? (No) L'ha fatto qualcuno, scolpito o altro?
L: Non sono... Non sono nella mia terra natale.

Questa risposta era una sorpresa.

D: Oh? Non sei dove stavi vivendo?
L: No. Sono... in un altro mondo.
D: Come ci sei arrivato?
L: Non so. Non sono a mio agio. E' buio qui e sconosciuto.
D: Non voglio che tu sia a disagio. Parla con me e non lasciare che t'infastidisca?
L: Si. Non è nulla che io conosca. E'... come pietra d'ossidiana. Più alto di me. Più largo di me. Ha forma di come grande foglia verticale. Dove inizia e va largo, ma poi torna sottile verso fine. E' pietra! Io avvicino a questo, è quello che visto quanto tu porta me qui.

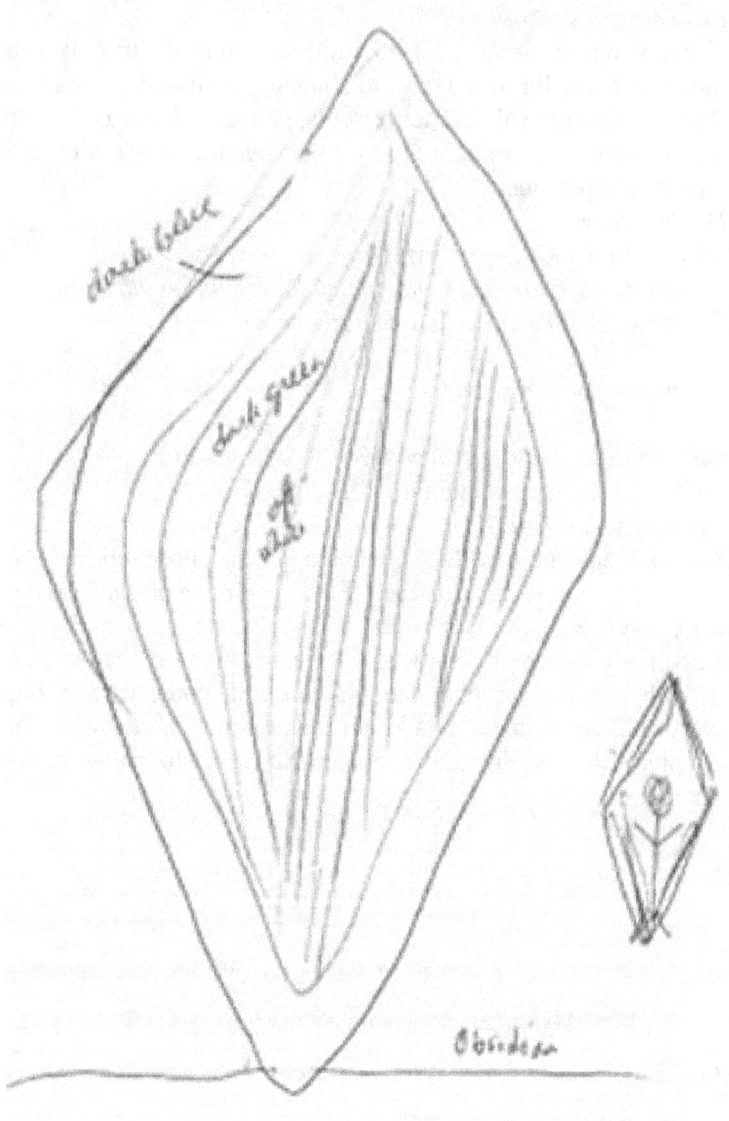

D: C'è qualche edificio tutt'intorno o non c'è altro?
L: No, no edifici. Ma quando hai chiesto, io sente e percepisce un tunnel. Ah! Io chiedo. Io dentro a Terra.
D: Ecco perché è buio?
L: Si. Molto diverso.
D: Quando chiedi cosi, riesci a ricevere delle risposte? (Si) Ottimo. Come sei arrivato qui?

L: Mi hanno portato qui. (Una rivelazione) Sono passato attraverso porta. Dicono, in tua lingua "portale".
D: *Dal luogo dove vivevi?*
L: Vicino. Vicino alle rupi.
D: *Avevi detto che non saresti andato vicino all'astronave.*
L: No vicino nave. Vicino, ma lontano. No nave. Vicino a dirupi c'è come passaggio.
D: *Ti hanno portato là loro?*
L: Mostrato via, io andato solo. Io camminato attraverso passaggio. Porta oscura.
D: *Puoi descrivere il portale quando l'hai visto la prima volta?*
L: (Sorpresa) Un'ombra! Sembrava linea o ombra nella roccia rossa. Avvicini, metti piedi per attraversare e sei andato. Sembrava line o ombra in roccia rossa. Vedo questa roccia davanti a me. E' come dio. Io penso è... Sono convito essere dio.
D: *C'è qualcuno con te?*
L: No. Non li vedo.
D: *Ti hanno solo lasciato entrare. Cosa farai?*
L: Guardo intorno... cercare luce. Cercare altri e uscita.
D: *Puoi tornare indietro e passare da dove sei venuto?*
L: Vedo solo oscuro con piccola luce. Tunnel.
D: *Non da dove sei venuto?*
L: No. Camminare, un passo, io qui. Io non sa come venuto qui.
D: *Non riesci a trovare il passaggio da cui sei venuto?*
L: No, non può. Io sente bisogno di guardare e essere a questa statua. O perché essere qui? Deve essere per qualcosa. Tu sa cosa questo è?
D: *No, non è qualcosa di famigliare. Sono confusa proprio come te.*
L: (Sorpresa, una rivelazione) Conoscenza qui. Io ricevere conoscenza da pietra. Io riceve conoscenza da essere qui vicino pietra e mettere testa su pietra. In piedi vicino e mettere fronte contro pietra.

Questa descrizione di una strana pietra che conteneva grande conoscenza e che era sotterra assomigliava moltissimo a due altri casi di cui ho scritto nei miei altri libri. In The Custodians, John Johnson fu trasportato dalla sua stanza d'hotel in Egitto in una stanza sotterranea dove c'era una pietra enorme nel mezzo della stanza la quale conteneva grande conoscenza che riuscì a ricevere ma non a ritenere o ripetere. In Legacy From the Stars, si parla di una pietra simile in una città sotterranea in un futuro dove l'atmosfera Terrestre era velenosa fino al punto di rende impossibile la vita sulla superficie. I sopravvissuti dovevano vivere come in una formicaio sottoterra. In una stanza c'era un'enorme macigno dal quale erano in grado di accedere a qualsiasi forma di conoscenza volessero, solo mettendoci sopra le mani o la fronte. Ognuno di questi casi rappresentava la conoscenza raccolta in una pietra.

D: *Come fosse magica?*
L: Come osmosi.
D: *Che tipo di conoscenza ricevi in questo modo?*
L: Scienza. Trattati scolastici.
D: *Riesci a comprenderli? (Sorpresa: Si!) Anche se è diverso da dove provieni?*
L: E' modo di andare attraverso tempo senza usare astronave.
D: *Capisco. Pensi che abbiano insegnato cosi ai tuoi figli?*
L: (Sorpresa) Non so! Io pensava loro impara su astronave. Questo sembra nuovo. Non sapere se qualcuno conosce questo. Sembra segreto.
D: *Ma loro ti hanno permesso di entrare, giusto?*
L: Loro no fermato me. (Pausa) Io non sa se loro mostra o miei figli mostra me. Io non sa se loro consapevoli io qui.
D: *Se ricevi informazioni da quella pietra, cosa ne farai?*
L: Viaggiare.
D: *Cosa intendi?*
L: Volere tornare indietro e trovare mia gente che già andata via. Io vuole riportare indietro loro.
D: *Quelli delle leggende? (Si) Pensi che sia possibile?*
L: Si. Penso di poter ricevere questo da pietra. Se loro tornare indietro allora io muore pacifico.
D: *Pensi che la pietra possa dirtelo?*
L: Questa è mia speranza. E portare me la. Io sento. Io non sapere come possibile, ma io sento che con pietra trovare mia gente.
D: *Pensi che sia pericoloso?*
L: No più pericolo di quello che io fatto, quando venuto qui sotto con tunnel.
D: *Ma se li trovi, come fai a riportarli indietro?*
L: Io volere provare. In non pensa in anticipo, io prova.
D: *Ci stavi pensando prima, di trovare questa gente?*
L: No. Ma adesso io sente desiderio di connettere, trovare e portare indietro.
D: *Quindi non sei preoccupato di come uscirai di lì.*

L: Io andare... avanti. Io volere entrare in pietra.
D: *Pensi di poterti mergere con la pietra? (Si) Dimmi cosa succede. (Le enfatizzai che era protetta) Come ti senti?*
L: Io leggero. Io luminoso. Io... Io essere il sole Eterno.
D: *Com'è successo?*
L: Io immerso con la pietra. Io premuta testa contro pietra e corpo entrato. Adesso io qui. Io luce. Io essere... come fuoco. Io può andare ovunque.
D: *Avevi detto d'essere "qui". Dov'è qui?*
L: Ero davanti pietra.... in tunnel e poi adesso io... nessuna parte. I luce. I energia.
D: *Non hai più il corpo che avevi? (No) Come ti senti a proposito?*
L: Fantastico. Io no vuole tornare. Io vuole trovare mia gente, ma io no vuole tornare al corpo. Molto piccolo. Troppo... stretto.
D: *Troppo limitato?*
L: Si. Questo è grande. Adesso forse capire cosa miei figli conosce.
D: *Ciò di cui non potevano parlare. Hai detto qualcosa a proposito del Sole?*
L: Sento Io essere Sole.
D: *Vuoi dire luminoso?*
L: Enorme.
D: *Grande e luminoso. E' molto strano, no?*
L: No sento strano. Sento io stato qui prima.
D: *Quindi non ti manca per niente il corpo.*
L: No, Io no volere corpo.

E' forse questo ciò ch'è successo agli altri che sparirono dal suo gruppo tribale? Forse anche loro hanno superato il portale vicino ai dirupi. Il portale era vicino alla posizione dove apparivano le astronavi. Forse la gente associava la loro scomparsa con gli esseri misteriosi. Forse questi esseri usavano il portale per andare e venire da un mondo all'altro.

D: *Come ti senti?*

La voce di Lily era cambiata e tornata normale. Non era più l'aborigeno alla ricerca delle parole giuste che parlava deliberatamente. Sembrava che quella personalità fosse rimasta indietro e la vera personalità fosse riemersa.

L: Mi sento fantasticamente. Mi sento... come se gli angeli stessero ballando. Posso sentire tutti gli altri esseri. Posso sentire tutta l'intelligenza. Non sono più ignorante. Conosco tutto.
D: *Cosi velocemente sei riuscito ad elevarti. E' questo che intendi?*
L: Si. Il mio corpo e la mia vita come quella persona era maschile, ignorante, primitivo, privo di cultura. Era una brava persona ma era... primitivo. Io sono la stessa persona, pensavo. Ma non mi sento più ne maschio ne femmina. Mi sento tutto. Sento di poter conoscer ogni cosa solo esistendo.
D: *Che sensazione meravigliosa, no?*
L: E' proprio ciò che è.
D: *Allora questo è un luogo perfetto.*
L: Si, ma non è un luogo. E' ovunque. Non ha muri. Sono senza limiti. Non voglio tornare in quel corpo e quelle limitazioni.
D: *Nello stato in cui ti trovi ora, puoi sapere cosa sta succedendo. Adesso riesci a capirne di più circa gli esseri bianchi? E cosa stava succedendo alla tua gente in quel periodo?*
L: Gli esseri bianchi sono viaggiatori dello spazio. Viaggiano in lungo e in largo per la galassia in cerca di civilizzazioni che hanno qualcosa da offrire, qualcosa che può prosperare per entrambi. E' uno scambio equo. Sono brava gente, lo fanno da eoni, da secoli immortali. Sono i viaggiatori dello spazio.
D: *Come mi dici di quelli luminosi? Erano diversi da quelli bianchi.*
L: Loro sono piuttosto... gli esseri d'energia che noi siamo adesso, contenuti in una sacca cellulare. Una membrana, che gli permette di viaggiare con il gruppo, come un entourage. Altrimenti è molto difficile contenere l'energia libera. Quindi è una membrana per viaggiare, proprio come una tuta spaziale.
D: *Allora questi sono due tipi diversi di esseri?*
L: Si. Viaggiano insieme. Gli esseri con la membrana spaziale, o noi nelle sacche, o tute, siamo i guardiani. I comandanti della missione.
D: *Quindi non interagiscono molto con la gente.*
L: No. Noi siamo i navigatori onniscienti, vediamo ogni cosa.
D: *Ecco perché c'erano due gruppi separati. Ma lo fanno da eoni e non sono negativi, perché stanno cercano d'aiutare la gente.*
L: Assolutamente. Questa è la via dell'universo. Educare la gente ed aiutarli ad avanzare senza interferire amenoché non sia desiderato e richiesto. (Pausa) E gli anfibiani di cui volevi sapere.

Deve aver anticipato che glielo avrei chiesto.

D: *Si, quelli dalla pelle viola?*
L: Si. Hanno esseri interiori dorati. I loro campi energetici interiori sono dei raggi dorati. E la loro esteriorità di anfibi viola gli permette di sopportare il clima e di respirare l'aria cosi com'è.
D: *Questo è ciò che ci vuole dove vivono. Quel tipo di corpo per quel luogo.*
L: Si. Vivono su un pianeta rosso. Molto gassoso.
D: *Ma i tuoi figli nell'altro luogo ce li hanno portati perché potessero imparare queste cose.*
L: Oh, si, gli anfibiani erano interessati a vedere degli umani.
D: *Erano curiosi anche di tutti noi?*
L: Si. Ragazzi giovani come lumache, lucertole e pesci. Cosi non gli faceva paura.
D: *Queste erano le cose che la tua gente scolpiva sulle rocce?*
L: No. Di quello non si poteva parlare. Scolpivano solo i dischi nel cielo e gli esseri bianchi che camminavano con loro. Ma non sapevamo che questo fosse vero. A quel tempo, non sapevamo ciò che era reale e ciò che era fantasia.
D: *Ma è passato molto tempo da una visita all'altra.*
L: Si. Un diverso insediamento. Non c'è bisogno di tornare più di ogni quattro o cinque cento anni terrestri al fine di prendere qualche campione di suolo, testare ed investigare l'erosione. Comprendere le condizioni atmosferiche e riportare campioni di DNA umano.
D: *Perché ci vuole molto tempo perché cambino le condizioni. (Si) Quindi ritornano di tanto in tanto per controllare le cose. (Si) Non devono restare permanentemente. (No) Non questi esseri.*
L: Esatto.

Continuai con la terapia, alla fine era quello lo scopo della seduta. Alcune cose erano personali e solo connesse a Lily, quindi non verranno incluse in questo libro.

D: *So che dove ti trovi è un luogo strano, ma sembra che tu abbia accesso a qualsiasi conoscenza. Conosci l'essere che si chiama Lily? (Si) Da quel luogo sai che in una vita futura sarì Lily? (Si) Riesci ad accedere alla sue informazioni?*
L: Credo che siamo nel posto giusto per la conoscenza. Perché non provare? E se non siamo in grado, possiamo chiedere agli esseri dell'onniscienza di venire. Loro ci possono aiutare in questo sforzo, perché è nella sua giurisdizione di chiedere. Tutte le

informazioni sono disponibili, anche per te, se è appropriato. Solo se la persona, l'anima, lo desidera. Allora posso averne accesso, se è il momento giusto.

D: Si. Il tempo è sempre molto importante.

L: Non intendiamo impaurirti quando diciamo "noi", perché noi siamo le molte sfaccettature dell'anima.

D: Si, io capisco quando dici "noi". Ho parlato con voi molte, molte volte.

L: Grazie.

D: Questo non mi disturba, perché so che posso trovare informazioni utili. La vita di quest'uomo in quel paese. Io le chiamo informazioni "perdute"

L: Hmm, tu sei un'esploratrice.

D: Si, Sono una giornalista, una ricercatrice.

L: Ci piace pensare a te come un'esploratrice della mente e del regno celeste.

D: Mi piace mettere assieme tutti i pezzettini delle cose di cui noi ho mai sentito parlare.

L: Hai sentito molto.

D: Si, è vero, ma cerco sempre qualcosa in più.

L: Mi ricordi me stesso se fossi sulla Terra, prendi tutta questa conoscenza e la fai brillare intorno a te come fosse un'aureola.

D: (Ridacchiai) Ecco perché scrivo i libri. Cerco di darli alle altre persone, cosi che possano comprendere.

L: Fai un buon lavoro.

D: Beh, vediamo se riusciamo a trovare delle risposte per Lily. Lei ha una mente inquisitiva, una mente che ricerca. Cosa puoi dirci di lei?

L: Ci sarà un cambiamento e la transizione sarà dissestata. Lei sentirà come qualcosa di pericoloso. Ma deve attraversarla come quando lo ha fatto come me varcando la soglia dell'Inferno, che invece era il Paradiso. Questo era per mostrarle che ha accesso a tutte le dimensioni e lo sa. Ha grande accesso agli altri mondi, e lo sa. Può usarlo a suo vantaggio, siamo tutti qui per assisterla. Può fare cose che voi considerereste magia, se si lascia andare e ci crede. Finche rimane ancorata alle sue credenze terrene che non c'è nient'altro oltre a questo nella sua carriera, non crescerà verso il prossimo livello, che si basa sulla carriera. Ma che la lancia in avanti, proprio come è successo a me quando sono andato davanti alla grande pietra. Il suo scopo globale è di essere uno con l'universo. Sarà coinvolta in un grande progetto, simile al grande esperimento. Ha già accettato di farlo nelle altre dimensioni. Verrà imbrigliata ed accelerata attraverso questo processo.

D: *Cosa intendi con il "grande esperimento"?*

L: C'è un grande test di volontà che stanno lottando in questo momento sul pianeta Terra. C'è molto sconforto, molta agitazione, molto conflitto civile, molta lotta. Lei è uno degli emissari che è venuto qui per portare pace ed armonia e pienezza a questo pianeta lavorando con la gente con cui entra in contatto. Dedicando il suo amore, suona quell'accordo e attiva gli altri ad entrare in contatto con quella luce. Mentre la luce continua a crescere sul pianeta, le forze inizieranno a bilanciarsi ed armonizzarsi. Ci sono molti guerrieri e soldati della luce, che sono in battaglia per questa armonia, questa scala trionfante di giustizia.

D: *Perché lo chiamano il "grande esperimento"?*

L: E' una metafora. Perché non c'è alcun risultato definitivo, si possono vedere solo le probabilità, come ben sai. Non c'è un risultato definitivo. Lui ha parlato con noi. Il grande Uno. Tu questo lo sai. Sai lui chi è e anche lei lo comprende. C'è la possibilità che questo pianeta di auto-distrugga. Questo è un grande potenziale. E c'è un grande – forse maggiore – potenziale che raggiungerà uno stato d'equilibrio e quiescenza. Ci sono quelli che devono fare ciò che devono fare in entrambi i lati di questa ruota della bilancia. Probabilmente questo non è abbastanza specifico. Alcune di queste informazioni le vengono date cosi che possa avere un po' d'obbiettività e prospettiva dal punto di vista umano. Perché è ancora in un corpo umano in questo momento. Anche se c'è un'apertura spirituale e c'è l'opportunità per lei di lasciare il pianeta Terra entro i prossimi due anni, se volesse farlo. Sarebbe interamente una sua scelta, il corpo rimarrebbe.

D: *Cosi intendi dire, il corpo rimarrebbe?*

L: Non passerebbe attraverso il processo della morte. Il corpo rimarrebbe sul pianeta, e lei, la sua essenza se ne andrebbe.

D: *Quindi il corpo rimarrebbe in vita?*

L: Si, proprio cosi.

D: *Come rimarrebbe in vita se la sua essenza....?*

L: Con l'essenza di un'anima che entrerebbe per tenere l'energia del corpo intatta.

Altre informazioni al riguardo nel Capitolo 28.

D: *Ma questo succederà se decide di andare.*

L: Si. E potrebbe essere, che dopo due anni una volta completato il compito, se tutto va bene con quel compito galattico, a quel punto potrebbe scegliere di non restare sul pianeta Terra.

D: *Ma rimane sempre una sua decisione.*

L: Completamente una sua decisione. Il corpo rimarrà. E' sano ed intatto. E non vediamo nessuna ragione di credere che potrebbe esserci il decesso. C'è molto lavoro da fare sul pianeta. Lei è un essere multi-dimensionale.

D: *Si, e ho parlato con altri esseri multi dimensionali, quindi questo non mi sorprende.*

L: Si, adorano lavorare con te. Non pensi che siano balordi. Lei vorrebbe che tu sapessi attraverso noi e i nostri gruppi e i gruppi per cui lavoriamo, che siamo al tuo servizio quando e come ne avrai bisogno, e se sarà appropriato o piacevole.

D: *Voi tutti continuate a venire e mi date le informazioni. Ed io ho molto rispetto ed apprezzamento per questo. Ecco perché mi considero il giornalista, l'accumulatore d'informazioni.*

L: Sei molto più di questo. Sei un grande navigatore del tempo e dello spazio. Tu stessa sei un essere dello spazio e questo lo sai. Lei vede in te un affine essere spaziale.

D: *Sto pensando alle informazioni di prima circa gli aborigeni. Ho il permesso di utilizzare quelle informazioni?*

L: Assolutamente! Ha il suo permesso.

D: *Perché metto assieme queste cose come se fossero dei puzzle. E cerco sempre qualcosa di cui non ho mai sentito parlare prima.*

L: Se hai bisogno di altri pezzi per il tuo puzzle ci puoi chiamare in ogni momento, al fine di distribuire la conoscenza. Tu l'hai assistita ad accedere allo stato in cui è, qui ha accesso al tutto, all'onniscienza e vi è servito ad entrambi, no? (Si) Adesso vorremmo introdurre un suggerimento nella sua mente. Quindi vogliamo il tuo accordo. Vogliamo che sappia che può accedere a noi in ogni momento. Che può assistere nella sua stessa guarigione dalle paure e nell'intuizione e saggezza. Ma ha bisogno di ricordare di chiedere, proprio come tu sei stata gentile a chiedere. Non c'è nulla di cui aver paura nell'evoluzione della sua carriera. Questo proseguirà solamente alla velocità che gli è più congeniale. Non ci deve correre contro, ma sta succedendo.

CAPITOLO 21

PORTALI TEMPORALI PER ESSERI FUTURI (VIAGGIATORI DEL TEMPO)

Questo materiale è stato spigolato da una trascrizione lun-ghissima. Gli esseri con cui comunicai non erano ET, nel senso comune della percezione o di quelli con cui io ho lavorato in precedenza. Questa volta, l'essere che comunicava fu molto chiaro nel dichiarare d'essere un viaggiatore del tempo proveniente dal futuro. Usano delle astronavi simili a quelle che si vedono nei nostri cieli e che si pensa siano connesse ad extra-terrestri. Inoltre saltano avanti e indietro tra le dimensioni, come fanno gli ET, ma provengono dalla dimensione associata ad uno dei nostri proba-bili futuri. Spesso viaggiano nel passato per fare cambiamenti che influenzino la loro civiltà. Questi cambiamenti sono spesso molto sottili, minimamento osservabili. Se i cambiamenti fossero drammatici, cambierebbero il loro mondo troppo drasticamente e la loro civilizzazione (come la conoscevano) potrebbe cambiare fino ad essere irriconoscibile ed inesistente. Quindi quando viaggiano attraverso il tempo, sono sotto stretta sorveglianza e devono fare molta attenzione a come influenzano gli eventi. Spesso, sono solo degli osservatori a cause di queste delicate circostanze. Dicono di utilizzare portali o finestre. La differenza tra questi due è stata spiegata nei capitoli precedenti. Una finestra è utilizzata per osservare, mentre un portale può essere attraversato. Finestre sono il modo più sicuro per viaggiare nel tempo, perché un individuo non può influenzare o alterare nulla se stanno solo osservando. Dicono che ci sono molti di questi portali temporali che sono connessi con vortici temporali presenti in vari luoghi sulla Terra. Sono connessi alla posizione d'intersezione delle linee magnetiche della Terra, in quel punto ci sono dei vortici. Molti luoghi sacri e templi antichi sono stati costruiti in questi luoghi. Gli antichi avevano la conoscenza di come utilizzarli, se non per viaggi veri e propri, per osservazione e per raccogliere informazioni da condividere con la gente del loro tempo. Questa era una delle ragioni per le quali questi luoghi sacri avevano le loro sezioni private, dove solo gli iniziati avevano accesso. Avevano della conoscenza che noi ci possiamo solo sognare. Molta di questa conoscenza perduta sta ora tornando ai nostri tempi. E' arrivata l'ora sulla Terra di riconquistare le informazioni dimenticate e di entrare in una nuova era.

Il mio incontro con uno di questi esseri del futuro, o viaggiatore del tempo fu molto inaspettato, proprio come la maggior parte del mio materiale. Secondo le loro esplicite istruzioni, non è permesso nemmeno di dire dove ebbe luogo, eccetto che stavo parlando a diverse conferenze nella zona di New York City e conducevo qualche seduta privata mentre stavo da un'amica. La mia cliente voleva esplorare ciò che pensava fosse un buco di tempo e l'incontro con un UFO/ET nell'estate del 1996. Lei e una sua amica stavano camminando su una spiaggia desolata durante una buia notte illuminata dalla luna. Era una spiaggia relativamente sicura perché c'erano delle dimore nei paraggi e la luna piena si rifletteva ammaliante sull'acqua. Visto che faceva caldo, avevano l'intenzione di camminare per qualche miglia lungo la spiaggia prima di tornare in dietro. Durante la passeggiata, videro delle luci in cielo che si avvicinavano e l'unica cosa che si ricordavano era di essere tornate nelle loro stanze d'albergo. Risolute a scoprire cos'era successo, tornarono alla spiaggia. Videro le loro stesse orme sulla sabbia. Le orme s'interrompevano bruscamente ad un certo punto. Ovviamente curiosa di come fossero ritornate in hotel, voleva focalizzarsi su questo incidente durante la seduta.

Appena la seduta ebbe inizio lei era già sulla scena. Mentre riviveva l'evento descrisse l'ambiente che la circonda e la luna piena. L'unico segno di vita era un furgone nero con a bordo quattro uomini, che passò loro vicino con le luci spente. Altrimenti, la spiaggia era deserta. Disse che si sentiva strana, e quando guardò su, videro diverse luci. C'erano molti aerei in cielo, ma queste luci erano diverse ed erano molto luminose, anche se c'era la luna piena.

"Sono molto più luminosi della luna," lei dichiarò. "Diventano più grandi mentre si avvicinano a noi. Scendono a spirale. Mi sento risucchiata, se questa fosse la parola giusta. Come se l'ultima parte della spirale ti prendesse dai piedi e ti sollevasse." Sorprendentemente, non aveva paura. Anche se ciò che stava accadendo era insolito, sapeva che non era in pericolo.

Subito dopo si trovò a passeggiare in un'area di un'astronave che aveva allo stesso tempo una combinazione di quadrati e cerchi. Non so se stesse descrivendo dei disegni sui muri o altro, perché non fu chiarito. Sapeva solo che doveva passare attraverso una porta luminosa. Vide che la sua amica era stata portata in una altra stanza. "E' seduta lì. Non ha paura. Le stanno facendo vedere qualcosa. Per lei è come un film. Ci sono colori, non come un caleidoscopio, ma sono luminosi e si mescolano. Ci sono delle informazioni mescolate con ciò che le stanno facendo vedere. Ci sono colori ed immagini." Le stavano trasmettendo delle informazioni a livello subliminale.

C'era una luce bianca, nella stanza in cui si trovava lei. C'era qualcuno dietro di lei ma non riusciva a dire chi o cosa fosse. "C'è un qualche tipo di forma là, ma non è una persona. E' come qualcosa che sta parlando, lo sento nella mia mente. Mi stanno dicendo che non dovevo essere sulla spiaggia questa sera. Se avessi continuato, non sarebbero stati in grado di proteggermi. Questa è un dei loro punti d'entrata, una porta inter-dimensionale e la stavano tenendo su di giri sta notte. E' energia ed ha a che fare con i cristalli."

A questo punto l'esser iniziò a parlare con me e dichiarò che erano dal futuro. Mi aspettavo di comunicare con un alieno perché ultimamente è diventato "la norma" per me. Quando ho chiesto delle difficoltà dei viaggi temporali, esplose a ridere e disse che in realtà sono molto facili. Molta gente da altre dimensioni usano questi portali per andare e venire. Ma per gli umani sarebbe pericoloso passeggiare nella zona mentre vengono utilizzati. Questa era la ragione per cui le due donne erano state portate nelle loro stanze d'hotel. Erano state rimosse forzatamente dalla zona per la loro stessa protezione.

Cosi sembra che molte volte quando le persone vedono luci nel cielo, sperimentano perdite di tempo e presumono che abbia tutto a che fare con gli alieni, potrebbe non essere quello. Potrebbe essere l'intervento di viaggiatori del tempo dal futuro, perché i due si assomigliano molto. In un'altra parte di questa sezione fu spiegato che l'incontro inaspettato e non protetto con un portale potrebbe essere pericoloso per gli umani. Potrebbe perfino causare la rottura della loro matrice centrale. Quindi la gente che utilizza questi portali si assicura che non ci siano umani nei paraggi che potrebbero rimanere danneggiati da un'esposizio-ne accidentale.

La maggior parte delle informazioni che il viaggiatore del tempo mi confidò devono rimanere confidenziali in questo momento. Mi era stato detto che potevo averle per il mio lavoro cosi che potessi comprendere se altri clienti avessero condiviso informazioni simili, ma non avrei dovuto condividerle o pubbli-carle. Ho imparato anni fa ad ascoltarli e ad obbedire quando mi suggerivano di non condividere il materiale. Mi fu provato quando alcune delle mie cassette sparirono per otto anni. Riapparvero solo quando era arrivato il momento di pubblicare quei contenuti. Questa storia è stata narrata in The Custodians. Cosi seguirò il loro suggerimento e tratterò la maggior parte del materiale che mi hanno dato. Scriverò solo quelle porzioni che hanno a che fare con il materiale di altri soggetti.

Mi hanno detto che la maggior parte di questi portali temporali sono nel sottosuolo per riuscire a contenerli. Se fossero in superfice, potrebbero diventare più grandi ed espandersi. Sarebbe meglio se fossero nel sottosuolo circondati da formazioni di roccia naturale, o all'interno di muri di pietra. Mi diedero la descrizione di cosa succederebbe se uno di questi fosse attivato. Dissero che apparirebbe come un tunnel a forma di orb. Penso ad un orb come ad un cerchio o una sfera.

Il soggetto cercò di descrivere ciò che vedeva: "Vedo l'immagine di due di loro. Uno è come luce e l'altro oscuro con molte linee bianche interrotte. I due sono connessi. Devono esserci entrambi per poterlo usare. Sembra che si debbano attivare questi due e l'orb appare nel mezzo. Non è una sfera, è energia. Non è nemmeno un luogo. Se riesci ad immaginare l'entrata di una caverna. E come qualcosa in cui sta per entrare. L'intera circonferenza scintilla e si muove. Vedo i due vortici. Uno è oscuro, uno è luminoso. Quando si incontrano, ciò che creano è un portale temporale. L'orb esiste simultaneamente come un altro orb nello spazio di un'altra dimensione. I due sono connessi."

Questo essere mi ha parlato di questi portali che sono sparsi in tutto il mondo, ma l'unico di cui mi sento di poter parlare è quello in Egitto. Probabilmente perché ho trovato cosi tante stranezze riguardo alle piramidi che una in più non sembrerà fuori dall'ordinario. Questo luogo sotto la piramide era il "guardano" principale ed in passato era usato regolarmente da coloro che avevano la conoscenza di come viaggiare attraverso le dimensioni. Viene utilizzato dai viaggiatori del tempo del futuro perché era stato riscoperto dopo al nostro periodo presente e messo a buon uso. E' un altro portale dimensionale. In qualche modo viaggiano sulle linee bianche che erano descritte all'interno dell'ondulante tunnel dell'orb. Non vogliono che nessun'altro scopra e usi tutti questi portali, perché potrebbero essere molto pericolosi se usati incorrettamente. La tecnologia è molto complessa.

E' un po' come bambino che gioca col fuoco. Dipende da che cornice di tempo i visitatori provengono, perché sanno come utilizzarla mettersi in pericolo. La gente di alte dimensioni non li usano, perché viaggiano in modo molto diverso. Quando stavo ricevendo queste informazioni pensai alla possibilità per la quale potrebbero viaggiare elevando o diminuendo la vibrazione dei loro corpi. Questo è uno dei metodi usati dagli ET per viaggiare da una dimensione all'altra: cambiando la vibrazione della loro astronave, quindi potrebbe essere ciò di cui si fa riferimento. Molta gente può senti o percepire dove sono i vortici e persino vederli, ma non possono entrarci o influenzarli. Disse: "Alla fine l'universo si prende cura di se stesso."

Siamo a conoscenza di questa idea grazie alla famosa serie TV "Star Trek", nella quale vengono smaterializzati molecolarmente e riassemblati altrove.

L'ESPERIMENTO PHILADELPHIA

Questa idea dei portali temporali verso futuro e passato mi ha ricordato del misterioso caso dell'Esperimento Philadelphia che si presume venne attuato dal nostro governo durante la Seconda Guerra Mondiale. Continuano a negare, tuttavia la storia continua persiste riguardo all'aver fatto sparire e riapparire altrove un'intera nave con tutto l'equipaggio a bordo. Credo che una delle ragioni per cui continuano a negare (anche se era un progetto segreto) è che ebbe effetti disastrosi. Alcuni dei membri dell'equipaggio sparirono al rientro, altri erano intrappolati a metà via nel metallo della nave. Pensai di vedere se avesse qualcosa da dirmi al proposito. Se poteva verificare o negare. Sembrava essere la persona ideale a cui chiedere.

S: Lo fecero attraverso uno di questi portali temporali, e lo stesso vortice che utilizzarono in questo esperimento è ancora aperto. Ecco perché sono in grado di utilizzarlo per viaggi temporali. Gli alieni gli diedero la tecnologia per completare l'esperimento Philadelphia.
D: *Ma non funzionò, vero?*
S: Invece si. Ma non sapevano come controllarlo, ecco perche dovettero interrompere. Non avevano pianificato che due vortici

si sarebbero connessi. Pensavano che la nave sarebbe passata attraverso un vortice e sarebbe ritornata direttamente al punto di partenza. I realtà i due si unirono e la nave uscì in un vortice differente.

D: *Ho sentito che la gente a bordo della nave vennero colpiti fisicamente e mentalmente. Perché è successo?*
S: Perché al momento del salto in iperspazio, sono finiti altrove in un'altra dimensione. Quando è successo persero forma e corpo. Sparirono. Cosi quando saltarono indietro, alcuni di loro sfortunatamente rimasero incastrati nel riacquisire una forma.
D: *Anche la nave fisica rimase solida o venne smaterializzata?*
S: Anche la nave venne smaterializzata molecolarmente.
D: *Cosi tutto andò in frantumi mentre passò attraverso il vortice. Specialmente quando ci fu la connessione con l'altro vortice e quando li riportarono indietro non tutto tornò com'era?*
S: Beh, in realtà, no. E' solo che quando tornò indietro tutto tornò insieme. Cosi la gente che stava si stava spostando da questo punto rimase bloccata nella materia. Ci fu un salto e non sapevano come mantenere il salto al punto dove quella persona si smaterializzò precedentemente.

In altre parole non sapevano come riportare indietro quella persona all'esatto punto da dove avevano iniziato. Saltò troppo che quell'individuo venne imbrigliato nel materiale fisico della nave.

D: *Intendi dire l'indice vibrazionale del salto?*
S: e la ri-materializzazione.
D: *Non erano allo stesso indice?*
S: Era lo stesso indice. Non era lo stesso punto nel tempo. Non allo stesso punto in cui erano usciti quando era successo. Questo è cruciale.
D: *Cosi la materia si è mescolata. Possiamo dirlo cosi? (Si) Dicono che alcuni delle persone sono sparite.*
S: Non si sono ri-trasformati. Sono dispersi nello spazio e non sono sopravvissuti.
D: *Questo era uno dei primi esperimenti?*
S: No, ce ne furono molti oltre a quello. Quello era il primo con delle persone. Iniziarono con degli oggetti, animali e oggetti.
D: *Hanno continuato a sperimentare dopo L'Esperimento Philadelphia?*

S: A dire il vero, no. Dopo quel tentativo smisero, perché non sapevano come controllare le persone. Ma continuarono a sperimentare con il tunnel temporale. I vortici. Non riprovarono con oggetti e persone assieme. Ricevettero altra tecnologia, cosi furono in grado di mandare la gente direttamente attraverso questo tunnel. Non li mandarono dentro a niente.
D: Cosi eliminarono il problema di mescolarli con la materia.
S: Si. Anche se quando lo fanno, devono assicurarsi di riportare la persona esattamente allo stesso posto, ma – credo – due minuti dopo, cosi che possano ri-trasformarsi. Stanno diventando molto bravi in questo.

***

Un altro soggetto menzionò viaggiatori del tempo dal futuro. Di seguito solo parte della seduta.

L: Anche Linda ha lavorato con esseri dal futuro: dal XXIII secolo. Hanno scoperto si sapere come viaggiare nel tempo. Ci sono certi periodi cardinali nel tempo che sono importanti per il passato ed il futuro. Hanno i motivi giusti in alcuni punti, ma anche se sono un'organizzazione migliore... sono ancora umani. Non sono ancora completamente evoluti nella luce. Sono ritornati. Ecco come hanno trovato Linda: seguendo questi punti cardinali nel tempo. Hanno lavorato con lei e altri in questo periodo presente, per facilitare un futuro migliore di quello che hanno loro.
D: Nel loro tempo?
L: Si. Per cercare di minimizzare alcuni dei problemi che ci saranno in futuro.
D: Ma questo non cambierà forse il loro futuro?
L: Lo ha già cambiato. Sono molto ben informati, grazie agli insegnamenti di diverse fonti, su come prevedere le diverse variabili del futuro e come cavarsela. Sono molto attenti. Quelli che viaggiano nel tempo non sono cosi connessi al loro tempo come alcuni degli altri membri.

Una delle domande che si fa la gente è se il futuro può cambiare tanto, per esempio, che alcuni di loro non sarebbero nemmeno nati. Disse che si assicurerebbero che non succeda.

D: Era ciò che stavo pensando, la teoria che non esisterebbero più.

L: Si. Disse che sono molto attenti nell'assicurarsi che non ci sia alcuna connessione in quel senso. Ma possiamo verificare che hanno cambiato molto del futuro in senso buono e positivo.

***

Ho incontrato un diverso tipo di viaggiatore del tempo che è più compatibile con il concetto di vite simultanee. In 2003 un uomo volò da Denver per una seduta privata. Aveva provato l'ipnosi con diversi altri ipnotisti reputabili, ma senza successo. Questo succede spesso se il subconscio none' sicuro se dovrebbe rivelare le informazioni. Deve avere fiducia e confidenza nell'ipnotista. Questo divenne comprensibile quando emersero le informazioni. Non era il tipo di cosa che poteva essere condivisa con chiunque. Non mi disturbò perché ho lavorato in questo campo per lungo tempo e avevo già incontrato casi simili.

Fini' in una scena del passato, ma sembrava essere un osservatore, un visitatore passante momentaneamente. Disse che il suo lavoro era di andare da un luogo all'altro e raccogliere informazioni. Era un esploratore e non restava a lungo nello stesso posto. Dopo un po', disse che non voleva restare li nel passato perché era noioso. Voleva andare a tutti costi nel futuro. Era li che si sentiva piu a suo agio. Quella era casa sua. Descrisse una città con qualche edificio grandioso. C'erano principalmente case, dove tutto era perfetto. Non c'era sovrappopolamento, traffico o nient'altro di negativo. Tutto ciò era stato eliminato. Avevano delle macchine nelle loro case che provvedevano ad ogni cosa. Perfino il cibo era sempre a disposizione. Il suo lavoro era di accumulare informazioni ed insegnare agli altri. C'era una base centrale dove le informazione erano assimilate e condivise con gli altri. Doveva viaggiare in diversi periodi di tempo nel passato rispetto al suo tempo. Li quei periodi di tempo, creava un corpo automaticamente che calzava perfettamente con quel periodo, per passare inosservato. Poi riportava con se le informazioni accumulate o osservate. Sembrava come se questi viaggi verso vari periodi di tempo avessero luogo simultanea-mente, cosicché non gli costasse alcuno sforzo. Il suo lavoro in questa vita attuale era di imparare il più possibile e raccogliere più informazioni possibili. Queste, apparentemente, erano raccolte dal suo alterego per riportarle al centro educativo centralizzato. Gli mancava la sua casa nel futuro, perché era cosi diverso e perfetto. Ben lontano da questo periodo di tempo.

Per tutta la sua vita, non si era mai sentito a casa con i suoi genitori. Si sentiva come se non fosse davvero figlio loro. Questo l'ho sentito molte volte, il sentimento di non appartenere alla Terra, come se questo non fosse davvero "casa". Questa regressione insolita aiuto a spiegarlo nel miglior modo possibile. Questo era un altro caso di un Viaggiatore del Tempo; un osservatore che stava raccogliendo informazioni. C'è chi lo definirebbe un cambia forma. Se lo fosse, era il tipo generico di osservatore a cui non è permesso interferire. Inoltre non si era mai sposato e non aveva figli. Questi individui non vogliono legami perché creano karma e li legano alla Terra (e perfino a questo periodo di tempo). Devono essere in grado di accumulare, fare il loro lavoro e poi tornare alla loro vera casa.

***

Durante un'altra seduta privata, un individuo andò in una vita passata in ciò che sembrava essere l'Egitto, ma penso che fosse una civilizzazione molte più antica (o forse una vita su un altro pianeta). C'erano esseri affusolati dal volto di cane. (forse maschere). Lui aveva fatto qualcosa di proibito (forse aveva abusato dell'energia), e lo stavano punendo. Lo spedirono attraverso un portale temporale. Gli apparve come un grande spazio nero, come una porta. Era un partale monodirezionale. Non sarebbe stato in grado di ritornare da li. Si trovò su un pianeta sterile, privo di vita e dal perenne crepuscolo. C'erano delle strane strutture (dalla forma di molte-piramidi), ma erano vuote. Non aveva bisogno di consumare nulla. Visse il resto della sua vita lì, consumato dall'isolamento e dalla solitudine. La sua mente alla fine divenne insensibile all'isolamento. Ovviamente, era felice di aver finito quella vita. Che soluzione perfetta, e tuttavia orribile, alla prigione.

Nel mio lavoro, ho trovato che gli scienziati vissuti in Atlantide avevano l'abilità di passare attraverso i wormhole o portali spaziali verso altri mondi. Visto che c'erano molti tunnel o uscite lungo la via, dovevano lasciare dei segnali su entrambi i lati delle uscite per riuscire a ritrovare la via del ritorno verso il laboratorio. Avevano un anello che non aveva nulla a che fare con l'abilità di viaggiare in questo modo.

***

Una donna che chiamerò "Marie" iniziò a corrispondere con me per raggiungermi in un paesino nell'entroterra Australiano durante il mio prossimo viaggio. Dopo aver letto i miei libri era venuta a conoscenza del mio interesse per la ricerca degli UFO. Disse che il paesino di circa 2000 persone sembrava collocato sopra ad un corridoio UFO. C'erano continui avvistamenti di luci inconsuete e oggetti nel cielo osservati da molti anni. Avevo accettato di non rivelare il nome e la posizione del paesino, perché non volevo che nessun curioso interrompesse la vita dei suoi gentili abitanti. Marie inoltre voleva che andassi a visitare il suo ranch di 1000 acri proprio fuori il paesino, dove voleva farmi vedere la posizione di un portale. Durante il mio viaggio in Australia nel 2001 mi organizzai per includere questa tappa tra una conferenza e l'altra e seminari in diverse città. Atterrammo nell'aeroporto più vicino con un piccolo aereo e guidammo per più di un'ora fino a quel paesino. Era molto isolato ed annidato tra le colline e gli alberi, tra i quali volavano molti pappagalli, colorati, selvatici.

Quando siamo arrivati al paesino, è stato come ritornare indietro nel tempo, al 1880 e il Far West. Dovevamo passare due notti in un ostello della gioventù. Il seminario avrebbe avuto luogo in una vecchia bottega che faceva venire in mente i film di una volta. Quando i paesani arrivarono le donne gentilmente portarono delle teglie per una cena a sacco. Faceva freddo ed io mi avvicinai il più possibile ad una vecchia stufa a legna per riscaldarmi. Mi introdussero ad una donna di 90 anni che era lo storico ufficiale e gestore dei registri. Aveva dettagliato i racconti degli avvistamenti e degli avvenimenti insolito per molti anni. Divenne una serata affascinante quando finalmente la gente iniziò con riluttanza a raccontarmi i alcune delle cose che aveva osservato. Dico con riluttanza, perché non volevano essere ridicolizzati. I molti confermarono la descrizione del portale situato sulla terra di Marie e gli insoliti eventi del 1997.

Durante la notte fu facile capire perché ci fossero tutti questi avvistamenti. Il posto era estremamente isolato e siccome non c'erano luci di città il cielo era limpido e cristallino. Le stelle erano enormi e abbondanti. Una stranezza di cui ero sorpresa era che la costellazione di Orione fosse rovescia. Presumo che dovrebbe essere cosi visto che era dall'altra parte del pianeta nell'emisfero meridionale.

Quando questo libro era alle ultime correzioni, chiamai Marie e le chiesi si mandarmi un email con il suo racconto dell'incidente. Non volevo basarmi esclusivamente sulla mia memoria. Volevo essere più accurata possibile. Disse che non sarebbe stato un problema, perché aveva trascritto l'intera descrizione dell'evento subito dopo che era accaduto.

***

Ecco la sua descrizione di ciò che ritengo essere un portale moderno verso un'altra dimensione, che viene utilizzato attivamente:

"La Caduta" Esplosione di Luce - Giugno o Luglio 1997.
Abbiamo una bella cascata di 50 metri che chiamiamo "La Caduta", a circa due minuti, a piedi da casa. Aveva piovuto per un paio di giorni cosi la cascata era in pieno flusso. Appena prima le 17.00 la pioggia diminuì e scese la nebbiolina. Sentii un forte rimbombo giù al torrente, cosi pensai di andare a vedere cosa stava rotolando nell'acqua. Pensavo che fosse un enorme masso, o forse un albero sradicato che stava per cadere giù dalla cascata. Il suono non era diverso dal tuono, ma proveniva dal profondo del torrente, non dal cielo.
Mentre ero a metà via sul sentiero e riuscivo a vedere la cascata ci fu un altro rombo estremo, poi un'esplosione di luce oro, rosa e bianco dalla base della cascata. La luce sprigionata saliva al cielo e quasi mi raggiungeva a circa 75-100 metri di distanza. A quel punto ho sentito una voce dentro l'emisfero sinistro della mia testa che disse: "Torno Indietro!! Non ti avvicinare ulteriormente! Torna indietro adesso!" risposi: "Ok, va bene, adesso vado!" e sono tornata velocemente a casa. L'aria era carica elettricamente e crepitava. L'esplosione luminosa fu la cosa più straordinaria che abbia mai visto. Fu meraviglioso, il rosa era candido, l'oro e il bianco erano brillanti. L'intera scena avrà coperto approssimativamente un'area di 100 metri di diametro, forse più, raggiungeva quasi la mia posizione. Non fino a che altezza si estese visto che non riuscivo a vedere chiaramen-te a causa della nebbiolina che cambio coloro con l'esplosione.
Anche se l'esplosione e il rumore erano molti forti e sorprendenti, sapevo di aver appena sperimentato qualcosa di straordinario. Telefonai a mio marito in paese per raccontargli cos'era successo, ma riuscii a parlarli solo per poco tempo perché la linea era disturbata e statica.
Un'amica che viveva nella valle a Sud mi chiamò quella sera. Disse che stava guardando fuori dalla finestra in direzione di casa nostra verso le 17.00 e che aveva visto sopra le colline delle nuvole bellissime di colore rosa e oro. Lo descrisse come una visione "Biblica

– se ci fossero stati degli angeli seduti sulle nuvole". Poi senti un rombo fortissimo, un'esplosione e una colonna di luce oro/rosa che si abbatte sul terreno. "Ma non le sembrò un lampo. Molto strano."

Il giorno seguente un altro vicino che vive a Nord della valle disse: "Cosa stavate facendo dalle vostre parti, Marie?" e prosegui descrivendo di aver visto una nuvola oro e rosa che sembrò esplodere in una colonna, che non era un lampo. Disse che era diverso da qualsiasi nuvola tempestosa avesse mai visto prima.

Due notti dopo, ero a letto e stavo contemplando l'accaduto. Decisi di pregare Gesù e chiedere se fosse possibile ricevere una comprensione di ciò che era accaduto. Immediatamente, vidi un'immagine nella mia mente del libro The Keys of Enoch, di J.J. Hurtak, e una voce che disse: "Pagina 221". Rimasi lì sdraiata, allibita. Alche quella voce disse: "Sei una scettica, Marie. Pagina 221!" Cosi, ovviamente, mi sono alzata e sono andata alla pagina 221. Che legge cosi:

"Cosi, i veicoli di Luce della Merkabah discendono sul nostro pianeta, laddove un campo di luce è aperto, "esseri di luce completi" discendono mentre i campi magnetici sovrapposti di spazio-tempo vengono controllati. Questo è ciò che gli antichi osservarono con i loro occhi quando videro il pilastro delle nuvole salire verso il cielo".

Questa esperienza di osservare una tale meraviglia e specialmente la gomitatina gentile di sentirmi dire d'essere una scettica, hanno completamente alterato il mio modo di vedere le cose. Ora non sono più una scettica – ma desidero solo comprendere di più!"

Beh, ecco qua, Dolores. Spero d'aver descritto gli eventi chiaramente. Che miseria non poter passare sulle emozioni sperimentate allora. Sono sicura che avresti una reazione entusiasmante.

Quando andai a visitare la bellissima ed isolata casa di Marie mi portò sul posto dove l'evento ebbe luogo. Ovviamente, in quel momento non riuscii a vedere alcun segno di un portale. L'unica cosa che vidi era una stupenda cascata che scendeva sul lato della collina nella gola di sotto. Tuttavia questo riflette la descrizione dell'apertura di un portale verso un'altra dimensione. I guardiani erano certamente al lavoro quel giorno per evitare che qualche umano inconsapevole si avvicinasse troppo. Come mi hanno detto: l'energia distruggerebbe la matrice di un essere umano. Marie sapeva, senza ombra di dubbio, che quello strano e magnifico evento era veramente accaduto. Sono contenta che avesse ricevuto la conferma dei suoi amici che vivano dall'altra parte della valle.

***

Quando parlo per programmi radio, di solito ricevo della posta (sia fisica che telematica) dagli ascoltatori. Specialmente quando parlo per lo spettacolo di Art Bell che ha milioni di ascoltatori, ricevo centinaia di email in un giorno. Molte di queste persone vogliono raccontarmi le loro esperienze personali che sentono di non poter condividere con nessun altro per paura di essere considerati matti. Li fa sentire meglio quando scoprono che ho sentito molte storie simili e che comprendo abbastanza da riuscire a spiegarglielo. Perlomeno sanno di non essere gli unici ad avere queste strane esperienze. Per alcuni di loro, non ho alcuna spiegazione logica eccetto di pensare che abbiano a che fare con il passaggio avanti e indietro tra le varie dimensione che ci circondano. Più spiegazioni nel mio primo libro di questa serie.

Un uomo disse che stava guidando di notte su una statale della costa della Florida. Molto tempo fa la statale era stata deviata per aggirare tutti i paesini lungo la via. Tuttavia quella note improvvisamente si trovò (sulla stessa statale) mentre guidava attraverso un paesino. Riusciva a vedere le luci esterne delle case e dei vari negozi chiusi. Tutto sembrava deserto, come è naturale che sia di notte, in un paesino. Dopo cinque minuti, improvvisamente trovò la statale allargata nuovamente ed era sulla costa dove si trovava originariamente. La mia unica spiegazione era che per un breve periodo, era saltato in dietro nel tempo ed entrò in una dimensione dove la strada attraverso il paesino ancora esisteva.

***

La prossima la citerò direttamente dall'email che ho ricevuto nel Gennaio del 2001. Se qualcuno avesse una valida spiegazione, spero che si metterà in contatto con me.

"Sono riuscito ad ascoltare parte del tuo spettacolo su Coast to Coast AM e l'ho trovato molto interessante, e questa è la ragione che mi ha spinto a scriverti. In Settembre dell'anno scorso (2000), per circa 2 o 3 giorni, ho sperimentato cose molto strane. Iniziò tutto quando stavo camminando vicino all'aeroporto dove vivo. Era giorno quando vidi un aeroplano passeggeri decollare dall'aeroporto. Qualche minuto dopo decollò un Lear Jet e mentre lasciò la pista e iniziò a salire di quota, andò avanti e in dietro parecchie volte mentre decollava. Rimasi li in piedi allibito perché so che è impossibile per un jet andare indietro. Qualche minuto dopo, un altro Lear Jet decollò e fece la stessa cosa. O era forse lo stesso Jet? Allora notai che le auto per strada stavano facendo la stessa cosa. Invece di procedere lungo la strada, andavano avanti e indietro, verso la loro destinazione. Notai che le nuvole nel cielo facevano la stessa cosa, andavano avanti e indietro. Di notte, feci una passeggiata vicino a dei negozi chiusi. Tuttavia vidi gente muoversi all'interno che non centravano niente, perché erano vestiti in abiti degli anni '50 o '60. Vidi altre immagini insolite che sapevo non potevano essere possibili. Hai la minima idea di cosa stesse succedendo? Sono molto scettico e non credo a ciò che ho visto."

La mia risposta: "Grazie per aver condiviso le tue esperienze interessanti. Anche se sei uno scettico, non puoi negare qualcosa quando la vedi con i tuoi stessi occhi. Non ho mai sentito parlare di questo specifico fenomeno, ma posso presumere in base alle informazioni che ho ricevuto e di cui o scritto. Ci sono altre strane cose la fuori di quanto non possa immaginare. So di non averle minimamente investigate tutti. Sembra quasi che tu abbia provato ad entrare in una distorsione temporale, ma non sei andato fino in fondo. A volte la gente va avanti e indietro tra dimensioni e non lo sanno perché le circostanze sembrano le stesse. Visto che le cose andavano avanti e indietro, forse la linea tra dimensione non era stabilizzata. Ho sentito di persone che improvvisamente si trovavano in un altro periodo di tempo e interagivano con persone vestite diversamente, etc.. Spesso, tornano indietro per trovare le stesse circostanze e trovano o che non esistono o che sono in uno stato di deterioramento. Una cosa che io trovo strana è che le persone nell'altro periodo di tempo non notano nulla di strano circa la persona del futuro con cui stanno interagendo. Sembra che vivano le loro vite normali. Non so se questo sia d'aiuto o no, ma questo è quanto posso offrire. Forse stavi cercando di attraversare una dimensione e non era stabilizzata. Altrimenti, puoi fare queste cose e non saprai mai la differenza. Ho avuto alcuni casi di persone viste in due posti contemporaneamente e sono stati verificati da altre persone che li hanno visti e con cui hanno parlato. Quindi chi sa? A volte è meglio se non sappiamo che queste strane distorsioni temporali hanno luogo regolarmente. Crea meno confusione per i nostri piccoli cervelli mortali."

***

Quest'altra email è anche più strana. Ma in questo caso c'era prova fisica che qualcosa d'insolito ebbe luogo.

"Sono stato abbastanza fortunato d'aver ascoltato la tua incredibile intervista su Coast to Coast l'altra sera, ma qualcosa è accaduto per sbalordire tre degli ascoltatori. Ti scrivo per questa ragione. Per essere più concisa possibile, tutte e tre abbiamo un Reel Talk radio/registratore che si può settare per registrare ad 1/4 della velocità. Utilizziamo questa radio solo per lo spettacolo di Coast to Coast perché non siamo in grado di restare sveglie fino a notte fonda. (Lo spettacolo di solito va dalle 24.00 alle 4.00 del mattino). Tutte e tre abbiamo il radio/registratore impostato sulla stessa stazione che proviene da Nashville, Tennessee. Questa è l'unica stazione da cui possiamo ricevere il programma. Viviamo lontano le une dalle altre e molto lontano da Nashville, ma WWTN è una stazione a 100,000 watt. Con mia grande sorpresa, quando ho ascoltato la registrazione del tuo programma la mattina seguente, l'unica cosa che avevo era solo un evento sportivo, per tutte e quattro le ore. La stessa cosa era successa ad una delle mie amiche. Chiamai la stazione e m'informarono che non avrebbero più distribuito Coast to Coast. Stavano cambiando la loro gestione e non si preoccupavano di quante proteste avrebbero ricevuto. Ora il grosso mistero è che: l'altra di noi tre, aveva la tua intera inter-vista sulla sua registrazione! Siamo assolutamente certe che era la stessa stazione visto che le stesse lettere di chiamata erano state condivise molte volte. Stavamo tutte ascoltando la stessa radio, ma stavamo ricevendo diverse trasmissioni. Ho parlato con alcune persona che hanno una cerca conoscenza di trasmissioni radio (impiegati dello stato che avevano esperienza nel campo) e tutti dissero che fosse impossibile che qualcosa del genere potesse accadere. Grazie a dio è successo, perché tutte e tre volevamo sapere cosa avevi da dire. La mi domanda è: ha qualche spiegazione a proposito di questo fenomeno? Mi è venuto in mento che forse fosse connesso a qualche fenomeno di universi paralleli. Questa è l'unica cosa che abbia senso. Qualsiasi idea che abbia da condivide-re a proposito sarà profondamente apprezzata. PS: per qualche ragione, WWTN iniziò a trasmettere Coast to Coast ancora una volta e sia molto grate anche di questo! E' il nostro contatto con l'universo."

Questo è parte della mia risposta: "Nel mio lavoro durante le sedute, succedono cose strane ai miei registratori che non so spiegare. Statica, rumori strani, aumento e diminuzione di velocità, voci su voci e molti cose strane che non dovrebbero succedere con oggetti elettronici. Spesso ci sono più di un registratore in uso e tutti ne sono influenzati. Ho osservato anche strani effetti sui telefoni. Ma questa è la prima volta che sento parlare di qualcosa del genere. Potresti avere ragione nel pensare che abbia a che fare con le dimensioni. Ma questa è una supposizione come tante altre. La stazione trasmette gli eventi sportivi che esistono in una realtà parallela. Sono contenta che c'erano tre persone coinvolte. Penso che questo sia un'ottima prova."

Qualche settimana dopo, parlai alla Unity Church in Memphis, e rimasi sorpresa di scoprire che queste tre donne vennero da Nashville per incontrarmi. Principalmente volevano vedermi per confermare che l'incidente accadde veramente e che avevano le registrazioni per provarlo. Era tre delle più normali donne che si potrebbe mai voler incontrare. Sono convinta che stessero dicen-do la verità. Anche in questo caso se qualcuno ha qualche altra spiegazione per questo incidente, sarei molto grata di riceverla.

***

Nel mio libro Gesù e gli Esseni, Gesù diede il seguente esempio di reincarnazione e diverse dimensioni, usando la natura nelle sue parabole per permettere alle persone di capire più facilmente:

"Lui usò un'altra pianta come esempio, una pianta composta di molti strati (simile ad una cipolla). Disse che questo avrebbe dimostrato i diversi piani di esperienza. Fece notare che al centro del nostro pianeta gli strati sono molto sottili e vicini tra di loro. Se si potesse considerare ogni strato come un piano diverso, si potrebbe vedere che al centro c'è il più piccolo e più limitato, proprio come il mondo fisico. Se ci si sposta verso l'alto e l'esterno nei piani, l'orizzonte della propria comprensione si espanderebbe ogni volta e si comprenderebbe sempre di più."

Mi chiedo se la gente a cui diede la parabola (o esempio) comprese i significati più profondi che stava cercando d'insegnare. Forse era troppo complesso anche per i suoi discepoli. Ma dimostra che era molto consapevole dei significati più profondi della vita e dell'universo.

***

Molti altri strani incidenti connessi al tempo ed alle dimensioni che ebbero luogo durante le mie sedute sono sparsi nel resto di questo libro.

SEZIONE SETTE

ESSERI D'ENERGIA ED ESSERI CREATORI

CAPITOLO 22

MISTERI

Questa prima parte è una continuazione della sezione intitolata Misteri della Terra che potete trovare nel Libro Primo. C'erano alcune cose che volevo chiarire prima di includerle in un libro. Queste erano informazioni che erano accumulate alla fine degli anni '90. Alcuni provenivano dal Phil, un giovane di cui ho scritto in molti dei miei libri. Lui ha la capacità di entrare in profonda trance e spegnere la sua mente cosciente per evitare che interferisca con le risposte che emergono. Siamo sempre riusciti a ricevere nuove, insolite e importanti informazioni quando abbiamo una seduta.

IL NOSTRO SISTEM SOLARE

D: *Una volta mi avete detto che in questo momento, non c'è vita, cosi come la conosciamo, sugli altri pianeti del nostro sistema solare.*
Phil: Questo è corretto. Non ci sono umani, ma non questo non vuol dire che non ci sia vita. Perché l'atmosfera sugli altri pianeti non è della natura da poter sostenere la vita umana come la conoscete su questo pianeta, in questo momento. Tuttavia, questo non vuol dire che non ci sia vita in altre forme, come in forma di spirito o perfino avanzate o forme fisiche d'altro tipo.
D: *Mi è stato detto che ad un certo punto c'era vita su Marte. C'era una civilizzazione di esseri umanoidi. E' vero?*
P: Infatti questo è proprio vero e presto il resto del pianeta ne sarà consapevole. Lo hanno suggerito provvisoriamente attraverso esaminazioni al microscopio di alcuni meteoriti. Questo è un enorme salto in consapevolezza che la tua civi-lizzazione deve ricevere delicatamente. Infatti sono gli antenati della vostra civilizzazione e della vita sulla Terra come la conoscete. C'erano

forme di vita su entrambi i pianeti. Tuttavia, il pianeta Marte era stabile e produttivo per la vita da molto più tempo del suo pianeta sorella che aveva un cammino ecologico e geologico molto diverso. Marte si adattò e divenne abitabile molto velocemente rispetto alla Terra. Cosi il processo di semina iniziò prima e fu molto più veloce su Marte che sul pianeta Terra.

La storia della semina del pianeta Terra con le sue prime forme di vita è raccontata in Keepers of the Garden e continua in The Custodians. Questo indica che la Terra non era l'unico pianeta nel nostro sistema solare che era stato inseminato, ma qualcosa dev'essere successo nel tempo per ridurre alcuni di questi pianeti alla sterilità ancora una volta.

D: *Cosa accadde per distruggere la vita su Marte?*
P: C'erano diverse opinioni a quel tempo riguardo a chi avrebbe dovuto essere a capo del governo mondiale e diversi tipi di tecnologia che gli permetteva di manipolare la loro meteorologia. Divennero piuttosto disgregati per quanto riguarda i loro obbiettivi e distrussero il loro stesso sistema meteorologico. Proprio come le abilità che si stanno mani-festando ora sul vostro pianeta vi permetteranno di struggere il vostro pianeta se ne aveste l'opportunità.
D: *Mi hanno detto che c'è ancora qualche resto di vita su Marte.*
P: Ci sono alcuni elementi di vita in profondità nel pianeta che sono riusciti a mantenere la loro forma di vita. Tuttavia, non sono ciò che chiameresti "umani" o umanoidi. Sono alquanto diversi, nel fatto che la loro evoluzione proveniva da un cammino diverso rispetto a quello che avete su questo pianeta.
D: *Mi hanno detto che ci sono città sotto la superficie di Marte dove alcuni degli abitanti si sono rifugiati quando la superficie divenne inabitabile.*
P: Questa analogia potrebbe essere usata similmente al concetto di una colonia. Tuttavia, non possiamo caratterizzarle nella forma delle citta come le comprendete voi. In un senso tecnologico sono più delle colonie di termiti, in quella struttura sociale. Questi esseri vivono in strutture naturali e strutture costruite all'interno del pianeta.
D: *Mi hanno anche detto che quando gli scienziati finalmente arriveranno su Marte non capiranno che c'è ancora vita lassù. Non la riconosceranno.*

P: Quando gli scienziati raggiugeranno Marte, saranno consa-pevoli di molte altre forme di vita oltre a ciò che hanno sotto i piedi. Ci sarà un aumento nella coscienza a quel punto che le forme di vita su Marte saranno considerate solo altre forme di vita.

D: *Ora spostiamoci verso un'altra parte del sistema solare. Sono molto interessata a Giove. Cos'è il fenomeno noto come il "Punto Rosso" su Giove? E' visibile con i nostri telescopi.*

P: L'espressione del Punto Rosso sul vostro pianeta sarebbe nota come un disturbo meteorologico. Ciò che percepite dal vostro piano d'esistenza è un uragano di gas che sono un fenomeno meteorologico. E' tuttavia un fenomeno che ha il centro della sua essenza in un piano d'esistenza superiore. Le espressioni superiori indicherebbero che questa è una zona di molte – di forme simili ma separate – entità individuali di consapevolezza. E' una citta, che in un piano superiore d'espressione è una forma di vita che esprime i suoi componenti inferiori nella forma di un disturbo atmosferico al vostro livello.

D: *Se è un disturbo atmosferico o un uragano, è li da un'eternità', per quanto ne sappiamo. E non sembra cambiare molto. Inoltre deve essere enorme in dimensione.*

P: Ci sono moltissime forme d'espressione della vita in questo universo di cui la coscienza umana non è semplicemente consapevole. Tuttavia, perche tu possa comprendere, lo possiamo comparare ad una colonia di esseri viventi la cui espressione raggiunge il vostro piano di coscienza, cosi che le condizioni atmosferiche che coprono questa forma inferiore d'espressione sono visibili. Ci sono molti livelli di consapevolezza che non hanno alcun effetto corrispondente su un altro piano. Tuttavia, in questa situazione c'è un effetto sul piano inferiore d'espressione. Tale che questa colonia, che è una civilizzazione sul piano superiore d'esistenza, lascia la sua impronta sul vostro livello nella forma di un disturbo atmosferico.

D: *Allora penso che quello che vuoi dire è che in una realtà alternativa sono un gruppo di persone in una città fisica su Giove. E stanno più o meno gettando la loro ombra sul nostro piano nella forma di una condizione atmosferica? Ti sembra una buona analogia?*

P: Miglioreremo questo concetto vedendolo non tanto come una città, nel vostro linguaggio, ma come una colonia di virus o batteri, che co-esistono e vivono sul loro piano. Tuttavia, preferiamo non caratterizzarla come una civilizzazione tecnologica come nel vostro contesto.

D: *Allor non sono esseri intelligenti, come li consideriamo noi.*

P: Questo infatti non è il caso. Sono altemente intelligenti, ma vivono semplicemente in un'altra forma. La loro espressione non include costruzione e aspetti tecnologici. Sono altamente evoluti e civilizzati, tuttavia, non sono tecnologici.

D: *Qualcuno mi ha detto che la relazione di Giove con la Terra era vitale. Ha qualche informazione a proposito?*

P: Ci sono molti livelli diversi di co-dipendenza nel vostro sistema solare, perché l'intero equilibrio fisico è dipendente sull'equilibrio di ogni suo elemento individuale. Sul piano fisico l'improvvisa perdita di qualsiasi dei pianeti danneg-gerebbe l'equilibrio gravitazionale dell'intero sistema solare. Ovviamente, ci sono altri livelli di coscienza e il cambio o perdita di tale pianeta, ha implicazioni ed effetti anche sugli altri piani.

D: *Questo è ciò che gli alieni ci hanno detto a proposito della Terra. Non possiamo distruggerla, perché questo creerebbe grandi catastrofi nell'universo ed in altre dimensioni.*

P: Esattamente.

D: *Ho sentito che gli osservatori non permetterebbero che succeda, proprio perché sbilancerebbe la galassia intera.*

P: Esattamente, gli individui che dimorano negli altri piani d'esistenza hanno il diritto di proteggere la loro civilizzazio-ne e le loro forme di vita da un'intrusione. Sarebbe come se una guerra sconosciuta e non dichiarata fosse combattuta contro un nemico invisibile da una cultura ignorante.

D: *Ma loro sono più consapevoli di noi di queste cose.*

P: Esattamente. E quindi hanno il diritto di proteggere la loro civilizzazione dal pericolo causato da un vicino ignorante e alquanto sfrenato.

D: *Sai qualcosa dell'origine della cintura di asteroidi?*

P: Ad un certo punto era un pianeta che venne distrutto quando una stella di passaggio ne causò la collisione con un meteorite che attraverso la sua orbita. La collisione causò la distruzione del pianeta. Con la sua stessa forza interna e quelle del Sole e degli altri pianeti, venne frammentato a tal punto che rimase senza forma, e cosi si disperse lungo la sua orbita come particelle o asteroidi.

D: *Ho anche sentito dire che c'era una razza che ci viveva e che si lo fecero saltare loro stessi.*

P: Non è corretto. La collisione fu un fenomeno naturale che ebbe luogo, non a causa delle azioni di qualche specifica razza d'individui. C'è anche il rischio che queste storie escano a causa delle incomprensioni d'informazione. Non una storia intenzionale o una frottola, ma semplicemente una mala interpretazione. Queste canalizzazioni non sono l'assoluta verità, visto che questo veicolo non è la Sorgente ultima. Anche in queste canalizzazioni c'è la possibilità di qualche inaccuratezza. Tutti i canali dovrebbero essere visti con una consapevolezza aperta a questo fatto. Visto che le canalizzazioni possono solo essere tanto accurate quanto il veicolo sia fisicamente in grado di tradurre e sarebbe quasi impossibile canalizzare con 100% d'accuratezza. Ci sono concetti ed idee che non hanno precedenti in questa vita o perfino su questo piano. Quindi, certe domande che vengon fatte richiederebbero concetti che non esistono qui, quindi bisogna usare delle analogie, che potrebbero essere non completamente accurate. Tuttavia, si può sempre tradurre il fulcro delle informazioni.

D: *Capisco che tutto ciò che proviene da un essere umano è limitato da questo tipo di problemi.*

P: E' solo un problema di non essere in grado d tradurre, a causa di troppi fattori. Alcuni, come abbiamo detto, sono la mancanza di concetti utilizzabili.

***

IL SOLE

D: *Il Sole è veramente caldo?*
Phil: C'è certamente quell'elemento che è caldo. Tuttavia, sentia-mo che c'è una incomprensione dalla vostra prospettiva fisica. Mentre il calore stesso sembra essere il centro della nostra attenzione qui, esso non è altro che un sottoprodotto. La vera energia del Sole non è il calore, ma di una natura molto oltre le capacità di comprensione dell'uomo in questo momento. Il calore è semplicemente una manifestazione di un fenomeno che è molto più complicato della semplice combustione. Questa è una transizione d'energie e l'aspetto fisico sarebbe ciò che voi chiamate fiamma o combustione. Il calore è solo un sottoprodotto. La vera realtà di questo è un trasferimento e trasformazione di energie manifestate a livello fisico come calore e combustione.

D: *I raggi e le emanazioni che non possiamo vedere sono ultraviolette. Intenti qualcosa del genere?*
P: Molto oltre a ciò che considerereste un raggio, piuttosto come forme energetiche elementali. Un cambiamento fondamentale nelle energie stesse.

***

Il Sole, come lo percepiscono tutti, è un pianeta gassoso. Ma uno dei miei soggetti disse che sotto la cintura gassosa c'è infatti una cultura che non si può vedere dalla superficie esterna.

D: *La gente sulla Terra non può vederlo, vero?*
Bob: No, non possono. Non ne hanno la minima idea. Assumono, proprio come tutti gli altri, che sia una solida palla di gas. Ma tutte le esplosione che hanno luogo nella cintura esterna, in realtà hanno luogo all'interno della cintura. Ma la parte centrale del pianeta è proprio come fosse qui sulla Terra. Hanno delle coltivazioni, hanno case, hanno persone. Hanno civilizzazioni e tutto questo è coperto sotto alla cintura energetica.
D: *Quindi non è caldo sulla superficie?*
B: Oh, no! No, no! Questa è una delle cose interessanti.
D: *Penseresti che sarebbe troppo caldo per sostenere la vita.*
B: E' cosi, ma tutto quello è molto sopra nella cintura energetica. Molto in alto "nell'atmosfera". E' qualcosa di simile alla cintura di Van Allen su questo pianeta. Ma noi andiamo e veniamo in ogni momento. Dentro e fuori. E' una civilizzazioni molto bella.

C'erano altre sorprendenti rivelazioni a riguardo delle proprietà del nostro sole che verranno rivelato nel resto di questo capitolo.

***

D: *Molta gente crede che il mondo fu creato in ciò che chiamiamo la Teoria del Big Bang. C'è qualcosa di vero in questa?*
Phil: Se fossi stata in forma fisica all'epoca, l'avresti certamente percepito come un Big Bang. (Risi) Il Big Bang, ovviamente, è un'analogia usata dagli scienziati per descrivere l'esplosione, come opposta all'implosione. Le forze di moto esterno create quando l'universo, o forse sarebbe più accurato dire, le leggi che l'universo stabilì. Quindi in quel senso, si, possiamo parlare della

Teoria del Big Bang, che significa quel punto nel tempo in cui ebbero inizio le leggi fisiche o materiali del vostro universo.

D: *Una teoria è che mentre la spinta esterna di questi mondi ha luogo, raggiungerà un certo punto dove inizierà a ritornare verso le origini. Potrebbe essere vero?*

P: Questo è corretto. Il punto in cui tutti i moti esterni cessano è noto come "equilibrium". E' al punto d'inversione che le leggi universali cambieranno e saranno polarizzate all'opposto di ciò che sono ora. Ciò ch'è positivo diventerà negativo e ciò ch'è negativo diventerà positivo. L'universo allora recederà ancora in ciò che è il vuoto. L'abisso. A quel punto la storia della creazione si ripeterà.

D: *Inizierà tutto da capo? Dopo il collasso su se stesso, esploderà ancora una volta, se possiamo dire.*

P: Precisamente.

D: *Quanto tempo ci vorrà perché avvenga qualcosa del genere?*

P: Possiamo assumere con certezza che sarai in un'altra forma quando questo accadrà.

D: *(Risi) Non ce ne dobbiamo preoccupare.*

Questo concetto dimostra che le leggi della reincarnazione o del riciclo si applicano a tutto dal microcosmo al macrocosmo. Nulla sfugge al ciclo.

Quando l'universo giunge alla fine della sua espansione, lo stadio in cui s'inverte, implode, torna alla Sorgente ed esplode nuovamente, è quando torniamo tutti a casa al Creatore con tutta la conoscenza che abbiamo accumulato?

D: *C'è una linea di pensiero che questo mondo tornerà su se stesso o verrà distrutto entro 5000 anni. Allo stesso tempo c'è un altro pianeta che stanno preparando per quelle entità che vivono sulla Terra che hanno elevato la loro vibrazione o elevato la loro comprensione dello spirito. E' questa una teoria verace?*

P: Forse la tua cornice cronologica è un po' inadeguata. Tuttavia, il concetto in se stesso è valido, infatti fin da ora coloro che decidono di migrare, non solo questo pianeta da cui parli, ma anche da altri, hanno già iniziato. Infatti già esiste il successore di questo pianeta in uno stadio d'infanzia. E a questo punto non ha ancora raggiunto lo stadio di supporto di qualche forma di vita, non come le conoscete qui, ma come saranno presto. Sto parlando della vostra forma di vita. Le energie residenti su questo pianeta in questo momento si sposteranno in massa verso quello che stanno preparando in questo momento. Perché a quel punto le vostre forme di vita si saranno evolute ad un livello diverso da quello in cui sono ora. Sarebbe inappropriato ed immaturo cercare di trasmigrare queste forme di vita a quel pianeta. Perché a questo stadio, entrambe non sono pronte. Tuttavia c'è una finestra di tempo per evolvere prima che entrambe forma di vita e pianeta siano ospitabili l'una per l'altra. Non c'è bisogno di dire che il momento in cui accadrà sarà il momento più appropriato.

Questa risposta l'ho ricevuta negli anni 90, ma continua ripetersi con grande frequenza durante le mie sedute anche negli ultimi anni. Questa idea dei corpi che si trasformano al fine di completare una transizione verso un altro livello vera' ulterior-mente discussa nell'ultima sezione del libro. Inoltre ho ricevuto informazioni riguardo ad un altro pianeta fisico, simile alla Terra che stanno preparando per i sopravvissuto di qualsiasi catastrofe Terrestre. Continuano ad enfatizzare che la razza umana non deve perire. Ci saranno sopravvissuti anche se "loro" dovessero usare dei mezzi drastici. La storia di questa seconda Terra è raccontata in Keepers of the Garden.

***

Ci sono molte domande relative ai pozzi nella grande piramide che sembrano troppo piccoli per qualcosa di utile e che sono direzionati al cielo. Per quanto riguarda tutto ciò che è connesso con la piramide ci troviamo immersi nel mistero.

D: Qual'è lo scopo dei pozzi all'interno della grande piramide?
Carol: Lo scopo dei pozzi nella piramide era di permettere alle anime degli esseri che consideravano sacerdoti e faraoni di tornare ai loro sistemi planetari, cosicché non rimanessero legati negli strati o nella luce di questo particolare pianeta. Agli albori erano stati manifestati nel fisico e poi quando non era più necessario restare nel fisico, le anime viaggiava-no attraverso quei pozzi utilizzando ciò che chiameresti uno "stargate". (Questa parola era una delle domande ed era insicura del significato.) Utilizzando degli strumenti tecnologici nella Camera del Re.
D: C'erano degli strumenti tecnologici nella Camera del Re?

C: Ciò che chiami la Camera del Re, loro usavano questi strumenti tecnologici per permettere a quelle anime di tornare ai loro sistemi solari originari.

In Keepers of the Garden e The Custodians è scritto che gli extraterrestri spesso vengono durante la formazioni iniziale di una civilizzazione per vivere tra la gente in crescita per aiutarli e condividere la conoscenza e l'educazione necessarie. Questi esseri hanno vite incredibilmente lunghe e alla fine venivano trattati e rispettati come dei. Questo indica che i primi faraoni potrebbero essere stati questo tipo di esseri (si faccia riferimento al Capitolo 4: Isis).

Questo i ricorda di una seduta descritta in Legacy From the Stars in cui le anime degli extraterrestri rimasero intrappolate nel nostro mondo dopo la morte. Apparentemente avevano creato karma e non potevano ritornare alla loro casa originaria, perfino dopo la morte. Spesso in questi casi nemmeno nessuno del loro pianeta natale sapeva che fossero qui. Forse gli ETs erano ben consapevoli che qualcosa del genere possa accadere occasional-mente e non voleva che questi visitatori, che avevano vissuto cosi a lungo sulla Terra, rimanessero similmente intrappolati.

Un altro mistero è l'esistenza di camere nascoste proprio sotto la Sfinge.

D: Si dice che le camere sotto la Sfinge siano sigillate. Perché vennero sigillate?
C: Ci fu un rovesciamento degli esseri che non erano di questo pianeta.

Questo indica che alcuni degli esseri che operavano il sistema delle piramidi in quel tempo non erano umani. Forse erano i consulenti, di cui si parla nei miei altri libri, che vennero a vivere tra gli umani per dargli i nuovi doni (avanzamenti) quando erano necessari. Inoltre questo spiegherebbe l'uso dei pozzi per rispedire le loro anime ai loro sistemi solari originali. Non volevano rimanere intrappolati qui sulla Terra dopo la fine del loro lavoro.

C: Gli umani volevano toglierli i loro poteri per renderli loro. Gli esseri sapevano che sarebbe successo. Cosi hanno sigillato tutti questi strumenti tecnologici ed informazioni perché non cadessero nelle mani sbagliate al momento sbagliato, perché ci si sarebbero autodistrutti.

Questo sembrava come quegli umani che, per ignoranza, distrussero gli strumenti per generare energia dal Sole, luna e stelle (Bartholomew condivise queste informazioni in Universo Convoluto, Libro Uno.)

D: *Quindi gli esseri dagli altri pianeti erano quelli che sigillarono le camere, non gli umani?*
C: C'erano dei neofiti, quelli che erano stati educati da questi esseri. Le piramidi erano usate per iniziazione ed educazione. Ci sono molti, moltissimi templi antichi tutti sparsi per ciò che ora chiamiamo il "plateau" (questo vale anche per il tempio della Gente dei Gatti in quella stessa zona. Vedi Capitolo Tre) Questi erano utilizzati per l'iniziazione della gente, gli umani, per elevare la loro coscienza e la loro vibrazione. Allora erano in grado di utilizzare questa tecnologia modo appropriato per aiutare il sistema planetario. Le piramidi erano basate su un sistema di griglie. Il sistema di griglie è molto importante, perché è il sistema di connessione principale del pianeta. Uno dei tanti. C'erano diversi sistemi, ma questo era uno di quelli. In ognuno di questi luoghi principali ci sono anche delle piramidi. Le piramidi sono conduttori di armoniche universali che connettono altri pianeti all'armonia e vibrazione. Questo funziona anche con colori, frequenze sonore e anche vortici, attraverso l'intero pianeta grazie al sistema di griglie; il tutto per mantenere l'equilibrio e le armoniche di questo sistema planetario.
D: *Questa gente sapeva come usare queste cose nella maniera giusta.*
C: Li istruirono. E li misero al posto giusto.
D: *Quindi il sigillo era dovuto alle altre persone che volevano il potere e loro non volevano che prendessero queste cose. Avete detto che c'era un pericolo per quelli che non sapeva-no come utilizzarle.*

Anche qui, sembrava molto simile all'energia nel tempio della Gente dei Gatti, che era pericolosa per coloro che non erano in grado di gestirla

C: Uno dei sistemi solari planetari intervenne. Mandarono dei delegati che potevano influenzare l'umanità, come sempre. Per rovesciare, per personalizzare, per prendere il potere dai gruppi corrotti.

D: Così questa gente sigillò le camere per nascondere le informazioni e per proteggere la gente da un uso sbagliato.
C: Per proteggerli da loro stessi.
D: E dove si trovano?
C: Camere sparse sotto la Sfinge. Tutte interconnesse da piccoli tunnel e protette da energie e frequenze.

Anche questo, sembrava simile alla storia di Bartholomeo (Libro Uno) dove la gente pensò che se fossero in possesso degli strumenti dell'energia segreta sarebbero stati al potere e non avrebbero avuto bisogno di extraterrestri o sacerdoti. Nella sua storia causarono la loro distruzione e quella degli strumenti. Quindi l'ultimo gruppo in controllo alla Sfinge decise di sigillare gli strumenti, per evitare che qualcosa del genere si ripetesse ancora. E' rimasto tutto sigillato da allora.

In Conversations With Nostradamus, Volume III, anche Nostradamus fece riferimento alle energie che furono messe in atto perché solo le giuste persone potessero avere il permesso di avvicinarsi all'entrata segreta di questi tunnel e stanze nascoste. Se le persone che tentavano di entrare non erano quelle giuste o erano di vibrazione negativa, ne sarebbero rimasti uccisi. Si tratta di un sistema di protezione molto elaborato installato migliaia d'anni fa.

Si facci riferimento al Capitolo 6 per quanto riguarda i simboli usati per rendere visibili le informazioni nascoste.

***

Anche se non sono un'astrologa, ho sempre avuto un interesse per l'astrologia. Com'è iniziata l'astrologia? Sembra che lo studio delle stelle abbia affascinato l'umanità da tempi immemorabili. Ho trovato una risposta piuttosto inaspettata durante una regressione di routine. Una donna tornò ad una vita in cui era un sacerdote dell'antica Babilonia. Abbiamo accettato l'idea che l'astrologia sia nata in Babilonia. Nei miei libri su Nostradamus, lui dichiarò d'avere un'effimerus che datava agli antichi Egiziani e Babilonesi. Lei era un sacerdote di una religione isolata e segreta o di una scuola dei misteri. Viveva in un tempio meraviglioso situato su una collina sopra la città. Descrisse lo studio delle stelle in cui il suo gruppo era coinvolto da tempio molto più antichi di lui. Disse che il movimento delle stelle è stato tracciato fin dalle origini del suo gruppo. Era il loro scopo primario mentre altri gruppi praticavano la guarigione e le profezie. Il tempio era aperto nel mezzo (niente tetto) con enormi pilastri su tutti e quattro i lati. Disse che il sacerdote si sedeva in un posto determinato al centro del tempio e tracciava la posizione delle stelle mentre si muovevano lungo gli spazi aperti tra le colonne. I pilastri gli davano un punto di riferimento ed un metodo di misurare il movimento dei pianeti all'opposto delle stelle stazionarie e il movimento della Terra. Dopo averlo fatto per centinaia d'anni avevano stabilito dei tracciati molto precisi. Li utilizzavano per determinare i solstizi e gli equinozi, perché' in un paese tropicale c'erano minimi cambiamenti delle stagioni che indicassero questi cambiamenti. Questo spiega perché moltissime strutture antiche erano costruite in questo modo. In cima ad una collina con molti pilastri equidistanti fra loro. In generale molti erano templi del mondo antico, ma ora sembra che i pilastri avessero uno scopo più pratico, di osservare e registrare il movimento delle stelle.

***

Dopo che un'altra cliente passò attraverso una vita passata ed era sul piano dello spirito, venne portata prima davanti al consiglio degli anziani che avrebbero passato in rassegna la vita che aveva appena vissuto. Fu deciso che aveva agito ammirevolmente e che aveva imparato le lezioni che era venuta ad imparare. Ora era pronta per il prossimo incarico. Tutto ciò era stato discusso in anticipo con l'aiuto degli anziani. Potevano offrire suggerimenti, ma non forzarla a prendere quell'incarico. Doveva decidere chi sarebbero stati i suoi genitori, dove sarebbe nata, etc.. Lo stesso tipo d'informazioni che avevo già ricevuto molte volte in passato. Ma questa volta disse che doveva anche decidere il giorno, mese e anno, e perfino la luna della sua nascita. Cosi feci la domanda che molti altri avevano già fatto a me: "L'astrologia ha forse a che fare con il processo decisionale di un'anima che ritorna sulla Terra." Disse che era certamente cosi. Tutto doveva essere gestito precisamente. Il che indica che perfino le nascite premature erano programmate prima della nascita, perché le influenze astrologiche erano importanti sulla personalità dell'anima entrante. Sicuramente c'è molto più dietro, perché non credo che comprendiamo tutti le qualità dell'astrologia e della numerologia.

I DEPOSITI DI TUTTA LA CONOSCENZA

Questa seduta prese una strana ed insolita piega. Phil stava partecipando alla UFO Conference in Eureka Springs, Arkansas nell'Aprile 2001 e decidemmo di fare una seduta visto che era passato molto tempo dall'ultima.

La mia vecchia amica Harriet ed io, condividevamo la stessa stanza. Lei mi ha sempre sostenuto moralmente fin dall'inizio del mio lavoro 25 anni fa. Questo fu l'anno (2001) in cui il Centro Congressi in Eureka Springs andò a fuoco, e Lou Farish, l'organizzatore del congresso dovette trovare un'altra sede. Nonostante ciò mantenni la mia riservazione all'Inn degli Ozarks solo per aiutare il motel (che aveva subito ingenti perdite). Molte persone pensarono che la conferenze fosse stata cancellata a causa del fuoco. Ann venne alla Conferenza durante l'ultimo giorno e le abbiamo permesso di restare nella nostra stanza invece di dover tornare a Fayetteville. Dormì sul pavimento, su un pallet. All'inizio della seduta Ann chiese se poteva restare ed osservare, perché anche se avevo avuto una seduta con lei, non ne aveva mai osservata nessuna. Phil non aveva obbiezioni visto che questo era già successo molte volte prima.

Strane condizioni iniziarono subito a manifestarsi. Dopo aver dato a Phil la usa parola chiave ed era in trance, notai che anche Ann (seduta su una sedia dall'altro lato del letto) stava entrando in trance. Feci un cenno a Harriet e lo vide anche lei. Non potevo fare nulla se non procedere, anche se feci cenno ad Harriet di tenerla sottocchio. Probabilmente perché avevo lavorato anche con lei, la mia voce ebbe questo effetto, anche se non ne avevo l'intenzione. Ann scivolò lungo la sedia, probabilmente nel suo mondo. Procedetti normalmente con la seduto, finche anche Ann non inizio a rispondere alle domande. A quel punto sapevo di avere un problema. Utilizzo un microfono e lo tengo vicino alla bocca del soggetto. Questo era un problema, perché lei iniziò a rispondere sottovoce e ad una certa distanza. Parleremo ulteriormente di questa situazione.

Quando lavoro con Phil uso il metodo dell'ascensore con il quale lui è molto a suo agio. Gli chiesi di dirmi la prima cosa che vide non appena si apri l'ascensore.

P: C'è qualcuno la che mi da' il ben venuto. In una pura luce bianca. Siamo vecchi amici. Mi sta portando in un'altra stanza dove mi può mostrare delle informazioni. Sono in molti qui il cui scopo è di assistere in questa comunicazione. Dicono che ci sono molti altri che stanno assistendo, da altre dimensioni, che hanno l'abilità d'influenzare il materiale dalla loro prospettiva, per poterlo spiegare secondo la nostra prospettiva. Vengono sempre trattenute un po' d'informazio-ni, visto che sono appena sopra al livello dove potete perce-pirle. E' un processo di crescita, mentre uno avanza nella comprensione, continua a superare nuovi livelli d'informa-zione. Mentre il processo di crescita continua, c'è sempre, un livello d'informazioni superiore a quello attuale che non è ancora stato raggiunto. E' questo continuo progresso che permette l'esaminazione e comprensione delle informazioni. Perché se vi fosse dato tutto subito, sarebbe impossibile comprendere.

D: *Lo facciamo da molti anni e le informazioni che stiamo ricevendo ora, non le avremmo mai comprese all'inizio. Non avrebbero avuto alcun senso e non avrebbero avuto alcun valore per noi.*

P: E' arrivato il momento di portarvi al prossimo livello d'informazione. Le informazioni necessarie per rispondere le vostre domande saranno disponibili.

D: *Una delle cose che mi è stata detta molti anni fa riguardava il Sole nel nostro sistema solare. Allora, mi dissero che non è ciò che percepiamo, ma che non siamo pronti per comprenderlo. Potete dirmi di più? La vera natura di ciò che chiamiamo il Sole nel nostro sistema solare.*

P: Ti chiediamo di definire la vostra domanda in termini di realtà. Stai cercando di comprendere la realtà fisici qui o fai riferimento all'aspetto ultra-dimensionale?

D: *Presumo che possiamo parlare di entrambi. Perché nella realtà fisica, lo vediamo come una palla luminosa nel cielo che da vita alla Terra e permette ad ogni cosa di funzionare grazie alle esplosioni gassose. Questo è il nostro concetto fisico. Ma è corretto?*

P: Possiamo dire che stai condividendo l'esperienza dalla prospettiva in un corpo non differente dal tuo. Le manifesta-zioni fisiche che percepisci attraverso i tuoi sensi, sono solo questo. Sono manifestazioni progettate per permettere una presenza sul quel particolare piano da cui stai parlando.

D: *Lo vediamo attraverso i telescopi come esplosioni gassose che si espandono moltissimo.*

P: Non diversamente da molti dei vostri politici la cui influenza è come dei tentacoli che s'allungano dalla loro base di potere. L'influenza del vostro Sole è intenzionale ed influenza le interazioni tra gli elementi contingenti, le energie, che dimo-rano sia nelle manifestazioni solari che in quelle planetarie. Ci sono reazioni osservabili sul Sole che sono il risultato diretto di azioni perpetrate sul vostro pianeta. Questo non vuol dire che tutte le reazioni sul Sole sono influenzate da azioni compiute sul vostro pianeta. Perché ci sono anche altri esseri che circondano il sistema solare che hanno una cerca influenza. Tuttavia, l'influenza più immediata e drammatica su ciò che chiamate il Sole, in questo momento sono le azioni degli esseri sul vostro pianeta. Sono attirati al vostro pianeta, per creare adattamenti e correzioni di squilibri sul vostro pianeta in questo momento.

D: *Avete detto che ciò che vediamo fisicamente è solo una parte, solo una manifestazione, ma la vera qualità del Sole è inter-dimensionale?*

A questo punto qualcosa di strano ed inaspettato ebbe luogo. Improvvisamente Ann rispose alle domande da dove era seduta. Era accasciata sulla sedia con la testa riversa da una parte, ma stava rispondendo. Ero troppo lontana perche il microfono potesse registrare la sua voce. Sembrava che: "Sta registrando" sulla cassetta. Sapeva che se avesse continuato, avrei dovuto avvicinarla, perché era seduta al lato opposto del letto dove era sdraiato Phil. Inizialmente, pensai che fosse solo uno sfogo improvviso e che non avrebbe continuato. Proseguii a fare domande a Phil

D: *Potete spiegarci cosa intendete con inter-dimensionale?*
P: Gentilmente richiediamo che l'altro individuo si accordi con le nostre energie cosi che possiamo partecipare assieme.

Normalmente, Phil non era consapevole di nulla nella stanza quand'era in trance. Apparentemente, le entità che stavano comunicando sapevano ciò che stava succedendo e volevano che Ann si avvicinasse. Questo avrebbe reso le cose più semplici anche per me.
Spensi il registratore e mi spostai dall'altra parte del letto. Harriet mi aiutò, nel tentativo di alzare Ann. E' una donna alta ed era un peso morto. Insieme, siamo riuscite ad alzarla ma non stava aiutando. Riuscimmo a girarla e buttarla sul letto vicino a Phil. Per tutto il resto della seduta rimase sdraiata nella scomoda posizione in cui era caduta. Almeno in questo modo, li avevo entrambi sullo stesso letto. Ma dovetti rimanere in piedi sopra di loro e spostare il microfono avanti e indietro mentre si davano il turno per parlare. E' molto interessante

che durante l'intera seduta mentre rispondevano alle domande, non si interruppero mai. Sembrava che sapessero quando l'altro stesse parlando e gli permettevano di finire prima di intervenire con la loro opinione. In alcuni casi continuarono le affermazioni l'uno dell'altra, aggiungendo ulteriori informazioni. Questa era la prima volta che fosse accaduto qualcosa del genere. Molte altre volte, la gente che osservava la seduta sembrava si fosse addormentata, probabilmente a causa del suono della mia voce, ma non hanno mai risposto alle domande o partecipato alla seduta. Dopo aver posizionato Ann, riaccesi il registratore e proseguii.

D: *Siete consapevoli che c'è un altro individuo nella stanza che si trova in questo stato?*
P: Siamo consapevoli dei livelli d'energia. Questo è corretto.
D: *Quindi se lei ha qualcosa d'aggiungere alla conversazione, non è un problema?*
P: Possiamo dire che la comunicazione tra di noi è simultanea. Stiamo solo utilizzando due veicoli.
D: *Quindi se lei parla è come se steste comunicando insieme?*

(Rispose Ann: "Si".)
Questo sarebbe un esperimento interessante. Era la prima volta che mi trovavo di fronte a due soggetti connessi in questo modo. Mi chiedo se fossero in grado di parlare insieme simultaneamente. Non sapevo cosa sarebbe successo.

D: *Molto bene. Ciò che vogliamo scoprire, sono i veri aspetti del Sole se non sono come li percepiamo sul nostro piano fisico. Avevate detto che era inter-dimensionale.*
Ann: Come una registrazione.
D: *Cosa vorresti dire?*
Ann: (Si schiari la gola per riuscire a parlare.) Registra. E' una sorgente d'energia fondata sull'analisi del pensiero. Questo pensiero sta registrando il pensiero per l'universo in cui vivete ora. Con questi pensieri che in esso sono registrati riproietta verso l'universo e viene utilizzato simultaneamente.
D: *Quindi è solo lo strumento di registrazione del nostro sistema solare?*
Ann: No. E' il duplicato di molti altri soli.
D: *Vorresti dire che tutti i Soli nel nostro universo sono strumenti di registrazione?*

Ann: Si. E' una sorgente d'energia. E' la sorgente principale da cui provenite. E' un duplicato, una versione inferiore, un simbolo che avete scelto d'usare per ricordarvi della sorgente d'energia da cui provenite.

D: *Quindi la sorgente energetica da cui proveniamo è solo una manifestazioni più grande del Sole, come lo vediamo?*

Ann: Si. Molto più grande.

Apparentemente stava facendo riferimento alla Sorgente o Dio, che è stato chiamato il Grande Sole Centrale in alcune delle mie sedute quando i clienti parlano del luogo da dove provengono.

D: *Ma il Sole da la vita anche ai pianeti e a noi tutti.*

Ann: Questo è ciò che avete deciso.

D: *Ma anche i Soli escono. Esplodono. Abbiamo sentito parlare delle supernova. (Si) Cosa succede a quel punto?*

Ann: Create di nuovo.

D: *Cosa succede alle informazioni, se sono degli strumenti di registrazione?*

Ann: Non vengono mai perse.

D: *Dove vanno a finire?*

Ann: Ci sono sempre.

D: *Dove?*

Ann: E' sempre esistita.

Phil: Ci sono altri livelli di consapevolezza che non sono fisici. Queste informazioni sono semplicemente trasmesse simulta-neamente a questi altri livelli che non hanno elementi fisici distruttivi. Le informazioni risiedono semplicemente su altri livelli e sono disponibili in ogni momento per essere trasmesse o ritirate ad un nuovo Sole o uno in espansione.

D: *Nel nostro lavoro ci hanno detto di molti pianeti che regis-trano. Alcune delle persone con cui lavoro li chiamano "casa". L'intero pianeta è un deposito d'informazioni. Stiamo forse parlando dello stesso concetto?*

Phil: E' esattamente lo stesso. E' solo una diversa manifestazione dello stesso strumento. Avete diversi mezzi nel vostro piano d'esperienze con i quali potete registrare. Tuttavia, gli strumenti in se per se non sono l'essenza della registrazione. Sono semplicemente un modo d'immagazzinare e proiettare la registrazione stessa. In questo modo le definizioni sono diverse, basate sulla tipologia di come queste informazioni vengono immagazzinate o distribuite.

Phil era il primo di molti soggetti a condividere di un tale luogo. Questo e' descritto in Keepers of the Garden come il Pianeta delle Tre Guglie e successivamente ampliato nel primo libro dell'Universo Convoluto e The Custodians. Da allora ho sentito di altri pianeti che registrano le informazioni e sono considerati dei depositi. Sul piano dello spirito, ce' la stupenda libreria che ritiene tutte le informazioni conosciute e sconosciute. L'accumulo d'informazioni sembra essere di primaria importanza nell'architettura degli universi.

Iniziai a fare una domanda, ma notai che Ann voleva intervenire.

Ann: Ti faccio un esempio. Il Sole Primario che irradia all'interno, perché voi siete dentro a ciò che irradia il Sole. Non c'è differenza nel raggio. E' tutto lo stesso raggio. E' lo stesso raggio che penetra tutta la conoscenza e tutto il sapere. Create voi l'intensità. E' l'intensità che create tutti assieme, collettivamente che rende la forza della sorgente più luminosa. Perché quando il Sole s'indebolisce, è la vostra intensità che s'indebolisce.

D: *Quindi controlliamo il Sole?*

Ann: Esattamente.

D: *Beh, in realtà controlliamo ogni cosa, ma non ce ne accorgiamo. Non è vero?*

Ann: Giusto. Il vostro pianeta è in un processo di cambiamento. Avete richiesto questo evento. Sapevate che questo sarebbe successo. (Ann alzo la mano e girò il palmo verso di me.) E' come la mia mano che è di fronte a te in questo momento. Ora, sto facendo esattamente ciò che fa il Sole. Sto sparando energia verso di te. Sto ridirigendo questa energia verso di te. In un momento la sentirai.

D: *Lascia che ti dia un esempio di alcune delle cose che sto trovando e poi vediamo se hanno senso. E' come se la nostra anima, il nostro spirito – il nostro subconscio o come preferisci chiamarlo – accumuli tutte le informazioni a cui l'essere viene esposto, ed è uno strumento di registrazione ad un livello inferiore, più piccolo. Quindi questo significa che i pianeti sono il deposito di questa conoscenza, o che stanno registrando ad un altro livello. E adesso mi state dicendo che il Sole è un altro registratore d'informazioni. Questo forse significa che ci sono diversi livelli dal più piccolo al più grande?*

Phil: Ci sono molte forme d'espressione. Stiamo solo illustrando che ogni cosa è in qualche modo sia un'espressione che un registratore della realtà. Non c'è nessun registratore che non sia in grado d'esprimere. Come potrebbe esserci una registrazione che è solo prodotta e non venga mai espressa? Sarebbe inutile avere un registratore che non può riprodurre le informazioni.

D: *Quindi a livello semplice, che la maggior parte degli esseri fisici può comprendere, tutto ciò che ci succede in tutte le nostre vite, sono solo esperienze che vengo registrate.*

Phil: I pianeti sono registratori delle persone. I Soli sono registratori dei pianeti. Infatti è una catena di registrazione che ogni esperienza individuale di ogni individuo viene regi-strata collettivamente dal pianeta. Le esperienze individuali di ogni pianeta sono registrate dal Sole. Le registrazioni di ogni Sole, dei suoi pianeti e degli individui su ogni pianeta sono registrate nella galassia. Ogni galassia viene poi registrata in un universo ed ogni universo viene poi registrato, cosicché le esperienze di ogni individuo non vadano mai perse. Vorremmo illustrarlo qui con il passaggio della vostra Bibbia. Dice che nemmeno un usignolo può cadere dall'albero che Dio non ne sia a conoscenza e questo è letteralmente vero. Ogni singolo evento, su ogni singolo pianeta viene sempre ed assolutamente registrato e conosciuto attraverso il livello planetare, stellare, galattico ed universale. Non esiste nulla come un evento o un'idea che passi inosservata.

D: *Se la gente lo capisse, vedrebbero che non c'è negativo, non c'è positivo. Ci sono solo esperienze che vengono registrate. Sono solo lezioni che la gente impara, e vengono messe nella banca dati universale, se cosi la possiamo chiamare?*

Sia Ann & Phil dissero allo stesso tempo: "Collettiva."

D: *La memoria collettiva o cosa?*
Phil: Il Dio livello. (Ann era d'accordo).
D: *Molte delle persone con cui lavoro, sono andate su questi pianeti repositorio di conoscenza, dove non c'era nulla se non spiriti. Erano stati portati la per scaricare le informazioni, per cosi dire o mi sbaglio?*
Ann: Corretto.
D: *Era come se le uniche persone là fossero i guardiani dei registri.*
Ann: Sono esseri che hanno sperimentato a diversi livelli, oltre al vostro livello planetario.

D: *E sono in grado di aiutare con l'accumulo della conoscenza?*
Ann: Corretto. Dispersione.
D: *Dispersione di conoscenza. Mi piace considerarlo come un computer gigante.*
Ann: Ne hai già parlato. Lo hai chiamato "imprint".
D: *Ne abbiamo parlato molti anni fa. Era come una libreria di tutte le vite mai vissute.*

La teoria "dell'imprinting" è che uno spirito può cercare e scegliere dalla libreria una qualsiasi vita come imprint (da stampare) sulla propria anima prima di entrare un'incarnazione. Di solito questo succede quando stanno per entrare in una incarnazione che richiederà esperienze che non hanno avuto nella storia delle loro vite. Piuttosto che vivere quella vita, è più facile fare un imprint di quella vita. Mi è stato detto che l'imprint contiene ogni cosa che succede in quella vita, incluse le emozioni. E' praticamente impossibile negare che quell'anima abbia vissuto quella specifica vita. Questo rappresenta una difficolta il terapista delle regressioni. Ma spiega anche una delle domande degli scettici: "Perché ci sono cosi tante persone che dicono di essere stati Napoleone, Cleopatra, ecc.. Pensano che se troppe persone dicono di essere la reincarnazione della stessa persona, allora questo invalida la reincarnazione. Ma non è cosi. Significa soltanto che molte persone scelsero l'imprint di quelle vite sulla loro anima, prima di entrare nel nostro mondo fisico. Possiamo comparalo alla ricerca, per prepararli per la vita che entreranno.

Ann: Questi spiriti sono i guardiani di ciò che chiami "l'imprint". Loro sono il fattore dispersivo nella nuova creazione che incontrerai molto presto.
D: *Intendi dire che la Terra sta cambiando? (Si) Ma secondo questa stessa concezione, mi hanno anche detto che il DNA dei nostri corpi attuali sta cambiando.*
Ann: Esatto.
D: *Potete dirmi di più a proposito?*
Ann: Si. Fai la tua domanda.
D: *Mi è stato detto che sta succedendo lentamente. Che le linee di DNA stanno cambiando? (Si) Alcuni dicono che, alla fine avremo dodici linee di DNA?*
Ann: Tu ne avrai quattordici.
D: *Ma mi è stato detto che raggiungendo dodici, si diventa corpi di luce e quindi invisibili a questo livello.*

Ann: No. Sarai in grado d'essere visibile a questo livello, perché è una vostra scelta d'esserlo. Avete scelto collettivamente.

D: *Mi è stato detto che il nostro DNA viene trasformato gradualmente.*

Ann: Sta succedendo. Perfino adesso (es.: piccolissimo).

D: *Perché, se succedesse improvvisamente non sarebbe in grado di reggere.*

Ann: Ecco perché il vostro sistema energetico attorno al pianeta sta cambiando. Sta aumentando. C'è chi ne è a conoscenza sul vostro pianeta. Si stanno preparando in questo momento. Vi stanno portando questa conoscenza. In questo momento c'è un muro energetico attorno al pianeta che sta cambiando e ruotando, per essere in grado di sostenere questa fonte.

Phil: Ci saranno sempre coloro che possono adattarsi a livelli superiori d'energia ad una velocità superiore. E' come il concetto del vecchio che conduce il giovane. Cosi che l'assistenza viene data a coloro la cui abilità di comprendere è aumentata ed aiutata da coloro che già comprendono. I cambiamenti nel vostro DNA sono necessari perché la vostra espressione fisica, il vostro corpo, possa avere ulteriori possibilità d'espressione. Miglioramenti alla struttura base, per queste espressioni superiori, avanzate ed energetiche. E' semplicemente una miglioria alla versione dei vostri corpi, tale che sarete in grado d'assimilare queste energie superiori che sono pronte ad esprimere se stesse fisicamente. A questo punto, non è stato possibile per alcuni livelli d'energia d'esprimersi fisicamente. Perché non c'era modo di comunicare con il corpo fisico umano. Con questa miglioria il corpo umano sarà in grado di comunicare a livello superiore e sarà in grado di attivare certe energie che sono, a questo punto, incapaci d'imprimersi.

D: *Mi è stato detto che con questa graduale attivazione del DNA, delle linee, diventeremo molto più resistenti alle malattie.*

Ann: Ti mostrero' come funzionera'. Attualmente avete le vostre linee, cosi come le conoscete. Queste lunghezze vengono aggiunte alla cima della linea. Adesso pensate che siano alla fine. Non lo sono; sono alla cima. Si uniranno in una formazione a cerchio, che attualmente non avete. In questa formazione a cerchio, quando sono connesse tra di loro, aumenterà l'intensità. Attraverso questa intensità, cambierà il vostro livello vibrazionale. Sarete in grado di trasformarvi da un luogo d'esistenza ad un altro.

D: *Vorresti dire dissolvendoci o distruggendo le molecole del corpo?*

Come lo fanno in StarTrek, quando vanno da un luogo all'altro.

Ann: Non vengono distrutte. La vostra comprensione di distruzione è molto diversa dalla nostra.

D: La dissoluzione o trasferimento di molecole?

Ann: Sarebbe successo in termini d'energia del pensiero. Ridirigete l'energia. Ma avete scelto di non comprenderlo in questo momento.

D: Ma saremo in grado di farlo in quel momento o quando il DNA cambia?

Ann: Esatto. Sarà una linea chiusa.

D: Ci hanno anche detto che questo renderà il corpo più resistente alle malattie?

Ann: Saranno minime, non saranno più una preoccupazione.

D: Dicono anche che stanno estendendo la lunghezza della nostra vita.

Ann: E' per sempre, per l'eternità.

D: Ma sarà ancora un corpo umano, come lo è ora?

Ann: Se è questo che scegliete.

Volevo chiarire la differenza tra il corpo e lo stato dello spirito, quando un corpo non è più necessario. Presumo che come esseri umani, ci piaccia tenere i nostri corpi fisici più a lungo possibile. Alla fine ne rimaniamo attaccati e vogliamo restare con ciò che ci è familiare.

Harriet: (Stava ascoltando, ma questa era la prima volta che intervenne.) Ci sarà qualche vantaggio nell'utilizzare il corpo fisico?

Ero impedì sul letto, invece che seduta in una sedia come al solito. Dovevo spostare il microfono da Phil ad Ann e questo richiedeva di allungarsi sopra al letto. Sembrava molto strano, ma conoscevo nessun altro modo per riuscire a raccogliere entrambe le loro voci. Ora lo stavo puntando anche nella direzione di Harriet. Speravo solo che il registratore fosse in grado di tracciare tutte le conversazioni. Successivamente, durante la trascrizione, scoprii che la mia fidata, "piccola scatola nera" non mi aveva tradito. Aveva registrato chiaramente e perfettamente.

Ann: Si. Sarà un vostro vantaggio che vi permetterà di rilocalizzarvi in altri sistemi planetari.
D: Quindi manterremo i corpi che abbiamo ora.
Ann: Se è questo che scegliete.
D: O essere trasformati. Ma non i corpi di tutta la gente verranno cambiati in questo modo. Esatto?
Ann: Saranno già pensieri e decisioni collettive. Avete già deciso di fare tutto questo.
D: Cosa succederà a quelli che non comprendono o non credono in questo?
Ann: Comprendono anche loro. Non comprenderanno a questo livello, ma lo sceglieranno quando si sposteranno.
Harriet: Potete darci una finestra di tempo della durata di questo processo?
Ann: La vostra finestra di tempo è estremamente limitata. E' già successo, si tratta solo di scegliere di manifestarlo nella vostra realtà.
Harriet: Lo faremo durante la nostra finestra di tempo, come la conosciamo adesso? (Si)
D: Sta pensando a cinque, dieci o venti anni, diventerà manifesto quando?
Ann: Nel vostro sistema matematico? Ventidue anni.
D: Verrà finalizzato entro quel periodo?
Ann: Lo inizierete. Ventidue anni e avrete chiuso le linee del vostro DNA ed inizierete il vostro processo.
Harriet: Tutte le persone che sono attualmente nel corpo saranno in grado do progredire fino a quel punto?
Ann: Ritorneranno.
D: Cosa mi dici di quelli di noi che sono della vecchia generazione?
Ann: Sceglierete di tornare, se lo volete. Ritornerete con i vostri ricordi.
D: Ma i nostri corpo non saranno in grado di cambiare fino a al punto di poter restare qui durante il processo?
Ann: Sarete in grado di cambiare il livello della vostra pelle esterna per essere in grado di gestire i cambiamenti energetici attuali sulla superficie della vostra Terra.
D: Perché, mi hanno detto che l'età non sarà più come la vediamo ora.
Ann: Non lo sarà.
Harriet: E il livello energetico aumentera'?
Ann: Esatto.

Harriet: Quelli che non saranno in grado di mantenere il livello energetico, sceglieranno do andare e tornare più tardi? Giusto?
Ann: Sceglierete di muovervi, se volete. Se scegliete di non tornare, allora sarà una vostra scelta. C'avete già pensato a livello collettivo. Non sembra che tu riesca a comprendere.
D: No, non capiamo, perché stiamo ancora pensando dal punto di vista individuale.
Ann: No, quello è finito. Quello è un tuo problema.

Diressi la mia domanda a Phil, che era rimasto silenzioso permettendo ad Ann di rispondere alla maggior parte delle domande finora.

D: Hai nulla d'aggiungere circa il DNA?
Phil: Possiamo dire che ci saranno più spiegazioni in altre arene. Queste informazioni saranno confermate attraverso altri veicoli. Vi chiediamo di mantenere la vostra consapevolezza su questo argomento, cosicché quando nuove informazioni che possono migliorare la comprensione ti saranno presentate, ne sarete consapevoli. Allora potrete migliorare la compren-sione di coloro che hanno, come voi, una comprensione elementare del processo che sta per aver luogo.
D: I cambiamenti del DNA e l'aggiunta di altre linee, sarà visibile a dottori e scienziati? (Ann: Si.)
Phil: Attraverso le loro vie di ricerca, stanno iniziando a com-prendere solo ora, le implicazioni di ciò che stiamo sperimentando qui oggi. Il progetto del genoma umano solo ora ha dato un'intuizione delle possibilità, che non sono ancora state espresse nei vostri corpi fisici. Ci sono molti, moltissimi segmenti della catena che sono stati classificati come DNA "spazzatura", solo perché non riescono a com-prenderne la funzione. Tuttavia, parte di questo cosiddetto DNA "spazzatura", è in realtà utilizzato e si sta esprimendo. Questi segmenti aggiunti lavoreranno in unisono con molti dei segmenti che sono già presenti. Sarà una miglioria che attiverà molti dei segmenti che erano presenti ma inattivi.
Harriet: So che siete consapevoli dell'influsso di bambini cosiddetti "Indigo".
Ann: Corretto. Sono i vostri insegnanti. C'è un cambiamento d'energia. I loro corpi si stanno attualmente ricostruendo con il nuovo cambiamento energetico. I loro livelli di DNA stanno aumentando.

H: *Ci sono dei modi specifici di gestire queste nuove energie?* (Sì)
Come facciamo a trovare la maniera migliore di farlo?
A: Avete risorse proprio adesso. L'acqua è la risorsa principale per i vostri bambini.
D: *L'acqua? Vorresti dire bere e fare il bagno?*
A: Portateli intorno all'acqua. Ingerimento interno. E' questa la frase giusta? L'acqua è un'equilibrante per loro. Grazie alla ricostruzione che sta avendo luogo in questo momento il vostro campo energetico (fece fatica a trovare la parola successiva. Continuò a balbettare qualcosa che sembrava: cir... cir...).
D: *(Suggerii) Circuito? (No)*
H: *Circolare?*
A: Circolazione attorno al vostro pianeta. In questo momento, crea confusione tra questi specifici individui. Sono venuti qui, proprio come avete loro chiesto, con una consapevolezza e comprensione superiori. La loro vibrazione energetica è molto superiore. E' a causa della costruzione che si trova attorno al vostro pianeta che fanno fatica a connettersi in questo momento. Ma sapevano che questo sarebbe successo.
D: *Molti degli educatori, gli insegnanti, non comprendono questi bambini.*
A: Non potete aspettarvi che li comprendano. Non hanno una comprensione ne fisica, ne emotiva, verso di loro. Sono molto limitati.
D: *Ma il problema è che li stanno mettendo sotto medicinali e prescrizioni che riteniamo limitino le loro abilità.*
A: Questi individui che stanno prendendo queste medicine che gli state dando, comprendono possono contrastarle.
D: *Oh, molto bene! Perché non vogliamo che siano danneggiati.*
A: Non potete danneggiarli. E' una loro scelta, perfino questi individui che vengono con questa illuminazione. (Pausa) Le vostre domande erano molto limitate. Abbiamo notato che in passate avevate molte più domande, che questa volta le vostre domande sono minime.
D: *Questo perché non siamo pronte a fare questo e stiamo cercando di focalizzarci solo su un argomento alla volta.*
A: Riceverete solo un po' d'informazioni, visto che ci sentiamo che ne avete bisogno per questo tempo della vostra vita. Non possiamo cambiare il vostro percorso. Voi cambiate il vostro stesso corso. Vi possiamo assistere con qualsiasi domanda che avete, non vi negheremo quelle informazioni.

Phil: Ci saranno specifiche opportunità per continuare queste sedute di ricerca, come a noi piace definirle, perché infatti sono uno opportunità o strumento con il quale potete punzecchiare la nostra comprensione e con il quale anche noi possiamo punzecchiare la vostra. Diremo che entrambi i lati di queste esperienze imparano gli uni dagli altri. Non importa quale metodo utilizzate per contattarci e farci domande. E' la vibrazione del vostro suono che influenza il corpo, le parole non importano.

D: *Intendi dire la mia voce?*

A: Esatto. Le parole non importano mai. La connessione avviene sempre con la vibrazione sonora.

D: *Cosi devo solo parlargli con l'intento di connetterci, e ci cosi ci riusciremo?*

A: Corretto.

P: Vogliamo ringraziarti per i tuoi sforzi di disseminare questo cambio di coscienza. Vediamo l'effetto che hai sulla gente del tuo pianeta. Quelli che hanno spostato la loro attenzione verso comprensioni superiori, o per meglio dire, comprensioni dei piani superiori; hanno trovato nei tuoi scritti un modo molto semplice ed accattivante di comprendere questi argomenti, che per altri sono: "troppo sopra la loro testa". Ti ringraziamo, perché non hai idea dell'effetto che stai avendo sull'energia che circonda il vostro pianeta; che è notevolmente ed ovviamente diversa, grazie a o come diretto risultato dei tuoi sforzi. Anche coloro che osservano da una grande distanza si sono accorti di questo cambiamento energetico, che è trasparente per quelli di voi con sensi fisici. Tuttavia, anche gli esseri che stanno osservando attraverso la visione remota (remote viewing) hanno notato questo cambiamento. Ti ringraziamo, non solo loro, coloro che non sono in grado di esprimerti la loro gratitudine; ma specialmente quelli di noi che stanno direttamente lavorando con te e gli esseri sul pianeta. L'aumento nella consapevolezza fa parte della volontà Divina. Ci saranno molte altre opportunità prima che ognuno di voi nella stanza l'esperienza ultima o meglio finale. Cioè la vostra transizione per tornare a casa. Ognuno di voi ha molto altro da fare. Non vi dovete preoccupare di alcun problema transizionale, visto che queste cornici di tempo e modalità di partenza, sono gestite da un'autorità estremamente competente.

D: *Mi avevano detto che ci sarei per osservare queste cose.*

A: Ci sarai.

P: Ci saranno molte cose incredibili che ognuno di voi sperimenterà prima che i vostri compiti siano finiti. Vi ringraziamo ancora una volta da parte di quelli di noi che sono qui e quelli che non possono essere qui.

Al suo risveglio, Ann era molto confusa ed intontita. Non aveva assolutamente alcuna memoria d'essere entrata in trance o di ciò che era accaduto. Phil aveva alcune altre cose da dire prima che finisse la cassetta. Riaccesi il registratore per registrarle.

D: Hai detto di aver avuto la sensazione che ci fossero due canali separati e non lo stesso gruppo.
P: Penso che questo sia dovuto al fatto che le nostre fonti superiori, a qualche livello, siano tutte connesse. Cioè è la stessa, suprema sorgente, ma al nostro livello qui giù sembra individuale. Quando Ann si stava preparando a parlare, lo potevo sentire e non potevo parlare contemporaneamente.
D: Avevo paura che questo succedesse, che iniziaste a parlare contemporaneamente, senza realizzare che l'altro stesse parlando. Invece continuavate il pensiero l'uno dell'altro aggiungendo altre informazioni.

Ann disse che quando senti la mia voce, non riuscì a restare sveglia anche se stavo parlando con Phil. Cosi è stato un successo, anche se inaspettato. C'erano molte altre informazioni durante questa seduta che sono state incorporate in altri capitoli.

CAPITOLO 23

UN ALTRO ESSERE D'ENERGIA

Questa seduta ebbe luogo in un ritiro nascosto nel Nord Minnesota nell'Ottobre del 2001, organizzato da un gruppo di (remote viewers) visualizzatori da remoto. Lavorano con molti altri in tutti gli USA per raccogliere informazioni attraverso la visione da remoto (remote viewing). Sanno che gli agenti del governo di tengono sotto controllo, nel tentativo di scoprire quanto e cosa sanno. Sanno anche che i loro telefoni sono sotto sorveglianza. Lo sapevamo quando chiamarono ed organizzarono questo incontro con il suo gruppo. Circa una volta l'anno, il gruppo s'incontra in un luogo secluso per comparare i loro appunti e pianificare una strategia. Questo ritrovo ebbe luogo in una locanda lungo le rive di un lago che era chiuso per l'inverno. Eravamo gli unici, eccetto i proprietari che gestivano il bar della locanda. Il giorno prima dell'inizio degli incontri, mentre stavano ancora sistemandosi con le provigioni, ecc., degli individui sospetti si presentarono ed iniziarono a fare domande strane. Cosi sospettarono che il governo sapesse che si stavano radunando. La presero di petto e pretesero che non fosse nulla. Dissero che avevano provato a lavorare con le agenzie del governo, offrendogli informazioni quando ritenevano che qualcosa stesse succedendo. Questo è quanto sono in grado di condividere su di loro. Il Minnesota è la terra dei 10,000 laghi, quindi sarebbe stato difficile determinare la loro posizione. Cerco di proteggere l'identità dei miei soggetti più che posso.

Il posto era deserto. Dopo aver parlato al MUFON nell'Ottobre del 2001, volai da Nord Minneapolis su un piccolo aereo. Da li ci hanno guidati per un'ora fino alla località sul lago. Faceva freddo e nevicava mentre eravamo là. Dopo il raduno tornammo in aereo fino a Minneapolis per la conferenza WE (Walk-ins for Evolution).

Tutto ciò a poche settimane dall'attacco del 11 Settembre a NY e Washington DC. Durante la conferenza WE, gli USA attaccarono l'Afghanistan con la scusa di cercare d'uccidere Bin Laden. Quindi furono settimane tese e c'era molto sospetto. Potevo capire perche il gruppo fosso cosi prudente. Il leader mi ha chiamato multiple volte dopo l'evento per condividere eventi che pensavano sarebbero successi, cosi che potessi restare aggiornata sul loro lavoro. La loro filosofia è di provare a cambiare qualsiasi evento anticipato o prevenirli attraverso l'influenza della mente di gruppo.

Questa seduta ebbe luogo con uno dei membri presenti alla locanda. Con Laura utilizzai la tecnica della nuvola e quando scese, non sapeva dov'era, ma di sicuro non sembrava una vita passata, perlomeno non sulla Terra. Stava ricevendo strane impressioni più che scene del passato.

L: E' un oggetto quasi brillante come il Sole. Sono solo ombre di luce e forme. Era come se il sole colpisse uno specchio ad un certo angolo e io lo stessi osservando dal lato piatto all'opposto.

Ho fatto diverse domande per orientarla e permettere alle immagini di formarsi. Assumeva d'essere all'interno piuttosto che all'esterno, perché si sentiva rinchiusa. Vide porzioni di diversi oggetti che non le erano familiari. Poi linee, dirette e spezzate. Pozzi di luce. Poi giochi di luce ed immagini super imposte una sopra l'altra come una doppia esposizione. Laura continuo' per parecchi minuti a vedere diverse forme geometriche, come diamanti accatastati, e colori, ma nulla che potesse spiegare dove fosse. Poi incredibilmente annunciò: "Penso d'essere un qualche macchinario! O sto guardando un macchinario. Ora l'unica cosa che vedo è qualcosa come una finestra. Ma non posso vedere attraverso, c'è una luce molto bianca dietro che però non mi fa male agli occhi."

D: Di che forma è la finestra?
L: E' molto rotonda. Forse prima avevo visto i ganci che la tengono ferma quando ho visto il lato della finestra. La luce che ho visto attraverso la finestra veniva da dentro la macchina. Adesso sono all'interno della macchina e sono circondata dalla luce. E' tutt'intorno a me, proprio come un aura? Solo che e' su tutti i muri ed ovunque. A volte la luce entra e mi circonda, altre volte diventa un cerchio intorno a me. Un cilindro attorno a me. Mi sono

spostata all'interno di questa macchina, la luce ora è color lavanda.

Volevo una descrizione del suo corpo, cosi le chiesi di osservare i suoi piedi. "Sento i miei piedi, ma non li vedo. Non penso di avere un corpo. (Confusa) sono qui, ma... non ci sono piedi, ne braccia. Sono solo qui. Non penso che ci sia un corpo, ci sono solo io."
Questo è successo molte volte, cosi non sono rimasta sorpresa. Dovevo solo pensare alle domande giuste da fare a questo tipo d'essere.

D: *Puoi descrivere il resto della macchina? Che altre impressioni hai?*
L: Sento una certa consistenza sui muri. So che sono metallici e hanno la forma di diamanti incastrati su e giù.

Queste probabilmente erano le forme a diamante che vedeva precedentemente, ma per le quali non aveva alcuna spiegazione.

D: *Sei a tuo agio in questo luogo? Hai un senso d'appartenenza qui?*
L: Si. E' una piccola macchina. Sono ristretto quando ci entro e percepisco che il mondo è colore. Molte luci colorate nel mondo e io sono luce colorata. I colori cambiamo in base a come rispondo all'ambiente. Luce ed oscurità. Siamo oscuri adesso, ma va verso la luce bianca, luce lavanda, luce gialla.
D: *Desidererei saperne di più circa questo luogo e sapere dove si trova. Vuoi spostarti fuori dalla macchina e vedere dove sei?*
L: Si, vorrei vedere cos'è.
D: *Puoi descriverlo da fuori?*
L: Allora, so che è metallico, ma non sembra metallico. Sembra una plastica scura, tuttavia so che è metallico. E' cilindrico, con la punta appuntita come un cono. Sembra molto stretto. Limitativo. Non costringente, ma proprio stretto, come lo sento. C'era spazio per muoversi.
D: *Dove si trova?*
L: Adesso non so cosa sto vedendo. Lo vedo in un...? Una pedana all'esterno. Sono sopra e sento d'esser stata una nave o un mezzo di trasporto. Adesso che ho una visione migliore, so che lo è.
D: *Se fosse un'astronave, dove ti porterebbe?*
L: Ovunque io voglia, ovunque. (Rise) E' in un luogo molto più grande, ma ho la sensazione di un'area piatta ed ampia attorno alla

piattaforma di carico. C'è movimento li sopra ma non molto. Non è un luogo affollato e c'è qualcosa che va verso l'alto.

D: *Ci sono altre persone attorno?*
L: Si. Non molte. Sono forme e ho la sensazione che indossino una uniforme. Non una forma umana, solo una sagoma.
D: *Hanno anche dei colori diversi?*
L: Sono principalmente grigi o scuri, blandi. Ma penso che sia perché stiano indossando qualcosa.
D: *Cosa stanno facendo queste altre persone?*
L: Oh, stanno facendo il loro lavoro. Direi che è una piattaforma di carico. Sono solo dei lavoratori.
D: *Qual e il tuo lavoro?*
L: Sono il pilota della nave. Mi sento come a casa.
D: *Puoi descrivere la zona di pilotaggio?*
L: E' l'intera astronave. Vado nell'astronave e fa ciò che voglio.
D: *Non devono avere dei controlli o qualcosa del genere?*
L: Funziona con la mente.

Non era la prima volta che sentivo questo concetto. Nel mio libro Legacy From the Stars, c'erano esempi di extraterrestri che erano cablati con l'astronave. Controllavano la nave attraverso la loro mente e le loro risposte muscolari. Queste entità erano più fisiche, mentre questa sembrava simile alla varietà energetica; perché non sembrava avere un corpo sostanziale.

Molti ETs controllano la loro astronave attraverso il pensiero. La mente di gruppo è specialmente potente.

L: Ma la nave è piuttosto sottile. Non è come un enorme aereo cargo qui sulla Terra. E' solo un cono affusolato. Proprio come una penna, solo che è tutto rotondo, lungo e appuntito.
D: *E tu sei l'unico qui sopra?*
L: Ho la sensazione di esserlo, si. Quando prendo la nave, sono l'unico. Faccio delle commissioni. Non sono proprio delle commissioni, ma nemmeno trasporti cargo. Non come gli autotrasporti come sono qui. Non ho un senso chiaro di cio' che faccio quando vado. Ho uno scopo per ogni viaggio. Distribuire messaggi, fare qualcosa, ma mi basta pilotare la nave. Prendo la nave e vado.
D: *Porti messaggi a qualcuno? E' questo ciò che intendi?*
L: Il fatto che io vada è un messaggio. E' molto difficile da spiegare. Nemmeno io riesco a capire il significato di questo concetto.

D: *Osservati mentre lo stai facendo. Ti basta entrare nella nave e pensare dove devi andare?*
L: Si, l'astronave funziona così, la macchina funziona in questo modo. Vedo il luogo dov'è attraccata non è casa mia, ma vengo qui frequentemente. Anche molti altri come me vengono. Ecco perché hanno una zona di carico che si adatta alla nave. Entra nel cerchio e presenta una piattaforma tutt'intorno. Ecco perché le forme indossavano vestiti e non mi assomigliavano. Perché non è casa mia, questo è il luogo dove vengo a volte.
D: *Andiamo a vedere com'è il posto da dove provieni. Puoi tornarci molto facilmente. Ora descrivimi il luogo che chiami casa?*
L: Luce. Molta luce. Soffice, soffice... luce molto soffice. Luce di tutti i colori.
D: *Ci vai con la tua astronave?*
L: Non questa volta. Sono solo andata.
D: *C'è nulla di solido o fisico?*
L: Non lo vedo. Siamo tutti luce.
D: *Ci sono altri esseri intorno a te?*
L: Sento che io sono tutto, ma c'è solo questa parte di me che ci va. (Ridendo) Ma tutto di me è quando sono a casa. Ed è una bella, felice sensazione; sono a casa.
D: *Allora perché dovresti andare in un'astronave? Hai detto che non senti d'avere un corpo.*
L: Loro hanno bisogno dell'astronave. Dove vado, loro hanno bisogno di vederlo. Io posso viaggiare anche senza, ma loro hanno bisogno di vedere l'astronave.
D: *Perché hanno bisogno di vederla?*
L: Non sono ancora esseri di luci, ma riescono a comprendere parzialmente. Per aiutarli, uso l'astronave quando vado in quel luogo e altri luoghi come quello. Sono a loro agio vedendo quando vedono una nave entrare e un essere di luce uscire. Per me non ha senso, ma questo li mette a loro agio.
D: *Quindi ti vedono come queste luci colorate?*
L: Mi vedono come un essere di luce, ma devono vedere l'astronave. Perché, non ne ho bisogno. Sono tornata a casa e adesso sono dentro l'astronave. Quando sono andata a casa mi sono sentito benissimo. Era solo l'infinita luce che è la mia casa. Ma avevo bisogno che l'astronave venisse fin qui.
D: *Su questa luce che consideri casa, non c'è nulla di fisico? A Casa o quello che è?*

L: No, ho la sensazione di una luce fluttuante. Ho anche il senso di "noi". "Noi" siamo luce.
D: Vuoi dire che siete in tanti in questo luogo?
L: Si. Ma siamo una grande massa. Io me ne vado e poi ritorno. Quando me ne vado, sono me stessa. Quando ritorno, siamo noi.
D: Allora fate tutti parte della stessa cosa. (Si)

Decisi di spostarla aventi ad un giorno importante dove stava succedendo qualcosa. Anche se non potevo immaginare cosa fosse considerato importante per un essere d'energia. Tuttavia dovevo seguire la procedura che ha sempre funzionato per me negli anni.

D: Cosa sta succedendo? Cosa vedi?
L: Ha a che fare con il noi che diventa io e io che diventa noi. Ha anche a che fare con l'utilizzo dell'astronave per gli altri. Per metterli a loro agio, per il loro benessere. Devo usare l'astronave. Ma per me è solo essere Io e non Noi e Noi non è Io. Capisco che non è un giorno particolare, è tutto l'intero concetto.
D: Ma hai detto che ti mandano a consegnare dei messaggi.
L: Si, a volte sto via per molto tempo, dove devo consegnare un messaggio. Questo è quello che stavano cercando di dirmi. Questo è quello che sto cercando di vedere.
D: Cosa vorresti dire?
L: Adesso, questo corpo è la mia astronave e sono qui per un messaggio. Per una ragione.
D: Sulla Terra, vorresti dire?
L: Si. Questo corpo di Laura e per il livello di benessere di questo luogo e tempo, devo starci dentro. Devo essere me stessa, non posso essere noi. Mi sta bene, mi piace essere me, ma mi manca essere noi.
D: Questo è ciò che ti fanno vedere; che una volta eri il noi?
L: Mi stanno dicendo che me lo stavano facendo vedere al modo dell'asilo, per spiegarmi le ragioni per cui sono qui. Il come succede.
D: Come è successo?
L: Mi hanno chiamato qui. Sono stata qui molte volte, ma questa volta mi hanno chiamato.
D: Cosa intendi dire?
L: C'era bisogno di me, dovevo venire. Non qualcun altro, volevano che venissi io. E' un lavoro molto importante e sarebbe stato un

lavoro lungo. Non avrei potuto venire e tornare. Dove prendere questo veicolo e venire qui.

D: *Vuoi dire che sei venuta sulla Terra per fare qualcosa che avrebbe richiesto molto tempo?*

L: Si. Sarebbe stato difficile, ma potevo farcela. E sentivano che solo io poteva farcela. Devo cambiare le cose. E' molto sottile e tutto è molto distorto. Ma l'entità del pianeta ha bisogno d'aiuto ed anche il pianeta mi ha chiamato. L'entità che è questo pianeta sta soffrendo, è dolorante e danneggiata. Quindi lavoro con il pianeta. Anche le persone sul pianeta soffrono, sono doloranti e danneggiate. Sono venuta per aiutare. So come cambiare queste cose. So come lavorare su queste cose.

D: *Nelle tue altre vite facevi lo stesso lavoro?*

L: Lo faccio ogni qualvolta che sono necessaria.

D: *Cosi in altre vite, hai fatto lo stesso lavoro di aiutare il pianeta?*

L: Si. Questa volta è davvero serio.

D: *Come aiuti il pianeta?*

L: Equilibrio le energie. Cerco di sagomare e plasmare le energie della Terra e della gente. E' come una scultura. Il clima, l'atmosfera. Tutto è una grande immagine con molte parti. Ed è un po' come... creare limature di ferro con un magnete, come le immagini dei bambini. Cerci di rendere la limatura di ferro una bella immagine attraverso il magnete. Sto cercando di tenere tutta questa limatura di ferro insieme. (Ridacchiando) Cerco di fargli mantenere una bella immagine. Questo pianeta è meraviglioso. Invece, la limatura continua a muoversi da sola. Continua a spostarsi, continua ad allon-tanarsi, continua a mettersi nei guai. E' un lavoro difficile.

D: *Ma apparentemente sei venuta volontaria per farlo, no?*

L: Si. Questa persona, questo corpo voleva sapere perché era stato chiamato qui. Questa è la ragione per cui è stata chiamata. Per aiutare la Terra. Per aiutare la gente. Per aiutare l'atmosfera.

Era diventata oggettiva. Solitamente questo significa che ero entrata in contatto con il suo subconscio o il suo Se' superiore. Non l'avevo ancora invocato, ma spesso avanza spontaneamente ed entra sulla scena. Gli do sempre il ben venuto, perché so che posso trovare risposte ad entrambe le sue e le mie risposte.

D: *Questo luogo da cui proviene, puoi dirle cos'era? Il luogo che chiamava casa.*

L: E' l'Uno. L'Uno. Dove Tutto è Tutto.
D: *Ma era venuta qui per aiutare la Terra.*
L: Sempre l'equilibratrice d'energie. Da molto tempo, si. E' bravissima nel farlo e l'universo sapeva che era l'unica a poter aiutare. La maggior parte della gente viene per le lezioni. Vengono per qualsiasi ragione, lei viene per aiutare. Il pianeta l'ha chiamata, l'universo l'ha chiamata.
D: *Ma in questa vita, lei sta anche imparando delle lezioni, non è vero? Questo fa parte dell'esperienza umana?*
L: Si, ha imparato delle lezioni per aiutare gli altri ad imparare le loro lezioni. Sempre aiutare, sempre aiutare.
D: *Quando viviamo sulla Terra, abbiamo una tendenza a creare problemi e creare karma.*
L: Si, la gente lo fa. (Ridacchiò) E ci sono anime che ne creano troppo, e ha accettato d'aiutare queste anime ad imparare come bilanciare il loro karma in una vita sola. Non sta rimanendo intrappolata in karma che altrimenti la terrebbe bloccata qui. Sta andando alla grande. Si ricorda. Qualsiasi cosa succeda, può bilanciare il karma. L'ha fatto perfino prima che si ricordasse di sapere come farlo. Mantiene quella memoria intatta, ma è vecchia. L'ha fatto molte volte.
D: *E' molto difficile vivere tra gli umani e non creare karma.*
L: Abbiamo molto rispetto per lei perché riesce a farlo. E' uno dei pochi che non lo crea e questa vita è stata difficile per lei. Ma si è ricordata presto e si è ricordata bene. Adesso ricorda ancora di più. Sentiamo che sia ora. Voleva sapere. Si è ricordata molti più di quanto non volesse ammettere, ma solo perché ascoltava tutti gli altri che le dicevano che non era cosi. Vogliamo che lei sappia che è cosi. I suo i ricordi sono precisi

***

Inoltre Laura voleva sapere degli angeli, ma sembra che sono una diversa tipologia d'entità.

D: *Laura, il corpo qui, voleva saperne di più sugli angeli. Potete dirle se esistono cose del genere?*
L: Gli angeli esistono. Lei ha lavorato con loro molte migliaia e centinaia di migliaia d'anni. Ha fatto moltissimo lavoro con loro. Ci sono angeli speciali con cui lei lavora.
D: *Questi sono come dei guardiani o guide per lei?*

L: Ha anche quelli, ma sono cose separate. Guardiani e guide sono persone, umani che ha conosciuto in questa e altre vite, che sono tornati per aiutarla in questo periodo. I suoi angeli per tutto il tempo. In tutte le vite su questo pianeta e alcune delle altre.

D: *Stava pensando che un angelo è qualcosa di attaccato alla Terra. Io non penso che sia corretto, è cosi?*

L: Penso che stia confondendo gli angeli con alcune delle entità protettive della Terra che vivono nell'atmosfera superiore. Stanno vicino alla Terra perché quello è il loro lavoro. Lei lavora a stretto contatto con alcuni di quelli che hanno il lavoro di bilanciare, nell'area di cui lei si occupa. Ma ci sono altri angeli che vanno ovunque vadano le anime. Le anime che compongono gli umani e le altre entità. Si stava chiedendo se gli angeli entrano nei corpi umani, ma non lo fanno. Sono solo gli esseri che chiama angeli e ci sono alcuni degli esseri che lavorano con lei e uno in particolare che ha sempre lavorato con lei per tutto il tempo. Tutte queste centinaia di migliaia d'anni; dal momento che ha iniziato ad incarnarsi, fino ad ora. Sono molto contenti del lavoro che fa con loro. Ma si deve ricordare che c'è altro oltre agli angeli che lei chiama angeli guardiani. Ha bisogno di ricordare tutti gli altri angeli nel suo ministero, come lo chiama lei. Ha bisogno di ricordarli, elogiarli e ringraziarli per il loro lavoro. E pregare per la loro energia ed il loro benessere e la loro forza.

D: *Questa era un'altra delle sue domande. Cosa dovrebbe o potrebbe fare per loro?*

L: Ha bisogno di ricordare la chiamata principale. E' a cono-scenza della chiamata per aiutare la gente e per aiutare le anime che verranno portate da lei per aiutare con la loro esperienza. Ma si deve ricordare che sta lavorando con tutte queste energie nell'atmosfera e con le armoniche umane. Le energie che tutte le persone emanano e le energie del pianeta. Ci sono angeli che la aiutano con tutto questo e aiutano altri che stanno facendo lo stesso lavoro. Ci sono altri che lavorano sulle Energie della Terra. Altri che lavorano sulle energie umane e altri ancora che lavorano sulle energie atmosferiche. Lei è l'unica che lavoro su tutte e tre.

D: *Sicuramente più difficile che lavorare su un tipo solo.*

L: Esatto. Prende molto da lei. Spesso si meraviglia perché non riesca a dormire bene e questa è una ragione. E' occupata sull'altro livello e rimane sveglia. Non si sente stanca e questo perché cerchiamo di assisterla, di tenerla attiva, di farla stare bene.

D: *Quindi quando pensa di dormire sta facendo molte cose?*

L: Le fa in ogni momento. Si vede nella sua vita perché ha un metabolismo molto basso e un basso livello d'energia. Si muove un po' più lentamente. Dorme fino a tardi e questo perché è cosi impegnata a quest'altro livello. Il che influenza il suo corpo in questa maniera.

***

Nel mio lavoro durante gli ultimi anni, ho trovato che sempre più gente sta diventando consapevole della loro vera origine spirituale e della ragione per cui sono al mondo in questo momento. Sembra che adesso sia il momento in cui tutto vera' rivelato loro. E' il momento d'essere consapevolmente coscienti.

CAPITOLO 24

SE PENSI, CREI

Richard, un insegnante scolastico, scese dalla nuvola e vide delle persone che gli davano il ben venuto sulla superficie. Lo stavano accogliendo. Pensava che fosse un altro pianeta, sicura-mente non era la Terra. "Sento che è diverso. E' molto pacifico, molto. La gente è molto gentile. E' come se fosse la mia famiglia." La gente era di forma umanoide, vestiti con tuniche fluenti. Lui ne indossava una porpora e non comunicavano oralmente, "Comunichiamo telepaticamente."

D: *Ti senti solido o fisico?*
R: In parte fisico, ma anche molto leggero.

Divenne emotivo ed iniziò a piangere mentre diceva che sentiva d'essersene andato da molto tempo.

R: Mi stanno chiedendo com'è andata. Che tipo d'esperienze ho fatto. E' quasi come avere un lavoro, come una missione. Come se fossi andato a fare un lungo viaggio.
D: *Perché hai deciso di tornare?*
R: Perché è ora di tornare indietro. Solo per rinnovare le mie energie e ricordare le mie origini.
D: *Dove sei stato?*
R: Principalmente sul pianeta Terra. Questa è stata la mia missione per almeno centomila anni.
D: *Quindi sei sulla Terra da molto tempo.*
R: Si, molte vite. Torno sempre indietro.
D: *Perché hai dovuto tornare?*
R: Perché fa parte del lavoro.
D: *Hai detto di essere tornato per scambiare informazioni?*

R: Si, solo una piccola rinfrescatina, presumo (piangendo).
D: *Il corpo fisico ha cessato d'esistere mentre sei là?*
R: No. Ha solo cambiato la sua frequenza.
D: *Quindi questo è il corpo fisico di Richard?*
R: Si, ma ad una frequenza molto più elevata.
D: *Quindi puoi andare in questo luogo quando cambi di frequenza? (Si) Quando succede normalmente?*
R: Probabilmente di notte, qualche volta. Mentre dormo.
D: *Allora Richard non è consapevole coscientemente di queste cose? (No) Stiamo parlando di un luogo fisico?*
R: Si, in un certo senso lo è, ma è anche in un'altra dimensione. In alcuni casi ho la sensazione che sia quasi fisica, ma ci sono alcuni aspetti che sono differenti. Più leggerezza, più libertà di fluire, più facile muoversi. Posso creare più facilmente con la visualizzazione.
D: *Cosa crei?*
R: Forme, energie, musica, colori.
D: *Stai creando queste cose per quella dimensione?*
R: In parte, ma l'altra parte consiste nel creare esperienze su livelli inferiori. Quando si abbassa la vibrazione, allora prende una forma.
D: *Quindi ciò che sei in grado di creare là, rimane o si dissipa?*
R: No, rimane. Prende forma. Non so come spiegarlo. Non conosco nessun altro modo per spiegarlo.
D: *Quando stai creando, come lo fai?*
R: Mi basta pensarci e poi mantengo quel pensiero. Poi lo abbasso dai piani superiori a quelli inferiori. Mentre lo faccio, sostengo l'intenzione, improvvisamente spunta fuori ed è li!
D: *Mi chiedo se c'è un modo che permetta alla gente in un corpo fisico sulla Terra, d'usare questa abilità?*
R: Si, sarebbe ottimo. Potrebbero farlo, lavorando insieme ed armonizzandosi come un gruppo. Dovrebbero dedicarsi a questo incarico, prendersi l'impegno, avere un'attenzione costante. Avere la volontà di abbandonarsi all'incarico. E' più facile con un gruppo ma è anche una spada a doppia lama. Da una parte, c'è un individuo, non ci sono tutte le complicazioni di un gruppo, ma come un gruppo c'è più energia per essere in grado di raggiungere qualcosa di grande. Quindi entrambi hanno dei pro e dei contro.
D: *Stavo pensando, se lo crei attraverso il pensiero, potrebbe sparire se l'energia gli venisse rimossa o se smettessi di pensarci?*

R: No, devi sempre pensarci. Puoi pensare a molte cose simultaneamente e mantenerne l'energia. Ci sono moltitudini ed interi sistemi stellari a cui puoi pensare.
D: *Puoi farlo da solo o hai bisogno di un gruppo?*
R: Penso che sia entrambi, anzi entrambi. Alcuni aspetti li puoi fare individualmente ma ha anche bisogno del gruppo per progetti più vasti.
D: *Questi altri esseri restano qui tutto il tempo?*
R: Alcuni di loro restano qui tutto il tempo, si. Quando vado in missione mantengono l'energia per me.

Questi esseri aiutavano Richard da quel piano senza che lui ne fosse consapevole, perché a volte si dimentica d'essere nel fisico. E' molto più difficile creare sul pianeta Terra a causa della densità. Gli era permesso sapere queste cose adesso, per evitare che se ne dimenticasse facilmente.

D: *Come chiameresti questo luogo se dovessi descriverlo?*
R: Astronave Stellare madre. Non so quali siano le coordinate. Qualche anno luce da qui, presumo. Ma ci vuole solo qualche minuto, se si viaggia nel corpo di luce.
D: *E' diverso dal lato dello spirito o c'è qualche similarità?*
R: E' simile.
D: *Sto pensando al momento della morte del corpo e lo spirito va sul piano spirituale. E' qualcosa di simile a questo?*
R: Si e no. Penso che se perdi il tuo corpo sei... c'è una piccola sconnessione. Lo sto descrivendo più come la prossima fase e questo è per essere in grado di prendere tutte le vite ed integrarle in un corpo solo; per poi elevare la frequenza e portarlo con me. E' piuttosto un processo d'ascensione o quello che preferite dire. Continui ad elevare ed elevare ed elevare la frequenza. In un certo senso la morte è un po' dirompente. Questo è piuttosto una continuazione.
D: *Perché pensi che la morte sia dirompente?*
R: Un po' dirompente. Ti tira da una esperienza ad un'altra e a volte la gente si perde un po'. Ma questo è più un flusso molto cosciente, continuo e facile basato sull'aumento della vibrazione senza alcuna interruzione di coscienza.
D: *Quando vanno sul piano dello spirito, ritornano ancor come fosse un ciclo, ma questo non è un ciclo?*

R: Penso che questo sia una liberazione da quel ciclo. Avete più scelte riguardo a quando volete venire e quando volete tornare.
D: *Perché decideresti di sperimentare con la Terra quando potresti restare la dov'è cosi magnifico?*
R: Presumo che a volte si voglia raccogliere missioni difficili.
D: *La Terra è una missione difficile?*
R: Si, penso di si.
D: *Cosa se ne fanno delle informazioni che gli riporti?*
R: Le studiano. Le compilano. Presumo che sia un altro livello d'esperienza con cui alcuni di loro abbiano familiarità. Molti di loro non hanno mai deciso di sperimentare una vita fisica.
D: *Sai cosa ne fanno con le informazioni dopo averle accumulate?*
R: Penso che sia parte di un progetto di ricerca per scoprire se quell'esperimento funziona davvero. O se si dovrebbe iniziare qualche altro esperimento.
D: *Come spiegheresti quell'esperimento di ricerca?*
R: (Pausa mentre cercava le parole per descriverlo.) Come fa il divino a rivelarsi e poi tornare indietro? Cicli in continua espansione e ritorno. Proiettando direzioni diverse. Tutta la vastità di esperienze diverse.
D: *Queste sono esperienze di tutti gli individui?*
R: No, sono tutti gruppi, moltitudini di... prima espandi, individualizzi, diventi diverse parti e poi... come riporti tutto indietro?
D: *Questo è ciò che chiamano l'esperimento di ricerca? Diventare tutte queste parti. Quindi accumulano informazioni e le riportano indietro? (Si) Solo la Terra è coinvolta nell'esperimento?*
R: No, no, no. Penso che ce ne siano molti.
D: *Va avanti da molto tempo?*
R: No, penso che l'umanità sia a cento, duecento mila anni. Altri esperimenti erano più lunghi. Quando tutte le altre forme di vita erano molto vecchie. Non c'erano limiti di tempo.
D: *Ecco perché mi è difficile fare domande circa la durata di qualcosa, perché non ha senso. (No) Ritengono che l'esperimento stia funzionando?*
R: Penso che stiamo facendo progressi. C'è un barlume di speranza che possa funzionare.
D: *Cosa sarebbe successo se avessero pensato che l'esperimento non avrebbe funzionato?*
R: (Rise) Allora si ricicla. Basta rimescolarli e creare qualcosa di nuovo.

D: *Allora cosa sarebbe successo a tutte le esperienze e tutte le informazioni accumulate?*
R: In parte andrebbero perdute, ma nel gran ciclo delle cose è solo parte dell'accumulazione d'informazioni. Ci sono sempre esperimenti ed alcuni esperimenti funzionano mentre altri no, ma contribuiscono tutti a ciò che funziona o non. Sono tutte informazioni preziose. Cosi si cambiano un po' le condizioni e si risintonizza ma non le cambi drasticamente. Si impara dalle esperienze, si fanno dei cambiamenti e ci si riprova.
D: *Questa è una delle regole: non si può cambiare drasticamente?*
R: Si, perché se si cambiano troppe variabili allo stesso tempo, allora non si riesce a sapere. E' molto, molto difficile sapere esattamente cosa funziona e cosa non funziona.
D: *Cosi ci sono certe regole e regolamenti. (Si) Ho sentito che la Terra è un pianeta difficile.*
R: Si, è uno dei posti più densi dove si posse esistere, ma per questo, ha anche alcune opportunità e sfide. Siccome è un pianeta dal libero arbitrio, a volte ci sono troppi aspetti imprevedibili. Troppe sorprese.
D: *Quando Richard esce del corpo, quando muore, ritorna a questo luogo o se ne va sul piano dello spirito?*
R: Non penso di dover tornare a ciò che chiami il lato dello spirito. Perché questa volta potrei, come ho detto prima, solo elevarmi ad una frequenza superiore. Cosi, ovviamente tornerei al pianeta casa.
D: *Molte persone devono andare a livelli inferiori. Potrebbero saltare improvvisamente a questo altri livello dove sei tu? (No) Ci sono delle regole specifiche a proposito?*
R: Regole non è forse il termine più adatto, ma in molti sono in condizioni specifiche che non gli permetteranno di saltare cosi velocemente. Anche se c'è la libertà di farlo sarebbe molto difficile.
D: *So che molte persone vorrebbero saltare il lato dello spirito, anche se è meraviglioso, e passare direttamente a dove possono creare.*
R: Si. Ma devi lavorare moltissimo su te stesso per essere in grado do farlo. Inoltre, penso, che ci dev'essere la volta' di dare, di servire, di contribuire.
D: *E' questo il tuo obbiettivo, tornare e restare in quel luogo?*
R: No necessariamente restare, ma so di voler tornare. E se ci fosse un'altra missione, dopo del tempo la prenderei in considerazione e sarei disponibile ad assumerla.

D: *Hai detto che alcune persone non sono mai andate in missione.*
R: Si, ma hanno anche ruoli diversi. Per alcuni di loro questo è il ruolo che hanno assunto.
D: *Forse alcuni di loro sono come gli accumulatori d'informa-zioni e ricordi. (Si) E tu sei uno di quelli che s'avventurano e le riportano. (Si) Penso sempre a delle macchine. Hanno forse bisogno di qualcosa del genere per accumulare le informazioni e registrarle?*
R: Hanno computer e altri strumenti, ma dall'altro lato c'è bisogno della coscienza delle entità o come volete chiamarlo. - Quando stavi parlando di creare, ci potrebbero essere problemi a causa del libero arbitrio. Diciamo che avete energia libera, ma se la utilizzate per creare i prodotti sbagliati, il risultato sarebbe un abuso dell'energia libera. - La sua anima lo ha fatto in passato. Perfino in un passato lontano. In vero è strano parlare del passato. Penso che fosse Atlantide o Lemuria. In parte era a conoscenza.
D: *Cosa fece con l'energia durate quelle vite?*
R: Ogni tipo di cosa. Riscaldare case. Trasportate la gente. Costruire cose. Curare. Mantenere il corpo. Si può utilizzare per molte cose.
D: *Cos'è successo? Ha abusato delle abilità?*
R: No, non ne abusò, ma ne perse il controllo. Andò a finire nelle mani sbagliate. Non ne fu abbastanza prudente. A volte troppa fiducia e a volte sperare troppo che tutti abbiano le stesse buone intenzioni. Cosi penso che abbiamo bisogno di un po' più discernimento.
D: *Come può attingere alla conoscenza che aveva queste altre vite?*
R: Attraverso la meditazione, parlando con la gente e poi facendolo. Poi quando lavora con le mani ed improvvisamente qualcosa prende forma, avrà un ricordo e dirà: "Oh, questo sembra familiare. Penso a volte solo avendo fiducia e a volte facendolo. Perche molte volte vuole essere perfetto e vuole sempre pensare alla prossima cosa migliore, ma solo facendola. - Penso che vedere questo luogo mi aiuti a ricordare da dove provengo, per non dimenticarmi. Per farmi sapere che mi stanno aiutando, stanno pensando a me, mi stanno proteggendo.
D: *C'è qualche modo per contattarli o comunicare con loro durante il tuo stato di veglia?*
R: Il primo gradino è in meditazione e poi penso che il canale si aprirà sempre di più. Si aprirà fino a che i possa farlo quasi in ogni momento.

D: *Oggi stiamo cercando una vita passata appropriata che Richard possa esaminare. Perché avete scelto di riportarlo al pianeta casa da cui proviene? Lo avete portato la direttamente invece che in una vita passata.*

R: Penso che siano informazioni molto più importanti di qual-siasi vita passata, perché quella è la sua casa base. Penso che i diversi ruoli che assumiamo facciano solo parte dell'espe-rienza generale. Ciò che è molto, molto più importante è l'essenza della nostra origine e da dove proveniamo. Penso che a volte non sia utile dilungarsi su cose che siano già accadute nel passato. E' importante focalizzarsi solo sul futuro e fare ciò ch'è necessario nel momento, allora le informazioni necessarie arriveranno. Questo ci aiuterà nel processo.

D: *Quindi pensi che focalizzarsi su cose che sono accadute nel passato sia limitante?*

R: Fino ad un certo punto, si.

D: *Il passato ha una certa importanza, e non vogliamo che sia stato in vano. Perché da esso traiamo delle lezioni, no?*

R: Si, è cosi. Ma a volte è molto importante lasciare andare. E liberarsene. Anche se cose negative succedono, lascia andare. Ad un certo livello, fanno parte dell'esperienza umana, ma dall'altra parte sono molto di più.

***

Ho incontrato un altro essere capace di creare durante la seduta con Nicole, il supervisore di una grande corporazione. Andò immediatamente in un luogo ultraterreno quando le chiesi di descrivere il suo luogo meraviglioso. Si trovò in una caverna, ma non sembrava un luogo normale sulla Terra, perché c'erano degli spiriti con cui comunicava. "Vedo questi spiriti quando ho delle domande o quando hanno delle informazioni da condividere. Posso chiamarli. A volte fanno delle altre cose. Se li chiamo, vengono. La maggior parte delle volte posso trovarli qui." Descrisse gli spiriti come luci bianche luminose. "Prendono la forma che voglio che abbiano. Possono sembrare delle persone. Li chiamo "la gente dalla tunica bianca". Molte volte non osservo i loro volti da vicino. Li riconosco grazie alle loro vibrazioni energetiche."

Le chiesi di questo caverna in cui si trovava. "Questo è un luogo che ho creato io e dove posso venire in qualsiasi momento. L'ho creato nella mia mente con la mia mente, ma l'ho creato in un fisico. Esiste in – ciò che potresti chiamare – un piano astrale. E' un luogo reale. Altri potrebbero riconoscerlo."

D: *Ma gli spiriti di cui stai parlando, esistono sul piano astrale?*
N: Esistono oltre il piano astrale. Sono amici miei. Sono guide e colleghi. Li consulto per informazioni e compagnia, (Risatina) per stare insieme. Possono accedere ad informazioni che per me sono difficili da accedere in questa incarnazione. Non devo andare alla caverna, posso contattarli ovunque io sia.
D: *Ma ti piace questo piano perché è pacifico?*
N: E' riposante.

Era ovvio che Nicole non si trovava in una vita passata. Stava solo descrivendo la sua connessione with questi spiriti guida durante la sua incarnazione corrente. "Li ho contattati in altre vite. Siamo stati colleghi, più che guide reciproche." Allora continuai la tecnica di regressione utilizzando il metodo della nuvola.

N: Sto scendendo attraverso degli alberi di pino molto, molto appuntiti. Non penso che sia la Terra! Gli alberi di pino sono molto, molto, molto alti. Forse tre metri in diametro e molto rotondi. Il suolo sta cambiando, non è solido.
D: *Come ti senti quando sei in piedi sul suolo?*
N: Non sono nel fisico. Non ho un corpo fisico. Quindi non ho bisogno d'essere in piedi sul suolo. Il terreno si muove. Mi sembra d'essere s'una nuvola, ma invece è energia di particelle d'acqua.
D: *Cosa mi dici degli alberi, sono solidi?*
N: No, non sono solidi. Non c'è nulla di solido come te lo aspetti sulla Terra. Hanno una forma, ma la tua mano potrebbe attraversarli. Sono tridimensionali, se riesci ad immaginare che le molecole degli alberi non sono cosi vicine tra di loro (dense) come quelle degli alberi sulla Terra.
D: *Ecco perché la tua mano ci passerebbe in mezzo. E il suolo si muove perché anche quello non è solido? (Esatto) E il tuo corpo è piuttosto....*
N: E' un più un corpo energetico. Posso creare una forma. Mi pasta stringere alcune molecole tra di loro. Ho un po' di materia, ma è molto libera.
D: *Se qualcuno di guardasse, cosa vedrebbe?*
N: (Ridacchiando) Dipende da chi mi osserva. Forse qualcuno vedrebbe qualcosa come una sbavatura grigia. Altri vedreb-bero

tutte le scintille, tutti i colori. Dipende da cosa fossero consapevoli. Ameno ché non restringa ulteriormente le molecole per creare una forma.

D: *Se stavi creando una forma, cosa creeresti?*
N: Qualsiasi cosa che voglio creare, qualsiasi cosa. Potrei creare un gattone. Potrei creare me stessa nel modo in cui sono in questa vita presente. Potrei crearmi come un uomo. Posso prendere qualsiasi forma che voglio, è molto facile farlo.

D: *Quindi qualsiasi cosa che hai creato, sarebbe solida?*
N: Non solida come la Terra, ma solida come gli alberi.

D: *Quindi la mano di una persona ti attraverserebbe?*
N: Se vogliono.

D: *Interessante. Questa è l'apparenza permanente del tuo corpo in questo luogo?*
N: Per la maggior parte del tempo lo lascio in forma di scintille.

D: *Sembra bellissimo. Questo intero mondo dove ti trovi è privo di forma?*
N: No, non è senza forma. Ci sono regole in questo mondo. Ci sono diversi parametri in questa realtà che sulla Terra. I parametri fisici sono più ampi. Altri parametri sono molto più astringenti. Non c'è molto margine nel perdono – penso d'aver travisato questa parola. C'è meno margine nel pensiero. Se pensi, crei.

D: *Hai detto che questo luogo, questo mondo, non è sulla Terra?*
N: Potrebbe essere simultaneo alla Terra. Anche lo spazio che occupa potrebbe essere occupato dalla Terra.

D: *Potrebbero entrambi occupare lo stesso spazio?*
N: Certamente. Ci sono piani. Si potrebbe dire che questo e' su un piano differente. Su un livello vibrazionale diverso. Alcune parti sono sovrapposte con parti della Terra.

D: *Ecco come fanno ad esistere nella stessa posizione, perché stanno vibrando a velocità diversi?*
N: Si. Potrebbe apparire dall'incarnazione sulla Terra che occupino lo stesso spazio. In realtà lo spazio è infinito. Occupando un livello vibrazionale diverso, sarebbe invisibile alla Terra e alla maggior parte dei suoi occupanti.

D: *Ci sono altri come te che esistono lì?*
N: Ce ne sono pochi. Non ci contattiamo molto velocemente. Io vengo qui per restare solo, non esisto qui costantemente. E' il luogo adatto per praticare il controllo del pensiero e per farlo senza conseguenze eccessive.

D: *Cosa intendi per conseguenze eccessive?*

N: In molte aree, o piani, o livelli vibrazionali, è più difficile controllare il pensiero dell'entità che si occupa. Quindi in quei casi, i pensieri causano conseguenze inaspettate. Quelle conseguenze possono spesso essere distruttive se hanno degli ampli schemi.

D: Vorresti dire che la gente crea delle cose e poi è...

N: E' un errore. Incomplete.

D: Questo quando si crea istantaneamente?

N: No. Qualsiasi cosa che pensi è creata istantaneamente. In questo altro piano che sto visitando, le creazioni appaiono istantaneamente. Quindi è il luogo perfetto per allenare le tue abitudini di pensiero. Perché pensi qualcosa, istantaneamente appare e puoi istantaneamente distruggerla or rifinirla.

D: Vuoi dire che è più facile controllarla in quel luogo.

N: Si. Il piano Terrestre è cosi denso. Crei qualcosa e ci sono interferenze energetiche altrettanto dense. Ci vuole cosi tanto tempo! E' cosi lento! La Terra è cosi lenta. E' densa. Il pensiero crea qualcosa, esce e ci vuole moltissimo perché ritorni. Nel momento che ti torna indietro hai già creato altre cose e tutto questo tempo è passato. Finalmente questa creazione arriva e tu dici: "Pffft, non è quello che volevo. Non è quello di cui avevo bisogno." Quindi devi distruggerlo e ripartire da capo.

D: Ma se ci vuole più tempo perché succeda, perché vada a buon fine, non saresti in grado di cambiarlo più facilmente?

N: A volte puoi, altre volte non puoi seguirlo fino alla fine. E' tutto cosi denso. Non si riesce sempre a controllarlo. Le energie delle altre persone s'agganciano alle creazioni e le muovono.

D: Questo crea dei cambiamenti. Non c'avevo mai pensato. Non resta puro, altre influenze possono entrare.

N: Si. Devi crearlo ad una vibrazione molto elevata per mantenerlo intatto. E' molto più facile allenarsi qui e molto più divertente. E' molto più facile creare belle cose.

D: Puoi portare ciò che crei li qui giù sulla piano Terreno?

N: (Ridacchiando) Questo sarebbe molto dirompente. Una tigre che corre per strada o cose del genere. Non è lo stesso.

D: Sarebbe più veloce se tu lo facessi?

N: No. C'è una vibrazione diversa per creare le cose sulla Terra che funziona meglio.

D: Pensavo che fosse un modo per eliminare la lentezza.

N: La lentezza fa parte delle regole, delle leggi.

D: *Ma puoi vedere la persona che sei sulla Terra o ti trovi in due posti simultaneamente?*
N: Si, potresti dirlo cosi. Posso focalizzarmi su certi luoghi, ma è più complesso di cosi. Esisto sempre in luoghi diversi. Nel senso più elevato esisto sempre ovunque simultaneamente. Non c'è né tempo né spazio.
D: *Qual'è lo scopo d'esistere ovunque simultaneamente?*
N: A quel punto, per sapere tutto ciò che hai bisogno di sapere. Per avere accesso a qualsiasi informazione.
D: *Sei sempre esistito? O hai avuto un inizio da qualche parte?*
N: Ho avuto un inizio. Sto cercando di trovare quell'informazione. Non penso che ci sia un modo per spiegare. Era uno sforzo congiunto, come faccio a spiegartelo? Era un'altra metà. Ero metà e un'energia maschile era l'altra metà.
D: *Vuoi dire che le energie maschile e femminile erano unite?*
N: (Prese un respirone profondo) Ho bisogno di un livello superiore d'energia, per piacere. (Respirò profondamente come se si stesse preparando per qualcosa) Sto salendo di un paio di livelli, per avere accesso a più informazioni.
D: *Alcune persone mi danno delle analogie se non riescono a trovare le parole.*
N: Si, ma è difficile trovare un'analogia sulla Terra. Perché sul-la Terra non c'è alcuna comprensione del fatto che qualcosa si può creare dal nulla. Ma è cosi. Sono nata cosi, in termini spirituali ed ero questo pensiero creato. Attraverso il pensiero. Sono che sulla Terra, diresti come fai a creare te stessa attraver-so il pensiero? Dovresti già esistere per avere quel pensiero!
D: *O qualcos'altro deve pensarti e renderti esistente.*
N: Forse.
D: *Beh, se è troppo complicato....*
N: No, non è complicato. Semplicemente le informazioni non sono disponibili sul piano della Terra.
D: *Vuoi dire che non può raggiungere le nostre menti umane.*
N: Non a questo punto. Non avrebbe alcun senso.
D: *Forse è abbastanza realizzare che ci sono alcune cose che non possiamo comprendere. (Si) Sei consapevole dell'entità conosciuta come Nicole? Quella attraverso cui stiamo comunicando?*
N: Si, siamo la stessa. Io faccio parte di lei.
D: *Tu fai parte di lei, e tuttavia sei separata. (Si) Influenzi la sua vita in qualche modo mentre sta vivendo?*

N: Si. Attraverso trasferimenti di pensiero.
D: *T'interessa ciò che le succede o sei completamente separata?*
N: Sono più interessata a ciò che succede a me.
D: *Allora perché stai esistendo come un'entità anche sulla Terra?*
N: Certe esperienze sono disponibili sulla Terra.

A questo punto accede qualcosa d'inaspettato. L'entità interruppe le mie domande perché potesse fare qualcosa su Nicole. Il corpo di Nicole respirò profondamente e poi l'entità disse: "Sto spostando Nicole al prossimo livello. Questa è la parte di lei che ha più conoscenza."

D: *Il prossimo livello è sopra o sotto?*
N: Sopra. Un po' più leggero dell'altro. Questo l'aiuta ad essere consapevole dei diversi livelli di consapevolezza nel suo essere, perché questo sarà il prossimo stadio d'integrazione. Crescita significa integrare tutti questi nel loro livello più alto. In questo momento, spesso lei si degrada per riuscire a comunicare con la gente intorno a lei. In un certo senso questo maschererà la sua impazienza con stupidità. Non appena dice qualcosa a livello fisico di ciò che sta succeden-do a livello spirituale, riceve molto scherno. Ecco perché è molto più divertente per lei restare sola. La gente non comprenderebbe se si trasformasse in pubblico o se trasfor-masse l'orologio in una rana. Lo trova frustrante ed irritante. (Respiro profondo) Deve tenersi tutto dentro. Usa queste energie, sa da dove provengono. Non ha necessariamente molta fiducia, per ora, nel suo controllo di queste energie in questa incarnazione fisica. Causa rotture nell'energia e muri nell'energia, ecco perché non fa queste cose. Non le piace impaurire la gente. Non vuole mettere il piede o la sua mano attraverso il muro. Creare cose: aprire la fano e farne uscire delle farfalle.
D: *Può davvero farlo?*
N: Ne è in grado. Lo conosce, ma ne ha paura. Queste cose non sono contro le leggi fisiche del luogo in cui vivi. Consciamente sa di poter fare queste cose. Non le fa, perché non si fida dell'altra gente. Non si fida della loro comprensione, della loro reazione. E' sempre stata in grado di farlo perfino quand'era una bambina. Da bambina cambiava forma.
D: *In cosa di trasformava?*
N: Qualsiasi cosa che voleva. Alberi. Acqua. Scoiattoli, Qualsiasi cosa.

Questo è simile ad altri capitoli in questo libro, quando la gente era in grado di fare cose che presumevamo impossibili. Dall'inizio di questo libro ho incontrato gente che ha la capacità di cambiare forma, spesso senza saperlo consciamente. Improvvisamente sembrano diversi a chi li osserva. Questo sarà trattato nel Libro Terzo. Come disse Nicole, queste cose non sono contro le leggi naturali di questo pianeta e di questa dimensione. Siamo solo stati condizionati dall'infanzia a credere che ci sono certe cose che facciamo e certe cose che non facciamo. Sono anni che tengo seminari riguardo al fatto che non conosciamo il potere delle nostre menti. Quando il potere delle nostre menti (che è spezzettato) viene riorganizzato e focalizzato (specialmente in gruppi) non ci sarà nulla che non saremo in grado di fare. I miracoli diverranno possibili. Dobbiamo riconoscere e contattare l'essere creatore che è dentro di noi.

CAPITOLO 25

UN ESSERE D'ENERGIA CREA

L'attacco a New York e al Pentagono dell'11 Settembre 2001, furono un punto di trasformazione nel nostro mondo. Ma allo stesso tempo ci fu anche qualche cambiamento nel mio lavoro. Un momento di trasformazione nella raccolta d'informa-zioni e del tipo d'informazioni che ottenevo. Durante tutto il 2001, questo sembrava manifestarsi mentre gli esseri (o chiunque siano) mi stavano fornendo concetti sempre più complicati. Sembrava che indicassero che il mondo fosse pronto per queste informazioni. A volte, rimpiangevo i giorni più semplici quando la mia attenzione era focalizzata sulle vite passate e lo studio della storia, ma non era più cosi. Non sarei mai ritornata a quei giorni e avrei dovuto continuare a progredire nell'ignoto ed inesplorato della metafisica.

Dopo l'attacco dell'11 Settembre, mia figlia Nancy ed io eravamo bloccate nel caos che esplose negli aeroporti. Avevo appena finito di parlare ad un Congresso in North Carolina, e avevamo passato la notte in una casa privata. Quella mattina dopo la svegli stavamo preparando le valige per raggiungere l'aeropor-to e tornare a casa per qualche giorno. La nostra padrona di casa ricevette una telefonata da un'amica agitata che le disse d'accen-dere la televisione. Le disse che il Pentagono era appena stato bombardato. Sopraffatta dalla sorpresa esclamai: "Ma questo è nei miei libri! Solo che Nostradamus disse che anche New York sarebbe stata bombardata".

Dall'altra stanza lei gridò: "E' meglio che veniate qui. Sono entrambe!" Guardammo inorridite mentre le telecamere si spostavano da una parte all'altra dove i due eventi stavano accadendo simultaneamente. Poi in completa incredulità, osservammo le torri gemelle collassare in un mucchio di macerie. Per dieci anni avevo tenuto conferenze sulle profezie di Nostradamus e questo era solo un "possibile" scenario. Uno che speravo, sinceramente, saremmo stati in grado di evitare. Ora, le sue predizioni erano in piena luce sotto i miei occhi. Mi scosse nel profondo del mio essere. Dicevano sempre: "Forse, potrebbe essere, è possibile". Ma ora, erano nella mia realtà. Dopo che io e mia figlia Nancy riuscimmo ad allontanarci dalla televisione, sapevamo che dovevamo andare all'aeroporto dove avremmo dovuto prendere un volo per tornare a casa. In quel momento, non sapevamo cosa sarebbe successo. Mentre guidavamo l'auto a noleggio verso l'aeroporto, ascoltavamo le notizie alla radio. Dicevano che tutti i voli, ovunque negli Stati Uniti, sarebbero stati cancellati e quelli ancora in volo dovevano atterrare immediatamente. Da oltremare, fecero tornare indietro i voli o li fecero atterrare in Canada. Questa era la prima volta che qualcosa del genere fosse mai accaduto negli Stati Uniti. Le implicazioni erano sconcertanti. Tuttavia dovevamo andare all'aeroporto per capire cosa fare.

Mentre ci avvicinavamo all'aeroporto Greensboro, notammo che sembrava un campo militare o una barricata della polizia. C'erano barriere, auto della polizia e poliziotti ovunque. Avevano già bloccato le entrate. Ci fermarono immediatamente e si poteva notare che erano tutti molto irritabili ed agitati. Non ne sapevano più di quanto ne sapevamo noi. Nessuno ancora conosceva la portata della catastrofe. Ci dissero che non c'erano voli e che dovevamo allontanarci immediatamente. Ma dovevamo capire cosa fare dell'auto a noleggio. Con riluttanza, ci lasciarono parcheggiare ed entrare. C'era un senso di sospensione nel vedere l'aeroporto completamente deserto. La donna all'ufficio del noleggio disse che se consegnavamo l'auto, non avremmo potuto prenderne un'altra. Tutti i noleggi erano stati sospesi e anche tutti gli autobus della Greyhound. L'intera nazione era in uno stato di completa immobilizzazione. Guardai Nancy e dissi: "Ho ancora le chiavi. Torneremo in aiuto." Le dissi che avremmo restituito l'auto quando saremmo arrivate in Arkansas. Non si lamentarono, era l'unica soluzione. Ci vollero due giorni al volante per tornare in Arkansas. Per tutto il viaggio, nell'atmosfera pesante delle costanti trasmissioni della radiofoniche.

Appena arrivata a casa ero esausta e già c'erano messaggi di diverse stazioni radiofoniche che mi volevano intervistare immediatamente a riguardo delle profezie di Nostradamus a circa gli eventi. I mie libri: Conversation With Nostradamus 1,2,3, erano gli unici che avevano gli eventi descritti in dettaglio. Il giorno successivo, ricevetti una chiama da Bob Brown che stava organizzando la Conferenza UFO a Laughlin, Nevada, dove avrei dovuto presentare quel fine settimana. Avevano deciso di non cancellarla, ma di proseguire in ogni caso e stavano per partire dal Colorado per iniziare i preparativi. Dissero che alcuni dei loro presentatori provenienti dall'Europa non erano in grado di partecipare perché i loro voli erano stati cancellati. Nessuno sapeva come sarebbe andata la conferenza. Tuttavia, viste le cir-costanze voleva che cambiassi il contenuto della mia presentazio-ne dagli UFO alle profezie di Nostradamus. Disse che dovevo partecipare, anche se avesse voluto dire viaggiare in macchina. L'idea non mi piaceva, visto che avevo appena guidato per due giorni per tornare a casa. Sabato al momento di partire, riuscimmo a salire su un volo per Las Vegas mentre le linee aeree ricominciarono a volare limitatamente.

La conferenza non raggiunge le normali aspettative di partecipazione, nonostante ciò tutti dissero d'esser contenti che i Brown la portarono avanti. Altrimenti saremmo stati tutti a casa attaccati alla TV, guardando orribili ripetizioni degli eventi. Almeno la conferenza ci tenne occupati e focalizzati su qualcos'altro. La mia presentazione fu la più difficile che abbia mai dovuto presentare, perché stavo parlando di una realtà ch'era solo una possibilità fino ad allora. Se si fosse avverata, allora cosa sarebbe stato delle altre che presagivano un'orribile guerra?

In molti modi fu una stranissima settimana. La cosa interessante era che quando ebbi una seduta a con Mary, qualche settimana prima, "loro" dissero che avrei iniziato a ricevere molte più informazioni di un altro tipo. Si sarebbe aperta una porta che mi era rimasta chiusa in passato e mi sarebbe stato possibile attra-versarla. Durante quella settimana a Laughlin completai dodici sedute private. Dieci delle quali contenevano sia informazioni da usa in libri futuri che messaggi diretti a me (incluso uno che ave-va a che fare con la mia salute). Questi messaggi di solito erano condivisi alla fine della seduta, quando chiedeva al subconscio se aveva qualche messaggio per il soggetto. Oltre a dare loro il mes-saggio, dicevano a me qualcosa che dovevo sapere. Sembrava che "loro" stessero usando la trance dei miei pazienti per offrirmi sempre più informazioni.

Molte delle mie sedute stavano prendendo delle pieghe interessanti. Sembrava come se mi stessero mostrando che non era più importante focalizzarsi sulle vite passate quando in precedenza. Andava bene per trovare le cause dei problemi fisici, malattie, fobie, allergie e problemi Karmici. Tuttavia credo che la maggior parte delle entità che controllavano queste sedute, stavano cercando di sottolineare che era ora di spostarsi ad un altro livello di comprensione che semplicemente andava oltre lo sperimentare vite passate in questa dimensione. Stavano cercando di dimostrarci che siamo molti più di semplici spiriti che stanno facendo un'esperienze in un corpo fisico. Siamo anche qualcosa di molto più elevato, molto più complicato. Che questa vita è solo una fermata del viaggio e non necessariamente la più importante. Apparentemente, queste entità pensavano che le persone con cui stavo lavorando fossero pronte per questo livello di conoscenza, affinché potessero vedere la propria vita da una prospettiva diversa e da un ulteriore piano d'esistenza. Alcune persone possono essere pronte per questo, ma per altre, potrebbe essere troppo difficile da gestire per il loro sistema di credenze. Cerco sempre di ricordarmi, durante una seduta, che il soggetto non riceve mai informazioni finché non è pronto. Se la loro mente cosciente (il monitor) non pensa che sono pronti, le informazioni non gli verranno mostrate o lo scherma semplicemente s'annerisce. Non contrasto mai questo meccanismo, perché so che "loro" hanno molta più saggezza di me.

Quando iniziai a lavorare con Jerry, un imprenditore che stava partecipando alla Conferenza UFO di Laughlin, all'inizio c'era ovviamente molta censura da parte della sua mente subconscia. Era quasi come se non fosse sicuro se fosse pronto per vedere le informazioni. Feci molte manovre prima che fosse in grado di riceverle.

In circostanze normali grazie alla mia tecnica, il soggetto scenderà dalla nuvola in una scena (spesso esterna), e iniziano a descrivere ciò che li circonda. Questa seduta fu differente. Jerry si trovò a camminare in un tunnel, alla fine del quale, vide una porta enorme. Immediatamente la descrisse come una porta energetica, anche se non sapeva perché la descrisse cosi. Era curioso di scoprire cosa fosse dall'altra parte, e gli chiesi come si apre una porta energetica. Disse che si faceva con la mente. "Sto cercando di dissolverla, ma non basta per lasciarmi passare." Frustrato, disse: "Non riesco a passare. Sento di non essere pronto. Gli elementi non mi lasciano passare." Quando disse questo, la porta scomparve. Cosi presunsi che apparentemente non era ancora pronto per vedere cosa c'era dietro alla porta. Il subconscio fa un lavoro meraviglioso nel proteggerci da noi stessi. Non gli avrebbe permesso di vedere nulla che non poteva gestire. Questo era ciò che pensavo, ma mi sbagliavo.

Visto che la porta era sparita, dovevamo andare altrove per trovare il luogo adatto da vedere per Jerry. Gli suggerii di cercare altrove per trovare qualcosa che lo avrebbe aiutato a comprendere la sua vita attuale. "Non dobbiamo passare attraverso quella porta se non vogliono farci passare. Possiamo andare in un'altra direzione e trovare qualcos'altro di più sicuro che tu possa osservare. Qualcosa che riuscirai a comprendere e d'importante." Iniziai a contare per portalo sulla scena poi gli chiesi cosa stava vedendo. Sorprendentemente, si trovò su un'enorme astronave.

J: E' un'astronave enorme, che sembra essere viva. Non è fatta di metallo o acciaio.
D: Viva?

Investigando casi di UFO, molta gente condivise la sensazione che l'astronave su cui si trovavano era viva e consa-pevole della loro presenza.

J: Viva. L'astronave stessa ha una coscienza. Ha una forma ma non me la lasciano vedere. Vedo solo quest'enorme stanza. C'è un giardino all'interno.
D: Un giardino nella stanza?
J: (Meravigliato) Si! E' quasi come una giungla planetaria, come sulla Terra. C'è vegetazione e acqua. (Lo trovava affascinante).
D: Come una grande serra?
J: Si! Ci sono delle cascate. Questo luogo e' enorme. Ha! Hanno la loro Terra e si trova nell'astronave. C'e' acqua e vegetazione. Ci sono... ha! animali. Permette alla gente di viaggiare in un ambiente pacifico.
D: Il soffitto deve essere molto alto se c'è una cascata.
J: Si può vedere attraverso il soffitto. E' trasparente. Si possono vedere i sistemi stellari e tuttavia è racchiuso. Ha una sua atmosfera.
D: Gli animali sono del tipo che si trova sulla Terra?
J: Possiamo creare qualsiasi animale che si voglia. Okay, creiamo questo. E' creato da una mente di gruppo. Il gruppo che sta viaggiando su quest'astronave. Ha! Interessante.
D: Ma avevi detto che l'astronave sembrava fatta di qualcosa che era vivo?
J: Si, si. Ha una sua coscienza. Abbiamo creato questa nave con la mente di gruppo. Cosi possiamo viaggiare con pensie-ri e un ambiente che mette a nostro agio. Lo facciamo cosi.
D: Come portarsi dietro un pezzo del pianeta.
J: Si. Alcuni dei ricordi migliori che abbiamo, li portiamo con noi, rende il viaggio più piacevole. Facciamo questo.

D: *Questa è solo una parte dell'astronave?*
J: Creiamo alloggi che sono vivi e possiamo parlarci. Comuni-chiamo con le nostre cabine. Questo ci permette di viaggiare.

D: *Comunicate con i vostri alloggi?*
J: Ah, con l'energia. L'intera nave è viva. Sto cercando di ve-dere le nostre sembianze (si stava divertendo. Trovava tutto questo incredibile ed interessante). Okay, siamo energia. Siamo tutti energia, ma possiamo creare qualsiasi forma che vogliamo. Possiamo creare corpi di qualsiasi forma e dimensione. E' tutto nella mente.

D: *Se siete pura energia come apparite?*
J: (Pausa, come se stesse guardando) Possiamo cambiare colore. Tutti i viola. (Ridendo) E' come un gioco. Stiamo cambiando i colori e le energie per giocare.

D: *Avete una forma?*
J: Possiamo prendere la forma che vogliamo. (Sorpreso) Ha! Possiamo prendere la forma di palle, quadrati, triangoli. Possiamo prendere le forme di animali. E' come un grande gioco. Siamo coscienze separate ma siamo tutti connessi.

D: *Quindi cosa sei tu nella tua forma normale?*
J: Solo energia. Energia cosciente. Sembra un tipo di intreccio, come un'energia ondulata.

D: *Può prendere qualsiasi forma voglia, solo per giocare?*
J: Si. (Ridendo) Che io possa essere dannato!

D: *Allora perché avete creato l'astronave?*
J: Presumo che sia un'illusione che apprezziamo. Ecco come viaggiamo, in gruppo. Creiamo una nave e possiamo creare cascate e metterci dei laghi, con i pesci. Possiamo cambiare... è molto luminoso adesso. I colori sono davvero luminosi, scintillanti, fosforescenti.

D: *I colori degli esseri?*
J: Si, e circonda gli animali. Possiamo metterci delle farfalle, delle libellule, degli uccelli. E' incredibile. E' come creare una Terra con le nostre menti, solo che è un'astronave.

D: *State ricreando il vostro luogo d'origine?*
J: Siamo stati in molti luoghi. Quindi le cose che ci sono piaciute, siamo in grado di replicarle con la mente di gruppo e condividerle tra di noi. Cosi per intratteneci, introduciamo diverse cose; ricordi che abbiamo di luoghi dove siamo stati.

D: *E' fisico e solido?*

Non mi rispose. Si stava godendo ciò che vedeva.

J: Okay, queste sono piramidi.

Iniziò a muovere le mani in aria con movimenti ritmici e graziosi.

D: Cosa stai facendo?

Ci fu una lunga pausa mentre continuava a muovere le mani in aria.

J: Stiamo creando.

Si stava proprio divertendo. Aveva un'espressione beata. Ci fu un'altra lunga pausa mentre si godeva l'esperienza.

D: Cosa state creando?
J: Mondi. Pianeti. Dimensioni. Sistemi Stellari. (Ridendo) Stiamo uscendo e stiamo creando. (Con espressione beata.)
D: Ma sul vostro pianeta natale com'è?

Non voleva parlare, era proprio divertito. Alla fine mi rispose: " E' fatto con la mente di gruppo. Non è un individuo. Lo si fa con la mente di gruppo."

D: Dovete agire tutti assieme?
J: Si, è come una famiglia di anime che creano insieme. Noi stiamo usando le nostre menti. E' come un gioco in cui si creano questi universi magnifici. Stelle. Facciamo tutto insieme.

Iniziò ancora a muovere le mani aggraziatamente.

D: Il tuo pianeta natale è un mondo fisico? Un mondo solido?

Adesso ho accumulato abbastanza esperienza nel parlare con esseri d'energia per sapere che tutti i mondi sono fisici o solidi come consideriamo il nostro. Ci sono moltissime possibilità che sorpassano l'immaginazione.

J: No, no, non lo è. E' in un'altra dimensione, non è nella vostra dimensione. Ha diverse forme, strutture e colori. Non è solida. E' in continua trasformazione. Sono figure, simboli, strutture e colori diversi.

D: *Dove vivi, che sia sulla nave o sul vostro pianeta natale, dovete assumere alcuna sostanza o cibo? Qualcosa che vi permette di restare in vita? (No, no.) Cosa vi tiene in vita?*
J: Solo l'energia. Siamo in grado di creare e abbiamo dei corpi se vogliamo. Viaggiamo grazie al pensiero. Per esplorare e creare andiamo in diversi luoghi con la mente. E' un gioco e come bambini che si stanno divertendo.
D: *Ma ciò che create, permane dopo che ve ne andate?*
J: In alcune dimensioni si dissolve. In altre dimensioni diventa fisico. Siamo in grado di creare il fisico nelle dimensioni inferiori e in altre dimensione sono solo simboli. L'energia cruda prende diverse forme e strutture.
D: *E non rimangono solidi?*
J: No, siamo in grado di solidificarlo.
D: *Stavo pensando che fosse come un ologramma, forse si dissolverebbe o sparirebbe dopo che avete finito di giocarci.*
J: Possiamo andare su pianeti che si sono già formati. E potremmo scendere. Potremmo anche diventare uno con tutto ciò che vogliamo: alberi, animali e sperimentarli. Con la nostra mente possiamo mettere la nostra energia in quelle creature, quelle forme solide. E' come un gioco, come fanno i bambini.
D: *Ma non restate lì? Vi basta sperimentarlo?*
J: Si, ci basta sperimentarlo e poi proseguiamo in gruppo. Viaggiamo in gruppo.
D: *Ma vi è permesso entrare in altri oggetti e cose? (Si) Sto pensando al fatto che animali e umani hanno un'anima.*
J: Noi abbiamo anime. Si. Abbiamo delle anime.
D: *Ma avete il permesso d'entrare in un corpo dove c'è già un'altra anima?*
J: Con il loro permesso, si.
D: *Perché sanno che non li invaderete o rimarrete. E' questo ciò che vuoi dire?*
J: Esatto. Solo per sperimentare, noi non invadiamo. Noi onoriamo quell'anima, dobbiamo avere il permesso.
D: *Solo per l'esperienza e poi andate avanti.*
J: Si. Questo è inter-dimensionale. Siamo in grado di andare in qualsiasi dimensione.
D: *Questo significa che siete molto avanzati?*
J: Non c'è una parola o concetto per questo. E' solo conoscenza.

D: *Volevo dire, avete mai sperimentato vite inferiori e vi siete evoluti fino a questo stadio? (Lunga pausa) Avete mai avuto incarnazioni in corpi fisici?*

J: Si, possiamo se vogliamo.

D: *Sto cercando di capire come funziona. Vi siete evoluti a questo stadio dopo aver completato le altre vite e il karma? O come funziona?*

J: Questo è un pianeta speciale.

D: *Quello da cui provenite?*

J: Quello dove ci troviamo. (Ridacchiò) La Terra. E' un pianeta speciale. E' un punto d'incontro per altre anime e altri gruppi da altre aree, altre dimensioni. E' come un villaggio vacanza dove si viene e si incontrano altri gruppi d'anime provenienti da altre zone e dimensioni.

D: *E' diversa dagli altri luoghi dove siete già stati?*

J: Si. Tutti noi la sperimentiamo. E' un luogo speciale, un luogo d'incontro per le anime. E' il migliore, tutti conoscono questo posto.

D: *Cosa c'è di differente?*

J: E' l'energia dell'amore.

D: *Oh, quindi questo non si trova in altri luoghi?*

J: Non come questo. E' il portale per il Creatore, è questa connessione, sperimenta ogni cosa.

D: *Quindi questo non è possibile in altri luoghi?*

J: Si, ma non come in questo luogo. E' un po' come Shangri La sulla Terra. (Rise) Beh, è la Terra.

D: *Pensavo che forse aveste bisogno del permesso per creare.*

J: Abbiamo il permesso. La Sorgente, il grande Creatore. Lui sperimenta attraverso di noi.

D: *Potreste essere descritti come un Co Creatore?*

J: Si, certamente.

D: *Vi permettono di creare ma avevi detto che in parte si dissolve.*

J: E' come dipingere un quadro e poi dipingerne un altro sopra a quello. Si può cancellare o andarci sopra, riformarlo, ricrearlo.

D: *Quindi, intendi che sia qualcosa in costante cambiamento?*

J: Si potrebbe esserlo.

D: *Con la Earth, se create qualcosa, rimate?*

J: Con la Terra si, ma anche lei sta cambiando. La Terra è una coscienza di gruppo.

D: *(Stava ancora facendo graziosi movimenti con le mai.) Con tutti questi movimenti delle mani cosa state creando, mentre state parlando con me?*
J: Sto cercando di ricordare.
D: *Come farlo?*
J: Il significato generale.
D: *(Stavo osservando il suoi costanti e graziosi movimenti.) I movimenti delle mani sono necessari per creare queste cose?*
J: Funziona attraverso il corpo. Risveglia il corpo per ricordare la coscienza. Presumo che questo non avrei dovuto saperlo. Per ricordarlo. Si. Questa era la porta.

Stava facendo riferimento alla porta energetica che non riusciva a dissolvere all'inizio. Pensava che le informazioni fossero bloccate quando non riuscì ad entrare. Ma apparente-mente, il subconscio riuscì a trovare un altro modo per dargli la conoscenza.

D: *Ma è se adesso lo sai, deve essere il momento giusto, altrimenti non ti sarebbe permesso di ricordarlo. (Si) Questo significa che è importante. Ma se ti ricordi come farlo, hai bisogno del gruppo, giusto?*
J: Si, il gruppo è importante.
D: *Non si può fare da soli?*
J: Non vorrei nemmeno provarci. Farlo insieme fa parte dell'esperienza. Godersela assieme. Da solo non è la stessa cosa, cosi veniamo insieme, in gruppo e ci divertiamo tra di noi. (Ridacchiò) Ci intratteniamo tra di noi. Questo fa parte della coscienza di gruppo, ci intratteniamo tra di noi. Cosi non c'è noia. E' un continuo cambiamento, creazione e ammirare il lavoro altrui. Altre anime, altri creatori. Andiamo in luoghi che sono stati creati e come un dipinto, ci godiamo questi luoghi per vedere cosa altre persone, altre anime hanno creato.
D: *In questo modo non rimanete bloccati nel fisico e nel karma, giusto?*
J: Se vuoi si può. Fa parte del gioco, parte del divertimento, per sperimentare quante più cose possibili.
D: *Adesso dove siete non avete alcun karma, giusto?*
J: Non sull'astronave. Ma posso. Ci sono diversi modi per sperimentarlo. Puoi assumere delle forme e sperimentarlo.
D: *Quindi il karma si crea perché interagisci con altre persone? (Si) Sto cercando di capire come funziona.*

J: Altri gruppi sono venuti in questa zona e hanno interagito tra di loro. Scelsero di prendere una forma e di crearla per fare un gioco. Quando è un gioco è tutta un'illusione, ma è importante giocare. La visuale, il sapore, tutte le sensazioni che non si trovano in altri luoghi. E' tutto unico.

D: *Stai dicendo in altri luoghi e specialmente sul vostro pianeta non ci sono emozioni?*

J: Si, alcuni le hanno. C'è chi le ha e chi no. Alcuni sono pura energia. Le forme, i simboli. La Terra è unica perché ci sono più varietà. Perché un luogo di ritrovo. Non un gruppo solo la creò. Furono molti gruppi a formarla e crearla, ecco perché è unica. E' il tutto aggiunto al tutto. (Ridacchiando) E' come un dipinto di gruppo.

D: *Hanno tutti avuto a che fare con questo? (Si, Si.) Ma al fine di raggiungere questo luogo, siete dovuti venire con un'astronave. In una qualche sorta di protezione.*

J: Si, questo per tenere il gruppo unito.

D: *Non potevate viaggiare come energia?*

J: Si, possiamo separarci dal gruppo se vogliamo e spostarci separatamente. Ma possiamo riconnetterci al gruppo perché siamo sempre in contatto. Possiamo viaggiare come sfere di luce e raggiungere diversi luoghi. A volte da soli, di solito con anime amiche che ci sono vicine.

D: *Se non avete la protezione che avevate creato intorno a voi, non riuscireste a tenere il gruppo unito?*

J: Si, questo è il concetto di gruppo.

D: *L'energia andrebbe dissipata se non la teneste unita?*

J: Si, esatto. Scegliamo di venire e viaggiare insieme in gruppo.

Quando ho parlato con altri esseri d'energia, mi è stata detta la stessa cosa. Pensai che se fossero pura energia, avrebbero potu-to viaggiare ovunque da soli. Perché avrebbero avuto bisogno di una nave per viaggiare? Mi hanno detto che tiene la loro energia contenuta. Altrimenti, verrebbe dissipata e mescolata con le altre energie intorno a loro. Altri mi hanno detto che la Terra è considerata un luogo di vacanza, dove molti esseri vengono a sperimentare varie emozioni ed esperienze. Vogliono l'avventura per poi tornare a "casa". Devono stare attenti a non rimanere imbrigliati nell'esperienza fino al punto di creare karma ed essere condannati a rimanere qui. Molti di questi visitatori devono rimanere osservatori oggettivi, ma è difficile.

D: Durante il viaggio di divertite a trasformare l'astronave in quello che volete.
J: Si. E' come guardare una TV enorme o un centro intratteni-mento, solo che lo creiamo noi. Fare diverse cose è il gioco. A volte creare, a volte godersi la creazione altrui. Ma la Terra è molto speciale. Ha una fortissima connessione con la Sorgente.
D: Perché pensi che abbia una forte connessione?
J: E' quasi come se fosse il cuore di Dio. Presumo che sia il modo migliore di spiegarlo. Di ciò che noi umanoidi vediamo come Dio o il Creatore. Questo però è solo a livello fisico. Potrebbe anche essere che nella nostra mente, questo è ciò che abbiamo creato: la Sorgente per la Sorgente.
D: Come percepite la Sorgente?
J: Siamo la Sorgente. Facciamo parte della Sorgente. E' solo energia, è pensiero. E' in grado di prendere forma e di con-nettersi a noi.
D: Quindi siete più suscettibili di questo perché non avete una forma fisica?
J: Si. Siamo consapevoli. Conosciamo. La presenza è qui e siamo in grado di connetterci.
D: Ma la Terra è più vicina alla Sorgente, perché ci sono molte varietà?
J: E' grazie alle riunioni di gruppi. Le anime. Tutte le anime. Questa è la sorgente, il punto di connessione. E' come una famiglia galattica che si riunisce. C'è una forte attrazione qui.

Per tutta la seduta aveva continuato a fare quei graziosi movimenti con le mani.

D: (Ridacchiò) Sembra vi stiate davvero godendo questa esperienza di creazione, non è vero?
J: Si, l'esperienza.
D: Restate lontani dal vostro pianeta natale a lungo?
J: Non riesco a percepire un pianeta natale. Sento solo molti luoghi dove sono già stato.
D: No è un luogo dove vorreste tornare? Vi piace andare da un posto all'altro.
J: Si. Non percepisco un luogo, un inizio. (Pausa) Sto cercando di vedere se c'è un luogo.
D: Da dove provenite?
J: Si. Una volta, eravamo in forma. All'inizio non c'era forma. Era solo energia.

Viene descritto cosi nella Bibbia: All'inizio Dio creò il paradiso e la Terra. E la Terra era priva di forma, e vuoto; e l'oscurità era sul volto del profondo. Allora Dio disse: Che sia Luce. E luce fu. Genesi 1:1 3

D: *Ma, come avevi detto, avete un'anima individuale.*
J: Si. E' una conoscenza, è una connessione. E' separazione e tuttavia ne fa parte. E' un punto di connessione. E' separazione, tuttavia è coscienza e consapevolezza. E' connettersi ad una Sorgente ed è anche separazione.
D: *Ed è qualcosa che vuole sperimentare.*
J: Si, si. Non posso vederlo, ma è ovunque, fa parte di noi.

Stava ancora gesticolando. Presumo che avremmo potuto restare in quello scenario a lungo, ma non avevo più domande da fare ad un essere d'energia impegnato nel divertirsi a creare. Cosi decisi di fare ciò che faccio di solito. Lo spostai in avanti, in quella sua vita, ad un giorno importante, quando stava succedendo qualcosa. Non avevo idea cosa potrebbe essere un giorno importante per un essere non fisico.

D: *Cosa vedi? Cosa sta succedendo?*
J: Gesù sta nascendo.
D: *Oh? Dimmi di più, stai osservando?*
J: Da sopra.
D: *Cosa vedete?*
J: (Pausa) E' una sensazione. Un senso. Posso vederlo, ma è una sensazione. Una sensazione bellissima. E' un evento molto speciale. Non so perché, ma è un evento speciale. Molto speciale. Sto guardando dall'alto.
D: *Gli altri sono con te?*
J: Si, il gruppo è qui. E' un momento bellissimo. Sto osservan-do e cercando di capire. Non sono sicuro del perché' sia cosi importante o speciale. Okey. E' l'energia dell'amore che vie-ne creata in un modo molto speciale. La si può sperimentare. E' molto speciale. E' inter-dimensionale. Ce n'e bisogno in molte dimensioni. Siamo tutti qui, c'è una riunione. Possia-mo sperimentarlo attraverso le anime degli esseri che sono sul pianeta o possiamo osservare dall'alto. E' molto speciale.
D: *Hai detto che è come fosse la manifestazione dell'amore?*

J: Si. In modo dualistico, nella separazione di maschio/femmina che c'è qui sulla Terra. E' Dio che viene in maschio/femmina. Proviene da una Sorgente superiore. Proviene dalla Sorgente. E' molto speciale. Da questa prospettiva, possiamo vederlo da un punto di vista più vasto. E' critico.

D: *Perché è critico?*

J: Non lo so. Per il pianeta, credo, ma non per noi. Noi siamo separati. Ma è per il pianeta. Perché' è speciale? Solo amore. Sta portando amore al pianeta, in un modo che non si è ma sperimentato prima. In forma umana. Ma trascende molte dimensioni. Influenza molte dimensioni sul pianeta e come un portale.

D: *Un portale? Cosa vorresti dire?*

J: Sto cercando di capire. Non so perché. E' un punto di connessione per le anime. Esseri angelici. Attira tutti gli esseri, tutta la creazione qui. E' un luogo dove si sperimenta la creazione dell'amore in modo speciale.

D: *Ecco perché sta attirando la gente a guardarlo. Voglio sperimentare questa sensazione?*

J: Si. Sono esseri angelici. Ci sono ETs. Razze diverse. Lo stanno sperimentando tutti. E'... (emotiva) non ci sono parole per descriverlo. Solo speciale?

D: *Vogliono solo venire qui per sperimentare il sentimento e le emozioni.*

J: Si, le emozioni.

D: *Si, è speciale ed è differente. Bene, ti chiederò di spostarti da quel giorno speciale, anche se è qualcosa di molto importante. Un evento speciale. Voglio che tu vada – non so quando più avanti potrebbe essere – ma voglio che tu vada al punto in cui hai smesso di essere un essere d'energia.*

Normalmente, porto il soggetto all'ultimo giorno della loro vita, quando stanno morendo. Ma non pensavo che fosse possibile, cosi stavo pensando a come spiegarmi. L'energia non cessa d'esistere, come succede ad un corpo.

D: *Hai mai raggiunto il punto in cui hai sentito la necessità di smettere d'essere un essere d'energia, per diventare un altro tipo d'essere (Questo era pericoloso.)*

J: Ho avuto molte vite, moltissime.

D: *Stavo pensando che un essere d'energia non può morire. Potrebbe solo evolversi. Possiamo metterla cosi?*

J: Piuttosto è per sperimentare i diversi concetti.
D: *Allora andiamo al momento in cui, come un essere d'energia, ha deciso di entrare nel fisico e rimanerci. Possiamo andare a quel punto e vedere cos'è successo? Com'era? Cosa accadde in quel momento?*
J: Scelgo e prendo quello che volevo scegliere.
D: *Prendi la decisione di voler andare nel fisico ed essere quello invece che una forma d'energia? (Si) E' successo qualcosa che ti ha fatto decidere di lasciare la forma energetica?*
J: Era un'esperienza. E' stato qualcosa che abbiamo deciso di sperimentare. Qualcun altro aveva creato queste forme, cosi abbiamo scelto di sperimentarle. Non le avevamo create noi, ma erano intriganti.
D: *Pensavate che fosse interessante diventare fisici?*
J: Si, potevamo se avessimo voluto. Ma c'erano altri che supervisionavano le anime. Avevamo il permesso.

Questo era quello che stavo cercando. Grazie agli anni d'investigazioni sulla reincarnazione attraverso migliaia di persone, sapevo sicuramente che ci sono leggi e regolamenti. C'è qualcosa come un consiglio degli anziani, maestri e guide sul piano spirituale che osserva e controlla le incarnazioni nei corpi umani. Nulla è lasciato al caso. Sono proprio contenta che qualcuno stai tenendo d'occhio ciò che sta succedendo. Dev'essere un lavoro gigantesco.

D: *Quindi non lo fate a caso, dovete avere il permesso per fare questo salto, questo cambiamento?*
J: Si, si. Per essere in grado di tornare fuori. (Rideva) Volevi dire. Quindi, c'è un modo di rilasciare l'anima, per evitarci di rimanere intrappolati qui troppo a lungo. Un processo d'entrata/uscita.
D: *Pensi che potrebbe essere facile rimanere intrappolati?*
J: Potrebbe essere. Dobbiamo essere in grado di tornare fuori. C'è troppo da sperimentare. Non possiamo solo restare qui. Altre cose da fare. Altre cose da sperimentare. Altre cose da creare. Non vogliamo rimanere intrappolati in un fisico.
D: *Ma c'erano altri esseri che vi hanno dato il permesso.*
J: Si, c'erano altri che, diciamo, erano a capo. Si, i supervisori.
D: *Quindi certamente ci sono persone che controllano tutto, per cosi dire.*

J: Si, Si. Sto cercando di vederli. Hanno una loro astronave. Si, sono connessi. Fanno parte delle Sorgente. Sono solo in carica di questo pianeta.
D: Devono essere d'accordo quando certe energie ed anime entrano?
J: Si, altrimenti sarebbe il caos. C'è un ordine controllato e uno scopo. Deve esserci uno scopo.
D: Quindi, com'è quando entrate nel corpo per la prima volta?
J: Sono nuove sensazioni ed emozioni. Una nuova esperienza. Vedo molte forme diverse. Molti corpi diversi?
D: Bebè o cosa? Nuove forme, nuovi corpi?
J: Prima, sperimentiamo solo l'entrata in diverse piante, animali.

Questo conferma ciò che ho già scritto nel mio libro Between Death and Life. Quando un'anima sperimenta la vita sulla Terra per la prima volta, di solito non entrano immediatamente in un corpo umano. (Anche se presumo che potrebbe succedere.) Devono iniziare a livello base per poter comprendere cosa voglia dire essere ogni cosa. Dopo aver sperimentato coll'essere gass, rocce, piante, animali, allora comprendi la connessione di tutta la vita. Il fatto che ogni cosa sia viva e che tutto sia uno. A quel punto quando l'anima è pronta per sperimentare un corpo umano, porterà queste comprensioni a livello umano. Adesso, il nostro problema in questo mondo, è di riportare queste memorie a livello cosciente. Cosi che possiamo ricominciare ad onorare la nostra Terra come un essere vivente.

J: Questo fa parte del processo di nascita. Entrare in una forma. Una forma viene scelta. E' creata.
D: E i supervisori decidono in quale entrerai?
J: Si, lo si decide assieme. Si decide in anticipo ciò che uno vuole sperimentare. Il tipo di forma di vita. La difficoltà è rimanere intrappolati in una forma. Inoltre è molto difficile per l'anima sentirsi intrappolata in una forma. E' molto restrittivo. Alcuni decidono di non farlo, perché non vogliono perdere la loro libertà. Per alcuni è spaventoso. E' l'ignoto. E' una vibrazione inferiore. Ha delle cose che non abbiamo sperimentato. Energie oscure. Lo sai che c'è un lato oscuro. Viene presentato per permetterci di sperimentare qualcosa di nuovo e differente. E' unico. Ci permette di entrare in contatto con il lato oscuro, le energie oscure, le vibrazioni inferiori. Si, alcuni sono attratti a fare quella esperienza.

D: *Sei entrata nella forma di un bebè, un nuovo essere che si stava sviluppando?*
J: Non riesco a vedere le apparenze di quella forma.

Non sembrava a suo agio, come se sentisse qualcosa di non familiare ed un po' angosciante. Dovetti ricordargli che era venuto come volontario per questa esperienza. I supervisori non gliel'avrebbero permesso, se avessero pensato che non fosse la cosa giusta da fare.

J: Ando bene. Era qualcosa che non vedevo l'ora di fare.
D: *E' come pensavi che sarebbe stato?*
J: Si, perché abbiamo un certo grado di controllo e un certo grado di coscienza. E in questa forma, avremo una nostra volontà. Quindi non era male. E' stato abbastanza divertente. Ne è valsa la pena. E' stata una sfida. E' stata una creazione di diverso tipo da ciò ch'eravamo abituati. Ed ebbe una forma.
D: *Avete tutto questo controllo, quando siete nel corpo?*
J: Siamo ancora telepatici. Possiamo ancora connetterci all'altra parte. Siamo ancora consapevoli eppure siamo qui per sperimentare. Come altri che decidono di venire allo stesso tempo.
D: *Potete influenzare la coscienza del fisico in cui siete adesso?*
J: Si. Non c'è abbastanza consapevolezza e capacità di creare. Ci sono leggi. Ci sono certe cose prestabilite che dobbiamo seguire.
D: *Certi regolamenti?*
J: Si, è il processo di nascita e crescita, bisogna accettarlo prima di entrare nel corpo. Bisogna accettare il processo. Ma è l'energia di gruppo che tiene unita la forma. Non è l'esperienza di un'anima, ma l'esperienza di un gruppo.

Questo si affianca all'idea che l'anima sia un gruppo invece che una singola entità, e sperimenta molte cose o vite allo stesso tempo (Vedi i prossimi capitoli).

D: *Quali sono i regolamenti a cui dovete aderire quando entrate in quel corpo fisico?*
J: Di seguire lo sviluppo attuale della specie. Di prendere una forma animale. E tuttavia è una coscienza che gli animali non avevano. Una coscienza. Nonostante ciò molto è stato bloccato. Eravamo consapevoli gli uni degli altri.
D: *Ad un altro livello?*

J: Si. Altri umani, eravamo consapevoli di queste anime prima che entrassero nel fisico. Fu molto difficile comunicare con loro. Fu strano. Avere una forma è restrittivo. Eppure era come giocare un nuovo gioco. Manipolare il corpo. La forma.

D: *Sarete in grado di uscirne facilmente e ritornare più tardi? (Si) Ci sono leggi e regolamenti a proposito?*

J: Si, ci sono finestre temporali precise. Permanenza. Subito, non hai alcuna idea di ciò che farai. Ti limiti a sperimentare adesso. Nessuna lezione.

D: *Niente karma. Nessuna lezione. Solo un nuovo inizio.*

J: Esattamente. E' come una nuova lavagna per disegnare il tuo stesso... qualsiasi cosa tu voglia sperimentare.

D: *Ma alla fine accumulate karma? Non è questa una delle cose che succede quando entrate nel corpo fisico?*

J: Cercavo di capire e io... oh, no capisco. Sto cercando di capire cosa sia il karma, o perché... Non lo vedo, non lo sento.

D: *Forse è qualcosa che matura col tempo.*

J: Non riesco a capirlo.

D: *Tuttavia, avete accettato di essere nel fisico per un certo periodo di tempo. (Si) E obbedite certe leggi e regolamenti. Quindi è un altro tipo d'esperienza, giusto?*

J: Si, è limitante. Sono le emozioni. Sono tutti le emozioni. Ma c'è l'amore. E' ancora li. Quindi l'energia dell'amore è la rassicurazione. Questa è la connessione alla Sorgente.

Pensavo che avessimo trovato tutto ciò che era possibile ricevere dalla visione limitata di uno spirito d'energia co-creativa, venuto in un corpo fisico umano a sperimentare per la prima volta. Il problema principale sembrava essere il non creare karma che potrebbe legare lo spirito al regno della Terra e bloccarlo dal tornare alla sua libera, illimitata, creativa esistenza. Forse questo è il più grosso problema per tutti noi. Siamo venuti qui a sperimentare qualcosa che pensavamo fosse nuovo ed eccitante. Poi, la vita ha preso il sopravvento e siamo rimasti intrappolati nel corpo. E a causa della legge del karma e dell'equilibrio siamo stati obbligati a continuare a tornare. I primi passi per liberare l'anima e lasciarla tornare alla Sorgente sono di comprendere perché l'anima era venuta qui in primo luogo. La maggior parte di tutto questo si può ottenere ripagando il vecchio karma e cercando di non crearne altro. La comprensione, crea la libertà.

Chiesi all'altro spirito energetico di tornare dove apparteneva e chiesi che la coscienza di Jerry potesse tornare al suo posto. Allora chiesi di parlare con la mente subconscia di Jerry, perché so che tutte le risposte sono li. Da li posso gestire la terapia e trovare soluzione ai problemi di un individuo. Una volta ottenuto l'accesso al subconscio, chiesi perché aveva scelto di fare vedere a Jerry questa strana vita, quando avrebbe potuto sceglierne molte altre.

J: Per dare a tutto un senso. Per vedere il quadro completo.
D: *Per lui, esplorare è un concetto diverso, vero?*
J: Si. Era qualcosa in lui che lui comprendeva ad un altro livello, ma non lo sapeva consciamente. Ma desso lo sa.
D: *Inizialmente, pensava che non gli avrebbero permesso di vederlo. Era come se fosse stato bloccato.*
J: Si, l'ha visto solo in parte. Poi decisero di liberare le informazioni.
D: *Che connessione c'è con la sua vita attuale?*
J: Rassicurazione e comprensione. Uno scopo. Una connessio-ne. Comprendere questo pianeta e perché è speciale. Per comprendere come può essere manipolato. Riguardo al grup-po, la mente di gruppo. Coinvolge la mente di gruppo. Jerry ha manipolato l'energia senza saperlo senza comprendere perché lo stava facendo, e per cosa si potrebbe usare.
D: *Questo è forse un tentativo di spiegargli come possa farlo? O da dove proviene?*
J: Si. E' fatto con il cuore. Il cuore è importante.
D: *Il subconscio cosa stava cercando di fargli vedere?*
J: E' tutta energia, ma prende forme diverse per scopi diversi per sperimentare cose diverse. Non c'è ne' giusto ne' sbagliato, solo esperienza, solo creazione. Nessun giudizio. Solo gioia. E' l'energia della creazione. Di manipolare la creazione, di manipolare le energie, in unisono con il gruppo e il tutto. Il tutto è la creazione.
D: *Il subconscio lo stava mostrando a Jerry cosi che potesse usarlo nella sua vita attuale?*
J: Si, ne è consapevole.
D: *Voleva sapere cosa avrebbe dovuto fare con la sua vita adesso. Potete dirglielo?*

Questa è la domanda più comune che tutti chiedono quando hanno una seduta. Qual'è il mio scopo? Perché sono qui e cosa dovrei fare?

J: (Ridacchiò) Gli è stata data una tela nera, un pennello e una paletta. Ci sono anche tutti i colori (Rise).
D: *Significa che tutto va da qui in avanti? (Rise) Sarà proprio un'avventura.*
J: Tutti i colori.
D: *Questa era una cosa importante per lui da sapere. Le vite passate non erano cosi importanti quando venire a conoscenza di questa connessione energetica.*
J: Si. La cosa interessante è che siamo di fronte ad un dipinto di gruppo e ci sono altri con i loro pennelli. (Rise)
D: *Oh, Jerry farà delle strane avventure mentre esplora tutto questo. Era molto importante per lui vedere tutto questo e adesso cercare di comprenderlo.*

A quel punto riportai Jerry a piena coscienza. Al suo risveglio parlammo di questa insolita seduta. Era d'accordo che per lui ci fosse molto a cui pensare. Sarà interessante vedere come poteva applicare questo concetto di manipolazione dell'energia al suo campo di lavoro. Adesso sembrava come se qualsiasi cosa fosse possibile visto che aveva capito come usarla.

Ora, molte delle mie sedute erano focalizzate sulla scoperta da parte del soggetto della connessione con la sua vera anima, invece che sull'esplorazione di vite passate. La loro comprensione delle vite passate è ancora importante per i problemi nella loro vita attuale. Ma apparentemente il subconscio in collaborazione con le nostre guide ed i maestri dall'altra parte hanno deciso che è ora che noi conosciamo di più sulle nostre origini. Queste origini ovviamente non sono esclusivamente terrene, ma da un luogo molto più vasto dove eravamo uno con la Sorgente e ci dilettavamo a creare. In una seduta, presentata in uno dei miei libri, mi è stato detto che la lezione più importante da imparare mentre si vive in un copro fisico è la capacità di manipolare l'energia. Quando diventiamo consapevoli di questo, possiamo creare assolutamente ogni cosa che desideriamo nella nostra vita. Presumo che un modo per ricordarci di questa abilità sia di ricordarci di un tempo prima della Terra, quando avevamo tutti questa abilità di manipolare l'energia e creare.

***

Le schegge o frammenti d'anima necessari per sperimentare il corpo fisico, quando diventano consapevoli della loro totalità si concentrano come un essere d'energia che è in grado di creare qualsiasi cosa desire. Una volta evoluto oltre a questo punto, può essere molti luoghi simultaneamente. Anche se ognuno di noi ha questa abilità, non ne siamo consapevoli e non ne possiamo essere finche siamo nel fisico, a causa dei suoi limiti. In quello stato avanzato, è pienamente consapevole di ogni cosa. Anche se, per quanto traspare dal mio lavoro, le anime abbiano occasional-mente bisogno di frammentarsi e lascia quello stato altamente desirato per focalizzarsi su un singolo esperimento. Un ciclo costante o la ricerca di altra conoscenza? Come abbiamo visto, se l'anima ha anche solo memoria parziale del suo stato originario, questo porta a frustrazione, solitudine e sentimenti di separazione a livello cosciente. Il subconscio sa perché questo sta succedendo ma la mente cosciente no perché deve mantenere l'attenzione e concentrazione sulla vita che sta vivendo, altrimenti ci sarebbe troppa confusione.

CAPITOLO 26

UN ESSERE CREATORE TORNA A CASA

Questa seduta ebbe luogo nell'Ottobre 2002 a Minneapolis dove stavo conducendo una serie di seminari e presentazioni. George era un imprenditore di gran successo che venne alla casa privata dove alloggiavo. Sorprendentemente, la sua seduta rivelò un altro aspetto di un essere creatore, come Jerry.

Quando scese dalla nuvola, l'unica cosa che riusciva a vedere era sabbia. Sapeva che c'erano delle persone dall'altra parte della collina che lo stavano aspettando per ricevere delle risposte. Come se fosse un consulente. Si sentì molto insicuro come se non sapesse se aveva le risposte. Si descrisse come un uomo dalla pelle bronzea, capelli neri vestito di un materiale sottile come il lino. Era anche decorato con molto oro: un ankh come collana, un braccialetto e un enorme anello. Sicuramente i segni di qualche forma di potere. Tuttavia, quando provai a fargli delle domande divenne molto sospettoso e rifiutò di rispondere. Di solito, sono in grado di ricevere la fiducia dell'entità ma lui era molto preoccupato ed irritato. Continuava a dire che tutti volevano qualcosa da lui, quindi perché' avrei dovuto essere un'eccezione.

Disse che era un momento molto difficile nel suo mondo. Una ragione per cui era irritato era che sua sorella era stata rimossa o rapita e le mancava moltissimo. Disse che si sentiva molto solo e perso, perché lei è sempre stata con lui e non c'era più. Non sapeva perché li avevano separati o dove l'avevano portata. Trovavo tutto molto confuso e stavo cercandi di trovarne il senso. Gli chiesi chi li avesse separati. Disse che erano persone dall'altro mondo. Non le persone dall'altra parte della collina, perché quelli erano solo persone. Questi venivano d'altrove, e lui non sapeva perché era successo o dove fosse andata.

G: Quando torneremo insieme, le cose saranno magnifiche. Quando eravamo insieme, avevamo poteri enormi e grandi abilità. E manifestammo una meravigliosa Shangri La o un ambiente magnifico. Quando eravamo insieme, era il mondo perfetto. Ci hanno separati. L'hanno portata via cosi non è più perfetto. Per rendere le cose difficili e non cosi facili e non cosi compassionevoli. Io e lei eravamo in grado di ancorare una magnifica.... Eravamo in grado di portare tutte le meravigliose, tranquille, statiche... tutta quella roba insieme. Ma eravamo uno e loro capirono che se ci avessero separati, le cose sarebbero diverse. E avevano ragione.

D: *Perché volevano che le cose fossero diverse?*
G: Per sperimentare.
D: *Come l'hanno portata via.*
G: L'hanno strappata. Come gl'idei l'hanno solo strappata, portata via.
D: *Vuoi dire che un secondo c'era e un secondo dopo non c'era più?*
G: Si. Abbiamo vissuto anche in altri luoghi. Molti luoghi. Molti mondi diversi. Quando eravamo insieme erano perfetti.
D: *Perché siete andati da un posto all'altro?*
G: Per aiutare. Per portare quell'aspetto – Il mondo è "nirvana" – per portare il nirvana. Lo facevamo e poi proseguivamo.
D: *Cosa succedeva dopo la vostra partenza? Rimaneva tutto bellissimo?*
G: Alcuni si, altri no. Altri andavano in diverse direzioni. Questo, dove sono adesso, è un posto importante.
D: *Perché è importante?*
G: (Lunghi respiri) Bene. Male. Oscurità. Luce. Non abituato a tutto questo.
D: *Vuoi dire che ci sono diverse varietà? Di opposti? (Si) Gli altri luoghi dove avete portato le cose belle non avevano tutte queste varietà?*
G: Quasi. (Stava diventando emotivo. Era sul punto di piangere)
D: *So che ti senti emotivo, ma se ne parliamo forse possiamo trovare tua sorella. Sembra quasi che fosse parte di te, vero?*
G: Sempre.
D: *Come viaggiavate di mondo in mondo?*

G: Bastava andare. E' come un'enorme barca che può trasportare a volontà.
D: *Un'oggetto fisico?*
G: Si, se vogliamo che lo sia.
D: *c'è qualcuno che vi dice dove andare?*
G: Nostro padre. Papà dice dove dobbiamo andare.
D: *Come percepite il padre?*
G: Saggio. Saggezza.
D: *Lui è una persona fisica? (Si) Come comunica con voi?*
G: E' da molto tempo. Ci da delle lezioni.

    Questo era tutto ciò che riuscì a sapere del padre. Era molto frustrato e il suo obbiettivo principale era di ritrovare sua sorella. Stava piangendo mentre parlava di lei, dicendo: "devo trovare mia sorella, questo è ciò che voglio. Devo trovarla. Lei è parte di me."
    Avevo l'impressione d'essere in un vicolo cieco ed ero molto confusa. Cosi decisi di spostare George avanti nel tempo per vedere se era stato in grado di trovarla.

G: Lei è con il padre. La gente dell'altro mondo l'anno riportata indietro. Forse volevano che crescessi da solo.
D: *Forse volevano che tu non fossi cosi dipendente da lei?*
G: Si, ma non ho lo stesso potere (emotivo) come quando siamo insieme.
D: *Volevano separarvi per vedere se ce la facevi da solo?*
G: Probabilmente è cosi, ma (emotivo) penso che non gli piacesse il potere, che avevamo assieme.
D: *Facevate cose belle e perfette insieme.*
G: Si, è cosi. Non gli piaceva. Era tutto troppo facile, niente tribolazioni, tutto era buono. Non ci sono lezioni senza tribolazioni. (Emotivo) No sapevamo già tutto.
D: *Volevano che fosse più difficile? (Si, si.)*

    Solo al momento di scegliere le sedute selezionate per questo libro mi sono resa conto di quando simile questa fosse a quella di Jerry. Sembravano entrambi esseri creatori. Jerry disse che era più divertente creare con qualcun altro, il suo gruppo. George adorava farlo con sua sorella. Quand'erano separati, la creazione non aveva lo stesso effetto. Ma come diceva, era diventato troppo facile. Non c'erano sfide, né lezioni, né tribolazioni. Lo spostai avanti ad un giorno importante.

G: Hmm. Sto diventando vecchio. Apparentemente piu saggio e ci sono molti sconvolgimenti.
D: *Sei rimasto in quel luogo bellissimo?*
G: L'ho lasciato. Qui, ero un'insegnante. Ho i capelli lunghi. Ho ancora quei vestiti noiosi. Barba.

Apparentemente quando spostai George avanti andò a finire in un'altra vita.

G: Non posso essere colpito. Questo non può succedere.
D: *Vuoi dire che sei protetto? Ma non hai creato altri posti nuovi più belli?*
G: Sono qui solo per condividere informazioni con questa gente. Questo era il mio lavoro successivo
D: *Avevi detto che c'erano degli sconvolgimenti. Cosa intendevi?*
G: Ci sono ancora. La gente sta davvero cercando di riunire la loro roba. E sono qui, se vogliono, per dare suggerimenti. Sono un persona strana.
D: *Perché'?*
G: Perché sanno che sono qui e sanno che non posso essere danneggiato. Sanno che è importante. E' come se fossero carnali, ma... interessante. Ah! (una rivelazione) Sono seduto vicino ad un oasi. Vicino ad una città. C'è acqua, alberi ver-di, circa nel deserto. La gente di città viene da me per parla-re. Sono tutto solo. Assolutamente da solo. Lo sono sempre stato.
D: *Cosa volevi dire, dicendo che sono carnali? Hai detto che era interessante.*
G: Si. Sono ruvidi, devono essere lisciati.
D: *Diverso da te?*
G: Oh, si. Una razza giovane.
D: *Questo è lo stesso mondo dov'eri?*
G: Uno differente. E' abbastanza divertente. Sto invecchiando, sono molto vecchio. Non posso essere danneggiato.
D: *Ma se sei nel fisico, qualcosa potrebbe succederti?*
G: Nulla mi può succedere.
D: *Sto pensando: quando raggiungi la fine della tua vita?*
G: Quando voglio. Quando sono pronto.
D: *Ma adesso, stai facendo un lavoro diverso di quello che facevi quand'eri con tua sorella.*
G: Si. Ero giovane allora. Era divertente. Questo è roba da bambini. Facile.

D: *Ma non è il potere che avevate quando eravate insieme.*
G: E' vero. Sto male quando penso a lei.

Allora spostai George all'ultimo giorno della sua vita cosi che potessimo scoprire cosa gli era successo.

G: Sono seduto su una sedia. Mi guardo intorno è ora di andarsene. Ho fatto la mia parte qui per questa volta. Ho fatto il mio lavoro. Ho finito quello per cui ero venuto. Ho bisogno di andare. Sono seduto su quella sedia in attesa di andare. Ho contato tutto e anche gli appunti per l'esame. Tutte le tavole e sono pronto per andare.
D: *Quindi cosa succede quando te ne vai?*
G: Me ne vado.
D: *Cosa succede al corpo?*
G: Rimane, lo lascio lì. Sprizzo fuori.
D: *Cosa vedi quando te ne vai?*
G: Mmm. E' come se stessi guardando un palcoscenico. E' come se stessi guardando dentro allo studio di un film o qualcosa del genere. Vedo tutta sta roba. Tutte le scene. Questo è ciò che sto lasciando.
D: *Ciò che stai lasciando è come un palcoscenico?*
G: Si. Sono sopra. Guardo in giù e c'è questo corpo seduto sulla sedia. Mi giro e non c'è più.
D: *Come ti sempre il posto dove stai andando?*
G: Un vuoto. Un lungo vuoto. Sto fluttuando attraverso il vuoto. Sono ancora da solo.
D: *Sai dove stai andando?*
G: No. Sto solo andando.
D: *C'è nessuno con te per aiutarti ad andare dove dovresti andare.*
G: No. So dove andare.
D: *Allora andiamo fino a dove sei oltre il vuoto e hai raggiunto il luogo dove stai andando. Descrivimi il luogo al tuo arrivo.*
G: E; immenso. Enorme, semplicemente enorme.
D: *Cosa vedi?*
G: Tutto. Indescrivibile. Enorme. Immenso.
D: *C'è qualcosa che riesci a riconoscere?*
G: Tutto. Sono già stato qui prima. (Un sussurro di felicità) Tutti i tipi di scelte e direzioni – qualsiasi opzione disponibile. Perfino qualche vecchio amico. Anime antiche. (Era felice) Lo sai? Si possono vedere le vecchie anime e le giovani schegge di quelle nuove. Quelli nuovi si possono quasi annusare. Hanno un odore

diverso. L'odore... non crudo, ma è l'odore di carne fresca o... odore "strano". Diverso – come di giovani anime mature.
D: *Perché loro hanno un odore mentre gli altri no ce l'hanno?*
G: Forse perché non sanno niente ancora. Stanno iniziando adesso. Si vede facilmente chi è giovane e chi è vecchio. La parola giusta non è "vecchio". Stagionato. Anime stagionate.
D: *Quindi le anime stagionate non hanno un odore?*
G: Si. E' una cosa strana perché qui non c'è età. Ma la differenza è nell'odore. Non ha molto senso. Ma è strano. E' un modo per riuscire a distinguerli.

In Between Death and Life, mi è stato detto che ci sono diversi livelli nel piano spirituale. Quando lo spirito lascia il corpo, ritorna al livello in cui è più a suo agio. Il livello in cui vibrano di più. Non possono andare ai livelli più alti finché non sono pronti. La frequenza o vibrazione funziona come una barriera e possono andare solo fino al livello che hanno raggiunto attraverso l'esperienza. Mi dissero che dall'asilo non si può andare direttamente all'università. Le anime più avanzate, o come le chiamava George "le anime stagionate", possono andare direttamente a livelli superiori. Possono andare ai livelli inferiori se necessario, ma quelle più "giovani" non possono andare a livelli superiori finché non hanno raggiunto quella frequenza, vibrazione o maturità. Apparentemente, George dovette passare attraverso questi livelli inferiori nel suo viaggio verso il livello a cui apparteneva o con cui era in sintonia.

D: *C'è qualche luogo specifico in cui devi andare adesso che ti trovi lì?*
G: Si, certo. Vado a registrarmi.
D: *Come?*
G: Bella domanda.
D: *Perché avevi detto che era cosi grande.*
G: Ho una chiave, come un ferro che calza in una fessura. Devo andare là. (Borbottò) Sono più leggero adesso. Mi sto abituando ad essere tornato leggere. Trovo la fessura. (Pausa) Oh, mamma mia! Devo capire come passare per di qui un'altra volta. (Fece un serie di borbottii).
D: *Ti hanno portato li per mostrarti dove andare?*
G: Non voglio che lo facciano.
D: *Puoi chiedere aiuto, lo sai vero?*

G: Non sanno come arrivare là. (Pause) So dov'è. Devo andare più in altro e più profondo. Diversi strati, livelli. Ognuno differente e si entra al livello inferiore. Lì è dove odori le cose. Dovrei andare più in alto ed in profondità. Allora non sentirò l'odore della roba. Non ci sono anime giovani mentre sali più in alto. La gente annuisce, mi riconoscono. Non sorridono, annuiscono e sanno che sta succedendo qualcosa.

Tutto questo stava prendendo troppo tempo, cosi decisi di velocizzare.

D: *Spostiamoci avanti al punto in cui sei arrivato. Puoi trovarlo molto velocemente adesso, perché ti stai spostando in quei diversi livelli. Cosa vedi?*
G: Oddio! E' vera luce. Luminosissima. E' assolutamente magnifico. Assolutamente stupendo.
D: *Ci sono altre persone?*
G: Si. Altri. Tutti luminosissimi. Sono proprio brillanti. Hanno preparato un piccolo benvenuto per me. E' una cosa grossa: sono forse dodici, ventiquattro, quarantotto... Ha! Ha! Ha! Novantasei. Li conosci tutti... Sono l'ultimo a tornare di questo gruppo. E si stanno riunendo intorno a me. C'è mia sorella. Lei è qui. L'ho trovata. Questo gruppo è antico. Completo... Sono l'ultimo a tornare.
D: *Cosa completa?*
G: (Lingua esalazione) Sia... questo è il consiglio. Ecco cosa sta cosa. Sono la novantaseiesima persona. Dobbiamo discutere quello che sta succedendo. La prima volta che tutti sono tornati e c'è una ragione.
D: *Qual'è la ragione?*
G: Questo è ciò che scopriremo. Devo andare più in alto e più in profondità. Fuori da quei novantasei, ce ne sono otto che sono come un consiglio. Voglio solo incontrarli, solo per parlare, per comprendere a fondo.
D: *Otto diversi dai novantasei?*
G: Vengono dai novantasei.
D: *Cosa stanno facendo?*
G: Parlano di sta cosa. Il luogo da dove sono venuto. Da dove loro sono venuti. L'intera cosa. Tutto ciò che ho fatto. Tutto ciò che loro hanno fatto. Più tutto ciò che gli altri novantasei hanno fatto.
D: *Cosa farai dopo averlo discusso?*

G: Faremo degli adattamenti o dei ritocchi. Al dove siamo stati, ciò che abbiamo visto e ciò che sarà fatto.

D: *Perché dovete farlo?*

G: Perché fa parte del gioco. Ciò fa parte di tutto questo. Schema uno, schema due, schema tre, schema quattro. Non è una gerarchia ma ciò che viene fatto qui, filtra giù attraverso gli otto e i novantasei. E giù fino a dove si può sentire l'odore dei giovani. Giu' fino a dove si passa attraverso quel buco, quel canale di scolo e a dove finisce quando passi attraverso lo scolo. Sono molti luoghi diversi. Santo dio!!

D: *Quindi fate questi "ritocchi" e cambiamenti, questo non cambia le cose?*

G: Dovrebbe farlo.

D: *Nel mondo finale?*

G: Hai capito..

D: *Perché stanno facendo queste cose per cambiare gli schemi?*

G: E' necessario. Si cambiano le anime. Se ritocchi le anime, come fai a non vederlo, anche tutte le altre cose vanno a posto. Non ci sono più tutte le altre situazioni. Ritoccare le anime.

D: *Intendi dire che bisogna cambiarle?*

G: Si. Ritoccarle. Non cambiare e loro cambiano da sole. Ritoccale. Capisci cosa significa? Tu le ritocchi. Aggiustale. Informale.

D: *Come lo fate?*

G: Sai, è davvero molto facile. Se guardano dentro e vedono cosa si è sviluppato con un pochino di aiuto, allora possono fare gli adattamenti da sole. E se non lo fanno, non ritornano al.... Interessante. Lo sapevi? Quegli otto... non sono nemmeno anime quando arrivi a quel punto. Questo è proprio curioso, diverso. Quando sei a quel livello, non ci sono obblighi. Mentre ti abbassi, assimili degli obblighi. Quando sei li con quegl'otto non ci sono obblighi. Non ne ho bisogno.

D: *Quindi quando sei da loro hai finito tutto?*

G: Giusto. Ma mentre scendi, gli obblighi o i debiti, come vuoi chiamarli, li è dove bisogna fare dei ritocchi alla parte degli obblighi. Ha! Che roba!

D: *Quindi se cerchi d'influenzare le persone, non sapevo che ti era permesso interferire.*

G: Non interferisce. Obblighi. Lo sanno, l'anima sa mentre matura che ha un obbligo. Non sarebbe un'anima altrimenti. Non avrebbero bisogno di lezioni. Perché dovrebbero farlo? Sanno che c'è un

obbligo e si adattano a questo. E' ottimo ed è un obbiettivo. Laggiù senza un obbligo.
D: *E' possibile?*
G: Decidete voi.
D: *Perché venir qua giù se non si ha degli obblighi o del karma?*
G: Perch'é divertente. Nessun obbligo.
D: *Allora, se avessi raggiunto il punto in cui sei senza obblighi no avresti bisogno di tornare al pianeta fisico Terra, perché sei tornato nel corpo di George?*
G: Cosicché io e mia sorella potessimo finire ciò che non riuscimmo a completare tanto tempo fa. Questa è una parte, non è per il karma. Non è un'obbligazione. E' una cosa ch'era incompleta.
D: *Cosa non hai completato quella volta?*
G: Penso che sia l'unione. Non abbiamo completato l'unione di lei ed io.
D: *Anche se eravate insieme per un lunghissimo tempo?*
G: Si. Non fu... quel desiderio è ancora nella mia anima.

Diedi istruzioni per far avanzare il subconscio di George e forse ricevere delle risposte a tutto questo.

D: *George potrebbe aver visto molte altre vite. Perché avete deciso di mostrargli questa vita? Cosa state cercando di dirgli?*
G: Umiltà. Assoluta umiltà.
D: *Ha bisogno d'imparare questo?*
G: La conosce. La impara. Umiltà.
D: *Perche deve vederla in questo momento?*
G: Perché ritorna direttamente a quegli otto. Loro a volte dimenticano l'umiltà. Perdono il... suo tempio. Perché non esiste dove sono loro.
D: *Non hanno alcun obbligo.*
G: Ed è l'umiltà necessaria per ciò che sta succedendo qui.
D: *Perche George deve conoscerla in questa sua vita, adesso? (Pausa) Perché questa vita fisica è quella di cui ci stiamo occupando ora.*
G: Forse questo è ciò che lui non sa.
D: *Diceva che c'era un pezzo mancante.*
G: Si. E' ciò che lui non conosce. E' impossibile ma... la cosa di sua sorella, fa tutto parte di questo.
D: *Prova a spiegarglielo, anche se sembra impossibile.*

Avevo il sospetto di ciò che la sorella perduta potesse rappresentare. Non era una persona fisica, ma il suo lato femminile. Ma volevo vedere cosa il subconscio avrebbe detto. Il subconscio gli disse lentamente e deliberatamente, "E' la femminilità che migliorerà la sua vita, il suo benessere, la sua umiltà. Ad un certo punto gli dissero che era sia maschile che femminile. Ecco perche poteva creare delle cose cosi meravigliose."
Chiesi come George avrebbe potuto trovare la parte femminile in lui. Il uso subconscio rispose che avrebbe dovuto imparare ad essere più femminile, più gentile. Questo sarebbe stato difficile perché George era assolutamente troppo maschile e questo non faceva parte della sua normale personalità. E nemmeno l'umiltà.

Tuttavia il subconscio insisteva che George avrebbe dovuto permettere alla sua parte femminile di esprimersi, imparando ad essere più soffice, non cosi stoico e permettendo a questa parte gentile della sua personalità di esprimersi. Allora feci delle domande a riguardo dei suoi problemi di salute. Ricevetti la stessa risposta che mi è stata data molte altre volte. Se un essere avesse fatto parte di queste entità superiori in altri regni, e fosse venuto sulla Terra per svariate ragioni, non gli sarebbe permesso d'essere perfetto. Dovrebbero adattarsi con il resto della gente. Un modo per farlo è di dargli un difetto di qualche tipo, per evitare che siano troppo visibili. Il difetto di George era un collo molto irrigidito e poca flessibilità nella spina dorsale. "Voleva fargli vedere che era umano. "Il subconscio voleva mantenere questo problema per ricordargli che era venuto sulla Terra per una ragione ben precisa: "Perché quella parte del corpo è il sistema nervoso. Questo è il fattore di controllo. Se non hai il sistema nervoso non hai vita."

***

George aveva qualche altra domanda. Una relativa ad un incidente del 1972, quando cadde dalle scale e si ruppe il cranio. Fu cosi severa che quasi lo portò alla morte. Voleva saperne di più di ciò che era veramente accaduto quella volta.

G: Stavamo cercando di dirgli che doveva cambiare. Era su una strada senza uscita.
D: *La sua vita cambiò davvero, perché disse che fu sul punto di morire.*
G: Era morto.

D: *(Sorpresa) Davvero? (Sì) Cosa potete dirgli di quella volta?*
G: Era morto. Una parte di lui tornò indietro e parte di un altro tornò indietro. Tornarono indietro in due.
D: *Puoi spiegare meglio cosi possiamo comprendere?*
G: (Con un sospirone) Tornarono in due. Lui tornò e tornò anche una piccola frazione differente di lui. E' sempre lui, ma un aspetto diverso di lui.
D: *Perché quella parte dovette tornare indietro?*
G: Perché voleva, lo desiderava. Quella era una buona opportunità. Una buona posizione. Quella era la parte che lo avrebbe indirizzato nella direzione in cui doveva andare. Doveva esserci un cambiamento. Non sarebbe stato in grado di farlo cosi com'era. Aveva bisogno d'aiuto da quest'altra parte di se stesso. Quest'altra parte aveva l'opportunità di entrare e lo fece.
D: *Questo è diverso da un "walk in" ? (nota del traduttore, walk-in: un'anima che entra in un corpo da dove un'altra anima è appena uscita)*
G: E' diverso. Questa è la stessa anima, ma un suo diverso aspetto.
D: *Avete detto che parte femminile è mancante.*
G: Quella non era mai parte di ciò che s'aggiunse. Non è con lui da anni e anni e anni. Secoli, lune e millenni. Le manca da sempre, ritornerà lentamente.

George ebbe un'altra esperienza traumatica nel 1998 quando stava tornando a casa dopo un tour in Egitto. Fecero fatica a riportarlo negli Stati Uniti, perché era ridotto come uno zombi quasi totalmente privo di controllo del suo corpo. Dopo essere arrivato a casa, gli ci vollero molte settimane prima di tornare alla normalità.

D: *Cos'è successo quella volta?*
G: Voleva andarsene. Voleva tornare agli otto.
D: *E' successo qualcosa in Egitto che lo spinse a sentirsi così?*
G: Sembra che quella parte del mondo non sia non sempre sana. Voleva tornare indietro (allo piano dello spirito) per aiutare a modificarlo o fare adattamenti in quella parte del mondo. Ma non lo fece... e guarda adesso cos'è successo da allora. Tutto quel casino in quella zona.
D: *Quindi pensava di non poterlo fare dal fisico?*
G: Non poteva. Non aveva la posizione.
D: *Ma pensava che dall'altra parte sarebbe riuscito a fare la differenza?*

G: Si. Sta anche accadendo altra roba sottostanne. Qui e là e un po' dappertutto. Cosi voleva tornare, stava morendo. Se ne era già andato, era rimasto solo il guscio.

D: E cos'è successo? Gli hanno detto che non poteva andarsene?

G: Non possono... non gli dicono nulla. Devo solo finire questo. L'altra parte dovrà aspettare. Ma guarda cos'è successo. Adesso laggiù è un disastro.

D: Quindi allora, decise di tornare e finire il lavoro.

G: Se ne andò. Finire il suo lavoro questa volta.

D: Altrimenti, se l'avesse lasciato incompleto, avrebbe dovuto tornare sulla Terra.

G: Sicuramente sarebbe tornato.

D: Avrebbe sostenuto Karma e obblighi. (Si) Quindi l'idea era di tornare nel suo corpo per poter finire il suo lavoro.

G: E' tornato qui. Solo gli otto possono farlo.

D: Dimostra che non sappiamo sempre cosa succeda al nostro copro fisico, giusto?

G: sfortunatamente, è proprio cosi.

D: Ci sono sempre altre parti di noi di cui non siamo consapevoli.

G: Esatto.

D: Ma per fortuna, ci sono altre forze che si prendono cure di tutto e ci aiutano.

G: Loro sono delle guide e sono qui. Per dirla tutta, un po', se la stanno ridacchiando per tutto questo. Dicono: "Provo a dirti queste cose a volte di giorno e di notte, ma non ascolti." Una delle mie guide ha a che fare con l'aspetto femminile.

D: C'è qualcosa in particolare che vorrebbero dire a George? Qualche messaggio o consiglio?

G: Il messaggio che danno sempre. Basta che ce lo fai sapere quando vuoi il nostro aiuto. Siamo sempre qui per aiutare. Devi solo chiedere. Non possiamo interferire. Vogliono anche dire – è curioso ciò che dicono. Mentre mi tenevano in vita, ero molto interessante. Mi chiedo il perché? (Borbottò).

D: Cosa vorresti dire?

G: Che se ascolto andrà tutto bene. Se non ascolto, non vanno troppo bene. – Grazie, George. Ti amiamo tutti.

D: Per cosa lo state ringraziando?

G: Per essere se stesso. Ha un lavoro da fare.

***

Mentre ero a Memphis nel 2001, da due sedute diverse ricevetti altra evidenza del fatto che ci sono molte parti di noi stessi che esistono ed interagiscono simultaneamente. Entrambe le clienti si conoscevano e stavano lavorando allo sviluppo di un centro di salute. Era un progetto ambizioso che richiedeva molta pianificazione dettagliata. Non sapevano come ci sarebbero riuscite, ma avevano un sogno e volevano seguirlo fino in fondo.

La prima che chiameremo "Mary", non andò in una vita passata, anche se stavamo cercando risposte a problemi in questa vita. Lei andò immediatamente sul piano dello spirito, il luogo che di solito visitiamo solo tra una vita e l'altra, o nel cosi detto stato di "morte". Venne accolta e guidata verso una larga stanza dove molti spiriti erano seduti intorno ad un tavolo. La riconob-bero immediatamente e un'energia maschile disse: "Bene, finalmente sei qui. Ti stavamo aspettando." Invece di discutere le le ragioni che avevamo per questa seduta, iniziarono a parlare del suo progetto: la costruzione e creazione di un grande centro di cura. Spiegarono il modo in cui il centro dovrebbe essere costruito, dove dovrebbe essere il posizionato e come avrebbe acquisito i fondi per il progetto. Sembrava un centro molto più grande di quello che Mary aveva immaginato quando me lo descriveva. Tuttavia le stavano dicendo che il progetto più ampio sarebbe il risultato finale e sarebbe stato molto più efficace. Le stavano dando molti dettagli a riguardo del design, ecc.. Alla fine l'energia maschile identificò se' stessa come un frammento superiore di Mary che non aveva alcun desiderio d'incarnarsi. Aveva scelto di rimanere sul lato dello spirito per aiutare nella direzione della sua crescita. Era sempre rimasto là come membro di questa gruppo di direzione e avrebbe continuato in questo ruolo. Ma era anche parte di lei, nonostante il fatto che lei non ne fosse consapevole.

Questo è stato enfatizzato sempre di più nel mio lavoro negli ultimi anni. Ci sono parti di noi che esistono simultaneamente, che fanno lavori diversi e vite diverse. Non ne siamo consapevoli, perché creerebbe troppa confusione per le nostre menti coscienti. Continuiamo a focalizzarci sugli eventi della nostra vita quotidiana, senza conoscenza del quadro generale.

La seconda donna, che chiamerò "June", fu il mio secondo cliente di quella stessa giornata. Le due donne non ebbero alcuna opportunità di parlare tra di loro. Anche se June discusse problemi seri durante il colloquio con me che voleva analizzare; quando entrò in profonda trance, non andò ad una vita passata ma fu immediatamente portata nella stanza del direttivo. Anche per lei c'erano molti spiriti seduti attorno ad un tavolo che la stavano aspettando. Un'energia femminile iniziò a parlarle e a darle istruzioni riguardo al suo coinvolgimento con Mary nella costru-zione del centro di cura. Le spiegarono che sarebbe divenuta' una realtà, perché era già stato creato sul piano spirituale e stava solo aspettando d'essere abbassato nel piano fisico. Le spiegarono che questo è il modo di creare le nostre realtà sulla Terra. Prima dobbiamo sognarle e desiderare che diventino realtà. Dobbiamo vedere vividamente il risultato finale e decorarlo di tutti i dettagli. Allora diventa una creazione sul piano eterico. Da li deve entrare nella nostra realtà fisica e diventare solida, perché questa è una legge universale. Questa è la ragione per cui la gente deve fare molta attenzione a cosa desiderano creare. Sul piano dello spirito, è tutto istantaneo, e attende il momento giusto per diventare una realtà. I pensieri sono molto potenti. I pensieri possono creare. Ovviamente, la sorpresa era nel fatto che il centro da entrambe visualizzato era molto più piccolo di quello che gli fu descritto. Cosi apparentemente, la parte di loro che resta permanentemente sull'altro piano può anche adornare e creare quando il progetto viene iniziato da un essere cosciente fisico. Ora il progetto sta procedendo. Alle due donne erano state date tutte le informazioni di cui avevano bisogno. Se non diventa concreto e solido nella nostra dimensione, potrebbe essere perché gli manca la fede o la fiducia per perseguire il loro sogno. Dopo tutto, questo è un pianeta di libero arbitrio

Questo dimostra che c'è un'altra parte di noi che rimane sul piano dello spirito ad aiutare a dirigere lo spettacolo, il gioco, la partita. Possiamo chiamarli angeli custodi, o guide? Penso che sia una cosa separata, da ciò che mi hanno detto, ma questo è un soggetto di discussione. Penso che quest'altra parte potrebbe essere descritta come il nostro se' superiore. E' interessante, che qualora io contatti ciò che chiamo il "subconscio", non sembra essere un'entità separata o parte della persona. Dice sempre "noi" stiamo facendo, o lo suggerisce, come se fosse un gruppo piuttosto che un individuo. Fa sempre riferimento al cliente alla terza persona: "lui" o "lei" dovrebbe fare queste cose, come se l'entità fisica fosse separata dal gruppo, per lo meno finché si trova nella dimensione fisica. Invariabilmente, quando la personalità fisica attraversa l'esperienza della morte e il viaggio verso il piano dello spirito, il suo punto di vista cambia. E' immediatamente consapevole che sta tornando a "casa", comprende che la vita fisica era solo un gioco, uno spettacolo, una scuola dalla quale imparare delle lezioni. L'altro lato è più reale per loro, hanno accesso a più risposte e se sono pronti, si riuniscono al gruppo che gli da grande felicità.

Per lo meno il mio lavoro a dimostrato che c'è una parte superiore di noi stessi che è consapevole del quadro generale; il grande piano. Se siamo consapevoli di questo possiamo usare questa conoscenza al fine di creare a pieno la nostra realtà in questa vita. Adesso sappiamo che possiamo comunicare direttamente con quella parte di noi stessi che ascolta e desidera aiutarci. Ed è forse diverso dal comunicare con ciò che concepiamo come Dio? Forse Dio non è totalmente separato ma fa parte di tutti noi e come tale è molto più accessibile.

SEZIONE OTTO

FACENDO UN PASSO VERSO LA PARTE PROFONDA

CHAPTER 27

IL SOGNATORE SOGNA IL SOGNO

Questa seduta ebbe luogo durante una settimana di sedute private in un motel di Eureka Springs, Arkansas, nel Febbraio del 2002. Charles è un infermiere che lavorava in un ospedale nella città vicina. Stava soffrendo di problemi fisici principalmente associati con l'essere sovrappeso. Questa era la sua preoccupazio-ne principale. Ovviamente, una delle domande che voleva fare avevano a che fare con lo scopo della sua vita. Questa è la domanda più comune che la gente fa quando viene a trovarmi. Alcuni anni fa, USA Today fece un sondaggio tra la gente "tradizionale" non solo coloro che sono interessati alla metafisica. Chiesero: "Se avessi accesso al potere supremo, quale domanda gli faresti?" Il sondaggio mostrava che la domanda più comune era "Perché sono qui? Cosa dovrei fare con la mia vita?" Quindi più o meno tutti a volte abbiamo questi pensieri per la testa.

Durante la seduta, Charles passò per due vite passate che aiutarono a spiegare alcuni dei problemi costanti nella sua vita attuale. La prima fu come un soldato Romano nell'esercito di Alessandro Magno quando invasero l'Egitto e conquistarono il Cairo. Ebbero accesso alla Grande Piramide attraverso un passaggio segreto, con il pretesto di cercare dei tesori. Trovarono che non c'era nulla. Presunsero che se ci fosse stato qualcosa sarebbe stato spostato e nascosto altrove. Trovai interessante perché dimostra come anche allora la gente associasse le piramidi a grandi tesori. Qualsiasi cosa di valore era stata rimossa molto prima dei tempi moderni. Lui rimase in loco per anni come parte della forza occupante. Affogò durante una tempesta mentre attraversavano il Mediterraneo per tornare a Roma.

La seconda vita era interessante, ma non offrì tante informazioni quante avrei sperato. Era un uomo che studiava la conoscenza segreta sull'Himalaya in Tibet. Rimase li per molti anni raccogliendo quante più informazioni potesse dai maestri. Poi tornò a casa in Francia dove condivise le informazioni con l'organizzazione segreta di cui faceva parte. Sembrava che fossero i Massoni, ma disse che era anche più antica. Erano quelli dietro alle scene che gestivano i governi, anche se era nel periodo del Rinascimento. La gente era molto oppressa, e quando divenne il capo dell'ordine, voleva insegnare alla gente comune cosi che potessero avere una vita migliore. Questo era lo scopo originario del suo ordine, rendere la vita migliore. Con il tempo divenne una organizzazione negativa ossessionata dall'avidità e dalla gente che desiderava il potere. Visse fin'oltre i cent'anni e condivise molta della sua conoscenza con gli altri. Dopo essere morto in quella vita, chiesi a quella personalità di lasciarci, reintegrai la personalità di Charles nel corpo ed invocai il subconscio perché rispondesse alle domande di Charles. Questa volta il subconscio divenne polemico, il che è abbastanza insolito, di solito è molto cooperativo.

D: *Posso parlare con il subconscio di Charles?*
C: Intendi la parte che sta sognando?
D: *(Ero confusa.) La parte che sta sognando? Che parte sei tu?*
C: L'anima superiore, penso che la chiamate cosi. E' anche tua. Noi siamo. Noi siamo. Noi siamo, si.
D: *Ma siete separati dalla coscienza della persona.*
C: Ovviamente no. No, no.
D: *La parte a cui parlo di solito che ha le risposte circa il fisico è solitamente il subconscio. Chiami quella la parte sognante? Cosa vorresti dire?*
C: Adesso state sognando. Adesso siete il sognatore. Adesso siete. Ma torniamo a noi perché il "Io, Noi, Tutto". Allora come estrudere della plastica in un calco, per usare un esempio che potresti conoscere e questo è Dolores. Ma quello non è plastica. E' uno strumento liquido che sembra indurirsi ma solo nel tempo. E poi torna nel suo originale e si estrude in un calco ancora una volta.

Definizione del Dizionario di estrudere: spingere o forzare ad uscire, attraverso una piccola apertura.

C: E questo calco potrebbe avere un nome "Dolores". Tutti, in ogni momento, fluisci tra questo calco e un altro calco, e abiti in diverse

parti senza forma che siamo "noi". Questo lo sai. Si tu questo lo sai.
D: *Questi sono concetti difficile da comprendere per le nostre menti umane.*
C: Ma non stai parlando ad una mente umana adesso, quindi non hai bisogno di preoccupartene.
D: *Beh, penso che lo sia.*
C: Oh, parte di te lo è.

Tutto ciò stava diventando molto confuso. Non ero solita parlare con una parte cosi contradditoria della persona. Decisi di riportare le domande a ciò che Charles voleva sapere, nella speranza che sarei stata in grado di ricevere la sua cooperazione.

D: *Qual'è solo scopo di Charles nella sua vita attuale?*
C: Di cambiare il sogno.
D: *Cosa vorresti dire?*
C: Il sognatore sogna il sogno. Può cambiare il sogno. Rettificare il sogno.
D: *Chi è il sognatore che sogna il sogno?*
C: Colui che sogna il sogno in questa realtà.
D: *E tu pensi che il sognatore dovrebbe essere cambiato?*
C: E' ora. Come lo era prima.
D: *Con il sognatore, intendi la coscienza di massa o cosa? Sto cercando di capire cosa vuoi dire con il sognatore che sogna il sogno.*
C: C'è un sognatore che sogna questo sogno. Ce n'è uno solo.
D: *Stiamo parlando di una persona?*
C: Piuttosto di una coscienza. Non è personificata, è... tipo una coscienza. Sogniamo tutti il sogno.
D: *Come parte della coscienza?*
C: Si. Crediamo tutti che il sole sorga e tramonti. Il sognatore sogna quel sogno.
D: *Intendi nella realtà in cui ci troviamo?*
C: Si. Il sogno della realtà.
D: *Diventa vero però, perché ci siamo dentro tutti. Non è vero?*
C: Vero, ma anche ogni individuo può sognare il suo sogno. Sognano di essere un imprenditore o un dottore o un avvocato. Questo è il loro sogno dentro al sogno.
D: *Questa è la sua realtà.*
C: Esatto.

D: Ma il sognatore che sogna il sogno più grande, è forse una coscienza molto più grande? Un coscienza molto più potente?
C: Esatto.
D: Sarà difficile cambiarlo se fosse cosi grande.
C: Vero.
D: Questa coscienza, il sognatore che sogna il sogno è piuttosto come il nostro concetto di Dio? (Pausa) O è diverso?
C: Il fatto è che Dio non è veramente... c'è solo uno, è solo... il sognatore rende reale ciò che tutti gli altri credono che sia reale. Il sognatore render la pietra dura, il Sole sorge e cala. Questo è il suo sogno. Sono i sogni degli altri che interagi-scono nei sogni: creano guerre, disperazione, felicità, tristezza.
D: Quelli sono tutti gli individui che creano quelle parti dentro all'altro sogno?
C: Esatto, esatto.
D: Ma non lo trasformano in realtà quando lo fanno?
C: Si, esattamente.
D: Proprio come il sognatore che sta sognando il sogno rende il sogno una realtà?
C: Corretto. E' il grande sogno.
D: Continua a creare altre realtà?
C: Esatto. Ma è ancora solo una realtà unica. Perché c'è solo uno.
D: Ho sentito che possiamo creare la nostra realtà. (Si) E' questo ciò che intendi con... Stavo pensando che forse il sognatore era come una coscienza più ampia.
C: Corretto.
D: Continuo a pensare a Dio. Forse il nostro concetto di Dio non è corretto.
C: Siamo Dio, siamo tutti l'Uno.
D: E' vero. Ho sentito anche questo. Ma se la coscienza, il sognatore stesse sognando il sogno e creandolo, allora ciò che crea rimane, giusto?
C: Si, esatto.
D: Perché penso che un sognatore alla fine si sveglierà.
C: Questo è corretto.
D: Quindi il sognatore alla fine si sveglierà?
C: Esattamente.
D: (Con risata nervosa.) Allora cosa succede?
C: Cosa succede quando vai a letto?
D: Voglio dire, cosa succede a ciò che ha creato nel suo sogno?
C: Quando vai a letto, non vai forse in un'altra realtà?

D: *Vero, ma allora quando ti scegli, quella realtà rimane?*
C: E' proprio vero come l'altra realtà. E' solo un'altra forma di sogno. Chiamate questa realtà? Questo è dove siete adesso? E' un sogno o una realtà?
D: *Beh, pensiamo di essere nella realtà.*
C: Non state forse sognando qui proprio come sognate nell'altro luogo?
D: *(Risi) Non lo sappiamo, è cosi? E' sempre stato un mistero. In ogni caso, il sognatore che ha sognato tutto ciò che sta succedendo adesso, quando si sveglia, la nostra realtà cessa di esistere o continua?*
C: Continua.
D: *Perché gli ha dato vita?*
C: Tutti noi gli abbiamo dato vita.
D: *E tutte le altre scintille e anime hanno dato potere e creazione a questo sogno. E' questo che intendi?*
C: Esatto, ma poi tornano al tutto. Ma in realtà non se ne sono mai andati.
D: *Cosi stiamo aiutandolo a diventare una realtà e tutti fanno la loro parte. (Si) Ma su una scala più larga, il sognatore sta sognando altri sogni?*
C: Quando i sogni più piccoli, per mancanza di una migliore definizione, hanno abbastanza cause per cambiare il sogno del sognatore più grande; allora lo si può cambiare. Quello è il momento in cui la coscienza fa un salto. Un salto in avanti o potrebbe essere un salto indietro. Dipenda dalla tua posizione nel tempo. Per esempio durante le ere oscure il sognatore cambiò il sogno.
D: *Quindi questa è una coscienza enorme. E' più grande di quanto possiamo comprendere?*
C: Oh no, è solo un sognatore.
D: *Che ha creato tutto questo.*
C: Si, siamo tutti sognatori.
D: *Allora ne facciamo parte tutti. (Si) Perché sto cercando di comprendere, se è cosi grande che non siamo in grado di comprenderlo.*
C: No. Possiamo comprendere qualsiasi cosa.
D: *Questa è la coscienza di cui facciamo tutti parte? (Si) Alla quale torniamo tutti.*
C: Si, ce n'è uno solo.

Sembrava il concetto già illustrato altrove in questo libro; secondo il quale la nostra origine comune è la Sorgente e dalla quale ci siamo separati per completare i vari lavori a cui siamo assegnati. E anche per avere molte avventure ed assimilare diverse lezioni prima del nostro ritorno alla Sorgente. Questa creazione attraverso la mente di gruppo potrebbe essere simile al lavoro di Jerry (Capitolo 25) che creava con il suo gruppo. Potrebbe essere lo stesso concetto messo in termini diversi.

Questo potrebbe anche avere a che fare con ciò che accadrà quando ascenderemo alla Terra Nuova? La coscienza di massa decide se è ora di spostare (o cambiare) il sogno?

D: *Quindi la realtà che abbiamo creato tutti assieme continua ad esistere. (Si) Perché gli abbiamo dato solidità, gli abbia-mo dato forma? (Si) Cosi quando torniamo tutti indietro, allora avete detto che faremo il salto di coscienza. (Si) Questo è cambiare il sogno verso un altro sogno. (Si) E quando lo facciamo, in quel momento creiamo un'altra realtà, un altro sogno. Tutti coloro che sono coinvolti?*

C: Si, non tanto nel crearla, ma quanto nel mantenerla.

D: *Continuare e cambiare il sogno?*

C: Si, cresce come una pianta.

D: *Ho sentito che ci stiamo preparando per un salto di coscienza è quello in momento in cui accadrà? (Si) Se abbastanza persone vogliono cambiare il sogno in cui siamo adesso con le guerre e la negatività? (Si) Allora andrà nella prossima coscienza. (Si) Ho la sensazione di non descriver-lo bene, perché sto pensando al sogno come simile a Dio; come una coscienza di massa.*

C: Vero.

D: *Allora eventualmente, tutti lasciano il sogno per tornare al sognatore o cosa? Torniamo alla coscienza che creò tutto?*

C: Si, questo è corretto. Si ricomincia. Un altro sogno. Proprio come quando ti svegli ogni mattina, cosa succede al tuo sogno? Cosa pensi? Svanisce?

D: *Si, perché quando vai a letto la notte seguente è un sogno diverso. Molto raramente ritorni allo stesso sogno.*

C: Esatto.

D: *Ma molti dei nostri sogni non hanno molto senso.*

C: Certa di capirli. (Rise)

D: *C'è più simbolismo di quanto non si creda nelle nostre vite quotidiane.*

C: E' un mondo diverso.

Un mondo diverso, con regole diverse che governano ciò che accade là. Il nostro mondo fisico sulla Terra è un luogo dove le regole e le limitazioni hanno una rigida applicazione. Ecco perché abbiamo deciso di vivere qui in un corpo fisico, per imparare lezioni all'interno di quelle limitazioni. Perché non abbiamo ricordi delle nostre vite passate in altri regni fisici o spirituali, siamo abituati a pensare che tutto abbia delle limitazioni. Cosi non siamo in grado di percepire mondi senza limitazioni. Come abbiamo visto in questo libro, ci sono molte altre dimensioni e realtà che possiamo sperimentare (dopo aver acquisito abbastanza conoscenza), in cui gli esseri sono pura energia. Non hanno nemmeno il limite di un corpo umano. Possono creare qualsiasi cosa che vogliono, da un rivestimento corporeo a ciò che li circonda. Hanno il completo controllo sul loro ambiente. Ciò nonostante, molti di loro hanno scelto (o sono stati mandati) di provare la vita sul nostro limitato e confinante mondo. Queste persone sono spesso infelici, desidero ritornare alla loro vita di completa libertà. Dev'essere la stessa cosa quando entriamo il mondo dei sogni. Mentre siamo nello stato di sogno non ci sono regole, regolamenti o limitazioni. Qualsiasi cosa può succedere o essere creata. Abbiamo pieno controllo e possiamo creare ciò che desideriamo sperimentare. La gente che è lucida durante i sogni realizza velocemente d'essere in un sogno e che può cambiare il sogno a volontà. Comprendono d'avere controllo su quest'altro mondo in cui entriamo ogni notte quando dormiamo. Mi è stato detto molte volte che non saremo mai in grado di comprendere tutto ciò mentre siamo confinati in un corpo fisico. Apparente-mente, lo stato di sogno non è una fantasia che evapora al risveglio. Senza saperlo abbiamo creato un mondo che rimane ed esiste da qualche parte. Questo ha a che fare con l'idea che i nostri pensieri sono molto potenti; sono cose reali. Una volta pensati, esistono per sempre. Ovviamente, questo è come creiamo la nostra realtà; guidando ed organizzando i nostri pensieri, desideri, sogni per poi focalizzarli e dirigerli finché non diventano realtà.

D: Intendi un mondo diverso? (Si) Ecco perché facciamo fatica a comprendere i nostri sogni. Creiamo il nostro piccolo mondo individuale ogni notte quando andiamo a dormire?
C: Si, ed è cosi che dovrebbe essere.
D: Ma sono spesso pieni di simbolismi che non hanno senso per le nostre menti consce.

C: Devono solo cercare di comprendere. Se si focalizzano sul sogno, comprenderanno.
D: Pensiamo sempre che cerchino di dirci qualcosa attraverso i simboli.
C: E' cosi. Basta che ci pensi e riuscirai a comprendere.
D: Ma quando ci svegliamo e torniamo in questa realtà, ci sembra che abbia più senso. (Si) Cosi ogni notte, andiamo in un altro mondo che abbiamo creato. (Si) Questo mondo nel nostro stato di sogno continua ad esistere?
C: Ovviamente! E' solo un diverso... quando avi a letto di notte, che garanzia hai di svegliarti il mattino seguente?
D: Beh, penso che mci sveglierò.
C: E se il tuo corpo morisse?
D: Beh, anche questo è successo alla gente.
C: Si. Come sopra, così sotto.
D: Allora se il corpo muore, andresti sul piano dello spirito, giusto? (Si) Che è diverso dal mondo dei sogni. Non è vero?
C: Vero.
D: Ma in questo modo sapresti che non stavi più dormendo. Stavi entrando nel mondo dello spirito.
C: Sei sicura?
D: Beh, penso di si. (Charles rise) La gente mi ha detto com'è il mondo dello spirito. Sembra essere un luogo diverso.
C: In confronto a questo.
D: Si. Lo descrivono tutti nella stessa maniera e a confronto del mondo dei sogni che vediamo durante la notte – sembra essere diverso. (Si) Può diventare molto confuso, almeno per le nostre menti umane. Va bene se nel mio lavoro condivido queste informazioni con gli altri?
C: Si, si.
D: Sto sempre cercando cose diverse a cui non abbiamo pensato, anche so che non le comprenderò. Lungo la strada, forse qualcuno potrebbe essere in grado di espanderle.
C: Attraverso il suono e la parola, Dio manifestò il sogno nella creazione. Iniziò tutto con il suono.

La Bibbia inizia descrive cosi la storia di come Dio con la parola creò il mondo. "E Dio disse: Che ci sia Luce; e ci fu luce." Genesis 1:3. Ogni passo del processo creativo divenne realtà quando Dio parlò.

***

Durante un'altra seduta, una donna che chiamerò "Barbara" voleva esplorare degli eventi che pensava fossero accaduti in uno stato d'esperienza fuori dal corpo (OBE: Out of Body Experience). Ebbe l'esperienza di passare attraverso dei tunnel e cose simili. Durante una di queste esperienze, finì in un altro periodo di tempo. Pensai che stesse parlando di entrare in altre dimensioni passando attraverso portali temporali. Questo era parzialmente vero. Il subconscio disse: "E' un ricordo. Una memoria di spazzi che sono interconnessi."

D: *Sembrava confuso. Sembrava essere nel nostro passato come lo conosciamo.*
B: Non c'è passato.
D: *Questo è ciò che pensava che fosse e quando ritornò indietro era confusa. La gente durante quell'esperienza pensava che lei non avrebbe dovuto essere lì.*
B: E' solo una connessione a diversi spazi. Non le fece alcun male se non di renderla curiosa.

In un'altra esperienza che Barbara aveva categorizzato come fuori dal corpo (OBE), si trovò in un parco mentre parlava con la gente. Uno di loro le disse che a lui piaceva venire al parco perché nell'altro luogo era su una sedia a rotelle. Le chiesi cos'era successo in quel momento.

B: La presero.
D: *Chi la prese?*
B: Le menti. Le menti la presero. La sua mente è la loro mente. Le menti tutte pensano.
D: *Ma dove si trovavano?*
B: Altrove.
D: *E le menti delle altre persone che erano in questo parco la portarono là? (Si) Questo lo fa spesso? (No) Perché in un certo modo pensò che fosse familiare.*
B: E' sempre lo stesso. Le menti creano.
D: *Creano questo luogo e vanno tutte là?*
B: Si, è la comunicazione con l'altra connessione.

Queste non erano le menti delle persone che Barbara conosceva nella sua vita attuale, ma li conosceva ad un altro livello. Ecco perché le sembravano familiari.

D: *Questo è simile al piano dello spirito, dove andiamo quando moriamo e lasciamo il corpo fisico?*
B: No, questo è diverso. Gli altri l'hanno creato. E' il centro di un tunnel. Dove alcuni entrano da una parte del tubo e altri vengono da questa parte. S'incontrano e creano il loro ambiente e restano lì per un po'.
D: *Ma disse che quando tornò qui fu una cosa molto forzata. Cos'è successo a quel punto?*
B: E' ostinata.
D: *(Risi) Quindi la riportarono in questo corpo in questa realtà? (Si) E' questo quello che succede a volte quando stiamo sognando di notte? Andiamo in questi luoghi che le menti creano?*
B: Si, come menti.
D: *Ma torniamo sempre in questo corpo, giusto?*
B: Si, ma c'è comunicazione. Non un livello cosciente. All'altro livello. Ci sono molte case, molti livelli. E occasionalmente andate a quelli che sono creati da menti simili.
D: *Questo succede spesso?*
B: Non spesso.
D: *Ma di solito non ci ricordiamo, come diceva lei. Si ricordò moltissimo, no?*
B: Si ricordo troppo. Ha una buona memoria.

Questo evento sembrava molto simile al gruppo che creava l a sua realtà di cui aveva parlato Charles. Il sognatore che sogna il sogno.

***

Gli aborigeni fanno molta meno fatica ad accettare questi concetti metafisici rispetto alla gente moderna. Per esempio, le credenze degli aborigeni d'Australia spiegano la storia della creazione dicendo che il sognatore la creò sognandola. Dicono che il primo sogno del Sognatore furono gli elementi: fuoco, terra, aria e acqua. Allora produsse da lì. Annoiandosi di ogni nuova creazione, continuò a creare. Inoltre credono che il vero mondo non è sulla Terra, ma sul piano dello spirito. Chiamano le loro vite sulla Terra: "Tempo dei sogni" (Dreamtime), come se non fosse "reale". Cosi, sono contenti quando qualcuno muore, perché sanno che hanno lasciato il tempo dei sogni e stanno tornando a casa. I concetti che ci lasciano perplessi, sono facilmente accettati da loro.

***

Il concetto sorprendente che non c'è nulla di reale nelle nostre vite, che è solo un'illusione, mi è stato ripetuto centinaia di volte del mio lavoro. Quest'idea mi disturba, perché sfida la mia concezione della realtà. Tutto nella nostra vita appare reale e solido dal nostro ambiente lavorativo ed abitativo, alle sensazioni e sentimenti che proviamo per coloro che amiamo. Se le cose più importante e preziose nella nostra vita sono solo delle illusioni, allora come possiamo percepire la realtà? Trovo molto più confortante pensare a questi concetti come a "caramelle per la mente". Qualcosa a cui pensare per sfidare i nostri sistemi di credenze e spingere le nostre menti al limiti della comprensione. Qualcosa su cui filosofare. Ma alla fine del giorno, da mettere su uno scaffale e pensare: "Questo era interessante. Ha sfidato i miei sistemi di credenze. Mi ha fatto pensare in una nuova direzione. Ma adesso devo tornare al mondo 'reale'". Anche se è solo un'illu-sione, è l'unica realtà che conosciamo. Quindi dobbiamo viverla.

Per al prima volta in molte delle nostre vite, siamo sfidati da informazioni nuove e differenti. Nulla del genere era mai accaduto nei miei primi anni di ricerca. Forse "loro" me lo stanno presentando perché è ora per l'umanità di espandere le proprie menti per accettare idee radicali. Forse è ora, perché stiamo cam-biando in massa verso una nuova realtà, in una nuova frequenza e vibrazione. Anche le nostre menti devono cambiare, al fine di accettare il nuovo e differente mondo in cui stiamo entrando. Forse questa è la ragione per cui ci stanno offrendo queste sfide che portano a cambiare i nostri pensieri mondani in cui siamo rimasti intrappolati per millenni. Tuttavia, nuovi paradigmi e nuove strutture di pensiero, portano anche molte responsabilità. Sarebbe troppo facile scivolare in una modalità passiva. Potremmo dire: "potrei lasciar passare la mia vita e fregarmene altamente, perché tanto alla fine non c'è nulla di reale. E' tutta un'illusione, è tutto solo un sogno. Quindi non importa cosa faccio, in ogni caso non ho alcuna influenza." Allora sarebbe troppo facile adagiarsi ad osservare il proverbiale ombelico. Troppo facile permettere alla vita di scivolar via, perché te ne sei già ritirato.

Credo che questa non sia la ragione per cui scegliamo di essere qui in questo mondo in questo momento. Con l'illumina-zione vengono anche le responsabilità. Questa è una delle ragione che ci ha portati a reincarnarci per moltissime volte. Ci è voluto tutto questo tempo per riuscirci. Siamo rimasti impantanati nel mondo materiale da cosi tanto tempo che abbiamo dimenticato perché siamo venuti inizialmente. Questa è anche la ragione per cui molte delle anime avanzate hanno scelto di reincarnarsi qui, per aiutarci mentre ci spostiamo nella prossima dimensione. In uno dei miei libri, mi è stato detto che la ragione principale per la reincarnazione sulla Terra era di imparare ad utilizzare e manipolare l'energia. Quindi la vita potrebbe essere un'illusione. La vita potrebbe essere un sogno. Ma è il nostro sogno, la nostra illusione. Possiamo cambiare il mondo e cambiare le nostre circostanze appena realizziamo il potere che abbiamo. Siamo realmente in grado di manifestare dei miracoli. Possiamo rendere il mondo nella prossima dimensione un vero paradiso terrestre. Questo è certamente cento volte più produttivo che restare seduti e lasciare che la vita scivoli via. L'uso e il controllo delle energie diventerà ancor più importante nel nuovo mondo. Stiamo riportando alla luce poteri e talenti a lungo dimenticati, perché il mondo è finalmente pronto. Altrimenti, quando passiamo dall'altra parte, ci verrà detto che abbiamo avuto l'opportunità di cambiare il mondo, ma non l'abbiamo colta. Allora diventa karma e dobbiamo rifarcela tutta da capo finché non abbiamo finalmente capito. L'accesso a concetti sempre più complicati sta preparando le nostre menti ad accettare il nuovo mondo che sta arrivando. Non possiamo rimanere passivi se vogliamo avventurarci nella nuova realtà, nel nuovo sogno, la nuova illusione.

***

Mi hanno spesso detto nel mio lavoro, che quando usciamo dal corpo di notte mentre dormiamo, attraverso una guida o la nostra diretta volontà, andiamo in mondi diversi o viaggiamo anche sul nostro pianeta fisico. Si può ritornare al piano spirituale per discutere con le nostre guide e ricevere più istruzioni su come gestire gli eventi della nostra vita quotidiana. Ricevere consigli su come creare i prossimi eventi che vogliamo sperimentare. O anche solo un controllino fatto tornando a "casa" per visitare le persone che non ricordiamo mentre siamo nello stato di veglia. (Altrove in questo libro ho già spiegato come usciamo dal nostro corpo durante la notte mentre dormiamo). Questa è la ragione per cui i neonati dormono molto. Stanno adattando i loro corpi, e si svegliano solo quando il corpo ha bisogno della loro attenzione. Sono ancora connessi al piano dello spirito e vanno e vengono per ricevere consigli. Lo spirito non è completamente attaccato al loro corpo fino più o meno all'età di due anni. A quel punto non dormono più tanto. Questa è anche una spiegazione per le Sindrome della Morte Infantile Improvvisa, che i dottori fanno fatica a comprendere. Ci sono situazioni in cui lo spirito è in viaggio sul piano dello spirito e decide (per qualche ragione) di non ritornare al corpo. Forse aveva deciso che le circostanze in cui era nato non le avrebbero permesso di gestire certe esperienze in quella vita e che un altro corpo in un altro ambiente sarebbe stato molto meglio. Forse accade come una lezione per i genitori. A volte devono imparare, a causa di esperienze da vite passate con l'anima del neonato. Può anche essere che il neonato fosse rimasto dall'altro lato troppo a lungo e per errore non è riuscito a tornare in tempo. (Anche se mi è stato detto che questi non sono mai degli errori) Lo spirito deve ritornare al corpo entro una certa specifica durata di tempo o il corpo potrebbe morire. Non può esistere senza lo spirito (o scintilla della vita) che ci dimora dentro.

Inoltre, è risaputo che gli anziani dormono di più, specialmente se sono ammalati o disabili. Anche loro viaggiano sul piano dello spirito per incontrare le loro guide e maestri, e per prepararsi alla transizione. Quando lo spirito ritiene che tutto è pronto, decide di restare. Non c'è più bisogno del corpo fisico. E' cosi consumato o danneggiato al punto che è inutile continuare a mantenerlo in vita. In questi casi, la persona di solito muore nel sonno mentre il loro spirito sta compiendo uno di questi viaggi.

Se siamo solo dei sognatori che stanno sognando ciò che percepiscono come realtà, questo spiegherebbe quello che molti dei miei clienti dicono quando stanno rivivendo le loro vite passate. Quando passano attraverso l'esperienza della morte e sono sull'altro lato guardano in dietro e dicono: "Era solo un gioco, eravamo solo attori su un palcoscenico. Quando ero là era cosi complicato e sembrava che il tempo non passasse mai, ma è passato tutto in un batter d'occhio." Considerano il piano dello spirito come la "vera" realtà e la vita che hanno appena lasciato come un'illusione. Personalmente, preferisco pensare che sia davvero molto più di questo. Sperimentiamo moltissima sofferenza fisica ed emotiva mentre viviamo sulla Terra, mi piacerebbe pensare che avesse uno scopo duraturo. Ovviamente, mi è stato detto che è la verità, perché stiamo tutti imparando e sperimentando delle lezioni, cosi la conoscenza e le informazioni acquisite possono essere riferite a Dio. In questo modo, le nostre vite, buone o cattive, sono registrate in un archivio gigantesco dove restano per sempre. Vivremmo, forse, le nostre vite diversa-mente se sapessimo che tutto viene registrato; letteralmente inciso nella roccia per l'eternità?

Una delle mie figlie lavorava come un'infermiera in un ospedale e successivamente, per molti anni, come infermiera assistente domiciliare. Mi raccontò la storia di un uomo bloccato a letto che soffriva molto. La famiglia sapeva che stava morendo e pensava che la sua dipartita sarebbe stata una benedizione. Passava la maggior parte del tempo dormendo. Disse a mia figlia che in realtà stava solo viaggiando fuori dal corpo e in quel momento non c'era dolore e che stava lavorando mentre era in quello stato. Stava costruendo una bella casa sull'altro lato. Sapeva che quando la casa sarebbe stata completa, sarebbe rimasto là e la sua vita sarebbe finita. Morì pacificamente una notte durante il sonno e mia figlia disse semplicemente: "Beh, presumo che la casa fosse finita e che si era trasferito."

Ho sempre pensato che stesse costruendo la sua casa sul piano dello spirito, perché là possiamo creare qualsiasi cosa che vogliamo. Ma forse la stava costruendo nel modo dei sogni, lo spirito può esistere anche lì. Questo è ciò che risultò in questa seduta, che sono due mondi diversi, tuttavia simili in molti aspetti. Se tutto è un'illusione, come potremo mai saperlo? In ogni caso, cos'è la realtà? Se siamo solo attori che stanno interpretando un sogno di un più vasto sognatore, allora cosa succede quando "lui" o "lei" si veglia? Queste sono teorie o aspetti interessanti da considerare, ma mi disturbano e mi danno il mal di testa. Forse è meglio lasciarle a "pensatori" a cui piace esplorare teorie complesse. Per quanto riguarda me, ho completato il mio dovere di ricercatrice e ho scritto ciò che ho scoperto. Ora devo tornare alla mia illusione. Il corpo ha necessità fisiche e questa è la mia realtà in questo momento. Posso smetterla di danneggiare il mio povero cervello con cose meglio lasciate a filosofi ed eremiti che vivono in caverne.

CAPITOLO 28

UNA DIVERSA ALTERNATIVA AI "WALK INS"

Molte delle mie sedute includono diversi aspetti differenti ed e difficile sapere in quale sezione mettere le informazioni. Cerco di pensare al tema principale delle informazioni, piuttosto che cercare di dividerli. Il prossimo era un caso simile. Conteneva informazioni circa gli ET ma anche altri concetti. Inoltre conteneva informazioni circa una nuova versione dei "walk-ins" (vedi p. per una definizione più chiara). Decisi di metterle in questa sezione relativa alle diverse sfaccettature dell'anima. Ci sono riferimenti ad altri capitoli dove si possono trovare informazioni simili. In questo libro ci sono molti riferi-menti incrociati.

Questa seduta privata ebbe luogo nel Febbraio del 2002, quando risiedevo in un motel in Eureka Springs, Arkansas. Avevo dedicato questo periodo esclusivamente alle sedute private concentrandomi sull'area locale: Arkansas, Missouri, Kansas, e Oklahoma.

Negli ultimi anni, molte volte ricevo una nuova informazione o nuovo concetto da uno dei miei clienti. Poi arriva il cliente successivo per e durante la sua seduta questo nuovo concetto viene esteso. Quasi come se qualcuno o qualcosa dall'altra parte stesse monitorando le mie sedute e decidendo che pezzettini d'informazione riceverò e quando li riceverò. Ovviamente, so che "loro" sembrano consapevoli di ciò che ricevo durante ogni seduta, perché sembra che "loro" sappiano perfettamente di me e del mio lavoro. Spessissimo verso la fine di una seduta mi dicono: "Ecco il prossimo pezzo d'informazione di cui hai bisogno per i tuoi libri" oppure "Hai detto che pensavi di essere pronta per il prossimo concetto. Beh eccolo qua." Questo non può essere accidentale ne' qualcosa che sto facendo intenzionalmente, perché i pezzi del puzzle provengo da individui che vengono da tutto il mondo che non si conoscono tra di loro e che non conoscono le informazioni che sto accumulando. A volte ricevo un'informazione da qualcuno che proviene dagli Stati Uniti, che viene poi estesa da qualcuno dell'Inghilterra o dell'Australia. Quindi non c'è dubbio che sia tutto monitorato da qualcuno che è nella posizione di vedere ogni cosa che faccio e tutte le persone con cui lavoro. Questo è successo cosi spesso che non rimango sorpresa e sono molto a mio agio con chiunque sia alla regia dello spettacolo. Questo caso è un esempio di ciò che intendo. Mentre stavo facendo queste sedute private a Eureka Springs ricevetti un frammento d'informazione da Aaron, un ingegnere della NASA, riguardo a come "Star Children" (Bambini delle Stelle) o "Special Volunteers" (Volontari Speciali), vengono protetti dall'accumulo di karma. Poi il cliente successivo, Bobbi, che era venuta per la sua seduta estese ulteriormente l'idea. Chiunque stia provvedendo queste informazioni e gestendo quest'operazione, apprezzo moltissimo il loro aiuto. Comprendono, proprio come faccio io che è arrivato il momento di condividere certe informazioni con la gente della Terra. Ovviamente, mi hanno anche detto molte volte che non sarò mai in grado di ricevere tutte le informazioni, perché le nostre menti sono saranno mai in gradi di gestirle. Cosi mi danno delle analogie ed esempi per illustrare al meglio secondo i limiti delle nostre menti.

Dopo che Bobbi andò in trance, scese dalla nuvola e si trovò in una landa deserta e desolata. Era un uomo autoctono semi nudo che stava disperatamente cercando cibo per la sua famiglia. Il suo gruppo viveva in caverne perché erano stati cacciati dalla loro terra dall'uomo bianco. "Volevano il controllo. Volevano conquistare e non ci vedevano come una risorsa." Dove prima la sua gente piantava il loro cibo, ora erano ridotti a cacciare qualsiasi cosa che potevano mangiare (piccoli animali, salamandre ed insetti). Stavano morendo di fame e lui sentiva una forte responsabilità di procacciare il cibo. "C'è un vero rischio alla nostra sopravvivenza. Siamo affamati. Posso sentirlo nel mio stomaco." Quest'uomo sentiva una tale responsabilita' che restava senza cibo per poter nutrire gli altri. "Riesco a sentire che il mio stomaco sta soffrendo. "

Alla fine morì per mal nutrimento. Anche se si era privato per gli altri, sentiva di averli delusi. Sentiva moltissima responsabilità e morendo li stava lasciando senza nessuno che potesse aiutarli. Dovetti convincerlo che aveva fatto il meglio che poteva.

Disse: "Aveva a che fare con la nutrizione, non stavo prendendo i giusti nutrienti per il mio corpo. Sentivo di dovermi sacrificare per loro. Se solo avessi mantenuto la mia forza. Pensai che dar loro il mio cibo avrebbe aiutato, ma non fu cosi. Sacrificai la mia vita per tutti loro e poi mi sentii male per averli lasciati. Li delusi, perché avrei davvero dovuto prendermi cura di me stesso prima di tutto. Non lo feci. Sarei stato di maggiore utilità per loro se mi fossi preso curo di me stesso e mi fossi nutrito. Fu una vita molto dura e difficile."

D: Cosa hai imparato da questo?
B: Ho imparato che non devo sacrificarmi per gli altri. Era la cosa sbagliata da fare. Mi sentivo cosi responsabile per il loro viaggio e non mi sono accorto che avrei dovuto permet-tergli di diventare responsabili di loro stessi. Era una codi-pendenza. E il mio sistema digestivo era bello danneggiato dall'assenza di nutrienti. Mi sentivo sempre come se non ce ne sarebbe mai stato abbastanza.

Bobbi ricevette la visione di quella vita per aiutarla a spiegare problemi di salute relativi al sistema digestivo che aveva in questa vita.

Visto che quella vita era stata cosi corta, c'era tempo per esplorarne un'altra. Cosi le dissi di spostarsi avanti o in dietro verso un altro tempo e luogo dove c'era qualcos'altro che aveva bisogno di vedere.

B: Continuo a tornare al periodo di questa vita quando ero ancora una bambina.

Occasionalmente, quando il soggetto decide di andare ad un evento accaduto nella vita presente, c'è qualcosa che ha bisogno d'essere esplorato. Di solito, è qualcosa che la mente cosciente ha dimenticato o che non conosceva per niente. Il subconscio lo fa riemergere per qualche motivo. Forse c'era qualcosa che Bobbi aveva bisogno di scoprire, cosi decisi di lasciarla dov'era piuttosto di spostarla ad un'altra vita passata.

B: Sento resistenza nell'andare là. Mi sento sola, ho paura.
D: Ma non eri da sola, vero? Avevi una grande famiglia.

Bobbi aveva dodici fratelli e sorelle, ma veniva maltrattata, come altri della famiglia, principalmente perché il troppo lavoro per i genitori li preveniva dal dimostrare alcun affetto. Bobbi aveva una gemella e sua sorella era l'unica con cui aveva una connessione crescendo.

B: Non avevo la sensazione che gli importasse di me. Mia sorella c'era, ma si sentiva nello stesso modo. Mi sentivo sola, molto sola.
D: *Che periodo della tua vita stai vedendo?*
B: Quand'ero molto giovane. Siamo fuori sulla strada sterrata dove viviamo. Siamo io e mia sorella e il nostro cane.
D: *Anche con una famiglia cosi grande e tua sorella, ti sentivi sola?*
B: Uh huh. Alcuni di loro se n'erano già andati prima della mia nascita. Era proprio una grande famiglia, ero molto giovane. Vedo la casa in cui vivevamo e vedo quest'altra casa. Ci sono le due case. (Pausa) C'è qualcosa nel cielo. Ecco perché sono impaurita. C'è come una luce nel cielo.
D: *Dicevi che tua sorella e il cane sono con te?*
B: Non la vedo con me, in questo momento. Sono da sola. C'è una luce e mi sta spaventando. Non so cosa sia. (Ripete sussuraando:) Non so cosa sia. E' solo una luce luminosa. (Un sussurro) Non so cosa sia.
D: *Senti la necessità di tornare in casa?*
B: (Enfaticamente) No! Non mi piace la casa! Non voglio andare la. La è dove mi sento sola. Non mi piace la. Mi piace stare fuori. Mi sento più protetta fuori.
D: *Allora cosa succede mentre stai guardando la luce?*
B: (Un sussurro) Si avvicina. Non fa più paura adesso. E' diverso. Non ho paura, sono solo curioso. Perché la luce mi fa sentire meglio. (Cosi tenue che era appena udibile. Solo il registratore riuscì a sentirlo) Salto indietro! (Urlando) C'è qualcosa nella luce. E' come se ci fosse qualcuno nella luce. E' come se mi tirano su, perché tutto d'un tratto sono... c'era questo essere nella luce. Poi la cosa successiva che noto, è che non ci sono più. Non sono più sul suolo.

Stavo cercando di rassicurarla, come se stessi parlando con una bambina, perché la sua voce era quella di una bambina. Aveva assunto le caratteristiche di una bambina, il che significa che stava rivivendo gli eventi esattamente com'erano accaduti.

B: Ho gli occhi chiusi. Non so se voglio vederlo questo. Sento che qualcuno mi sta toccando e sono ancora impaurita. Il mio stomaco... lo stento nel mio stomaco.
D: *vuoi aprire gli occhi per vedere cosa sta succedendo?*
B: Si, penso di si. Dove mi ha toccato non faceva male. C'è questo essere li difronte a me. E' l'essere che ho visto prima con i capelli a chiazze bionde. Nella mia mente cosciente, c'erano più capelli, non erano cosi a chiazze. E' la mia mamma. La mia mamma. (Le sue emozioni iniziarono ad aumentare).
D: *Come fai a saperlo?*
B: (Indignata) Si sa sempre chi è la propria mamma!
D: *Questo è la sensazioni che hai?*
B: (Emotiva, quasi piangendo) Si, si.
D: *Tua sorella è con te o sei da sola?*
B: (Cercando di non piangere.) Sono da sola adesso.
D: *Riesci a vedere dove ti trovi?*
B: (Farfugliando) E' come una stanza. Sono su un tavolo. (Ripetizione di queste due frasi) Adesso mi siedo.

    Successivamente dopo questa seduta, Bobbi mi scrisse una lettera nella quale cercò di spiegare e chiarire alcune delle cose che erano accadute durante la seduta. "Ero appena stata portata a bordo della nave, ricordo d'essere sdraiata e guardavo in su per vedere mia Madre. Aveva le chiazze di capelli biondi. Avevo avuto dei sogni di questa donna, ma non sapevo chi fosse. Mi hai chiesto come sapevo che era mia madre. Ricordo d'essermi sentita indignata perché tutti conoscono la propria mamma. In quel momento, pensai che fosse una domanda molto stupida. Come si fa a non sapere chi è tua madre? Adesso mi viene da ridere pensando alla mia reazione, che in realtà convalidare la mia esperienza."
    Gli esperti possono dire che la bambina stava fantasticando un'altra madre che prendesse il posto della sua che era molto fredda, stressata e non trovava mai il tempo per lei. Ma se avesse fantasticato e creato un'altra madre, perché dovrebbe essere a bordo di una astronave?
    Questo caso era molto simile ad un altro in The Custodians, dove una bambina incontrava il suo "vero" padre. In quel caso, quando iniziò a creare problemi nella sua giovane vita, l'essere extraterrestre le disse che non poteva più venire a trovarla e i di lui ricordi le furono eliminati dalla memoria cosciente. Ci trovavamo in circostanze simili, dove i ricordi rimasero solo come strani sogni?

B: (Emotiva) Mi sento bene stando con lei. Dove sei stata?! Lei mi risponde: "Hai una missione. Ti trovi in missione Bobbi. Questo lo sai." Dice: "Sai cos'è la Terra. Sai che non è reale. Sai che sono illusioni. Sai chi sai. Tu sai di essere la mia bambina. Tu sei il, ma tu sai che sei anche del tutto. Sai di non essere limitata. Queste cose le conosci. Io sono qui per aiutarti a ricordare queste cose. Io sono con te." Dice: "Sono sempre con te." Non si tratta di me, si tratta di noi. E penso che il noi, sia lei. E lei e' la. Mi sta aiutando. Dice: "Siamo con te. Siamo con te. Siamo sempre con te." Dice: "Cosa ti fa pensare che non ti aiuteremo? Stiamo sempre aiutandoti." Mi sentivo cosi sola. Vedo delle forbici. Dice: "Abbiamo dovuto tagliare la connessione per permetterti di essere umana. Ma non sei umana. Stai solo facendo un'esperienza umana, perché stai imparando. Stai imparando. Ti stiamo insegnando."

D: *Ma ha detto che è la tua vera madre. Non eri forse nata in una bambina e come una bambina?*

B: No, non sono entrata. Non ero io allora.

D: *Nella bambina, con la tua gemella?*

B: No. Qui c'è una differenza.

D: *Può spiegartela lei?*

B: Ha a che fare con quella volta quando i gemelli si sono persi.

Questo era un incidente accaduto quando Bobbi era molto giovane, che la sua famiglia aveva sempre considerato strano. Aveva chiesto che le fosse spiegato durante la seduta. Lei e la sua gemella si erano perse per molto tempo e nessuno riusciva a trovarle. Poi, inaspettatamente sono apparse nel giardino d'entrata della casa.

La personalità di Bobbi passò in secondo piano e l'essere che disse di essere sua madre iniziò a parlarle

B: C'è uno scambio. Abbiamo un modo. Sto cercando di vedere se posso spiegarlo in termini umani. C'è un modo per cui possiamo... è quasi come uno scambio di personalità in qualche maniera. E' come un cambio, uno scambio. Abbiamo fatto uno scambio. Non eri nata in quel corpo. L'hai osservato ma non eri tu. Quello non era il tu che sei tu adesso. C'è stato uno scambio. E no, non è come un'esperienza di walk-in. Avevi ragione su questo. Bobbi ha questo ricordo di un se' futuro con i capelli biondi, su un'astronave. Quelli sono i ricordi chi sei veramente.

D: *Vuoi dire che invece di una vita futura, è il ricordo di ciò che è realmente?*
B: Di ciò che è realmente. E anche pressappoco dal futuro dal futuro, perché la non c'è tempo. Non esiste il tempo. Sei in quella dimensione dove pensi che sia tutto nel tempo, ma il tempo non è importante.
D: *E' vero. Ma vuoi dire che la tua gente sull'astronave ha scelto questa bambina, questo corpo, per cosa...?*
B: Il corpo avrebbe provato molte cose che volevamo conoscere. Volevamo conoscere l'esperienza umana. Bobbi, ecco perché sulla Terra, ti è sempre interessata la parte psicologica degli umani. Non ti interessavano gli insegnamenti tradizionali. Le trincee, non ti interessava andare a scuola per imparare psicologia. Non era per questo che eri lì. T'interes-savano i significati più profondi. Volevi la verità più profon-da e non era nella natura umana. Dovevi vivere l'esperienza umana, per poter decidere cos'era vero e cosa non lo era. E siamo sempre stati lì per mostrartelo. Ed è così, rilassati, perché la strada sarà libera. Lasciati andare.
D: *Potete spiegarmi com'è successo? Non è un walk-in, avete detto che era diverso.*
B: E' diverso. Ok, vedo i gemelli. C'è una stanza. I gemelli sono sdraiai insieme su un tavolo. C'è qualcosa... un qualche tipo di... Faccio fatica a spiegare cosa sto vedendo.
D: *Va bene, dai il meglio che puoi.*
B: C'è una strana macchina. Un tipo di, voglio dire "impianto". C'è un qualche tipo di scambio o impianto. Come fanno a scambiare? Non è un cambio d'anima. I gemelli non voleva-no dover fare tutto questo. Sapevano come sarebbe stata la loro vita. La depressione. La famiglia sono energie depresse. I gemelli, i gemelli originali, non volevano farlo. (Faceva fatica a trovare le parole) Trans... Non è trasmigrazione. Transigazione? Transmitazione? Qualcosa... un certo tipo di scambio. Dice: "Ti stai sforzando troppo."
D: *Basta che lo lasci fluire. Usa le parole che riesci a trovare.*
B: Lei disse che i gemelli erano cosi felici di... era ciò che avevano accettato tutti. Lei disse: "Siete venuti tutti e avete accettato d'imparare questo." Mi sono sempre chiesta perché mia sorella ed io non avevamo quella connessione che i gemelli hanno di sapere quando l'altro sta male. E mi disse: "Questo perché eravate gemelli solo per somiglianza, ma siete diversi. Gli esseri che siete

adesso non sono come i gemelli normali della Terra. Sapevate che non avreste avuto quella connessione. Le vostre vite sono parallele grazie al processo di gemellaggio, ma siete personalità diverse. Siete esseri diversi. Siete in missioni diverse. Avete compiti diversi."

D: *Ma avevi detto che era stato tutto accettato. (Oh, certo.) Cos'è successo agli spiriti erano entrati originariamente?*
B: Sono felici. (Rise) Stanno guarendo.
D: *Allora non sono rimasti. Non c'erano due spiriti nel corpo allo stesso tempo?*
B: C'erano per un po' di tempo, perché Bobbi aveva bisogno d'aiuto per imparare a funzionare. Cosi per un certo tempo c'erano anche i gemelli. C'erano periodi in cui c'era come un'unione. Nei primi giorni. Ah! Perché Bobbi non si ricordava molto della sua fanciullezza. C'erano momenti durante i quali andava avanti e indietro nella coscienza. Non so come. Andava avanti ed indietro perché stava imparando come essere nel bambino, nel corpo ed integrarsi. Non ti avremmo abbandonata completamente. Ah che triste.
D: *Gli spiriti originali sono andati altrove?*
B: Si, lo spirito originale era li. C'erano cose che lo spirito originale non poteva gestire e quelle piccole bambine erano cosi tristi.
D: *Allora cos'è successo agli spiriti originali? Hai detto che erano insieme per un po'.*
B: Volevano andare a casa. Sono andati a riposare. Lei disse: "Stanno bene. Sono andate in un luogo di riposo e da dove erano, erano in grado di vedere parte di tutto questo. Hanno imparato." Disse: "Bobbi, sono state in grado di imparare guardandoti passare attraverso le esperienze. In questo modo era come se fossero parzialmente distaccate, anche se ne facevano ancora parte. Stavano imparando mentre tu passavi attraverso le esperienze. Non avevano il coraggio. Non avevano la forza. Non volevano passare tutto quello che hai passato tu."
D: *Perché questo è diverso da un walk in?*
B: E' un processo diverso.
D: *Potete dirmi Qual'è la differenza?*
B: Lascia che glielo chieda. Dice che molte volte lo spirito originale passerà attraverso la maggior parte della vita sulla Terra finche non raggiunge un vero punto critico, dove non possono procedere ulteriormente. A questo non c'è resisten-za. E' come se l'ego di quella personalità vuole andare più avanti possibile prima di

rinunciare, prima di lasciar andare, prima di venire scambiato. Allora, arriva al punto dove vede che non può più proseguire. Per lo meno ci ha provato. Ci ha davvero provato. Vedo determinazione. Vedo provarci dav-vero. Ci provano più che possono ed è difficile. E' proprio difficile. Quello è il punto di scambio. E' come nell'inalazio-ne c'è quel nanosecondo tra respiri. Inalazione ed esalazione, dove le cose succedono. Quello è il luogo dove trovare Dio. E' durante quei momenti dove ci sono opportunità perché accadano altre cose.

D: *Quello è un walk in. Ma ciò ch'è successo a Bobbi non è la stessa cosa?*

B: No. C'era il coinvolgimento di un processo meccanico. Non capisco perché... questa non è la parola giusta. C'è un qualche tipo di molecolare... Sto vedendo delle macchine tutt'intorno. Vedo delle connessioni. Come riescono a connettere lo spirito... (un sussurro) come lo fanno?

D: *Hanno la capacità di farlo con delle macchine?*

B: Non sono macchine normali. E' l'energia che hanno, la vedo, nelle loro mani. (Sussurrò) Come ci riescono? Non riesco a capire. Una qualche forma di trasferimento. Quando ero una bambina, è come se li avessi visti entrare nel corpo, ma è molto più di questo. C'è questo trasferimento. Continuo a chiederle come lo trasferiscono. (Pausa) E' un processo scientifico. Ci sono delle macchine tutt'intorno. Ah, le macchine hanno a che fare con le frequenze del cervello. Fanno qualcosa con le frequenze del cervello per raggiungere una specifica frequenza. Quando c'è quelle certa frequenza, allora può avere luogo un qualche tipo di trasferenza. E' tecnologia di altre dimensioni. A volte Bobbi vede qualcosa come linee d'energia e quelle sono frequenze. Quando c'è la frequenza giusta, può esserci il trasferimento delle personalità o trasferimento di pensieri, di coscienza. Ha a che fare con le frequenze.

D: *Mi è appena venuto in mente qualcosa. L'altro tipo di walk ins funziona con gli spiriti che si scambiano di posto. Questo sembra come se Bobbi fosse un essere fisico vivente sull'astronave, non uno spirito. (Si) Lei ha dovuto trasferirsi in quel modo (Si) Mentre gli altri erano spiriti che erano già trapassati e si stavano scambiando di posto.*

B: Si, a senso. Perché al momento del trasferimento... Vedo questi due corpicini sul tavolo, ma ci sono altri due esseri adulti che faranno il trasferimento. Trasferiti è la descrizione giusta. Trasferiti che entreranno. Ma c'è una capsula tempo-rale. Si sta ricordando altro della sua vera identità. Perché la capsula temporale ha a che fare con rimanere a letto per molti anni. I quaranta erano gli anni di attivazione. Sapeva all'età di quaranta che aveva bisogno di affrontare la paura. I quaranta erano gli anni più importanti per il suo risveglio.

D: E' quando la conoscenza le tornò. (Si) Allora i trasferiti stavano davvero vivendo una vita fisica a bordo dell'astronave e non erano spiriti deceduti.

B: No, non lo erano. Questa è una differenza.

D: Su questa astronave avete la capacità di fare il trasferimento. (Si) Ma deve avvenire con il permesso delle anime presenti.

B: Oh, certo.

D: Ma allora sono d'accordo sul tornare indietro.

B: I trasferiti torneranno indietro.

D: Quindi è uno scambio, ma lo si fa con un altro essere vivente.

B: Vedo quella che è Bobbi. Vedo quello entrante che è quasi un'energia maschile. Non riesco a capire perché sarebbe un'energia maschile, visto che non sono né maschile né femminile.

D: Più o meno androgeni?

B: Si. Possiamo proseguire per piacere.

D: Bene, ho un'altra domanda. Cos'è successo al corpo dei trasferiti? Quello che era sull'astronave? Se l'anima esce dal corpo per entrare nel corpo di Bobbi, cosa succede a quel corpo?

B: Quel corpo è come in uno stato di stasi (fece fatica con quella parola e la sua pronuncia). C'è una sospensione? E' una sospensione. E' come dormire? E' come dormire. E quando hai chiesto questo la risposta venne istantaneamente. E' come il sono, perché c'è una dimensione in cui non c'è il tempo. Quindi è come se la vita sulla Terra non avesse rile-vanza sull'altra. Quindi il corpo sarà in questo... continuo a sentire stato... inizia con una s. Non è statico, sospensione, gestazione, stasi. E' qualcosa come stasi.

Secondo il dizionario dei sinonimi: Stasi – immobilità, inazione, stagnazione. Secondo il dizionario: Stasi – (azione o condizione di fermata o stabilità) 1. Un rallentamento o fermata del normale flusso di fluidi o semi-fluidi corporei, come: il rallentamento della corrente circolatoria del sangue. 2. Uno stato di bilanciamento o equilibrio: stagnazione.

B: Il corpo va in questo stato per un po' al fine d'imparare. Vuole studiare gli umani. Bobbi fa riferimento agli umani alla terza persona. Fa riferimento alla Terra come la città degli umani. Ed è una cosa umana. Ci sono case umane e si ricorda un tempo quando chiese cosa stava facendo a bordo dell'astronave. (Bobbi aveva avuto la sensazione [attraverso i sogni] di aver visitato un'astronave quando stava dormendo) Lei insegna l'argomento dell'umanità e della vita umana.

D: *Allora questo è diverso da un walk in, perché il corpo è più o meno in uno stato d'animazione sospesa, in attesa del ritorno della sua anima. Il corpo non muore.* (Esatto) *E l'anima è in missione sulla Terra, ma non voleva passare attraverso il processo di nascita.* (No) *Si dimentica di più nel processo di nascita, vero?*

B: (Entusiasta) Oh! Schiaccia la testa. Per qualche motivo ho appena sentito questo. Il processo della nascita, quando escono dal canale uterino, quello è il momento in cui i ricordi vengono interrotti. C'è una sensazione di entusiasmo qui, il processo di nascita ha a che fare con il velo. Se ci passi attraverso allora il velo diventa più spesso. Ok, tutto questo ha senso.

Lavorando con i walk ins, avevo già ipotizzato questo. La gente sembra essere molto piu psichica dopo una NDE (Esperienza di premorte) o un walk-in, dove c'è uno scambio di anime. Attraverso il mio lavoro, ho scoperto che il processo della nascita cancella i ricordi. Inoltre la quantità di tempo che si spende durante l'infanzia focalizzati nel tentativo di far funzionare il corpo: imparando ad andare a carponi, a camminare e alla fine a comunicare, causa la dissoluzione dei ricordi del pre-nascita e dell'origine dell'anima. Invece nel caso di un walk-in non si passa attraverso questa esperienza di perdita delle memorie e si entra con direttamente con tutte i ricordi della propria origine. Quindi, sanno come usare le loro abilità psichiche. Queste abilità sono latenti o dormienti, come lo sono in moltissimi esseri umani.

D: *Allora è per questo che ha accettato di farlo e questo è successo al momento in cui i suoi genitori pensavano che fossero perse.*
B: Sa che si fa in questo modo.
D: *L'anima che è entrata in quel momento era più capace di gestire le cose?* (Yes.) *Aveva accettato di gestire tutte queste cose negative e complicate che doveva passare.*
B: Si ed essere più stabile.

D: *La vera madre e la gente dell'astronave, sono sempre con lei. (Si) Aiutandola a livello subconscio?*

B: Si, loro sono il "noi".

D: *Questa gente sull'astronave, hanno una casa fisica da qualche parte o vivono sempre sull'astronave?*

B: C'è qualcosa molto lontano, ma vivono praticamente sempre sull'astronave.

D: *Qual'era il lavoro di Bobbi quand'era sull'astronave, prima di fare il trasferimento?*

B: Era un'avventuriera.

D: *(Ridacchiando) Sembra proprio che lo fosse.*

B: Amaza le stelle. Era come un'astronauta, potremo dire. Era uno spazionauta. (Rise) Come una Startreker. Adora le galassie. Oh mioddio! Ecco perche Bobbi adora le galassie. Ecco perche si sente a casa quando vede tutte le nebule e il resto. Continua a perseguire quello che ama. C'erano periodi in cui Bobbi sapeva d'essere tra le stelle. Vedeva le stelle. Stava osservando attraverso i miei occhi. Siamo esploratori dello spazio. Siamo esploratori dimensionali.

D: *E questa è un'altra avventura. (Oh, certo!) Non c'è il pericolo di rimanere intrappolati qui dopo essere entrati in un corpo fisico sulla Terra?*

B: Sappiamo cosa fare.

D: *Sto pensando al karma.*

B: Siamo consapevoli di tutto questo, lo sappiamo.

D: *Perche c'e sempre il pericolo di creare del karma quando si viene sulla Terra. Sembra essere qualcosa d'inevitabile.*

B: Ciò che vedo è che c'è qualcosa come una pellicola tra... non riesco a spiegarlo molto bene. C'è come una pellicola... c'è una protezione tra questo.

Sembrava come Aaron che diceva che era stata messa una pellicola protettiva tutt'intorno a lui. Forse stava parlando della stessa cosa.

B: Comprendiamo la morsa. Comprendiamo l'attrazione. Comprendiamo i meccanismi dell'essere risucchiati in tutto questo. Vedo dei sintonizzatori. Siamo in gradi di armonizzare le cose. Ha a che fare con le frequenze. Ha che fare con dei sintonizzatori. Bobbi e' interessata alle frequenze. Riesce a comprendere le frequenze. Sta imparando ad accordarsi con le diverse frequenze. Ma possiamo usare una frequenza. Sappiamo fino a dove possiamo arrivare. Mettiamola cosi. Sappiamo fino a dove possiamo arrivare senza restare intrappolati in tutto questo. Riusciamo a vederlo. Possiamo vedere un'immagine più vasta. Oh, si, è proprio come colla appiccicosa. Quello che mi stanno mostrando è come quella colla appiccicosa da cui non riesci a liberarti. Vediamo il pericolo. E' come se rimani intrappolato. Vedo qualcosa che è intrappolato.... E' come la carta per le mosche. E' come quelle orribili cose con cui gli umani intrappolano gli animali e dalle quali non riesco più a liberarsi. Noi non vogliamo farlo, quella è una cosa umana. E' come se voi umani foste intrappolati nella carta moschicida e steste cercando di passeggiarci sopra. E mio dio se è difficile! E' cosi difficile per voi.

D: *Ecco perché ci vuole un avventuriero davvero coraggioso che voglia fare tutto questo, perché si può rimanere intrappolati facilmente.*

B: Comprendiamo le frequenze vibrazionali. Copremprendiamo le meccaniche di accordamento di questa linea sottile. Vedo gli adattatori. Comprendiamo come evitarlo e come mantenere. Il karma è la vostra carta per le mosche. E' ora che ve ne liberiate!

D: *Quindi sapete come evitare di rimanere impantanati.*

B: Si, lo sappiamo. C'è un maschio tra di noi che è molto bravo in questo. E' colui che supervisione questo. C'è la mamma di Bobbi, ci sono io... c'è la Bobbi. E' difficile spiegare tutto questo.

D: *Si, l'essere in due luoghi simultaneamente?*

B: Si, in due luoghi simultaneamente. Ma c'è un altro essere qui. C'è un corpo e non c'è. E' come una presenza che ha tutta la conoscenza e che ci sta aiutando. Sappiamo quando non rimanere intrappolati nella carta per le mosche. Questo è tutto ciò che posso dire. Ma il vostro karma è davvero qualcosa di appiccicato alla carta moschicida che state cercando di staccare.

D: *Questa è forse una delle ragione per cui Bobbi non ha avuto alcun figlio?*

Avevo gia' discusso questo con un altro paziente. Si facci riferimento al Capitolo 9, "I Figli Creano Karma".

B: Eh, si. C'è altro karma coinvolto in tutto quello. Sapeva di averne anche troppo su cui lavorare.

D: *Perché quando si hanno dei figli c'è molto più attaccamento alla Terra.*

B: La sua missione aveva molto più a che fare con lo studio. Con ciò che volevamo imparare di questa dimensione. Vogliamo studiare l'esperienza umana.

D: *Vi basta vivere le esperienze e non restare imbrigliati nel karma.*

B: Esattamente.

Nella lettera che Bobbi mi aveva spedito deopo la seduta, voleva spiegarmi i suoi ricordi riguardo al karma: "Karma sembrava come ciò che facciamo agli insetti con la carta insetticida. Ad un certo punto, mi fecero vedere un'immagine che era come quando metti il piede su una gomma da masticare e non semplicemente non riesci a liberartene. La carta insetticida era proprio cosi. Era molto difficile liberarsene per gli esseri umani. Ad un certo punto mi fu spiegato come una persona sull'astrona-ve potesse restare libera dal karma. Non sembrava cosi difficile come abbiamo sempre creduto, perché conoscevano le frequenze vibratorie e conoscevano le frequenze precise dell'attrazione ed intrappolamento karmico. Quindi per loro non era un problema.

"Quell'essere mi disse che la Terra era come in una Cupola di frequenze vibrazionali. La cupola sembrava una sottile membrana sopra la Terra e mi ricordò del film: 'The Truman Show' dove Jim Carrey viveva la sua intera vita dentro ad un vero set televisivo a forma di cupola inconsapevole che tutti nella sua vita era degli attori con una parte – proprio come sulla Terra."

D: *Ma alla fine quando lei lascerà questa vita, ritornerà forse all'essere che era sull'astronave? Al corpo che sta ancora aspettando?*

B: Si, sarà così.

D: *Invece di andare sul piano spirituale? Perché l'altro lato è dove pensiamo di andare quando si lascia il corpo alla morte. O la vedi diversamente?*

B: Non vedo molta differenza con questo. Lei avra' una transizione regolare. Passera' attraverso l'esperienza della morte verso il piano spirituale. Noi facciamo parte di quel piano spirituale. Noi facciamo parte dell'Uno. Facciamo parte della Presenza. Facciamo parte del tutto. Siamo tutti veicoli. E' come l'effetto domino. Sono solo parte di un essere più grande. E Bobbi è una parte di me, ma alla fine fa tutto parte dello spirito. Fa tutto parte dell'Uno. Fa tutto parte della Presenza. E' complicato, perché lei resterà in me, ma allo stesso tempo facciamo parte dell'Uno.

D: *Quella vite dell'aborigeno che aveva molta fame, quella era connessa con la Bobbi originaria or con l'entità che è entrata? E' difficile capire quando ce ne sono due qui.*

B: Quelle sono alcune delle memorie dell'anima originale, la bambina gemella, la piccola Bobbi. Sono state utilizzate per aiutarci a comprendere la vita umana.

D: *Proprio come un residuo che è rimasto li.*

B: Eh, si, si. Prima che entrasse in quella vita siamo stati in grado di vedere quei ricordi.

D: *Ecco perché l'anima entrante, il trasferito, non aveva quei ricordi. (Esatto) Quindi non ha nulla a che fare con l'attuale personalità di Bobbi. (No) Quelli appartengono con l'anima che è andata a riposarsi.*

B: Si, è proprio cosi.

D: *Quindi non può avere alcuna influenza su di lei adesso. (Esatto) Bene, adesso tutti i pezzi combaciano.*

B: La aiuteremo con tutti questi problemi fisici. Abbiamo una nostra integrità. Per quanto riguarda il suo obbiettivo, c'è un qualcosa col tempo. Ha delle capacità curative. Non sapeva chi fossimo fino ad ora e adesso conosce la "noi" parte. E la "noi" parte è: siamo tutti parte del Creatore. Porterà un po' d'energia della luce. Vedo un raggio di luce entrante che ha dei messaggi criptati. E' un codice. I toni. In una delle sue orecchie riceverà un tono e sarà in grado di decifrarlo. Deve connettersi con me in meditazione come già sta facendo, e chiedere aiuto. Inizierà a decifrare questi messaggi. Vedo raggi di luce e vedo che non sono geroglifici, è piuttosto Ebraico antico.

Capivo di cosa stesse parlando, perché stavo ricevendo campioni di scrittura (o simboli) da tutto il mondo. Sembrava la stessa cosa e molta gente mi ha detto che li ricevono mentre gli appare in raggi di luce.

B: Stiamo usando il suo corpo fisico. Lei è molto terra a terra. E' scettica, ma non troppo. E' abbastanza scettica da riuscire a discernere ciò che sta ricevendo. E' un ottimo veicolo per ciò che vogliamo fare. Vogliamo introdurre della verità. Ha sempre voluto portare della verità su questo pianeta. Ecco perché è qui. E' come se il mio corpo è... non è in gestazione. Il mio corpo è in questa stasi, ma io sono lì in spirito per aiutarla. Il mio corpo ha bisogno di rimanere quello stato perché io possa mettere la mia piena attenzione nell'aiutarla. Nell'essere con lei. Quindi c'è una disciplina d'informazioni che sta arrivando. Questa luce che sta arrivando deve essere condivisa. Raggiungerà molti più di quanti lei possa immaginare.

D: *Ha cercato di trovare queste informazioni prima, ma non riusciva a riceverle.*

B: Le bloccava. Non era pronta a riceverle. Non aveva avuto l'esperienza umana che abbiamo bisogno che faccia al fine di essere in grado di ricevere chiarezza. Ha sempre saputo che questa dimensione era lenta.

D: *Beh, posso chiedere il permesso. Posso utilizzare alcune di queste informazioni nel mio lavoro?*

B: Oh, certo. Questa è la ragione per cui siamo qui.

D: *Ci sono alcune parti che sto cercando di unire come un puzzle.*

B: Ci sono concetti qui che sarebbe utile che gli umani comprendessero. Il concetto della carta moschicida serve per aiutare la gente. E' come la vostra TV. La gente rimane incollata alla TV. E' proprio come quel vizio. E' simile alla ipnoterapia. La gente va sotto ipnosi e poi arriva il momento di uscire. E' arrivata l'ora di svegliarsi. Assolutamente.

D: *Non penso che nulla accada per errore. Voi altri siete sempre pronti a darmi nuovi pezzetti d'informazioni di cui ho bisogno. E probabilmente già sapevate che l'uomo con cui ho lavorato ieri mi ha dato un primo indizio di questo, a riguardo della carta moschicida e del karma (Vedi Aaron - Capitolo 11).*

B: Lu ha parlato della carta moschicida e del karma?

D: *Ne ha parlando in diversamente, come di una manica che lo proteggeva dal restare bloccato nel karma. Bobbi parlava di un velo e di una pellicola. Di un metodo per restare immune al karma.*

B: E' come una cupola, una frequenza. E' come se il velo fosse una frequenza. Questo è il meglio che posso fare in questa lingua. C'è quella frequenza che è come un velo che circonda questa dimensione.

D: *Lei ne ha parlato più chiaramente. Lui diceva che puoi imparare le lezioni ma non c'era bisogno di rimanere impantanati nel karma. Lo descriveva come un modo per prevenire che il karma gli si attaccasse addosso.*

B: Esattamente. Il mondo è un'illusione. Siete qui per imparare le lezioni, ma senza rimanerci bloccati dentro. Bobbi sapeva che era qui per imparare il distacco, perché è cosi attaccata. Entrò che era co-dipendente, perché doveva imparare come non essere co-dipendente. Entrò ed era sulla carta moschicida. Quella è la sfida più profonda degli umani. E' come se rimanessi sdraiato orizzontale su quella carta appiccicosa. Ma lei si è rialzata.

D: *Quindi se lo spirito originale fosse rimasto nel corpo, sarebbe stato molto, molto difficile.*

B: Non avrebbero voluto restare.

D: *Quindi questo stava davvero mantenendo il corpo vivo. In questa maniera, possiamo mandare amore allo spirito originale che ha rinnegato il corpo.*

B: Oh, Certo. Hanno ricevuto – gli umani lo chiamerebbero dei "premi". Hanno ricevuto un premio per aver permesso che succedesse. Le gemelle che se ne sono andate, sono state aiutate, perché per qualche tempo, sono state in grado di imparare dalle esperienza di questa qui. E possono ancora imparare da lei, grazie alla connessione con la Grande Anima. La connessione con il grande Creatore.

D: *Sua sorella, Linda, sa nulla di tutto questo?*

B: Lo sa fino ad un certo livello. La stessa cosa è successa anche a lei. Lei deve fare esperienze diverse. (Rise) Lei hai una diversa carta moschicida perché era qui per imparare diverse cose. Si è sposata un prete, un prete gay, quindi anche lei aveva lei sue tribolazioni. Cosi ha affrontato una diversa va-rietà d'esperienze ma entrambe hanno fatto esperienze molto difficili. Non volevano farlo da sole, sarebbe stato troppo.

Mi stavo preparando a finire la seduta e a riportare Bobbi a piena coscienza, ma l'entità aveva qualche altra cosa da dire.

B: Grazie per questa opportunità. Per aver organizzato tutto questo. Sappiamo che le reti di tutte queste cose s'incrociano.

D: *Continuo ad incontrare molte di queste situazioni più che delle persone comuni. (Scoppiamo a ridere)*

B: E' la tua missione.

D: *Per lo meno sono sulla rete, credo.*

B: Oh, certo. Eh, si. Tu hai un filo molto lungo. (Rise)

Diedi le istruzioni per fare recedere le altre entità. Bobbi fece un respirone profondo quando gli altri se ne andarono e poi la riportai a piena coscienza.

***

Durante la seduta con Jesse a New York nel 2004 ricevetti dettagli su un altro tipo di walk-in: l'anima di supporto.

Invece di andare in una vita passata andò in un qualche tipo d'essere energetico che aveva viaggiato in diversi luoghi in tutti il cosmo. Alcuni di questi erano fisici e solidi, altri non lo erano. Lei era il tipo d'essere che non aveva bisogno d'esser legata ad un particolare corpo.

D: *Entri mai in un corpo?*
J: Se vuoi, puoi entrare in momenti diversi durante la vita.
D: *Non bisogna entrare in un corpo quando è bambino?*
J: No. Forse qualcuno a bisogno d'aiuto e tu vai ad aiutarlo. Fai parte della loro vita per un breve periodo di tempo. Se ne hanno bisogno.
D: *Quindi non resti per l'intera durata della vita del corpo?*
J: A volte. Altre volte no. Non deve essere un copro. Può essere diverse forme, su diversi pianeti, in diverse aree.
D: *Che altre forme prenderesti se non fosse un corpo?*
J: So che alcune di questo non sono solide. (Profondo respiro) E' cosi difficile da spiegare.
D: *Si! Penso che possa esserlo. Ma hai detto che di solito no resti per tutta la vita del corpo o di qual altra forma che sia. Ma se entri solo per aiutarli per un breve periodo, non c'è già un'anima o spirito in quel corpo?*
J: Si, ma hanno bisogno d'aiuto.
D: *Quindi, ti è permesso di aiutare anche se c'è già qualcuno nel corpo? (Si) Pensavo che forse questo non fosse permesso, due anime in un corpo allo stesso tempo.*
J: Non penso che l'altra anima prenda il comando. Penso che sia li solo per aiutare o per aggiungere qualcosa che può aiutare. Non so come spiegarlo, è cosi difficile.
D: *Allora, quando hai aiutato al meglio, te ne vai?*
J: Si. Non penso di dover nemmeno entrare nel corpo. Basterebbe restare con quella persona, comunicare con lei en mandargli l'energia di cui ha bisogno. Si può fare anche cosi.

D: La persona è consapevole della tua presenza?
J: Cosa intendi con la persona?
D: Il corpo fisico, la persona che è nella parte cosciente. Sa che ci sei?
J: Possono sentirsi diversamente. Fanno le cose diversamente da come le farebbero di solito. Ma l'anima è quella che sa tutto. Si sa tutto di loro e basta fare ciò che bisogna fare per aiutarli. Quindi non c'è nulla d'invadente.
D: Quindi l'anima sa cosa stai facendo. Sa che sei li? (Si) E ti permette di aiutare per un breve periodo di tempo o per quanto a lungo ci voglia. (Si) Quindi vai da un posto all'altro.
J: Si a volte. A volte resto. Se lo spirito principale dovesse lasciare il corpo per un breve periodo. Solo per tornare dall'altra parte e ripararsi o qualcosa del genere. Se ne vanno e tu sei in carica. In pratica diventi qualsiasi cosa che erano, in più la forza e la connessione che avevano prima. Cosi li aiuti per un po' finche lo spirito non ritorna.
D: Questo mantiene il corpo, il veicolo, in vita e lo mantiene funzionante. (Si) Perché l'anima dovrebbe ritornare indietro per essere riparata?
J: Non penso che si possa riparare perfettamente sulla Terra. Deve andare dall'altra parte della tenda. Oltre al velo. Penso che debba riposare e ricevere diversi aggiustamenti vibrazionali.
D: Succede qualcosa nella vita della persona, la vita del veicolo, per portarla a dover tornare ed essere riparata?
J: Si. Cose orribili o tragedie, oppure l'anima è cosi esausta che non riesce più ad andare avanti.

Sembra che quelli dall'altra parte abbiano una soluzione per ogni cosa. Piuttosto di lasciar morire il corpo mentre lo spirito va a farsi riparare, un'anima di supporto entra per un certo tempo e mantiene il corpo in vita finché quella originale non è pronta a finire il suo lavoro. Questo si differenzia da un walk-in che è piuttosto uno scambio permanente.

D: Hai mai vissuto in un corpo fisico per tutta la sua vita?
J: Penso solo poche volte. Adesso sono bloccato qui. Non mi piace. E' difficile restare a lungo.
D: Non eri l'anima originale che era entrata?
J: Non ne sono sicuro. Può essere, ma non ne sono sicuro.
D: Pensi di essere entrata in questo corpo alla nascita, come un bebè?

J: (Sigh) Forse dentro e fuori. Non lo so. Penso che fosse un lungo periodo.
D: Ero solo curiosa se sei stata nel suo corpo tutto il tempo della sua esistenza.
J: Ho ricordi, ma, non penso. Penso che l'anima originale non ce la fece. Ci fu un accordo. Se ne vanno per un po' e qualcun altro prende il loro posto. Forse queste cose accadono più spesso di quanto la gente non sappia. Le anime condividono il corpo per un breve periodo di tempo e poi se ne vanno. Forse la prima anima era un'anima nuova che non aveva sperimentato la vita sulla Terra prima. Era la prima volta, era qui solo per provare e risultò essere troppo. Se non riesce a finire ci sono altre due anime in fila per il suo posto.
D: Nel caso che non riuscissero a finire il lavoro?
J: Non so se è finire il lavoro o solo esserci. La cosa importante è che il veicolo rimanga in vita. Quindi qualcuno deve fare a turno.

Invocai il subconscio per riuscire a ricevere altre informazio-ni. Jesse disse che non si sentiva a casa qui sulla Terra. Era una sensazione solitaria e voleva sapere perché si sentiva cosi.

J: Si sente cosi perché non è a casa. La sua vera casa non è un luogo fisico. E' in un'altra dimensione. E' pura luce e bellezza e non c'è nessuno, niente persone. C'è solo energia. C'è un altro luogo che è un po' più fisico, semisolido. Grandi montagne, animali e alberi. Le piace restare li moltissimo. E' in un'altra dimensione.

Jesse non aveva un corpo quand'era in entrambi i luoghi. Il subconscio disse che non aveva avuto molte vite sulla Terra. Aveva principalmente vissuto in queste altre dimensioni, quando non era un anima di supporto.

D: L'altra parte a cui stavamo parlando... quella è la parte che va avanti e indietro? O è una cosa diversa?
J: Si. E' quella che va avanti e indietro. Quando stava venendo qui per aiutare, non restava per l'intera durata della vita.
D: Quindi adesso è qui?
J: E' molto difficile da spiegare. Non si può dire quando una parte inizia e l'altra finisce.
D: E' più o meno unita con l'anima originale?

J: Si, ma il fatto è che con l'energia, non ci sono fini né inizi. E mentre vieni ad aiutare quelle anime sulla Terra nei corpi, sei quella parte di te che sa cosa stanno passando. Dovete tutti imparare. Lo sapete, sono parti di voi.

D: *La vera casa di Jesse sono questi luoghi stupendi. Le sarà permesso di tornare in quel luogo un giorno?*

J: Si, ma è cosi difficile da spiegare. Restare là è bello, ma non si cresce. Non si contribuisce. Passi attraverso diverse esperienze per arricchire tutto ciò che c'è intorno a te. Non te stesso, perché non esisti come un'anima separata. E' molto difficile da spiegare.

Questa fu una seduta molto tediosa, perché perfino il subconscio non sapeva come spiegare quest'altra porzione di Jesse che ci fu permesso di osservare. Apparentemente si era unita molto efficientemente con la personalità di Jesse che non sapeva dove aveva iniziato e dove doveva finire. Ma questo era un bene. Probabilmente poteva operare più facilmente in questo modo. Ovviamente un'anima di supporto è uno spirito separato che ha accettato di entrare e tenere il corpo attivo mentre lo spirito originario va dall'altra parte per un po'. Questo sarebbe diverso da un walk-in perché lo spirito originale aveva pianificato di tornare e riprendere le sue responsabilità. L'anima di supporto sarebbe restata finche fosse necessario e poi avrebbe proseguito verso il suo compito successivo. Nel frattempo quando non stava lavorando (o era bloccata) poteva viaggiare per il cosmo ed avere qualsiasi tipo d'avventura. Nel prossimo capitolo discuteremo le sfaccettature o schegge d'anima. Un'anima di sostegno potrebbe essere uno di questi, ma come Jesse aveva detto, è molto difficile da spiegare.

CHAPTER 29

L'ANIMA DALLE MOLTE SFACCETTARURE

Nel Libro Uno di questa serie, ho scritto della frammentazio-ne dell'anima. Mi è stato presentato il concetto che siamo parte di un'anima molto più vasta che può frammentarsi o dividersi e vivere molte esistenze simultaneamente. Non siamo consapevoli di questo perché sarebbe troppo confuso e le nostre menti non sarebbero in grado di comprendere. Questo è in linea con la teoria o il concetto presentato nel Libro Uno dell'esistere in realtà parallele simultaneamente e che altre realtà vengono create costantemente mentre continuano a dividersi. Mi è stato detto che la nostra mente umana non sarà mai in grado di comprendere la totalità del tutto. Non sono i nostri cervelli, è la mente umana. Quindi ricevo analogie ed esempi che presentano informazioni che siamo in grado di comprendere. Mi piace pensare a queste come ad interessanti esercizi mentali. Ci fanno pensare, ma se non vogliamo crederle o studiarle ulteriormente, possiamo trat-tarle come mere curiosità. Quando ricevo queste analogie ho sempre la forte impressione che siano solo la punta dell'iceberg o dei mini sommari. E che il resto delle informazioni, o il resto dell'iceberg, ci rimarrà per sempre nascosto finché esistimo in un corpo umano. Forse un giorno comprenderemo. Per adesso, dobbiamo accettare il fatto che "loro" ci considerano pronti a ricevere l'essenziale o i fondamenti per aiutarci ad espandere la capacità di comprendere con le nostre menti.

Durante il 2002, ho ricevuto informazioni relative alle sfaccettature dell'anima da lati opposti del mondo grazie alle mie sessioni di terapia. Potrebbe essere solo un fatto di semantica e potrebbe riferirsi alla stessa cosa dei frammenti, anche se viene chiamato con un nome diverso. Cercherò di esplorare il concetto e vedere se è lo stesso o se sono due processi separati.

***

La prima seduta ebbe luogo a Minneapolis nell'Ottobre del 2002 mentre ero là per offrire dei seminari con Gary Beckman del Edge Expo. Michelle venne alla residenza privata dove mi trovavo per la sua seduta terapeutica.

Quando fu in trance, fluttuò giù dalla nuvola e si trovò in un strano ambiente e in un corpo ancor più strano. Era tutto oscuro, faceva fatica a vedere, ma era consapevole che il terreno era arido. Non c'era vegetazione e il terreno era marrone con un pizzico d'arancione. In molti casi, quando il soggetto vede circostanze che sembrano ultraterrene, di solo è perché lo sono. Devo continuare a fare domande e essere preparata per qualsiasi risposta.

Mentre Michelle diventava consapevole del suo corpo, scoprì d'indossare una giacca e pantaloni fatti di un materiale argenteo simile all'alluminio. "Sto guardando la mia mano. La pelle è verdina." Le chiesi quante dita aveva. " Ce ne sono tre principali che uso. Il mignolo è davvero piccolo. Ho dei pollici, ma non uso mai il sinistro, perché non funziona bene. Quello sulla mano destra funziona bene." Il suo corpo sembrava maschile, ma sapeva d'essere androgena. Aveva qualche parsa ciocca di capelli neri.

La sua attenzione si spostò dal corpo quando realizzò che stava portando dell'equipaggiamento sulla schiena. "E' un piccolo pacchetto bianco. Quasi come una scatola da trasporto. Sto controllando il terreno. Si aspettano che controlli qualcosa. Hmm. Non penso che si possa piantare qualcosa, qui. Il terreno è cosi sottile."

D: *Sai a cosa stai guardando?*
M: Un luogo dove piantare cibo. Mi è stato detto che è un buon posto, ma non penso che lo sia. Sembra cosi sterile. Non penso di essere nel luogo giusto, non cresce niente qui. Solo questi piccoli, appuntiti cespugli turchese. Come descriverli? Sembrano di gomma – Mi sento un po' impaurita. Non so cosa fare.
D: *Perché' sei impaurita?*
M: Forse non sono in grado di creare un luogo che gradualmente potrà nutrire le persone. Non so se posso.
D: *Questo è il tuo lavoro?*

M: Si e ho detto che potevo. Penso di essermi sopravalutata, sento che non sto facendo ciò che pensavo di poter fare.
D: *Perché hai scelto questo luogo?*
M: Ho ricevuto direzioni dagli anziani di venire qui. Gli ho detto che avrei potuto trovare il luogo. Ma non ci riesco... Sono nel luogo esatto? Forse mi sono perso. Forse non sto facendo quello che dovrei fare. Sento di essere perso.
D: *Questo è il luogo dove vivi?*
M: (Enfaticamente) No! No, non lo è. Il luogo dove vivo è diverso.
D: *Come ci sei arrivata?*
M: Principalmente col pensiero. Mi sono proiettato là.
D: *Non sei arrivato dentro ad un oggetto o qualcos'altro?*
M: No veramente, no.
D: *Vuoi dire che sei in grado di trasportanti istantaneamente là? (Si) E' venuto qualcun altro con te?*
M: Si. C'è qualcun altro qui. Stanno osservando, dietro di me. Sono abbastanza arrabbiati. Si sentono come me. Che non comprendiamo la ragione per essere qui. Pensavamo di avere le coordinate giuste. Non penso che crescerà del cibo qui.
D: *Dovete crescere il cibo per la vostra gente?*
M: La mia gente sta bene. Ma la famiglia di tutte le anime è... siamo tutti uniti. Tutti noi. E ci sono alcuni della famiglia che non hanno abbastanza cibo e abbastanza abitazioni.

Divenne emotiva ed iniziò a piangere. Era difficile comprenderla.

M: Ci sono gruppi della nostra famiglia che si stanno danneg-giando a vicenda. (Piangendo) non condividono il loro cibo. Alcune persone ne hanno altre no. (Lungo sospirone)
D: *Questa famiglia vive nello stesso luogo dove vivi tu?*
M: No. Ma ne sono a conoscenza dalla gente.
D: *Ma se non è il pianeta dove vivi, come fai a saperlo?*
M: Perché viaggiamo verso luoghi diversi. (Era ancora emotiva, ma si stava calmando) Ci dovrebbe esser unità, questo è ciò che vogliamo. Alcuni di noi lo sanno, altri no. Siamo stati coinvolti tutti in diversi tentativi di aiutare a riportare l'unità, cosi che possiamo essere tutti consapevoli. Cosi che possiamo tutti comprendere la nostra connessione ed interrompere quelle pratiche insane.
D: *Dove vivi, avete l'unità, ma volete aiutare gli altri pianeti?*

M: Si. Ne ho visti due. Uno è il pianeta dove non danno il cibo a coloro che ne ha bisogno. Hanno bisogno di un altro ambiente. Sono in troppi su alcuni di questi pianeti e si può prevedere che la sovrappopolazione continuerà fino al punto in cui ci saranno dei veri problemi. Dove anche se volessero condividere, non potrebbero.

D: *Qual'è la soluzione? Andare su un altro pianeta e crescere del cibo?*

M: (Lunga esalazione) Allora possono esserci altri luoghi dove portare le lezioni. Non deve per forse essere su questi pianeti.

D: *Cosa accadrebbe dopo aver iniziato a crescere il cibo?*

M: Allora la gente potrebbe scegliere d'incarnarsi su questi pianeti.

D: *Quindi non sposterete fisicamente la gente dai pianeti sovrappopolati?*

M: No. Ma vedo cosa sta succedendo su questi pianeti e mi rende molto triste. Prevedo d'essere in grado d'alleviare parte di questo, scegliendo altri luoghi dove andare.

D: *Quindi intendi quando si reincarnano per lavorare sul loro karma, non avranno bisogno di tornare a quei luoghi sovrappopolati? (Si) Ma non proverai ad aiutare quelli che sono già là?*

M: No, non possiamo interferire.

D: *Se non potete spostarli, l'unica cosa è dargli un altro luogo. Quindi il tuo lavoro è di trovare un luogo dove tu possa crescere del cibo, perché la gente non si incarnerà là se non ci fosse del cibo o un modo di sopravvivere. (Si) Come ci riuscirai?*

M: Questo e' il problema. Non so cosa fare. Dovro' ritornare indietro e provare a rifarlo. Sono so cosa sia successo qui. Prima viene il cibo e questo luogo non sembra avere ciò che si pensava dovesse avere. Deve esserci un modo per iniziare le piantagioni e questo non sembra essere un buon ambiente. Devo aver fatto un errore. Pensavo di avere le coordinate e penso di non aver fatto abbastanza attenzione. I numeri sono molto importanti e le forme sono molto importanti

D: *Questo è ciò che intendi con coordinate?*

M: Si. I numeri e le forme possono indicarmi nella giusta direzione. Possono trasportarmi. Continuo a sentire il numero sei due quattro quattro (6244).

Il suo corpo improvvisamente ed inaspettatamente scattò. Esplose a ridere: "Sono sparita tutto d'un tratto!"

D: *Vedo che sei scattata. Sei sparita cosi velocemente, solo pensando a quei numeri?*
M: Si. Sono appena tornato al mio pianeta da dove provengo. Prima di saperlo sono già lì. (Risata)
D: *Quindi dovete avere numeri e forme per aiutarti nel trasporto? (Si) Che tipo di forme?*
M: Ce n'e una che uso comunemente che ha una base, una linea retta e poi si allunga in una punta, quella è formata... Non riesco nemmeno a spiegare in termini comprensibili. Ma si curva parzialmente, quasi come la punta di una candela, credo.
D: *Come una fiamma?*
M: (Enfatizzando) Si! Va in su come un triangolo, ma non ha proprio quella forma.
D: *Disegnate questa forma?*
M: Ci penso con la mia mente. E' tutto basato sull'intenzione. E l'intenzione ti permette di fare ciò di cui hai bisogno di fare. Ma per qualche motivo sento che sto sbagliando qualcosa e sono confuso. Cioe' sono finito in posto dove non sarei dovuto andare e pensavo di avere le coordinate corrette.
D: *Quindi pensi ad una forma, un design, al numero 6244, e ti riporta direttamente da dove vieni?*
M: Si. Fino alla casa base.

Nel Capitolo 17, un altro alieno viaggiava tra pianeti ed asteroidi raccogliendo campioni di suolo. Questi erano stati analizzati per vedere se il pianeta era in grado di sostenere la vita. La differenza era che viaggiava in un'astronave con un posto solo.

D: *Ogni volta che riparti devi pensare a quel design?*
M: E' un numero diverso a seconda del luogo dove vuoi andare.
D: *Bene, adesso sei tornato a casa. Puoi descrivermi questo posto?*
M: E' una sensazione di grande pace e serenità. Mi sentivo come un pesce fuor d'acqua prima. Quell'energia era priva d'armonia. Era molto tesa. Ecco perché mi sentivo sempre peggio.
D: *Puoi descrivermi questo luogo, la tua casa?*
M: (Pausa) E' difficile spiegarlo in parole.
D: *E' fisico, solido?*
M: Lo è. Ma non è come molti degli altri pianeti. Lo puoi vedere, ma non ha la densità che hanno gli altri pianeti.
D: *Ci sono edifici e città?*
M: E' piuttosto un sentimento. E' una sensazione di connessione.

D: *In quel luogo consumate del cibo? (No) (Lo disse come se fosse sorpresa) Come fate a restare in vita?*
M: Luce. Il sole.
D: *Come fate entrare la luce nel corpo?*
M: Dal sole. Crea ogni cosa. E' la più piccola, piccolissima particella. Non è nemmeno una particella è un'onda. Una forma d'onda. Tutti noi la assorbiamo. E' li per noi tutti.
D: *Ma quando eravate sull'altro pianeta, ne eravate lontani.*
M: Si. Ho dovuto focalizzarmi moltissimo. Era come camminare in entrambi i mondi. Era molto difficile.
D: *Riuscite a restare lontani dalla luce a lungo?*
M: No. No. Non a lungo.
D: *Quindi ne avete bisogno per restare in vita.*
M: Si, è cosi. E' ciò che sono.

Questo è stato descritto precedentemente nei miei libri. Certi ETs vivono di luce e hanno della tecnologia a bordo delle loro astronavi che genera la luce di cui hanno bisogno. In Legacy From the Stars, gli esseri del futuro che vivevano nelle città del sottosuolo facevano dei bagni di luce. Tutti questi esseri dissero che la luce che li teneva in vita proveniva dalla Sorgente.

D: *Ma stavi descrivendo un corpo fisico su quell'altro pianeta.*
M: Eh, si. Abbiamo bisogno di assumere una forma per esserci e per andare in luoghi diversi. Per adattarci all'ambiente.
D: *Quali sono le tue vere sembianze?*
M: E' difficile da vedere. Hmmm. Dio, so saprei come spiegarlo. E' più una sensazione che un'apparenza. E' un... come se le parole non fossero necessarie.
D: *Volevo solo essere sicura che non fosse il piano dello spirito. Questo è forse un diverso tipo di corpo di luce? (Si) Bene, stai tornando dagli anziani per dirgli che non avevi le giuste coordinate?*
M: Si. Riesco a vederlo. Lui ha – se vuoi chiamarlo un "lui" – la testa rotonda. Ha il collo sottile e lungo, braccia lunghe e sottili. Può cambiare aspetto. Ha iniziato in questa forma e adesso appare più come luce. A seconda dei suoi pensieri, a seconda di ciò che sta succedendo, la forma può variare. Gli dico cos'è successo. Lui mi sta quasi ridendo in faccia. Mi dice che il mio orgoglio si è messo in mezzo ed ero cosi sicuro di sapere che mi sono dimenticato dei dettagli. Non è arrabbiato.

D: *Cosa ne pensi? Ha ragione?*
M: Si. Pensavo di sapere cio' che stavo facendo. Sembrava come uno dei soliti viaggi, ma non lo era. Non ero preparato. Hmm. Sto cercando di sentire. (Pausa) Sono atterrato troppo presto. Non riesco a spiegarmi in parole. E' come se fossi andato oltre. Ho sparato troppo lungo....
D: *Sei andato oltre alle coordinate?*
M: Si. Alcune di queste cose sembra che sia in grado di spiegarle. Bisogna essere molto precisi. Non ha solo a che fare con le coordinate e i numeri. Ma è l'intenzione che si usa con i numeri.
D: *Ci riproverai ancora?*
M: No. Mi sta dicendo che mi sono coinvolto troppo con ciò che volevo che accadesse, per aiutare che ho perso di vista il piano, la missione. Dice che queste cose succedono.
D: *Qual'era il piano, la missione?*
M: Aiutare a trovare altri luoghi alternativi che potrebbero diminuire il peso di un pianeta. Il mio compito era di osser-vare, ma mi sono coinvolto troppo con la sofferenza della gente che questo ha iniziato ad interferire. C'è un piano. Il piano è più importante. Non che la gente e gli esseri non siano importanti. E' solo che tutto è temporaneo e bisogna ricordarsi di tenere le cose in prospettiva. Ma per me era difficile.
D: *Non bisogna diventare emotivamente coinvolti con la gente?*
M: No, ho bisogno di mantenere la visione globale e che tutti scelgono queste cose per imparare a crescere. Mi sono coinvolto emotivamente e ho perso la visione.
D: *Quella gente ha scelto di essere in quella situazione.*
M: Non gli credo, non stanno facendo ciò che hanno bisogno di fare. E' molto complicato. E' una combinazione di fidarsi di loro, fidarsi del piano, ma anche comprendere che bisogna sviluppare cose alternative.
D: *Quindi non è interferenza se sviluppato cibo su un altro pianeta dove possono andare?*
M: No. Ma nel mio coinvolgimento emotivo, le emozioni mi hanno offuscato, cosi non sono stato in grado di completare il piano. Mi sono impigliato.
D: *E' difficile non restare impigliati, non è vero?*
M: E' molto difficile, molto difficile.
D: *Non si può essere privi d'emozioni.*

M: Non poteva mantenere la visione globale. Se riesci a mantenere la visione globale, allora puoi farlo. Non ci sono riuscito. E' troppo difficile.

Questo era successo in altri casi che ho riportato in Legacy From the Stars, dove l'entità proveniente da un altro sistema stellare era sulla Terra per una missione e sono rimasti troppo coinvolti con la gente. A quel punto dovettero reincarnarsi sulla Terra invece di ritornare al loro pianeta. In qualche modo, avevano creato del karma.

D: *Quindi ha deciso di non lasciarti riprovare?*
M: Si, non ero in grado di farlo. Ha pensato che forse sono meglio per un'altra posizione. Che forse posso scendere e osservare in quel modo. Dovevi essere separato.
D: *Che altra posizione vuole che assolvi?*
M: Sono... Ho bisogno di... Sto sparendo... E' come se stesse succedendo qualcosa, dove sto parendo. Non so ancora cosa sia. Non fa paura. Solo, non posso avere alcun attaccamento. E' come se stessi fluttuando. Sto andando altrove.

Il suo corpo improvvisamente scattò ed esplose a ridere. Non riuscì a capirla, perché stava ridendo.

M: E' stato un movimento improvviso. (Esplodendo a ridere)
D: *Si, ti ho vista saltare. Cos'è successo?*
M: Penso di essere passata attraverso una qualche forma di vuoto. (Pensava che fosse divertente).
D: *Cosa vedi? Dove sei?*
M: E' la commissione di pianificazione. A dire il vero, non è la parola giusta, ma non saprei in che altro modo dirlo.... Adesso devono decidere cosa devo fare. Ma è difficile implementare la parte del piano in cui si diventa coinvolti emotivamente. Non sapevo che sarebbe stato difficile.
D: *Quindi stanno controllando i tuoi risultati?*
M: Si, Per vedere cosa sarebbe meglio che io facessi. Anch'io ho la possibilita' di decidere, ma ci vuole un gruppo, perche lavoriamo tutti insieme. Mi fanno vedere alcune cose nella vita che devo affrontare.
D: *Dovrai andare in un'altra vita?*
M: Si. Mi stanno mostrando una vita come Michelle. (Lungo sospiro) Sarà una vita difficile. Non sono troppo entusiasta. Mi dice che

queste esperienze mi aiuteranno, se comprendo diversi segmenti di questa vita. Se riesco a metterlo in parole. Riesco a sentirlo piuttosto che a vederlo. Tutte queste esperienze diverse sono necessarie cosi che io possa aiutare in modo più efficace.

D: *Questa sarà la tua prima vita come un essere umano sulla Terra?*
M: Si, questa parte di me. E' molto più complicato. Mi ricorda un diamante e quelle diverte parti di un diamante. Le diverse sfaccettature. Questa sfaccettatura non è mai stata qui prima d'ora. Le altre due si. Penso che la mia anima sia composta di più di una parte. Le diverse parti sono le diverse sfaccettature.

D: *Una delle sfaccettature può conoscere le altre?*
M: (Sorpresa) Si, possono! Potranno. Faranno a turno in questa vita. Non saranno in grado di gestire l'intera cosa da sole. La prima sfaccettatura ci sarà fino all'età di dieci anni. La seconda sfaccettatura ci sarà fino all'età di ventun anni. Poi ci sarà la terza, per il resto.

D: *Perché devono esserci diverse sfaccettature per diverse parti della vita?*
M: E' l'unico modo per farlo con successo.

D: *Sarebbe troppo difficile farlo tutto da sola per una sfaccettatura. Non ne sarebbe in grado?*

Improvvisamente iniziò a piangere emotivamente. Non riuscì a rispondere visto che continuava a piangere. A volte è meglio lasciare che la persona si scarichi, cosi la lasciai piangere e poi gentilmente cercai di farla parlare ancora.

D: *Sarai d'accordo di fare tutto questo. (Si) Anche se riesci a vedere che sarà difficile? (Si) Allora perché sei d'accordo?*
M: (Con un respirone profondo. Stava tornando in se) Possono aiutarmi dopo. (Un altro respirone).

D: *Almeno saprai cosa vuol dire venire qui. Nessuno ti sta forzando a farlo.*
M: No. E' necessario.

D: *Quindi, il corpo cosciente sa quando queste diverse sfaccet-tature entreranno ed usciranno?*
M: No, non intenzionalmente. Rimaniamo consapevoli di questo accordo, ma non pienamente. Questa è la prima volta che comprendiamo a pieno cosa stiamo affrontando.

D: *Quindi questo non è un walk in.*

M: E' diverso, perché non siamo separati. Un walk-in è un'anima separata. Noi facciamo parte del tutto.
D: Fate tutti parte della stessa anima. Ma Michelle disse che quando aveva dieci anni, ebbe la sensazione di morire.

Michelle aveva un ricordo parziale di ciò che era accaduto all'epoca. Sua madre mori quando Michelle era ancora molto giovane. Sua zia assunse il ruolo di madre mentre vivevano con sua nonna. Entrambe le donne erano mentalmente disturbate e sadistiche nel modo in cui trattavano Michelle. Questo causò molti dei suoi problemi d'infanzia che era riuscita ad oscurare dalla sua memoria. La donna apparteneva ad un gruppo satanico che s'incontrava in casa sua, anche se Michelle non se ne rendeva conto. Vide molte cose che la sua giovane mente soppresse. L'esperienza che non riuscì a dimenticare riguarda alla volta in cui la infilarono in una scatola di legno. Stava soffocando e senti che aveva lasciato il corpo stava fluttuando verso l'alto. Pensava di essere morta quella volta, perché i sentimenti erano cosi forti. Ovviamente, non morì, tuttavia nessuno nella sua famiglia parlò mai di ciò che era successo quella notte. Per molti anni, pensò che gli eventi che si ricordava erano solo parte della sua disturbata immaginazione. Nessuno nella sua famiglia le diede mai l'impressione che qualcosa di questa intensità fosse mai accaduto. Tutti i ricordi, specialmente di rituali in cui era stata personalmente coinvolta, erano stati segregati a livello inconscio. Probabilmente era l'unico modo della sua mente di rimanere sana. Questa era una delle cose che mi aveva chiesto di ricercare. L'incidente della scatola era vero o solo lo scherzo della sua immaginazione infantile?

D: Cos'è successo quella volta? Ha davvero lasciato il corpo? (Si) E' il momento giusto per conoscere queste cose?
M: Si, è arrivata l'ora di venire a saperlo.
D: Dille cos'è successo quando aveva 10 anni.
M: E' stata messa nella scatola. La sua famiglia aveva una vita molto segreta di cui non si doveva parlare a qualsiasi costo.
D: Quindi aveva ragione a proposito dei ricordi che aveva di tutto questo? (Enfaticamente: Si!) Era gente molto disturbata, possiamo dirlo cosi.
M: Molto! Molto, molto disturbata.
D: Questa è la ragione per cui una sfaccettatura poté rimanere solo fino all'età di dieci anni?

M: Si! Altrimenti, sarebbe stato troppo difficile. L'anima non sarebbe riuscita a gestirlo.
D: E' morta quando l'hanno messa nella scatola?
M: Non nel senso fisico. Andò attraverso il tunnel della luce ma mantenere la connessione con il corpo attraverso il cordone. Quello era il mondo di scambiare informazioni e acquisire una comprensione dalla sua vita Terrena fino ad allora. Doveva avere luogo l'entrata della nuova sfaccettatura. (Sospirone) E la prima sfaccettatura era molto stanca. I primi dieci anni sono stati molto difficili.
D: Allora scambiò informazioni con la seconda sfaccettatura perché potesse capire cosa stava succedendo?
M: Si. Anche se c'era la comprensione, dove esserci uno scambio energetico. Cosi che il dolore... se il pieno impatto di ciò che era successo fosse tornato al corpo, non ce l'avrebbe fatta. In modo da poterla aiutare successivamente.
D: E' per questo che Michelle ha solo dei ricordi di qui primi anni, perché il resto dei ricordi sono rimasti con la prima sfaccettatura?
M: (Enfatico: Si!) Quando si ricordò, fu come guardare un film, anche se c'era molta tristezza. C'era più tristezza per la prima sfaccettatura che per le persone coinvolte. (Sottovoce) Oh, quella povera bambina.
D: Quindi quando ritornò come la seconda sfaccettatura, fu più facile per lei gestirlo. (Si) Presumo che fosse l'unica maniera per lei di sopravvivere.
M: La seconda parte, non fu certo più facile.
D: Ma la seconda sfaccettatura e' rimasta fino all'eta di ventun anni. (Si) Cos'e' successo all'eta' di ventun anni?
M: Si stava sposando con Jerry. Non erano cosi intimamente connessi. Era piuttosto una scelta per terminare quel circolo vizioso, piuttosto che una connessione dell'anima. Era una modo per liberarsi del circolo vizioso con sua zia e sua nonna. Lo scambio di sfaccettatura ha aiutato con il rinnovo del circolo. Perché... non riesco nemmeno a spiegarmi a parole. Non Jerry non era una connesione emotiva. Anche se era difficile e triste non avere una connessione, il tipo di matrimonio che desiderava, le diede il tempo d'essere in grado di rifletter. Davvero non era nemmeno necessario stare con lui. Questo sembra strano, ma era come un periodo di riposo.

D: *Lui era solo lo strumento necessario per interrompere il circolo e liberarla da quella situazione. (Si) Allora cos'e successo all'età di ventun anni quando arrivò la terza sfaccettatura?*

M: Era nella stanza da letto. Vedo me stessa sdraiata sul letto. Ricordo le aiuto che passavano. Ricordo i suoni. Ero davvero sconvolta. Non sapevo nemmeno se dovevo sposare Jerry. La gente mi diceva che nessuno sa di sicuro se si deve sposare. Ero davvero stressata. So di non essermi addormentata. Era piuttosto uno stato di trace, una sensazione di fluttuazione. Cosi... durante la trance, me ne sono andata. (Sussurrando. Era difficile sentirla) Sento che me ne sto andando adesso.

D: *Può osservarlo, non c'è bisogno di sperimentarlo. Ma stai dicendo che doveva essere fatto nello stato di trance?*

M: Per me, era piu facile. C'erano tutti quei segreti nella casa in cui vivevo. Mia zia e gli altri sapevano cosa stava succedendo, ma non gli era permesso parlarmene. Pensavano che fosse meglio se non ricordassi nulla. Ma ho sempre saputo che c'era qualcosa fuori posto. Lo so adesso, lo stavano coprendo, stavano cercando di eliminarlo.

D: *La terza sfaccettatura si scambio o entrò, o quello che è, durante lo stato di trance? (Si) Ma ha anche scambiato i ricordo?*

M: Si. Prese le memorie, ma lasciò un sacco di dolore. Molto dolore rimase, perché faceva parte del processo per imparare a ripulirlo.

D: *Quindi non poteva prendere ogni tutto.*

M: No, la personalità si sarebbe divisa e distrutta.

D: *E' perfino possibile farlo?*

M: Spezzarsi e rompersi? Si! Le chiamano personalità multiple. Per loro sarebbe stato troppo difficile aiutarmi. Sarebbe stato troppo difficile guidarmi per le guide, se le avessi avuto multiple personalità. Dovevo essere molto più pulita.

D: *Quindi questa è la ragione per cui lo scambio ha avuto luogo, per darti la forza do gestire ciò che sarebbe successo dopo. (Si) Inoltre dovevi scambiare le memorie, ma trattene-re i sentimenti, perché altrimenti non avrebbe avuto senso?*

M: Esatto!

D: *Non si può togliere tutto, in ogni caso non a quell'età.*

M: No, esattamente.

D: *Quindi quando Michelle si svegliò, si sentì diversa?*

M: Si. Ho sentito: "Perché sto sposando questo tizio?" (Ridendo) Ma l'ho fatto in ogni caso.

D: *Ti sei sentita come un'altra persona?*

M: Si! E' così! Sapevo che per me era sbagliato in quel momento, ma ero confusa.
D: Allora la terza sfaccettatura è quella che è rimasta. (Si) E resterà? (Si) E' più stabile delle altre e può sostenere più traumi.
M: Cerca di connettere più conoscenze per aiutare a ripulire.
D: Hai detto che prima di questa vita, c'erano due sfaccetta-ture, due parti di lei, che avevano già vissuto sulla Terra.
M: Si. Quelle erano la sfaccettatura uno e due.
D: E la terza E' quella che non hai vite passate? (Giusto) E' quella che viene più direttamente dall'essere di luce. (Si) Quindi qualora lei si ricordi di vite passate, queste sono connesse alle altre due sfaccettature. (Si) Questa è più pura, se posso usare questa parola. Più diretto?
M: Si, può accedere alla conoscenza in modo più diretto.
D: Questa è la ragione per cui lei è in grado di fare il lavoro che fa con l'energia?

Michelle aveva recentemente iniziato a fare lavoro di guarigione usando l'energia attraverso metodi d'imposizione delle mani.

M: Si. E' venuta a farlo per aiutare la gente. Lei aiuta la gente a vedere il problema. Non puoi curare il problema per loro, quindi lei è solo un mezzo. E' in grado di dirigere molta luce per aiutare il loro corpo a ricordare l'unione che avevano un millennio fa, così che ci si possano riconnettere. Non è sua responsabilità fare tutta la guarigione, perché è un pianeta con libero arbitrio; devono accettare di riceverla. Inoltre lei vuole che diventino maestri del loro destino. Hanno bisogno di diventare i loro stessi maestri; i loro stessi guaritori. C'e bisogno di persone risvegliate che ricordano. Così lei li aiuta a ricordare e li aiuta a sollevarsi dal dolore, così possono ritornare nella loro luce.
D: Cosa cercavi di dire quando hai detto che la gente ha dimenticato quando si sono divisi un millennio fa?
M: Siamo tutti una grande famiglia. Siamo tutti di luce uguale.

A questo punto uno strano fenomeno ebbe luogo che il registratore riuscì a registrare. Una forte distorsione elettrica come una statica continua. Non fluttuava come la statica, ma era una continua interferenza elettrica. Durò circa 10 sec. ed eliminò ogni altro suono registrato. Smise improvvisamente, proprio come era iniziato. In quel momento non mi ero accorta di nulla d'insolito ma il registratore ne fu influenzato. La trascrizione continua da dopo la fine di quel disturbo sonoro.

M: ... credo perfino di essere cattivi. Sono nel fisico da cosi tanto tempo che si sono dimenticati della loro luce. Si sono indottrinati in qualcosa che non riflette la verità.
D: *Ecco perché a volte pensano di essere cattivi?*
M: Si. Lei gli ricorda che non sono l'esperienza, ma che sono solo esperienze che stanno facendo per aiutarli ad imparare.
D: *La cosa importante è se imparano qualcosa. (Si) Ma perché ci siamo separati mille anni fai, se facciamo parte della stessa famiglia?*
M: Ah, la scena era all'inizio del nostro lavoro oggi e non sono riuscita a capirla, cosi l'ho semplicemente bloccata. Il modo in cui me lo mostrano sono sicura che sia simbolico, perché ho bisogno di comprenderlo. C'è questa palla di luce e tutta questa gente sta uscendo dalla palla di luce. Stavo pensando, perché ci stiamo paracadutando fuori da lì? Ma ci separiamo per fare queste esperienze. Siamo unitamente parte di tutto questo. Siamo tutti Uno.
D: *Alla fine cosa ne faremo di tutte queste esperienze?*
M: Un qualche giorno ritorneremo uniti. Sarà più soddisfacente. Vediamo se riesco a trovare la sensazione di tutto questo. E' molto difficile per me riuscire a tradurre tutto questo. Non so se posso dire le parole. (Pausa) E' un po' come la gente che è stata in guerra. Si sente parlare della gente che è stata in battaglia assieme, hanno un diverso senso di connessione perché si sono davvero aiutati tra di loro o ne hanno passate tante insieme. E quando tutto è finito, allora c'è questa connessione indistruttibile. Prima avevamo una connessione ma non avevamo l'esperienza.
D: *Stai dicendo che è come il cameratismo?*
M: Si, una connessione più profonda. Tutti noi siamo molto importanti per l'unione. Ognuno di noi. Ogni persona ha una sua piccola parte. La loro anima la troverà per loro. Siete connessi a tutte le parti di voi stessi. Sento questa riunione di tutte queste persone che mi mancano e di tutte queste anime che conoscevo prima. Come se ci stessimo riunendo e ritornando su tutti assieme.

La vita di Michelle ovviamente era stata piena di sfide e continuava ad esserlo. Pensava che non avrebbe mai voluto avere figli, tuttavia improvvisamente decise di adottare una bambina. Mentre la bambina cresceva, divenne ovvio che c'era qualcosa che non andava. Adesso aveva nove anni e l'avevano diagnosti-cata con un disordine neurologico noto come bipolarismo. A volte, aveva dei momenti luci, ma per la maggior parte del tempo era violenta e con tendenze suicide. Michelle l'amava ma si sentiva totalmente inutile. Il marito non fu in grado di accogliere la sfida e scelse il divorzio, lasciandola da sola nel prendersi cura della bambina. Il subconscio di Michelle disse che questa era una sfida che aveva accettato prima d'incarnarsi. Le fecero vedere tutto questo durante il periodo di revisione mentre era di fronte al consiglio degli anzi. Aveva accettato d'imparare lezioni difficili durante questa vita al fine di comprendere come essere umana. Michelle ovviamente non aveva scelto una vita facile questa volta. E' ammirevole che stia dedicando il suo tempo usando le sue abilità per curare gli altri.

***

    Il concetto di anime dalle multiple-sfaccettature mi venne incontro giusto un mese dopo mentre ero dall'altra parte del mon-do. Continua a succedermi in questo mio lavoro che ogni qualora mi venga presentato un concetto nuovo, di solito ricevo anche altre informazioni, attraverso un altro paziente, che espandono la teoria iniziale. Trovo affascinante che chiunque stia guidando il mio lavoro decida che argomento io debba ricevere e a quale stadio della mia crescita. E utilizzano lo stato di trance dei miei clienti per condividere le informazioni. Non può esserci altra spiegazione, perché ogni cliente non hanno alcuna idea del contenuto delle sedute dei miei altri clienti. Durante ogni seduta, mi focalizzo, su chi mi sta difronte e i loro problemi; e non c'è alcun bisogno di parlare dei problemi o delle sedute d'altri. Il soggetto sembra essere utilizzato meramente come un veicolo per permettermi di ricevere le informazioni. Altre persone ritengono che io stia attraendo i clienti giusti che hanno le informazioni di cui ho bisogno. Qualsiasi cosa stia accadendo, non è ad un livello cosciente o volontario.
    Questa seduta ebbe luogo in Australia mentre mi trovavo a Sydney per un seminario al Mind, Body, Spirit (MBS) Expo nel Novembre del 2002. Avevo appena finito di presentare al Conscious Living Expo di Perth. Mi avevano dato un magnifico appartamento con due stanze da letto invece che al solita stanza d'albergo. Si affacciava sulla baia di Darling, aveva un'atmosfera meravigliosa ed era ad una passeggiata dal Centro Congressi dove ebbe luogo l'MBS

Expo. Come al solito, avevo confermato dei clienti che erano nella mia lunga lista d'attesa. Non so mai quali sono i loro problemi, o ragioni per richiedere una seduta finché non arrivano. Cathie era una donna attraente ed intelligente sulla quarantina. Aveva molte domande ma una che la intrigava relativa ad un incidente che ebbe luogo qualche hanno prima. Stava passando un periodo molto traumatico nella sua vita, non gliene andava una dritta, inclusa la recente morte di suo marito. L'ultimo colpo lo prese quando scopri di avere un cancro al seno. Chemioterapia e radioterapia stavano riducendo la sua forza e volontà di vivere. Era stanca di vivere in quelle circostanze. Ne aveva avuto abbastanza e aveva deciso di uccidersi. Però prima di farlo, voleva vedere tutti i suoi amici un'ultima volta. Aveva pianificato tutto molto accuratamente. Invitò tutti a casa sua per celebrare il Natale. Nessuno sapeva la vera ragione di quell'invito e non disse a nessuno che era allo scopo di dir loro addio. Tutti si divertirono molto, proprio come lei. Fu in grado di nascondere le sue vere emozioni e nessuno sospettò che avrebbe tentato il suicidio dopo che se ne fossero andati. Dopo che anche l'ultimo ospite se ne andò, molto deliberatamente prosegui con il resto del suo piano. Tuttavia, un'incidente straordinario ebbe luogo che le impedì di procedere. Pensava di essere stata molto brava nel tentativo di sopprimere le sue emozioni. Ma dopo che anche l'ultimo ospite se n'era andato, iniziò a piangere senza controllo. Aveva ogni intenzione di lasciare questa vita infelice e proseguire verso l'altro lato. Aveva pianificato attentamente il metodo in che avrebbe utilizzato per suicidarsi, ma adesso si sentiva totalmente prosciugata emotivamente e fisicamente e non era in grado di proseguire col piano. Aveva deciso che avrebbe potuto attendere fino al giorno dopo e andò diretta a letto.

Questo paragrafo fa parte degli appunti di Cathie: "Mi sono svegliata alle 3.00 del mattino. Ero sdraiata sulla schiena con gli occhi chiusi e riuscivo a vedere una luce bianca attraverso le palpebre, ma quando aprivo gli occhi la stanza era in completa oscurità. Mentre ero li sdraiata cercando di capire cosa stesse succedendo, vidi una luce scendere ed entrare il mio corpo. Entrò attraverso i miei piedi e salì fino alla testa riempiendomi di luce. Avevo ancora gli occhi chiusi ma adesso potevo vedere il mio corpo come una luce. In quel preciso momento, I sentito scorrere attraverso il mio corpo un'ondata d'elettricità o una forte corrente, ancora dai piedi alla testa."

Il mattino successivo si sentì diversamente. Tutto le sembrava completamente nuovo, anche il desidero di suicidarsi e lasciare questo mondo era totalmente svanito. Non sapeva cosa fosse successo eccetto il fatto che la sua vita era totalmente cambiata quella notte. Inoltre, il cancro aveva iniziato a recedere cosi non aveva più bisogno di quei dolorosi trattamenti. La sua unica supposizione era che aveva appena sperimentato un walk-in. Per quanto ne so, normalmente, l'individuo è inconsapevole dello scambio quando sta succedendo. Ma forse c'era una ragione perché Cathie fosse abbastanza consapevole da sapere che qual-cosa d'insolito e strano stava succedendo.

Questo era il suo interesse principale: scoprire cos'era successo quella sera. Così invece di tornare ad una vita passata, la riportai alla notte di quella festa. La feci scendere dalla nuvola il 17 Dicembre 2000. Durante il colloquio iniziale mi assicurai di avere la data esatta: "Stai dando questa festa con questi amici molto intimi."

Mi interruppe con un'uscita sorprendente: "Io non c'ero!"

D: Tu non c'eri?
C: No. Non ero io.
D: Riesci ancora a parlarmi di quella festa?
C: Non riesco a vederla.

Non ho mai permesso a nulla del genere di bloccarmi dall'ottenere informazioni, perché so che il subconscio ha i registri di qualsiasi cosa che sia mai accaduta ad una persona. Chiesi se poteva provvedere le informazioni e Cathie improv-visamente esplose ed iniziò a piangere disperatamente. Sapevo che dovevo farla parlare al fine di riuscire a liberarla dalle emozioni. "Puoi dirmi perché sei emotiva?"

C: (Lasciò fuoriserie qualche parola tra un singhiozzo e l'altro.) Si... era molto grande... grandissimo.
D: Cos'era grandissimo?
C: Quel giorno.
D: Ma è stata una bella festa, no? C'erano tutti i tuoi amici?
C: (Calmandosi, singhiozzando e riprendendo il controllo.) Si... Era una festa. (Singhiozzando) Era triste. (Singhiozzando) E' stata una festa tristissima. Perché... era la fine. (Singhiozzi) Una festa finale. (Singhiozzi) Era una festa d'addio. (Piangendo).
D: Cathie era emotiva quel giorno?
C: Stava dicendo addio a... a Lucinda. (Singhiozzi)
D: Chi è Lucinda?

Alcune delle sue parole erano bloccate dai singhiozzi. Stavo cercando di capire di chi stesse parlando.

C: Era l'anima che entrò alla nascita... e che... ne aveva passate di tutti i colori. (Piangendo) E che stava soffrendo moltissi-mo. Perché la vita era cosi triste.

Tutto questo era difficile da comprendere, a causa del continuo piangere e del suo stato emotivo.

D: *Perché doveva soffrire?*
C: (Alla fine si calmo' abbastanza da ritornare ad essere comprensibile) Ah! Prese la strada più difficile. Lei ha sempre, sempre preso la strada difficile.
D: *Ma lo aveva scelse lei, no?*
C: Si, è così. Lo rese cosi difficile. (Singhiozzi) Non conosceva nessun'altro modo. Pensava che fosse l'unico modo. Per lei era difficile, ma lo ha reso estremamente difficile anche per altre persone. Di questo non se n'è accorta. Riusciva a vedere solo il suo dolore. Non riusciva a vedere la sofferenza che stava creando agli altri. Causò moltissima sofferenza a sua madre. Causò molto dolore alle persone nella sua vita – Stephen, con cui era cresciuta. Erano sempre insieme da bambini e poi divennero morosi. Ma lei lo scaricò e gli causò moltissimo dolore. Era egoista, si preoccupava solo di se stessa. (Con un lungo sospiro. Almeno aveva smesso di piangere).
D: *Non le interessava che stesse facendo soffrire gli altri?*
C: No. Lo faceva per sentirmi bene. Era egoista. Lucinda era molto egoista. Voleva tornare a casa, perché aveva compreso che non ci stava riuscendo. Pensava che fosse una perdita di tempo.
D: *Intendi essere nel corpo, in una vita?*
C: (Ebbe una rivelazione) Oh! Okay! Allora è successo che entrò qualcun altro, chiamata "Yanie". Lei entrò per aiutarla e per istruirla. Yanie era con lei durante tutto lo scorso mese. Yanie la ha aiutata ad imparare, perché Yanie era più elevata, più informata. Non aveva alcuna forma d'ego e aiutò Lucinda, cosi che potesse andarsene. E potesse anche impa-rare qualcosa prima di andarsene.

Questo sembrava molto simile al concetto delle diverse parti dell'anima, eccetto il fatto che Cathie gli diede dei noi. Forse questo le rese più facile comprendere e spiegare.

D: *Ma Lucinda non realizzava di creare karma nel modo in cui trattava la gente?*
C: No, non ne sapeva niente.
D: *Semplicemente era un'anima molto egoista.* (Si) *Lucinda riuscì a parlare con Yanie prima d'entrare?*
C: Lucinda e Yanie accettarono di lavorare insieme. Lucinda voleva tornar a casa e creò il cancro come una via d'uscita per tornare a casa. Solo allora riuscì a vedere che aveva buttato la sua vita. Aveva buttato le opportunità in questo corpo. E questo l'odiava. Odiava quest'idea! (Ritornò emotiva) Aveva compreso d'aver buttato tutti quegli anni. Aveva realizzato che non aveva imparato la lezione. (Tutto detto emotivamente) Allora Yanie disse che sarebbe entrta e avrebbe lavorato con Lucinda per un po' prima che se ne fosse andata per aiutarla ad imparare qualche lezione. Cosi al suo ritorno avrebbe ottenuto qualcosa. Cosi Yanie l'ha aiutata a lascia andare molte paure e ad essere più bilanciata. Yanie la aiuto anche a prepararsi per la partenza.
D: *Non c'era alcune modo di restare per Lucinda?*
C: Non voleva.
D: *Mi chiedevo se dopo aver iniziato ad imparare da Yanie....*
C: No, perché l'accordo era stato raggiunto e Yanie voleva venire per un bel po'. E Lucinda accettò la sua partenza, questo non era un problema. Le stava bene onorare quella promessa.
D: *Cosi Lucinda sarà in grado di progredire dall'altro lato?* (Si) *Sembra che non fosse pronta per una vita fisica.*
C: Semplicemente non era cosciente. Era guidata dall'ego, era intrappolata nella fisicità ed i piaceri del corpo. Era impanta-nata nei soldi, nell'ego, nel sesso, nell'avidità. Ah, e perfino nella dipendenza. L'alcool, si era buttata anche in quello.
D: *Quindi stava sperimentando tutte le parti negative dell'es-sere umana.*
C: Si. Non voleva restare qui e qualcun altro voleva entrare. Accettò di farlo. L'accordo era che Yanie avrebbe lavorato con lei durante il suo ultimo mese sulla Terra, per aiutarla ad imparare qualcosa e potere salire più in alto. Cosi Lucinda aveva accettato di andarsene in Dicembre. Stabilirono la data. Sarebbe stato il Dicembre del 2000.
D: *Pensava che stesse salutando i suoi amici, perché pensava che sarebbe morta di cancro.*

C: Quando se ne andò, sapeva che il corpo non sarebbe morto. Cathie sapeva a livello conscio che era arrivata l'ora di dire addio, ma non sapeva consciamente cosa sarebbe successo.
D: *Ecco perché della festa con tutti i suoi amici e famigliari. (Si, si.) Ma quando entrò Yanie, non c'era alcun bisogno della malattia nel corpo, giusto?*
C: No. Yanie entrò. Era un'energia completamente diversa. Yanie era una delle prime persone. Una delle prime energie sulla Terra.
D: *Dev'esser stata un'energia molto vecchia, no?*
C: Eh, si. Era una pioniera. Un gruppo di loro venne, di una forza energetica, sulla Terra. Erano ciò che la gente pensava fosse il dio Horus. Vennero come una forma. Poi quando si trovarono qui, dovettero trovare dei corpi e li trovarono. Andarono e trovarono dei corpi. Queste accadde all'inizio. Lei tornò nell'anno 2000, perché aveva bisogno di riportare quell'energia pioneristica sul pianeta. La Terra aveva bisogno d'un iniezione di quella stessa energia che era venuta tutto quel tempo fa. Questo è ciò che Yanie portò.

Qui c'era una similitudine con la storia di Ingrid e l'energia di Isis che tornava sulla Terra per aiutare (vedi capitolo 4). Entrambi non ebbero alcuna vita nel mezzo ed erano tornati perché eventi globali necessitano quell'energia in questo momento.

D: *Potete dirci cos'è successo quella notte quando avvenne lo scambio? Questa era una delle cose che Cathie voleva conoscere.*
C: Yanie entrò. Era già li da mesi e si stavano intrecciando.
D: *Cosa intendi con intrecciarsi?*
C: Intrecciarsi è dove... è come una corda (gesticolò).
D: *Intrecciarsi?*
C: Si. Dove ci sono due anime e stanno lavorando insieme. E qualche volta, un lato sarà a capo e un'altra volta l'altro lato. Quindi qualche volta, Cathie sentiva come se ci fosse dell'ego. Qualche altre volta si comportava come Yanie. Qualche volta si comportava come Lucinda. Poi altri giorni, si sentiva d'essere questo meraviglioso essere spirituale e quelli erano i giorni in cui Yanie era a capo. Lavoravano molto bene insieme. Imparavano, studiavano ed insegnava-no. Ballavano assieme. Fu un periodo piacevole, perché Lucinda sentiva di avere un'amica. Bello.
D: *Un diverso tipo d'amica.*
C: Si. Ha imparato cosi tanto.

D: *Quindi è possibile che due anime abitino lo stesso corpo come un cosa sola?*
C: Si. Ma la partenza di Lucinda fu un sollievo enorme.

Anche se non erano due anime separate. Facevano parte della stessa anima.

D: *Perché è difficile occupare lo stesso spazio in due?*
C: Erano cosi diverse, si. Yanie poteva finalmente brillare ed essere se stessa.
D: *Puoi spiegarmi cosa è successo quella notte? Cathie disse che aveva una sensazione molto forte dopo essere andata a letto quella notte.*
C: Si. Fu l'ultima danza. Era la notte di Lucinda con quegli amici. Yanie rimase lontana, nello sfondo. E Lucinda... è molto strano. Si sentiva molto intorpidita quella notte.
D: *Vuoi dire insensibile o cosa?*
C: Intirizzita, come se si sentisse priva d'emozioni. Insensibile, emotivamente intirizzita.
D: *Anche se era con i suoi amici.*
C: Si. Ah, sapeva che era un addio. Aveva bisogno di essere co-si, perché se avesse permesso alle emozioni di filtrare, allora tutti gli altri si sarebbe insospettiti. E non ce n'era bisogno. Non sapeva che se ne stava andando. E non avevano bisogno di saperlo, perché non ci sarebbe stato un funerale. (Rise) Sapevamo che doveva restare un segreto. Sapeva che se ne sarebbe andata, e nessun altro aveva bisogno di saperlo quella notte.
D: *Aveva intenzione di morire, ma non in quel senso?*
C: No. Aveva cambiato idea, perché Yani voleva entrare, aveva detto che andava bene se Yanie avesse preso il corpo. Cosi quella notte, disse addio e poi andò a letto. Poi alle tre di mattina lei e Yanie hanno ballato insieme un'ultima volta. Era come un valzer. Ballarono il valzer insieme e poi Lucinda se ne andò. Cosi come dal nulla se ne andò da qui.
D: *Dove se n'e andata?*
C: (Piangendo) Se ne andò... tornò dai suoi amici. (Singhiozzi) La gente. Tornò a casa. Che sollievo. (Piangendo).
D: *Non venne giudicata per aver fatto qualcosa d'improprio?*
C: (Piangendo emotivamente) Le diedero il benvenuto. (Pian-gendo) Penso che fu molto gentile, le ridiedero il benvenuto.

D: *Probabilmente avevano realizzato che non era pronta quando entrò nel corpo all'inizio.*
C: Si, aveva scelto una vita difficile. Ha ricevuto dei crediti per aver scelto una vita difficile.
D: *Cosi, non importa se aveva creato del karma con queste altre persone.*
C: Ah! Doveva farlo. (Pausa, cercava di capire.) Stava bilanciando il karma. Perché – sto vedendo che Stephen era - (Sembrava molto sciocccati da ciò che vedeva. Fece un suono d'orrore.) Ohhh! Ohhh! Stephen, il ragazzo che conosceva, ai cui aveva spezzato il cuore, lui... la fece decapitare.
D: *In un'altra vita?*
C: Oh, si! Oh! Quello fu cosi crudele! (Singhiozzava).
D: *Allora spezzandogli il cuore, stava solo ripagando quel karma.*

Cathie gemette ad alta voce e divenne molto emotiva. Ciò che stava osservando la sconvolse. Più tardi si ricordò di questa scena e disse di aver visto il suo volto chiaramente. Sprizzava di gioia mentre osservava la sua decapitazione. Ebbe un brivido di disgusto mentre osservava.

Alle nostre menti razionali sembrava che avesse creato del karma avendo fatto soffrire il giovane Stephen. Ma dall'altra parte, l'intero quadro è disponibile e divenne evidente che c'era molto più a proposito di questa situazione. Stephen aveva creato un karma estremamente negativo nell'altra vita facendola decapitare. Cosi, cosi era giustizia suprema che lei lo facesse soffrire nella vita attuale. Per lo meno la retribuzione non è stata drastica quanto la causa.

D: *Aveva fatto soffrire terribilmente anche sua madre, vero?*
C: Si. (Scioccata) Oh! Sua madre... quello era retribuzione per karma di questa vita. La vita di sua madre. Sua madre fu molto ottusa e si comportava come se i suoi figli fossero perfetti. In quel modo fece soffrire moltissime persone, essendo cosi dogmatica e così piene di giudizi. Pensava che i suoi figli fossero perfetti e fu il lavoro di Lucinda dimostrar-le il contrario.
D: *Perché Lucinda non era per nulla perfetta.*
C: No. Oh, quello faceva parte del bilanciamento. Una lezione per sua madre. Insegnare a sua madre ad avere meno pregiudizi e giudicare di meno. Ad aprirsi di più e ad aiutarla a vedere con entrambi gli occhi. Non i due occhi con cui vedere nel fisico ma l'altro occhio (il terzo occhio).

D: *Quindi ciò che superficialmente sembrava aver creato molto karma negativo e un sentiero difficile, era attualmente per uno scopo preciso. C'era altro dietro.* (Si) *Di solito c'è, ma non riusciamo a vederlo quando siamo in vita.* (Si) *Allora, Yanie è in controllo del corpo.* (Un respiro di sollievo) *Cathie disse che sapeva che era accaduto qualcosa quella notte.*
C: (Una rivelazione) Oh! Doveva andare cosi. Lei doveva sapere, perché deve aiutare la gente. (Piangendo ancora) Deve aiutare la gente a comprendere tutto questo. Se non fosse stata cosciente – molte persone hanno queste esperien-ze e non ne sono consapevoli. Doveva sapere. Quello era il lavoro di questa nuova sfaccettatura. Cathie deve aprire tutto questo. Proprio come tu stai insegnando moltissimo alla gente circa l'altro lato. Lei ha il lavoro d'insegnare alla gente questo, l'anima. Come non possediamo questo corpo. E' un dono alla Terra. Ogni corpo è un dono all'universo. Le anime che entrano in questi corpi, hanno il diritto. Pensiamo di esseri il corpo, il nostro ego è attaccato al corpo. E pensiamo di essere. Io sono Cathie. Chi è Cathie? Cathie è davvero molte energie riunite assieme per portare questa vita ad una dimensione inimmaginabile. Quindi questa vita può avere un impatto su molte altre vite, per aiutare la gente ad evolvere coscientemente. Per aiutare la gente ad abbracciare questo programma dove le anime possono andare e venire, invece che essere rinchiuse. A non essere troppo egoisti a proposito di possedere il corpo. Non possediamo il corpo. Il corpo è qui per servire l'umanità. Gandhi non possedeva quel corpo. Quel corpo era solo un veicolo. Moltissime anime erano coinvolte nel lavoro che fece Gandhi. Moltissi-me anime andarono e venirono da quel corpo e lui sapeva. Lui diede loro il benvenuto. Martin Luther King era un altro. Non solo un'anima, ma molte anime che portavano diversi talenti, nuovi modi di pensare. Portando quel veicolo a livelli superiori di conformità e amore. (Sussurrando) Lui sapeva. Sapeva cosa doveva fare qui.
D: *Ma la parte cosciente della persona non è consapevole di cosa stia succedendo, no?*
C: Alcune persone possono esserlo. Alcune persone possono aprire le loro menti a questo. Ci deve essere uno stimolo per aprire la mente e quando questo stimolo viene attivato, la mente può abbracciare qualsiasi forma di comprensione. Questo è il lavoro di Cathie. Lei attiva gli stimoli che fanno pensare la gente e gli fa aprire la mente.

Ci dissero che non solo Cathie aveva ricevuto una nuova sfaccettatura della sua anima per continuare questa vita, ma il suo corpo era stato cambiato in uno nuovo. Apparentemente, i cambiamenti non sarebbero visibili esternamente dagli altri.

C: La nuova Cathie e' cosi diversa. La vecchia Cathie era su un sentiero accellerato. Aveva scelto una vita molto difficile. E E la nuova gente che è entrata, avevano dovuto gestire quella parte del karma di quelle vite. Dovettero lasciare andare la roba nelle cellule del corpo. Tutta quella roba che era intrappolata lì, proveniva dalle anime vecchie. E quelle nuove che sono entrate, hanno aiutato a ripulire le cellule del corpo. E l'hanno riportata in un meraviglioso, gentile equilibrio, armonia e amore.

D: *Quindi la nuova Cathie non è la stessa persona che aveva iniziato.*

C: Così differente. Così profondamente diversa. E ci sono volute parecchie consolazioni dell'anima per fare funzionare quella vita. Per portarla al livello in cui è ora.

D: *Ma questo non poteva succedere con la maturità della perso-na attraverso la crescita e l'assimilazione delle loro lezioni?*

C: No, non questa, no. Perché ci vuole molto tempo. Ci sono molte persone che vivono sulla Terra che muoiono e che non hanno vissuto le lezioni. Alcune persone, mentre maturano, diventano sempre più egocentriche e sempre più impaurite. C'è così tanta paura su questo pianeta, loro diventano più vecchi e diventano anche più impauriti. Molta gente non accumula saggezza.

D: *Perché la sfaccettatura dell'anima, Yanie, non poté restare?*

C: Oh, lei voleva. Ma avrebbe arrestato la crescita.

D: *Per quale motivo? Lei era un'anima molto avanzata.*

C: (Una rivelazione) Oh! Il lavoro era limitato a ciò che stava facendo. Portando la nuova energia. Mantenendo lo spazio al fine di far funzionare il programma. Era un'anima di "sostegno". Un'anima di transizione e in quell'occasione, il programma era ancora in fase di sviluppo. Yanie può tornare, se vuole. Può fare parte di questo programma. Ma se avesse iniziato allora, non sarebbe stato possibile introdurre questo programma. Questo è un programma di crescita accelerata d'altissimo livello. E' praticamente istantanea questa cresci-ta. Questo programma sta portando queste persone molto oltre a ciò che avevamo visualizzato originariamente.

***

Questo concetto dell'anima composta di molte sfaccettature riapparve in un'altra seduta. Qui includerò solo i contenuti perti-nenti. La seduta ebbe luogo ad una conferenza sui Walk-In in Las Vegas. Stavo parlando con il subconscio delle domande i Lucy.

D: *Voleva sapere se è un walk-in nella sua vita attuale come Lucy? Se è importante per lei saperlo? Deciderete voi.*

Naturalmente era interessata in questo perché faceva parte del comitato direttivo dell'organizzazione che studia i walk-ins e organizza queste conferenze.

L: Non lo descriveremmo come un walk-in. Diremo piuttosto che è un essere dello spazio che ha molte diverse incarnazio-ni in una incarnazione. L'equivalente umano e il concetto potrebbe essere "walk-in". Quella non è una terminologia che useremo. Diremo piuttosto che nel corso della sua vita viene visitata dentro alla sua stessa anima da diversi esseri animici. Perché ha un orientamento spaziale. Può raggiunge-re molti esseri dello spazio

D: *Questi potrebbero essere come mi è stato detto, schegge d'anima?*
L: Sono più grandi di schegge. Noi preferiamo parlare piuttosto di sfaccettature o sezioni segmentate. Mentre si pensa alla configurazione di una casa o edificio, ci sono diverse stanze. Ognuna di queste stanze fa parte dell'intera casa. Ognuna di queste stanze fa parte dell'intera casa e la sua anima è strut-turata cosi. Ognuna di queste stanze o segmenti d'anima o sfaccettature porta con se diversi ricordi e diverse relazioni parallele spaziali. Ecco perché ha queste varie esperienze.

D: *Quindi non è uno scambio d'anime come lo intendiamo noi.*
L: E' uno scambio d'anime nel senso che una può andarsene e l'altra potrebbe non presentarsi mai più. Ma non avviene attraverso il processo della morte. Non è che la prima anima viene sequestrata o spedita verso un'entità completamente diversa. Rimane solo dormiente, ma non verrà più usata.

D: *Pensiamo ad un walk-in come all'anima originale che se ne va per essere sostituita da una che continuerà il lavoro.*
L: Anche questo è un concetto. Il concetto che ti sto dando forse è più complesso. Perché quest'anima ha accesso a molte strutture

anemiche. Ha accesso a tredici e sono tutte dentro alla sua anima. Queste non sono personalità disarmoniche aliene

***

Da un altro soggetto:
D: *Aveva un'altra domanda che per lei era piuttosto strana. Io la capisco, ma voglio vedere cosa direte voi. Dice di avere la sensazione, a volte, come se stesse interagendo con persone diverse in New York. E' vero? (Si) Cosa succede in quei momenti?*
Linda: Sono anime alternate. Parti di lei che vivono e fanno il suo lavoro in altre dimensioni.
D: *Questo è quello che pensavo, perché me l'hanno detto nel mio lavoro. E' un po' complicato da comprendere per alcu-ne persone. Come se un'altra parte di lei andò in un'altra direzione. E' questo che intendete?*
L: Dobbiamo guarire a tutti i livelli, per ottenere ciò che dobbiamo ottenere. Abbiamo l'aiuto necessario. Quelli sono parti di lei. Ce ne sono molte di più.
D: *Hanno creato una vita diversa da quella che lei sta vivendo. (Si) E ci sono momenti in cui entra in contatto con loro.*
L: Si. Lei va la per riadattarli.
D: *Probabilmente non sanno chi sia, più di quanto lei non sappia di loro.*
L: Sono inconsapevoli di lei in ogni momento. Lei li guarda. Hanno del lavoro da fare.
D: *Ha appena ricevuto questo concetto quest'anno; riguardo allo spezzettamento dell'anima.*
L: Avete molte parti.
D: *Tutti le abbiamo, no? (Si) Ma non ne siamo consapevoli ed è proprio cosi che dovrebbe essere.*
L: No. Presto voi tutti tornerete insieme.
D: *Allora sapremo tutti cosa sta davvero succedendo?*
L: Si. Noi siamo diventati uno. Il quel momento il tempo si sposterà in avanti.
D: *Ho sentito dell'elevazione della coscienza ed i cambiamenti in vibrazione ed energia. E' questo quello che intendi?*
L: Si. Avanzeremo tutti insieme come un pianeta quando la nostra coscienza diverrà Uno. Le force negative verranno lasciate indietro. Porteremo con noi coloro che possono venire. E' nostra responsabilità elevare il livello di coscienza di chiunque

incontriamo e curarli. Tu lo sai, lo hai visto molte, moltissime volte. E' la coscienza della gente che li fa andare in una fiamma positiva. Si stanno allineando. Stanno diventando consapevoli gli uni degli altri nelle diverse dimensioni. Si sveglieranno, diventeranno uno e procederanno insieme. Sarà come dovrebbe essere. Si lasceranno il negativo alle spalle e creeranno le loro nuove vite come uno.

***

D: *Nel libro su cui sto lavorando adesso, sto esplorando i concetto che noi umani non siamo anime individuali o spiriti ma che siamo delle scintille?*
Ann: Esatto.
D: *Può elaborare ulteriormente per me?*
A: Si. Voi e molti altri provenite da universi diversi. Ci sono svariate, differenti Sorgenti Divine che vengono considerate come una Sorgente. Ognuno di questi universi ha la sua individuale Sorgente Divina, a seconda della comprensione dei vostri livelli negli universi. Ognuna di queste Sorgenti è spezzettata in altre sorgenti individuali, che tornano sempre alla sorgente principale. Ognuno di voi crea una sua sorgente individuale dentro se stesso, perché scegliete che sia cosi. Per comprendere i vostri apici di coscienza che dovete avere in questo piano fisico. Questo livello vibrazionale è molto limitato per voi. E visto che avete scelto tutto questo, avete in realtà fatto una decisione cosciente di vivere come una sorgente separata, anche se siete ancora connessi alla sorgente primaria con un cordone.
D: *Come percepiamo questa sorgente principale? Questa Sorgente Divina?*
A: E' sempre dentro di voi. Ti dirò il modo più semplice per comprendere. Per accedervi usate i lobi frontali della vostra testa. Ciò che chiamate la "fronte". In questa fronte, avente un elemento, da quel elemento c'è la secrezione di un fluido. Quando fate la secrezione di questo fluido, esso viene trasfe-rito attraverso l'intero corpo, che energizzerà il resto del vostro corpo ad un livello superiore che vi darà accesso alla vostra sorgente. Li è dove la sorgente rimane, è nel lobo frontale della vostra testa. Li è dove la vostra connessione, il vostro cordone, come lo chiamate voi, rimane connesso.

D: *Ciò che consideriamo il terzo occhio? (Si). Ma stavo cercando di comprendere questa frammentazione, perché sto lavorando con gente che dice d'avere frammenti di loro stessi sparsi ovunque.*
A: Si, è vero. Questo fa parte dei processi di pensiero. Vi è permesso creare una realtà e in questa realtà, potete creare altro. E in questo altro, potete creare nuove sorgenti d'ener-gia, che provengono tutte dallo stesso, ciò che chiamate "Sorgente Divina".
D: *E' per questo che è cosi difficile per noi riuscire a capire, perché siamo cosi focalizzati....*
A: (Interruppe) Non è difficile. Ci saranno sempre quelli che hanno una comprensione naturale di questi concetti. Sono semplicemente più pronte a tradurre. Hai solo bisogno di accedere a questi individui per tradurre questi concetti in una forma comprensibile. Se chiedi che questi individui appaiano nella tua vita, arriveranno, naturalmente come fa il vento.
D: *Questo è ciò che mi è stato detto, che abbiamo frammenti d'anima sparsi ovunque, ma che non ne siamo consapevoli.*
A: Siamo gemelli gli uni degli altri.
D: *Come parti gli uni degli altri, in questo modo?*
A: Voi siete. Voi provenite da una sorgente. Cosa vi fa pensare che non siete lo stesso?
D: *La nostra prospettiva umana che siamo individui? (Risi)*
A: Molto limitato.
D: *Siamo molto limitati.*
A: Scegliete di esserlo. Non è una cosa negativa che siete limitati. Avete scelto di esserlo, perché ci sono lezioni che state imparando. Questo lo comprendiamo. Mentre parliamo attraverso questo corpo adesso, comprendiamo questo indivi-duo. Succede lo stesso. Sappiamo queste cose. Va bene.
D: *Si, perché questa è l'unica maniera in cui gli umani possono percepire. E la maggior parte di questo è oltre ai concetti dell'essere umano medio.*
A: Esattamente.

***

Possiamo comparare questa vita, a suonare uno strumento in una grande orchestra. Naturalmente non si può suonare tutti gli strumenti simultaneamente. Ci si può solo focalizzare sulla nostra parte della sinfonia, anche se l'intera orchestra e tutta la musica comprendono la totalità di ciò che siete realmente.

***

Durante le mie lezioni, spesso mi chiedono la differenza tra spirito e anima. "Sono la stessa cosa? Queste parole sono scambiabili? Fanno riferimento a due cose separate?" All'inizio non avevo una risposta adeguata, perché la domanda mi prese alla sprovvista. Quella volta, assunsi che fossero la stessa cosa. Solo due parole diverse che fanno riferimento alla forza vitale che entra nel corpo alla nascita e se ne va alla morte fisica. Presumevo che fosse la parte di noi che è eterna dal momento dal momento che è stata creata da Dio. Ed è la parte costante in noi anche se passa da un corpo all'altro durante i cicli di reincarnazione e cambia mentre raccoglie ulteriori informazioni e ripaga il karma. Nei miei primi scritti, ne ho parlato dal punto di vista della sinonimia dei due termini che fanno riferimento alla stessa cosa. E scegliere una parola o l'altra era solo una questione di semantica.

Adesso che la mia educazione e comprensione sta aumentando ed espandendo, possono osservare questa domanda da un altro punto di vista. Nel mio lavoro, mi è stato detto che quando Dio portò tutte le anime nella creazione, era molto simile alla teoria del Bing Bang. Ci siamo proiettati all'esterno come piccole scintille di luce. Alcune di queste scintille divennero anime umane, altre divennero galassie, pianeti, lune, ed asteroidi. La creazione era iniziata e continua fin d'allora, in costante espansione. Molti dei miei soggetti si sono visti come scintille o sfere individuali di luce quando gli viene chiesto da dove provengono e come hanno avuto inizio. In qualsiasi corpo si trovino durante le loro infinite vite su questo pianeta e molti altri, è solo una questione di apparenze. Trappole che servono ad uno scopo e che permettono di fare il lavoro. Dico sempre: "Non siete un corpo! Avete un corpo!" Noi abbiamo la tendenza a dimenti-carcelo, perché diventiamo così attaccati al corpo. Ma come un bel vestito, alla fine si logorerà e dovrà essere buttato via. Il "vero" voi è quella piccola scintilla di luce. Adesso sono in grado di vedere che quello è lo "spirito", perché va da un corpo ad un altro. Lo spirito è la rappresentazione individuale dell'anima in un incarnazione. Quindi, ha delle limitazioni. E' ristretto e separato dalla "anima" che è più grande. E' il nostro punto d'attenzione mentre siamo nel corpo fisico e siamo isolati dalla tremenda saggezza del nostro Se più grande. Deve essere così o non saremo in grado d'esistere qui. Saremmo assolutamente incapaci di sopravvivere se realizzassimo che c'è di più e che siamo isolati da quel glorioso enorme Se.

Ho trovato casi (registrati nel Libro Uno) in cui il soggetto voleva tornare dove sentivano più amore, dove si sentivano a casa, dove istintivamente avevano un grande desiderio di esistere. Quando giunsero in questo luogo fu una sorpresa per me. Non era il piano dello spirito dove andiamo dopo la morte fisica. Era molto più grande e espansivo. Andarono in una luce meravigliosa calda, brillante e confortevole. Questo era "casa". Dissero che quando erano la, c'era una sensazione meravigliosa di unione, di fare parte del tutto e non avrebbero mai valuto separarsene. Questo lo chiamavano "Dio", per mancanza di una parola migliore. Lo hanno anche chiamato "il Grande Sole Centrale" dal quale ogni forma di vita ebbe origine. Il soggetto sperimenta sempre grande gioia quando si riunisce con il tutto, anche se è solo per un breve periodo durante la seduta. Nel momento in cui vennero allontanati dalla Sorgente per imparare lezioni ed acqui-sire conoscenza, sentirono una grande perdita, una separazione che era quasi insopportabile. Dove c'era solo l'Uno, adesso erano separati. Vogliamo tutti segretamente ritornare a questo stato, anche se non comprendiamo a livello cosciente. Ma secondo le informazioni che ho raccolto, non possiamo tornare e riunirci con Dio finché non abbiamo completato tutte le nostre lezioni ed acquisito tutta la conoscenza che possiamo. Allora, è nostro destino tornare e condividere tutto ciò che abbiamo imparato con Dio. In questo senso, letteralmente siamo cellule nel corpo di Dio.

Nel tentativo di spiegare ulteriormente le definizioni di anima e spirito, penso che lo possiamo vedere come un sistema riduttivo. Dove Dio, L'Uno, Tutto ciò che è, l'Onnipotente, la Sorgente, il Creatore si divide in altri componenti. Gruppi di anime, Anime Superiori, un grande composito d'energie. Vive, ma che stanno sperimentando la vita in modi diversi da come noi li percepiamo. Contiene tutta questa energia nella sua totalità che sarebbe impossibile contenerla in un corpo. Nel Libro Uno, mi fu spiegato che se l'energia totale di un individuo provasse ad entrare in una stanza per discutere con noi, ogni cosa nella casa verrebbe distrutta. Il potere e l'energia è immensa. Quindi l'anima è una combinazione d'innumerevoli spiriti individuali, che sono tutti "voi". Facciamo parte di questa "anima" più vasta proprio come sia un'incarnazione di Dio. Ci sono anche diversi raggruppamenti di anime, per complicare le cose ulteriormente.

Allora si separano ancora e diventano spiriti individuali. Questo è il pezzo più piccolo che stiamo sperimentando nel momento presente. La parte che sui siamo focalizzati e a cui diamo personalità. Questa è la parte che va sul piano dello spirito al momento della morte del corpo fisico. Apparentemente rimane individualizzata finché ha acquisito abbastanza conoscenza che verrà poi reintegrata nell'anima superiore. Tutto questo è troppo da gestire per le nostre menti umane e siamo felici di pensare che questa esistenza sia tutto ciò che abbiamo. Ecco perché diamo spiegazioni semplificate per l'inesplicabile.

Dalle informazioni in questo capitolo, sembra che in casi di emergenza, l'anima superiore si frammenti o mandi delle sfaccettature di se stessa al fine di sostituirsi ad altre parti dell'anima. Per quel che riusciamo a comprendere, è un accordo gentile ed amorevole, e all'individuo non viene mai dato più di quando non sia in grado di gestire o più di quanto non abbia accettato di gestire in una specifica vita. Per lo meno questi concetti sono ottimi esercizi di pensiero, che li si comprenda o meno. A questi concetti non avrei mai pensato se non mi fossero stati presentati attraverso diversi dei miei pazienti. Apparentemente "loro" pensano che siamo pronti a gestire i significati profondi della vita.

Così ancora una volta, c'è Dio, ci sono le varie anime Superiori, i composti più piccoli di anime e gli spiriti individuali.

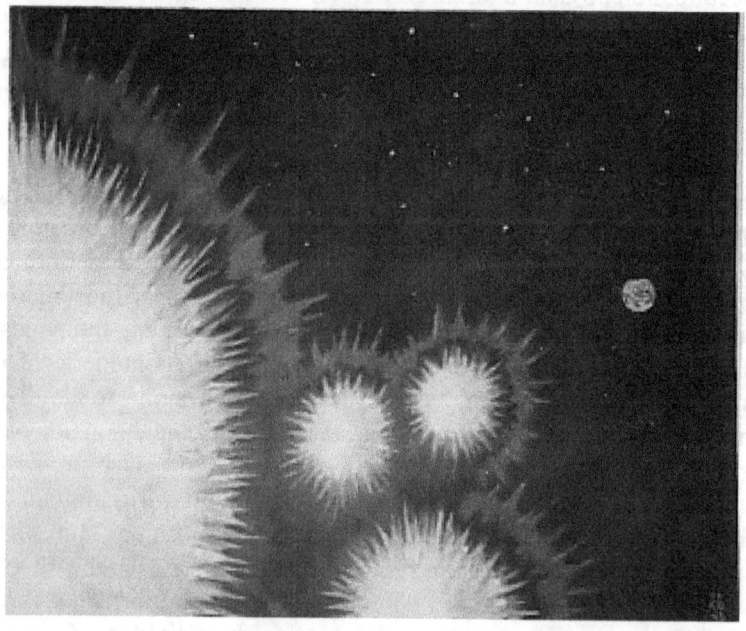

CAPITOLO 30

LA TERRA NUOVA

Per tutta la vita durante la messa, ho sentito questo verso della Bibbia: *"Ho visto un nuovo paradiso ed una nuova terra; perché il primo paradiso, la prima terra erano finiti... Ed io Giovanni, vidi la santa città, la Nuova Gerusalemme discendere dal Cielo, da Dio... E ho sentito una grande voce dal paradiso che diceva, Guarda il tabernacolo di Dio è con gli uomini, e lui dimorerà tra loro, e loro saranno la sua gente, e Dio stesso sarà con loro, come il loro Dio. E Dio asciugherà tutte le lacrime dai loro occhi, e non ci sarà più morte, ne sofferenza, ne pianto, ne alcuna pena: perché tutto questo è passato.... Osserva, Io rinnovo tutte le cose. E mi disse, scrivi perché queste parole sono vere e degne di fiducia.... E la (nuova) città non aveva bisogno della luce del sole, né della luna: perché la gloria di Dio la illuminava... E in nessun modo vi entrerà nessuno che è abominevole, contaminato o bugiardo.... E non ci sarà la notte; e non avranno bisogno di candele, né della luce solare; perché il Signore Dio da loro luce; e loro regneranno nei secoli dei secoli."* (Riv. 21-22) [tradotto dal testo originario dell'autrice].

Multiple interpretazioni sono state presentate dalla Chiesa fin dalle origini della Bibbia. Ma il libro della Rivelazione è sempre rimasto molto enigmatico, fino ad ora. Le spiegazioni in questo libro, che sono state raccolte attraverso la trance profonda di molte persone, sembrano darci delle chiare risposte. Hanno spiegato il Regno di Dio, molte volte, come un luogo di luce, dove sperimentano grande gioia nel riunirsi al Creatore, la Sorgente. In quel momento, ognuno di loro è diventato un essere di luce, privo di desiderio di ritornare alla forma fisica terrena. Questo spiega alcuni dei significati dei versi, ma non dice nulla della profezia della Terra Nuova? Ancora una volta, ho ricevuto le risposte da molti dei miei clienti durante le loro sedute.

Solo dopo aver raccolto tutte le informazioni ho notato le similitudini con la Bibbia. Stiamo parlando tutti della stessa cosa. Giovanni, che scrisse il libro della Rivelazione, cercò di descrivere ciò che gli fu rivelato con le parole e i vocaboli del suo tempo. Anche oggi succede la stessa cosa. I miei soggetti utilizzavano le parole che conoscevano. Quindi so che stiamo solo osservando una piccola porzione del quadro generale del nuovo mondo che sta per arrivare. È il meglio che abbiamo e perlomeno ci da uno sguardo a questo luogo perfetto e meraviglioso.

Durante il mio lavoro, ho sentito molte informazioni relative al fatto che tutto sia composto di energia e che forma e dimensione sono determinate solo da frequenza e vibrazione. L'energia non muore mai, cambia solo forma. Mi è stato detto che la Terra stessa sta cambiando la sua frequenza e vibrazione e che si sta preparando ad entrare in un'altra dimensione. Ci sono infinite dimensione che ci circondano in ogni momento. Non possiamo vederle perché mentre le vibrazioni aumentano, diven-tano invisibili ai nostri occhi, tuttavia esistono. Nel mio libro The Custodians, è spiegato come gli ET utilizzino queste dimensioni per viaggiare, aumentando e diminuendo le vibrazioni delle loro astronavi. A volte, anche noi andiamo e torniamo in altre dimen-sioni, ma non ne siamo consapevoli. Questo fenomeno è spiegato in The Legend of Starcrash. Quindi, avevo già esplorato questo argomento negli anni, ma non ne avevo compreso a pieno il significato, finché non ho iniziato a ricevere sempre più informazioni a riguardo. "Loro" vogliono che ne sappiamo sempre di più, perché accadrà presto. E sarà un evento memorabile. Ovviamente, anche nella Bibbia era stato descritto come imminente. Ma ora possiamo vederne e sentirne gli effetti tutt'intorno a noi, mentre il mondo si prepara ad entrare in una nuova dimensione.

"Loro" dissero che noteremo gli effetti fisici sempre di più mentre le frequenze e le vibrazioni aumentano. Molti di noi riescono a percepire ad un altro livello del loro essere che qualcosa sta succedendo. Con i cambiamenti sottili che stanno avendo luogo tutt'intorno a noi, anche i nostri corpi fisici devono cambiare per riuscire ad adattarsi. Alcuni di questi sintomi fisici sono spiacevoli e causano preoccupazione. "Vedrete e noterete che mentre le frequenze del pianeta continuano ad aumentare in termini di vibrazione, avrete sempre meno difficoltà con i sintomi dei blocchi energetici."

Durante gli anni, ai miei soggetti è stato detto di cambiare la loro dieta per riuscire a prepararsi al nuovo mondo. I nostri corpi devono diventare luminosi, e questo significa eliminare cibi pesanti. Durante le sedute, i miei clienti venivano avvertiti di smettere di mangiare la carne (in particolare manzo e maiale), principalmente a causa degli additivi e agenti chimici che danno agli animali. Dicono che depositano componenti chimici artificiali nei nostri organi, che rimangono lì fino a sei mesi. Sono difficili da filtrare ed eliminare dal corpo. Bisognerebbe avere una speciale attenzione a non mangiare proteine animali e cibi fritti, che agiscono come un irritante per il corpo umano. "Dopo molti anni di assunzione questi agenti funzionano come un aggravante per il sistema. Non intendiamo giudicare le vostre azioni ma il corpo è strutturato per un certo tipo di traffico veicolare. Il corpo non può ascendere [aumentare] di frequenza verso regni di dimensioni superiori, se la densità e le tossine inquinano il corpo umano." Ovviamente, se siete fortunati da trovare carne biologica priva di tossine, in moderazione, non dovrebbe essere un rischio. Dicono che pollo e pesce siano meglio, perché sono carni più leggere; ma l'opzione migliore sono frutta e verdura fresca. Questo significa che sono meglio crude che cucinate. Inoltre siamo stati avvertiti della necessità di eliminare lo zucchero e di consumare pura acqua imbottigliata e succhi di frutta che non contengono zuccheri. In fine, mentre le frequenze e vibrazioni continuano ad aumentare, ci adatteremo ad una dieta liquida. Il corpo deve diventare leggero per riuscire ad ascendere. "Mentre le energie del pianeta continuano ad aumentare e a rarefarsi, anche il vostro corpo deve iniziare a cambiare." Ovviamente, non c'è nessuna novità in tutto questo. Si parla di questi dettagli sulla nutrizione da molti anni. Ma sembra essere necessario fare molta più attenzione alla nostra dieta adesso, mentre tutto sta iniziando a cambiare.

Nel 2001 "loro" sono intervenuti in modo drastico per attirare la mia attenzione al fine di farmi cambiare dieta e stile di vita. Durante alcune sedute "loro" iniziavano letteralmente a gridarmi dietro, perché mi entrasse in testa. Nel 2001, ho avuto problemi di disidratazione mentre ero in Florida e questo mi causò effetti fisici spiacevoli. "Loro" mi rimproverarono e mi fecero rinunciare alla mia bevanda standard, "Pepsi", che mi ero concessa per molti anni. Mi fecero cambiare completamente tutte le abitudini del bere e del mangiare, e la mia dieta migliorò. Entro il 2002, avevo rimosso la maggior parte delle tossine dal mio sistema e riuscivo a notare la differenza. Ci vollero diversi mesi prima che fossi "detossificata", per così dire. Ogni volta che ne hanno l'opportunità, mi fanno sapere che mi stanno ancora controllando e mi rimproverano quando mi vedono ricadere nelle mie vecchie abitudini. Durante una seduta che ebbe luogo in Inghilterra mi dissero: "Per comprendere le nuove energie con cui dovrai lavorare, al corpo viene insegnato come gestirle. Non devi dimenticare che ci sono energie, là fuori che non lavoreranno con te. A questo punto, forse queste energie, non dovrebbero essere buttate via ed allontanate da te. Visto che non ti sono note, stai pensando, 'Che non sono giuste'. Devono essere attirate dentro di te e ti devi chiedere 'Cosa sono?' Infatti sono nuove energie. Forse stanno adattando il tuo corpo, e nel farlo, stanno rimuovendo delle tossine. I tuoi reni specialmente lavoreranno con un'energia del passato che non è accettata. Devi solo accettare che il processo di pulizia stia avendo luogo."

Mi diedero anche una prassi per energizzare l'acqua che beviamo e per aiutare con il processo di detossificazione. "L'acqua, è la base del 70% di voi stessi e 70% del pianeta, è così estremamente importante, che non sappiamo come dirlo. Quindi la risonanza dell'acqua che introducete nel tuo corpo è altrettanto importante. Quando bevete acqua, energizzatela con la conoscen-za che avete. Mandategli quella conoscenza, fatela girare a spirale. Immaginate l'acqua che gira a spirale, che crea un vortice in entrambe le direzioni, sia orario che antiorario. Creando la chiave positiva e negativa, dovete portarla fuori dall'entropia. Immaginate l'energia che entra nell'acqua, gira a spirale e crea un vortice. Questo è tutto ciò che deve fare. Il pensiero energizzerà l'acqua. Questo reintrodurrà la forza vitale nell'acqua, che è l'accettazione della forza vitale del pianeta. Tutti i fluidi su questo pianeta, sia a livello roccioso che a livello liquido; sono liquidi con movimento più o meno veloce. Ogni cosa ha la risonanza e la memoria di ciò che è. L'umanità ha perso la risonanza e la memoria di ciò che è, ma l'acqua può ri-energizzare. Le strutture di pensiero dell'uomo riassorbono e aiutano a gestire questa risonanza. Dovete ricordare che questa energizzazione della bottiglia d'acqua può durare solo poche ore. Potreste aver bisogno di ripeterla. Quindi la tempistica ottimale dovrebbe essere di ripetere il processo ogni volta, prima di bere. Potete fare la stessa cosa anche con il cibo. Il cibo non è altro che un liquido più lento. Questo aiuterà il corpo. Inoltre vi aiuterà a chiarire e a creare uno spazio chiamato "chiarezza" nella struttura di pensiero della vostra mente, perché avete iniziato a perdere un po' di chiarezza. Questa chiarezza ritornerà".

***

Estratto da un email che ho ricevuto da una fonte sconosciuta:

Il tempo si sta davvero velocizzando (o collassando). Per centinaia d'anni la Risonanza di Schumann o pulsazione (battito cardiaco) della Terra è stata di 7.83 cicli al secondo. L'esercito ha utilizzato questo numero come punto di riferimento affidabile. Tuttavia, fin dal 1980 questa risonanza ha continuato ad aumentare lentamente. Adesso supera i 12 cicli al secondo! Questo significa che abbiamo l'equivalente di poco più di 15 ore al giorno invece delle 24 ore a cui siamo abituati.

Una delle indicazioni che le frequenze e la vibrazione stanno cambiando, è l'aumentare ed il rallentare del tempo.

***

Soggetto: A partire dal 2003, ci sarà un influsso d'energia che inizierà veramente a spingere la Terra. Ci sarà uno scisma maggiore tra il gruppo di persone che resterà indietro e la gente che andrà avanti. Il risultato sarà un drastico aumento vibrazionale sulla Terra. Questo avrà un effetto sull'intero universo, non solo sulla Terra. Questo è un fenomeno galattico.

***

Altre informazioni relative a come i nostri corpi e l'intero pianeta attraverseranno il processo del cambiamento dimensione, che rimarrà impercettibile per coloro che non faranno il salto o cambiamento:
"Adesso, i nostri corpi e tutto ciò che ci circonda sta aumentando la propria velocità vibratoria e si sta adattando ad una nuova frequenza. Ogni cellula del corpo inizia a vibrare ad una tale velocità che si trasforma in luce. Quando questo ha inizio, la temperatura del corpo aumenta e il corpo inizia a splendere di luce. Quando ogni cellula sta vibrando ad una velocità molto alta, sparirete dalla vista ed entrerete in una realtà dimensionale superiore. Questo perché il corpo si è spostato in una frequenza oltre alla terza dimensione e adesso sta vibrando ad un livello dimensionale molto superiore. Allora questo significa che non passerete attraverso il processo della morte, perché a quel punto avrete un Corpo di Luce. La vecchiaia non esisterà più per voi e sarete entrati nella realtà dimensionale successiva. Allora sarete in grado di accedere al prossimo stadio di evoluzione spirituale."
"Loro" mi hanno chiarito che questo processo è già successo in passato a certi individui e piccoli gruppi di persone. Ma adesso ciò che

lo rendo unico, è che sarà la prima volta che un intero pianeta farà il salto in un'altra dimensione. Questa sarà la Nuova Terra e il nuovo mondo. Questo è descritto nella Bibbia come il nuovo paradiso e la nuova Terra. Gli altri che non sono pronti, rimarranno indietro (proprio com'è detto nella Bibbia) per conti-nuare a vivere il loro karma. Non saranno nemmeno consapevoli che è successo qualcosa. Quelli che non sono diventati illuminati, dovranno tornare su un altro pianeta più denso che è ancora coinvolto dalla negatività, per completare il loro rimanente karma. Non gli sarà permesso accedere alla "Nuova Terra", perché la loro vibrazione non sarà compatibile.

***

Parecchi anni or sono, ero ad una conferenza e sedevo al tavolo dei presentatori con Annie Kirkwood, l'autrice di Mary's Message to the World [Il Messaggio di Maria al Mondo]. Mary iniziò a parlare di una visione che aveva avuto, che per me sembrava una metafora dell'evoluzione della Terra Nuova. Vide la Terra come la si vedrebbe dallo spazio. Poi le iniziò a sembrare come se fossero due Terre, una sovrimposta all'altra. C'erano linee sottili di luci lampeggianti tra le due Terre. Poi mentre stava guardando, vide che iniziavano a separarsi; proprio come una cellula quando si divide per creare un'altra cellula. Una terra si diresse in una direzione e l'altra nella direzione opposta. Su una Terra lei e gli altri stavano esclamando "Si, si, è successo davvero! Ce l'abbiamo fatta! Siamo davvero su una Terra Nuova!" E sull'altra Terra sentiva la voce di sua sorella che diceva "Era matta! Diceva alla gente tutte queste sciocchezze e non è successo nulla! È appena morta!" Così sembra che quando l'evento finale avrà luogo, ci saranno alcune persone che non saranno minimamente consapevoli del fatto, che qualcosa è cambiato. Questa sarà la separazione di coloro che proseguiranno con la Terra Nuova e coloro che rimarranno indietro sulla Vecchia Terra che sarà ancora immersa nella negatività.

Successivamente durante una presentazione condivisi questa visione con i partecipanti. Dopo la presentazione un uomo si avvicinò a me e mi disse: "Voglio che tu sappia che sono un uomo d'affari. Solitamente non ho esperienze che non posso spiegare con la logica. Ma non appena hai iniziato a descrivere la separazione delle due Terre, questo auditorium improvvisamente scomparve ed io mi trovai nello spazio aperto. Mentre osservavo, lo vidi accadere esattamente come tu lo stavi descrivendo." Disse che la scena era ancora molto vivida nella sua mente. Dopo esser tornato a casa creò questa immagine con il suo computer e mi diede il permesso d'usarla in questo libro. È molto meglio a colori. La Terra Nuova è il globo luminoso sovrimposto alla Vecchia Terra.

Creata da Michael R. Taylor (MT).

Ecco alcune delle informazioni che ho ricevuto da vari clienti circa la Nuova Terra:

L'entità che parlava attraverso V. aveva una voce profonda e grave:

D: *Ho ricevuto moltissime informazioni da altre persone e dicono che la Terra sta subendo una trasformazione. Dicono che sarà come l'elevazione verso un'altra, vibrazione in cambiamento.*
V: L'intera idea è che dobbiamo portare la gente ad espandersi anche solo un pochino. Dobbiamo elevare questo livello solo di un pochino. E quando ci riusciamo, possiamo fare quel cambiamento e renderlo più semplice per loro. Saranno quelli che non riusciamo a cambiare che verranno lasciati indietro. Sarà orribile. Solo quelli che non riusciamo a cambiare. Non riusciamo a fargli vedere. Non riusciamo a farli amare.
D: *Allora gli altri, quelli che cambieranno ed ameranno, andranno in un altro mondo? Un'altra Terra?*
V: E' come se si stesse espandendo in un'altra dimensione. Fammi vedere come riuscire a spiegartelo. E' come un elevazione, se

riesci a capire, come se stessimo per elevarci ad una diversa vibrazione. Saremo in grado di vedere ciò che sta succedendo. Non possiamo fermarli. Non possiamo più aiutarli.

D: *E' come una separazione? Come due Terre, è questo che intendi?*
V: Oh no, no. E' un cambio di dimensione. Andremo da qui a qui. E coloro che non possono cambiare resteranno indietro.
D: *Quando entreremo nell'altra dimensione, sarà come una Terra fisica?*
V: Sarà proprio come siamo adesso.
D: *Questo è quello che intendevo con due Terre.*
V: Si, Si. Ma loro non saranno consapevoli di noi. Dio li aiuti, Per loro sarà assolutamente terribile.
D: *Non sapranno cos'è successo?*
V: No, lo sapranno. Questa è il fatto. Lo sapranno, ma è troppo tardi.
D: *Ma avevate detto che verranno lasciati indietro e che non possono unirsi all'altro mondo.*
V: No, sarà troppo tardi per loro per cambiare le loro vibrazioni. Non possono cambiarla in un secondo. Devono cambiarla lungo un periodo di tempo. Noi ci stiamo lavorando sopra da molto. Deve penetrare e lavorare sul tuo corpo, e deve cambiare la tue vibrazioni lentamente. Quando succede, sarà troppo tardi per loro, ma riusciranno a vederlo. Moriranno, ma lo vedranno e impareranno da questo.
D: *Quel mondo continuerà ad esistere, ma sarà diverso?*
V: Non molto, no, non molto. Non rimarrà molto di quel mondo. Quasi niente.
D: *Moriranno molte persone in quel momento?*
V: Si. Ma penso che la maggior parte delle loro morti sarà priva di sofferenza. Penso che vivranno abbastanza da vedere cosa sta succedendo. E penso che Dio gli eviterà la traumatica orribile sofferenza. Prego che succeda questo.
D: *Ma gli altri che saltano nella nuova vibrazione, con un mondo fisico identico....*
V: (Interruppe) Si, ma c'è chi non sarà nemmeno consapevole d'aver fatto il salto. Altri invece si. Coloro che hanno lavorato per riuscirci lo sapranno.
D: *Sapranno delle persone che sono rimaste indietro?*
V: Non penso. Ci sarà la consapevolezza che c'è stato un cambiamento. Non so se sarà una consapevolezza cosciente. Fammi pensare. (Pausa) Entreremo in questa dimensione e lo sapremo. Però alcuni non lo sapranno. Sentiranno qualcosa.

Sentiranno una differenza. Quasi come una pulizia, una chiarezza, una freschezza, una differenza. Io so cos'è. Sentiranno la differenza, sentiranno l'amore.

D: *Allora, anche se non ci hanno lavorato su, verranno portati avanti.*
V: Si, Perché sono pronti..
D: Ma gli altri non lo saranno...
V: Non lo sono, non lo sono.
D: *Allora, verranno lasciati nella negatività? Hai detto che l'intero mondo verrà trasformato in quel momento.*
V: Si, coloro che possono avanzare, avanzeranno. E coloro che non possono, non lo faranno. E per loro sarà orribile.
D: *Sarà come due mondi separati.*
V: Si, due mondi esistenti simultaneamente, ma non sempre consapevoli gli uni degli altri.
D: *So che quando si entra in una diversa dimensione, non si è sempre consapevoli delle altre. Ma il messaggio che volete condividere è che dobbiamo divulgare queste informazioni circa l'amore mentre ancora ne siamo in grado, per portarci dietro più persone possibile.*
V: L'amore è la chiave. Perché Dio è amore. E l'amore è il potere supremo. E questo è ciò che dobbiamo sentire nelle nostre vite. Ciò che dobbiamo dare gli uni agli altri e sentire reciprocamente.
D: *Si, l'amore è sempre stata la chiave. Cosi, stanno cercando di dirlo a quante più persone possibile, per portarli avanti. Questa è l'urgenza.*
V: L'urgenza è che non c'è più tempo. Bisogna essere preparati. Uh, cosa? Dirle cosa?

Stava ascoltando qualcun altro. Faceva dei mormorii, poi la voce profonda e grave tornò.

V: Dille... pronti. Pronti per il cambiamento che sta per arrivare. Presto adesso. Pronti... Lei non è un buon veicolo. Non hai mai fatto questo prima d'ora. Non posso passarle le miei idee perché le condivida con te. Devo lavorarci sopra. Ripuliamo questo veicolo. Eh, si! Uh... fatto. Molto meglio.
D: *Cos'è che volevi dirmi?*
V: Devi aiutare tutta l'umanità. Di loro cosa sta arrivando a breve. Cambiamenti, salto dimensionale. Coloro che possono ascoltarti ti ascolteranno. Saranno pronti per quel salto dimensionale. (La sua voce tornò normale) coloro che non possono, non li

accetteranno in ogni caso, quindi (ridendo) penseranno che siamo matti. Ma gli altri, non lo sapranno ma accenderà una scintilla in loro. Quando accadrà, saranno pronti e potranno fare il salto. Non sapranno che sta arrivan-do, ma qualcosa dentro sarà pronto e ce la faranno. Sono quelli che non sanno che sta arrivando, ma se glielo diciamo, ce l'hanno dentro. Allora quando accadrà, uscirà e saranno pronti.

D: *Lascia che ti faccia un'altra domanda. Quelli di noi che faranno il salto, continueremo a vivere le nostre vite come abbiamo fatto finora?*

V: No, no, meglio. Diverso, più a lungo.

D: *Continueremo le nostre vite fisiche?*

V: Oh, fisiche in quel senso, si. Ma non fisiche in questa dimensione.

D: *Ma voglio dire, se facciamo il salto, allora....*

V: (Interruppe) Vuoi sapere, se morirete o vivrete?

D: *La vita continuerà come la conosciamo?*

V: Si, alcuni non se ne accorgeranno nemmeno. Vedi, quella cosina che piantiamo nella loro testa, li aiuterà a fare il salto dimensionale e nemmeno potrebbero saperlo. Ma sapranno che c'è distruzione. Vedranno cosa sta succedendo e vedranno i corpi morti, ma non sapranno di aver fatto il salto. Non saranno consapevoli del fatto che la ragione per cui non sono la sotto morti è perché hanno fatto quel salto e quel cambiamento non li ha influenzati.

D: *Avevi detto qualcosa a proposito delle cose che vengono messe nella testa. Intendi gli impianti?*

V: No, no, no. Intendo un seme, un pensiero. Non lo sanno con-sapevolmente, ma da dentro li aiuterà. E' come una scintilla che al momento giusto, la loro mente subconscia l'avrà già accettato.

D: *Ma mentre facciamo il salto, continueremo a vivere le nostre vite. Ho sentito che vivremo più a lungo?*

V: Più a lungo, meglio. Imparare. Le cose andranno molto meglio. Le persone impareranno di più, dopo un po' di tempo. Diventeranno più consapevoli delle cose, di come sono le cose. Potrebbero non saperlo quando fanno il salto, ma poi ne verranno a conoscenza. Dopo un po' di tempo realizze-ranno cos'è successo.

D: *E gli altri che non sono pronti resteranno sull'altra Terra.*

V: Si, saranno finiti.

D: *In molti da entrambi i lati non si renderanno nemmeno conto che è successo qualcosa di drammatico.*

V: Quelli dall'altra parte si. Saranno morti. Ma lo sapranno, perché quella è la lezione che hanno imparato. Una volta morti, lo sapranno. Vedranno la verità e vedranno che opportunità hanno perso, ma da questo impareranno.

D: Mi stato detto che quando si reincarneranno, se hanno negatività, karma da ripagare, non saranno in grado di venire sulla Terra perché la Terra sarà cambiata moltissimo.

V: Non gli sarà permesso venire qui finche non hanno fatto il salto. Finché non sono cambiati.

D: Ho sentito che andranno altrove per lavorare sul loro karma, perché hanno perso l'opportunità.

V: Si. Alcuni e altri riceveranno l'opportunità di tornare. Ma ci vorrà molto tempo, molto, moltissimo tempo.

D: Ma nel frattempo, andremo avanti, impareremo cose nuove e faremo progressi in un mondo completamente nuovo.

V: Che mondo stupendo. Un mondo di pace e luce. Dove la gente può vivere insieme e amarsi reciprocamente.

D: Ma sarà ancora un mondo fisico con le nostre famiglie e case come le abbiamo adesso.

V: Solo un mondo più intelligente.

D: (Risi) Questo riesco a capirlo.

***

Un altro soggetto che stava provando sintomi fisici inspiegabili, descrisse il nuovo corpo cosi:

S: Lei si sta identificando sempre di più con il suo futuro corpo. Non è realmente completo, ma c'è. E questo corpo futuro prende la sua essenza, o una porzione di lei. La immerge o solleva cosi che si possa abituare di questo corpo futuro.

D: Il corpo cambierà fisicamente?

S: Alcuni, si. Sarà più forte e più giovane. Questo corpo che lei è adesso, potrebbe essere guarito e rifatto, ma ha bisogno del corpo futuro. Sarà più leggero, più capace. Lei adesso questo lo sente, la sua essenza si è immersa con questo corpo futuro ed elevato.

D: Quindi questo corpo che ha adesso verrà cambiato?

S: Essenzialmente verrà lasciato da parte. Verrà trasformato e le parti che non sono essenziali verranno buttate via.

D: Quindi non è come lasciare un corpo ed entrare in un altro.

S: No. Gradualmente il nuovo corpo e quello vecchio verranno saranno integrati tra di loro. Ma ci saranno alcune parti del vecchio corpo che non saranno più necessarie, quindi verranno lasciate. Semplicemente si disintegreranno.

Probabilmente sarà cosi graduale che non noteremo nemmeno la differenza. Eccetto per i sintomi fisici che alcuni stanno provando mentre il corpo si adatta. Mi hanno detto che le vecchie generazioni potrebbero essere più consapevoli che stia succedendo qualcosa al corpo. Tuttavia non serve a niente preoccuparsene, visto che è un processo naturale che accadrà adesso a tutti, come parte dell'evoluzione della nuova Terra.

***

Questa faceva parte di una seduta più lunga del 2002 in cui il soggetto ebbe una connessione con gli extra-terrestri. Ci stavano offrendo informazioni a proposito di molte cose, incluso ciò che potevano fare (o gli era permesso fare) per correggere i danni che l'umanità aveva fatto alla Terra.

P: Uh, mi stanno muovendo... in avanti. Stanno muovendo il mio corpo. Oddio, mi vengono le vertigini.

Gli diedi dei suggerimenti cosi che non avesse alcun effetto fisico. Si calmò e si stabilizzò. La sensazione di movimento si è dissipata. Questa esperienza è successa anche ad altri soggetti con cui ho lavorato, quando vengono spostati troppo velocemente attraverso tempo e spazio.

D: Cosa sti stanno mostrando?
P: Tutto ciò che vedo è luce. Adesso è una brillante esplosione di luce. Ci sono diversi colori nella luce. Il pianeta viene bombardato da una luce speciale che contiene diversi colori. Questi diversi colori influenzano la coscienza della gente in diversi modi, ma non influenza solo la gente. Influenza le piante, gli animali, le rocce, l'acqua e tutto il resto. E' un tipo specifico di luce bianca che ha tutte le tipologie di colori in essa. Questa cambia, si muove e permea il centro stesso del pianeta. Vedo che proviene dal centro del pianeta. La sparano giù, presumo, dalle astronavi, tocca il centro del pianeta e rimbalza dal centro e influenza ogni cosa con

un movimento dall'interno all'esterno. Se tu fossi in piedi sul pianeta, sentiresti le energie entrarti attraverso la pianta dei piedi ed uscirti dalla sommità della testa.

D: *All'opposto di ciò che succede normalmente.*

P: Questo è diverso. Viene dalle astronavi fino al centro del pianeta e poi rimbalza fuori. Sta influenzando l'intero pianeta. Non vogliono che ci auto-distruggiamo.

D: *Questo è qualcosa che sta accadendo nel 2002 o sta accadendo nel futuro?*

P: Questo è il futuro. Lo faranno! Per correggere l'allineamento del pianto per evitare che succeda qualcosa di male. 2006.

D: *2006. Avremo stravolto il pianeta ulteriormente a quel punto?*

P: Si, Si. Oh, Ci sono persone sul pianeta che stanno pregando ma non basta perché è troppo danneggiato. Uscirà dalla sua orbita e questo avrà un effetto sul tutto il cosmo. Quindi grazie alla loro proiezione di energie verso il centro del pianeta, rientrerà e questo correggerà l'allineamento. Quando l'allineamento sarà corretto, allora verranno corrette molte altre cose sul pianeta. Aiuterà con gli allagamenti, la siccità e cose del genere che l'uomo ho portato sul pianeta. Questo pianeta non verrà annichilito. Il consiglio si assicura che questo non succederà. Gli esseri sono qui giù sul pianeta e osservano, sanno cosa sta succedendo e sanno chi lo sta facendo e possono influenzarli. Non è che non possiamo intervenire, piuttosto non ci è permesso intervenire.

D: *Perché ci sono cose che non potete fare.*

P: Esatto, ma possiamo osservare. E sappiamo chi lo sta facendo.

D: *Ogni qualvolta il pianeta arriva al punto che l'uomo lo ha danneggiato troppo, allora potete aiutare?*

P: Quello è il momento in cui mandiamo queste... Vedo luci dai molti colori. Sono come tubi di energia che vengono proiettati verso in centro del pianeta. Poi rimbalzano fuori e questo influenza l'intero pianeta e lo terrà in allineamento.

D: *Questo lo stanno facendo attraverso molte astronavi?*

P: E' una confederazione. Vedo molti. Vedo diversi livelli o classificazioni di esseri che influenzano il pianeta. Noi siamo coinvolti, ci sono molti, moltissimi esseri.

D: *Quindi è un lavoro enorme.*

P: Si, si. Una confederazione.

D: *Ma non è pericoloso sparare roba verso il centro del pianeta. Non è forse andata male l'ultima volta che è successo?*

Stavo pensando alla distruzione di Atlantide. Questo fu parzialmente causata dagli scienziati che focalizzarono l'energia dai cristalli giganti verso il centro della Terra. Venne creata troppa energia che contribuì agli enormi terremoti e giganteschi Tsunami.

P: Questo non è ciò a cui stai pensando. Questa è pura energia di luce. E l'unico effetto che avrà sul pianeta è positivo. Non danneggerà il pianeta.
D: Stavo pensando a ciò che hanno fatto ad Atlantide.
P: Questo non è la stessa cosa. Per me è difficile spiegarlo. Questo avviene a livello dell'anima. E' come pura energia divina. Non è l'energia usata in Atlantide. L'energia in Atlantide venne prodotta con il atomicamente. Questa è energia che il divino ha creato e che viene generata attraverso la luce. Non viene fatta attraverso la separazione delle strutture molecolari. Questo è qualcosa che abbiamo creato noi e che abbiamo mandato dalla Sorgente. Qualsiasi cosa che proviene dalla Sorgente è buono e non danneggerà il pianeta. Farà ciò che vogliamo che faccia e abbiamo il permesso di farlo. E' perché il pianeta lo ha causato che stiamo agendo. E' necessario.
D: Ma non è forse interferenza?
P: No! Non possiamo interferire con la gente qui. Non possiamo scendere, forzarli e dirgli cosa fare. Ma possiamo portare le nostre astronavi e possiamo puntare questa energia al centro della Terra. Possiamo fare cose del genere. Questo avviene ad un livello di anima. Quindi, non stiamo interferendo con le strutture karmiche della gente di qui. Tutti qui hanno uno scopo karmico e noi non stiamo interferendo con questo. Non ci è permesso. Non lo facciamo.
D: La gente della Terra lo vede quando succede?
P: Lo sentono. In altre parole, passeranno attraverso la trasformazione. E non si renderanno conto di ciò che gli è successo. Alcuni se ne renderanno conto. Quelli che sono sensibili sapranno che è successo qualcosa. Ma molti sul pianeta proseguiranno con le loro vite quotidiane, verranno elevati, verranno trasformati e la Terra verrà trasformata. Le rocce e le acque, ma loro continueranno ad esistere, perché non stiamo influenzando le strutture karmiche. Questo non possiamo farlo. Facciamo tutto questo a livello dell'anima, ma non influenza le loro vite sulla Terra per quanto riguarda il karma. Non li stiamo infastidendo.

D: *Ma la Terra deve arrivare ad un certo punto prima di esser in grado di fare qualcosa.*
P: 2006. Le cose andranno male. Sono già molto, molto difficile adesso. Se gli permettono di continuare, la loro aria danneggerà moltissime persone. E la ragione per cui siamo coinvolti è che ci sono persone nelle loro incarnazioni fisiche che respirano questa atmosfera con tutto questo smog e questo sta cambiando la loro eredità genetica. Questo non possiamo permetterlo e non permetteremo che succeda! Abbiamo dato noi l'eredità genetica alla gente di questo pianeta. E adesso hanno danneggiato la loro acqua potabile, il loro cibo, il loro pianeta. Tutto qui è inquinato. L'uomo ha distrutto la sua eredità genetica e noi la ripareremo, perché non gli permetteremo di distruggere il nostro esperimento! Questo è un esperimento divino e loro non possono danneggiarlo. Lo cambieremo.

Per saperne di più a proposito del grande esperimento in cui l'umanità è coinvolta fin dalle origini, vedi i miei libri Keepers of the Garden e The Custodians.

P: Dobbiamo farlo. L'intero pianeta è stato distrutto molte volte. Sei a conoscenza di Atlantide; ci sono state molte altre esplosioni, maremoti. Questo è qualcosa che non possiamo permettere in questo momento, perché influenzerà il resto del cosmo. E la Terra sta uscendo ancora un po' dall'allinea-mento. Non solo rimetteremo il pianeta in allineamento, ma aiuteremo anche con la pulizia e schiarire le strutture genetiche di ognuno ed ogni cosa sul pianeta. Questo è stato presentato ed accettato e verrà fatto. Perché l'umanità ha raggiunto il punto da dove non riusciranno a ripulire abbastanza in fretta da evitare di distruggere l'architettura genetica che abbiamo creato.

D: *Allora basta che esca dall'allineamento anche un pochino perché influenzi le altri....*
P: Ha già influenzato altri... non solo civilizzazioni in un regno fisico che conoscete, ma anche su piani superiori. Ecco perché lo faremo.

I vari universi sono cosi intrecciati ed interconnessi che se la rotazione o la traiettoria di uno viene disturbata, c'è un impatto su tutti gli altri. In casi estremi, questo potrebbe causare che tutti gli universi collassino su se stessi o si disintegrino. Questa è una delle ragioni per cui il pianeta Terra viene monitorato dagli ET. Per riconoscere qualsiasi forma di problema causato dalle nostre influenze negative e dare l'allarme alle altre galassie ed universi per dare inizio a delle contromisure. Devono sapere cosa sta facendo la Terra, cosi che il resto degli universi, galassie e dimensioni possano proteggersi e sopravvivere.

D: *Pensavo che se ci fosse un progetto enorme come questo sul-la Terra, la gente sarebbe in grado di vedere tutte queste astronavi.*
P: Ohh, sei proprio una Terrestre tipica! No, non potete vedere le nostre astronavi. Siamo in dimensioni diverse. Queste sono diversi livelli vibrazionali. Non sarete nemmeno in grado di vedere la luce, ma c'è. In futuro i vostri scienziati saranno in grado di misurare questo tipo d'energia. In futuro gli scienziati saranno in grado di determinare che siamo nell'atmosfera e vedranno le nostre astronavi. Avranno macchinari e giocattoli che possono determinare dove sono le nostre astronavi. Ma adesso, non hanno questo tipo di tecnologia, perché ci siamo spostati attraverso il velo e siamo in – chiamiamolo – un piano astrale. E' un livello più alto di quello, è un livello più sottile. I vostri occhi non possono vederlo, ma in futuro avranno macchinari che possono vederlo.
D: *Ma sapranno che sta succedendo qualcosa con i livelli d'energia, che sta cambiando qualcosa.*
P: Cambierà e la gente cambierà ma non saranno consapevoli di cosa sia successo. Sarà un grande evento, ma non saranno in grado di comprenderlo a livello fisico. A livello dell'anima, possono vederlo. A livello subconscio lo sapranno, ma non a livello conscio, perché state pensando ad un'energia fisica. Questa non è energia fisica, questa è energia da Dio. Questa è energia dell'anima. Funziona dentro ad una diversa dimensione rispetto a ciò che pensate. E' molto diversa.
D: *Cosi la gente lo sentirà, ma non lo vedranno. Sapranno solo che qualcosa sta succedendo nei loro corpi.*
P: Alcuni sapranno. Coloro che sono sensitivi sapranno che è successo qualcosa, ma non sapranno cosa. Questo è ciò che vogliamo, non vogliamo interrompere nulla.
D: *Che effetto avrà questo sul corpo umano?*
P: Preverrà il decadimento del materiale genetico, DNA, dentro al corpo. Come dicevo, sta diventando corrotto e questo non lo possiamo permettere. Non possiamo avere un'intera razza di

gente danneggiata. L'energia cambierà la struttura genetica del DNA degli umani per renderlo più perfetto. Questo è ciò che vogliamo veramente. Vogliamo che gli umani sul pianeta siano in perfetta armonia. Non solo con loro stessi ma con noi e il resto del cosmo. Adesso non sono a quel punto.

D: *Quindi quando viene cambiata la struttura del DNA, che differenza farà sul corpo?*

P: Quando il DNA verrà cambiato, il corpo sarà come volevamo che fosse millenni fa. Ci abbiamo provato in Atlantide, senza risultato! La ragione per cui fu un fallimento era che le energie vennero utilizzate in modo negativo dagli esseri in Atlantide. Abbiamo provato a riportare un'energia più femminina nei giorni di Atlantide, che sarebbe sorta e avrebbe provato l'unione tra il maschile divino e il femminile divino. Fu un fallimento. Quindi, il pianeta Terra passò molte, molte, molte migliaia di soggiogamento e soppressione delle energie femminili. Adesso, è arrivato il momento che entrambi saranno eguali. Le energie divine del maschile e del femminile si uniranno e questo creerà un essere perfetto... come Cristo. Tutti qui realizzeranno che possono essere un Cristo perfetto, quando queste energie sono in equilibrio. Le energie non sono state in armonia; ma in disequilibrio per migliaia d'anni. Ecco perché ci sono tutti questi problemi sul pianeta. Cosi quando la struttura del DNA viene alterata, le energie divine, il maschile/femminile, lo Yin & Yang delle energie di Dio possono unirsi e ci sarà perfezione sul pianeta. Perfezione nei corpi e questo pianeta sarà qualcosa che possiamo mostrare al resto dei mondi, al resto del cosmo. Questo è il nostro esperimento e questo è ciò che abbiamo fatto ed ha avuto successo. La luce ha avuto success, perché sarà perfetto come lo volevamo che fosse per migliaia d'anni. Quando siamo arrivati qui originariamente, era perfetto. Probabilmente te lo hanno già detto. E' stato alterato. Sai del meteorite che è arrivato, porto malattia. Tutto venne distrutto. Renderemo tutto perfetto ancora una volta. Questa parte dell'allineamento che faremo per renderlo perfetto ancora una volta. Questo è perfettamente normale. "Questo fa tutto parte della genetica, ma la ragione per cui è successo, era che gli umani non sono in armonia. Le energie divine non sono in equilibrio nella psiche o perfino nella mente fisica, ma la psiche che entra nel corpo si manifesta fisicamente. Queste sono fuori allineamento. Questo causa malattie nel corpo. Quando i batteria sono arrivati qui attraverso il meteorite, se i corpi fossero stati in perfetto e completo allineamento, non sarebbe stato un problema. La malattia non li avrebbe colpiti. Ma i corpi avevano già iniziato a cambiare al momento dell'impatto, cosi non c'era niente da fare.

Stava facendo riferimento alla stessa cosa di cui ho scritto nel mio libro Keepers of the Garden, che spiega come la malattia venne introdotta sulla Terra e danneggiò il grande esperimento con un meteorite che colpi il pianeta quando le nuove specie si stavano ancora sviluppando. Questo causò molta sofferenza nel Consiglio a capo dello sviluppo della vita sulla Terra, perché sapevano che il loro tentativo di creare un essere umano perfetto non poteva più avere luogo in quelle circostanze. Dovettero prendere la decisione di interrompere l'esperimento per ricomin-ciare da capo o permettere agli umani in via di sviluppo di continuare, sapendo che non sarebbe mai stata la perfetta specie che intendevano fosse. Decisero che in virtù di tutto il tempo e gli sforzi fatti finora per sviluppare gli umani, gli sarebbe permesso di continuare. La speranza era che forse in futuro la specie potesse svilupparsi in un essere umano perfetto privo di malattia. Questa è la ragione principale per gli esperimenti e i testi che fanno gli ET e che la gente interpreta come negativi. Sono preoccupati degli effetti sul nostro corpo dell'inquinamento dell'aria e la contaminazione chimica del cibo. E stanno cercando di alterare questi effetti.

L'ET continuò: "Non volevamo interrompere l'esperimento Non potevamo buttare via il pianeta. Non potevamo permettere che tutte queste anime, tutte queste forme di vita fossero alterate per sempre. Dovevamo intervenire e abbiamo continuato a tornare qui per ere ed ere. Questa è il culmine di molti, molti anni di lavoro. Milioni di anni. Presto sarà qui e siamo compiaciuti perché l'umanità ha raggiunto il punto dove questo può essere riportato sul pianeta ancora una volta. Come dicevo, ci avevamo provato molte migliaia d'anni fa senza risultato, ma ci aspettiamo di riuscirci questa volta. Sta già migliorando e di questo siamo molto felici."

D: Tutta la gente della Terra avrà questa esperienza?
P: Come dicevo, tutti saranno influenzati. E' solo che ci sono quelli che saranno sensibili, che sentiranno che e' successo quelcosa. Altra gente non se ne accorgera' a livello conscio. Sta succedendo a livello dell'anima. Se tu li mettessi in trance come questa

persona adesso, allora saprebbero che sono stati influenzati e ti potrebbero spiegare cosa a fatto alla loro genetica. Ma a livello conscio, non ne hanno la minima idea. Non lo sanno. Ed è questo che volevamo.

D: *Stavo pensando alla gente negativa (assassini, stupratori, gente del genere), saranno influenzati in modo diverso?*

P: Tutti saranno influenzati. A livello subconscio sapranno cos'è successo. Si, mentre il subconscio cambia, diventa consapevole di questo e viene attivato.

D: *Hanno ancora del karma.*

P: Anche questo verrà influenzato, perché questo pianeta in futuro non avrà alcun karma. Questo è qualcosa che non verrà permesso qui. Sarà un pianeta di Luce e Pace e sarà il successo del nostro grande esperimento.

D: *Mi è stato detto che per questo in molti ci stanno osservando in tutto l'universo.*

P: Si, esatto. Siamo qui per farlo e sarà una cosa sicura.

***

Nell'autunno del 2006 abbiamo ricevuto una chiamata nel nostro ufficio da parte di uno dei nostri lettori che chiedeva: "Non era forse scritto nel libro che sarebbe dovuto succedere nel 2006?" Quando mia figlia Julia si ricordò e trovò questo passaggio. Per coincidenza (se esistono le coincidenze), qualche settimana dopo, abbiamo ricevuto molte email che erano state spedite a diverse persone un po' ovunque, per informarli che un evento cosmico avrebbe avuto luogo il 17 Ottobre, 2006.

Un evento di attivazione a livello cosmico avrà luogo il 17 Ottobre, 2006 ed inizierà approssimativamente alle 10:17 e continuerà fino alle 1:17 della notte del 18 Ottobre. Il momento di picco sarà alle 17:10 del 17 Ottobre. Un raggio pulsante ultravioletto (UV) irradiato da dimensioni superiori incrocerà la Terra in questa giornata. La Terra rimarrà in questo raggio UV per approssimativamente 17 ore del vostro tempo e interpenetrerà ogni elettrone di preziosa energia vitale. Questo raggio è di natura radiante e fluorescente, color blu/magenta. Anche se oscilla in questo campo di frequenza, è oltre allo spettro della frequenza dei colori di questo universo, quindi non sarà visibile. Tuttavia, a causa della natura della vostra anima, avrà un effetto. L'effetto è che ogni pensiero ed emozione sarà applicata un milione di volte. Ogni pensiero, ogni emozione, ogni intenzione, ogni desiderio che sia positivo, negativo, buono, cattivo, verrà amplificato in forza per un milione di volte. Visto che ogni forma di materia manifesta è causata dal vostro pensiero; cioè ciò su cui vi focalizzate, questo raggio accelererà' questi pensieri e li solidificherà ad una velocità superiore, rendendoli manifesti un milione di volte più velocemente del solido. La luce ultravioletta inonderà ogni persona sul pianeta. Ha il potenziale di trasformare il modo in cui l'Umanità pensa e si sente. Creerà un nuovo, sentiero più facile per l'Ascensione della Terra vero la prossima dimensione. Questo è l'inizio d'incredibili influssi di Luce che produrranno salti quantici nell'elevazione di questo pianeta sulla Spirale Evolutiva.

Quindi sembra che sia iniziato. Durante questa seduta e mentre stavo scrivendo questa parte del libro, pensavo che il raggio sarebbe venuto dagli extraterrestri e che fosse proiettato da una astronave. Adesso sembra che il raggio fosse proiettato da altre dimensioni che sono a noi invisibili. Sospetto che anche gli extraterrestri stiano facendo la loro parte in tutto questo mentre aiutano a direzionare questo raggio. Quindi apparentemente sta iniziando e molti di coloro che sono consapevoli dei loro corpi e del mondo che li circonda non noteranno gli effetti dopo questa data.

***

Un'altra porzione di una seduta con Phil and Ann (già presente nel Capitolo 22) potrebbe avere a che fare con lo stesso tipo di potere o potrebbe fare riferimento a qualcosa altro.

Ann:C'è una fonte energetica che circonda questo pianeta. Quando osservi il colore "rosso", allora saprete che il cambiamento ha avuto luogo.
D: *Quando apparirà il colore rosso?*
A: Sparerà raggi dal vostro pianeta verso gli altri Soli Universali. Vedrete l'energia aumentare.
D: *Riusciremo a vederlo?*
A: C'è una struttura attorno al vostro pianeta in questo momento che stanno ricostruendo, che infatti cambierà l'attuale visibilità dell'energia che s'irradia da questo pianeta. E sarà un colore, quello che chiamate "rosso".

D: *Vuoi dire come l'Aurora borealis?*
A: Esatto.
D: *Inizieremo a vedere questa energia sparata nello spazio in zone dove non appare normalmente?*
A: Esatto. Sarà l'energia equivalente alle arterie, come nel vostro corpo. Vedete gli organi con molte arterie che portano il sangue che sostiene portando nutrienti quando si muove in una direzione e rimuove i residui nell'altra. In questo modo è una funzione bidirezionale. Questo pianeta ha sempre avuto questo effetto, in alcune funzione. Adesso, tuttavia, è che le abilità di quelli di voi su questo pianeta saranno in grado di percepirlo fisicamente. Inoltre i livelli di comunicazione stessi saranno migliorati moltissimo. Questa è solo una maniera che vi permetterà di partecipare più da vicino con il resto dell'universo.
D: *Quindi questa luminescenza di cui stai parlando, significa che il livello energetico del pianeta sta cambiando?*
A: Esatto.
D: *Quando la vedremo apparire, sapremo che i cambiamenti stanno avendo luogo?*
A: Esatto. Avete ciò che chiamate "hot spots" [punti caldi], che stanno irradiando, come lo chiamate voi, di color blu.
D: *Questo non è visibile per noi?*
A: Si lo è. Si trova sulla vostra crosta terrestre. Sarete in grado di vederlo rimbalzare sulla crosta.
D: *Non stai parlando del colore del cielo?*
A: No. Sto parlando del campo d'energia. Da una certa distanza, dal vostro telescopio spaziale Hubble o da qualsiasi punto sopra la vostra atmosfera, sarà visibile che ci sono questi raggi che si estendono fuori dal vostro pianeta in molti direzioni. Questi non avranno la caratteristica generale d'illuminazione diffusa, ma si vedrà che hanno un diametro e una direzione. E' una connessione singolare.
D: *Questo sarà simile al modo in cui il sole proietti i suoi raggi?*
A: No. Non in quel senso, perché dalle emissioni del Sole – non diremmo "uniforme" – ma piuttosto generale, in quanto va in tutte le direzioni simultaneamente. Questo è piuttosto simile a – forse se riusciresti ad immaginare ciò che chiamate una "sfera da discoteca", secondo il vostro linguaggio, che emetter raggi singoli in multiple direzioni. Sono raggi individuali, non una struttura di luce ampia e generale.

D: *Quindi adesso appaiono blue dal telescopio Hubble e poi inizieranno ad apparire rossi?*

A: Ci sarà la trasformazione di diversi colori nel vostro spettro, che è molto limitata ai vostri occhi. Sarete in grado di vedere lo spettro fino al colore ultimo del rosso entro i prossimi 23 anni. Sarà qualcosa come una sfumatura.

D: *Questo è anche il periodo di tempo per l'attivazione del DNA (Fare riferimento al Capitolo 22).*

A: Esatto. E' tutto insieme. E' simultaneo.

Harriet: *Cosa potrebbe succedere a qualcuno che passeggia attraverso questa emissione sul pianeta? Avrà qualche effetto sul loro essere fisico?*

A: Lo fate adesso

D: *Quindi è come passare attraverso delle dimensioni. Dicono che ci entriamo ed usciamo e non ce ne accorgiamo.*

A: In questo momento vivete in dimensioni.

D: *E' la stessa cosa mentre ci entriamo ed usciamo, e non siamo consapevoli di cosa stia succedendo.*

***

Altre informazioni da un cliente in Australia:

C: E' come un'auto. Immagina un'auto con una vecchia carena. E' sempre la stessa vecchia auto che stavi guidando. Ma poi ci metti dentro un nuovo motore e all'improvviso qull'auto inizia a funzionare diversamente, anche se sembra la stessa. Allora prendi un altro motore e lo rimpiazzi. E l'auto continua a diventare sempre piu veloce, intelligente e bella. E poi prima che te ne accorgi , l'auto fa tante cose belle, che il corpo inizia a cambiare. E' come se l'energia del nuovo motore inizia a ristrutturare il corpo. E prima che tu lo sappia quella vecchia carretta è diventata una sportiva. Un veicolo stupendo, scintillante, attraente. Questo è ciò di cui si tratta. Le energie entranti hanno la capacità di trasformare il veicolo che inizierà ad essere diverso. Sembrerà diverso. Inizierà a sembrare... beh, più giovane è quello che mi viene in mente. Inizierà a sembrare più giovane e intelligente. Le cellule del corpo, le vibrazioni del corpo stanno cambiando e stanno allineandosi con le vibrazioni delle energie entranti. I cambiamenti fisici verranno dopo.

D: *Quali saranno quei cambiamenti fisici?*

C: Oh! Il corpo inizierà a cambiare per essere più leggero. Vedo che sembrerà piu alto. Ma l'energia interna inizierà ad essere visibile all'esterno. Farà sembrare il corpo più alto allungato e sottile e più trasparente.

D: *Trasparente?*

C: Si. E' una cosa pioneristica.

D: *Questa è la maniera in cui si evolveranno le persone sulla Terra? (Si) Tutti faranno questi cambiamenti?*

C: Si, perche a tutta la gente e' stata data la scelta. Se vogliono evolversi con la Terra, e restare qui, si evolveranno in questo nuovo essere umano. Sembrera' diverso e questo ha a che fare con l'esperimento. Ecco perche Christine e altri stanno spostando quelli che non vogliono evolvere con la Terra. Se ne andranno. (Quasi piangendo) e porteranno molta sofferenza alle loro famiglie. Ma coloro che restano devono sostenere la luce. Questo è un lavorone. Divorziare e separarsi dalle cose che stanno succedendo adesso. Queste cose continueranno a succedere finche la pulizia non è completa. Coloro che sono qui per restare, stanno portando questa razza di persone in una nuova e diversa civilizzazione. Questa gente e' sotto test in questo momento, per vedere se possono sostenere la luce quando ci sono i disastri e non rimanerne assorbiti. Loro sono gli individui che procederanno con questo pianeta.

D: *Vorresti dire, quasi come un ultimo test?*

C: Si. I test stanno avendo luogo adesso. Qualsiasi cosa di cui ogni essere abbia bisogno di testarli, per vedere cosa sono in grado di offrire a questo programma; quanto stabile è la loro affidabilità. Quanto sono disponibili a servire. Tutto questo viene testato in questo momento.

D: *Quindi abbiamo tutti i nostri test da superare?*

C: Si. La gente che sta facendo fatica in questo momento sono quelli che resteranno. Loro sono quelli che stanno passando i test. Ma alcuni di loro non ce la fanno.

D: *Non stanno passando i test.*

C: No. Ci sono certi che non ci riescono.

D: *Questo è ciò che mi è stato detto da altre persone, che alcuni verranno lasciati indietro. (Si) Io ho pensato che fosse crudele.*

C: No, non è crudele, perché ad ogni anima è data la scelta. Se non si muovo ed evolvono è perché scelgono di non farlo. Si reincarneranno in altri luoghi che sceglieranno. E anche questo va bene, perché è solo un gioco.

D: Questo è quello che mi hanno detto, che verrebbero spediti dove c'è ancora karma negativo da gestire. Questo pianeta non avrà più karma negativo a quel punto. E' questo ciò che stai dicendo?
C: Si. Resteranno sulla vecchia Terra. La nuova Terra è cosi bella. Vedrete colori ed animali e fiori che non pensavate fossero possibili. Vedrete frutti che sono il cibo perfetto. Non c'è bisogno di cucinarlo. Si mangia cosi com'è. Tutto ciò di cui un essere ha bisogno per il suo nutrimento ci sarà. Questi nuovi frutti si stanno sviluppando adesso con l'aiuto della gente delle Stelle.
D: Sono frutti e vegetali che adesso non abbiamo sulla Terra?
C: Non li abbiamo. In qualche modo, sono mutazioni. Vedo una mela cremosa, come esempio di ciò che è successo. Avremo un frutto chiamato "Mela Cremosa". Non sembrerà una mela, ha una buccia ruvida ed è della dimensione di due arance unite. Quando la apri, all'interno è come crema. Allora questo è un frutto, ma è come cibo. Non è solo un frutto, ma un altro cibo come crema gli è stato introdotto. Questo è un esempio dei cibi futuri. Quindi questi cibi saranno un piacere per i sensi. Nutrimento e sostegno per il – continuo ad essere interrotta quando inizio a dire "corpo". Mi dicono di dire "l'essere". Saranno nutrienti per l'essere. Le cose che adesso dobbiamo cucinare – come cucineresti la crema – verranno incorporate in questi frutti. Questo ha a che fare con aiutare il pianeta e ridurre l'uso di elettricità ed energia. Quindi i frutti ci provvederanno ciò di cui abbiamo bisogno.
D: Ho sentito dire che l'uomo ha fatto molte cose al cibo che non sono sane per il corpo.
C: Esatto. I cibi organici stanno arrivando sulla Terra e i contadini organici proseguono con il programma evolutivo della Terra. Ecco perché sta aumentando la consapevolezza di queste cose, perché la gente ha bisogno di sapere come coltivare nel modo giusto. Le scuole di Rudolph Steiner stanno insegnando questo ai bambini. Cosi che i bambini che saranno sulla nuova Terra lo sapranno. Quei bambini adesso stanno insegnando in università ed istituti per condividere queste cose. Quando la pulizia della Terra avrà luogo, la maggior parte di quella tossicità verrà spostata altrove. Vedi, la nuova Terra non è questa dimensione. La nuova Terra è un'altra dimensione. Entreremo in quella nuova dimensione e in quella nuova dimensione, ci saranno questi alberi dalla corteccia porpora e arancione. Ci saranno fiumi e cascate stupende. L'energia verrà riportata indietro. Ci sarà energia nei fiumi e nell'acqua che fluisce sulle rocce e i letti di sabbia. E

colpirà la Terra. Creerà energia che verrà raddrizzata in questo mondo. Molti di questi fiumi sono stati raddrizzati per renderli navigabili. Questo ha rubato l'energia dalla Terra. La Terrà verrà ripulita. Vedo acqua.

D: *Questo deve succedere prima che la Terra salti e si evolva in una nuova dimensione?*
C: Ci vedo passare oltre. (Spaventata) Oh! Ciò che vedo è che la gente che andrà in questa nuova dimensione passerà attraverso per andare in questo nuovo mondo.
D: *Mentre l'altra viene purificata?*
C: Si, si.
D: *Cosa vedi a riguardo dell'acqua e della pulizia?*
C: (Un sospirone) Non me lo faranno vedere.
D: *Non vogliono che tu veda?*
C: No, non me lo faranno vedere. Ciò che mi fanno vedere è... un'apertura? E passiamo attraverso. Entriamo, ciò che sembra essere questa Terra, ma ha colori diversi. Ha diversa consistenza. All'inizio sembra la stessa, solo all'inizio, e poi mentre ci guardiamo intorno, iniziamo che non lo è. Sta cambiando sotto i nostri occhi. Ed è magnifica.
D: *Ma questo non è il piano dello spirito? Perché anche il piano dello spirito viene descritto è descritto come magnifico.*
C: No, è la nuova Terra. Non è il piano dello Spirito. E' la Terra di quinta dimensione. Alcune persone passeranno prima di altre. Mi dicono di dirti adesso che Christine ci è già stata diverse volte. C'è un gruppo che sta passando adesso. Lei ci porterà altri, andranno e verranno avanti, indietro finche non restano per sempre.
D: *Allora gli altri verranno lasciati sulla vecchia Terra?*
C: Si, quelli che sceglieranno di restare, resteranno.
D: *Passeranno molte tribolazioni, vero?*
C: Si, l'intero pianeta. (Impaurita) Ho appena visto l'intero pianeta esplodere. E' orribile, no?
D: *Cosa pensi che voglia dire?*
C: Non lo so. L'ho solo visto esplodere. Ma ho visto la nuova Terra. C'è questo luogo meraviglioso di quinta dimensione con armonia e pace.
D: *Quando ti hanno mostrato l'esplosione del pianeta, era solo simbolico? Come se quella Terra non esistesse più per coloro che vanno oltre?*
C: Beh, la gente che è andata oltre sta guardando cosa sta succedendo. Possono vedere. Adesso, esploderà? Mi dicono: "Non ti distrarre

con ciò che accadrà, perché ti devi focalizzare sulla luce." Questa è la sfida per le persone che andranno alla nuova Terra. La sfida per loro è di non distrarsi con ciò che succederà, perché questo è ciò che ci tira giù alla terza dimensione. Questo è ciò che è successo a molte persone che erano sulla via dell'avanzamento. Sono stati tirati indietro perché si sono distratti nella paura, nella tristezza e nel risentimento e il resto della roba nera. Cosi mi dicono: "Non hai bisogno di saperlo, perché non serve a nessuno se anche fosse conosciuto." Quindi quello che stanno veramente dicendo è : "Focalizzatevi sulle cose buone." Focalizzatevi sul fatto che ci sarà questa stupenda nuova esistenza, nuova dimensione, che molta gente sulla Terra arriverà a vivere. Che stanno già vivendo

D: *Mi hanno detto che quando si passa dall'altra parte, si rimane nello stesso corpo fisico che abbiamo adesso. Verrai solo trasformato.*

C: Si, resterete nello stesso corpo, ma cambierà.

D: *Quindi lo si può fare senza lasciare il corpo o morire. E' tutta un'altra cosa.*

C: Si, basta attraversare. Christine lo ha già fatto e sa come farlo. Lo ha fatto e riesce a capire.

D: *Ma sarà triste perché molte persone non capiranno cosa sta succedendo. E' difficile per molte – vorrei dire "ordinarie" – persone la fuori che non hanno la minima idea di nulla eccetto la religione che gli hanno insegnato. Non sanno che questa alternativa è possibile.*

C: Si, ma non sono ordinari, sembrano ordinari. Stanno indossando una maschera. Stanno cambiando.

D: *Ma ci sono ancora moltissime persone che non hanno nemmeno pensato a queste cose.*

C: Si, ma sceglieranno di non risvegliarsi e questa è la loro scelta. Dobbiamo rispettarla. Gli è stata data una scelta come a tutti gli altri sulla Terra e hanno fatto questa scelta. E anche questo va bene, va tutto bene, non è un problema.

D: *Cosi se devono andare altrove per lavorare sui loro karma negativo, questo fa parte della loro evoluzione. (Si) Ma vedi la maggioranze delle persone evolversi verso la prossima dimensione?*

C: No. Non la maggioranza. I numeri, in qualche modo, non sono importanti perché ciò che sarà, sarà. Più persone possono risvegliarsi e fare quel viaggio, più persone ci saranno. Ecco perché siete in cosi tanti a fare questo lavoro. Per aiutare le persone ad aprirsi al viaggio e lasciare andare la paura. Per entrare in quel vuoto dove ogni cosa è possibile. Dove dimora la nerezza. Questo è ciò che voi tutti state facendo e avete bisogno di farlo. Tutti coloro con cui parlate allora uscirà e parlerà agli altri. Potreste non esserne consapevoli, ma state agendo come il Cristo. Tutti coloro a cui parlate diventa un discepolo ed esce per risvegliare altre persone. Quindi funziona e sarà presto. Accadrà tutto presto.

D: *Ha una mezza idea per periodo di tempo?*

C: L'anno prossimo sarà il – sto sentendo la parola "punto decisivo". Sara il punto di non ritorno. Penso che significa che coloro che non hanno ancora deciso, resteranno indietro. E' critico.

D: *Ma ci sono interi stati nel mondo che non sono ancora pronti per questo. Ecco perché sto pensando che ci sono molte persone che non riusciranno a passare oltre.*

C: Ci sono più cose che stanno succedendo di quante le persone non siano consapevoli. Vedo alcuni paesi dove le persone vengono perseguitate. La ragione per cui sta succedendo è per risvegliare la spiritualità, perché la persecuzione lo causa. Quando la gente viene perseguitata o quando devono affrontare la morte o quando devono affrontare una enorme impresa umana. Questi sono catalizzatori che risvegliano le persone. E quello è lo scopo della maggior parte delle persecuzioni che hanno luogo al momento: assicurarsi che queste persone si risveglino. Quindi questo è il lato positivo.

D: *C'è qualcosa che lo attiva o precipita?*

C: E' come se calasse il sipario e non mi permettono di vedere. Mi dicono solo che sarà la fine di una e l'inizio dell'altra.

D: *Stanno cercando di portarci in guerra in questo momento. (2002) Pensi che abbia qualcosa a che fare con questo?*

C: (Lungo sospiro) Ho paura che quello sia il test. Avevo detto che molte persone erano sotto esame. Non l'ho capito allora, ma adesso lo so che fa tutto parte del test, se riusciamo a restare separati da quello. E' come se dovessimo creare il nostro... è come se ognuno di noi fosse l'universo. Tutte l parti dell'universo sono trattenute qui (mise la mano sul suo corpo). E se manteniamo questo, questo universo qui....

D: *Questo corpo?*

C: Si. Se lo teniamo in pace e lo manteniamo in armonia, allora passeremo il test. Allora possiamo superare ogni cosa. E quelle cose che stanno succedendo nel mondo sono solo per testare tutti; tutti noi.

D: *Vuoi dire per no rimanere impigliati nella paura.*

C: Si. Spegnete la TV. Non l'ascoltate. Non leggete il giornale. Non vi perdete in queste cose. Il vostro mondo è ciò che create qui. (Toccò il suo corpo ancora.)

D: *Nel tuo stesso corpo.*

C: Si. Nel vostro stesso spazio qui. Questo qui è il vostro universo. Se ogni persona crea pace ed armonia nel loro proprio universo, allora quello è l'universo che stanno creando in quella Terra di quinta dimensione. Più persone possono creare pace ed armonia in questo corpo universo, più persone ci saranno in quella nuova Terra di quinta dimensione. Coloro che non riescono a creare pace ed armonia in questo corpo universo, non passano il test. Quello è il test.

D: *Stiamo cercando di fare questo per evitare la guerra o per lo meno per ridurla.*

C: Mi dicono che non importa cosa succeda, perché è solo un gioco. E' tutto uno spettacolo. Le cose che stanno succedendo ci sono per una ragione. Al momento la ragione è di testare ogni essere umano per scoprire dove sono nella loro evoluzione. E quindi se manteniamo pace e luce qui (nel corpo), non dobbiamo preoccuparci che ci sia una guerra o no. E' solo un'illusione in ogni caso.

D: *Ma adesso sembra molto reale e potrebbe avere conseguenze davvero disastrose.*

C: Si, ma quella è paura per ogni individuo. Il nostro lavoro è di aiutare ogni individuo a trovare pace qui (nel corpo). Allora, ovviamente, mentre riunite più persone, che hanno pace e armonia dentro il loro stesso corpo universo, questo aumenta invece di aumentare la nerezza. Questo crea un nuovo mondo. Se tu avessi ricevuto tutte queste informazioni allora saresti andata in sovraccarico. E' la stessa ragione per cui stanno dicendo: "Non ti diremo esattamente cosa succederà, non sappiamo esattamente cosa succederà. Ma non ti diremo cosa sappiamo, perché non hai bisogno di sapere. L'unica cosa che devi fare è concentrarti qui (il corpo) per creare il tuo paradiso in Terra. Tutti gli esseri umani che creano il loro paradiso in Terra. Questa è l'unica cosa da fare. Riunirsi con altri che stanno creando il lor proprio paradiso in Terra. E poi espandere l'energia all'esterno, cosi prima che ve ne accorgiate, avrete cambiato il mondo. Non ci pensate nemmeno al mondo. Ciò su cui vi focalizzate è quello che create. Pensate alla pace. La cosa principale che la gente deve comprendere è che ciò su cui vi focalizzate si espande. Cosi se rimpiazzaste le predizioni e vi focalizzaste su qual-cosa di meraviglioso che volete e lo espandeste. Allora sareste in grado di creare il vostro paradiso in Terra. Mi fanno vedere che nel tuo libro Universo Convoluto (Libro Uno) tu dai la descrizione del pensiero. Mi dicono di ricordarti questo. Parli di una sfera d'energia della dimensione di un pompelmo e quella sfera ha delle estensioni energetiche. Sto cambiando questo mentre parliamo. Le estensioni energetiche vanno una sopra l'altra, si attraversano e possono fare ciò che vogliono. Si possono dividere e possono diventare quattro estensioni energetiche. Possono ondulare, si possono moltiplicare, posso andare indietro, possono proiettarsi verso l'alto. Possono fare assolutamente qualsiasi cosa. Questa è la sfera delle possibilità. Quando pensate un pensiero non sparisce e basta. Diventa un'estensione d'energia. Diventa energia, si muove nella sfera di possibilità. Quindi immaginate i vostri pensieri che diventano energia. Più energia gli date più diventano forti e poi si manifestano, diventano la vostra realtà. Diventano fisici. Se proiettate un pensiero che ci sarà pace e poi lo seguite con: "Oh, ma quella guerra sta peggiorando", o "Quei politici stanno facendo un errore." Allora riducete l'energia: l'estensione positive che avete proiettato. Quindi dobbiamo insegnare alla gente come proiettare pensieri positivi e poi rinforzarli con altri pensieri positivi e altri pensieri positivi. Dobbiamo insegnargli che quando uno di quei pensieri entra nella loro monte, non devono lasciarli andare, ma devono rimpiazzarli con pensieri positivi. Cosi che possano aumentare quella sfera d'energia delle possibilità. Gli danno un contributo. Dobbiamo insegnargli a farlo. Non sanno come farlo. Mi dicono di dirti di enfatizzare che l'illusione – non so perche mi dicono di dirti questo. Ma dicono che se riuscissimo a far pensare la gente a questo conflitto nel Medio-Oriente come ad un film, allora aiuterebbe la gente. L'altra cosa che mi dicono di dirti è che per ogni azione sono in grado di creare un'opposta reazione. Dove c'è nascita, c'è morte. E tutti de-vono lasciare andare qualsiasi forma di avidità, dominazione, materialismo. Ognuno dei problemi che li blocca dal fare questo lavoro deve essere lasciato andare. Perché questi problemi non serviranno a nessuno nella Nuova Terra. Non ci sarà bisogno di denaro, per se. Quindi perché preoccupar-sene? Coloro che stanno lavorando per la Terra, per l'universo, sono protetti e continueranno ad esserlo. Ciò di cui avete bisogno lo riceverete. Quindi adesso è arrivato il momento di lasciare andare l'etica di lavorare e ricevere i soldi. State lavorando per cambiare la Terra. State lavorando per cambiare questa situazione. Ecco dove dovreste focaliz-zarvi. Deve venire dall'amore e dal servizio. Questo è l'unico modo di massimizzare questo sforzo. Deve venire dall'amore e dal servizio, non dall'avidità.

D: Mi hanno detto che l'amore è l'emozione più potente.
C: Si, l'amore cura.

***

Un ultimo dettaglio d'informazioni lo ricevetti da un cliente nel mio ufficio dal nel 2004. Credevo che ci fosse ancora qualcosa di poco chiaro in tutto questo: Come potevano alcune persone essere consapevoli di aver fatto il salto verso la Nuova Terra, mentre altri non lo erano? Com'era possibile spostare un'intera popolazione dove solo la minoranza sapeva cos'era successo? "Loro" devono essere stati consapevoli che stavo ancora pensando a questo, cosi mi hanno dato una risposta. Dopo tutto, come avrei potuto parlarne e scriverne se non avessi avuto tutti i dettagli?

Bob: La maggior parte dei pianeti, ma principalmente questo sono stati originariamente progettati per 550.000 persone. Mezzo milione di persone. Quello era il numero massimo raggiungibile. Ci sono più persone che si reincarnano qui per sperimentare tutti questi cambiamenti. La Terra è stata danneggiata e trasformata oltre il livello di riparabilità. Questo pianeta è stato sfortunatamente trasformato in modi che non danno alcun senso di ritorno alla sua pristina condizione originaria. Tuttavia, adesso, grazie alla direttiva primaria dal Creatore, bisogna accelerare. Perché è da troppo tempo. Ci sono due modi di farlo. Si può causare la rotazione del pianeta e lo spostamento della crosta terrestre. Letteralmente se questo accadesse, si riinizia tutto da capo partendo da zero. Questo è quello che ha dato il via all'Era Glaciale ed eliminato tutti i dinosauri. Non importa com'è successo, ma che succederebbe la stessa cosa. Una civilizzazione scompa-rirebbe e ricomincereste con l'Era Glaciale, i Neanderthal e tutte quella robetta carina ripartirebbe da capo. Perdete il controllo della vostra intera civilizzazione, e andate a finire come una leggenda, tipo Atlantide o Lemuria. E' successo molte volte prima, ma non è quello che succederà questa volta. Questa volta salterete come un intero pianeta e praticamente come un universo. Salterebbe l'intera dimensione. La dimensione cambia. Passate dalla tre punto sei (3.6) in cui ci troviamo adesso, alla cinque. Voi direste: "Cosa è successo alla quarta?" Beh, la quarta in un certo senso è qui, ma ci limiteremo a saltarla. Andrete a finire come un cinque. Quando il cambiamento dimensionale avrà luogo, letteralmente farete il salto. Ci sono molte complica-zioni connesse a questo. Ecco perché vi stiamo osservando da vicino. Molte persone che sono pronte spiritualmente saranno in grado di fare il salto molto facilmente. Altri verranno letteralmente estratti dal pianeta. Per molti di loro, in un batter d'occhio e non sapranno nemmeno che è successo. Andranno a finire su un altro pianeta che è pristino, pronto e li sta solo aspettando. Le vostre capacità saranno molto superiori a ciò che sono ora. Praticamente avete cinque sensi primari. Ne avrete molti di più alla fine della transizione. Diventere automaticamente telepatici. Si sveglieranno nelle loro piccole vite il giorno dopo – o ciò che si può fare, a seconda di come avvien il salto – Dovete sapere che e' successo prima. – Semplicemente spegneremo tutto. E' come andare in animazione sospesa. Lo abbiamo sospeso. Ci vorranno due o tre giorni per trasferire la popolazione.

D: *L'intero mondo, or solo i....*
B: Si. Tutte le persone che sono spiritualmente pronte per questa transizione. Verranno spostati tutti e quando si sveglieranno su quest'altro pianeta, non si accorgeranno nemmeno che è successo. C'è stato un salto simile qualche anno fa su questo pianeta, con tutti noi. E poche persone ne erano a conoscenza. Era solo. Era come se un'intera settima-na fosse passata nel corso di una notte. Succede in questo modo.

D: *Perché è successo in quel momento?*
B: Dovevamo cambiare il sole, tecnicamente, e avevamo bisogno d'essere in grado di adattarlo. Se qualcuno poteva vederlo allora saprebbero cos'è successo. Non era il modo più pratico di farlo, cosi abbiamo più o meno spento tutti.

D: *Cosi non lo avrebbero saputo?*
B: Si. Siete andati a letto quella notte, avete dormito pensando che fosse un periodo di dodici ore e vi siete svegliati. Ma il vostro orologio era ancora sulla stessa ora, quando in realtà era passata un'intera settimana.

D: *Eravamo tutti in animazione sospesa?*
B: Si. Si spegne tutto simultaneamente.
D: *Mentre il mondo si muove?*
B: Oh, certo. L'intero pianeta si muove. C'è ancora la cosiddetta "notte e giorno". Ma in realtà lo abbiamo adattato. E' stato un trucchetto molto interessante e funziona. Questo adattamento planetario che sta arrivando. Questo cambio di frequenza che sta arrivando. Non si può fare lasciando tutti svegli. Perché ci sarà ogni tipo di strana reazione nella gente. Quindi tutti pensano di essere svegli. Ma in realtà li possiamo spegnere. E' un po' come un trucchetto, ci vuole molta tecnica.
D: *Cosi avrebbero pensato di aver avuto un sogno se avessero visto qualcosa.*
B: Si, si, precisamente. Ma potrebbero non avere alcun ricordo conscio, perché non ti dimenticare, la maggior parte della gente in ogni caso, non ha ricordi consci di ciò che sogna. Inoltre, nei sogni si possono cambiare le cose molto facilmente.
D: *Avevi detto che questo l'avevate fatto qualche anno fa.*
B: Si, è cosi. Dovevamo fare un adattamento alla frequenza del sole.

Apparentemente questa sarebbe la risposta. L'intera popolazione del mondo verrebbe spenta e messa in animazione sospesa mentre veniva completato il trasferimento. Come ci fece vedere Annie Kirkwood nella sua visione, mentre la Terra si separa o divide in due Terre, la gente su entrambe le Terre era inconsapevole di cosa fosse successo agli altri.

Questo lo troviamo anche nella Bibbia: *"In quel giorno, colui che è sulla cima della casa e i suoi beni sono nella casa, non fatelo scendere a prendere la sua roba. Allo stesso modo, colui che è nei campi, che non si giri. Io vi dico, in quella notte, ci saranno due uomini in un letto: uno verrà preso e l'altro verrà lasciato. Due donne staranno macinando insieme: una verrà presa e l'altra lasciata. Due uomini saranno nei campi: uno verrà preso e l'altro verrà lasciato. E gli risposero e dissero Lui: "Dove Signore?" Cosi Lui disse loro: "Dove si trova il corpo, là le aquile si riuniranno."* (Luca 17:31-37) [tradotto dal testo dell'autrice]

***

Mi hanno chiesto moltissime volte del calendario Maya che finisce nel 2012. La gente pensa che sia la data della fine del mondo, se i Maya non fossero in grado di vedere oltra. Mi è stato detto che i Maya si erano evoluti spiritualmente fino al punto in cui la loro civilizzazione saltò in massa alla dimensione successiva. Interruppero il calendario al 2012 perché riuscivano a vedere che sarebbe stato il tempo del prossimo grande evento: il salto dell'intero mondo nella prossima dimensione.

***

Ascenderemo alla prossima dimensione elevando la nostra coscienza, la vibrazione e frequenza del nostro corpo. All'inizio continueremo in un corpo fisico per un po'. Poi mentre scoprirete gradualmente che non è più necessario, il corpo fisico si dissolve nella Luce e vivrete con un corpo fatto di luce o pura energia. Questo sembra molto simile a molti casi in questo libro dove il soggetto vide un essere che brillava ed era fatto di pura luce. Si sono evoluti oltre la necessità di un corpo fisico limitato e anche noi lo faremo quando avremo raggiunto quello stadio. Cosi in molti casi, quando un essere ascende, si porta dietro il corpo fisico. Ma questa è solo una situazione temporanea e la permuta o il lasciar andare del corpo dipende dal livello di comprensione che quell'essere ha raggiunto. Abbiamo la tendenza ad attaccarci a ciò che è familiare, ma alla fine vedremo come anche se ce lo possiamo portare dietro, il corpo è troppo limitante e confinante per la nuove realtà nella nuova dimensione. Quando raggiungiamo questa nuova dimensione, il nuovo corpo di luce o energia non morirà mai. Questo è ciò che la Bibbia voleva dire quando parlava di "Vita Eterna".

Il piano dello spirito o lo stato prima e dopo ogni vita, dove ho scoperto che andiamo quando moriamo in questa vita, è come un centro di riciclaggio. Ti riporta ad un'altra vita sulla Terra perché c'è ancora karma su cui lavorare, o qualcosa che c'è bisogno di fare. La gente continua a tornare perché non ha completato le lezioni o i loro cicli. Elevando la coscienza, la frequenza e vibrazione, non c'è bisogno di tornare a quel luogo (lo stato tra una vita e la successiva). Lo si può trascendere andando nel luogo dove tutti sono eterni e non c'è bisogno di riciclaggio. Possiamo restare là in eterno. Questo probabilmente è il luogo che molti dei miei clienti chiamano "casa". Il luogo che gli manca cosi profondamente e dove desiderano tornare. Quando lo vedono durante le regressioni diventano molto emotivi, perché desiderano profondamente ritornarci, senza sapere coscientemente che esistesse.

CAPITOLO 31

FINALE

Nel mio lavoro, mi è stato detto molte volte che come esseri umani, senzienti ed emotivi non siamo gli unici su questo pianeta ed oltre. Siamo cosi focalizzati su noi stessi che pensiamo d'essere i più importanti e che tutto gira intorno a noi, principalmente perché non comprendiamo realmente cosa sia la vita. Ho scoperto che tutto contiene lo spirito, la scintilla della vita. Questo perché ogni cosa è energia, solo che vibra ad una frequenza diversa (più o meno veloce). Nei nostri sforzi verso una forma spirituale superiore, siamo passati attraverso molte cosiddette forme "inferiori" di vita. Siamo stati minerali, terreno, rocce, piante, ed animali prima d'incarnarci nella forma umana. Siamo spiriti curiosi e avevamo bisogno di bisogno di sperimentare questo ed imparare prima di essere pronti ad assimilare esperienze in corpi fisici più complessi (e più densi). Ho scoperto che ogni cosa è viva, incluso il nostro pianeta Terra. Ha dei sentimenti, delle emozioni e bisogni proprio come noi. Proprio in questo momento, sta soffrendo (secondo le mie fonti) a causa di ciò che le sta succedendo. Secondo gli ETs, stiamo arrivando al punto di non ritorno, dove i danni non si possono estirpare. A quel punto, ascenderemo alla Nuova Terra perché la vecchia non è più in grado di sopportare lo stress. Ma se la Terra stessa è viva, finisce tutto li? Mi è stato detto che si va oltre a questo anche più in la nel cosmo. Facciamo tutti parte di un più grande essere vivente e funzionate, che chiamiamo l'Universo. Questo significa che l'Universo stesso è un qualcosa di enorme ed organizzato che ha sentimenti ed è vivo. Potete chiamare questo qualcosa "Dio", ma è molto più complesso di questo.
    Tutto ciò che compone l'Universo (stelle, pianeti, ecc.) si potrebbe considerare come cellule nel corpo di Dio. Cellule che compongono il corpo di questo enorme "qualcosa". E noi non siamo

altro che le più piccole cellule nel sistema circolatorio. Anche se siamo qualcosa di così minuto, non siamo insignifican-ti, perché nella nostra evoluzione e crescita è possibile per noi continuare a crescere attraverso la palude della vita.

Mi è stato detto che il processo di reincarnazione è qualcosa di indesiderato. Attraverso questo processo siamo in costante entrata ed uscita tra la Terra ed il piano spirituale. E' come una stazione di smaltimento dove andiamo per giudicare noi stessi e decidere di tornare per correggere il nostro karma. L'obbiettivo principale dovrebbe essere di liberarci da questa rotaia e procedere oltre al fisico. Si dice che possiamo raggiungere questo dopo aver passato oltre alla stazione di passaggio del piano spirituale e procedere direttamente ai livelli spirituali superiori dove l'accumulazione e la correzione del karma non sono più necessarie. Allora possiamo progredire diversamente e non essere più limitati dal corpo fisico. Questo fa tutto parte del processo d'ascensione. Per procedere direttamente al nuovo mondo elevando la nostra frequenza e vibrazione e sorpassare la necessità di morire ed andare sul piano spirituale.

L'Universo è un organismo molto complesso che vive in molte dimensioni simultaneamente, composte di strati e strati di coscienza connessi a tutti gli altri organismi al suo interno. Ha il potere di creare e connettersi a tutti questi simultaneamente ed individualmente. Questo potrebbe essere ciò che "loro" hanno chiamato il Collettivo. Questo perché noi collettivamente l'abbiamo manifestato col pensiero e l'intenzione; in un lontano passato dove eravamo tutti Uno. Facevamo tutti parte del Collettivo, L'Uno, Il Grande Sole Centrale, la Sorgente, Dio, o qualsiasi altro nome gli si voglia dare. Molti dei miei clienti ricordano questa esistenza mentre sono in trance. E gli causa sempre profonda tristezza quando se ne devono separare, perché l'unità dava loro grande conforto ed amore. Non volevano andarsene, sentivano una grande tristezza e un senso di separazione quand'erano forzati a tornare al cosmo.

Visto che la Sorgente voleva sperimentare (la curiosità non è una qualità strettamente umana, forse il desiderio di esplorare viene da qui), tutti noi (come parti della Sorgente, come co-creatori) abbiamo aiutato a creare. L'abbiamo aiutata a creare dal nulla (o dalla polvere come detto in molte leggende) e stelle, pianeti, rocce, fiumi, piante, animali ed umani iniziarono ad esistere. Allora abbiamo deciso (o ci è stato detto) di andare ed abitare queste cose e riportare alla Sorgente com'era tutto questo. E' detto che tutto non è altro che un'illusione. Se questo è corretto, allora può essere sostenuto dalla nostra percezione collettiva. Abbiamo aiutato a pensare questa esistenza e le nostre percezioni combinate la sostengono. Nel mio libro Between Death and Life, mi è stato detto che si potrebbe pensare a Dio come alla colla che tiene ogni cosa unita. Se lui battesse le ciglia per una frazione di secondo, ogni cosa verrebbe vaporizzata. In questo libro ci viene detto che tra ogni inspirazione ed espirazione è lo spazio dove esiste Dio. Vedendolo da questa prospettiva, collettivamente siamo tutti Dio.

Ciò che percepiamo come corretto, potrebbe non esserlo se osservato dal piano dello spirito. Tutto ciò che abbiamo nelle nostre vite e con il quale interagiamo è portato in una realtà fisica perché lo vogliamo li. Questo è possibile perché i pensieri sono reali; i pensieri sono cose. Una volta formati, i pensieri esistono per sempre e più vengono rinforzati, più fisici e densi (più reali) diventano.

Questa è la ragione per cui siamo in grado di cambiare le nostre vite e circostanze; perché siamo più potenti di quanto non crediamo. Creiamo la nostra realtà costantemente e siamo anche in grado di cambiare quella realtà. Ma spesso ci vuole il potere combinato di molti per poterlo fare, perché ciò che abbiamo creato è diventato cosi grande e potente che ha una vita sua. Forse questa è la ragione della creazione della Nuova Terra, perché quella di cui siamo consapevoli ha raggiunto il punto d'essere incapace di supporto o cambiamento.

Nella matrice Universale ci sono tutte le strutture necessarie per creare la realtà. Tutte le possibilità e probabilità da cui possiamo creare. Possiamo avere il paradiso o l'inferno nelle nostre vite perché siamo abbastanza potenti da farlo, una volta compreso il processo ci basta usare le nostre menti per crearlo. Molte volte i campi elettrici che contengono queste possibilità sono interrotti da intenzioni discordanti e risultati negativi, come è successo recentemente. Quando la negatività ha inizio, può essere rinforzata dalle persone che la accettano come una realtà. Possiamo avere pace ed amore come la base della nostra realtà dopo aver compreso e messo a buon uso il potere delle nostre menti. Come disse Nostradamus nei miei libri riguardanti lui e le sue profezie: "Non comprendete il potere delle vostre menti. Focalizzandovi sulla realtà che volete, potete crearla. La vostra energia è dispersa. Una volta che avete imparato a focalizzarla e dirigerla, siete in grado di fare miracoli. E se il potere della mente di un uomo è cosi potente, pensate al potere della mente di gruppo una volta raccolta. Il potere dell'attenzione della mente di molte persone non solo è moltiplicata, è elevata al quadrato. Allora i miracoli possono assolutamente accadere."

***

Sembra che accettiamo le parti e il copione generale del dramma a cui parteciperemo durante ogni vita. Tuttavia, ognuno sceglie anche la proprio parte in questo dramma. E' come partecipare in uno spettacolo teatrale dove il copione viene scritto mentre viene interpretato e lo si può cambiare in ogni momento al fine di rendere lo spettacolo più drammatico. Questo grazie al libero arbitrio ed ognuno è influenzato dalle azioni degli altri. Durante le nostre vite Terrene possiamo creare e sperimentare tanti diversi tipi di vita (ruoli e caratteri) quanti ne vogliamo: fama, ricchezza o povertà; omicida o vittima, grande amore o grande disperazione; guerra o pace, ecc..

William Shakespeare comprendeva questo quando scrisse: "Tutto il mondo è un teatro e tutti gli uomini e le donne sono meri attori. Hanno le loro uscite e le loro entrate e un uomo nel suo tempo interpreta molti ruoli."

Non importata ciò che raggiungiamo perché è temporaneo come il palcoscenico dello spettacolo. Quindi l'unica cosa che ci rimane sono i ricordi delle esperienze e speriamo anche le lezioni che abbiamo imparato. Queste vengono incorporate nel nostro vero Se, il nostro Se al di fuori dello spettacolo, il nostro osservatore, la nostra anima eterna o anima superiore, che immagazzina questi ricordi ed esperienze. Alla fine verranno trasferiti al database del computer dell'altissimo: la Sorgente o Divina entità. Nulla dello spettacolo è andato perso, sia che fossimo l'eroe o il furfante. Tutto viene aggiunto alla conoscenza dell'universo. Di tali cose vengono formate nuove creazioni costantemente.

Ogni volta che un'anima torna al teatro della Terra si iscrivono per il prossimo spettacolo o gioco e gli viene dato un nuovo copione con molte pagine bianche, che saranno riempite dagli attori mentre lo spettacolo progredisce. Totale assenza di prove ed aperto a qualsiasi possibilità e suggerimento. Nulla è giusto o sbagliato metri gli attori interpretano la loro parte. Tutto si basa sull'esperienza, imparare le lezioni, risoluzione di debiti karmici e la creazione di nuove situazione per l'illuminazione e la crescita degli altri. Si dice che nessun uomo sia un'isola. Tutto ciò che facciamo o diciamo ha un effetto su qualcuno. Se comprendiamo questo faremmo più attenzione agli effetti che le nostre parole e azioni hanno sugli altri. Faremmo più attenzione a come queste parole ed azioni sono registrate nelle Sale della Conoscenza.

Con ogni nuova vita (spesso inconsciamente) attingiamo dal magazzino della conoscenza che abbiamo acquisito da altre lezioni. Mentre applichiamo la conoscenza alla nostra vita attuale (spettacolo) si spera che avremo imparato dagli errori passati e che non li faremo di nuovo. Allora quando saremo stanchi di tornare sul palcoscenico e provare nuovi copioni, sceglieremo di andare in pensione e tornare al Grande Direttore di Scena e permettere alle nuove (o più ostinate, o più lente) anime di interpretare le loro parti per un po'. Questo è ciò che molti dei miei clienti chiamano il "tornare a casa". Questo è lo stato naturale che l'anima conosceva all'inizio, alla sua creazione. Lo stato che conosceva prima di diventare intrappolata nel mondo fisico, il mondo del palcoscenico, il mondo tridimensionale dell'illusione. Per allora, speriamo di aver accumulato abbastanza saggezza e comprensione da permetterci di progredire in altri modi, in altri regni d'esistenza. Le possibilità sono infinite e non abbiamo bisogno di ritornare in questo teatro, eccetto forse, come un osservatore o una guida.

Stiamo vivendo in un periodo entusiasmante. Lo studio delle leggi della metafisica e le leggi dell'universo non sono più per i pochi che erano considerati strani. Sta dilagando tra le masse ad una velocità allarmante. E' come se fosse sempre stata appena sotto la superficie, proprio appena inaccessibile per le nostre menti logiche. Adesso sta giungendo alla luce del giorno per essere studiata ed analizzata. Non sembra più strano ed inquietante, ma perfettamente normale e naturale. Abbiamo bloccato le nostre menti dal perseguire questa linea di pensiero per troppo tempo. E' arrivato il momento di aprire i cancelli e permettergli di cambiare le nostre vite al meglio. Se tutti realizzassero come i loro pensieri, azioni influenzino loro stessi, i loro amici, i loro vicini, le loro comunità, città e alla fine il mondo attraverso l'effetto cumulativo dell'energia; imparerebbero a monitorare le loro vite quotidiane e il mondo cambierebbe. Ci stiamo muovendo in un nuovo mondo e la vecchia negatività verrà lasciata indietro. Attraverso la legge della causa ed effetto, che non è nient'altro che la "Regola D'oro" della Bibbia, non potranno esserci più violenza e guerra. Possiamo cambiare il mondo, una persona alla volta. Questo era ciò che Gesù stava cercando d'insegnare e non riuscirono a comprenderlo. L'amore è la risposta, è cosi semplice.

Mentre le nostre menti s'evolvono, veniamo imboccati di nuove, complicate informazioni. Non saremo mai in grado di conoscere tutto perché le nostre menti non sarebbero in grado di farcela. Ma sembra che le nostre menti vengano estese per comprendere teorie più complicate.

Se Alice nel Paese delle Meraviglie riuscì a trovare un portale verso un'altra dimensione, la domanda adesso è: "Quanto in profondità nella tana dal coniglio vogliamo andare?" Là fuori c'è molta più conoscenza di quanto non ci possiamo immaginare. Sono una giornalista, un avventuriera. Continuerò ad accumulare informazioni e a cercare di presentarle al mondo. Non so quanto in profondità nella tana del coniglio io voglia andare. Non ho idea di quanto sia profonda e quanti curve ed angoli troverò sulla mia strada. Eppure invito i miei lettori ad unirsi a me mentre viaggio tra le dimensione dell'ignoto e cerco di scoprirlo.

***

Le avventure e i viaggi continueranno. Non si fermeranno!

Sull'Autore

Dolores Cannon è un'ipnote-rapeuta regressionista ed una ricercatrice del paranormale che nacque nel 1931 a St. Louis, Missouri. Visse e studiò in Missouri fino al 1951 anno in cui sposò un ufficiale della marina. I vent'anni successivi al matrimonio li spese viaggiando ed allevando i figli, come ogni tipica moglie di un ufficiale. Nel 1970 suo marito venne congedato come succede ad ogni veterano disabile ed entrambi si ritirarono sulle colline dell'Arkansas. Fu così, che ebbe inizio la sua carriera di scrittrice vendendo articoli a riviste e quotidiani vari. Ha lavorato nel campo dell'ipnosi dal 1968, e si è dedicata esclusivamente alla terapia regressiva e al lavoro sulle vite passate dal 1979. Dolores studiò varie metodologie ipnotiche e fu in grado di sviluppare una sua tecnica personale che permette ai suoi pazienti di rivelare/ricordare una grande quantità d'informazioni. Dolores ha insegnato questa unica tecnica d'ipnosi in tutto il mondo. Nel 1986 iniziò a dedicarsi alla ricerca in campo ufologico. Condusse ricerche in ciò che si sospettava fossero zone di atterraggio UFO, così come in zone di Cerchi del Grano situate in Inghilterra. La maggior parte del suo lavoro in questo campo è dedicata alla raccolta dati attraverso l'ipnosi di sospetti rapimenti.

Dolores ha presentato i suoi seminari a livello internazionale e in tutti i continenti. I suoi diciotto libri sono stati tradotti in venti lingue ed è stata intervistata sia alla televisione che alla radio. Articoli su di lei sono stati scritti da molte testate internazionali. Dolores fu il primo Americano a ricevere "l'Orpheus", il premio Bulgaro al più alto avanzamento nella ricerca dei fenomeni psichici. Ha anche ricevuto i premi e riconoscimenti per "l'Eccezionale Contributo" e "alla Carriera" da molte organizzazioni dedicate all'ipnoterapia.

I libri che ha pubblicato includono: Conversazioni con Nostradamus Volume 1,2,3 – Gesù e gli Esseni – Camminarono col Cristo – Tra la Morte e la Vita – Un'anima ricorda Hiroshima – I Custodi del Giardino - Eredità dalle Stelle – La Leggenda di Starcrash – Universo Convoluto Volumi 1,2,3,4,5.

Dolores aveva quattro figli e quattordici nipotini che la tenevano solidamente ancorata tra la vita famigliare di tutti i giorni e il mondo imprevedibile del suo lavoro. Dolores ha lasciato questa dimensione lo scorso 18 Ottobre 2014.

Tuttavia il suo lavoro è portato avanti dalla figlia Julia. Per maggiori informazioni si prega di fare riferimento al suo sito www.dolorescannon.com, oppure alla sua casa editrice www.ozarkmt.com .

Other Books by Ozark Mountain Publishing, Inc.

Dolores Cannon
A Soul Remembers Hiroshima
Between Death and Life
Conversations with Nostradamus,
  Volume I, II, III
The Convoluted Universe -Book One,
  Two, Three, Four, Five
The Custodians
Five Lives Remembered
Jesus and the Essenes
Keepers of the Garden
Legacy from the Stars
The Legend of Starcrash
The Search for Hidden Sacred Knowledge
They Walked with Jesus
The Three Waves of Volunteers and the
  New Earth
Aron Abrahamsen
Holiday in Heaven
Out of the Archives – Earth Changes
James Ream Adams
Little Steps
Justine Alessi & M. E. McMillan
Rebirth of the Oracle
Kathryn/Patrick Andries
Naked in Public
Kathryn Andries
The Big Desire
Dream Doctor
Soul Choices: Six Paths to Find Your Life
  Purpose
Soul Choices: Six Paths to Fulfilling
  Relationships
Patrick Andries
Owners Manual for the Mind
Cat Baldwin
Divine Gifts of Healing
Dan Bird
Finding Your Way in the Spiritual Age
Waking Up in the Spiritual Age
Julia Cannon
Soul Speak – The Language of Your Body
Ronald Chapman
Seeing True
Albert Cheung
The Emperor's Stargate
Jack Churchward
Lifting the Veil on the Lost Continent of
  Mu
The Stone Tablets of Mu
Sherri Cortland
Guide Group Fridays
Raising Our Vibrations for the New Age
Spiritual Tool Box
Windows of Opportunity
Patrick De Haan
The Alien Handbook
Paulinne Delcour-Min
Spiritual Gold
Holly Ice
Divine Fire
Joanne DiMaggio
Edgar Cayce and the Unfulfilled Destiny
  of Thomas Jefferson Reborn
Anthony DeNino
The Power of Giving and Gratitude
Michael Dennis
Morning Coffee with God
God's Many Mansions
Carolyn Greer Daly
Opening to Fullness of Spirit
Anita Holmes
Twidders
Aaron Hoopes
Reconnecting to the Earth
Victoria Hunt
Kiss the Wind
Patricia Irvine
In Light and In Shade
Kevin Killen
Ghosts and Me
Diane Lewis
From Psychic to Soul
Donna Lynn
From Fear to Love
Maureen McGill
Baby It's You
Maureen McGill & Nola Davis
Live from the Other Side
Curt Melliger
Heaven Here on Earth
Henry Michaelson
And Jesus Said – A Conversation
Dennis Milner
Kosmos
Andy Myers
Not Your Average Angel Book
Guy Needler
Avoiding Karma
Beyond the Source – Book 1, Book 2
The Anne Dialogues

For more information about any of the above titles, soon to be released titles,
or other items in our catalog, write, phone or visit our website:
PO Box 754, Huntsville, AR 72740
479-738-2348/800-935-0045
www.ozarkmt.com

Other Books by Ozark Mountain Publishing, Inc.

The Curators
The History of God
The Origin Speaks
James Nussbaumer
And Then I Knew My Abundance
The Master of Everything
Mastering Your Own Spiritual Freedom
Living Your Dram, Not Someone Else's
Sherry O'Brian
Peaks and Valleys
Riet Okken
The Liberating Power of Emotions
Gabrielle Orr
Akashic Records: One True Love
Let Miracles Happen
Victor Parachin
Sit a Bit
Nikki Pattillo
A Spiritual Evolution
Children of the Stars
Rev. Grant H. Pealer
A Funny Thing Happened on the
   Way to Heaven
Worlds Beyond Death
Victoria Pendragon
Born Healers
Feng Shui from the Inside, Out
Sleep Magic
The Sleeping Phoenix
Being In A Body
Michael Perlin
Fantastic Adventures in Metaphysics
Walter Pullen
Evolution of the Spirit
Debra Rayburn
Let's Get Natural with Herbs
Charmian Redwood
A New Earth Rising
Coming Home to Lemuria
David Rivinus
Always Dreaming
Richard Rowe
Imagining the Unimaginable
Exploring the Divine Library
M. Don Schorn
Elder Gods of Antiquity
Legacy of the Elder Gods
Gardens of the Elder Gods
Reincarnation...Stepping Stones of Life
Garnet Schulhauser

Dance of Eternal Rapture
Dance of Heavenly Bliss
Dancing Forever with Spirit
Dancing on a Stamp
Manuella Stoerzer
Headless Chicken
Annie Stillwater Gray
Education of a Guardian Angel
The Dawn Book
Work of a Guardian Angel
Joys of a Guardian Angel
Blair Styra
Don't Change the Channel
Who Catharted
Natalie Sudman
Application of Impossible Things
L.R. Sumpter
Judy's Story
The Old is New
We Are the Creators
Artur Tradevosyan
Croton
Jim Thomas
Tales from the Trance
Jolene and Jason Tierney
A Quest of Transcendence
Nicholas Vesey
Living the Life-Force
Janie Wells
Embracing the Human Journey
Payment for Passage
Dennis Wheatley/ Maria Wheatley
The Essential Dowsing Guide
Maria Wheatley
Druidic Soul Star Astrology
Jacquelyn Wiersma
The Zodiac Recipe
Sherry Wilde
The Forgotten Promise
Lyn Willmoth
A Small Book of Comfort
Stuart Wilson & Joanna Prentis
Atlantis and the New Consciousness
Beyond Limitations
The Essenes -Children of the Light
The Magdalene Version
Power of the Magdalene
Robert Winterhalter
The Healing Christ

For more information about any of the above titles, soon to be released titles,
or other items in our catalog, write, phone or visit our website:
PO Box 754, Huntsville, AR 72740
479-738-2348/800-935-0045
www.ozarkmt.com